APONTANDO O CAMINHO

Editora Appris Ltda.
1.ª Edição - Copyright© 2024 do autor
Direitos de Edição Reservados à Editora Appris Ltda.

Nenhuma parte desta obra poderá ser utilizada indevidamente, sem estar de acordo com a Lei nº 9.610/98. Se incorreções forem encontradas, serão de exclusiva responsabilidade de seus organizadores. Foi realizado o Depósito Legal na Fundação Biblioteca Nacional, de acordo com as Leis nºs 10.994, de 14/12/2004, e 12.192, de 14/01/2010.

Catalogação na Fonte
Elaborado por: Dayanne Leal Souza
Bibliotecária CRB 9/2162

D184a 2024	Daniel, Ênio Apontando o caminho / Ênio Daniel. – 1. ed. – Curitiba: Appris, 2024. 396 p. : il. color. ; 27 cm. Inclui referências. ISBN 978-65-250-6153-5 1. Religiões. 2. Heresias. 3. Idolatria. I. Daniel, Ênio. II. Título. CDD – 200

Livro de acordo com a normalização técnica da ABNT

Appris editora

Editora e Livraria Appris Ltda.
Av. Manoel Ribas, 2265 – Mercês
Curitiba/PR – CEP: 80810-002
Tel. (41) 3156 - 4731
www.editoraappris.com.br

Printed in Brazil
Impresso no Brasil

Ênio Daniel

APONTANDO O CAMINHO

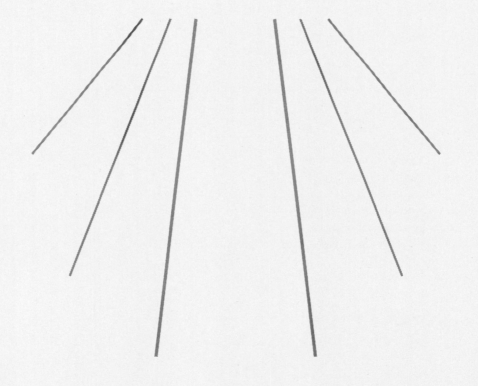

FICHA TÉCNICA

EDITORIAL	Augusto Coelho
	Sara C. de Andrade Coelho
COMITÊ EDITORIAL	Ana El Achkar (UNIVERSO/RJ)
	Andréa Barbosa Gouveia (UFPR)
	Conrado Moreira Mendes (PUC-MG)
	Eliete Correia dos Santos (UEPB)
	Fabiano Santos (UERJ/IESP)
	Francinete Fernandes de Sousa (UEPB)
	Francisco Carlos Duarte (PUCPR)
	Francisco de Assis (Fiam-Faam, SP, Brasil)
	Jacques de Lima Ferreira (UP)
	Juliana Reichert Assunção Tonelli (UEL)
	Maria Aparecida Barbosa (USP)
	Maria Helena Zamora (PUC-Rio)
	Maria Margarida de Andrade (Umack)
	Marilda Aparecida Behrens (PUCPR)
	Marli Caetano
	Roque Ismael da Costa Güllich (UFFS)
	Toni Reis (UFPR)
	Valdomiro de Oliveira (UFPR)
	Valério Brusamolin (IFPR)
SUPERVISOR DA PRODUÇÃO	Renata Cristina Lopes Miccelli
REVISÃO	Ana Lúcia Wehr
PRODUÇÃO EDITORIAL	Bruna Santos
DIAGRAMAÇÃO	Maria Vitória Ribeiro Kosake
ILUSTRAÇÃO DA CAPA	Uanderson Campos Almeida
MONTAGEM DA CAPA	Eneo Lage
REVISÃO DE PROVA	Gabriel Fernandez

Dedico este trabalho ao Pai, em nome do meu Senhor Jesus, que, com tão grande amor, me escolheu, me alcançou, me salvou e me encheu com o Seu Espírito.

AGRADECIMENTOS

Porque dele e por ele, e para ele, são todas as coisas; glória, pois, a ele eternamente. Amém.

(ROMANOS 11:36, Almeida Corrigida Fiel)

Agradeço à minha esposa fiel e dedicada, Suy, com quem compartilho o melhor do relacionamento de "uma só carne" há 30 anos, amiga e companheira de todas as horas. À nossa amada filha Lanna e ao seu esposo, Uanderson (filho do coração!), que nos presentearam com dois lindos netos: Miguel e Gabriel. A meus pais, Deraldo e Alda Costa, por todo esforço em me fazerem quem sou, pela muita paciência, pelo cuidado e amor. Aos irmãos Emília, Júnior e Lucas, pela amizade, pela cumplicidade e pelo amor fraternal. Família é o MAIOR PROJETO DE DEUS para o homem e tem que ser preservada como Ele a idealizou.

Ao meu pastor João Carlos Gomes da Silva, por sempre me aconselhar e me discipular segundo o modelo de Cristo. Aos pastores auxiliares e a todos os amigos e irmãos da IBESAJ (seria injustiça esquecer alguém!), por todo o suporte que nos deram ao longo desses 15 anos de Evangelho. Aos alunos do curso básico de Teologia da IBESAJ, os quais também levam o mérito de parte do estudo sobre as Hodiernas Heresias – cap. 15, e ao irmão Arthur, que muito contribuiu no processo de revisão.

Aos ministérios: Fé Brasil, sob a liderança de Calli e Tyler; e Renata Rios (Renata e Nedson), pelas oportunidades de evangelismo em massa, em frutíferas ministrações, nas quais pude servir ao Pai com o dom da música. Bom louvarmos juntos! Paralelamente, ao Pr. Leandro e ao evangelista Adam Smith. Deus continue usando suas vidas para o alcance de muitas almas.

A todos os amigos patrocinadores e incentivadores deste projeto, sem os quais a publicação do livro não seria possível. Sei que Deus os chamou para esta obra. Ao conselho editorial e aos que nos sustentaram em orações, que o Senhor retribua centuplicadamente. E, por fim, a Ele, meu Consolador, Aquele que me ensina e instrui na Palavra, que me dá a Sabedoria que vem dos céus, que me acompanha aonde eu vou: Obrigado, Espírito Santo!

PREFÁCIO

Todo ser humano tem um tempo limitado de estar aqui na terra; isso é uma realidade inerente a todos, e, comumente, chamamos esse tempo de "jornada". Para toda jornada, existe um caminho, uma trajetória a ser percorrida. O livro *Apontando O Caminho* surge como um manual de placas sinalizadoras que apontam O bom caminho, para que os atalhos sejam evitados e o homem não se desvie do propósito da chegada. Contém, em toda a sua narrativa, uma perspectiva do homem como ser espiritual e Deus como criador da vida e do propósito geral da humanidade.

O autor, Pr. Ênio Daniel, com a determinação de quem é "apaixonado" pelo que crê e que persevera em andar pelo Caminho, consegue listar os principais questionamentos inerentes à formação do entendimento de tudo que transcende a mente humana. A cada novo capítulo, a lista de possíveis pedras do caminho, bem como a indicação de como transpô-las, para que não sejam obstáculos permanentes, são acrescidas de maneira criativa e relevante. Uma das definições do dicionário Webster 1828 sobre caminho é "curso da vida". Entender o curso da vida é também entender origem, propósito e destino. Pensar e refletir sobre esses conceitos é ter um olhar sobre quem Deus é, quem é o homem e qual a jornada do seu ciclo de vida; tudo isso envolve enxergar o homem como ser espiritual, em uma perspectiva de tríade – espírito, alma e corpo.

A leitura de *Apontando O Caminho* contribui, de maneira ampla e, ao mesmo tempo, minuciosa, para a consolidação do conceito relacionado à integralidade do ser. *E ali haverá uma estrada, um caminho que será chamado de Caminho Santo. Os impuros não passarão por ele, pois será somente para o povo de Deus. Quem passar por esse caminho, mesmo que seja um tolo, não se perderá* (ISAÍAS 35:8).

Encontramos, também, nesta leitura, um confronto com as escolhas que vamos fazendo no ato de crer, as quais podem levar-nos a um afastamento do Caminho ou a uma aproximação, cada vez maior, do Caminho espiritual de maneira assertiva. Cada capítulo é relevante, bem como as considerações que estabelecem uma cosmovisão cristã. O leitor receberá uma fundamentação bíblica e clara sobre os grandes questionamentos da natureza humana e sua necessidade de explicações reveladas.

Apontando O Caminho sinalizará que a definição de um substantivo comum pode transformar-se em próprio, em que o Caminho se traduz como uma pessoa, e essa pessoa é o próprio JESUS. A leitura nos inspira e nos aproxima do divino, do sagrado, da espiritualidade e da busca para uma realidade que é eterna; a leitura deve ser feita por todos aqueles que se reconhecem como homens que precisam de conexão com o Senhor da vida e de alinhamento nas escolhas conceituais. ***Jesus respondeu: — Eu sou o caminho, a verdade e a vida; ninguém vem ao Pai senão por mim (João 14:6).***

Sinto-me grata e abençoada pelo privilégio de prefaciar esta obra literária, crendo que ela contribuirá para a edificação de muitos.

Elisaete Gardenia

Escritora de cinco livros, sendo o último voltado para crianças, com o título Colorindo Reflexões para Crianças. Graduada pela UNEB, pós-graduada pela UFBA, com mais de vinte anos de experiência com Educação, atuando como diretora e coordenadora pedagógica

APRESENTAÇÃO

Examinais as Escrituras, porque julgais ter nelas a vida eterna; e são elas que dão testemunho de mim.

(JOÃO 5:39, Almeida Revisada)

Muitas pessoas podem afirmar: "Eu creio em Deus". Quem já não ouviu esta frase: "Todo mundo é filho de Deus"? Ou esta: "Todos os caminhos levam a Deus"? Qualquer religião ou seita terá o seu manual de consulta com ensinamentos diversos, regras, práticas, dogmas, muitas leis próprias que, com certeza, foram deixadas por um líder. Este, por sua vez, sempre se mostrará alguém inteligentíssimo, de conduta ilibada, reputação incontestável, retórica fascinante, com grande poder de persuasão; alguém iluminado, espiritualizado e em contato com o cosmos, com as energias do universo, com entidades de outros mundos, extraterrestres, espíritos de luz, deuses, enfim, alguém cheio de "poder" e autoridade.

O que difere esses personagens míticos que atraem até hoje multidões pelos seus ensinamentos do nazareno de origem humilde, que revolucionou o mundo inteiro? Simples: todos os outros estão mortos. E os túmulos onde jazem os seus restos mortais podem ser visitados. Mas Jesus, embora tenha morrido para cumprir um propósito específico, vive para todo o sempre, pois ressuscitou, e o Seu túmulo está vazio. Ele foi o único que venceu a morte para dar vida a quem a Ele se achegasse. As palavras de Jesus não apenas apresentavam uma verdade, mas também combatiam as atitudes arbitrárias, as injustiças sociais e hipocrisias religiosas. O Seu ensino não era apenas para a anunciação do Reino dos Céus, mas também para denunciar os pecados dos homens.

Todos os outros ensinaram doutrinas humanas, embora profetizassem, curassem, fizessem grandes sinais e tivessem lá os seus seguidores. Porém, Jesus se revelou especial desde o Seu nascimento, que foi o cumprimento da vontade de Deus de resgatar a humanidade que havia se perdido e se desviado Dele. Jesus, com toda autoridade e o poder de Deus, afirma que Nele o homem terá A VIDA ETERNA. Um futuro que parece estar distante, mas que começa agora e aqui, neste plano chamado presente. E, em nenhum outro lugar, Jesus ordenou que buscássemos informações sobre a Sua pessoa. Mas disse: "Examinai as Escrituras". Tudo pode estar muito claro diante dos nossos olhos. E está!

Em nenhum outro livro ou manual poderemos encontrar tanta verdade. Em nenhum outro acharemos a certeza da salvação que nos foi revelada por Cristo Jesus. Em nenhum outro teremos informações, com autoridade e confiança, a respeito do que fazer para conhecermos de fato e estarmos em comunhão com o nosso Criador, como Ele sempre desejou desde a criação de todas as coisas. Alguns podem preferir rezar aos seus ídolos ou estudar horóscopos, outros, consultar um pai de santo, uma cartomante, ou quem invoque os espíritos dos mortos, tentando saber sobre o futuro. São livres em suas escolhas, não os criticamos. Mas só tem um meio de se encontrar Jesus. A Bíblia é o único meio que nos traz revelação do próprio Deus, pois foi Ele mesmo quem a inspirou. O Apóstolo Paulo, escrevendo a Timóteo, seu filho na fé, disse:

> E que, desde a tua meninice, sabes as sagradas letras, que podem fazer-te sábio para a salvação, pela fé que há em Cristo Jesus. Toda Escritura DIVINAMENTE INSPIRADA é proveitosa para ensinar, para redarguir, para corrigir, para instruir em justiça, para que o homem de Deus seja perfeito e perfeitamente instruído para toda boa obra (2 TIMÓTEO 3:15-17, Almeida Revista e Corrigida).

Pedro, por sua vez, cheio da inspiração divina, registrou:

> Porque não vos fizemos saber a virtude e a vinda de nosso Senhor Jesus Cristo, seguindo fábulas artificialmente compostas, mas nós mesmos vimos a sua majestade, porquanto ele recebeu de Deus Pai honra e glória, quando da magnífica glória lhe foi dirigida a seguinte voz: Este é o meu Filho amado, em quem me tenho comprazido (2 PEDRO 1:16-21, Almeida Revista e Corrigida).

Isso, sim, é REVELAÇÃO! Todo o restante além não passa de fábula, mentira, mera ESPECULAÇÃO humana, para não dizer engodo satânico. Qualquer homem pode escrever livros, contar histórias, registrar suas ideias e seus pensamentos. Mas inspiração para trazer a Revelação de Deus, somente tiveram os que foram escolhidos e capacitados pelo Espírito Santo. Ele moveu pessoas de vários tipos: uns eram letrados, outros, bem rústicos; uns eram pastores, outros, sacerdotes, pescadores, reis, juízes e até profetas. E nenhum deles falava por si mesmo. Antes, todos eles passaram a renunciar a própria vida para anunciar ao mundo as verdades ensinadas por Jesus, o nosso único e suficiente Salvador. E o Espírito os direcionava.

Certamente, não pretendemos aqui inovar ou estruturar algum novo compêndio teológico. Tampouco desmerecer, ofender, inferiorizar nem ridicularizar quaisquer raízes de manifestação cultural ou religiosa que, porventura, sejam citados direta ou indiretamente, pois entendemos que cada um tem o direito de crer no que lhe convém. Porém, *Apontando o Caminho* aborda um tema tão antigo quanto atual, um tanto prolixo e, grosso modo, difícil de ser discutido sem que precisemos analisar seus diversos aspectos: A IDOLATRIA.

Numa linguagem simples, porém firmada na Verdade das Escrituras Sagradas, tentaremos trazer ao caro leitor a noção de que o Soberano Deus nunca consentiu tal prática, sob nenhuma hipótese. Mas revelou, ao mesmo homem a quem deu o LIVRE-ARBÍTRIO nas suas escolhas, as consequências da sua vesana atitude, caso este optasse por ignorá-lo e desobedecê-lo. "Havendo Deus, antigamente, falado muitas vezes e de muitas maneiras aos pais, pelos profetas, a nós falou-nos nestes últimos dias pelo Filho" (HEBREUS 1:1, Almeida Revista e Corrigida). "Mas o Espírito expressamente diz que, nos últimos tempos, apostatarão alguns da fé, dando ouvidos a espíritos enganadores e a doutrinas de demônios, pela hipocrisia de homens que falam mentiras, tendo cauterizada a sua própria consciência" (1 TIMÓTEO 4:1-2, ARC).

> Quero dizer que o que os pagãos sacrificam é oferecido aos demônios e não a Deus, e não quero que vocês tenham comunhão com os demônios. Vocês não podem beber do cálice do Senhor e do cálice dos demônios; não podem participar da mesa do Senhor e da mesa dos demônios (1 CORÍNTIOS 10:20, NVI).

"Em vão me adoram; seus ensinamentos não passam de regras ensinadas por homens" (MATEUS 15:9, NVI). É muito comum ouvirmos pessoas mais próximas relatarem que não têm o hábito de procurar na Bíblia os textos citados como referência, nos livros que estão a ler. Parece que tira o foco, quebra o raciocínio a interrupção da leitura. Não deveria ser assim. A Palavra de Deus é o nosso referencial, a nossa bússola, a segurança de que estamos no caminho certo. Ao invés de cedermos à preguiça, deveríamos apressar-nos em ter a Palavra à mão, folheá-la, examiná-la calmamente, com reverência, temor e atenção: "Apressei-me, e não me detive, a observar os teus mandamentos" (SALMOS 119:60, ARC).

A Palavra é viva! Traz ao nosso limitado entendimento tudo o que o Senhor reservou para que desfrutássemos: todo o alimento da Sua revelação, todo o mel das Suas doces mensagens, toda a vida que não encontraremos em nenhum outro lugar: "Lâmpada para os meus pés é tua palavra, e luz para o meu caminho" (SALMOS 119:105, Almeida Revista e Atualizada). Por essa razão, visando a ajudar aos que sentem essa dificuldade de pesquisar, incluindo os neófitos ou os que ainda não manuseiam bem da Palavra da Verdade, *Apontando o caminho* fará um passeio pelas Escrituras, mostrando, ponto após ponto, textos correspondentes ao que se quer abordar. Os textos bíblicos estarão aqui não para preencher páginas e dar volume ao livro, mas para que o caro leitor se delicie, aprenda e guarde ao máximo das mensagens de Deus. A Palavra de Deus é eficaz, ensina-nos, fala conosco.

Leiam com amor. E memorizem somente o que for da Palavra. O que passar dela é desprezível, descartável e perecível. E somente ao Senhor, toda a glória, toda honra e todo o louvor!

ORAÇÃO

Pai Eterno e querido Deus. Santifica-nos e seremos santos. Abra os nossos olhos e ouvidos espirituais, para que possamos contemplar as coisas celestes concernentes à Tua glória e conhecer-TE cada vez mais. Não queremos Te seguir por apenas termos ouvido falar, mas por caminharmos contigo em espírito e em verdade. Leva-nos aos lugares mais altos por meio da adoração mais pura que possa fluir de nós. Atrai-nos outra vez, como no princípio, a um nível espiritual onde nada, ninguém, nem qualquer outra coisa possam ocupar o lugar que só pertence a Ti em nossas vidas. Senhor, que, nas nossas mais humildes e simples palavras, possamos ser achados dignos de exaltar o Teu santo nome e de render a Ti todo o nosso louvor. Que não venhamos, jamais, desmerecer o Teu sacrifício naquela cruz, expondo-te outra vez ao vitupério pelos nossos tantos e repugnantes pecados. E que, pela fé que temos no Teu poderoso nome, levemos aos quatro cantos a Tua Palavra, tomando posse dessa Verdade que amorosamente nos revelaste:

"Disse-lhe Jesus: Eu sou o caminho, e a verdade e a vida; ninguém vem ao Pai, senão por mim" (JOÃO 14:6, ARA). É em Teu santo nome que nós oramos, Jesus. E assim Te adoramos e agradecemos. Amém.

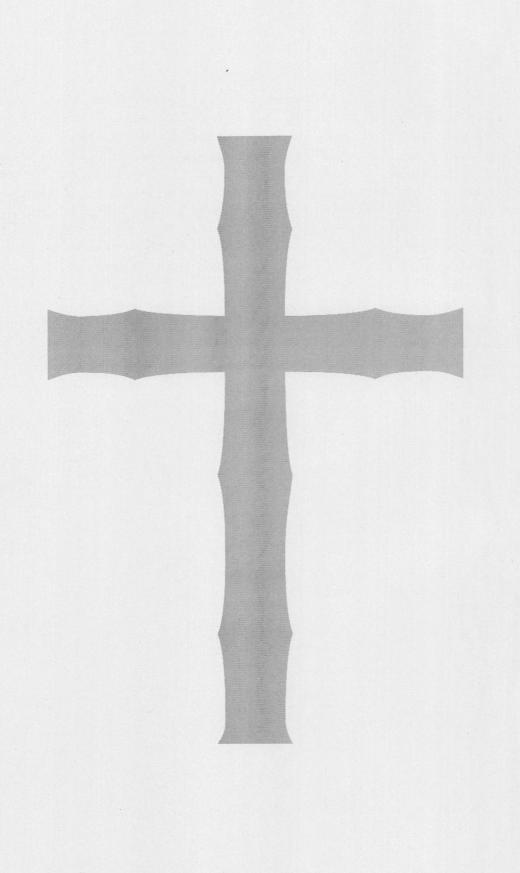

SUMÁRIO

- **I** — DEUS: PRIORIDADE NOSSA! 21
- **II** — A INDISCUTÍVEL EXISTÊNCIA DE DEUS (APENAS UMA NOÇÃO DE DEUS) 31
- **III** — APENAS UMA NOÇÃO DO HOMEM 39
- **IV** — AS TEIAS DA HISTÓRIA E DA RELIGIÃO 47
- **V** — HISTÓRIA, RELIGIÃO E OUTROS ABSURDOS 61
- **VI** — NOS ATALHOS DA DESOBEDIÊNCIA 79
- **VII** — PELOS VALES DA IDOLATRIA 109
- **VIII** — O ABISMO DOS INCAUTOS 131
  - a. Sobre o Inimigo 132
  - b. Sobre o "Inferno" 134
  - c. Outras abominações 138
- **IX** — O CAMINHO DOS GENTIOS 165
  - a. Nasce o mito da mãe com a criança no colo 167
  - b. Surgem novos dogmas 171
  - c. Saltério em desafino 175
  - d. "Viva a grande Diana dos efésios!" 182
  - e. O trono de Satanás 184
  - f. A misteriosa assunção 185
- **X** — MUITOS OUTROS ENGANOS 191
  - a. Sempre virgem? (dogma da perpétua virgindade) 193
  - b. O vinho das prostituições 199
- **XI** — OS LAÇOS DE ALÉM-TÚMULO 209
  - a. Smith e a "nova revelação" 210
  - b. Delírios de Hippolyte 211

XII O CALDEIRÃO DAS FEITIÇARIAS ... 219
a. O coquetel religioso do Brasil ... 219
b. O que restou no porto dos 50 ... 225
c. Cordas, correntes e laços ocultos ... 226
d. As iniciáticas e os seus segredos ... 247

XIII O ENTENDIMENTO DOS HUMILDES ... 253
a. A treva dos "iluminados" ... 255
b. Os Illuminati e a maçonaria e vice-versa ... 257
c. À luz da verdade ... 262
d. Velha Nova Era ... 267

XIV A FACE DO MAL SEM MÁSCARAS ... 277
a. O credo de Crowley e a Abadia de Theleme ... 279
b. A goética dos endemoniados ... 283
c. Sob as garras sombrias ... 285
d. As trevas: seu reino e suas 7 divisões ... 288

XV O ÚNICO CAMINHO ... 293
a. Para você, quem é Jesus? ... 295
b. Jesus Cristo, a história e o tempo ... 296
c. Registros históricos sobre Cristo ... 299
d. O poder do nome de Jesus ... 307
e. Jesus e a verdadeira adoração ... 308
f. Os falsos "Cristos' ... 309
g. Jesus e a Bíblia ... 317
h. Jesus e as hodiernas heresias ... 320
i. Jesus e o óleo ungido ... 324
j. Jesus e a transferência de unção ... 329
k. Jesus e o batismo do Espírito Santo ... 332
l. O Jesus que liberta ... 339

XVI CONCLUSÃO: JESUS CRISTO, O PRINCÍPIO E O FIM ... 347
a. Jesus: o Grande EU SOU ... 347
b. Jesus abomina a idolatria ... 348
c. Jesus não é o Senhor do Bonfim ... 349
d. O veneno do sincretismo ... 350
e. Desperta, povo de Deus! ... 352
f. Os passos para a salvação ... 354

SOBRE O AUTOR ... 357

REFERÊNCIAS ... 359

DEUS: PRIORIDADE NOSSA!

Segundo um pensamento calvinista, a mente do homem é como um depósito de idolatria e superstição; de modo que, ainda que o homem confie em sua própria mente, cedo ou tarde, certamente, ele abandonará Deus e procurará inventar outro ídolo, segundo a sua própria razão. Calvino não mentiu! A mesma mente criativa e inteligente dos avanços científicos e tecnológicos, de pesquisas e viagens interplanetárias, é a mesma que constrói o seu panteão; sempre atualizando um fichário interminável de ídolos que variam muito em gênero, forma e função, dentro do imaginário de cada cultura. Quanto ao abandonar Deus, já consiste numa afirmação muito mais complexa, pois essa consciência muito depende da particular convicção de quem é Deus. Onde a ignorância espiritual impera, pode-se adorar a muitos deuses e em diversos rituais, usar de muitos "atalhos" e intermediários para se chegar a um deles, ou abandonar verdadeiro Deus, sem saber que, de fato, o homem assim o faz.

Isso o faz, na maioria das vezes, desavisada e despretensiosamente. Afinal, quem gostaria de carregar o fardo de abandonar Deus propositadamente? A mesma complexidade, porém, é também perceptível quando se aborda o conceito de que toda criatura, todos os seres têm uma essência, uma natureza verdadeira, original, que autentica a obra de um único Autor. Hodiernos filósofos, céticos, duvidam não só do conceito em si, mas questionam até a habilidade do homem em reconhecer tal essência. Negar uma natureza que depende do seu Criador é não ver razão de existência nas coisas criadas. É não se permitir ir além da lógica para alcançar outro nível de discernimento: priorizando Deus, tudo se explica, no vislumbrar objetivo de uma realidade: A VIDA!

Priorizar Deus entendemos como sendo o instante em que O colocamos como o centro de tudo o que fazemos, pensamos, idealizamos, buscamos etc. Um exercício que, ao se tornar uma constância em nossa vida, faz com que não consigamos realizar mais nada longe da presença Dele. Essa busca parece um tanto utópica nos dias de hoje. O tempo tem sido cada vez mais escasso, e as pessoas, no vaivém frenético das suas atividades quotidianas, nem se dão conta do quanto caminham sem se lembrar de que existe Deus. Transitam fora DO CAMINHO. Outros homens, mais duros, afirmam não crerem Nele. Talvez porque, ao terem que reconhecê-lo infinitamente superior àquilo que imaginam ser a sua "realidade", tivessem que afogar a sua autossuficiência em um copo d'água.

Como tolos, vivem num mundo onde o próprio umbigo é o universo, onde tudo gira em torno de si, onde a arrogância impera, e a ignorância faz calar a consciência: vegetam no fantástico mundo do "Deus sou Eu". A humanidade idealizou a sua independência e caminhou por si. Num contexto social, pôde experimentar diferentes modos de se organizar, de se apropriar dos recursos naturais e transformá-los, de perceber e conceber a realidade à sua volta e expressá-la ao seu modo. E, assim, teve o seu desenvolvimento marcado por contrastes e conflitos entre esses mesmos modos diferentes de expressão.

Cada povo, uma cultura: suas raízes e genealogia, sua singularidade e religiosidade. A história mantém um registro abundante das transformações por que passaram e ainda passam os povos e as suas culturas, sejam por forças internas, ou pelas consequências desses contrastes e conflitos. Isso, tendo sempre em foco a humanidade em toda a sua riqueza e multiplicidade de existência. E devemos lembrar, como servos de Deus, que respeitar essa diversidade cultural sempre será um dever de todo cidadão consciente do seu espaço, independentemente de posição social, cor, raça, sexo ou religião.

Se queremos o nosso lugar na sociedade e se pretendemos sermos vistos como crentes em Jesus Cristo, devemos respeitar o espaço do próximo, e não discriminar a sua opção religiosa. Quantos dentre nós, por exemplo, não estão a criticar um vizinho, um amigo ou, até mesmo, um desconhecido, chamando-o de idólatra? O fato de termos conhecimento das Escrituras ou da Pessoa de Jesus não nos capacita a menosprezar outros, ou nos sentirmos superiores a eles. O respeito causa admiração. E a admiração, por sua vez, pode ser um elo que atraia o outro a conhecer a razão da nossa fé.

A maioria das pessoas ao nosso redor nem sequer conhece o conceito de idolatria. Certo pastor americano do século passado resumiu, nas poucas palavras de uma pregação matutina, um conceito que deveria estar guardado no entendimento de todo homem. Basicamente, seria: "Idolatria é simplesmente valorizar alguém ou alguma coisa mais do que agradar e honrar a Cristo". A valorização excessiva a qualquer pessoa ou coisa causa um "endeusamento", aplicando esse neologismo a tudo o que ocupa lugar de destaque, de honra e prioridade em nossas vidas. Isso é idolatria. Não consiste apenas na aceitação e veneração às imagens de escultura, mas também aos ídolos da fama, do dinheiro, dos grandes negócios, dos prazeres, das coisas materiais e até de nós mesmos.

Como cristãos, não precisamos de acréscimos, adendos, não carecemos de "ver para crer", como fez Tomé; nem de nenhum objeto que substitua a presença de Deus em nossas vidas ou que tente materializar a nossa fé. Muitas vezes, somos confrontados com o "novo" e nos vemos merecedores de explicações e de comprovações da verdade naquilo que estamos aprendendo. Não há mal nenhum nisso. Porém, o homem que aprende com as duras experiências da vida torna-se mais apto para compartilhar seu aprendizado. Tomé teve que aprender que a sua fé não podia estar firmada no campo da visão ou do entendimento humano. E, com certeza, após a sua experiência com Jesus Cristo em um corpo glorificado após a ressurreição, deixou de ser um tolo incrédulo para se tornar um assaz divulgador do Reino de Deus.

O servo Tomé, por causa do seu momento de dúvida, ficou conhecido na história como "o sem fé". Exatamente o mesmo servo que participara ativamente do ministério terreno de Jesus, aprendendo Dele, convivendo com Ele, sendo discipulado pelo Mestre. Mas o que podemos aprender com Tomé é que ele não teve medo de questionar para chegar à verdade. Ele investigou por que não suportaria conviver com perguntas sem respostas. Não aceitava o fato de outros terem testemunhado a aparição do Mestre ressurreto, justamente na sua ausência. E agora não queria crer só por ouvir falar. Exigia provas, algo que pudesse fortalecer ainda mais a sua fé. Talvez quisesse sentir-se honrado como os outros se sentiram, por tal visão gloriosa que tiveram. Certamente, queria o mesmo para si, desfrutar da mesma glória. Vejamos: "Os outros discípulos lhe disseram: "Vimos o Senhor!" Mas ele lhes disse: 'Se eu não vir as marcas dos pregos nas suas mãos, não colocar o meu dedo onde estavam os pregos e não puser a minha mão no seu lado, não crerei'" (JOÃO 20:25, NVI).

Não tardou muito. Oito dias depois, ele teve o maior encontro e, inquestionavelmente, o mais confrontador da sua vida. O próprio Jesus lhe aparece diante dos outros discípulos. Podemos ler, a seguir:

> Uma semana mais tarde, os seus discípulos estavam outra vez ali, e Tomé com eles. Apesar de estarem trancadas as portas, Jesus entrou, pôs-se no meio deles e disse: "Paz seja com vocês!" E Jesus disse a Tomé: "Coloque o seu dedo aqui; veja as minhas mãos. Estenda a mão e coloque-a no meu lado. Pare de duvidar e creia". Disse-lhe Tomé: "Senhor meu e Deus meu!" Então Jesus lhe disse: "Porque me viu, você creu? Felizes os que não viram e creram" (JOÃO 20:26-29, NVI).

Na última frase, Jesus alcança todos nós. Não somos contemporâneos à época de Sua vinda, não O vimos, não caminhamos com Ele, não testemunhamos seus discursos nem seus milagres. Não choramos enquanto Ele sofria nem nos perturbamos com a Sua dor. Também não fomos confrontados com aquela voz firme e doce de alguém, cheio de autoridade e amor, dizendo: "Vem, segue-me!". Tampouco podemos mensurar o peso daquela cruz sobre Seus ombros. Mas podemos crer no Seu amor por toda a humanidade, que, desde os tempos imemoriais, resolveu afastar-se do seu Deus, rompendo um relacionamento perfeito com o seu Criador.

Relacionamento com Deus deveria ser a prioridade máxima em nossa vida. Em termos bíblicos, isso quer dizer ser um vaso novo transbordando da Graça, "cheio do Espírito Santo". É vital, necessário e urgente priorizarmos a nossa relação com Deus, pois ela determina o sucesso de todos os outros relacionamentos na vida, é a nossa base, o nosso alicerce sobre o qual firmamos todos os demais tipos de relação. Como diria Irineu (1982), a fé é a livre abertura do ouvinte para aceitar como verdadeiro o testemunho do seu semelhante e é, antes de tudo, um ato da vontade, ou seja, cremos porque queremos. Se já temos a vontade e queremos crer em Deus, devemos, então, submeter-nos aos Seus ensinos, aos Seus propósitos divinos e aos Seus ditames, priorizando crer na Palavra pela qual Ele se revelou para nós.

De outra maneira, estaríamos negando Deus, privando-nos de conhecê-lo mais, de termos intimidade com Ele, tais quais filhos rebeldes que não sentem desejo pelo aconchego paterno. E, uma vez desviados da rota vertical de adoração, focamos apenas na zona horizontal na qual habitam os desvarios e a insensatez daqueles que pensam poder viver longe da sintonia com o Criador, ou seja, os "desconectados do céu". Um rádio mal sintonizado não toca música, só emite chiados perturbadores. Um transmissor de dados desconectado do cabo de rede não passa de um dispositivo inútil. Freezer que não mais congela, aquecedor que não emite calor, ventilador parado, carro que não anda: qual a serventia? Assim somos nós sem Deus.

A nossa fé só é verdadeira quando buscamos a face do Senhor, quando cremos que Ele fala conosco, quando aceitamos a Sua autorrevelação por intermédio de Jesus Cristo e internalizamos o Seu testemunho. Longe disso, a nossa fé é vã, não produz frutos, não causa efeitos... está morta. A nossa base para consulta fidedigna a respeito do testemunho de Jesus chama-se Bíblia. Esta, sim, foi escrita por homens inspirados por Deus, endossada e compilada pela ação do Santo Espírito e, portanto, digna de aceitação. Em alguns documentos oficiais da corte católica, extrabíblicos, podemos encontrar traços de concordância com o que cremos sobre essa Revelação de Deus para a humanidade, por intermédio do Seu Filho. Extraímos a essência do conteúdo a seguir.

De acordo a *Constituição Dogmática Dei Verbum (Palavra de Deus)*, cujo texto final foi votado em 18 de novembro de 1965, tendo sido solenemente promulgada nesse mesmo dia pelo então papa Paulo VI, encerrando um ciclo de oito sessões públicas do Concílio Vaticano II, temos bem claro o que nela consta a respeito da aceitação da revelação pela fé, quando diz que "A Deus que Se revela é devida a obediência da fé". Tal compreensão foi extraída do texto bíblico a seguir: "Por meio dele e por causa do seu nome, recebemos graça e apostolado para chamar dentre todas as nações um povo para a obediência que vem pela fé" (ROMANOS 1:5, NVI). Portanto, por essa exposição, entendemos que o homem se entrega total e livremente a Deus, oferecendo, ao mesmo Deus revelador, o obséquio pleno da inteligência e da vontade. E, assim, presta um voluntário assentimento à Sua revelação.

Para prestar essa adesão da fé, são necessários a prévia e concomitante ajuda da graça divina e os interiores auxílios do Espírito Santo, o qual move e converte a Deus o coração, abre os olhos do entendimento e dá a todos a suavidade em aceitar e crer a verdade. Para que a compreensão da revelação seja vivenciada de forma mais profunda, o mesmo Espírito Santo aperfeiçoa em nós, sem cessar, a fé mediante os Seus dons.

Filtrando o que edifica, que possamos aperfeiçoar a nossa fé com a ajuda do Santo Espírito, para não perdermos a sintonia com o Pai. Que os nossos corações estejam, de fato, convertidos a Deus. Uma vez abertos os olhos do nosso entendimento, compreenderemos perfeitamente a Verdade. Não somente por partes, mas teremos capacidade de sermos envolvidos plenamente pela Sua revelação e transformados de glória em glória, até atingirmos a estatura que Jesus espera de nós em maturidade espiritual, à medida da estatura completa de Cristo.

Ele nos criou como adoradores que sentem prazer em adorá-lo. E adorá-lo não é uma obrigação. Se Deus é amor, espera que Seus filhos também O amem. Mesmo aqueles que dizem rejeitar a fé cristã podem estar intimamente desejosos de imaginar e acreditar em um Deus que é amor, só por ver os frutos que esse amor produz em nós. O nosso testemunho de intimidade com o Senhor atrairá, até mesmo, o mais convicto incrédulo. Não há coração de pedra que não seja convertido em carne diante de testemunhos de transformação verdadeira, produzida por uma vida voltada à obediência, ao serviço e à santidade.

A alma que prioriza o Senhor alcança outras almas pela força do amor de Deus que a alimenta. Nós não somente imaginamos, nós cremos com toda a nossa fé que é este amor incondicional que nos mantém vivos. É, portanto, um privilégio nosso sermos chamados de filhos, de servos ou de amigos de Deus. Priorizar a nossa intimidade com o Senhor, além de nos tornar cada vez mais parecidos com Ele, livra-nos dos laços da idolatria. O ser humano sempre buscará um preenchimento para o seu vazio interior, respostas para a sua insuficiência, uma satisfação que lhe complete ou, simplesmente, um significado para sua existência. Mas não pode haver expressão maior e mais significativa do que externarmos a nossa adoração permanente ao nosso Santo Criador.

Inequivocamente, Deus revela, por meio de Moisés, o Seu desprezo por qualquer tipo de adoração ou culto que não seja para Ele próprio. Quando escolheu para Si um povo que honrasse e glorificasse o Seu Nome, orientou-o sobre o que fazer quando encontrasse os ídolos estrangeiros na terra onde habitaria:

> Porém assim lhes fareis: Derrubareis os seus altares, quebrareis as suas estátuas; e cortareis os seus bosques, e queimareis a fogo as suas imagens de escultura. Porque povo santo és ao Senhor teu Deus; o Senhor teu Deus te escolheu, para que lhe fosses o seu povo especial, de todos os povos que há sobre a terra (DEUTERONÔMIO 7:5-6, ACF).

Essa adoração única é a que Deus espera do Seu povo. Ele não apenas condenava a idolatria, como também ordenava que o povo desprezasse (completamente) até o material de que eram feitas as tais imagens, bem como o que as revestiam, como o ouro e a prata. Ter imagens de ídolos em casa desagrada a Deus, ofende a verdadeira fé, é maldição e destina tal casa à total destruição:

> As imagens de escultura de seus deuses queimarás a fogo; a prata e o ouro que estão sobre elas não cobiçarás, nem os tomarás para ti, para que não te enlaces neles; pois abominação é ao Senhor teu Deus. Não porás, pois, abominação em tua casa, para que não sejas anátema, assim como ela; de todo a detestarás, e de todo a abominarás, porque anátema é (DEUTERONÔMIO 7:25-26, ACF).

É impossível adorar a nada. Uma vez que os seres humanos são feitos criaturas adoradoras adorando ao Deus que os criou, será inevitável que adoraremos alguém ou alguma outra coisa. Deus ensina ao Seu povo como adorar, desprezando veementemente todos os desvios de Seus ensinos. Ele espera que odiemos a idolatria e combatamos as heresias com o mesmo grau da Sua justa ira, pois, no passado, o castigo veio apressadamente sobre o Seu povo por causa da desobediência:

> Assim diz o Senhor dos Exércitos, Deus de Israel: Vocês viram toda a desgraça que eu trouxe sobre Jerusalém e sobre todas as cidades de Judá. Hoje elas estão em ruínas e desabitadas por causa do mal que fizeram. Seus moradores provocaram a minha ira queimando incenso e prestando culto a outros deuses, que nem eles nem vocês nem seus antepassados jamais conheceram. Dia após dia, eu lhes enviei meus servos, os profetas, que disseram: Não façam essa abominação detestável! Mas eles não me ouviram nem me deram atenção; não se converteram de sua impiedade nem cessaram de queimar incenso a outros deuses (JEREMIAS 44:2-5, NVI).

Na época dos apóstolos, havia uma autoridade sacerdotal judaica que tentava impedi-los de pregar o Evangelho, o que podemos estudar no livro de Atos. Porém, eles priorizaram Deus por meio do seu chamado como discípulos do Mestre. Não se calaram nem se curvaram aos "Césares" tiranos que exigiam honra e reverência absoluta diante deles. Aqueles discípulos de Jesus tinham temor e prazer em testemunhar tudo aquilo que aprenderam diretamente do Senhor. E o resultado? Encheram Jerusalém "daquela doutrina", confrontando os sacerdotes e o governo local, pois era "preciso obedecer antes a Deus do que aos homens!" – disse Pedro (ATOS 5:29, NVI).

Eles não se importaram com as tradições, com os costumes, com a intolerância religiosa ou com as ameaças do governo romano. Não tiveram por preciosas as suas vidas, ao contrário, queriam estar distantes de serem achados como aqueles a quem Jesus se dirigiu. Leiamos:

> E assim invalidastes, pela vossa tradição, o mandamento de Deus. Hipócritas, bem profetizou Isaías a vosso respeito, dizendo: Este povo se aproxima de mim com a sua boca e me honra com os seus lábios, mas o seu coração está longe de mim. Mas, em vão me adoram, ensinando doutrinas que são preceitos dos homens (MATEUS 15:6-9, ACF).

Um homem chamado Saulo, natural de Tarso, por muito tempo perseguiu os cristãos. Era homem letrado, sábio, conhecia a Lei como legítimo judeu. Estudado, educado pelos mais importantes rabinos da sua época, poliglota, eloquente, também tinha o título de cidadão romano. Era alguém preparado, porém muito religioso. E foi confrontado pelo ensino do Evangelho da salvação. Saulo era seu nome verdadeiro antes de se tornar conhecido como o Apóstolo Paulo. Consentiu a morte de Estêvão, sinceramente acreditando que esse homem fosse um inimigo de Deus e do Seu povo (ATOS 7:58). Permitiu que alguns outros pregadores do Evangelho fossem presos e açoitados. Até o glorioso momento em que teve um encontro pessoal com Jesus, que, em um resplendor de luz, lhe apareceu subitamente no caminho de Damasco:

> Enquanto isso, Saulo ainda respirava ameaças de morte contra os discípulos do Senhor. Dirigindo-se ao sumo sacerdote, pediu-lhe cartas para as sinagogas de Damasco, de maneira que, caso encontrasse ali homens ou mulheres que pertencessem ao Caminho, pudesse levá-los presos para Jerusalém. Em sua viagem, quando se aproximava de Damasco, de repente brilhou ao seu redor uma luz vinda do céu. Ele caiu por terra e ouviu uma voz que lhe dizia: "Saulo, Saulo, por que você me persegue?" Saulo perguntou: "Quem és tu, Senhor?" Ele respondeu: "Eu sou Jesus, a quem você persegue. Levante-se, entre na cidade; alguém lhe dirá o que você deve fazer" (ATOS 9:1-6, NVI).

O Senhor Jesus o usou de forma tremenda, como um vaso escolhido e precioso. O perseguidor em breve passaria a ser perseguido. Ficou cego por três dias após ter sido envolvido pela glória do Senhor, mas, ao abrir os olhos, não queria mais enxergar o que ele havia sido em seu passado. Agora convertido a Jesus, tendo-o visto e crido Nele, passou a defender aqueles que, outrora, ele mesmo mandava prender. Pôs-se ao serviço do Reino e deixou seu nome registrado na História. Foi batizado por outro servo, Ananias, o mesmo que impôs sobre Saulo as mãos e orou para que fosse curado da cegueira. Foi cheio do Espírito Santo e passou a usar as ferramentas que tinha, ou seja, toda a sua sabedoria e a sua influência entre os maiorais, para dar testemunho da sua conversão.

> Então Ananias foi, entrou na casa, impôs as mãos sobre Saulo e disse: "Irmão Saulo, o Senhor Jesus, que lhe apareceu no caminho por onde você vinha, enviou-me para que você volte a ver e seja cheio do Espírito Santo". Imediatamente, algo como escamas caiu dos olhos de Saulo e ele passou a ver novamente. Levantando-se, foi batizado e, depois de comer, recuperou as forças. Saulo passou vários dias com os discípulos em Damasco. Logo começou a pregar nas sinagogas que Jesus é o Filho de Deus. Todos os que o ouviam ficavam perplexos e perguntavam: "Não é ele o homem que procurava destruir em Jerusalém aqueles que invocam este nome? E não veio para cá justamente para levá-los presos aos chefes dos sacerdotes?" Todavia, Saulo se fortalecia cada vez mais e confundia os judeus que viviam em Damasco, demonstrando que Jesus é o Cristo (ATOS 9:17-22, NVI).

Paulo se tornou um dos mais influentes apóstolos de Jesus. Viajou incansavelmente, percorrendo grandes distâncias e vencendo muitos obstáculos para levar a mensagem do Evangelho aos outros. Sofreu naufrágios, foi preso, também foi açoitado e apedrejado, mas não desistiu de levar a esperança aos povos, principalmente, às nações excluídas do judaísmo. Decidira viver por e para Jesus, matou o seu ego, crucificou a sua carne, ou seja, pagou um preço que o tornou OUTRO em Cristo:

> Porque eu, pela lei, estou morto para a lei, para viver para Deus. Já estou crucificado com Cristo; e vivo, não mais eu, mas Cristo vive em mim; e a vida que agora vivo na carne, vivo-a pela fé do Filho de Deus, o qual me amou, e se entregou a si mesmo por mim (GÁLATAS 2:19-20, ACF).

> Porque para mim o viver é Cristo e o morrer é lucro. Caso continue vivendo no corpo, terei fruto do meu trabalho. E já não sei o que escolher! Estou pressionado dos dois lados: desejo partir e estar com Cristo, o que é muito melhor (FILIPENSES 1:21-23, NVI).

Diante da sua escolha em priorizar o Reino, toda a sua história de vida, todas as suas experiências, o aprendizado e a sabedoria adquirida enquanto foi doutrinado pelos rabinos, toda a sua religiosidade, tudo agora para ele não passava de lixo, de esterco. E temos isso registrado em Filipenses 3:7-9: "Mas o que para mim era lucro, passei a considerar perda, por causa de Cristo". Mais do que isso, considero tudo como perda, comparado com a suprema grandeza do conhecimento de Cristo Jesus, meu Senhor, por cuja causa perdi todas as coisas. Eu as considero como esterco para poder ganhar Cristo e ser encontrado nele, não tendo a minha própria justiça que procede da lei, mas a que vem mediante a fé em Cristo, a justiça que procede de Deus e se baseia na fé. Já no fim da sua vida, ainda mais confiante de que fizera a escolha certa, afirmou:

> Quanto a mim, a hora já chegou de eu ser sacrificado, e já é tempo de deixar esta vida. Fiz o melhor que pude na corrida, cheguei até o fim, conservei a fé. E agora está me esperando o prêmio da vitória, que é dado para quem vive uma vida correta, o prêmio que o Senhor, o justo Juiz, me dará naquele dia, e não somente a mim, mas a todos os que esperam, com amor, a sua vinda (2 TIMÓTEO 4:6-8, Nova Tradução na Linguagem de Hoje).

O Apóstolo Paulo nos chama para a mesma esperança em Cristo Jesus, não só pelas suas palavras, mas pelo seu testemunho de conversão e por uma vida totalmente dedicada a cumprir a vontade de Deus. Ele aprendeu a priorizar Deus, e a sua história nos estimula a caminhar, copiando o seu exemplo de discípulo. Passou a apontar O Caminho (Jesus) por onde passava. Quem olhava para ele via Jesus. Ousadamente, cônscio do seu papel e da fé que depositava aos pés do seu Senhor, não temia ser visto como alguém digno de ser imitado. Aquele, que outrora não suportava ouvir o nome de Jesus, agora dizia frases tão fortes e edificantes: "Tornem-se meus imitadores, como eu o sou de Cristo" (1 CORÍNTIOS 11:1, NVI). "Por essa razão, eu, Paulo, prisioneiro de Cristo Jesus por amor de vocês, gentios" (EFÉSIOS 3:1, ACF).

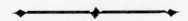

Ele aprendeu que honrar a Deus requer prioridade, não à religião, não às tradições, mas a uma vida de intimidade com o Senhor. O homem que mandava prender agora estava preso. Parece um paradoxo, mas o sentido de se estar preso em Cristo consiste em estar livre do pecado, livre das amarras que nos prendem ao mundo – na verdade, mais claramente, livres da condenação do inferno. Por ser natural de Tarso – a então capital da província romana da Cilícia –, conhecia bem as leis de Roma. Quando um fugitivo ou condenado era capturado, tinha seu braço fortemente atado ao braço do soldado que o conduzia. Não havia para onde ir. Só havia uma forma de se soltar: matando o soldado. E o soldado, por sua vez, sabia do peso de condenação que havia sobre todo aquele que deixasse um fugitivo condenado escapar. A pena poderia ser a própria morte. Então, na maioria das vezes que uma fuga por distração acontecia, o soldado tirava a própria vida para não ser exposto à vergonha.

Ao expressar com tamanho orgulho que ele era prisioneiro de Cristo, Paulo queria dizer que não se importava de ser chamado de preso. Ele sabia que não poderia lutar com Aquele que o estava conduzindo. O que ele queria mesmo era ser visto como um novo homem que, se fosse preciso, perderia a própria vida para não se soltar do seu Senhor. E, preso a Jesus, recebeu a maior e melhor sentença que um homem pode ter: estar livre da morte eterna, salvo para sempre. Antes de conhecer Cristo, ele pensava ser alguém. Até reconhecer isto que escreveu: "Pois dele, por ele e para ele são todas as coisas. A ele seja a glória para sempre! Amém" (ROMANOS 11:36, NVI).

Jesus não divide a Sua glória com mais ninguém. Então, não devemos priorizar, honrar, reverenciar ou servir a mais ninguém. Devemos dar honra e agradar somente a Cristo, vivendo por Ele, crescendo no conhecimento da Verdade, até que estejamos preparados para darmos muitos frutos pela nossa fé. Outro ensino de Paulo: "a fim de viverdes de modo digno do Senhor, para o seu inteiro agrado, frutificando em toda boa obra e crescendo no pleno conhecimento de Deus" (COLOSSENSES 1:10, ARA). Não pode haver entendimento ou crescimento espiritual sem o conhecimento de Deus. E quando O colocamos como prioridade, dedicamos nossa vida para agradá-Lo. Não cabe mais ninguém em nossa adoração, nem mesmo no nosso dia a dia, em nossos pensamentos e atitudes, onde quer que estejamos e em tudo o que estivermos fazendo. O nosso Deus deve estar conosco a todo instante, pois toda a nossa vida precisa glorificar ao Seu nome em tudo. Lemos em Coríntios: "Portanto, se vocês comem, ou bebem ou fazem qualquer outra coisa, façam tudo para a glória de Deus" (1 CORÍNTIOS 10:31, Nova Almeida Atualizada).

Só conseguiremos organizar as nossas prioridades sob a total liderança do Espírito Santo, pois é Ele quem nos ajuda a focarmos os olhos espirituais No Caminho. Jesus deve vir em primeiro lugar em tudo: nos pensamentos, na nossa agenda, nas atitudes, nas emoções, tomando o lugar de outras coisas que pareciam essenciais em nossa vida. Mesmo sem um prévio planejamento, nós sempre teremos prioridades. Por essa razão, faz-se importante que, todos os dias, estabeleçamos as prioridades corretas. Em Efésios, a Bíblia nos diz que somos feitos para termos uma vida valorosa e correta, com propósito. Não como néscios ou insensatos, mas como os sábios, remindo o tempo (ou fazendo o melhor com o nosso tempo), porque os dias são maus.

> Portanto, prestem atenção na sua maneira de viver. Não vivam como os ignorantes, mas como os sábios. Os dias em que vivemos são maus; por isso aproveitem bem todas as oportunidades que vocês têm. Não ajam como pessoas sem juízo, mas procurem entender o que o Senhor quer que vocês façam (EFÉSIOS 5:15-17, NTLH).

  Temos o direito de investir nosso tempo e nossa atenção em diversas escolhas. Sem prioridades claras, podemos estagnar ou dar passos incertos. A Palavra disse claramente: temos que ter cuidado com a nossa maneira de viver, aproveitando ao máximo cada oportunidade, procurando compreender qual é a vontade de Deus. Viver a vontade de Deus é usar o nosso tempo para priorizar o que Lhe traga louvor, honra e glória. Não como fazem os faltos de entendimento, desperdiçando o tempo de maneira irresponsável, ou como os insensatos, mas fazendo o que Deus particularmente tem nos direcionado.

  O que é importante para Jesus deve ser importante para nós. Se alguma coisa tinha grande prioridade para Ele, isso também tem que ter prioridade para nós. Organizando as nossas prioridades conforme a vontade de Deus, teremos paz em tudo o que fizermos e poderemos desfrutar do melhor para os nossos dias. Não perderemos o foco. Onde foi mesmo que a humanidade parou? Em que ponto perdeu o seu foco em Deus? Teria Deus desprezado o homem? Ou, sem uma causa justa, tê-lo-ia abandonado à própria sorte? É preciso que repensemos quais foram os motivos que fizeram o homem ignorar a presença do Senhor.

  Ao deixar de priorizar a vontade de Deus, muitas outras coisas passaram a ter importância maior e lugar de destaque entre os homens: a vontade própria, os desejos desenfreados da carne e toda sorte de pecados, os próprios interesses e os seus propósitos egoístas, ou seja, o homem querendo ser o centro de tudo. E diante do caótico cenário de irreverência e intolerância que atravessa o mundo em nossos dias, necessário é que busquemos um paralelo entre o **PONTO X**, o qual chamaremos de **INÍCIO, CRIAÇÃO** ou **PONTO DE PARTIDA DA HUMANIDADE,** e o **PONTO Y,** no qual identificaremos **O MOMENTO** em que **A ESSÊNCIA COMUM** que regia e completava a humanidade, lá no início, foi substituída ou deixada de lado.

  Entendamos **"ESSÊNCIA COMUM"** como sendo a **HARMONIA PERFEITA** que havia entre o Criador e a Sua criatura, como um cordão umbilical que permite a comunicação entre o feto e a placenta. Além de levar vida através do sangue e dos nutrientes, oxigênio e anticorpos transportados até o feto, também permite a este receber de todas as emoções vividas pela mãe e que são passadas para o sistema do bebê, fisicamente ligado a ela. Essa harmonia, como **LIGAÇÃO**, representava a vida plena e a relação de total dependência do homem para com Deus. Entre os pontos **X** e **Y,** tracemos agora uma **MEDIATRIZ**, num ponto médio ou **PONTO EXTRA**, provocando uma ruptura naquele estado de paz ou "ligação" original. Chamemos esse ponto extra de **PECADO**. A partir deste ponto, Deus deixou de ser **PRIORIDADE** na vida do homem.

  Adão e Eva receberam um tesouro das Mãos do Criador, maior que qualquer outra coisa criada: o "fôlego celestial" estava neles. Eles podiam compartilhar de uma abundante vida pela imagem de Deus dentro deles, e isso os distinguia de todos os outros seres. O pecado, porém, causou a quebra do elo, maculou a pureza, manchou a imagem de Deus no semblante do homem, trouxe divisão, separação, destruição e morte, desorganizou todo um sistema. A Bíblia registra, em Gênesis 3:16-19, que toda a terra foi afetada por causa da desobediência do homem. Dores, maldições sobre a terra, dificuldades, trabalho exaustivo, doenças incuráveis, morte... tudo isso, consequência. Deus, embora continuasse a amar o que se fez pecador, não toleraria conviver com o pecado porque o nosso Deus é santo. O homem preferiu o desconhecido mundo natural e todas as suas armadilhas (incluindo a morte), ao renunciar à sobrenatural e íntima relação com o Conhecido Deus. Então, tentaremos resumir sua trajetória assim:

PONTO X		PONTO EXTRA		PONTO Y
CRIAÇÃO	HARMONIA	PECADO	INFLUÊNCIA DO MAL	INÍCIO DA IDOLATRIA

Afastado do seu Criador, o homem que agora era influenciado pelo mal continuou a sua jornada. Multiplicou-se, fortaleceu-se, expandiu território em tribos, cidades, fortalezas, impérios, na mesma proporção em que inventou para si deuses de pau e pedra, aos quais entregaria a sua adoração. Daí o claro motivo de tudo entre os povos começar a se desencontrar. Só que Deus não planejou assim. Ele sempre indicou O CAMINHO que jamais deveria ter sido deixado de lado, CAMINHO este que, revelado pelo próprio Deus à Sua criação, guiaria o homem a uma vida abundante de paz, de amor e de perfeita harmonia com o Seu Criador.

O Único Caminho que manteria o homem longe das inconstantes zonas abissais da IDOLATRIA que tem atraído e arrastado muitos (e desde muito tempo!) a atalhos sombrios e sem volta: MORTE ESPIRITUAL – SEPARAÇÃO TOTAL E ETERNA entre a humanidade e o seu VERDADEIRO DEUS.

A INDISCUTÍVEL EXISTÊNCIA DE DEUS

(APENAS UMA NOÇÃO DE DEUS)

A impossibilidade de provar que Deus não existe, é a melhor prova de sua existência.

(LA BRUYÈRE, 1688)

Deus existe, mas não necessita da crença humana na Sua existência. Aliás, não poderia haver fundamento na fé, se Deus resolvesse aparecer e provar ao mundo inteiro que Ele existe. A Bíblia nos revela em Hebreus: "Ora, sem fé é impossível agradar-lhe; porque é necessário que aquele que se aproxima de Deus creia que ele existe, e que é galardoador dos que o buscam" (HEBREUS 11:6, ACF). Logo, não precisamos tentar provar nenhum argumento sobre a existência de Deus, tendo a fé como a âncora que nos mantêm firmes, mesmo quando cercados por um turbulento e abissal oceano de incredulidade.

Os nossos próprios argumentos refletem o tipo de seres que somos: finitos, mutáveis e totalmente presos ao tempo. Mas o nosso Deus, o Criador, está além de qualquer medida, Sua existência transcende o tempo e todas as categorias temporais, posto que o tempo é uma medida relacionada aos seres em movimento, mutáveis. Como qualquer outra coisa, o tempo também é uma criatura. Por isso, torna-se tão desnecessária aquela velha (e contraditória) pergunta: "Se Deus é o Criador de todas as coisas, então, quem criou Deus?". Ora, sendo eterno, atemporal, sem princípio nem fim, pressupõe-se que Ele próprio seja A FONTE imutável, criadora e transformadora e que, por isso, jamais estará vulnerável às leis das coisas mutáveis, transitórias e temporais, como qualquer criatura. Nenhum argumento, porém, pode persuadir alguém que se recusa a reconhecer o que já é evidente.

No final, a existência de Deus deve ser mesmo aceita pela fé, e a fé não é para todos. Nós, os seres criados, estamos muito aquém de compreendermos as coisas espirituais na completude do que realmente são, pois elas só podem ser discernidas espiritualmente: "Ora, o homem natural não compreende as coisas do Espírito de Deus, porque lhe parecem loucura; e não pode entendê-las, porque elas se discernem espiritualmente" (1 CORÍNTIOS 2:14, ARC).

Bem mais fácil é crer no que os nossos olhos alcançam, crer no táctil, no palpável, como se diz no popular: "caminhar no chão firme". As verdades espirituais reveladas EM e POR Jesus mexeram com o intelecto de muitos pensadores, filósofos e historiadores ao longo dos anos. Mas imagina o impacto que tiveram na vida daqueles simples e humildes homens que andaram com Ele? Como era difícil para alguém naquela época entender quem de fato era Jesus, Seu plano de salvação e as Suas DUAS NATUREZAS em perfeita harmonia! O diálogo que citamos no capítulo anterior entre Jesus e Tomé, por exemplo, deixa-nos claro que não precisamos basear a nossa fé em algo visível ou palpável. "Então Jesus lhe disse: 'Porque me viu, você creu? Felizes os que não viram e creram'" (JOÃO 20:29, NVI).

Jamais poderemos compreender a vastidão do universo, mas podemos observar as estrelas, admirar as maravilhas da natureza à nossa volta, contemplar a beleza de um pôr do sol enquanto as ondas quebram na praia... Todas essas coisas apontam para um Deus Criador potencial e infinitamente criativo. Nós, porém, em algum momento da nossa existência, demonstraremos um pouco de ceticismo. Agiremos como Tomé, como se houvesse uma parte do nosso ser relutando em acreditar que não existe algo além do que podemos ver ou tocar. Ao mesmo tempo, vamos percebendo que outra parte de nós estará sempre a buscar uma resposta, um norte, um chão. Por que somos tão importantes para Deus? Se tudo é tão vasto, imenso e tão milimetricamente elaborado, por que Ele nos criou? Se até as coisas invisíveis, como o vento, os aromas e os sentimentos, são tão complexas, qual a razão de existirmos? O que temos de bom em nós que possa atrair o inexplicável amor do Criador? Parecemos tão insignificantes! E paramos diante do que o livro de Salmos revela:

> Os céus declaram a glória de Deus; o firmamento proclama a obra das suas mãos. Um dia fala disso a outro dia; uma noite o revela a outra noite. Sem discurso nem palavras, não se ouve a sua voz. Mas a sua voz ressoa por toda a terra, e as suas palavras, até os confins do mundo (SALMOS 19:1-4, NVI).

Deus tem um propósito conosco e ainda discorreremos sobre ele. Tal propósito ultrapassa quaisquer argumentos, pois, mesmo que nos vejamos pequenos diante da beleza e perfeição da criação, nos torna ÚNICOS, GRANDES E ESPECIAIS, feitos para o cumprimento do plano de Deus para tudo o que Ele criou. TUDO DE DEUS É PERFEIÇÃO! Nada do que existe é por acaso. Todo o universo é controlado por uma força que não podemos mensurar. Tudo se encaixa e tudo funciona, tudo é perfeito. Por exemplo, estudiosos afirmam que, se o planeta Terra estivesse significativamente mais perto ou mais longe do sol, ele não seria capaz de sustentar a maior parte da vida que atualmente sustenta.

Se os elementos que compõem a nossa atmosfera fossem apenas alguns pontos percentuais diferentes, quase todos os seres vivos na terra morreriam. As chances de uma única molécula de proteína formar-se ao acaso é de uma em 10.243. E, em apenas uma única célula, encontram-se milhares de moléculas de proteína que a constituem. Incrível! Só mesmo uma mente divina para arquitetar projetos tão perfeitos! Filósofos e religiosos registraram seus argumentos sobre a existência de Deus. E, por serem filosóficos, tais argumentos não estariam totalmente enraizados na religião, tampouco intentariam constituir isoladamente um fato científico.

Santo Anselmo – o "Pai da Escolástica" –, mais conhecido como Anselmo de Aosta ou Anselmo de Cantuária (1033-1109), acreditava na capacidade da razão (*ratio Anselmi* = razão de Anselmo) para investigar os mistérios divinos e propunha a prova ontológica (argumento ontológico) da existência de Deus (STREFLING, 1993, p. 9). A palavra "ontológico" é relativa à ontologia: a investigação teórica do ser. Se temos a ideia de um ser perfeito, e se a perfeição absoluta existe, logo, o ser perfeito existe. A noção de um ser perfeito significa que Deus tem de existir. No seu ensaio *Proslogion,* Santo Anselmo concebeu Deus como um ser que possui toda a perfeição concebível. Teve o seu argumento contestado por Gaunilo de Marmoutiers (994-1083), que alegou falhas nesse tipo de argumentação tautológica redundante, que diz a mesma coisa em termos diferentes (STREFLING, 1993, p. 9).

René Descartes (1596-1650) escreve que a concepção de um ser perfeito que não tem existência é como imaginar um triângulo cujos ângulos interiores não somam 180 graus. Para ele, a existência de Deus era tão óbvia, lógica e evidente como as verdades matemáticas mais básicas. Por isso, sua "Quinta Meditação" introduz à noção de "naturezas verdadeiras e imutáveis" que, em conjunto, constituem para ele o único conteúdo de ideias que considera inato (WILSON, 1997, p. 236).

Platão, Aristóteles e São Tomás de Aquino defendiam o argumento da Primeira-Causa ou o "argumento cosmológico". Alguma coisa deve ter causado a existência do Universo, baseando-se na suposição de que cada evento deve ter uma causa. Porém, tem que haver algum tipo de causa em primeiro lugar – que, por si só, não tem causa. Isso exigiria algum tipo de ser "incondicionado" ou "supremo" – uma causa eficiente primeira, a quem os filósofos chamam de Deus. Aquino, que era diretamente ligado às escolas árabes de filosofia e teologia, conhecia os seus argumentos e era influenciado por elas. Tais conhecimentos e referências o fizeram afirmar que havia cinco vias *(quinque viis)* capazes de provar que Deus existe (ABRANCHES, 1961, p. 3).

O filósofo alemão Gottfried Leibniz (1646-1716), em seu argumento cosmológico de Contingência, argumentou ter que haver alguma coisa em vez de nada – afirmando que o motivo se encontra numa substância que é "um ser necessário", que carrega a razão de sua própria existência dentro de si mesmo. E esse argumento, segundo ele, pode provar a existência de Deus, existência necessária, absoluta, "sem limites", de um ser absolutamente perfeito (CORDEIRO, 2009, p. 6). William Paley (1743-1805), em seu argumento do relojoeiro (ou "argumento do desígnio"), sempre defendeu que, do mesmo jeito que a existência de um relógio indica a presença de uma mente inteligente (o relojoeiro), o universo e os fenômenos que o completam indicam a presença de uma inteligência ainda maior: Deus (PALEY, 2009, p. 9).

A ordem em todo o cosmos, as leis da física que o sustentam, tudo está correlacionado com a ideia de que alguma coisa deve ter desenhado o universo em que vivemos, ou seja, ele teve de ser concebido. Esse é o argumento teleológico, ou argumento do "design inteligente" (desenho inteligente) – uma hipótese científica, "baseada na assertiva de que certas características do universo e dos seres vivos são melhor explicadas por uma causa inteligente, e não por um processo não-direcionado" (DE MELO; VIEIRA, 2019, p. 424). Argumentos, teorias, pensamentos humanos: levaríamos anos só para compilar um índice com tantas teses que já foram levantadas sobre a existência de Deus. Na Bíblia, o próprio Senhor permite que alguns de Seus escolhidos tenham conhecimento do Seu poder que a tudo controla.

Em uma das teofanias registradas nas Escrituras, Jó teve uma experiência com Deus, na qual Ele lhe fez várias perguntas a respeito de tudo o que há na criação e sobre as leis que regem o universo. Se estivéssemos ali, no lugar daquele homem, o que poderíamos responder? Como querer firmar a nossa limitadíssima compreensão diante da sapiência divina? Coloquemo-nos no lugar de Jó e meditemos nesse diálogo. Após alguns questionamentos de Jó, responde o Senhor Deus, interrogando-o:

> Depois disto o SENHOR respondeu a Jó de um redemoinho, dizendo: Quem é este que escurece o conselho com palavras sem conhecimento? Agora cinge os teus lombos, como homem; e perguntar-te-ei, e tu me ensinarás. Onde estavas tu, quando eu fundava a terra? Faze-mo saber, se tens inteligência. Quem lhe pôs as medidas, se é que o sabes? Ou quem estendeu sobre ela o cordel? Sobre que estão fundadas as suas bases, ou quem assentou a sua pedra de esquina, quando as estrelas da alva juntas alegremente cantavam, e todos os filhos de Deus jubilavam? Ou quem encerrou o mar com portas, quando este rompeu e saiu da madre; Quando eu pus as nuvens por sua vestidura, e a escuridão por faixa? Quando eu lhe tracei limites, e lhe pus portas e ferrolhos, e disse: Até aqui virás, e não mais adiante, e aqui se parará o orgulho das tuas ondas? Ou desde os teus dias deste ordem à madrugada, ou mostraste à alva o seu lugar; Para que pegasse nas extremidades da terra, e os ímpios fossem sacudidos dela; E se transformasse como o barro sob o selo, e se pusessem como vestidos; E dos ímpios se desvie a sua luz, e o braço altivo se quebrante; Ou entraste tu até às origens do mar, ou passeaste no mais profundo do abismo? Ou descobriram-se-te as portas da morte, ou viste as portas da sombra da morte? Ou com o teu entendimento chegaste às larguras da terra?

> Faze-mo saber, se sabes tudo isto. Onde está o caminho onde mora a luz? E, quanto às trevas, onde está o seu lugar; Para que as tragas aos seus limites, e para que saibas as veredas da sua casa? De certo tu o sabes, porque já então eras nascido, e por ser grande o número dos teus dias! Ou entraste tu até aos tesouros da neve, e viste os tesouros da saraiva, que eu retenho até ao tempo da angústia, até ao dia da peleja e da guerra? Onde está o caminho em que se reparte a luz, e se espalha o vento oriental sobre a terra? Quem abriu para a inundação um leito, e um caminho para os relâmpagos dos trovões, para chover sobre a terra, onde não há ninguém, e no deserto, em que não há homem; Para fartar a terra deserta e assolada, e para fazer crescer os renovos da erva? A chuva porventura tem pai? Ou quem gerou as gotas do orvalho? De que ventre procedeu o gelo? E quem gerou a geada do céu? Como debaixo de pedra as águas se endurecem, e a superfície do abismo se congela. Ou poderás tu ajuntar as delícias do Sete-estrelo ou soltar os cordéis do Órion? Ou produzir as constelações a seu tempo, e guiar a Ursa com seus filhos? Sabes tu as ordenanças dos céus, ou podes estabelecer o domínio deles sobre a terra? Ou podes levantar a tua voz até às nuvens, para que a abundância das águas te cubra? Ou mandarás aos raios para que saiam, e te digam: Eis-nos aqui? Quem pôs a sabedoria no íntimo, ou quem deu à mente o entendimento? Quem numerará as nuvens com sabedoria? Ou os odres dos céus, quem os esvaziará, quando se funde o pó numa massa, e se apegam os torrões uns aos outros? Porventura caçarás tu presa para a leoa, ou saciarás a fome dos filhos dos leões, quando se agacham nos covis, e estão à espreita nas covas? Quem prepara aos corvos o seu alimento, quando os seus filhotes gritam a Deus e andam vagueando, por não terem o que comer? (JÓ 38:1-41, ACF).

Uau! Em apenas um capítulo, Deus nos dá uma aula. Revela-se como Criador e arquiteto de tudo, como o CONTROLADOR ABSOLUTO do universo e das forças que o mantêm em funcionamento, como um Deus detalhista que impôs limites à Natureza para que esta não avançasse ou retrocedesse sem a Sua ordem. Deus que se preocupa com a criatura, que cuida e a alimenta. E segue Deus nos próximos capítulos com muitas outras questões que devem ter deixado Jó em aperto. Apenas um único verso da citação anterior, por si só, já colocaria muito pensador de cabeça baixa. Eis a intrigante questão: *"Onde estavas tu, quando eu fundava a terra? Faze-mo saber, se tens inteligência"*. Simplesmente, Deus é Deus! Não há outro, criativo e inventor, santo e poderoso! E por mais que o Senhor tenha interesse pela Sua criação física, quanto mais interesse Ele tem pela beleza do que pode fazer em nós? Ele é o Artista Maior, e toda a Sua arte e poesia só APONTAM O CAMINHO para a crença na Sua existência!

> Já ninguém há que invoque o teu nome, que se desperte e te detenha; porque escondes de nós o rosto e nos consomes por causa das nossas iniquidades. Mas agora, ó Senhor, tu és nosso Pai, nós somos o barro, e tu, o nosso oleiro; e todos nós, obra das tuas mãos (ISAÍAS 64:7-8, ARA).

Apenas uma noção de Deus. Parece pouco, mas é o que nos basta. Por mais espiritualizados e íntimos do Pai que sejamos, jamais poderemos compreender toda sua grandeza e plenitude enquanto estivermos na carne. Conseguiremos, no máximo, lampejos da Sua infinita Glória, pois não suportaríamos o peso dela. A nossa carne, muito embora possa ser purificada para se tornar templo do Santo Espírito que habita em nós, ainda não foi convertida na incorruptibilidade de forma definitiva. Naquele grande dia, no qual acontecerá o maior encontro e o mais esperado de todos os tempos, entenderemos de fato esta passagem de 1 Coríntios, que diz: "Porque é necessário que isto que é corruptível se revista da incorruptibilidade e que isto que é mortal se revista da imortalidade" (1 CORÍNTIOS 15:53, ARA). Creiamos que somente dessa forma, gloriosamente transformados, poderemos ter a justa noção de quem é Deus. Uma noção completa, definitiva e eterna, independentemente dos nossos achismos e teologias. Estaremos face a face com o nosso Salvador. E creio que não ficaremos lá paradinhos, apenas louvando.

Os planos que Ele começou lá na criação de Gênesis, no início de tudo, não acabarão quando estivermos no céu, nossa definitiva morada. Pois, se pensarmos na imensidão infinita do universo, nos bilhões de estrelas e planetas desconhecidos, nos milhares de sóis e sistemas exponencialmente maiores do que o nosso, podemos divagar em nossos pensamentos limitados e sonhar com novas plagas, novas missões, outras dimensões! Noções, apenas noções humanas. Agostinho, ou Aurelius Augustinus (354-430), tinha um pensamento de que Deus nos fizera para Ele mesmo e que o nosso coração não encontraria paz enquanto não descansássemos Nele. Só na glória e apenas lá compreenderemos muitas coisas ainda ocultas, quando descansados em Deus, na presença Dele. Mas, voltando à terra, continuemos com as nossas buscas por conhecimento, NO CAMINHO certo, procurando nos aproximar cada vez mais de Deus. De Gênesis a Apocalipse, Ele se revela a nós como Criador, Soberano, acima de tudo e todos: "No princípio criou Deus o céu e a terra. E a terra era sem forma e vazia; e havia trevas sobre a face do abismo; e o Espírito de Deus se movia sobre a face das águas. E disse Deus: Haja luz; e houve luz" (GÊNESIS 1:1-3, NVI). "Tu, Senhor e Deus nosso, és digno de receber a glória, a honra e o poder, porque criaste todas as coisas, e por tua vontade elas existem e foram criadas" (APOCALIPSE 4:11, NVI).

Tanto na língua portuguesa como no latim, a palavra DEUS é a mesma. No grego é *Theos*, designando o Pai e, de forma excepcional e derivada, o Filho, o Deus que envia o seu Filho e o Espírito (GALVÃO, 2010, p. 437). Aquele a quem devemos toda a reverência porque é Senhor, o Todo-Poderoso, também chamado *Kyrios,* cujo principal requisito é manter sua honra e glória no máximo (VIGIL, 2021, p. 168). No primeiro capítulo de João, é revelada, de forma mais enfática, a divindade de Jesus enquanto "O Verbo", passagem refutada por diversas seitas que relativizam a pessoa do Cristo como sendo mais um *theos,* e não *Theos,* com o Pai e o Espírito. Certamente, porque ainda se fundamentam na perspectiva politeísta dos gregos. Mas, ao lermos "No princípio era o Verbo, e o Verbo estava com Deus, e o Verbo era Deus" (JOÃO 1:1, ACF), temos concordância entre os eruditos no fato de que "esse versículo deve ser tido como nas traduções antigas e atuais, declarando nitidamente que Jesus é realmente Deus [e não *um deus*]" (RADMACHER; ALLEN; HOUSE, 2010, p. 222).

Para nós, Seus servos, feitos filhos, sempre terá – na grandeza deste nome – o mesmo significado: *Theos,* o Soberano Senhor e Governador da terra e dos céus. Jesus está (no texto acima) sendo apresentado ao mundo como "o Verbo" e como "Deus", ou seja: como *ho logos* e como *ho Theos* (SOUZA, 2005, p. 97). O Tetragrama Sagrado YHWH (no hebraico) é o nome próprio do Deus de Israel, geralmente pronunciado com algumas variantes, como: Jeová, Iahweh, Yahu e Yeho (FRANCISCO, 2018, p. 234). E aparecendo em um número de 6.828 vezes no Antigo Testamento, em 5.790 versos (DE SOUZA, 2014, p. 13), sozinho ou em conjunção com outro "nome" que aponte uma característica ou atributo de Deus.

A palavra hebraica que se traduz por Deus como "Ser Supremo" ou "Poderoso", o Deus que é sobre todos os deuses, é *Elohim,* encontrada no primeiro capítulo de Gênesis (GIL'EAD, 2011, p. 1). Original e morfologicamente, um substantivo na forma plural que significa "deuses", compreendendo as TRÊS PESSOAS da Divindade – a Trindade: Pai, filho e Espírito Santo no ato da criação dos céus e da terra, e na formação do homem – conforme o pensamento de São Tomás de Aquino (1225-1274). Tecnicamente, seria o plural de "EL", que tem o sentido de força, majestade e poder absoluto, traduzindo-se também por "Elevadíssimo" ou "Altíssimo", sendo proveniente do Aramaico – idioma dos hebreus (VIANA, 2017, p. 34).

Eis que o nosso Deus é grande, e o número dos Seus dias não se pode contar. Ele vive para sempre: "Antes que os montes nascessem, ou que tu formasses a terra e o mundo, mesmo de eternidade a eternidade, tu és Deus" (SALMOS 90:2, ARC). "Mas tu és o mesmo, E os teus anos não acabarão", (HEBREUS 1:12b, ACF). A terra, os montes, o mar, os céus, os anjos, nós... Tudo teve uma origem e foi criado dentro do tempo. Se tivermos a certeza de que todas essas coisas existem podemos afirmar que: se Deus não existisse desde a eternidade, seria impossível a nossa existência se originar em qualquer tempo. O tal "efeito sem causa" não existe, é um absurdo filosófico.

Para os criacionistas, toda essa questão já está bem definida. Com base na revelação bíblica, defendem que a fauna, a flora, o homem, tudo no universo veio a existir, num tempo determinado, em uma ação direta do Criador. Derrubando, assim, as investidas dos evolucionistas com o seu modelo cosmológico do Big Bang, segundo estudos do padre e físico belga Georges Lemaître (1894-1966). Em sua teoria, Lemaître explicaria o surgimento de tudo a partir da explosão do "átomo primordial", que ele chamava de "ovo cósmico" ou "átomo primitivo". Convencida das convicções científicas de Lemaître, a Igreja Católica declarou que a teoria de Big Bang constituía a prova científica da Criação, isto, em 1951, pelo papa Pio XII (FIOLHAIS, 2016, p. 24).

Por sua vez, a biogênese derruba o evolucionismo e corrobora com os criacionistas, quando, com base nas suas considerações científicas, afirma que a matéria inanimada não pode gerar seres vivos, como o inorgânico não pode gerar de si o orgânico. À luz da ciência, incontestável e cientificamente, o evolucionismo é inconcebível e improvável, sendo rebatido por todos os autores católicos franceses que, na época, se posicionaram contra a teoria darwiniana da evolução, atacando fortemente a ideia de que a vida poderia surgir espontaneamente (MARTINS, 2009, p. 89).

Como vimos anteriormente, Deus – ELE MESMO, É A CAUSA E O CAUSADOR DE TODAS AS COISAS. Ele é a CAUSA PRIMÁRIA, e o homem, O EFEITO. Porém, é impossível compreendermos a Sua essência, pois tudo o que temos a considerar sobre os Seus atributos encontra-se dentro do que o próprio Deus permitiu que nos fosse revelado pelas teias da História (fatos e relatos), pela Sua criação, pela Sua Palavra e pelas inegáveis evidências dos Seus desígnios, vistos na constituição, na harmonia e no governo do visível universo que nos cerca e preenche nossos olhos. Esse termo "atributos" vem daquilo que Deus atribuiu a Si mesmo, do que Lhe é próprio, particular, da Sua pessoa, ou seja, os diferentes aspectos do Seu caráter.

Não são, como atesta Louis Berkhof (1873-1957), meros nomes sem nenhuma realidade, mas, sim, "qualidades essenciais nas quais o Ser de Deus é revelado", podendo ser identificado pelas mesmas (BERKHOF, 2019, p. 43); ou, ainda, perfeições próprias à Sua santa e perfeita natureza – posto que divina. Unidade, eternidade, onisciência, onipotência, onipresença, imutabilidade, sabedoria, verdade, santidade, espiritualidade, justiça e bondade são alguns deles. A Bíblia também proclama que as pessoas não têm desculpa para não acreditar em Deus: "Pois desde a criação do mundo os atributos invisíveis de Deus, seu eterno poder e sua natureza divina, têm sido vistos claramente, sendo compreendidos por meio das coisas criadas, de forma que tais homens são indesculpáveis" (ROMANOS 1:20, NVI).

Porém, afirmam alguns, "não há provas" para se crer em Deus, ou que "não é científico". A verdadeira razão, a meu ver, é que, quando se admite a existência de Deus, imperativo é aceitar que se devem ter DEVERES E RESPONSABILIDADES para com esse Deus. Aceitar que necessário é o Seu perdão: "Porque todos pecaram e destituídos estão da glória de Deus" (ROMANOS 3:23, ARC). "Porque o salário do pecado é a morte, mas o dom gratuito de Deus é a vida eterna, por Cristo Jesus nosso Senhor"

(ROMANOS 6:23, ARA). Admitindo que Deus existe, então se deve prestar contas de todas as ações a Ele. Mas, uma vez que Deus não existe, então se pode fazer o que quiser sem preocupação com o Seu julgamento. Por essa razão, muitos dos que negam a existência de Deus agarram-se tão fortemente à evolução naturalista do darwinismo – e isso lhes dá um "escape", uma alternativa.

Ainda outros se aprisionam a toda espécie de religiosidade que não traz confronto com o pecado, do tipo "aqui se permite tudo, nada é proibido!". Mas o próprio fato de que alguns tentam tão agressivamente provar que Deus não existe é, em si, um plausível argumento para a Sua existência. Nós, cristãos, nos apegamos a uma doutrina fundamentalmente bíblica que considera Deus como o centro de tudo, o Teocentrismo – em que o divino é o elemento fundamental de toda ordem do mundo. Avesso ao antropocentrismo, o teocentrismo mostra ao mundo o Deus criador como o Único e Verdadeiro Deus, centralizando Nele toda autoridade e todo o poder, o fundamento de toda ordem da criação. Pois foi assim que o próprio Se revelou ao longo da história e das Sagradas Escrituras, *Apontando o caminho* para um perfeito relacionamento com Ele: "Lembrai-vos das coisas passadas desde a antiguidade; que eu sou Deus, e não há outro Deus, não há outro semelhante a mim" (ISAÍAS 46:9, ARA). "Eu Sou o Alfa e o Ômega, o Primeiro e o Derradeiro, o Princípio e o Fim" (APOCALIPSE 1:8, Bíblia King James Atualizada).

> Vós sois as minhas testemunhas, diz o Senhor, e meu servo, a quem escolhi; para que o saibais, e me creiais, e entendais que eu sou o mesmo, e que antes de mim deus nenhum se formou, e depois de mim nenhum haverá. Eu, eu sou o Senhor, e fora de mim não há Salvador. Eu anunciei, e eu salvei, e eu o fiz ouvir, e deus estranho não houve entre vós, pois vós sois as minhas testemunhas, diz o Senhor; eu sou Deus (ISAÍAS 43:10-12, ARA).

Independentemente da sua crença, amado leitor, a verdade é que somos seres espirituais. É fundamental que saibamos quem de fato éramos antes do pecado para entendermos que, mesmo em nossas limitações carnais, o nosso Deus nunca nos abandonou. Nele, temos uma existência infinita que se concretiza pela nossa fé nas Suas promessas e nos seus projetos para todos nós. E chegará o dia (perto está!) em que todos reconhecerão que o Deus de Israel é o único Deus. "Porque está escrito: Por mim mesmo jurei, diz o Senhor, diante de mim todo joelho se dobrará e toda língua confessará que sou Deus. Assim, cada um de nós prestará contas de si mesmo a Deus" (ROMANOS 14:11-12, NVI).

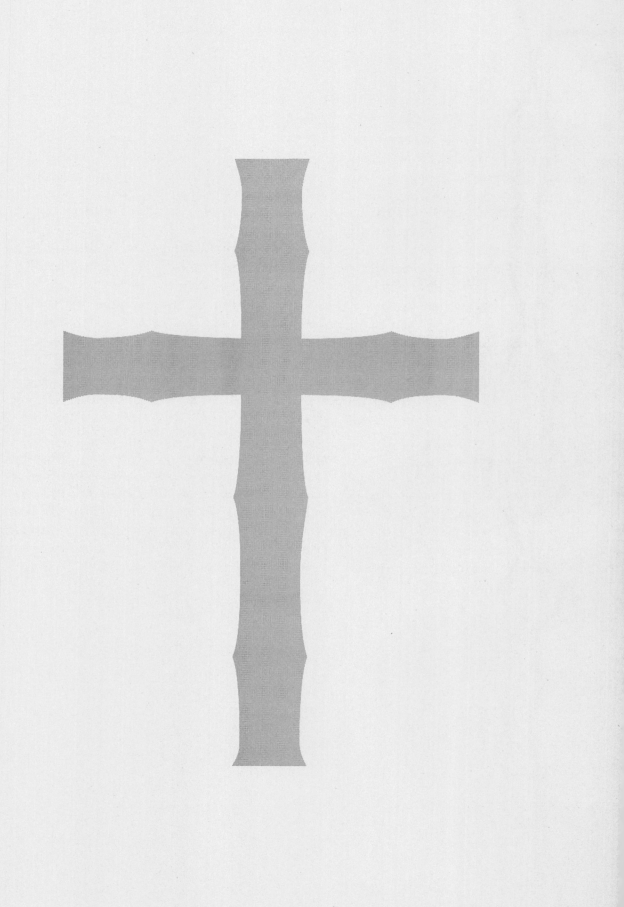

APENAS UMA NOÇÃO DO HOMEM

Ele mostrou a você, ó homem, o que é bom e o que o Senhor exige: pratique a justiça, ame a fidelidade e ande humildemente com o seu Deus.

(MIQUÉIAS 6:8, NVI)

Em qualquer dicionário, podemos ver a definição do homem deste jeito:

> 1. mamífero da ordem dos primatas, único representante vivente do gên. Homo, da espécie Homo sapiens, caracterizado por ter cérebro volumoso, posição ereta, mãos preênseis, inteligência dotada da faculdade de abstração e generalização, e capacidade para produzir linguagem articulada; 2. a espécie humana; a humanidade; 3. o ser humano considerado em seu aspecto morfológico, ou como tipo representativo de determinada região geográfica ou época (HOUAISS, 2001).

No Aurélio (1975), por exemplo, a palavra "homem" veio do latim *homine* e designa: "Qualquer indivíduo pertencente à espécie animal que apresenta maior grau de complexidade na escala evolutiva; e ser humano, com sua dualidade de corpo e de espírito, e as virtudes e fraquezas decorrentes desse estado" (FERREIRA, 1975, p. 730-731). Na Enciclopédia Luso-Brasileira de Cultura: "o homem é indivíduo e comunidade, vive no tempo e no espaço. A religião toca-o, pois, na individualidade e na sociabilidade; deriva daí o exercício individual e comunitário da religião" (HOMEM, 2002, p. 54). Também se define o homem como o único mamífero de posição normal ou vertical, capaz de linguagem articulada, constituindo entidade moral e social. Em tese, sempre foram essas as definições mais comuns a se perpetuar, de que o homem não passa de um animal racional.

Teses semelhantes foram defendidas por muitos filósofos importantes de gerações passadas, como: Descartes, Spinoza, Kant, Hegel e outros. Porém, por volta de 1920, com o surgimento da Antropologia Filosófica, os conceitos começaram a mudar. A Antropologia Filosófica fez uso de métodos, como: fenomenológico, dedutivo, histórico, e muitos outros. O conceito de Max Ferdinand Scheler (1874-1928) diz-nos que a pessoa humana se constitui como um centro espiritual de atuação, "é espírito ligado à vida, é ser de transcendência, é centro indeterminado de determinação, com possibilidade de aprendizado, de mudança de atitudes, de arrependimento e de conversão" (DE ARAUJO, 2019, p. 86). Nesse sentido, o homem possui espírito, pode amar, admirar, contemplar, enquanto os outros animais não dispõem de nada disso. Pois estes (os animais) contam com o instinto, e aquele (o homem), com a razão. A essa diferença, conclui Scheler, atribui-se a limitação dos outros animais. A Filosofia sempre questionou a posição do homem na sociedade, sua função e origem. Na sua visão, o homem é um ser pensante, capaz de chegar, pelo raciocínio, a um nível que o torna capaz de refletir sobre sua autorreferencialidade encharcada das pressuposições e elucubrações metafísicas (SANTOS, 2013, p. 129). O homem que, no desejo de desvendar os mistérios do mundo, passa a tecer e a apresentar teorias bem-engendradas na construção do que chama de verdade cosmológica, o homem que, na visão de Sloterdijk (1947), se consubstanciou à proporção em que saiu da teia do determinismo biológico – como diria ele: "o homem é o que é" (SANTOS, 2013, p. 129).

Os primeiros filósofos, chamados de pré-socráticos, objetivavam a busca pelo *"arché"* ou *"arqué"*, que seria o elemento primordial que deveria estar presente em todos os momentos da existência de todas as coisas do mundo, ou a "essência" – gênese – de todas as coisas, "substância inicial" de onde tudo deriva, a fonte, a origem e a raiz de tudo: *"physis"*, termo grego que deriva do verbo phyo (fúw), significando "fazer sair", "nascer", "crescer", "engendrar", "produzir"; ou, mais completamente, "nascimento", "crescimento", ou, "aquela força" por cuja ação as coisas nascem e crescem (GONDIM; RODRIGUES, 2011, p. 32). As especulações pré-socráticas, porém, ainda estavam voltadas para a compreensão do cosmo e do universo, não focavam o homem como um ser racional e emocional, com habilidades intelectuais na sabedoria, no conhecimento na capacidade de se comunicar, de discernir e escolher, de criar e de se sentir um com o seu Deus. Tempos depois, Sócrates passou a pesquisar o próprio homem, intrigado em querer desvendar o seu íntimo e a complexidade de suas ações.

Eis, a seguir, alguns conceitos que certos pensadores expuseram sobre o homem, dentro do aspecto filosófico particular, cada qual, em sua vertente: 1. Karl Marx (1818-1883) – Homem econômico; 2. Sigmund Freud (1856-1939) – Homem instintivo; 3. Soren Aabye Kierkegaard (1813-1855) – Homem angustiado; 4. Martin Heidegger (1889-1976) – Homem existente; 5. Ernst Bloch (1885-1977) – Homem utópico; 6. Jean-Paul Charles Aymard Sartre (1905-1980) – Homem livre; 7. Paul Ricœur (1913-2005) – Homem falível; 8. Hans-Georg Gadamer (1900-2002) – Homem hermenêutico; 9. Thomas Luckmann (1927-2016) – Homem religioso; 10. Gabriel Honoré Marcel (1889-1973) – Homem problemático. E muitos outros, como Santo Agostinho e São Tomás de Aquino, dois grandes filósofos cristãos da Idade Média:

> No livro *Cidade de Deus,* Santo Agostinho diz que "constitui uma grande coisa o homem porque Deus o fez à sua imagem, mas o homem permanece em si mesmo um mistério". Santo Tomás de Aquino afirmava que "o homem é, por natureza, animal social e político, vivendo em multidão" (NEVES, 2020, p. 17).

Posteriormente, a Filosofia se tornou antropocêntrica, ou seja, colocou o homem no seu centro de toda discussão. Certa feita, um artista e filósofo francês lançou a seguinte questão: "Quem sou eu, de onde vim, por que estou aqui e para onde vou?". Parte da antropologia vai dizer que o homem é um ser vertebrado e membro de uma ordem especial de mamíferos, os primatas, tendo evoluído, por certo, dos pequenos primatas arborícolas. Contudo, deixando uma lacuna para um problema classificatório básico, se abordado o elo perdido entre o humano e o macaco: "natureza versus cultura" – oposição imortalizada por Claude Lévi-Strauss (1908-2009), até hoje discutida (OSÓRIO, 2019, p. 149). Já os sofistas e materialistas, em geral, expressavam o seu relativismo e diziam que "o homem é a medida de todas as coisas", aplicando esse axinoma de Protágoras (490 a.C.-415 a.C.) como uma expressão do esforço humano (VASQUES; APPIA, 2013, p. 3-4).

Karl Marx dizia que o homem é exclusivamente um ser social; um conjunto de sensações, produto dialético da natureza; como consciência individual, produto dialético das relações sociais. E resumiu, assim, em um de seus manuscritos, que "o homem é considerado como um ser não objetivo, espiritual" (MARX, 1996, p. 167). Sartre, um dos mentores do pensamento existencialista, certa feita disse que o homem existe primeiro, se encontra, surge no mundo e se define em seguida. Nessa concepção, se o homem não é definível, "é porque ele não é, inicialmente, nada. Ele apenas será alguma coisa posteriormente, e será aquilo que ele se tornar" (SARTRE, 2014, p. 19). Ou seja: é mera possibilidade de ser e de se definir pelo que faz pela sequência de seus atos.

Os Humanistas ensinavam que todas as coisas existentes são para o homem e visam à sua glória. Desta forma, hostilizavam o Deus Criador e Cristo. Uma vez que Cristo fosse entronizado, o homem não seria. Por isso, o homem dessa visão, idolatrando a si mesmo, estaria sempre no centro, deificado, assim como o dinheiro, a religião, o poder e, enfim, a própria humanidade. Da mesma forma que os relativistas que não enxergam "o absoluto" em nenhuma área da vida, Deus não era levado em consideração. Dá-se assim o apogeu do antropocentrismo, em que o homem é visto como criador ante a natureza, celebrando a "sua liberdade com uma visão de individualidade" (BEHRENS; OLIARI, 2007, p. 57). Ramos da psicologia, por sua vez, dirão que o homem é um ser sujeito a profundas emoções e a sentimentos tais, que por eles poderiam alterar a marcha do universo. Entretanto, o ser humano, no seu entender carnal, jamais poderá chegar a uma perfeita compreensão de quem ele é realmente, muito menos de quem é Deus.

Então, debruçados nas Sagradas Escrituras (não somente em partes isoladas), conseguimos compreender – e isto com olhos espirituais – que viemos de Deus. A vida é sagrada porque vem de Deus. Estamos aqui para aprendermos a depender Dele e sermos transformados e salvos segundo a Sua graça, garantindo, assim, a nossa entrada triunfal no Reino Eterno que está nos aguardando. Mas, sem uma noção de Deus, qualquer observação sobre a raça humana não passa de reles filosofia.

Falíveis, posto que fossem carnais, grandes pensadores chegaram a se perder em suas divagações, enquanto refletiam sobre o que é o homem. Assoberbado e achando-se o dono do conhecimento em sua arrogância filosófica, Platão (428-348 a.C.) chegou a dizer que o homem não é mais do que um "bípede sem penas", sendo, ironicamente, rebatido por Diógenes (412-323 a.C.). Este, perante o público num vasto auditório, soltou um galo depenado, dizendo: "Aqui está o ser humano de Platão" (LAÊRTIOS, 2008, p. 162). Para Friedrich Wilhelm Nietzsche (1844-1900), o macaco é um animal demasiadamente simpático para que o homem descenda dele. Porém, em certo comentário, escreve: "Em tempos, fostes macacos, e, ainda agora, o homem é mais macaco que qualquer macaco" (NIETZSCHE, 1998, p. 12).

Aristóteles (384-322 a.C.) argumentou que é evidente que o homem é um animal mais político do que as abelhas ou qualquer outro ser gregário, pois somente ele possui logos (HOLANDA, 2008, p. 37). Para Blase Pascal (1623-1662), o homem não passa de quimera, é caos, frágil, verme da terra, confusão de incerteza, glória e escândalo do universo – "De forma que não é pelas soberbas agitações da nossa razão, mas pela simples submissão da razão, que podemos verdadeiramente nos conhecer" (PASCAL, 2000, p. 44). E se Jean Baptiste Poquelin Molière (1622-1673) afirmava que o homem é um animal vicioso, apenas estava confirmando as palavras de René Descartes (1596-1650), em sua obra *O Discurso do Método* – um tratado matemático e filosófico publicado em Leiden, Holanda, em 1637, que dizia: "As maiores almas são capazes dos maiores vícios, como também das maiores virtudes, e aqueles que só andam muito devagar podem avançar bem mais, se seguirem sempre pelo caminho reto, do que aqueles que correm e dele se afastam" (DESCARTES, 2009, p. 13). Já na visão de Willian Hazlitt (1778-1830), o homem é o único animal que ri e chora, porque é "o único que se impressiona com a diferença que há entre o que é e o que devia ser" (HAZLITT, 1942, p. 259-261).

Dessa forma, grosseiramente, muitos outros destilaram a sua filosofia e seus conceitos a respeito do homem, os quais jamais satisfarão as expectativas humanas. "De onde veio o homem?", podem questionar alguns, como seres intelectuais que são, buscando respostas. Historicamente, há relatos que, desde a Antiguidade, civilizações buscaram responder essa questão. Porém, cientistas e estudiosos descartaram muitas das possibilidades levantadas e tentaram sistematizar as respostas de uma maneira mais simples, cada um deles dentro da sua visão. Numa questão social e cultural, por exemplo, aquilo que o homem conhece da realidade objetiva e de si mesmo pode não significar, necessariamente, o reflexo exato da objetividade.

Mesmo porque tudo o que o homem conhece veio a ele mediante a sua observação do mundo ao seu redor, ou seja, de sua cosmovisão. E por tal observação, o homem atento interpreta a sua realidade de acordo com os dados que seus olhos e seu intelecto captam e absorvem da realidade à sua volta. E como pensa Oliva (2004, p. 64), "não passa de truísmo reconhecer que nascemos em uma cultura, adquirimos costumes, linguagem, modos de representar o mundo, valores, etc. Herdamos toda uma construção histórica de nossos antepassados".

A Antropologia Teológica (parte da teologia dogmática) se baseia no que diz a Bíblia e o que ela ensina sobre o homem: do que o homem é em seu relacionamento com o Deus Uno e Trino que a nós foi revelado em Cristo Jesus (LADARIA, 1998, p. 11). A humanidade não é e nunca será um produto de um aleatório processo evolutivo ou impessoal. Mas é um produto de uma ação consciente e, portanto, proposital do próprio Deus. Dessa forma a Bíblia, acima de qualquer religião, cultura ou filosofia, revela ao mundo a origem humana e fundamenta a criação. Ou seja, a ideologia de que Deus criou o primeiro homem a partir do pó da terra, animando-o com o Seu sopro de vida, tal qual lemos em Gênesis: "Então o Senhor Deus formou o homem do pó da terra e soprou em suas narinas o fôlego de vida, e o homem se tornou um ser vivente" (GÊNESIS 2:7, BKJA).

Isso implica dizer que nunca, jamais, houve nem poderia haver uma criatura "preexistente", inferior ou subumana, muito menos algum tipo de processo que fizesse com que a criação de Deus fosse aperfeiçoada com o passar do tempo. A interpretação natural dos relatos bíblicos não pode ser controlada pela ciência, embora não descartemos, de todo, os relatos científicos acumulados por seus defensores. Portanto, diante da Palavra, caem por terra de uma só vez a ciência naturalista, qualquer teoria evolucionista de Darwin e o seu livro *Origem das espécies*. Foram dele estas palavras: "Não darei absolutamente nada pela teoria da seleção natural se ela requerer adições milagrosas em qualquer de seus estágios" (CLARK, 2004, p. 196).

O que se pode dar por concreto é que Darwin não conseguiria responder a algumas questões espirituais, nem argumentar diante de verdades, como: A) não existe nenhuma possibilidade de a alma se originar de um processo unicamente natural; B) se o mundo surgiu a partir de um "movimento de partículas", alguém ou uma força deu início a este movimento – este alguém é o próprio Deus, e a força vem Dele mesmo; C) as substâncias consideradas como absolutamente essenciais para a existência dos sistemas vivos também precisaram (de alguma forma) ser criadas, quando ainda não havia nenhuma forma de vida. Só mesmo Deus para realizar tal feito.

> Em sua tentativa de provar que o homem descende de uma espécie inferior de macacos antropoides, Darwin apoiou-se, (1) no argumento derivado da similaridade estrutural entre o homem e os animais de categoria superior; (2) no argumento embriológico; e (3) no argumento dos órgãos rudimentares. A esses três foram acrescentados posteriormente, (4) o argumento dos testes de sangue; e (5) o argumento paleontológico. Mas nem um só desses argumentos dá a prova desejada (BERKHOF, 1998, p. 185).

A Palavra de Deus faz distinção entre as diferentes formas de existência e separa bem o homem do animal (répteis, aves e baleias):

> E disse Deus: Produzam as águas abundantemente répteis de alma vivente; e voem as aves sobre a face da expansão dos céus. E Deus criou as grandes baleias, e todo o réptil de alma vivente que as águas abundantemente produziram conforme as suas espécies; e toda a ave de asas conforme a sua espécie; e viu Deus que era bom (GÊNESIS 1:20,21, ARC).

As Feras e o gado: "E fez Deus as feras da terra conforme a sua espécie, e o gado conforme a sua espécie, e todo o réptil da terra conforme a sua espécie; e viu Deus que era bom". E finalmente, o homem – o "DOMINADOR" das demais espécies:

> E disse Deus: Façamos o homem à nossa imagem, conforme a nossa semelhança; domine ele sobre os peixes do mar, sobre as aves do céu, sobre os animais domésticos, e sobre toda a terra, e sobre todo réptil que se arrasta sobre a terra. Criou, pois, Deus o homem à sua imagem; à imagem de Deus o criou; homem e mulher os criou (GÊNESIS 1:25-27, ARA).

Houve um propósito para a criação do homem. O homem existe para a glória de Deus: "A todos os que são chamados pelo meu nome, e os que criei para a minha glória: eu os formei, e também eu os fiz" (ISAÍAS 43:7, ACF). E fechamos a questão da criação com o próprio Deus assumindo o Seu papel de Autor Único de toda criação:

> Esta é a mensagem que deverão transmitir aos seus senhores: Assim diz o Senhor dos Exércitos, o Deus de Israel: Eu fiz a terra, os seres humanos e os animais que nela estão, com o meu grande poder e com meu braço estendido, e eu a dou a quem eu quiser (JEREMIAS 27:4-5, NVI).

A corrupção moral do homem, a prevalência da injustiça sobre a justiça e do mal sobre o bem, a incapacidade de obediência sem imposição, a autossuficiência e o egocentrismo podem, dentre outros agentes, ter causado essa deturpação do entendimento do homem sobre o conceito de si mesmo, sobre o que ele representa e sobre o seu papel no mundo em que vive. O homem se perdeu quando resolveu, por conta própria, afastar-se e isolar-se em achismos deturpadores de princípios, sem mais buscar INTIMAMENTE a face do seu Criador, mergulhando no mais fundo das suas transgressões. Nocivamente, começou a se colocar acima do Criador, enveredando-se pela trilha de um orgulho diabólico que se impõe dominante, quando bem alimentado pelos "sofismas" ou "argumentos enganadores", citados pelo apóstolo Paulo, em 2 Coríntios 10:3-5.

Corrupção generalizada, depravação, injustiça, ausência do bem, falta de entendimento: frutos do desvio do homem ao se afastar do Caminho. Ser religioso ou postular uma religião não significa que o homem já tenha encontrado Este Caminho. Encontrar O Caminho requer, necessariamente, a autodescoberta do homem como pecador que necessita de Deus. Vejamos o que diz o salmista:

> Diz o tolo em seu coração: "Deus não existe!" Corromperam-se e cometeram injustiças detestáveis; não há ninguém que faça o bem. Deus olha lá dos céus para os filhos dos homens, para ver se há alguém que tenha entendimento, alguém que busque a Deus. Todos se desviaram, igualmente se corromperam; não há ninguém que faça o bem, não há nem um sequer (SALMOS 53:1-3, NVI).

Enquanto havia intimidade, prevalecia a unidade. Esta unidade ligava o homem – realização da vontade divina – ao seu Criador. A finalidade dessa unidade não era outra, senão formar uma única família, e não uma multidão de indivíduos apenas. Tanto que, independentemente de todas as variedades da raça humana, podemos encontrar, especificamente, uma natureza moral e religiosa única. Mesmo com potenciais tendências carnais para a imoralidade, somos seres morais. Adão e Eva enfrentaram o padrão moral de Deus. Mas Eva, por exemplo, não tinha uma natureza diferente da de Adão. Aprouve a Deus não criá-la, no sentido absoluto, dando-lhe uma natureza distinta. Mas se formou da costela, de uma parte do homem. Logo, Deus criou um só indivíduo composto de corpo, alma e espírito – o que confirma a absoluta unidade da natureza humana. Em outras palavras, um ser tricotômico em uma natureza dupla: material e espiritual. Os tricotomistas, apoiados nos textos bíblicos de 1Tessalonicenses 5:23 e Hebreus 4:12, defendem que a alma é a sede do intelecto, das emoções e da vontade, e que o espírito seria a parte responsável pelo relacionamento do homem com Deus (DE ARAÚJO, 2019, p. 3).

Se o pecado trouxe consigo a inevitável morte dessa natureza material chamada carne, como uma "consequência" da escolha do homem por "errar o alvo" (Deus), podemos afirmar que, antes que houvesse pecado, o homem fora criado com propósitos eternos, segundo a vontade e o poder de Deus. Isso mesmo, originalmente, criado para ser imortal! Deus, que é imortal, posto que seja ESPÍRITO, naturalmente permitiria ao homem permanecer neste mesmo estado, se este não tivesse desobedecido e seguido a natureza da carne. Foi, sem dúvidas, criado à imagem e semelhança de Deus *(Imago Dei)*, não no sentido matéria, pois Deus é incorpóreo, mas no sentido de espiritualidade, do conhecimento, da santidade e da imortalidade. Desde o princípio, as qualidades intelectuais do homem atestavam que a sua mente racional é a semelhança de Deus e o seu principal ponto de contato com Ele (OLIVEIRA, 2014, p. 14).

Segundo Addison Hardie Leitch (1908-1973), professor de Teologia no Gordon-Conwell Theological Seminary – South Hamilton, Massachusetts, quando o texto diz "imagem de Deus", o autor bíblico parece estar tentando expressar algo de difícil compreensão, alguma noção que deseja esclarecer que o homem é, de alguma maneira, "o reflexo concreto de Deus" (LEITCH, 2004, p. 218). O que se perdeu disso veio pela quebra da obediência. Deus deseja a nossa obediência. Mas, como Adão desobedeceu, todos nós desobedecemos e, por isso, precisamos da misericórdia do Senhor para nos salvar do eterno castigo. Por essa razão, Deus enviou Jesus, o Seu único Filho, à terra. O Caminho de volta para Deus cumpre o Seu propósito da salvação ao nos tornar como Adão e Eva no princípio, só que agora, conforme a "imago Dei" de Cristo em nós: "Porque os que dantes conheceu, também os predestinou para serem conformes à imagem de seu Filho, a fim de que ele seja o primogênito entre muitos irmãos" (ROMANOS 8:29, ACF).

O sopro divino foi a doação de uma vida interminável, ainda que a punição pelo pecado incluísse a morte do corpo (morte física). Então agora, pela intervenção e obediência de Jesus, há uma nova chance para o homem: verdadeiramente quem se arrepende é salvo da morte por Ele. E somente Ele, Aquele que cumpriu obediente a vontade do Pai, é quem nos ajuda a viver em obediência enquanto estivermos aqui na Terra. Jesus nos deixou o Seu exemplo, como descrito em Romanos, com acréscimos do autor: "Logo, assim como por meio da desobediência de um só homem **[ADÃO]** muitos foram feitos pecadores, assim também por meio da obediência de um único homem **[JESUS]** muitos serão feitos justos" (ROMANOS 5:19, NVI, grifos meus).

AS TEIAS DA HISTÓRIA E DA RELIGIÃO

A História vale o que conta em suas abordagens sobre o que já não é. E no modo retrovisor consegue ver o que fez o homem e o projeta criticamente – reconstruindo tempos – ao que de fato esse homem se tornou.

(Ênio Daniel)

O filósofo presentista Robin G. Collingwood (1889-1943) nos alinha à ideia de que não é definitivo qualquer conhecimento adquirido, devido às contínuas mudanças que se dão nos métodos e nas competências dos historiadores. Na sua grande obra publicada postumamente, *A Ideia de História* (1946), Collingwood afirma que compreender o passado historicamente é entender o contexto do pensamento, além de que o valor da história está então em nos ensinar o que o homem tem feito e, desse modo, o que o homem é (COLLINGWOOD, 1972, p. 22). Atualmente, um número considerável de historiadores ao discorrerem sobre as interpretações que a História permite de si mesma, identificam como retrocesso o momento em que a religião começou a influenciar os historiadores da Idade Média (ou Medieval) – um período intermediário da divisão clássica da História ocidental, entre a Antiguidade e a Idade Moderna, que pode ser datado entre os anos de 476 e 1453 d.C.

Segundo o livro *A Idade Média, nascimento do Ocidente*, de Hilário Franco Júnior (1948), tal período teria iniciado com a queda do Império Romano do Ocidente e foi visto como sinônimo de obscuridade, recebendo, graças a Francesco Petrarca (1304-1374), a alcunha *"tenebrae"* – termo que marcaria essa época fazendo surgir "o mito historiográfico da Idade das Trevas" (FRANCO JR., 2006, p. 17). Obviamente, não querendo atrelar uma perspectiva negativista ao tempo medieval, como se este não tivesse valor. Até porque, nessa época, surgiram as primeiras e grandes universidades, e isso, por si só, já evidenciava uma busca maior do homem pelo conhecimento. Sem contar que ainda podemos citar como sendo desse mesmo período um maior desenvolvimento da cultura cristã, a contaminação generalizada das heresias, as peculiaridades de um contexto político descentralizado, a percepção do fator "tempo" no interior das comunidades feudais e a quebra da pureza com o surgir das lascivas festas carnavalescas.

Então, mais tarde, influenciados pelos ideais renascentistas pós Idade Média, filósofos e historiadores passaram a descrever com duras críticas o expressivo fervor religioso dos medievais, como algo que representava um grave retrocesso para a ciência. Hilário Franco Júnior ainda registra, no mesmo livro, pensamentos de grandes nomes do Iluminismo – à "luz da razão":

> O século XVIII, antiaristocrático e anticlerical, acentuou o menosprezo à Idade Média, vista como momento áureo da nobreza e do clero. A filosofia da época, chamada de iluminista por se guiar pela luz da Razão, censurava sobretudo a forte religiosidade medieval, o pouco apego da Idade Média a um estrito racionalismo e o peso político de que a Igreja então desfrutara. Revelando tais críticas, para Diderot, "sem religião seríamos um pouco mais felizes". Para Condorcet, a humanidade sempre esteve numa marcha em direção ao progresso, com exceção do período no qual predominou o Cristianismo, isto é, a Idade Média. Para Voltaire, os papas

eram símbolos do fanatismo e do atraso daquela fase histórica, por isso afirmava, irônico, que "é uma prova da divindade de seus caracteres terem subsistido a tantos crimes". A posição daquele pensador sobre a Idade Média poderia ser sintetizada pelo tratamento que dispensava à Igreja: "a Infame" (FRANCO JR., 2006, p. 18-19).

Como vimos nessa citação, Denis Diderot (1713-1784), O marquês de Condorcet (1743-1794), Voltaire (1694-1778), assim como tantos outros pensadores importantes, deixaram suas impressões sobre esse período da História. A Idade Média, ainda na narrativa de Hilário, era vista como um tempo de fé, autoridade e tradição, pois oferecia um bálsamo, "um remédio", à toda insegurança e aos problemas decorrentes do que ele notou classificado como "um culto exagerado ao cientificismo" (FRANCO JR., 2006, p. 19). Ou seja, o cristianismo e a sua centralização no conceito da existência de um único Deus acabaram criando uma barreira frente a uma interpretação histórica integrada e interacionista, que não permitia um personagem ou fato isolado atuando como verdade absoluta. Para nós, cristãos, é fácil pensar que, se a humanidade não tivesse sofrido a interferência do pecado e, por conseguinte, a separação total do seu Deus – como abordamos anteriormente –, seríamos TODOS um só povo. Teríamos TODOS uma só história e um só destino.

Com isso, não haveria tanta discussão sobre religião, pois até o conceito próprio da palavra não teria sentido de existir. Não se escreveriam sobre guerras, ascensão e queda de Impérios, nem consolidação de Reinos, nem mitos, nem mesmo a morte haveria, e todas as coisas estariam no seu estado de pureza e perfeição como no início. Haveria mais unidade e menos discordância, e falaríamos todos a mesma língua. A ciência, por sua vez, não teria forças para refutar a crença nem os vínculos da humanidade com o seu Deus, se esta tivesse intimamente ligada ao seu Criador. Historiadores existiriam apenas para retratar e registrar a essência universal de um único povo ao longo da história, tendo em vista que tudo o que se estuda hoje não passa de uma mera tentativa de não deixar morrer o que já passou.

Muito antes de todas essas questões virem a ter alguma importância, a Bíblia já contava sobre um período da História em que todos os homens falavam uma só língua. Eram fortes porque eram muitos e estavam juntos como um único povo. Havia até uma unidade de propósitos ali, embora estivessem mergulhados na idolatria, em rebeldia, longe de Deus. Perambularam assim por muito tempo, fora Do Caminho, sendo que os descendentes de Noé já estavam divididos em nações fortíssimas e numerosas, todos ainda falando a mesma língua, até que houve a dispersão. Como punição pela rebeldia, Deus mesmo os espalhou sobre a face de toda a terra, certo tempo depois do grande dilúvio. E cada tribo, então, passou a falar uma língua diferente.

> E era toda a terra de uma mesma língua e de uma mesma fala. E aconteceu que, partindo eles do oriente, acharam um vale na terra de Sinear; e habitaram ali. E disseram uns aos outros: Eia, façamos tijolos e queimemo-los bem. E foi-lhes o tijolo por pedra, e o betume por cal. E disseram: Eia, edifiquemos nós uma cidade e uma torre cujo cume toque nos céus, e façamo-nos um nome, para que não sejamos espalhados sobre a face de toda a terra. Então desceu o Senhor para ver a cidade e a torre que os filhos dos homens edificavam; **E o Senhor disse: Eis que o povo é um, e todos têm uma mesma língua**; e isto é o que começam a fazer; e agora, não haverá restrição para tudo o que eles intentarem fazer. **Eia, desçamos e confundamos ali a sua língua, para que não entenda um a língua do outro.** Assim o Senhor os espalhou dali sobre a face de toda a terra; e cessaram de edificar a cidade. Por isso se chamou o seu nome Babel, porquanto ali confundiu o Senhor a língua de toda a terra, e dali os espalhou o Senhor sobre a face de toda a terra (GÊNESIS 11:1-9, ARC – grifos meus).

Percebemos que daí por diante ninguém se entenderia mais. E cada povo em particular, ocupando um lugar diferente e firmando-se mundo afora com a sua língua e sua cultura, começou a traçar suas estratégias de domínio. Uma nação queria sobrepujar a outra e ter mais poder. Cada uma com seus deuses, carregando o fardo histórico dos seus feitos, da sua gente, das suas crenças, deixando seus rastros fragmentados ao longo do tempo. Por isso, a História tem um papel importantíssimo na interpretação da evolução dessas sociedades, na preservação do seu legado para futuros historiadores, aos quais cabe a difícil missão de fazer a construção histórica do passado por meio da sua análise, conforme pensa o historiador militar e escritor americano John Lewis Gaddis (1941-?):

> Os Historiadores rejeitam, no entanto, a doutrina da casualidade imaculada, que parece estar implícita na ideia de que podemos identificar, sem referências as ações precedentes, algo como uma variável independente. Vemos a História como um processo de causas múltiplas e suas interceções (GADDIS, 2006, p. 82).

Para nós, que cremos na infalibilidade das Escrituras como a maior fonte de pesquisa sobre a história do povo de Deus, retrocesso seria todo e qualquer esforço na tentativa de desvincular a História da Religião. Ambas fazem parte do universo comportamental dos seres humanos:

> Religião pode ser compreendida como um sistema mais ou menos aberto de crenças e práticas transmitidas historicamente (tradições) e que orientam comportamentos, ações e relações de indivíduos e coletividades; ela compõe estilos de vida, modos de pensar, sentir e agiram de conceber a vida, o mundo, a morte e o além (BENATTE, 2014, p. 65).

Deus é o Senhor da História em todos os tempos e a conduz de formas diversas. Por exemplo, nenhuma autoridade ou nenhum governo constituído ao longo da história dos povos poderá elevar-se ao ponto de manipular ou de tentar impedir a realização dos planos de Deus para a humanidade. Acima de tudo e de todos, existe a mão de Deus construindo os eventos históricos. E a História registrou brilhantemente todos os fatos e os acontecimentos desde os tempos remotos, para que pudéssemos ter, hoje, uma noção dos planos de Deus para toda a humanidade. Não somente isto. Mas também para que raciocinássemos que, sem a ajuda e a importância da História em seu papel de preservadora e contadora dos fatos, não seria possível conhecermos Deus como O conhecemos hoje. O que está escrito, para o nosso proveito foi escrito.

Jesus citou alguns trechos do Antigo Testamento e chamou os escritos sagrados de Sua época de "Escritura". Dessa forma, autenticando o que estava escrito nelas: "Quem crer em mim, como diz a Escritura, do seu interior fluirão rios de água viva" (JOÃO 7:38, ARA). De acordo a Escritura Sagrada, "Diz-lhes Jesus: Nunca lestes nas Escrituras: A pedra, que os edificadores rejeitaram, essa foi posta por cabeça do ângulo; pelo Senhor foi feito isto, e é maravilhoso aos nossos olhos? (MATEUS 21:42, ARC).

As Escrituras podem ser chamadas também de "Escritura de Verdade": "Mas eu te declararei o que está registrado na escritura da verdade;" (DANIEL 10:21a, ACF); De "palavras de vida": "Este é o que esteve entre a congregação no deserto, com o anjo que lhe falava no monte Sinai, e com nossos pais, o qual recebeu as palavras de vida para no-las dar" (ATOS 7:38, ARC). De "Santas Escrituras": Paulo, servo de Cristo Jesus, chamado para ser apóstolo, separado para o evangelho de Deus, o qual foi prometido por ele de antemão por meio dos seus profetas nas Escrituras Sagradas [...]" (ROMANOS 1:2, NVI). Ou ainda, "palavra de deus": "Tomai também o capacete da salvação, e a espada do espírito, que é a palavra de Deus" (EFÉSIOS 6:17, ACF).

É óbvio que Deus pode revelar-Se da maneira que quiser, pois é Ele o Soberano Senhor, acima de tudo e de todos. Mas aprouve ao Pai valer-Se da História e dos seus registros para Se fazer conhecido entre os povos, temido e adorado, mesmo sabendo que, ao passar dos anos, até as mais obstinadas afirmações podem ser alteradas, pois, no que diz respeito ao homem, nada é tão perfeito ao ponto de ser permanente. Mudam-se as decisões, mudam-se os costumes, os governos, as estações, os conceitos, valores, tudo é inconstante. Mas a Palavra de Deus permanece inalterável, inerrante e absoluta. Deixou as suas marcas na história e ainda continua influenciando e transformando a vida de quem nela crê, pois é a fonte da Verdade e o manual de Deus para nós, apesar do empenho de muitos em tentar reduzi-la a um punhado de regras rígidas ultrapassadas, não pertinentes ao cristão atual.

Assim diz a Palavra: "Bem-aventurados aqueles que leem e aqueles que ouvem as palavras da profecia e guardam as coisas nela escritas" (APOCALIPSE 1:3, ARA). Palavras de Jesus: "Não pensem que vim abolir a Lei ou os Profetas; não vim abolir, mas cumprir. Digo a verdade: Enquanto existirem céus e terra, de forma alguma desaparecerá da Lei a menor letra ou o menor traço, até que tudo se cumpra" (MATEUS 5:17,18, NVI). Ou seja, não basta ao homem apenas ouvir as orientações contidas na Bíblia. É preciso CRER e OBEDECER ao que a todos está revelado. Desta forma, submetendo-nos às fiéis diretrizes das Santas Escrituras, alcançaremos a verdadeira felicidade, quando a aceitarmos como a "infalível revelação" de Deus.

> E disse-lhes: "Foi isso que eu lhes falei enquanto ainda estava com vocês: Era necessário que se cumprisse tudo o que a meu respeito estava escrito na Lei de Moisés, nos Profetas e nos Salmos". Então lhes abriu o entendimento, para que pudessem compreender as Escrituras. E lhes disse: "Está escrito que o Cristo haveria de sofrer e ressuscitar dos mortos no terceiro dia, e que em seu nome seria pregado o arrependimento para perdão de pecados a todas as nações, começando por Jerusalém. Vocês são testemunhas destas coisas" (LUCAS 24:44-48, NVI).

Olhemos com fé para a revelação clara das palavras de Jesus. Ele testificou que tudo o que estava escrito no Antigo Testamento, toda profecia ao Seu respeito, tudo se cumpriu Nele, com a Sua vinda. Já estava escrito que Ele viria como Salvador, que sofreria, seria morto e que ressuscitaria dentre os mortos para, definitivamente, vencer a morte e toda a condenação que pesava (e ainda pesa!) sobre a humanidade. Infalivelmente, tudo o que antes foi escrito e todos os fatos concernentes à história do povo de Deus apontava-nos não para "um", mas para "O" Caminho que conduz ao genuíno arrependimento, para o perdão dos nossos pecados e para uma vida de vitória que transcende esta vida passageira aqui na Terra.

A religião se firmou sobre esses fatos e registros históricos para apresentar ao mundo uma visão panorâmica da soberana vontade, do poder criador e transformador e do amor paternal de Deus, dentro do que Ele mesmo permitiu que chegasse intacto até nós. E o papel de Jesus dentro deste contexto histórico foi repaginar, ressignificar, reestruturar para as futuras gerações todo o plano de Deus para resgate das almas que estavam distantes do Seu amor e, por essa razão, condenadas a sofrerem eternamente longe da Sua Santa presença. Uma nova aliança foi firmada, e, com a ajuda do Espírito Santo, foi escrito o Novo Testamento, cujo objeto central continua sendo Jesus Cristo. Bem propício aqui, neste ponto, citar as palavras do teólogo luterano Oscar Cullman (1902-1999), quando diz que essas palavras "nova aliança" equivalem *a kainê diatêkê* que por sua vez podem ser traduzidas por 'Novo Testamento'" (CULLMAN, 2000, p. 12).

Este Testamento, como complemento do Antigo, nos entrega a verdade definitiva da Revelação divina, selando o cumprimento das profecias em Nosso Senhor Jesus Cristo e ajudando os fiéis a entenderem mais profundamente a sua fé. Enquanto no Antigo pacto era exigido ao homem fazer muitas coisas, como manter o santuário, oferecer e queimar sacrifícios de animais e seguir à risca todos os rituais ensinados por Deus aos hebreus, no Novo, o homem precisa apenas: ter uma fé inabalável em Jesus, perseverança para continuar buscando o conhecimento, arrependimento, conversão, santificação, aceitação de que só Jesus pode salvar e entrega resoluta da própria vida ao controle do Espírito Santo.

> Porque, por meio de um único sacrifício, ele aperfeiçoou para sempre os que estão sendo santificados. O Espírito Santo também nos testifica a este respeito. Primeiro ele diz: "Esta é a aliança que farei com eles, depois daqueles dias, diz o Senhor. Porei as minhas leis em seus corações e as escreverei em suas mentes"; e acrescenta: "Dos seus pecados e iniquidades não me lembrarei mais". Onde essas coisas foram perdoadas, não há mais necessidade de sacrifício pelo pecado. Portanto, irmãos, temos plena confiança para entrar no Santo dos Santos pelo sangue de Jesus, por um novo e vivo caminho que ele nos abriu por meio do véu, isto é, do seu corpo (HEBREUS 10:14-20, NVI).

Por séculos e séculos, Deus, que é perfeito e imutável, preservou a Sua Palavra fiel e digna de aceitação em meio às transformações pelas quais passou a humanidade, para que esta conhecesse a verdade sobre o seu próprio passado, seu presente e o seu futuro: "Porque tudo o que dantes foi escrito, para nosso ensino foi escrito, para que pela paciência e consolação das Escrituras tenhamos esperança" (ROMANOS 15:4, ARC). Nenhum fato histórico isolado ou nenhuma afirmação teológica se sustentariam caso fossem comparados a qualquer outro livro fora das Escrituras, a Bíblia, o livro mais lido e estudado da História. Podemos dizer, então, que há um casamento entre a História e a Religião. São, por assim dizer, inseparáveis, caminham lado a lado. Ambas apontaram O Caminho ao longo do tempo. Muitos homens se frustraram, fracassaram ao tentar fundamentar as suas teses contra a ideia de religião. E, ao abordarem sobre a Palavra de Deus, na pretensão de negá-la, distorcê-la ou de deter a sua influência, pensaram-na insustentável, condenada ao fracasso.

Jamie Buckingham (1932-1992), em seu livro *Força para viver (1987)*, lembra do caso de Voltaire (pseudônimo de François-Marie Arouet), que chegou a afirmar que a Bíblia era uma obra morta e que, em menos de cem anos, cairia no esquecimento. Acontece que, apenas 50 anos depois, a sua residência foi transformada na Sociedade Bíblica da França, com a sua imprensa particular produzindo Bíblias (BUCKINGHAM, 1987, p. 98). É assim que Deus faz. Freud foi outro exemplo que a História Contemporânea conta. Sigmund Schlomo Freud (1856-1939) foi o grande fundador da Psicanálise. Formou-se pela Universidade de Viena, a princípio, optando por Filosofia. Mais tarde, tendo já por iluminada a sua produção teórica, decidiu-se pela Medicina. Tornou-se conhecido por suas teorias sobre os mecanismos de defesa, repressão psicológica e por criar a utilização clínica da psicanálise como tratamento da psicopatologia, por meio do diálogo entre o paciente e o psicanalista. À luz de sua teoria, tentou esclarecer as motivações psíquicas da experiência religiosa, pela sua compreensão psicanalítica do fenômeno religioso (ROCHA, 1995, p. 275-276).

Enquanto pensador iluminista, Freud professava seu ateísmo radical, muitas vezes afirmando a sua descrença completa nos valores religiosos, todavia se empenhando em estudar as motivações psíquicas que estão na base das opções religiosas.

> A religião é um sistema de doutrinas e promessas que, por um lado, lhe explicam os enigmas deste mundo com perfeição invejável e que, por outro lado, lhe garantem que uma Providência cuidadosa velará por sua vida e o compensará, numa existência futura, de quaisquer frustrações que tenha experimentado aqui. O homem comum só pode imaginar essa Providência sob a figura de um pai ilimitadamente engrandecido. Apenas um ser desse tipo pode compreender as necessidades dos filhos dos homens, enternecer-se com suas preces e aplacar-se com os sinais de seu remorso. Tudo é tão patentemente infantil, tão estranho à realidade, que, para qualquer pessoa que manifeste uma atitude amistosa em relação à humanidade, é penoso pensar que a grande maioria dos mortais nunca será capaz de superar essa visão da vida. Mais humilhante ainda é descobrir como é vasto o número de pessoas de hoje que não podem deixar de perceber que essa religião é insustentável e, não obstante isso, tentam defendê-la, item por item, numa série de lamentáveis atos retrógrados (FREUD, 2010, p. 82).

Em resumo, para o pai da psicanálise, um homem que estivesse livre da religião teria uma oportunidade melhor de viver uma vida mais normal e completa. Diante das importantes funções da religião, como mitigar o desamparo dos que se sentem literalmente marginalizados, dar um novo sentido à vida, controlar os impulsos da natureza humana e renunciar aos incontáveis prazeres terrenos em virtude das possíveis recompensas numa vida futura depois da morte etc., as quais o judeu chamado Freud pôde muito bem analisar, uma coisa fica por incontestes: ele não realizou o seu objetivo de uma vida inteira de pesquisa: fazer com que a ciência ocupasse o lugar da religião, ou, quem sabe, o lugar do próprio Deus.

As impressões iluministas que tanto o influenciaram nunca poderiam turvar a luz da religiosidade intrínseca no homem, que o faz um adorador desde o seu nascimento. Isso, nem Freud explica! Radicalismo ateu é café pequeno. Basta uma simples pesquisa no "Dr. Google" e logo aparece uma lista interminável de pessoas influentes que, assim como Freud, professam a sua total descrença em Deus ou em qualquer manifestação de religiosidade. É fácil também achar aqueles que dizem crer em Deus, mas do seu jeito. Jeito este que traz consigo muitas formas distorcidas de culto e de adoração, mais focadas na visão particular de quem possa ser Deus e o que Ele representa. Pessoas de "Q.I." elevadíssimo, famosas, muitas delas que até deixaram um legado para a sociedade. Porém, partiram deste mundo sem a consciência da necessidade de salvação em Cristo Jesus.

 Nomes que ficaram na história, influenciaram gerações, abrilhantam as telas, enriquecem as bibliotecas e são ainda referência para muitas pessoas. Na mente dos "pensadores livres", não cabe a possibilidade de as pessoas sofrerem a condenação do fogo do inferno, simplesmente porque são "celebridades" – e não as estamos condenando, pois o Juiz é Deus. Apenas confabulamos. O fato de essas pessoas terem alguma representatividade no mundo ou terem contribuído de alguma forma com os seus dons e talentos não as livra do peso de terem negado ao Deus Vivo. Alguns ainda estão negando, e Jesus deixa isso bem claro, quando expressa: "Portanto, todo aquele que me confessar diante dos homens, também eu o confessarei diante de meu Pai, que está nos céus. Mas qualquer que me negar diante dos homens, também eu o negarei diante de meu Pai, que está nos céus" (MATEUS 10:32,33, ARA).

Outras pesquisas investigativas sobre a origem da religiosidade e a sua importância na vida do homem até defendem que a crença em um poder invisível e inteligente esteve sempre amplamente difundida por toda a raça humana, em todos os lugares e em todas as épocas. Mas também sugerem que os seres humanos dos tempos antigos, desde a época que a escrita e a história alcançam, parecem ter sido todos politeístas. Entretanto, ao citarem "todos", percebe-se, nas entrelinhas de tal abordagem,

uma linha de pensamento caracteristicamente ateísta, como se tentassem contradizer as evidências da existência de um único Deus perfeito, soberano idealizador e sustentador de tudo, com a alegação de que o politeísmo satisfaria melhor aos anseios do homem primitivo e imperfeito em sua busca pelo divino, visto que são deuses do imaginário cultural de cada povo.

Logo, se deuses podem ser "criados" pelo homem, não há por que acreditar na existência de apenas um Deus Criador. Essas investidas do ateísmo contra a existência de Deus ou contra tudo o que vem a ser religião, estende-se desde o seu surgimento, resultante do período do Iluminismo no século XVIII, arrastando-se até os nossos dias. Assim percebemos quando os seus críticos interpretam como "ilusão" a tudo o que a religião traduz como "Deus"; quando interpretam a toda Escritura que a religião chama de Sagrada como "mera invenção humana"; quando denominam ao que Deus ordenou como regras de conduta social e de perfeita adoração a Ele, de "sistemas de domínio e repressão"; e quando chamam de "falsa segurança" o que temos, e chamamos por "fé".

Não podemos fechar os olhos para o fato de que tais interpretações nasceram após muitas "pesquisas de campo", como dizem. Muitos são os achados e os estudos sobre as civilizações ao redor do mundo. Nelas, inegavelmente, estão presentes milhares de deuses e os rituais de consagração a estes, os sacrifícios humanos e de animais, a invocação aos espíritos ancestrais e diversas outras evidências de cultura pagã mergulhada no politeísmo. Então, para o historiador, filósofo, professor, pesquisador ou cientista, que não tenha um conhecimento fundamentado na Palavra de Deus, seja por tradições, seja por cultura ou por mero desdém pelo sagrado, fica a impressão de que é muito mais fácil, diante de isolados fatos históricos, duvidar da existência de um único Deus. E não apenas isso. Mais difícil ainda é cogitar e crer numa única forma de adoração genuína diante da miscelânea ritualística que alimenta as massas politeístas.

Ainda mais com os modernos grupos de resgate de antigas tradições que têm surgido mundo afora, negando a Revelação de Deus pela pregação da Sua Palavra. Entre os gregos, por exemplo, manifestações silenciosas sem o reconhecimento oficial do governo têm atraído os mais conservadores idólatras, em reuniões e encontros discretos. Tudo isso porque, até o século IV d.C., ainda podiam manter os seus rituais de adoração. Mas, pouco tempo depois, a maioria do povo já havia aderido ao cristianismo, abandonando a materna cultura. Verdade é que, atualmente, o país tem uma boa parte de cristãos ortodoxos, sendo permitida apenas a influência religiosa de duas outras religiões monoteístas: o judaísmo e do islamismo.

Na tentativa de reviver o passado histórico e ressuscitar sua cultura e religiosidade, certos grupos se reúnem nos antigos templos sagrados para homenagear os seus grandes deuses Zeus, Isis e Apolo. Também rendem honra a Prometeu, num festival realizado no dia 21 de junho, e chegam até a oficializar, secretamente, batizados e casamentos. Os gregos, na verdade, tinham grande admiração e curiosidade sobre os conhecimentos ocultos da mística religião egípcia. Por sua vez, os egípcios, obcecados pela vida eterna e pela perpetuação da alma, não ficam de fora. Grupos secretos tentam resgatar as práticas místicas de certos rituais que pareciam ter perecido ao longo dos séculos, como a magia e os antigos sacrifícios aos deuses.

No *Livro dos mortos,* há registros de encantamentos datados de cerca de 3.000 a. C (BARGEMAN, 2012, p. 18). Nesse livro, que evoluiu de textos inscritos nas paredes da Pirâmide do Velho Reino, encontramos esses rituais e outras práticas mortuárias que eram realizadas no Egito, muitos dos quais ainda praticados por seitas secretas que entoam seus mantras e queimam incensos aos seus deuses. Um grimório recheado de feitiços e encantamentos, rituais para afastar o perigo e o mal ao longo da "grande viagem da alma no outro mundo", ou seja, por meio do *Duat (submundo)*. Sabemos que os egípcios eram ocultistas. Muito do que se conhece hoje da bruxaria, magia e ocultismo vem da herança da religiosidade egípcia e de outras civilizações mais antigas. Textos bíblicos comprovam a presença de mágicos e adivinhos a serviço de Faraó: "Pela manhã, perturbado, mandou chamar todos os magos e sábios do Egito e lhes contou os sonhos, mas ninguém foi capaz de interpretá-los" (GÊNESIS 41:8, NVI). Foram trazidos os magos e os sábios, convocados para interpretar os sonhos do Faraó. São mencionados também em Êxodo, onde tiveram as suas obras desfeitas pelo poder de Deus, por intermédio do Seu servo Arão: "O faraó, porém, mandou chamar os sábios e feiticeiros; e também os magos do Egito fizeram a mesma coisa por meio das suas ciências ocultas. Cada um deles jogou ao chão uma vara, e estas se transformaram em serpentes. Mas a vara de Arão engoliu as varas deles" (ÊXODO 7:11,12, NVI).

Havia um centro de estudos teológicos no Antigo Egito, onde era composta toda a produção literária em torno da manifestação de Rá (ou *Ré*, ou o deus Sol). Ali os *hartummim*, ou "mágicos do Faraó", também mantinham uma ligação com o que chamavam de "a casa da vida", igualmente conhecidas como centros de cultura e de ensinamentos que tinham, por vezes, um caráter universal (MANACORDA, 2010, p. 25). A magia egípcia compreendia um grande complexo de crenças fundadas na reencarnação e na capacidade de ver uma deidade em todas as coisas vivas e inanimadas. Individualmente, as pessoas recorriam com frequência à bruxaria e à magia negra para se protegerem dos inúmeros perigos e pragas que os ameaçavam. Por exemplo, protegiam-se da deusa leoa *Sekhmet* e de seus enviados. Ela era muito temida por ser a responsável pela propagação de muitas epidemias, tinha gosto por sangue e rompia as paredes da sua tumba para devorar os homens quando as oferendas não lhe agradavam (BIZERRA, 2022, p. 14). Esse "temor" fazia dos fiéis prisioneiros da religiosidade, pelo medo de possíveis maldições vindas dos seus tantos deuses. Isso ainda ocorre em nossos dias.

Falemos dos hindus. Um fator importante, como o florescimento econômico e político da Índia, coloca em evidência antigas crenças e costumes deste intrigante povo. Vale voltar ao passado. Registra a História que, por volta de 2.900 a.C., uma civilização listada entre as mais precoces e extraordinárias estendeu-se muito além do vale do Rio Indo. Foram descobertas ruínas de duas grandes cidades, em escavações perto da vila de Harapa, no atual Paquistão, em 1920 d.C. (RICKLI, 1997, p. 60); possivelmente, as capitais do Império dos harapianos. A mais famosa, *Mohenjo-Daro*, teria sido a primeira cidade inteiramente planejada. Tratava-se de uma civilização razoavelmente adiantada, urbana, cuja tecnologia se comparava à do Egito e à da Mesopotâmia (BEZERRA, 2021, p. 15). Ao mesmo tempo mercantil e teocrático, esse povo fazia sacrifícios aos espíritos de árvores, cultuavam uma deusa-mãe e um deus em figura itifálica (com o "falo ereto"), representando os cultos à fertilidade.

Talvez, o "grande deus" harapiano em questão fosse um protótipo de Shiva (Xiva; Siva), o "destruidor", que é um dos três deuses supremos na mitologia hindu. Passado o tempo de apogeu e bonança, nem mesmo os deuses puderam sustentar o Império. A civilização harapiana entrou em decadência após investidas dos indo-europeus, por volta de 1700 a.C. (BEZERRA, 2021, p. 15). Shiva, junto a Brahma (o "criador") e Vishnu (o "preservador"), formam a trindade suprema *(trimurti)* do hinduísmo. Eis, a seguir, o deus *Shiva* numa postura iogue:

Figura 1 – Shiva

"Não vos desvieis; pois seguiríeis coisas vãs, que nada aproveitam e tampouco vos podem livrar, porque vaidade são" (1 SAMUEL 12:21, ARA).

Fonte: FreeJPG – Banco de imagens grátis: Domínio Público / Disponível em: https://www.freejpg.com.ar/free/info/100009824/shiva. Acesso em: 20 dez. 2018

O hinduísmo é uma das religiões mais antigas, mais diversas e complexas, tendo estabelecida a data dessa civilização entre 3000-2500 d.C. (PANIKKAR, 1965, p. 4). E o seu complexo politeísmo sustenta milhares de divindades. É a terceira maior religião do mundo. Teve origem na Índia, espalhando-se pelo Nepal e, em menor escala, em alguns países ao redor. Em seu panteão, vemos Ganesh, Krishna, e todas as demais que fazem parte de Brahman – algo como a "essência universal" ou "deus supremo". Mas Supremo mesmo, só o nosso Deus!

> Fala o Senhor, o Deus supremo; convoca toda a terra, do nascente ao poente. Desde Sião, perfeita em beleza, Deus resplandece. Nosso Deus vem! Certamente não ficará calado! À sua frente vai um fogo devorador, e, ao seu redor, uma violenta tempestade. Ele convoca os altos céus e a terra, para o julgamento do seu povo: "Ajuntem os que me são fiéis, que, mediante sacrifício, fizeram aliança comigo". E os céus proclamam a sua justiça, pois o próprio Deus é o juiz. "Ouça, meu povo, pois eu falarei; vou testemunhar contra você, Israel: eu sou Deus, o seu Deus" (SALMOS 50:1-7, NVI).

Acreditam os hindus que Brahma seja uma entidade que habita em toda área da realidade e existência, por todo o universo. É apresentado aos seus seguidores com as suas quatro cabeças (ou faces) que simbolizam os quatro *Varnas (sistema de castas),* os quatro *Yugas (divisão do tempo)* e os quatro *Vedas (Nome de cada um dos quatro antigos livros sagrados nos quais se baseiam os preceitos do hindu*ísmo). Possui quatro mãos que representam os pontos cardeais e seguram objetos: "um rosário, um jarro de água, um livro, um cetro, uma colher, um arco ou lótus" (PEGRUM, 1940, p. 8). Percebemos, no decorrer das linhas deste livro, que muitas religiões sempre tentaram perverter o conceito da Trindade Santa. Em várias delas, encontraremos um conjunto de três entidades assumindo uma hierarquia no seu panteão, a exemplo do povo hindu, que possui uma grande variedade de crenças básicas em muitas e diferentes seitas.

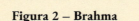

Figura 2 – Brahma

"Não há salvação em nenhum outro, pois, debaixo do céu não há nenhum outro nome dado aos homens pelo qual devamos ser salvos" (ATOS 4:12, NVI).

Fonte: Wikimedia Commons / De: Ranveig, 10 de mar. de 2006 / Senhor Narayana/ Disponível em: https://commons.wikimedia.org/wiki/File:Brahma_1820.jpg. Acesso em: 20 dez. 2020

    Os deuses do enorme panteão da mitologia simbolizam as forças transcendentais e invisíveis hindus. Eis, aqui, a trindade ou "tríade hindu", formada por Brahma, Vishnu e Shiva, que são acompanhados por suas respectivas esposas (PEGRUM, 1940, p. 8). Como um deus "impessoal" que não pode ser conhecido, tal deus existe em três formas separadas: Brahma – Criador; Shiva – Destruidor; Vishnu – Preservador, sendo que cada uma dessas formas pode passar por muitas reencarnações.

    Vejamos, a seguir, outra divindade. Retratado com um lótus na mão (que é também um símbolo do Budismo), Vishnu é, originalmente, conhecido como uma divindade cósmica menor ("deus menor"), que "tem dez encarnações principais: Matsya, Kurma, Varcha, Narashima, Vamana, Prasurama, Rama, Krishna, Buddha e Kalki" (PEGRUM, 1940, p. 8), mas alcançou um grau superior e ficou com a responsabilidade de preservar todo o Universo. Sabemos que todo o universo e tudo o que nele existe pertence ao único Deus: "Ao Senhor, o seu Deus, pertencem os céus e até os mais altos céus, a terra e tudo o que nela existe" (DEUTERONÔMIO 10:14, NVI).

Figura 3 – Vishnu (Senhor Narayana)

"Assim como você não conhece o caminho do vento, nem como o corpo é formado no ventre de uma mulher, também não pode compreender as obras de Deus, o Criador de todas as coisas" (ECLESIASTES 11:5, NVI).

Fonte: Wikimedia Commons / (Nenhum autor) / Domínio Público / Disponível em: https://commons.wikimedia.org/wiki/File:Lord_Narayana.jpg. Acesso em: 20 dez. 2020

Os hindus têm a sua religiosidade baseada em textos que consideram "sagrados", como os Brahmanas – "instruções rituais", os Aranyakas – "textos da floresta", e Upanishads – "sentado perto do mestre". Esses três são considerados como "revelações diretas" da divindade (TINOCO, 1992, p. 38). E ainda: os Sutras – "textos resumidos de assuntos diversos" e os Puranas – "antiguidades" (antologias comparáveis à Bíblia), onde constam duas de suas mais populares epopeias: Ramayana Mahabharata, sendo que no capítulo VI deste último está o famoso texto Bhagavad Gita (TINOCO, 1992, p. 36-37). Suas crenças se firmam nessas Escrituras, que contêm hinos, encantamentos, filosofias, rituais, poemas e muitas histórias.

Logo, o hinduísmo é mais uma religião que se opõe ao cristianismo bíblico em todas as ramificações do seu sistema de crença, pois o cristão crê em um Deus que é pessoal e conhecível e, por isso, acessível a qualquer pessoa que se aproxime Dele em espírito e em verdade, quebrantado, pronto para ouvir das palavras de vida eterna do Eterno Deus. Só há um Único Senhor a Quem devemos amar: "Ouça, ó Israel: O Senhor, o nosso Deus, é o único Senhor. Ame o Senhor, o seu Deus, de todo o seu coração, de toda a sua alma e de todas as suas forças" (DEUTERONÔMIO 6:4-5, ACF). Paulo disse aos de Corinto: "Para nós, porém, há um único Deus, o Pai, de quem vêm todas as coisas e para quem vivemos; e um só Senhor, Jesus Cristo, por meio de quem vieram todas as coisas e por meio de quem vivemos" (1 CORÍNTIOS 8:6, NVI).

O cristão crê em um único manual, um único livro sagrado, conhecido como *Escrituras Sagradas,* que nos ensina sobre a fé e ensina que Deus criou a terra e tudo que nela existe pela Sua Palavra: "Pela fé entendemos que o universo foi formado pela palavra de Deus, de modo que o que se vê não foi feito do que é visível" (HEBREUS 11:3, NVI). O cristão crê que o homem foi criado à imagem de Deus. Vejamos:

> Ora, o Senhor é o Espírito; e onde está o Espírito do Senhor, aí há liberdade. Mas todos nós, com rosto descoberto, refletindo como um espelho a glória do Senhor, somos transformados de glória em glória na mesma imagem, como pelo Espírito do Senhor (2 CORÍNTIOS 3:17,18, ACF).

Quem pertence ao Reino reflete Cristo! NÓS, OS FILHOS DO REINO, TEMOS A IMAGEM DE CRISTO EM NÓS! Esta restauração da imagem só nos foi possível por causa de Cristo, porque Cristo é a imagem perfeita de Deus. E o pecador precisa, agora, tornar-se cada vez mais semelhante a Cristo. Lemos, em Colossenses 1:15, que "Ele é a imagem do Deus invisível". e em Romanos 8:29, que Deus nos predestinou para sermos "Conforme a imagem de Seu Filho". Por isso, o Cristo se entregou, para nos devolver o que o pecado tirou do homem lá no Éden: A IMAGEM DE DEUS. O sacrifício de Jesus não foi como os que constantemente eram oferecidos, dia após dia pelos sacerdotes da Antiga Aliança. Mas foi um SACRIFÍCIO DEFINITIVO E SUBSTITUTIVO que perdoou nossos pecados e nos deu vida Nele. Enquanto isso, aqui na terra, se vive apenas uma vez:

> Da mesma forma, como o homem está destinado a morrer uma só vez e depois disso enfrentar o juízo, assim também Cristo foi oferecido em sacrifício uma única vez, para tirar os pecados de muitos; e aparecerá segunda vez, não para tirar o pecado, mas para trazer salvação aos que o aguardam (HEBREUS 9:27-28, NVI).

O cristão crê e ensina que a salvação não pode, de maneira nenhuma, estar atrelada a nenhum outro personagem, a nenhum outro senhor segundo a carne, a nenhum deus do imaginário humano. A salvação, patente marca do plano Divino para a humanidade decaída, acontece somente por meio da obra de Jesus Cristo em nosso favor:

> Ninguém pode vir a mim se o Pai, que me enviou, não o trouxer; e eu o ressuscitarei no último dia. Está escrito nos profetas: E serão todos ensinados por Deus. Portanto, todo aquele que da parte do Pai tem ouvido e aprendido, esse vem a mim (JOÃO 6:44-45, ARA).

Então, podemos nos perguntar: como podemos ser ensinados por Deus? Como podemos ouvir a Sua voz e aprender Dele? As Escrituras apontam para Jesus. Elas falam conosco, são PALAVRAS VIVAS que saltam ao nosso entendimento, são A VOZ DE DEUS: "Quem tem ouvidos para ouvir, ouça" (LUCAS 8:8, ACF). Todo aquele que quiser conhecer a Deus intimamente terá que buscá-lo na Sua Palavra, pois somente dessa forma se chega a Cristo. E, como tudo o que Deus não criou e não aprova surge meio que "por acaso", pelo desvario de homens longe do Caminho, assim também surgiu mais essa falsa religião védica. A Figura 4 é outra divindade milenar cultuada na índia, divulgada e introduzida em nossos dias por meio de práticas, como meditação, yoga, mantras etc.

Tido como "um ser que traduz a felicidade", esse deus, Krishna (Figura 4), é representado numa figura infantil. Às vezes, como uma linda menina que toca flauta entre as flores, sempre com vestes muito coloridas. E os seus seguidores, como a maioria dos cegos de outras seitas, estão à busca do "esclarecimento espiritual" que os capacitará a espalhar o amor de Krishna na sociedade. Então, Krishna, para a cultura védica, teria surgido muito antes de Cristo e reaparecido em outras encarnações terrenas. Segundo ensinos dessa cultura, a sua última reencarnação, teria ocorrido em 1486, com o aparecimento de Brahmin Chaitanya (1486-1534), considerado a encarnação da Suprema Personalidade de Deus. Ele manifestava sua consagração ao deus Krishna por meio do canto e da dança (RIBEIRO, 2015, p. 40).

Figura 4 – Krishna com vacas

"Sua terra está cheia de ídolos. Eles se inclinam diante da obra das suas mãos, diante do que os seus dedos fizeram" (ISAÍAS 2:8, NVI).

"Filhinhos, guardem-se dos ídolos" (1 JOÃO 5:21, NVI).

Fonte: Wikimedia Commons / (Nenhum autor) Domínio Público/ Disponível em: https://commons.wikimedia.org/wiki/File:Krishna_with_cows.jpg. Acesso em: 23 set. 2017

Os discípulos de Chaitanya espalharam-se gradativamente, sucedendo-se uns aos outros, até o início do século XX, quando Vimala Prasad (1874-1936), mais conhecido como Bhaktisiddantha Sravati Thakura, passou a missão de divulgar o que eles chamam de "consciência Krishina" à Blaktivedanta Swami Prabhupada (CARVALHO, 2017, p. 52). Formado na Universidade de Calcutá e tendo estudado filosofia, religião e economia, o guru Prabhupada resolveu propagar a seita para cumprir a sua missão e assim o fez, espalhando essa filosofia no Ocidente, pelos trabalhos como fundador e chefe espiritual da Sociedade Internacional da Consciência de Krishna – ISKCON (WULLSTEIN, 2009, p. 37).

Já existem mais de 100 sedes Hare Krishna ao redor do mundo e muitos centros estabelecidos aqui no Brasil. O principal e o mais recente da América Latina tem o nome de Ramakrishna Vedanta Ashrama, fundado por um grupo de devotos em 1975 (ANDRADE, 2007, p. 60).

Tudo avança, o mundo segue. Estamos vivendo em uma era de um acesso ao conhecimento científico sem precedentes. E essa gigantesca diversidade religiosa indica que o repertório de idolatria e heresia das grandes religiões é muito mais complexo do que aquele pequeno mostruário dos livros didáticos. Dessa forma, tem prevalecido no *hall* dos hodiernos pensadores o argumento sobre a incompatibilidade entre os três principais pilares do conhecimento: a história, a ciência e a religião. Neurocientistas, psicólogos, filósofos e antropólogos tentam formular explicações para a disposição natural humana de crer no sobrenatural, analisando qual seria o papel poderoso da religião em todas as camadas sociais. Assim, muitos dentre eles seguem argumentando que a crença religiosa, no geral, pode ser baseada em nossos padrões de pensamento e de cultura.

Outros cientistas chegaram ao absurdo de pesquisar cérebros humanos em busca do lendário "ponto Deus", mencionando que esse "centro espiritual interno" estaria localizado nas conexões neurais nos lobos temporais do cérebro (GOMES; FARINA; FORNO, 2014, p. 109). Então, com tanta gente querendo ir além do próprio conhecimento, tentando decifrar essa pluralidade religiosa e a sua influência na humanidade, fica difícil crer, como dizem por aí, num Deus exclusivista, ciumento, possessivo, que deseja toda forma de culto para Ele somente. Ou, pela mesma lógica, pensar num Deus que não somente quer ser adorado de forma exclusiva, mas que espera também do homem uma transformação de caráter, boa conduta e postura santa. Mais fácil é crer "no que" ou "em quem" não confronte o ego. Quem sabe, em última instância, não crer em nada, vivendo-se à *volonté*, ou seja, sem protocolos complicados, sem formalidades, segundo as próprias convicções e à mercê dos desejos da carne, como todo *bon vivant*, sem o entendimento de que é Deus, por ser o nosso Criador e nos conhecer por dentro, quem sabe o que é melhor para nós.

É só por isso que Ele nos direciona pela Sua Palavra com amor, com regras e, claro, sérias advertências. Analisando as Escrituras e sua influência direta na vida do homem, o filósofo e teólogo Francis Schaeffer (1912-1984) e o Dr. Charles Everett Koop (1916-2013) escreveram:

> A compreensão da distância entre a situação da humanidade e sua história (como é atualmente, como poderia ser e como deveria ter sido), com base no modo como o homem foi criado, revela-nos um pano de fundo moral bastante realista, compatível com nossa natureza e nossas aspirações. Portanto, existem regras para a vida, como as placas de advertência no topo de uma montanha, com os dizeres: PERIGO – AFASTE-SE. Essa placa está ali para nos auxiliar, e não para nos atrapalhar. Deus a colocou naquele lugar porque, vivendo de acordo com suas regras, alcançamos segurança e satisfação. O Deus que nos criou nos conhece, sabe o que é melhor para nós e é o mesmo que nos transmite essas ordenanças. Quando as descumprimos, não estamos apenas cometendo um erro, mas promovendo nosso mal; essa atitude não contribui para nossa satisfação como pessoas singulares, criadas à imagem de Deus (SHAEFFER; KOOP, 1979, p. 155).

Concluímos: todo o avanço da História ao longo do tempo, bem como o empenho dos milhares de pensadores céticos e novos historiadores em tentar desligá-la do Teocentrismo, só corrobora para a conclusão de que nada pôde (nem poderá!) alterar o que Deus sabiamente traçou para o Seu povo. "O céu e a terra passarão, mas as minhas palavras jamais passarão" (MATEUS 24:35 – NVI).

HISTÓRIA, RELIGIÃO E OUTROS ABSURDOS

A história é testemunha do passado, luz da verdade, vida da memória, mestra da vida, anunciadora dos tempos antigos.

(Marcus Tullius Cícero – Tratado De Oratore, 55 a.C.)

Em toda trajetória da existência humana sobre a face da Terra, a História foi tecendo as suas teias, mantendo-se como uma ciência social *sui generis*, "irremediavelmente ligada ao concreto" (GINSBURG, 1989, p. 156). Capturando, interceptando, absorvendo, ligando fatos e acontecimentos, reconstruindo cenários, unindo peças como num mosaico de informações, sempre levando em conta, principalmente, duas das suas importantes dimensões. Na primeira dimensão, temos a História como "realidade" – *res gestae*, ou seja, o complexo dos fatos humanos no seu curso temporal em "ações realizadas" num processo histórico objetivo (MOTTER, 2001, p. 26). Na segunda dimensão, temos a História como "conhecimento" – *narratio rerum gestarum*, ou seja, o relato desses fatos (eventos) humanos históricos – a "descrição desse processo, que é a historiografia" (MOTTER, 2001, p. 26).

Com base nessas dimensões, podemos traçar perfis de identidade cultural, de costumes variados. Enfim, características bem peculiares de cada povo espalhado pelos quatro cantos do planeta. Muitos são os vestígios, os achados arqueológicos, os argumentos científicos, as descobertas e um número sem fim de teorias antropocêntricas e questionamentos filosóficos, sobre os quais o homem busca encontrar respostas e fundamentar as suas teses. Isso, na tentativa de saber mais sobre a sua própria origem, sobre o mundo que o cerca, sobre as coisas visíveis e invisíveis. Sobretudo, na tentativa de descobrir sobre a existência de um Ser Superior, também invisível. Um Deus que, segundo os conceitos da criação de Santo Agostinho, criou o universo *"ex nihilo"* – "a partir do nada" (GOULART, 2021, p. 5-30), estreitando a Sua relação com o ser criado à Sua imagem e semelhança, obviamente, dentro dessa limitadíssima ótica horizontal e racional que cabe a nós, meros humanos.

E no afã de encontrarmos um ponto comum que norteie a nossa compreensão sobre o conteúdo dos textos que ainda serão abordados nestas páginas, faz-se oportuno que reflitamos sobre um fato que, filtrado pelas duas dimensões da história, o torna inquestionável: há uma Teologia inata em todo ser humano. Está em nós como uma partícula, uma centelha divina (certamente, um reflexo não adulterado da *imago Dei* em nós) que promove interna e ininterruptamente essa arraigada, intensa e intrigante busca pelo desconhecido. É como uma espécie de religiosidade intuitiva que se faz presente em todo ser humano, encarnada dentro de cada um, escapando quase sempre à razão ou à lógica; uma percepção natural e pessoal da divindade: o finito querendo vislumbrar o infinito, o imperfeito, buscando a perfeição...; a vil e corruptível criatura tentando desbravar o santo e inescrutável Ser de Deus, ainda que seja pela contemplação das coisas criadas, das leis que as regem ou das estruturas que as compõem. E isso, não importando quão isolada ou longínqua seja uma civilização ou tribo, se pequena ou grande, se do presente ou do passado. O ser adorador estará ali, pois a natureza humana em si é uma natureza de adoração, criada para adorar. O problema é que, quando não se tem conhecimento da Pessoa de Deus e dos Seus atributos, adora-se qualquer coisa ou a si mesmo. Dessa forma, o homem acaba por trilhar caminhos de desobediência, seguindo o rumo do seu obstinado coração.

Não há evidências de que qualquer outro ser seja tão movido por preocupações religiosas como o ser humano é, desde os seus primórdios. Os mais antigos registros históricos sobre o homem, datando de alguns milhares de anos, retratam a religiosidade como sendo esse sentimento íntimo que sempre moveu e intrigou o coração investigador dos primeiros homens. Podemos então constatar que, muito mais do que apenas ter capacidade de observar, absorver, produzir ou transmitir cultura, a experiência religiosa é, como disse Pedro Paulo Funari, em seu livro *As religiões que o mundo esqueceu* (2010), a marca mais distintiva da raça humana (FUNARI, 2010, p. 6).

Sítios arqueológicos esconderam, para um distante futuro, histórias, fragmentos do passado em artefatos e mistérios, de diferentes épocas e lugares. Retratadas nos interiores de grutas e cavernas, pinturas antigas da chamada arte rupestre, ao serem encontradas, trouxeram à luz imagens, nuances de figuras humanas, animais e até híbridas – metade humana, metade animal. Impressões em contornos, linhas, formas geométricas que, em dados momentos, apontaram para alguma forma de culto, algum sinal de processo ritualístico eternizado nas pedras ou nas paredes dessas cavidades. Representações de altares de pedra, agrupamentos de figuras em círculos, em uma simetria tal que sugeriria a qualquer leigo pesquisador um cenário preparado para um sacrifício ou uma oferta votiva a uma entidade. Um registro aqui, outro acolá, mas não foram raros os casos de arqueólogos e antropólogos descobrindo gravuras, nas quais grupos tribais e seus pajés participam de rituais xamânicos, ou parecem dançar extasiados, embalados pelos tambores nas cerimônias de cura pelo poder das plantas, nas festas da colheita, chegada das chuvas etc.

Também em grutas sagradas, a cultura romana preparava os cultos dos "mistérios mitraicos", onde o clímax era atingido com um sacrifício que "propiciava a imortalidade". Esse ritual a Mitra, uma divindade indo-iraniana, tentou concorrência com o cristianismo e teve a sua máxima expansão geográfica nos séculos III e IV d.C. "O culto de mitra simboliza a regeneração física e psíquica pela energia do sangue, em seguida, pela energia solar, e por fim, pela energia divina [...]" (CHEVALIER, 2000, p. 570). Na prática, havia um ritual de iniciação nos mistérios de Mitra, chamado de "Taurobólio", no qual um touro era imolado para que o seu sangue fizesse brotar a vida ao se derramar na terra (BARATA, 2010, p. 2).

Ademais, os primeiros deuses totêmicos (uma espécie de emblema de um grupo social ou familiar) das tribos do Ocidente, da mesma forma, foram originados no culto do touro e do javali. Isso foi detectado nos clãs primitivos do Mediterrâneo ocidental e no Egito, de povos que acreditaram, por milênios, que o touro era o deus da fertilidade e do poder dos seus reis. Como escreveu Mircea Eliade, "Por isso os deuses celestes das religiões indo-mediterrânicas se identificam, desta ou daquela maneira, com o touro" (ELIADE, 1992, p. 114-115).

Longínquas comunidades ribeirinhas isoladas dos grandes centros ainda preservam a arte nas pedras que descansam nas margens. São pinturas retratando a crença na força sobrenatural das águas se misturando à exuberante paisagem do bioma. E se fosse possível nos dias de hoje pisarmos num território indígena nos confins da Amazônia, em uma tribo que nunca tivera contato com a civilização, certamente ali ainda encontraríamos vestígios de algum tipo de adoração, fosse ela mitológica ou fundamentada nos ritos de passagem cheios de crenças e superstições. Para os indígenas, os mitos contêm a história verdadeira do mundo, e tudo aquilo que costumamos chamar de religião tem para eles um corpo mítico.

> Haverá algum sentido em buscar nos mitos uma correspondência com fenômenos climáticos arcaicos, com a destruição das florestas pelo fogo, ou com a criação de desertos, já que os mitos vêm de épocas antigas? [...] Saber o que os mitos são é um desafio. Eles continuam a

esconder um significado misterioso através das análises, as mais variadas, e uma infinidade de definições e explicações têm sido propostas. A palavra mito, como se sabe, vem do grego e significa, narrativa contada (MINDLIN, 2002, p. 149-169).

Quanto aos índios brasileiros, embora não construam templos, tribos inteiras praticam a astrolatria, cultuando ao deus-sol, Coaraci, e à deusa-lua: Jaci (PRADO, 2015, p. 15). Mesmo sem conhecimento ou interação com outras culturas e religiões, um indígena selvagem conseguiria expressar a sua crença nas duas forças contrárias que, como entende, regem o universo: o bem e o mal. Tem temor a Tupá – o "deus bom", o espírito do trovão, o grande criador dos céus, da terra, dos mares, animais e vegetais, montanhas, as pedras, os rios e os seres humanos (PRADO, 2015, p. 15). E teme, na mesma proporção, ao espírito tenebroso, vingativo e maligno conhecido por Anhangá – gênio ou espírito que acreditavam ser o protetor dos animais terrestres e perseguidor dos humanos; e a Jurupari, cujo catecismo dos jesuítas na colonização das terras indígenas associou-o a um demônio (DO NASCIMENTO ARAÚJO, 2011, p. 27).

Mas de onde veio a sua crença, essa percepção de religiosidade? Como e quando surgiu essa necessidade tão plural de se conectar com o divino? Como poder avaliar a cosmovisão de cada povo isoladamente sem antes investigar um princípio, um início lógico de adoração intrínseca do ser criado à semelhança do seu Criador? Uma vez que a grande maioria das pessoas ao longo da história, de todas as civilizações espalhadas pela terra e suas culturas, línguas e raças, acredita na existência de algum "tipo de Deus", deve haver algo (ou alguém) causando esta crença. Pela ótica da fé, podemos dizer que, no ato da criação, Deus "implantou" na natureza humana a capacidade de reconhecê-Lo, por meio daquilo que Ele mesmo criou.

Essa atitude explicaria a evidência do forte instinto religioso que pode ser visto em todas as partes do mundo. E a isso, a Teologia dá o nome de "revelação indireta" ou "revelação geral" – rebatida e negada muitas vezes por Karl Barth (1886-1968), que não cria que os olhos físicos pudessem perceber a revelação que está na esfera numênica, ou seja, no campo dos números. Para Barth, a revelação geral é uma "ilusão" e uma "miragem" (DEMAREST, 1983, p. 123). Porém, assim diz a Palavra: "Pois desde a criação do mundo os atributos invisíveis de Deus, seu eterno poder e sua natureza divina, têm sido vistos claramente, sendo compreendidos por meio das coisas criadas, de forma que tais homens são indesculpáveis" (ROMANOS 1:20, NVI).

"Entender" e "ver claramente" aquilo que nos é INVISÍVEL, como o PODER e a DIVINDADE de um "SER", apenas por "contemplar as coisas criadas". Seria plausível? Seria possível? Sim, descortinando, rasgando o véu carnal que cobre e limita nosso entendimento para alcançarmos uma compreensão mais profunda e independente da lógica ou da razão humana: uma COMPREENSÃO ESPIRITUAL. Ter essa compreensão é ser participante do TODO de Deus, é estar em sintonia com o céu, numa visão que só pode ter quem O conhece, quem permanece Nele e não se desvia DO CAMINHO. Então, seria imaturo e incorreto afirmar que cada civilização (povo, tribo, língua, raça, nação...) ao longo da história tenha EXPERIMENTADO DEUS PLENAMENTE, sem o necessário e espiritual discernimento, apenas pela grandeza revelada nas coisas criadas. Pois, se assim fosse, TODAS AS FORMAS DE INTERPRETAR DEUS PELA SUA CRIAÇÃO teriam de ser consideradas autênticas e jamais poderiam ser questionadas.

Temos o exemplo da visão panteísta: Deus estaria numa árvore, num animal, numa flor, e por aí vai.... como se Ele fosse, em relação ao todo criado, a cabeça, enquanto o cosmos seria "Seu aspecto corporal". Essa doutrina faz uso da expressão "panteísmo" derivada da junção de dois vocábulos gregos *pan*, significando "tudo", e *theos*, significando "Deus" (HARTSHORNE, 2005, p. 165).

Ou seja, Deus não é visto nessa doutrina como um ser superior, mas, sim, como o próprio universo e a natureza. "Universo + Deus: configuram duas facetas da mesma concepção; como os lados de uma mesma moeda, tornando as metonímias 'Deus é matéria/energia'; 'Deus é Universo' configurações retóricas imediatamente evidentes" (BARBIER, 2009, p. 119). Por essa ótica panteísta, o universo não teria princípio, sendo, assim, autoexistente. Contudo, podendo sofrer mutações, pois Deus existiria em tudo, em todas as coisas, permeando completamente a Sua criação.

Um amigo de muitos anos, fiel amante da Filosofia (para quem, aqui, daremos o pseudônimo de "O Salinense"), diz-se panteísta. Vejamos: TAL CRENÇA em um único Ser Supremo e A CERTEZA da existência de diversos deuses conectados aos elementos naturais convivem igualmente, segundo essa visão, conjugando a esfera mental (ou espiritual) à dimensão material. A natureza divina assim é percebida, onde o eterno e o perecível se confundem redutíveis um ao outro, como faces distintas do mesmo evento, mas se manifestando de formas diferentes no plano palpável e visível de uma realidade. Nisso consiste no principal aspecto dessa doutrina. Mas, se essa fosse a correta forma de se conhecer a Deus e a Sua obra, não seriam necessários moldes, padrões morais, modelos, diretrizes ou fórmulas, como Deus nos deu desde o princípio – quem lembra do projeto detalhista do Tabernáculo? Da mesma forma, não precisaríamos de profundo conhecimento nem discernimento.

Logo, cada um poderia cultuar ao seu bel prazer, onde e da forma como quisesse, compreendesse e entendesse Deus, sem arrependimento, sem reconhecimento da necessidade de redenção e de transformação, mudança de vida. É isso o que muitas correntes de pensamento estão tentando fazer prevalecer em nossos dias, numa errada concepção de que Deus não se importa com a forma de culto, ou com "o que" ou "quem" está sendo cultuado. Este é um caminho perigoso. Daí vêm os populares ditados: *"todos os caminhos levam a Deus"* e *"todo mundo é filho de Deus"*. Daí a supervalorização e a midiática exposição – para não dizer IMPOSIÇÃO – do que denominam "Cultura Popular" e suas vertentes: regionalismos, tradições, crendices, folclore etc., implantando, nas mentes desprovidas do conhecimento do verdadeiro Deus, as suas deturpadas e heréticas noções de religiosidade, culto e adoração. E aí está a areia movediça do sincretismo atraindo e afundando muitas almas num infernal poço sem fundo e sem volta.

Cabe-nos outra reflexão. Um trecho do texto paulino que citamos anteriormente em muito pode nos intrigar, se o olharmos com outros olhos (quiçá espirituais). Vejamos: *"... desde a criação do mundo [...]"*. Então... Houve um princípio, um começo que não pode passar como um lapso na História. No Éden, aquele cenário paradisíaco (literalmente!), o Senhor Deus Criador estava frente a frente com a mais inteligente e perfeita de todas as criaturas. Havia um elo, uma ligação, uma intimidade ímpar. Havia páginas em branco que deveriam ser escritas sem nenhuma rasura, mancha ou mácula. Toda uma história de unidade e comunhão na caminhada ao lado de um Ser que, embora infinitamente poderoso e excelso, não impunha a ninguém ser adorado.

Um Ser Supremo que expressou um amor sem igual ao presentar, ao homem, coroa da Sua criação, com todo um universo admirável para sua contemplação. Mas que, bem no íntimo do ser humano, queria ser achado, visto e amado... como amigo... e Pai. Não havia ali no Éden outra forma de adoração ou objeto de culto. Não havia motivos torpes nem interesses egoístas para uma possível "troca" com Deus; nem dogmas, nem concílios, nem catedrais. Havia apenas a SANTA PRESENÇA, que descia e caminhava com o homem. E havia um homem puro ali, moralmente perfeito, sem carências de afeto, sem pressões psicológicas, sem necessidade de autoafirmação. Um adorador por completo diante de um altar sem púlpito, sem adereços, sem acréscimos. Até que algo se rompeu.

O elo foi quebrado. O pecado entrou em cena e afastou de Deus o homem que agora, sem querer ser confrontado e sem poder participar das delícias de uma perfeita comunhão com o seu Criador, seguiria errante ao INVENTAR com suas mãos os seus próprios deuses, adorando-os à sua maneira. Poderia o homem traçar seu próprio destino de loucura e destruição, sem sequer lembrar-se da sua origem, edificando os seus altares e sacrificando sobre eles, dando as costas ao seu Deus.

Materializando, esculpindo, prostrando-se, rogando ao que lhe saiu das mãos e de sua fértil imaginação, sem culpa e sem temor. Não estamos distantes de comprovar isso, basta que olhemos ao redor. Quantos à nossa volta não estão acorrentados aos seus amuletos bentos? É como se cada peça tivesse uma força, um poder especial que provoca a fé dos cegos. Nenhum deles, porém, poderá ser visto correndo sozinho por aí. Sempre terá um alguém agarrado a eles com unhas e dentes, levando-os de um lado para o outro. Tanta gente que até diz conhecer Jesus Cristo, mas não abandona a sua fitinha, o seu escapulário, o seu terço, a sua medalhinha do santo predileto ou padroeiro. São coisas que, para essas pessoas, as aproximam do divino e as mantêm mais íntimas dos seus ídolos. São lugares, templos suntuosos, objetos sagrados, rituais para garantir intimidade com as "forças do além". É o que encontramos em quase todas as religiões de hoje, um fenômeno que se expande tão rápido como uma praga na plantação. Basta apenas uma planta contaminada para que todas as outras logo estejam comprometidas.

A Igreja Católica romanizada foi aos poucos incorporando esses elementos em sua doutrina, cristianizando uma inclinação pagã de adorar objetos, o que Deus nunca permitiu, desviando, dessa forma, os olhares, os corações e a fé de muitos fiéis. Fiéis que não são discipulados nem instruídos de que Deus jamais os ouvirá, pois o Santo Deus não vai validar aquilo que Ele mesmo abominou. A Bíblia diz:

> Certamente abandonaste o teu povo, os descendentes de Jacó, porque eles se encheram de superstições dos povos do leste, praticam adivinhações como os filisteus e fazem acordos com pagãos; Sua terra está cheia de ídolos. Eles se inclinam diante da obra das suas mãos, diante do que os seus dedos fizeram (ISAÍAS 2:6 e 8, NVI).

Quem usa um amuleto desvia-se de Deus, pois põe a sua fé no poder atribuído ao objeto. Usar tais amuletos é uma forma de fazer simpatia, ou como o pecado de feitiçaria. Nenhum deles tem poder para curar, trazer sorte ou afastar as influências malignas. A Bíblia condena o uso de qualquer amuleto. Verdade, usar amuletos sempre foi considerado pecado, porque é idolatria. A nossa fé deve estar somente em Deus, pois apenas Ele tem poder para nos curar, abençoar e proteger. Logo, qualquer amuleto não passa de um objeto morto, sem poder nenhum, nem para o bem nem para o mal. Porém, aprisiona! E é comum entre os que ainda não foram libertos em Cristo Jesus o uso de muitos objetos. Desde penduricalhos a plantas, quadros, ferraduras, cristais, cruzes célticas, trevo de quatro folhas, anéis, medalhas, fitinhas, joias místicas usadas num colar, numa pulseira, ou penduradas no espelho retrovisor do carro, camisas personalizadas com seu santo milagreiro favorito etc. Para essas pessoas, tais objetos são sortilégios mágicos que elas usam para se proteger dos inimigos, de energias negativas, de maus olhados, de danos materiais, de espíritos, de doenças e tantas outras sandices.

Desde os tempos antigos, quando o homem deixou O Caminho de Deus e começou a trilhar seu rumo de apostasia e idolatria, muitos povos já faziam uso de amuletos e outros objetos, como os "berloques" citados no trecho bíblico abaixo – berloque é um pequeno enfeite ou pingente normalmente pendurado em uma pulseira ou corrente. E até o povo de Israel que começou a copiar as manias e as superstições dos pagãos, ao que Deus condenou como se fizessem feitiçaria. Deus prometeu castigo, numa severa admoestação contra os falsos profetas de Israel envolvidos com o uso de amuletos. A Bíblia diz:

> E diga: Assim diz o Senhor, o Soberano: Ai das mulheres que costuram berloques de feitiço em seus pulsos e fazem véus de vários comprimentos para a cabeça a fim de enlaçarem o povo. Pensam que vão enlaçar a vida do meu povo e preservar a de vocês? Vocês me profanaram no meio de meu povo em troca de uns punhados de cevada e de migalhas de pão. Ao mentirem ao meu povo, que ouve mentiras, vocês mataram aqueles que não deviam ter morrido e pouparam aqueles que não deviam viver. Por isso, assim diz o Soberano, o Senhor: Estou contra os seus berloques de feitiço com os quais vocês prendem o povo como se fossem passarinhos, e os arrancarei dos seus braços; porei em liberdade o povo que vocês prendem como passarinhos. Rasgarei os seus véus e libertarei o meu povo das mãos de vocês, e ele não será mais presa do seu poder. Então vocês saberão que eu sou o Senhor (EZEQUIEL 13:18,20-21, NVI).

O texto fala de pulseiras mágicas (amuletos) e falsas profetizas que colocavam o véu sobre a cabeça de quem as consultavam, como se esse ritual preparasse aqueles homens para receberem a tal revelação esperada. E quando Deus diz *"as almas que vós caçais como aves"*, refere-se ao laço que tal prática traz sobre aqueles que as consultam acerca de seus problemas. Mais à frente, falaremos das fitinhas baianas e do "Senhor do Bonfim".

Documentos oficiais da Igreja Romana confirmam uma quantidade assustadora do que ela considera e rotula de "Relíquias Sagradas", as quais são encontradas de todo o gênero. Mas, fora o sentido comum do que seja uma relíquia, há uma idolatria exacerbada sobre cada objeto que essa instituição milenar se gaba por possuir. Uma relíquia, do latim reliquiae = "restos" (GOULÃO, 2008, p. 3), pode simplesmente ser um objeto raro, precioso por requerer um cuidado maior e de especial atenção, antigo, ao qual se dedica grande estima. No conceito religioso, é "o que resta" do corpo dos santos ou objetos que pertenceram a eles, algo que teve contato direto com tal corpo.

Guardado na Biblioteca Valdense e datado de 1888, encontra-se o Dicionário das Relíquias e dos Santos da Igreja de Roma *(Dizionario delle Reliquie e dei Santi della Chiesa di Roma – 1888)*. Nele há uma imensa lista de relíquias que podemos pesquisar. Muitas delas, literalmente, foram multiplicadas e espalhadas por várias igrejas mundo afora. Não são somente objetos. Até corpos foram "multiplicados". Conta-se, inclusive, que um missionário católico que peregrinava por terras distantes em um mosteiro disse, ao beijar a cabeça de João Batista: *"Santo Deus maravilhoso, esse já é o quinto crânio de João que beijo nas minhas peregrinações"* (BANZOLI, 2015, s/p). Pois, a cabeça do primo do Senhor pode ser encontrada em diversos lugares, assim como o corpo do irmão de Jesus, o apóstolo Tiago. Relatos similares contam sobre o corpo e a cabeça de André, amigo de Tiago e João e irmão de Simão Pedro.

Quanto ao corpo de Pedro, este repousa em Roma, na Basílica de São Pedro, Vaticano. Mas dele ainda poderiam listar por lá: o bastão, uma pantufa, a espada com que cortou a orelha do servo do sumo sacerdote, a cátedra (a cadeira da qual ele pregava), a cruz sobre a qual foi crucificado, as cadeias que o acorrentaram na Palestina e em Roma e até uma pedra, sobre a qual teriam ficado gravados os seus joelhos enquanto orava a Deus para que punisse a soberba de Simão, "o mago". E os absurdos não param por aqui. Sobre "relíquias", a escritora e historiadora Eleanor Herman (1960) registrou:

> As partes do corpo de santos foram chamadas relíquias de primeira classe. Algumas igrejas italianas se vangloriavam de possuir itens de primeira classe como as gotas de leite das mamas da Virgem Maria, o prepúcio do pênis de Jesus e seu cordão umbilical. Outras igrejas ofereciam relíquias de segunda classe, como coisas que tinham sido intimamente relacionadas com um santo durante sua vida. Uma igreja romana expôs o berço de Jesus na manjedoura, e outra o pedestal de mármore em que Pôncio Pilatos o havia açoitado (HERMAN, 2009, p. 241).

Do apóstolo Paulo, além do corpo, a Igreja Romana possui também alguns pelos da sua barba, muitos ossos, além da coluna sobre a qual ele foi decapitado e até o sabre (arma branca, curta, de lâmina reta ou curva, pontuda e afiada de um só lado) que o decapitou! Não bastou. Tem até as pedras com as quais apedrejaram Estêvão, as moedas que Judas recebeu do Sinédrio como pagamento pela traição, o laço com que Judas se enforcou e...., pasmem, até o fôlego, isso mesmo, o fôlego que José, marido de Maria, soltou enquanto rachava lenha (um anjo o teria recolhido numa garrafa!). Falando em Maria, "Os seios da Santíssima Virgem rendiam mais leite do que aquilo que é dado por uma vaca. A não ser que ela tenha amamentado durante a vida inteira, dificilmente ela poderia ter fornecido a quantidade que é exibida" (PARTEE, 2008, p. 11).

Figura 5 – Prego Sagrado (Prego usado na crucificação

Este, supostamente, seria um dos pregos usados na crucificação de Jesus (procure perto do topo), posteriormente trabalhado em ouro e em pedras preciosas. É considerado como uma "relíquia". E está guardado na Catedral de Bamberg, Alemanha.

Fonte: Wikipedia / Domínio Público / Disponível em:https://pt.churchpop.com/11-reliquias-incriveis-da-historia-da-vida-de-nosso-senhor-jesuscristo/. Acesso em: 11 set. 2017

Nem o nosso Senhor Jesus escapou da lista. Dele, são listados (anotem!): diversos umbigos e prepúcios, um dente de leite, cabelos, unhas e até uma lágrima. E mais: um pedaço (sobra) do pão do milagre da multiplicação e outro pedacinho que sobrou da Santa Ceia, o berço (manjedoura), as faixas que o envolveram ao nascer, a toalha com a qual enxugou os pés dos discípulos (BANZOLI, 2015, s/p); até os pregos que O prenderam naquela cruz. Há, pelo menos, 29 centros europeus que afirmam possuir um prego sagrado verdadeiro. E pelo que é óbvio, bastariam apenas três para prender um homem nos moldes de tortura da época, em um madeiro. "A dada altura, existiram cerca de 700 exemplares do objecto de veneração" (CASEIRÃO, 2018, p. 4).

A Igreja Católica Romana diz possuir também: os degraus do pretório de Pilatos (conhecidos como "escada santa"), nos quais Jesus teria subido; a lança com que o soldado traspassou o lado de Jesus na cruz (diversos lugares a têm); e, ainda, a coroa de espinhos que foi posta pelos soldados na cabeça de Jesus; a cana que puseram na Sua mão, depois que foi vestido de púrpura; a esponja com que lhe deram de beber vinagre e até o sangue e a água que saíram do seu lado transpassado. "Algumas relíquias sagradas são apresentadas em igrejas e catedrais que reivindicam como suas" (CASEIRÃO, 2018, p. 4). Quanta heresia! Tantos laços de idolatria que nunca quiseram desfazer. Seria um levante contra "A Tradição" qualquer tentativa de acabar com essas mentiras. Se fosse possível que contássemos apenas os espinhos da coroa de Cristo espalhados por todo o mundo, de tão numerosos, resultariam em centenas de outras coroas.

Figura 6 – Gravura Representando A Ponta De Lança Conservada Em Viena

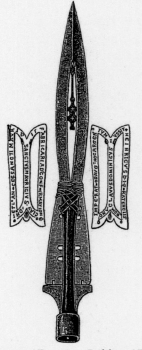

A ***Lança do Destino*** *(ou Lança de Longinus)* é exibida no Tesouro imperial no palácio de Hofburg, em Viena, Áustria. Teria sido a ponta de lança do centurião romano *Longinus,* usada para perfurar o lado de Jesus Cristo, confirmando Sua morte.

Fonte: Wikimedia Commons / Domínio Público / Disponível em:https://upload.wikimedia.org/wikipedia/commons/f/fd/Lance_Vienne.jpg. Acesso em: 10 dez. 2019

Segundo uma lenda muito antiga, Longinus teria sido o lendário centurião romano que, utilizando uma lança, a penetrou entre as costelas de Jesus, enquanto crucificado. O próprio nome Longinus sugere uma ficção, tendo em vista que deriva do grego *longké,* que significa "lança" (RÉAU, 1997, p. 252). Sobre as lascas da cruz que a Igreja de Roma diz possuir, pode-se afirmar que, se pudessem ser colocadas lado a lado com outras tantas vendidas ao longo do tempo, formariam centenas, quiçá, milhares de cruzes dando uma volta ao mundo. Essas cruzes são especialmente veneradas na "Sexta-Feira Santa", nos numeráveis templos consagrados aos ídolos, e não ao Senhor Jesus. Deus nunca se calou quanto à prática da idolatria ou ao culto aos falsos deuses (ídolos). Ele sempre falava aos Seus profetas e revelava a Sua indignação pelo fato de as pessoas não quererem ouvir as Suas palavras. E quanto mais longe DO CAMINHO e distante da presença de Deus, mais o povo endurecia o coração. No passado, os homens podiam até alegar ignorância, pois não conheciam ainda a Lei do Senhor. Uma vez revelada e manifestada a Lei, veio a consciência do pecado.

Deus, então, não levaria em conta o tempo em que cediam à violência e à idolatria pela ignorância. Contudo, já não há desculpas. Profetas foram despertados a levarem a Verdade aos quatro cantos, como porta-vozes do próprio Deus. Chamavam os homens ao arrependimento e à salvação de suas almas. A restauração espiritual e moral do homem dependia tão somente da sua escolha. Uma vez tendo sido manifestada a Boa Nova por Cristo Jesus, ninguém mais pode alegar ser ignorante. A Palavra está aí, e o conhecimento é para todos. O homem não é mais alvo direto da ira, mas da graça de Deus. E todos os que ainda vivem a inverter valores espirituais, pecando voluntariamente contra o Senhor, é porque estão fazendo um mau uso do de seu livre-arbítrio. E, neste caso, a ignorância do homem deixa de ser falta de conhecimento e torna-se rebeldia.

Figura 7 – Fragmentos da Cruz – "Santo Lenho"

Crucifixo feito com fragmentos (chamados pela igreja de *"Santo Lenho"*), supostamente extraídos da cruz do nosso Senhor Jesus. Há fragmentos da "Verdadeira" cruz em várias igrejas ao redor do mundo. Estes fragmentos da foto ao lado estão na Fazenda Imperial, em Viena, Áustria.

Fonte: Gryffindor, Wikipedia, Disponível em:https://pt.churchpop.com/11-reliquias-incriveis-da-historia-da-vida-de-nosso-senhor-jesus-cristo/. Acesso em: 22 dez. 2017

Recentemente, em uma série famosa que remontava à Idade Média, um homem vendia "lascas santas" da cruz de Cristo e gritava: *"São originais pedaços da Cruz do Senhor!"*. Desde o seu "achamento" na Palestina, no século IV, muitos desses fragmentos do Santo Lenho teriam rapidamente se espalhado pelo Ocidente latino, alimentando a crendice de que estaria representando a presença do próprio Filho de Deus entre os mortais. Em terras lusitanas, essa relíquia se tornou objeto de veneração, conhecido como Relíquia do Santo Lenho do Marmela (NASCIMENTO, 2015, p. 254). Historiadores creem que muitas falsas lascas foram comercializadas em certo período negro da história: A Idade Média. Esse ilícito negócio trazia muito lucro para os comerciantes que, na verdade, sabiam que havia uma pena de excomunhão para quem vendesse, trocasse ou colocasse em exibição visando a ganhos quaisquer relíquias de primeira e segunda classe (GOULÃO, 2008, p. 6). Isso mesmo. Seguiam um criterioso princípio de classificação que media a importância e o valor de cada relíquia, segundo definição da própria Igreja Católica, incluindo até uma terceira classe:

- Primeira Classe: parte do corpo de um santo – ossos, unhas, cabelo etc., ou objetos diretamente relacionados à vida de Cristo, como manjedoura, cruz, Santo Sudário etc.;
- Segunda Classe: objetos pessoais de um santo – roupa, um cajado etc.;
- Terceira Classe: incluía pedaços de tecido ou outros objetos que tocaram no corpo do santo ou no relicário, uma espécie de caixa, esquife ou cofre em que uma porção deste corpo estivesse conservada (GOULÃO, 2008, p. 6).

Parece que essa terceira classe de relíquias podia ser comercializada livremente ou venerada como objeto sagrado. Foi também durante esse período que deram início à construção de grandes catedrais em toda a Europa e que o culto prestado às várias relíquias atingiu o seu ápice. Tanto a edificação quanto a manutenção desses suntuosos templos eram custeadas, basicamente, pelos donativos da congregação. Por isso a preocupação eclesiástica, naquela época, de implantar na mente dos fiéis a importância de uma diocese. Cada diocese teria que ampliar a sua capacidade de atrair novos fiéis e peregrinos. E esse feito deveria estar diretamente relacionado à quantidade e qualidade das relíquias expostas para veneração. Tudo porque diversos milagres começaram a ser atribuídos a essas relíquias, como no caso das lascas

da "Sagrada Cruz", supostamente descobertas em 318 d.C. E isso foi o que fez aumentar ainda mais a busca por objetos semelhantes, tornando-os cada vez mais populares.

> Com o declínio das rendas feudais, a Igreja lança mão de outras fontes: intensifica-se a venda de cargos eclesiásticos, a criação de dioceses e paróquias. O comércio e a veneração de artigos religiosos atingiu tal vulto que alguns críticos da Igreja denunciavam o fato de que nada menos de cinco tíbias do jumento montado por Jesus quando entrou em Jerusalém eram exibidas em diferentes lugares, sem contar as doze cabeças de João Batista, inúmeras penas do Espírito Santo e inclusive um ovo exibido pelo arcebispo de Mogúncia, além de espinhos da cruz de Cristo, pedaços do santo sudário ou do manto da Virgem Maria, migalhas do pão que Jesus partiu na última ceia... (SEFFENER, 1993, p. 20).

Vamos pensar juntos. Se um pároco desajuizado e ambicioso despertasse certa manhã com um intenso desejo de se tornar rico, um grande e famoso comerciante, sem, contudo, ter que deixar a batina, o que faria? Pronto! Podemos conjecturar que tudo estaria resolvido se ele encontrasse perdida por aí alguma "santa relíquia" e a colocasse para exposição. Logo teria ele uma lista de fiéis fregueses ávidos por uma grande bênção, uma cura, um milagre.

> Eram objetos ligados a Cristo, Maria e aos apóstolos, coisas como o manto de Jesus, o manto da Virgem Maria, frascos com leite da Virgem Maria, cachos de seus cabelos, lascas da cruz de Cristo, frascos com seu sangue, pregos usados em sua crucificação, espinhos de sua coroa, a lança que o traspassou e, o mais famoso, o Santo Sudário, guardado numa catedral em Turim, na Itália (LOPES, 2021, p. 65-67).

Era assim que funcionava esse comércio santo! Dentro desse torvelinho medievo de invencionices baratas, como era de se esperar, surgiram vários escândalos. Dentre eles, segundo historiadores da época, destacam-se os pedaços de madeira vendidos como "lascas da cruz de Cristo" – ou *"Santo Lenho"* –, em tanta quantidade que seria possível construir um navio de 22 pés de comprimento. Fato que certamente seria contado em tom irônico, caso Desiderius Erasmus Roterodamus (1466-1536) estivesse hoje entre nós. Ele era mais conhecido como Erasmo de Roterdã, escritor, teólogo, filósofo, crítico social e monge católico que fazia muitas críticas a esse mercado informal de "relíquias sagradas", prática conhecida como simonia.

> A propósito de culto, o que os cristãos prestam aos santos consiste quase todo em amá-los e imitá-los. Oh! como são numerosos os que, em pleno meio-dia, acendem velas aos pés da Virgem Mãe de Deus! Mas, não se acha quase nenhum que siga os seus exemplos de castidade, de modéstia, de zelo pela causa da salvação. No entanto, a imitação das suas virtudes seria o único culto capaz de assegurar o céu aos devotos (ROTTERDAM, 2002, p. 37).

Contava-se em várias igrejas e capelas mais de 17 fêmures de jumentinhos que teriam ajudado a família de Jesus na fuga para o Egito, no episódio em que Herodes queria matar todos os meninos de Belém (ler: Mateus 2:1-21). Arquivos historiográficos registram mais de oito cabeças de João Batista somente nos arredores da Alemanha. Contavam-se cerca de 11 pernas de Santo André e nove braços de Santo Estêvão, somente nas regiões correspondentes à Itália e Suíça (GERALDELI, 2018, s/p).

São tantos absurdos que, somente em Portugal, se pode fazer uma maratona de visitação às sagradas relíquias de vários "santos". A maioria delas, "ex ossibus", ou seja, "de ossos" como os de Santa Teresinha do Menino Jesus, Santa Beatriz da Silva, São João Bosco, na Igreja de Nossa Senhora da Conceição, no Seixal; Santa Faustina, na Igreja de Santo António da Charneca; Beata Maria do Divino Coração, São João Eudes, Santa Faustina Kowalska e Santa Margarida Maria Alacoque, no Santuário Nacional de Cristo Rei, em Almada; São Vicente, na Igreja de São Vicente da Beira, em Castelo Branco. E ainda:

o queixo de baixo de São Brás com três dentes – um dente de S. Pedro – trazidos pela Santa Mafalda ao Convento de Arouca (PINHO LEAL, 1873, p. 238) e um osso da canela de São Goldrofe – no Mosteiro de Santa Cruz, em Coimbra (SANTA MARIA, 1668, p. 159-161).

Após ter reafirmado e imposto a herética doutrina sobre o respeito devido aos corpos dos mártires e demais santos, O Concílio de Trento (1545-1563) não poupou os fiéis cristãos. Em tom tirânico, em uso das duras palavras da época, assegurou um duro castigo. E foi o seguinte: todos os que afirmassem que não se devia veneração e honra às relíquias dos santos, ou que essa ou outras recordações tidas como sagradas eram inutilmente veneradas pelos fiéis, ou que em vão visitariam os fiéis os lugares de sua recordação buscando sua ajuda, estariam condenados pela Igreja (COLLANTES, 1983, 1229). Agora, a mais herética de todas as relíquias citadas até aqui. Por que não citarmos algo assim, digamos, um pouco extraordinário para a época? Existe uma casa na Itália conhecida como sendo a casa de Maria, a mesma casa onde ela morou lá em Nazaré, que já teria passeado com os anjos na Dalmácia. Depois, passou em Tersato, repousou por nove meses numa colina da cidade de Ancona, até que chegou em Recanati, atual Loreto (ZAGHI, 2008, p. 34).

A mesmíssima casa onde o anjo Gabriel lhe anunciou o nascimento de Jesus, ou seja, o augustíssimo fato da encarnação do Verbo de Deus. Como assim? Reconstruíram-na em outro país? Seria uma réplica em exposição num mega feirão de engenharia? Não! O mistério gira em torno da lenda que se criou como sendo um acontecimento fantástico, diante de perplexos camponeses que – como contam – teriam presenciado o fato. Insiste uma antiquíssima tradição que os anjos a teriam transportado "milagrosamente" da terra de Israel, entre os dias 9 ou 10 de maio de 1291, para outro país, mais precisamente, para a Dalmácia (atual Croácia), às margens do Adriático, no monte Rauniza (ZAGHI, 2008, p. 34). Já bastava até aí, mas foram mais além. A epopeia da humilde casinha de Maria, partindo de Nazaré (Galileia), findou em Loreto (Itália), em 1294.

Sobre as relíquias que dizem ser de Maria, podemos citar: o seu leite guardado em frascos, os cabelos e o pente, o seu véu, o anel de noivado com José e diversas imagens milagrosas vindas do céu. Até na igreja de Wittenberg, na Alemanha, nos tempos de Martinho Lutero (1483- 1546), havia uma das maiores coleções de relíquias do mundo. Encontravam-se ali mais de 17.000 relíquias em exposição em 12 grandes naves nas laterais do prédio da igreja. E aos visitantes era dito que, se eles pagassem uma taxa para ver as tais relíquias, seriam diminuídos 1.902.202 anos e 270 dias da sua estada no purgatório, após a sua morte (JUSTICE, 1994, p. 70). Nossa! Quanto desconto! Que prêmio! Super promoção! O que dizer de todas essas coisas excêntricas? Profanação do verdadeiro cristianismo.

Historiadores especializados em Teologia e Idade Média estão de acordo em uma opinião sobre as relíquias. Concordam que, quanto mais relíquias tivesse uma Igreja, mais importante, mais rica e próspera ela seria, tendo em vista a visita de um número cada vez maior de viajantes para um farto recolhimento de coletas. Foi dessa forma que o catolicismo impiedosamente sugou vilas europeias inteiras, na ganância do dinheiro para a construção do Vaticano, permitindo culto às relíquias, contribuindo para a apostasia dos homens que deixavam O Caminho para seguir vaidades. Por conta disso e muito mais, até hoje, alguns ramos do protestantismo acreditam que as relíquias religiosas sejam prejudiciais para a verdadeira fé. A fé que não depende do que se vê. A fé que toca no manto do Senhor Jesus, porque é pautada e fundamentada Nele. A fé que não carece de nenhum objeto nem de nenhum intercessor diante de Deus, mas que alcança o Seu trono.

"Nenhuma outra nação trocou os seus deuses por outros que nem eram deuses de verdade. Mas o meu povo me trocou, trocou a mim, o seu Deus glorioso, por deuses que não podem ajudá-los" (JEREMIAS 2:11, NTLH). Quem pode ajudar ou salvar, senão o nosso Deus? "Onde estão os deuses que vocês fizeram para vocês mesmos? Quando vocês estão em dificuldades, que eles os salvem, se é que podem. Judá, os seus deuses são tantos quantas as suas cidades" (JEREMIAS 2:28, NTLH). Por acaso, ajudariam ao homem as imagens? Poderiam elas se mover em favor de alguém? "E o artífice animou ao ourives, e o que alisa com o martelo ao que bate na bigorna, dizendo da coisa soldada: Boa é. Então com pregos a firma, para que não venha a mover-se" (ISAÍAS 41:7, NTLH).

Não seriam vento e confusão essas obras feitas por mãos humanas, às quais lançam rogos e preces? "Eis que todos são vaidade; as suas obras não são coisa alguma; as suas imagens de fundição são vento e confusão" (ISAÍAS 41:29, ARC). Consultá-las, portanto, é tão imundo quanto a prostituição. Adultério contra Deus! "E sucedeu que pela fama da sua prostituição, contaminou a terra; porque adulterou com a pedra e com a madeira" (JEREMIAS 3:9, ACF).

Figura 8 – O Santo Cálice

A Igreja Católica acredita que este foi o cálice utilizado por Jesus Cristo na Última Ceia. Ele é mantido na catedral de Valência, Espanha. Acabou por inspirar lendas, como a do Santo Graal. Atribuíram-lhe poderes mágicos e a sua fama e mistério encheram as páginas de muitos livros.

Fonte: Gryffindor, Wikipedia. Disponível em: https://blogdavanessageraldeli.files.wordpress.com/2018/10/img_9141.jpg. Acesso em: 11 set. 2017

Seria mais uma relíquia, mais um amuleto ou apenas um mito? Segundo Aurélio Patrão (2014), talvez, as lendas sobre o "cálice bento" tenham surgido de textos antigos, como o apócrifo latinizado "Atas de Pilatos", datado do século V (PATRÃO, 2014, p. 45). Etimologicamente, a palavra *Graal* vem do latim tardio *"gradalis"* ou *"gratalis"*, que, por sua vez, deriva do latim clássico *"crater"*, significando "vaso". No entendimento comum da época, eram recipientes onde se colocavam os alimentos, de forma gradual (PATRÃO, 2014, p. 45). É o ponto principal de uma lenda medieval que atribui poderes divinos a um cálice sagrado, supostamente, o mesmo que teria sido usado por Jesus na última ceia. Porém, o mito do Graal é muito mais antigo do que se pensa, nascendo muito antes da Era Cristã e sendo original do País de Gales. Lendas sobre a taça e a lança, assim como narrativas que influenciaram o ciclo dos mitos arturianos, popularizaram-se muito rapidamente na península Ibérica (PEREIRA, 1995, p. 278).

São esses alguns dos temas instigantes para os pesquisadores e que estão contidos, inclusive, na *Legenda Dourada de Voragine,* uma coletânea de narrativas hagiográficas (biografias de santos e mártires), escrita por Tiago de Voragine (1228-1298), arcebispo de Gênova. Uma obra que, segundo o historiador Sebastián López Santiago (1931-1995), normalizou a história de santos e mártires da Igreja, fornecendo material temático para os registros iconográficos da época: "Uma das características da iconografia barroca será a volta à hagiografia medieval, recorrendo novamente à 'Legenda Dourada' para enriquecer o repertório de representações" (SEBASTIAN, 1981, p. 309).

Houve, na Antiguidade, um povo que partiu do Centro-Sul da Europa, espalhando-se por todo o continente. Eram os Celtas. Deles, surgiu um mito sobre uma "vasilha mágica" ou caldeirão com poderes mágicos, capaz de fornecer comida e bebida infinitamente, ou seja, "vigor e vida" (SILVA, 2021, s/p). Qualquer alimento colocado ali, quando consumido, adquiria o sabor daquilo que a pessoa mais gostava. Provavelmente, esse mito tenha inspirado muitos poetas e escritores. Pois há registros, datando do século X, que já faziam associação entre o caldeirão, Rei Arthur e seus cavalheiros, obcecados por encontrar o vaso sagrado. Duzentos anos mais tarde, o caldeirão dos deuses celtas tornou-se o cálice sagrado do Deus dos cristãos (ZIERER, 2011, p. 77) e teria alimentado a criação de outra lenda na Idade Média: a lenda "cristianizada" do Santo Graal, fundindo a mitologia celta e seus elementos pagãos com a ideologia cristã e inspirando ainda mais o universo literário.

Esse cálice esteve muito tempo vinculado aos Templários, uma ordem militar de cavalaria, também conhecida como *Frates militiae Templi* ou *Pauperes commilitones Christi Templique Salomonis* – "Irmãos Soldados do Templo e Pobres Cavaleiros de Cristo do Templo de Salomão" (MATTOS, 1971, p. 144). As relíquias e lendas sobre as mesmas no período medieval incentivavam uma concepção simbólica, onde aquilo que se via valia mais pelo seu significado em si, pela mensagem que expressava da religiosidade, do que, propriamente, pelo que era de fato:

> [...] o hábito de pensar por imagens, de referir-se à realidade de forma figurativa, de tornar concretos raciocínios abstratos. Compreender o universo como um sistema de símbolos era buscar nele indícios do poder de Deus, espalhados por suas criaturas. Naqueles tempos, as coisas valiam não pelo que eram, mas pelo que podiam significar (MONGELLI, 2001, p. 213).

Talvez tivessem alguns homens amordaçados pelo medo de confrontar o sistema, que lucrava cada vez mais com todo esse simbolismo religioso. Outros, talvez, nem se importassem. Mas, fatalmente, muitas vozes que se levantaram pela Verdade, clamando aos quatro cantos que os olhos espirituais fossem abertos para enxergar tanta heresia disfarçada de religiosidade, foram caladas à força. A Verdade nunca deu lucro. O engano, a vaidade e a mentira, sim.

> Alguma nação já trocou os seus deuses? E eles nem sequer são deuses! Mas o meu povo trocou a sua Glória por deuses inúteis. Espantem-se diante disso, ó céus! Fiquem horrorizados e abismados", diz o Senhor. O meu povo cometeu dois crimes: eles me abandonaram, a mim, a fonte de água viva; e cavaram as suas próprias cisternas, cisternas rachadas que não retêm água" (JEREMIAS 2:11-13).

A relíquia da Figura 9, a seguir, é de Primeira Classe e exposta ao público na cidade de Bruges, Bélgica, atraindo uma procissão internacionalmente famosa, todos os anos e em todas as sextas-feiras do mês de maio. Durante essa manifestação popular de idolatria ao tal objeto, os moradores da cidade vestem-se com roupas históricas encenando passagens bíblicas e relembrando a chegada do Conde de Flandres (1837-1905), responsável pela capela, que fora construída em um anexo da antiga casa dos Condes de Flandres (NEIVA, 2013, s/p). A capela que guardou a relíquia, fundada em 1134 (século XII), acabou levando o seu nome e sendo conhecida como A Basílica do Sangue Sagrado, um dos pontos turísticos de grande importância histórica para a região de Flandres. Porém, o sangue chegou em 1150, trazido por Thierry da Alsácia (1099-1168), ao retornar da Segunda Cruzada (NEIVA, 2013, s/p). Pensemos juntos: se conhecessem de fato as Escrituras ao ponto de encenarem qualquer passagem bíblica, não fariam alusões a objetos nem dariam honra a homens. Mas, sem dúvida, tudo aconteceria para a Glória do nosso Senhor Jesus.

Figura 9 – O Sangue de Cristo

Esta relíquia está na Basílica do Sangue Sagrado. Dizem as lendas que leva esse nome exatamente por abrigar o Sangue de Cristo, coletado com Cristo ainda na Cruz.

Fonte: Static.Wixstatic Disponível em: https://static.wixstatic.com/media/87ff3c_74a17c7f20744beab7022056a-736d75a~mv2.jpg/v1/fill/w_800,h_531,al_c,q_85,enc_auto/87ff3c_74a17c7f20744beab7022056a736d75a~mv2.jpg. Acesso em: 31 dez. 2018.

"Este povo ímpio, que se recusa a ouvir as minhas palavras, que age segundo a dureza de seus corações, seguindo outros deuses para prestar-lhes culto e adorá-los [...]" (JEREMIAS 13:10, NVI). Deus sempre quis o Seu povo apegado a Ele, como parte do Seu próprio corpo. Um povo que, desapegado das superstições, dos amuletos sagrados, dos baalins e de toda sorte de idolatria, tivesse intimamente ligado ao Seu Criador, rendendo-Lhe honra, louvor e glória. Mas o povo rebelde, infelizmente, não queria ouvi-lo:

> Assim como um cinto se apega à cintura de um homem, da mesma forma fiz com que toda a comunidade de Israel e toda a comunidade de Judá se apegasse a mim, para que fosse o meu povo para o meu renome, louvor e honra. Mas eles não me ouviram", declara o Senhor (JEREMIAS 13:11, NVI).

Dizem que esta, a seguir, na Figura 10, seria **a túnica** que Cristo usava e que os soldados romanos jogaram fora durante a Sua crucificação. Para esses, significou uma gratificação por terem executado a pena contra aquele acusado e o sentenciado à morte. Um "merecido" bônus. Conforme o parecer do escritor professor Hendriksen (1900-1982), "como era costume, as vestes que tinham sido usadas pelo condenado eram divididas entre aqueles que executavam a sentença" (HENDRIKSEN, 2004, p. 855).

Figura 10 – A Túnica de Jesus

Depois que os soldados crucificaram Jesus, repartiram suas roupas em quatro partes, uma para cada um deles. Também pegaram sua túnica, mas ela era sem costura, tecida numa única peça, de alto a baixo. Por isso disseram: "Em vez de rasgá-la, vamos tirar sortes para ver quem ficará com ela". Isso cumpriu as Escrituras que dizem: "Repartiram minhas roupas entre si e lançaram sortes por minha veste". E foi o que fizeram (JOÃO 19:23-24, NVI).

Fonte: U.S. Air Force photo by 2nd Lt. Stephani Schafer, Public Domain, Wikipedia Disponível em: https://pt.churchpop.com/content/images/wordpress/2016/06/43-700x467.jpg, Acesso em: 12 nov. 2017

Recentemente, essa túnica esteve em exibição na *Basílica Saint-Denys de Argenteuil,* nos arredores de Paris. Porém, ela é mantida na Catedral de Trier, Alemanha, e só é mostrada ao público a cada 50 anos (FERNANDES, 2016).

Figura 11 – O Sudário

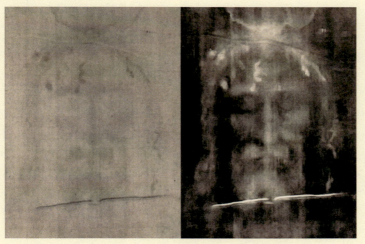

Pois, quem conheceu a mente do Senhor? Quem se tornou seu conselheiro? Quem primeiro lhe deu alguma coisa, para que Ele lhe recompense? Portanto dele, por Ele e para Ele são todas as coisas. A Ele seja a glória perpetuamente! Amém (ROMANOS 11:35-36, BKJA)

Fonte: Wikimedia Commons / Domínio público / Disponível em: https://commons.wikimedia.org/wiki/File:Shroud_of_Turin_001.jpg. Acesso em: Acesso em: 31 dez. 2018

A relíquia sobre a qual falaremos agora despertou a imaginação de muita gente. Atraiu a curiosidade de pesquisadores e cientistas interessados em desvendar os mistérios que a envolvem até hoje. Trata-se do Santo Sudário ou Santo Linho, que acreditam ser o tecido que cobriu o corpo de Jesus Cristo após sua morte no Calvário, ou seja, o mesmo que José de Arimatéia comprou para enrolar o corpo do Mestre. É uma mortalha, uma peça de linho branco, medindo 4,36 por 1,10 metros, propriedade atual do Vaticano,

sobre a qual teria dito o papa João Paulo II (1920-2005): "O Sudário é a imagem do amor de Deus, e do pecado do homem" (ACN, 2008, p. 34).

Tudo aconteceu entre os dias 25 e 28 de maio de 1898, há exatos 125 anos, por um despretensioso e simples gesto de um fotógrafo amador, o advogado italiano Secondo Pia, durante uma exposição pública do antigo tecido. Ao revelar o filme, ficou surpreso ao aparecer no negativo (chapa inversa) o "vulto amarelado de um corpo". O que não era perceptível se olhando diretamente no tecido, saiu do anonimato para ser considerada pelo Clero e pela imprensa da época como "a revelação de fim de século", atiçando a religiosidade pela veneração àquele pedaço de "pano sagrado", transformado de mera relíquia religiosa em um dos mais estudados no século XX (BRANDÃO, 2017, p. 264). Para os católicos, o Santo Sudário é a mais evidente prova da Paixão e Morte de Nosso Senhor Jesus Cristo. E por isso a relíquia seria digna de toda veneração. Por muito tempo, ela pertenceu, desde 1357, à casa de Saboia. Em 1983, foi doada para o Vaticano, que, segundo relatam Russell Norman Champlin (1933-2018) e João Marques Bentes (1932-), deixa para a Ciência a missão de atestar a sua veracidade, pois nem mesmo o Vaticano a reconhece como prova material de qualquer milagre.

> Em outubro de 1988, o Vaticano publicou os resultados dos testes sobre o sudário. O sudário de Turim, alegada mortalha de Jesus, pertence a Idade Média, e tem apenas cerca de setecentos anos (quase mil e trezentos anos depois de Cristo). O teste do carbono-14 desmentiu a antiguidade do sudário, e serviu também para provar, ao público, uma vez mais, a confiabilidade desse teste científico. Equipes independentes de Oxford, na Inglaterra, de Zurique, na Suíça, e do Arizona, nos Estados Unidos da América, receberam vários pedaços do manto, misturados com outras tiras, também de tecidos antigos. Nenhuma das equipes sabia se estava medindo a idade do sudário ou se apenas datava panos antigos, com idade já conhecida. Ao fim dos trabalhos, as três tiras do sudário foram datadas unanimemente com a mesma idade não superior a 723 anos, enquanto que as tiras de outros tecidos também foram datadas corretamente. O teste do carbono-14 revela, na verdade, a data aproximada da morte do organismo ao qual estava fixado. No caso, data, com margem de erro não superior a cinco por cento, a época em que foi colhido o linho que serviu para tecer o sudário. O carbono-14 é um isótopo radioativo de carbono normal que está presente no ar que se respira. Assim que a planta ou animal morre, para de absorver esse isótopo radioativo. Portanto, esse isótopo pode ser usado como um relógio, devido a certa propriedade dos materiais radioativos (CHAMPLIN; BENTES, 1995, p. 355).

Dentre as coisas mais surpreendentes sobre as relíquias, destacava-se o fato de que cada apóstolo tinha mais de quatro corpos. E os demais santos canonizados tinham, em menor número, uns dois ou três corpos em exibição. Em toda liturgia previamente organizada, em qualquer Igreja verdadeiramente cristã que segue os moldes e padrões bíblicos, o foco sempre será o Senhor Jesus, cujo corpo (glorificado) não se encontra mais entre nós. Se há louvores, se há ofertas, se há orações, entrega de vida, qualquer manifestação de dons e talentos, tudo é para a glória de Jesus, que está assentado com todo poder e glória em Seu trono, no céu. Somente a Ele a glória, eternamente!

Os pagãos sempre foram idólatras ao extremo. E muitos dentre o povo de Israel acabaram deixando-se seduzir por esse pecado, pois também possuíam talismãs que se chamavam "terafins", conhecidos como "ídolos caseiros" ou "deuses domésticos". Eram estátuas em miniatura que os homens guardavam nas suas casas ou as transportavam consigo em suas viagens. Em Gênesis, lemos que Raquel roubou os ídolos de seu pai, Labão, quando fugiu com Jacó, seu esposo. Além de símbolos de herança de determinado clã, eram usados em ritos de adoração. Labão os tinha em grande estima, talvez, como "protetores" do seu lar, ou somente porque lhe traziam à memória lembrança de seus antepassados. Não o sabemos ao certo. Porém, está assim escrito: "Mas tinha tomado Raquel os ídolos e os tinha

posto na albarda de um camelo, e assentara-se sobre eles; e apalpou Labão toda a tenda, e não os achou" (GÊNESIS 31:34, ACF). Vejamos mais o que diz a Bíblia sobre esses ídolos (terafins): "Pois os israelitas viverão muitos dias sem rei e sem líder, sem sacrifício e sem colunas sagradas, sem colete sacerdotal e sem ídolos da família" (OSÉIAS 3:4, NTLH). Agora, sobre os adivinhos e os feiticeiros:

> Além disso, os adivinhos, os feiticeiros, os terafins, os ídolos e todas abominações que se viam na terra de Judá e em Jerusalém, Josias os extirpou, para confirmar as palavras da lei, que estavam escritas no livro que o sacerdote Hilquias achara na casa do Senhor" (2 REIS 23:24-25, ARA).

Sempre foi essa a postura adotada por Deus. E assim agiam os Seus obedientes servos, toda vez que os ídolos ou quaisquer outros sortilégios mágicos eram combatidos. Enfaticamente, isso é mencionado na Bíblia. E é o que aqui, neste trecho do livro dos Salmos, o salmista expõe claramente: "Mas eu confiei em ti, Senhor; e disse: Tu és o meu Deus" (SALMOS 31:14, ACF). Confiança total no Senhor sempre! É o que Ele espera de cada um de nós. Fora os ídolos! Olhemos para Jesus, pois Ele é O Caminho. O ÚNICO, NÃO HÁ OUTRO! Ele continua a clamar ao seu remanescente fiel: "Voltem-se para mim e sejam salvos, todos vocês, confins da terra; pois eu sou Deus, e não há nenhum outro" (ISAÍAS 45:21-26, NVI).

NOS ATALHOS DA DESOBEDIÊNCIA

Desde o menor até o maior, todos são gananciosos; profetas e sacerdotes igualmente, todos praticam o engano. Eles tratam da ferida do meu povo como se não fosse grave. "Paz, paz", dizem, quando não há paz alguma. Ficarão eles envergonhados da sua conduta detestável? Não, eles não sentem vergonha alguma, nem mesmo sabem corar. Portanto, cairão entre os que caem; serão humilhados quando eu os castigar', declara o Senhor. Assim diz o Senhor: "Ponham-se nas encruzilhadas e olhem; perguntem pelos caminhos antigos, perguntem pelo bom caminho. Sigam-no e acharão descanso". Mas vocês disseram: Não seguiremos!

(JEREMIAS 6:13-16, NVI)

Conforme finalizamos no capítulo anterior, a História registrou em suas páginas, para quem quisesse inteirar-se dos fatos, sem rodeios e sem máscaras: foram incontáveis as abominações perpetuadas pela Igreja romanizada que diz ser a "Igreja de Cristo", a que se autodenomina "o Reino de Deus na terra" e "inerrante", que nem conseguimos imaginar como tal instituição conseguiu, por tanto tempo, facilmente enganar os incautos, o povo humilde, pobre e ignorante. Lastimavelmente, grande número de seus fiéis ainda não conseguiu abrir os olhos para o que está na Palavra de Deus. O clero católico defende veementemente que a Bíblia não pode estar acima da Igreja, porque foi feita para a Igreja. As próprias fontes católicas podem comprovar os fatos citados até aqui. Ademais, existem renomados historiadores eclesiásticos e críticos religiosos que gastaram do seu tempo para trazer à luz muitas verdades que estavam sufocadas debaixo do manto da idolatria. E, como a Verdade a tudo esclarece, bom é que possamos pesquisar obras que atestem os fatos em questão. Ou, cegamente, perder-nos-emos pelos atalhos da desobediência.

O profeta Jeremias, no citado texto anterior, estava conclamando o povo a retornar aos dias antigos, dedicados a Deus. Mas o povo estava obstinado, em desobediência, recusando-se a andar na justiça para ter o descanso vindo de Deus, preferindo o engano das mensagens de uma falsa paz. E até aqueles que haviam sido chamados para guiar a nação de Israel no Bom Caminho do Senhor, no relacionamento da Aliança, estavam defraudando insolentemente, sem vergonha alguma. Todos praticavam o engano. E todos pagariam por suas atitudes nos atalhos da desobediência, FORA DO CAMINHO.

Nações inteiras estavam fora dos propósitos do Senhor, não faziam parte da Aliança firmada com a nação de Israel, Seu povo escolhido e amado. Acontece que até Israel estava preferindo uma vida independente da vontade divina, corrompendo-se e seguindo costumes que o Senhor jamais aprovaria. Rebelaram-se, pecaram contra o seu Deus. E esse comportamento foi o motivo para que a justiça divina operasse para conserto. Veremos algumas práticas que se estendem pelos séculos e que fazem com que o povo permaneça seguindo atalhos enganosos e perigosos. Práticas que alcançaram a era da Igreja, enlaçaram e desviaram muitos do Caminho. Homens que, como nos tempos passados, não querem a correção do Senhor. Vigiemos! Pois ela virá em tom de juízo! Certa feita, alguém citou:

> Podereis encontrar uma cidade sem muralhas, sem edifícios, sem ginásios, sem leis, sem uso de moedas como dinheiro, sem cultura das letras. Mas um povo sem Deus, sem oração, sem juramento, sem ritos religiosos, sem sacrifícios, tal nunca se viu (GAETANI, 1961, p. 41).

Desde a Antiguidade, os povos praticavam uma tradição pagã de venerar os antepassados. Uma superstição macabra, resquícios de costumes antigos reacendidos por uma Igreja que autoriza o culto aos corpos dos mártires (santos falecidos) e às imagens de escultura. E se utiliza de textos bíblicos do Antigo Testamento para fundamentar práticas que contrariam o Evangelho e o verdadeiro sentido da adoração ao Senhor Deus. Rebatendo as acusações de blasfêmias, insultos à Verdade, heresia e idolatria impetradas contra si, a "Santa Igreja Católica Apostólica Romana" usa, em sua defesa, a Suma Teológica de Santo Tomás de Aquino (1274), que diz: "Por isso, o próprio Deus honra como convém as suas relíquias, pelos milagres que faz na presença deles" (STh III 25, 5). Além disso, agarra-se aos relatos desses inúmeros milagres e curas que ocorreram – mesmo sem concretas provas – devido ao contato com os corpos ou as roupas dos santos. Não podemos negar as maravilhas que o Senhor operava sem medidas naquele início de vida da Igreja primitiva, como sempre fez, derramando abundantemente de Si ao inaugurar uma nova dispensação ou maneira de tratar com Seus filhos. Grandes e poderosos foram os sinais da presença de Deus no meio do Seu povo. Vejamos o que Ele fez por meio do ministério de Paulo: "Deus fazia milagres extraordinários por meio de Paulo, de modo que até lenços e aventais que Paulo usava eram levados e colocados sobre os enfermos. Estes eram curados de suas doenças, e os espíritos malignos saíam deles" (ATOS 19:11-12, NVI).

Isso que comprovamos nesse caso isolado não implica dizer que, ao descrever tais fatos, o escritor e médico Lucas quisesse validar alguma nova doutrina ou ordenança que devesse, por imposição divina, ser praticada. Discorramos um pouco em análise. O local desses acontecimentos no versículo a lume foi a cidade de Éfeso, culturalmente mística, supersticiosa, idólatra, onde predominava o culto a Diana. Priscila e Áquila, possíveis fundadores da Igreja de Éfeso, esforçavam-se a pregar ali o Evangelho entre pessoas leigas e incautas, com nenhum ou pouquíssimo conhecimento das Sagradas Escrituras. Esses neófitos cristãos certamente testemunharam, vis-à-vis, que Paulo amarrava os aventais à sua cintura e os lenços à cabeça enquanto fabricava tendas. Afinal, ele trabalhava para não ser pesado à igreja local, onde empreendia na ocasião a sua terceira viagem missionária. E, por ignorância, os homens, ao tomarem de Paulo os lenços e aventais, os lançavam sobre os enfermos, que eram automaticamente curados. Então podemos concluir que, assim como se deu com a sombra de Pedro em Atos 5:15, houve nesse episódio uma permissão divina, por misericórdia e graça, para que aquelas inúmeras pessoas fossem curadas pelo contato com os adereços do apóstolo.

Não houve embasamento para atos proféticos a posteriori, nem orientação, ensino, nem sequer uma recomendação a respeito. Nenhum outro apóstolo, nem o próprio Senhor Jesus, outorgara a prática repetida ou continuada do que isoladamente se deu ali. Em nenhuma outra passagem vê-se o alicerçar doutrinário de curas e milagres por meio de objetos consagrados, copos com água, rosas, toalhinhas, sal grosso, paletós ungidos, bordões, ossos, saliva, nada. Quaisquer ingredientes desse balaio de "despacho gospel", tão atrativo em nossos dias, devem ser rejeitados. São laços enganosos armados pelos desobedientes à Sã Doutrina. Aqueles lenços e aventais de Paulo não passaram de um canal para a extraordinária manifestação do poder de Deus na vida e ministério de quem os possuía, da mesma forma que o cajado de Moisés (*ÊXODO* 8:5-16), que o manto de Elias (2 REIS 2:8-14) e as vestes de Jesus que emanavam virtude sobre quem as tocasse. Historicamente, tais objetos e adereços cumpriram um propósito específico. John Stott (1921-2011) escreveu:

> A atitude mais sábia perante os milagres dos lenços não é a dos céticos, que os declaram espúrios; nem a dos imitadores, que tentam copiá-los, como aqueles televangelistas que oferecem aos doentes lenços abençoados por eles, mas sim a dos estudiosos da Bíblia que lembram que Paulo via seus milagres como credenciais apostólicas e que Jesus mesmo foi condescendente com a fé tímida da mulher, curando-a quando ela tocou a orla de sua roupa (STOTT, [1994], p. 344).

Insistem as Tradições em distorcer o que dizem as Sagradas Escrituras em muitos outros pontos importantes, como podemos examinar nas seguintes passagens: **1-** "Farás também dois querubins de ouro; de ouro batido os farás" (Êxodo 25:18, ARC). Com esse texto, a Igreja romanizada tenta validar a fabricação e a veneração de imagens, contradizendo o que Deus determina:

> Não farás para ti imagem de escultura, nem semelhança alguma do que há em cima nos céus, nem embaixo na terra, nem nas águas debaixo da terra. Não as adorarás, nem lhes darás culto; porque eu sou o SENHOR, teu Deus, Deus zeloso, que visito a iniquidade dos pais nos filhos até à terceira e quarta geração daqueles que me aborrecem (ÊXODO 20:4-5, ARA).

O Senhor não se contradiz, não nega a Sua Palavra. Embora tenha direcionado mandamentos, ordenanças, leis e instruções especificamente para o povo escolhido, os israelitas, Deus também condenou várias nações por suas práticas idólatras, por adorarem imagens e criaturas ao invés de servirem ao único Criador. Por exemplo, contra a Babilônia veio uma sentença, comunicada pelo profeta Jeremias e confirmada por Isaías: "Portanto, eis que vêm dias, em que castigarei as imagens de escultura da Babilônia, toda a sua terra será envergonhada, e todos os seus cairão traspassados no meio dela" (JEREMIAS 51:47, ARA). "E ele responde: 'Caiu! A Babilônia caiu! Todas as imagens dos seus deuses estão despedaçadas no chão!" (ISAÍAS 21:9b, NVI).

Até o Egito foi condenado por sua idolatria, como foi dito por intermédio do profeta Ezequiel: "Assim diz o SENHOR Deus: Também destruirei os ídolos e darei cabo das imagens em Mênfis; Assim, executarei juízo no Egito, e saberão que eu sou o SENHOR" (EZEQUIEL 30:13 e 19, ARA). Em resumo: os querubins, feitos por ordem de Deus, não foram objetos de adoração, pois apenas representavam criaturas celestiais que servem constantemente a Deus, próximos ao trono do Senhor. E o propiciatório, que ficava justamente em cima da Arca da Aliança, representava o trono de Deus. Portanto, as imagens dos querubins serviam tão somente para lembrar ao sumo sacerdote, quando este entrasse no "Santo dos Santos", que naquele lugar do tabernáculo seria manifestada a presença de Deus. Os querubins, ali, apenas apontavam O CAMINHO para Deus.

Outro exemplo: **2-** "E disse o Senhor a Moisés: Faze-te uma serpente ardente, e põe-na sobre uma haste; e será que viverá todo o que, tendo sido picado, olhar para ela" (NÚMEROS 21:8, ACF). Também com esse texto a Igreja Católica Romanizada quis fazer descer goela abaixo a fabricação e embasar o uso das imagens de escultura. Por isso, os seus templos estão lotados delas. Mas convém que examinemos o antes e o depois, todo o contexto, para entendermos todo o sentido espiritual e profético que nos alcança a todos. Estava o povo caminhando PELO CAMINHO que o próprio Deus ordenou que trilhasse, pelo deserto:

> Mas o povo ficou impaciente no caminho e falou contra Deus e contra Moisés, dizendo: "Por que vocês nos tiraram do Egito para morrermos no deserto? Não há pão! Não há água! E nós detestamos esta comida miserável!" Então o Senhor enviou serpentes venenosas que morderam o povo, e muitos morreram. O povo foi a Moisés e disse: "Pecamos quando falamos contra o Senhor e contra você. Ore pedindo ao Senhor que tire as serpentes do

meio de nós". E Moisés orou pelo povo. O Senhor disse a Moisés: "Faça uma serpente e coloque-a no alto de um poste; quem for mordido e olhar para ela viverá". Moisés fez então uma serpente de bronze e a colocou num poste. Quando alguém era mordido por uma serpente e olhava para a serpente de bronze, permanecia vivo (NÚMEROS 21:4-9, NVI).

Sem um exame minucioso nas Escrituras, ninguém terá condições de chegar ao entendimento do que esse texto quer dizer. Exegetas sérios são unânimes quanto ao seu significado. Houve um claro e lógico propósito para Deus ter dado a ordem de confeccionar tal imagem. A postura do povo era de revolta e de murmurações contra Deus e contra o líder Moisés. Mas a praga das serpentes não trouxe somente dores lancinantes, inflamação violenta, calor, sede e morte. Junto do sofrimento que causou no povo, veio também o arrependimento e a confissão de pecados. A imagem da serpente de bronze tipificava ali o Cristo crucificado, carregando os pecados e as enfermidades de todos os homens: "Deus tornou pecado por nós aquele que não tinha pecado, para que nele nos tornássemos justiça de Deus" (2 CORÍNTIOS 5:21, NVI);

"E assim se cumpriu o que fora dito pelo profeta Isaías: "Ele tomou sobre si as nossas enfermidades e sobre si levou as nossas doenças" (MATEUS 8:17, NVI). A serpente foi levantada em um poste, o nosso Senhor, numa cruz (ou madeiro). E Deus não providenciou outra forma de cura, outro remédio. Todos tinham que olhar para aquela serpente para serem curados das suas enfermidades físicas e continuarem vivendo. Da mesma forma, hoje, temos que olhar para Cristo e lembrarmos o quanto que Ele padeceu pagando um alto preço de sangue por nós naquela cruz, para termos perdoados os nossos pecados e sermos salvos da morte espiritual e eterna. Da mesma maneira que o povo de Israel olhava para a serpente e vivia, assim sucederá a todos quantos olharem para Cristo, viverão eternamente, pois terão conhecido O Caminho.

Charles Haddon Spurgeon (1834-1892), no seu sermão de n.º 1500, pregado na manhã de domingo de 19 de outubro de 1879 (no Tabernáculo Metropolitano em Newington), exortava ao povo da sua época. Pretendia, na exposição iluminada daquela revelação, que todos pudessem observar aquela serpente do texto, enxergando nela a promessa verdadeira. E usou o mesmo trecho de Números 21:4-9, citado anteriormente, contextualizando-o com o Evangelho de João, que diz: "Da mesma forma como Moisés levantou a serpente no deserto, assim também é necessário que o Filho do homem seja levantado, para que tudo o que nele crer tenha a vida eterna" (JOÃO 3:14-15, NVI). Spurgeon comparava a rebeldia daquele povo no deserto com a teimosia dos homens de hoje, insistindo em viver uma vida de pecados longe DO CAMINHO que é Jesus. E continua seu sermão:

> Mas não, eles desprezaram o caminho de Deus e quiseram seguir seus próprios caminhos. Essa é uma das maiores idiotices do homem – não se contentar em esperar o caminho do Senhor e prosseguir nele – preferir um desejo e um caminho próprio. O povo ainda reclamou do alimento que Deus proveu. Ele os deu a melhor parte, pois "o homem comeu comida dos anjos" (Sl 78:25), mas se referiram ao maná como um título ultrajante, que para os hebreus tem um ar de "ridículo", e até na nossa tradução conduz à uma ideia de desprezo. Disseram: "e a nossa alma tem fastio deste pão tão vil" (Nm 21:5), achando eles que era uma comida não substancial e que só serviria para inchá-los, já que era de fácil digestão e não produziria neles o aquecimento e a tendência de se procriar doenças (o que uma dieta mais pesada produziria). Descontentes com seu Deus, eles reclamaram do pão que Ele colocou em suas mesas, que sobrepujava qualquer outro alimento que um homem já havia comido antes ou depois. Outra tolice do homem: ele se recusa a se alimentar da Palavra de Deus e de acreditar na Verdade. O homem deseja o alimento pecaminoso da razão carnal, o alho das tradições supersticiosas e o pepino da especulação! Ele não pode se humilhar e acreditar na Palavra

de Deus ou aceitar uma Verdade tão simples, tão adequada à capacidade de uma criança. Muitos exigem algo mais fundo que o Divino, mais profundo que o infinito, mais liberal que a Graça. Eles discutem com o caminho e o pão de Deus e, então, as serpentes venenosas de luxúria, orgulho e pecado se achegam até eles (SPURGEON, 2021 [1879]).

O povo começou a se desviar do Deus Vivo e passou a adorar a Neustã, a tal serpente. Com isso, receberam o juízo do Senhor. Mas o Rei Ezequias, fiel ao seu Deus, a destruiu totalmente, cuja atitude de obediência e integridade para com o ministério a ele confiado agradou ao Senhor:

> Removeu os altares idólatras, quebrou as colunas sagradas e derrubou os postes sagrados. Despedaçou a serpente de bronze que Moisés havia feito, pois até àquela época os israelitas lhe queimavam incenso. Ela era chamada Neustã. Ezequias confiava no Senhor, o Deus de Israel. Nunca houve ninguém como ele entre todos os reis de Judá, nem antes nem depois dele. Ele se apegou ao Senhor e não deixou de segui-lo; obedeceu aos mandamentos que o Senhor tinha dado a Moisés. E o Senhor estava com ele; era bem sucedido em tudo o que fazia (2 REIS 18:4-7, NVI).

Com muito cuidado e temor pela Palavra, observemos alguns pontos do texto. Ações práticas que fizeram toda a diferença e dão sentido ao que estamos abordando: **1ª AÇÃO** – Remoção do que era impuro! Ezequias REMOVEU os altares idólatras, tirou os ídolos e tudo o que lembrava eles. Da mesma forma, destruiu a Neustã, a quem o povo queimava incenso. Se fosse do agrado de Deus ter qualquer imagem no Seu santuário, não teria permitido nem aprovado a remoção dos ídolos; **2ª AÇÃO** – Confiança! Ezequias confiava somente no Deus de Israel, e não nos ídolos. E diz a Palavra que nem antes nem depois houve alguém como ele, tão fiel e apegado a Deus. Isso demonstra INTIMIDADE com o Senhor. Quem é íntimo de Deus recorre a Ele, não carece de atalhos. Terceira observação: **3ª AÇÃO** – Obediência! Ezequias OBEDECEU, e a obediência aos mandamentos e à vontade do Senhor garante sucesso em tudo o que fizermos. E o melhor: faz-nos andar NA PRESENÇA de Deus, continuamente.

Ezequias andou NO CAMINHO. Não se permitiu desviar-se. E assim conduziu o povo à mesma sorte. Eis a receita de uma vida ligada inteiramente em Deus: remover todo resquício de idolatria, confiar somente no Senhor Jesus, pois foi Ele quem morreu por nós, e confiar que somente Dele vêm as respostas das nossas orações. O terceiro argumento se encontra no texto a seguir, equivocadamente usado para validar o culto às imagens de escultura. **3- Os querubins:**

> No santuário interno ele esculpiu dois querubins de madeira de oliveira, cada um com quatro metros e meio de altura. As asas abertas dos querubins mediam dois metros e vinte e cinco centímetros: quatro metros e meio da ponta de uma asa à ponta da outra. Os dois querubins tinham a mesma medida e a mesma forma. A altura de cada querubim era de quatro metros e meio. Ele colocou os querubins, com as asas abertas, no santuário interno do templo. A asa de um querubim encostava numa parede, e a do outro encostava na outra. As suas outras asas encostavam uma na outra no meio do santuário. Ele revestiu os querubins de ouro. Nas paredes ao redor do templo, tanto na parte interna como na externa, ele esculpiu querubins, tamareiras e flores abertas (NÚMEROS 6:23-29, NVI).

Com essa passagem, a Igreja romanizada reafirma que Deus permitiu imagens no Templo de Salomão. O interior do Templo de Salomão, cuja arquitetura minuciosamente planejada foi entregue por inspiração divina a Davi (1Crônicas 28:11, 12), era ricamente ornamentado com figuras esculpidas de querubins, palmeiras e flores. Deus ordenou que fizessem querubins para decoração do Tabernáculo, não para que fossem adoradas ou vistas como ídolos, aos quais o povo pudesse recorrer. Também tinha o bordado das representações de querubins na cobertura interna da tenda, feita de 10 panos de tenda

APONTANDO O CAMINHO

para o Tabernáculo; e, ainda, na cortina que separava o "Santo" do "Santíssimo lugar". Reforçamos: tais representações, entretanto, não eram ídolos para adoração. Apenas os sacerdotes escalados, consagrados e escolhidos por Deus tinham acesso direto às representações no interior do tabernáculo e, mais tarde, no interior do templo. Ninguém, além do sumo sacerdote, entrava no Santíssimo; e somente em um dia específico, uma vez por ano, no "Dia da Expiação":

> Ora, estando estas coisas assim preparadas, a todo o tempo entravam os sacerdotes no primeiro tabernáculo, cumprindo os serviços; Mas, no segundo, só o sumo sacerdote, uma vez no ano, não sem sangue, que oferecia por si mesmo e pelas culpas do povo. Dando nisto a entender o Espírito Santo que ainda o caminho do santuário não estava descoberto enquanto se conservava em pé o primeiro tabernáculo (HEBREUS 9:6-8, ACF).

São imagens que, primariamente, deveriam servir e serviram apenas como "sombras", uma simbologia das coisas celestiais. Jamais seriam usadas para veneração, objeto de culto, idolatria, como um laço maldito que prendesse o povo de Israel longe DO CAMINHO; muito menos a Sua Igreja. Jesus, e somente Ele, entrou no próprio céu e só Ele pede ao Pai em nosso favor. Assim diz a Sagrada Escritura: "Pois Cristo não entrou em santuário feito por homens, uma simples representação do verdadeiro; ele entrou no próprio céu, para agora se apresentar diante de Deus em nosso favor" (HEBREUS 9:24, NVI). Se tivesse essa consciência, o povo de Deus não corria o risco de recorrer a outro mediador. Não carecia (como não carecemos hoje!) de ninguém que intercedesse por ele. Não necessitaria (da mesma forma que não necessitamos hoje!) pôr a sua fé em amuletos ou em imagem de escultura. E fica mais evidente que nenhuma daquelas representações, nem mesmo os próprios anjos, poderia ser adorada, pois esse papel de intercessor e mediador, definitivamente, pertence só ao Senhor Jesus.

Ele é a nossa REALIDADE. Todas as demais coisas e todos os seres representados eram apenas sombras das coisas definitivas. Vejamos:

> Estas coisas são sombras do que haveria de vir; a realidade, porém, encontra-se em Cristo. Não permitam que ninguém que tenha prazer numa falsa humildade e na adoração de anjos os impeça de alcançar o prêmio. Tal pessoa conta detalhadamente suas visões, e sua mente carnal a torna orgulhosa. Trata-se de alguém que não está unido à Cabeça, a partir da qual todo o corpo, sustentado e unido por seus ligamentos e juntas, efetua o crescimento dado por Deus (COLOSSENSES 2:17-19, NVI).

Com o aumento da prática idólatra do culto das relíquias na Idade Média, homens influentes do clero romanizado declaravam, cada vez mais, que as relíquias eram objetos de veneração e que deveriam ser iluminados dia e noite pela luz de uma vela. Séculos mais tarde, por temor ou superstição, essa prática absurda ainda era obedecida. Até na nossa literatura encontramos ironias quanto a essa época infame de venda de relíquias. Basta ler *A Relíquia (1887),* de Eça de Queiroz (1845-1900), que satiriza o mundo dos tais mercadores de "objetos sagrados". Fica então um plausível questionamento: o que embasou a Romanizada Igreja a, por tanto tempo, manter, em sua liturgia, orações dirigidas aos anjos e às imagens de santos mortos, a veneração aos tantos padroeiros para quem os fiéis fazem suas promessas e seus sacrifícios, acendem velas e prestam culto? Malgrado as acusações em contrário, a idolatria do catolicismo sempre valorizou o corpo humano. A adoração ao Corpo de Nosso Senhor Jesus Cristo, entre outros exemplos, demonstra que a Igreja sempre quis defender o valor do corpo. A Bíblia fala que Deus escondeu o corpo de Moisés, o qual Satanás queria tomar posse: "Contudo, nem mesmo o Arcanjo Miguel, quando estava disputando com o diabo acerca do corpo de Moisés, ousou fazer acusação injuriosa contra ele, mas disse: 'O Senhor o repreenda!'" (JUDAS 1:9, NVI).

Certamente, porque o Senhor sabia que, se o corpo do Seu servo fosse encontrado, ele seria venerado. E isso faria todo o povo de Israel cair na idolatria. Quem mais sairia ganhando com isso seria mesmo o inimigo de Deus, que tudo faz para tirar o povo da verdadeira adoração ao Todo Poderoso. Além do mais, o corpo de Moisés era matéria, e a matéria é má. Portanto, o inimigo exigia o corpo de Moisés como se este lhe pertencesse, uma vez que reclame, por conta do pecado, o domínio sobre a matéria. Outro fato: Moisés se tornou um assassino ao matar um egípcio, como podemos ler em Êxodo 2,11-12. Talvez, por essa causa, o acusador (o diabo) se achava no direito a reclamar seu corpo. Evidentemente, Satanás queria fazer mau uso do cadáver de Moisés para promover uma adoração pagã. E foi por isso que Deus o escondeu, para impedir que os israelitas fossem enlaçados pela idolatria, fazendo da sepultura de Moisés um santuário.

Foi aprovado pelos padres conciliares no Concílio de Trento (Sessão XXV), em 3 e 4 de dezembro de 1563, o "Decreto sobre a invocação, a veneração e as relíquias dos santos e sobre as imagens sagradas", que diz:

> Os fiéis devem também ser instruídos para que venerem os santos corpos dos santos mártires e de outros que vivem em Cristo, que foram membros vivos do próprio Cristo, e templos do Espírito Santo, por quem haverão de ressuscitar para a vida eterna para serem glorificados, e pelos quais são concedidos por Deus muitos benefícios às pessoas, de modo que devem ser condenados, como antigamente se condenou, e agora também os condena a Igreja, aos que afirmam que não se deve honrar nem venerar as relíquias dos santos, ou que é vã a veneração que estas relíquias e outros monumentos sagrados recebem dos fiéis, e que são inúteis as freqüentes visitas às capelas dedicadas aos santos com a finalidade de alcançar seu socorro (MONTFORT, 2016, s/p).

Condenação aos que não obedecerem à "Santa Igreja". No texto anterior, podemos encontrar trechos que exprimem o pensamento do clero romanizado quanto aos que se negavam às práticas idólatras de veneração aos corpos, às imagens e às relíquias. E São Tomás de Aquino tentou argumentar a favor da Igreja com este raciocínio:

> O culto da religião não se dirige às imagens em si como realidades, mas as considera em seu aspecto próprio de imagens que nos conduzem ao Deus encarnado. Ora, o movimento que se dirige à imagem enquanto tal não termina nela, mas tende para a realidade da qual é imagem (SUMA TH. II-II,81,3, ad3. 1566).

Logo, segundo o que tenta explicar Tomás, é o próprio Deus quem venera os restos mortais (relíquias) de Seus santos. Prostrar-se diante de qualquer imagem representa uma falsa adoração e um insulto a Deus. É uma prática abominável que Deus sempre condenou. Por isso, da mesma forma, não aceitaria nem permitiria que isso acontecesse em nossos dias. Aos que desobedecem, fica o trecho da carta de Paulo a Tito, quando dava instruções sobre a sã doutrina, ordem, decência e disciplina na Igreja. Assim nos ensina: "De fato, tanto a mente como a consciência deles estão corrompidas. Eles afirmam que conhecem a Deus, mas por seus atos o negam; são detestáveis, desobedientes e desqualificados para qualquer boa obra" (TITO 1:15b-16, NVI).

Em 1884, os bispos dos Estados Unidos articularam a elaboração do Catecismo de Baltimore, marcado pelo iluminismo (ALVES; JUNQUEIRA, 2011, p. 66). Foi de fato o texto escolar católico padrão nos Estados Unidos e considerado como o primeiro Catecismo voltado para católicos da América do Norte, entre os anos de 1885 e o final da década de 1960. Surgiu como uma ferramenta contra o que chamavam de "cultura protestante". Um material compilado para tentar justificar, com suas várias razões, a veneração de imagens e o uso de relíquias incorporadas e adoradas na liturgia católica. Por exemplo, sobre a questão #223, diz o Catecismo:

> De todas as imagens, a mais sagrada é a representação da morte de Cristo na cruz, o crucifixo. Este deveria encontrar lugar na casa de todo Católico. A veneradíssima relíquia da Igreja é a cruz sobre a qual nosso Salvador morreu. A sua maior parte é mantida na igreja da Santa Cruz, em Roma, e pequenas partes estão distribuídas entre diferentes igrejas mundo afora. [...] Encontramos nelas formas de nos inspirar com afeição piedosa, de nos lembrar dos santos e de nos ajudar a orar com mais devoção. É por isso que a casa de todo verdadeiro Católico deve manter figuras santas na parede ou imagens sagradas entre a mobília (JUSTICE, 1994, p. 71).

Ressalta, na lição 17 da mesma questão, que o uso de pinturas, estátuas e crucifixos é com a intenção de fazer os fiéis relembrarem de nosso Senhor, da Sua mãe e dos demais santos. Pois não oram para as imagens e relíquias em si, mas para as pessoas que elas os fazem lembrar (JUSTICE, 1994, p. 71). Os adoradores dos ídolos pagãos e os católicos ao redor do mundo sempre darão as mesmas justificativas e explicações quanto às questões de culto e ao fato de curvarem suas cabeças diante de estátuas e relíquias. Há séculos que doutrinas e falsos ensinos são propagados por Igrejas e seitas não comprometidas com *O Caminho*. São conceitos, práticas e seguimentos que se chocam com os verdadeiros ensinos bíblicos, desfazendo do papel salvífico do Senhor Jesus e contrariando a vontade do Pai, que não deseja a perdição dos que estão a desobedecer aos Seus mandamentos.

O Espírito está nesses dias a exortar ainda mais aos novos pregadores, para que estejam eles preparados para alertar aos incautos e indoutos sobre esses falsos profetas que têm disseminado suas heresias travestidas de verdade. A Palavra traz ao mundo um alerta de perigo em relação ao destino eterno das almas de muitos que vagueiam em seus atalhos. E sem a intenção de querer trazer críticas, ataques ou difamações, deixemos que Roma fale por si mesma com seus ensinamentos dogmáticos. Podemos, então, relacionar dentro desses estudos alguns pontos de doutrina católica. Por exemplo, o que ela ensina sobre a Palavra de Deus.

É o mesmo Catecismo que ensina que há três fontes de autoridade no que diz respeito à fé e às práticas. A primeira autoridade seriam as Escrituras Sagradas, mas, logo em seguida, dizem que NEM TUDO ESTÁ CONTIDO nas Escrituras. Ou seja, NEM TODA VERDADE está contida na Palavra de Deus. É o que querem dizer. Isso deixa brechas para que se busquem outras fontes, como a Tradição. Desse jeito, a Bíblia deixa de ser a única autoridade. E de fato é assim, pois a Tradição é, para eles, a segunda fonte de autoridade para o catolicismo. E a terceira fonte de autoridade é a própria Igreja, pois Roma alega que a Palavra de Deus necessita de um intérprete e que somente a Igreja Católica pode e tem o direito de interpretá-la (JUSTICE, 1994, p. 7, 8).

Há milênios, homens se dedicaram em cuidadosamente guardar a Palavra de Deus. O que era tradição oral passou a ser escrito. Mas o temor era o mesmo. Copistas consideravam cada letra como um tesouro sagrado e sabiam que não podiam errar nem alterar o sentido das verdades de Deus. "Eu sei que tudo quanto Deus faz durará eternamente; nada se lhe deve acrescentar e nada se lhe deve tirar. E isso faz Deus para que haja temor diante dele" (ECLESIASTES 3:14, ACF). Ainda que tudo passe, a Palavra se cumprirá: "Porque em verdade vos digo que, até que o céu e a terra passem, nem um jota ou um til se omitirá da lei, sem que tudo seja cumprido" (MATEUS 5:18, ACF).

Como está escrito nas duas passagens a seguir, só existe UMA VERDADE: "A tua justiça é uma justiça eterna, e a tua lei é a verdade" (SALMOS 119:142, ACF). "A verdade é a essência da tua palavra, e todas as tuas justas ordenanças são eternas" (SALMOS 119:160, NVI). A Palavra de Deus não precisa de adendos. Ela por si só nos basta, é completa, é pura, é A VERDADE. Fiéis servos de Deus deram testemunhos verdadeiros de como foram transformados pela vivência com a Palavra. E não com vãs filosofias ou doutrinas humanas que certos líderes tentam colocar acima das Escrituras, segundo suas "convicções", registradas no seu Catecismo.

> A Palavra de Deus é superior à Igreja Católica e tudo mais em autoridade. Nossos antepassados Batistas estabeleceram uma postura bíblica perfeitamente quando disseram, na Confissão de fé da Filadélfia: "O supremo juiz pelo quais todas as controvérsias religiosas serão resolvidas, e todos os decretos de conselhos, opiniões de velhos escritores, doutrinas dos homens e espíritos ocultos serão examinados, e na sentença dele descansaremos, não pode ser nenhum outro senão as Sagradas Escrituras que foram entregues pelo Espírito Santo, à qual Escritura a nossa fé é finalmente resolvida" (JUSTICE, 1994, p. 10).

Ora, se a Palavra não é suficiente como revelação de Deus para nós, então devemos crer que Deus falhou. Jesus não disse em parte nenhuma das Escrituras que Elas deveriam ser acrescentadas por tradições humanas. A Palavra de Deus é suficiente e só ela é INFALÍVEL. E ai daquele que lhe acrescentar uma vírgula sequer! Mas está escrito: "Porque Eu testifico a todo aquele que ouvir as palavras da profecia deste livro que, se alguém lhes acrescentar alguma coisa, Deus fará vir sobre ele as pragas que estão escritas nesse livro" (APOCALIPSE 22:18, NVI). Só que não é isso o que ensina aos seus fiéis o Catecismo romanizado, mas, sim, que a referida Igreja obtém – e somente ela – a certeza sobre tudo o que foi revelado. E por essa razão, tanto a Sagrada Tradição quanto as Sagradas Escrituras devem ser aceitas e veneradas em páreo de igualdade, ou seja, com a mesma lealdade e reverência.

Logicamente, essa absurda afirmação coloca a Tradição no mesmo nível da Palavra de Deus (se não superior!). Um novo catecismo foi aprovado pelo papa João Paulo II, em 11 de outubro de 1992, que o apresentou à Igreja por meio da Constituição Apostólica *Fidei Depósitum (O Depósito da Fé)*. A partir de então, ninguém está autorizado a ensinar nada que não esteja em consonância com ele. Reza a incontestável norma da Catequese, para que nada ande em desacordo com o ensinamento do Magistério. E o próprio papa exprime toda sua autoridade: "Que ninguém ouse desprezar este Catecismo, ou negar a sua profundidade, pois estaria negando a fé da própria Igreja" (AQUINO, 2010, p. 18-19).

Em resumo, somente com a Tradição as Escrituras ganham validade. Porém, sem ela, as Escrituras sozinhas não são suficientes. Somente a Tradição é suficiente para o Magistério romanizado. Quem é o papa, o teólogo, o historiador ou o mais renomado dentre os homens que pode afirmar que as Escrituras não são suficientes? Tal suficiência até hoje é matéria de muita discussão. Mas não para nós, crentes em Cristo e na Sua Palavra! Para nós, os que piamente cremos nela, esse ponto é um assunto encerrado. Trata-se de uma doutrina santa, uma verdade inquestionável, um princípio fundamental da fé cristã defendermos que não pode haver outro escrito que deva ser visto como igual ou complementar à Palavra de Deus. Só ela nos esclarece a intenção do Pai, de, por intermédio do Seu Filho Jesus Cristo, restaurar todo o relacionamento com a humanidade, estremecido e abalado pela ação do pecado. A carta de Paulo ao povo de Colosso expõe os perigos que a Igreja de lá enfrentava, quando alguns tentavam contestar as Escrituras ou maculá-la com escritos não canônicos, espúrios. Seguem algumas claras advertências:

> E digo isto, para que ninguém vos engane com palavras persuasivas. Porque, ainda que esteja ausente quanto ao corpo, contudo, em espírito estou convosco, regozijando-me e vendo a vossa ordem e a firmeza da vossa fé em Cristo. Como, pois, recebestes o Senhor Jesus Cristo, assim também andai nele, arraigados e sobreedificados nele, e confirmados na fé, assim como fostes ensinados, nela abundando em ação de graças. Tende cuidado, para que ninguém vos faça presa sua, por meio de filosofias e vãs sutilezas, segundo a tradição dos homens, segundo os rudimentos do mundo, e não segundo Cristo (COLOSSENSES 2:4,6-8, ACF).

Notemos: *"filosofias e vãs sutilezas, segundo a tradição dos homens"*. Esses são os elementos que adoçam e camuflam o veneno contido nas tradições romanas, aos poucos incorporadas à sã doutrina. Um decreto: quem recebe Cristo continua a viver Nele, está enraizado e edificado Nele, firmado na fé que busca somente a Ele, do jeito que fomos ensinados por Ele, a quem devemos a nossa gratidão transbordante. Paulo não faz menção a nenhum outro personagem. Não faz alusão a qualquer outra fonte da qual pudéssemos beber. Cristo era o alimento de Paulo e O Caminho que ele seguia. E o apóstolo já estava ali, naquele tempo, prevenindo aos que viessem a crer na Verdade que não fossem enganados com sutilezas e engodos das tradições ou dos rudimentos mundanos. Cristo encerrou tudo, todas as coisas Nele. E essa fé que depositamos Nele é de uma vez para sempre. E Ele mesmo disse, rebatendo tradições e ensinos contrários aos Seus: "Em vão me adoram; seus ensinamentos não passam de regras ensinadas por homens" (MATEUS 15:9, NVI). Judas – não o Iscariotes – escreveu sobre isso, alertando, aos fiéis em Cristo, que alguns libertinos já estavam infiltrados no meio da Igreja para perverter o povo com falsos ensinos e negando a suficiência e soberania do Senhor Jesus:

> Amados, embora estivesse muito ansioso por lhes escrever acerca da salvação que compartilhamos, senti que era necessário escrever-lhes insistindo que batalhassem pela fé uma vez por todas confiada aos santos. Pois certos homens, cuja condenação já estava sentenciada há muito tempo, infiltraram-se dissimuladamente no meio de vocês. Estes são ímpios, e transformam a graça de nosso Deus em libertinagem e negam Jesus Cristo, nosso único Soberano e Senhor (JUDAS 1:3-4, NVI).

Essa conhecida e tão antiga perseguição de pensamentos e doutrinas heréticas ao cristianismo, fiel combatente desses falsos ensinos, é bem lembrada por Russell Norman Champlin (1933-2018). Os mestres do gnosticismo de tudo faziam para promover um sistema de negação ou menosprezo ao Evangelho, ou, ao cristianismo (CHAMPLIN, 2001, p. 679). *Gnosis* – palavra oriunda do grego e que significa "conhecimento", "cognição", embora possa estar associada na maioria das vezes ao esoterismo, aparece 29 vezes no Novo Testamento e pode também ter certo sentido cristão, como no contexto de Lucas 1:77 (CHAMPLIN, 2001, p. 918). Nesse versículo é onde podemos ler sobre o "conhecimento" que nos foi entregue mediante o advento de Cristo: "Para dar ao seu povo conhecimento da salvação, na remissão dos seus pecados" (LUCAS 1:77, ACF).

A Bíblia contém tudo o que nos é necessário para que todos conheçamos quais são os atributos de Deus, para podermos compreender sobre a natureza do homem e demais doutrinas da fé cristã, como a do pecado, do céu, do inferno e da salvação que só há em Jesus Cristo. Porque, todavia, ao endossar outra fonte de autoridade além da Palavra, como a terceira em questão que vimos antes (a própria Igreja Católica Apostólica Romana), o catolicismo de Roma autentica uma alegação antibíblica e, portanto, herética: de que a Tradição se faz "uma" com A Palavra de Deus e com o magistério. Isso para fundamentar o ensino de que somente a Igreja Católica tem o direito de interpretar as Escrituras, uma missão confiada aos bispos que estão em comunhão com o sucessor de Pedro, o bispo de Roma (papa). Isso mesmo, o papa e seus seguidores, somente eles podem interpretar a Bíblia.

Seguindo as aberrantes declarações contidas no Catecismo de Beltimore, entende-se que só se pode conhecer o significado verdadeiro das doutrinas bíblicas e da Tradição por meio da Igreja Católica. Tal qual creem os da fé romanizada, que a "Suma Igreja" foi autorizada por Jesus Cristo para explicar todas as Suas doutrinas e que a participação ou assistência do Espírito Santo é que a livra de cometer possíveis falhas nessa missão. Semelhantes coisas, concernentes à interpretação bíblica propriamente dita, se encontram na Enciclopédia Católica. Se, por decisão particular do

Magistério ou do próprio papa, houver entendimento de que determinada passagem das Escrituras tem certo significado de interpretação, tal parecer será acatado como verdade e, por decisão fidedigna, encerra-se ali o verdadeiro sentido da passagem em questão, não abrindo brechas para controvérsias nem discussões.

Entendendo: a Bíblia não se sustentaria sozinha, mas esses três elementos – a Palavra de Deus, a Tradição e a Igreja Católica – caminhariam inseparáveis. É esse o método de ensino sustentado pelo "romanismo catolizado". E assim confirma o Catecismo Católico Romano de Baltimore (Confraternity Edition, p. 298): "nem todas as verdades reveladas por Deus encontram-se na Bíblia; algumas são encontradas exclusivamente na tradição Divina" (JUSTICE, 1994, p. 7). Apenas a Igreja Católica pode dizer o que a Palavra de Deus quer dizer. Foi isso que ficou estabelecido pelo também já citado *Concílio de Trento (1563)*:

> Para restringir qualquer espírito petulante, ninguém, confiando em sua própria habilidade, a respeito de fé e ordem pertencentes à edificação da doutrina cristã, deverá presumir interpretar as Sagradas Escrituras num sentido contrário aquele significado que a sagrada Igreja Mãe sustenta, qual tem o direito de julgar o verdadeiro sentido e interpretação das Sagradas Escrituras (JUSTICE, 1994, p. 9).

É dessa forma que a Igreja de Roma coloca-se acima da Palavra de Deus. Ela determina o que a Palavra de Deus é – já que, para ela, a Palavra não é a autoridade máxima. Estabelece como quer a Tradição e restringe a si mesma os direitos de interpretação das Escrituras. O leigo não tem o direito de meditar e se aprofundar no conhecimento, mas o dever de se acomodar ao que a Igreja diz, com suas doutrinas e práticas, as quais não têm nenhuma base na Palavra de Deus. E essa história é antiga. Possuir uma cópia das Escrituras na Idade Média consistia numa "injúria (ofensa) capital". Nessa época obscura da história, Bíblias eram escritas em latim. Alegavam para o feito a universalidade da língua e o seu reconhecimento erudito e intelectual na Europa Ocidental. O propósito real por detrás das aparências era que o povo não entendesse e não a pudesse examinar, desconhecendo por completo as Escrituras. A Bíblia foi listada pela própria Igreja Católica, no ano de 1229, no *Índice de Livros Proibidos – Index Librorum Prohibitorum* –, que fora promulgado em uma bula do papa Pio IV, em 24 de março de 1564 (NEMÉSIO, 2011, p. 6). O alto Clero reivindicada exclusividade na interpretação bíblica e ameaçava qualquer cidadão que insistisse em estudá-la sob a pena da fogueira:

> O acesso ao livro sagrado, fosse no idioma original, ou em qualquer outro, jamais constituíra um problema no Oriente. No Ocidente, o clero havia começado a reivindicar um direito exclusivo de interpretação – na verdade, de custódia – da Bíblia já no século IX; além disso, desde cerca de 1080 havia instâncias frequentes por parte do papa, concílios e bispos no sentido de proibir não apenas traduções vernaculares mas também toda e qualquer leitura, por leigos, da Bíblia como um todo. Em certo sentido, esse era o aspecto mais escandaloso da Igreja latina medieval. Após os valdenses, as tentativas de estudar a Bíblia constituíram prova circunstancial de heresia – a pessoa podia ir para a fogueira só por isso –, e, ao mesmo tempo, os heterodoxos estavam cada vez mais convencidos de que a Bíblia era incompatível com as reivindicações do pontífice e do restante do clero. A partir do século XIII, começaram a circular muitas versões vernáculas do Novo Testamento, em diversas línguas. A partir de fins do século XIV, a disponibilidade da Bíblia para o público tornou-se o objeto central das disputas entre a Igreja e seus críticos, tais como os wycliffistas e hussitas. Nenhuma Bíblia popular era permitida pelas autoridades, exceto na Boêmia – que, na verdade, havia rompido com Roma, por volta de 1420 (JOHNSON, 2001, p. 329).

Já os valdenses, que traduziram a Bíblia ao francês, sofreram o severo escárnio e a repreensão do papa Inocêncio III (1161-1216), em 1199. Esbravejando e chamando-os de "hereges", disse: "Não deis aos cães o que é santo, nem lanceis as vossas pérolas diante dos porcos [...] Que nenhum homem simples e inculto se atreva a se ocupar com a sublimidade da Escritura Sagrada ou pregá-la a outros" (DENZINGER, 2007, p. 770-771). Tal declaração está registrada em um compêndio de textos, listados em latim, sobre o dogma e a moralidade católica encomendado pelo papa Pio IX (1792-1878) e em uso desde 1854. O mesmo papa Inocêncio III emitiu uma lei, no ano de 1215, com uma ordem severa: que deveria ser presa para interrogação qualquer pessoa que se envolvesse em tradução da Bíblia ("volumes sacros"), ou em reuniões secretas, ou, ainda, que pregasse "sem a autorização dos superiores; contra quem o processo deve ser iniciado sem qualquer permissão para apelo" (CALLENDER, 1838, p. 387). E ainda fez um grave acréscimo, impondo que: "como pela lei antiga o animal que tocasse o monte santo era apedrejado até a morte, assim simples e iletrados homens não estão autorizados a tocar na Bíblia ou fazer qualquer ato de pregação de suas doutrinas" (SCHAFF, 2006, p. 723).

Tais regras e leis contra a tradução e leitura bíblica seguiram assim, até que um homem chamado John Wycliffe (1328-1384) traduziu as Escrituras para o inglês, intentando que pessoas comuns a compreendessem mesmo com toda proibição eclesiástica em seu desfavor. Ele foi um teólogo, professor e reformador religioso do século XIV, considerado o precursor de Lutero e Calvino e das reformas religiosas que sacudiram a Europa nos séculos XV e XVI, dando o primeiro passo para "preparar seu país para assumir, nos séculos posteriores, a liderança na difusão da Bíblia no mundo" (GIRALDI, 2008, p. 27). Por conta desse feito, John acabou abalando a hierarquia eclesiástica e alguns homens polêmicos e influentes da época, defendendo que a Bíblia deveria ser um bem comum de todos os cristãos, precisaria estar disponível para uso cotidiano, traduzida na língua nativa das populações para que todos, igualmente, tivessem o conhecimento da obra salvífica a nós revelada por Cristo. Pelo que, furiosos com o fácil acesso da população à Bíblia, religiosos e críticos como Henry Knighton (?-1393) destilavam seu veneno e defendiam o posicionamento católico romanizado, dizendo: *"a joia do clero tornou-se o brinquedo dos leigos"* (MILLER; HUBER, 2006, p. 155, grifos dos autores).

A Verdade estava alcançando as massas sedentas e não mais alimentando a vaidade de um clero. De Wycliffe é a afirmação, em *De sufficientia legis Christi* – prelúdio para *Opus Evangelicum*, de sua autoria –, que a verdadeira autoridade emana da Bíblia, pois ela contém o suficiente para governar o mundo sem a necessidade da intervenção da Igreja (AZEVEDO, 2010, p. 34). Faleceu em Lutterworth, Inglaterra, no dia 31 de dezembro de 1384. E foi num decreto do *Concílio de Constança*, expedido em 4 de maio de 1415, que a Igreja irada o declarou como herético, 31 anos após sua morte. O mesmo decreto ainda recomendou que todos os ossos fossem desenterrados e queimados, assim como seus escritos, e jogados no Rio Swift. E tudo isso porque Wycliffe contrapôs a autoridade das Escrituras à autoridade papal. Suas teses e frases de impacto trouxeram inquietação ao mais alto clero, pois não temia lutar pela causa do Evangelho:

> Eles queimaram os seus ossos até virarem cinzas e as lançaram no Swift, um riacho vizinho que corria forte nas proximidades. Assim, o riacho transportou suas cinzas até o Avon; o Avon, até o Severn; o Severn, para os mares estreitos; e esses, para o grande oceano. E, assim, as cinzas de Wycliffe são o emblema da sua doutrina que, agora, está espalhada por todo o mundo (MILLER; HUBER, 2006, p. 155).

Inacreditavelmente, Bíblias foram mantidas acorrentadas nos púlpitos de muitas igrejas. Foi assim por 800 anos até a Reforma, período que perdurou entre os anos de 1517 e 1648. Tão grande era o receio do clero que os leigos tivessem acesso às Escrituras, que o papa Clemente XI, em 1713, declarou na sua *Bula Unigênito*: "Proibimos estritamente o leigo ou o homem comum de ter os livros do Velho e do Novo Testamento numa língua secular" (JUSTICE, 1994). O cristianismo neotestamentário tem a Palavra de Deus como a única regra de fé e prática. E essa é, dentre outras, a principal diferença entre os evangélicos e os católicos. O Antigo Testamento já anunciava ao povo que este deveria consultar e crer nas Escrituras. Numa época de apostasia, na qual o povo estava a buscar no ocultismo respostas para justificar seus tropeços fora Do Caminho, disse o profeta: "À lei e ao testemunho! Se eles não falarem segundo esta palavra, é porque não há luz neles" (ISAÍAS 8:20, ACF).

A precedência que a Igreja Católica declara ter sobre as Escrituras favoreceu a instituição do Dogma da Infalibilidade Papal – *"Ubi papa, ubi ecclesia"*, em 1870, no Concílio do Vaticano. A partir desse decreto e diante de todo o magistrado ali presente, o papa Pio IX se declara como "infalível" (SILVEIRA, 2001, p. 73). Esse dogma é um braço forte da teologia católica que afirma que o papa, em comunhão com o Sagrado Magistério, está sempre correto. Ele é quem delibera e define (clarifica) solenemente algo em matéria de fé ou moral (os costumes). Ninguém do clero, portanto, pode estar em posição mais elevada do que o papa. Por isso, tem ele uma autoridade conferida pelo clero para colocar a Igreja acima das Escrituras. Para os Batistas e para boa parte dos evangélicos, o "cabeça" da Igreja é Cristo: "E estais perfeitos nele, que é a cabeça de todo o principado e potestade" (COLOSSENSES 2:10, ACF). A Sua Palavra é que sempre está correta. E cremos que o intérprete apropriado das Escrituras não seja a Igreja, mas que as próprias Escrituras se interpretam! Vejamos o que Paulo ensina aos cristãos fiéis mais uma vez:

> Ele existe antes de tudo o que há, e nele todas as coisas subsistem. Ele é a cabeça do Corpo, que é a Igreja; Ele é o princípio e o primogênito dentre os mortos, a fim de que em absolutamente tudo tenha a supremacia. Porquanto foi do agrado de Deus que nele habitasse toda a plenitude (COLOSSENSES 1:17-19, NVI).

> E sujeitou todas as coisas debaixo dos seus pés, e para ser cabeça sobre todas as coisas o deu à igreja, que é o seu corpo, o complemento daquele que cumpre tudo em todas as coisas. Porque o marido é a cabeça da mulher, como também Cristo é a cabeça da igreja, sendo ele próprio o salvador do corpo (EFÉSIOS 1:22,23; 5:23, ACF).

Em um dos parágrafos da *Confissão de Fé de Filadélfia*, os Batistas declaram:

> A regra infalível de interpretação das Escrituras são as próprias Escrituras e, sendo assim, quando há uma questão sobre o verdadeiro e completo significado de qualquer parte das Escrituras, isso deve ser pesquisado em outras passagens que falam mais claramente (JUSTICE, 1994, p. 9).

A Declaração da Convenção Batista Brasileira, que, junto ao Pacto das Igrejas Batistas, compõe o livro Pacto e Comunhão (Editora Convicção, 2010), reza em seu Artigo 1º sobre as Sagradas Escrituras:

> A Bíblia é a Palavra de Deus em linguagem humana. É o registro da revelação que Deus fez de si mesmo aos homens. Sendo Deus seu verdadeiro autor, foi escrita por homens inspirados e dirigidos pelo Espírito Santo. Tem por finalidade revelar os propósitos de Deus, levar os pecadores à salvação, edificar os crentes e promover a glória de Deus. Seu conteúdo é a verdade, sem mescla de erro e por isso é um perfeito tesouro de instrução divina. Revela o destino final do mundo e os critérios pelos quais Deus julgará todos os homens. A Bíblia é autoridade única em matéria de religião, fiel padrão pelo qual devem seu aferidas a doutrina e a conduta dos homens. Ela deve ser interpretada sempre à luz da pessoa e dos ensinos de Jesus Cristo (SOUZA, 2010, p. 13).

Enquanto certos "cristãos" preferem permanecer letárgicos ou estáticos em sua vida espiritual, leigos de Bíblia e acorrentados em doutrinas e mandamentos de homens, submissos às suas tradições e ao "infalível" papa, nós, discípulos de Cristo, nos firmamos na autoridade máxima em qualquer questão de fé e ordem: observamos unicamente A Palavra de Deus, pois ela é suficiente, perfeita, imutável, inalterável e completa. Entendamos assim: CONCEITO ERRADO: A Igreja reconhece, aceita e prega as Escrituras. Portanto, elas têm autoridade. CONCEITO CORRETO: as Escrituras têm autoridade própria por ser PALAVRA DE DEUS, REVELAÇÃO DIVINA, VOZ DE DEUS NA TERRA. Portanto, a Igreja reconhece isso. Então, porque a Bíblia é inspirada por Deus, ela:

- tem autoridade sobre nós e nos dirige em todas as áreas de nossas vidas;
- é necessária para a vida da Igreja, pois esta se sustenta firmemente nela;
- apresenta claramente todo o plano da salvação, Apontando O Caminho para Deus;
- é suficiente para produzir no homem o efeito transformador do agir de Deus.

Não carecemos de "profetadas", de novas "revelações", de tradições humanas, de nada. E qualquer pessoa pode entender o que diz a Bíblia. O homem comum não precisa que a Igreja ou seu líder a interprete por ele. A isso chamam de "perspicuidade" das Escrituras (qualidade do que é claro e compreensível; clareza, nitidez, transparência). Se não fosse possível a compreensão da Palavra pelo homem comum, não encontraríamos trechos como este: "Os bereanos eram mais nobres do que os tessalonicenses, pois receberam a mensagem com grande interesse, examinando todos os dias as Escrituras, para ver se tudo era assim mesmo" (ATOS 17:11, NVI).

Grande exemplo nos deram os bereanos, naturais da cidade de Bereia. Decerto, cidadãos comuns. Eram, porém, estudiosos da Palavra, criteriosíssimos quanto à interpretação das Escrituras, e não críticos literários, como pensam alguns erroneamente. Recebiam de bom grado o ensino, mas conferiam nas próprias Escrituras, analisando tudo minuciosamente. Não precisaram de outros meios de interpretação, nem da tradição como coauxiliadora. E receberam do autor do livro, Lucas, o título de "mais nobres" do que os tessalonicenses, indicando que eles conferiram se o que Paulo pregava estava em consonância com a Verdade. O mesmo se dava com os profetas do Antigo Concerto. Eles testemunhavam das Escrituras, crendo que os ouvintes a estavam compreendendo de forma natural, pois sabiam que o Deus da Revelação seria o mesmo a dar a Sabedoria e o Entendimento e que qualquer pessoa podia ter acesso às verdades reveladas.

Deus separou um povo para Si e não permitiria atalhos entre Ele e o Seu povo. Então, por meio de um direcionamento divino para que houvesse transformação e mudanças significativas em todas as áreas – motivo pelo qual a Lei e certas ordenanças cumpriram seu papel –, a voz de Deus teria de ser ouvida de forma direta. Moisés (o líder) dizia, *Apontando O Caminho:* "Ouve, Israel" (DEUTERONÔMIO 6:4, ACF). Muitos anos mais tarde, por rebeldia do povo, vê-se um cenário que envolve a nação israelita dentre povos rebeldes e falsos profetas, os quais não deveriam mais existir caso a Voz de Deus fosse obedecida. Micaías (cujo nome significa "quem é semelhante a Jeová"), profeta íntegro para um Reino agora dividido e subjugado, era alguém por quem se podia consultar ao Senhor. Sua voz teria credibilidade no meio do povo. E quando profetizava, dizia: "Ouçam o que estou dizendo, todos vocês!" (1 REIS 22:28, NVI)", e todos o escutaram como sendo "voz de Deus" (ler também: II CRÔNICAS). No Novo Concerto, o Evangelho segundo Marcos testifica: "E a grande multidão o ouvia de boa vontade" (MARCOS 12:37, ARC). Aqui, vemos Jesus pregando à grande multidão. Muitos líderes religiosos e intelectuais estavam presentes, mas o foco

era a massa comum, o povo simples. Pois os que queriam ouvir o Mestre entendiam perfeitamente o que Ele dizia. Como afirmar que eles não entenderam, sem que houvesse naquele tempo a ajuda do Magistério ou da Tradição? Se fosse dito por Jesus algo incompreensível, certamente o povo não teria recebido de bom grado.

A palavra usada no grego para "receber" é *"dechomai"*, significando: agarrar e tomar posse (BORBA, 2014, s/p). Ainda segundo Perilo Borba (2014), esse mesmo termo grego foi utilizado por Paulo em 1 Coríntios 2:14 e traduzido em várias versões em português como "aceitar". Daí podemos entender a retórica paulina ao expressar que "O homem natural não ACEITA as coisas do Espírito de Deus porque lhe são loucura". Já os que são espirituais, *"dechomai"* – pelo Espírito, ou seja, aceitam, recebem, agarram, tomam posse por meio Dele (Espírito). O homem comum dos nossos dias, com a ajuda do Espírito Santo, pode chegar à compreensão do que diz a Bíblia. Basta que medite nela, examinando como os bereanos e crendo que ela é viva e que fala conosco, pois é o próprio Jesus falando para Seu povo. Ele mesmo disse aos Seus ouvintes, em João: "Vocês estudam cuidadosamente as Escrituras, porque pensam que nelas vocês têm a vida eterna. E são as Escrituras que testemunham a meu respeito" (JOÃO 5:39, NVI).

Os quatro Evangelhos e as cartas do Novo Testamento foram endereçados aos irmãos crentes em Jesus espalhados pelo mundo, ou seja, às congregações dos santificados que clamavam pelo nome de Jesus Cristo, Salvador e Senhor nosso. E há várias passagens que testificam uma ordem de estudo da Palavra. A Primeira Epístola de Pedro diz aos cristãos: "Desejai afetuosamente, como meninos novamente nascidos, o leite racional, não falsificado, para que por ele vades crescendo" (1 PEDRO 2:2 NVI). Significa que já havia desde aquele tempo falsas doutrinas que estavam sendo ensinadas ao povo. A tradição religiosa termina por anular os mandamentos de Deus, como ainda faz hoje o catolicismo, querendo colocar a sua Tradição em situação de igualdade, senão, superior à Palavra de Deus. Vejamos o que Jesus disse aos fariseus, ensinando a eles que colocar a tradição ou qualquer outra invenção do coração do homem como uma autoridade doutrinária torna a adoração vã, sem propósito: "E assim invalidastes, pela vossa tradição, o mandamento de Deus. [...] Em vão me adoram, ensinando doutrinas que são preceitos dos homens" (MATEUS 15:6 e 9, ACF).

A Tradição ensina que o povo pode recorrer a Maria, aos seus milhares de santos milagreiros (ídolos), aos padres, aos anjos, aos objetos sagrados (relíquias), como se fosse isto um mandamento o do próprio Deus. Quando, na verdade, só Jesus nos basta: único Caminho, único Mediador, Senhor e Salvador. Está escrito: "Porque há um só Deus, e um só Mediador entre Deus e os homens, Jesus Cristo homem" (1 TIMÓTEO 2:5, ACF). Podemos, portanto, enumerar alguns dogmas católicos que não têm fundamento nas Escrituras, posto que foram incorporados, acrescentados pela Tradição. Bom seria que todo aquele que tivesse a curiosidade de conhecer o que diz a Palavra fizesse igual aos de Bereia e examinasse ponto a ponto. Bem, lá vão eles:

- celebração da missa (repetição do sacrifício do corpo e do sangue de Jesus Cristo) no lugar do CULTO ao Senhor;
- obediência aos Sacramentos;
- reconhecimento de Pedro como primeiro papa;
- oração a Maria ou aos santos, ao invés de somente a Jesus;
- venerar imagens de escultura;
- confissão exclusiva aos padres;
- purgatório;

- assunção de Maria ao céu;
- Magistério e Igreja iguais à Bíblia em autoridade;
- batismo de crianças;
- o papa é o cabeça da Igreja, não Cristo;
- Pedro é a "pedra fundamental", não Cristo;
- chamar de "pai" (padre) qualquer oficial da Igreja;
- veneração às relíquias.

Não daríamos conta de colocar tudo aqui. Mas toda Igreja neotestamentária tem suas doutrinas fundamentadas na Palavra de Deus, a única regra de fé e prática de todo crente em Jesus. Claro isso, não? Fácil de entender. Pensemos: Jesus, quando estava para subir ao céu, garantiu que nos deixaria OUTRO CONSOLADOR, alguém que assumiria o papel de Mestre, ensinando a Sua Igreja Santa a permanecer em toda doutrina e ensinamento o que Cristo estabeleceu. E tudo faria para glorificar o nome de Jesus:

> Mas, quando vier aquele Espírito de verdade, Ele vos guiará em toda a verdade; porque não falará de Si mesmo, mas dirá tudo o que tiver ouvido, e vos anunciará o que há de vir. Ele Me glorificará, porque há de receber do que é meu, e vo-lo há de anunciar. Tudo quanto o Pai tem é meu; por isso vos disse que há de receber do que é meu e vo-lo há de anunciar (JOÃO 16:13-15, ACF).

Já o poder do papado, criado mais com intenções políticas do que propriamente religiosas, exalta o líder da Igreja ao título de "Vicário", do latim *"vicarius"*, que significa "o que faz às vezes de outro" ou "o que substitui outra coisa ou outra pessoa" "substituto" (COSTA, 1941, p. 317). Logo, o papa seria o substituto de Cristo na terra. Vale lembrar que Jesus NOS SUBSTITUIU NAQUELA CRUZ, morreu em nosso lugar, pagou um preço que era só nosso. Ele fez o sacrifício vicário, substitutivo, definitivo, quando a Lei condenava o pecador: "A alma que pecar essa morrerá" (EZEQUIEL 18:4, ACF). Então, a morte vicária de Cristo satisfez de uma vez por todas as exigências da Lei quanto à morte pelo pecado. Segundo Soares (2008), a morte e a ressurreição de Jesus cumpriram satisfatoriamente tudo o que os profetas profetizaram, por meio do Espírito Santo. "O sacrifício de Jesus satisfez toda a justiça da lei e dos profetas" (SOARES, 2008, p. 120).

No ano de 1075, o então consagrado papa Gregório VII (Hildebrando de Bonizio Ando-Brandeschi), integrante da Ordem de Cluny, tendo sido eleito pelo Colégio dos Cardeais para comandar a Igreja Católica, publicou 27 normas (cânones) sob o título *Dictatus papae* (Édito do papa). Foi um documento extraordinário, extremamente conciso e radical, com força de lei e que fazia parte de um programa de reforma para a Igreja da época (HENDERSON, 1965, p. 366-367). Segundo Souza (2007), esse texto legislativo de Gregório, em suas 27 preposições, legitimamente, pretendia retirar de sobre a Igreja o poder dos leigos, entregando-a aos sacerdotes. Isso significava a possibilidade de uma maior autonomia da Igreja frente ao poder temporal, ou seja, frente ao imperador, autenticando ainda mais a plenitude do poder papal, que não somente administraria de maneira centralizada a Igreja, como teria a total obediência dos bispos, agora sob a égide da *plenitudo potetatis* (SOUZA, 2007, p. 41-42).

Na verdade, tais normas eram vistas e tratadas pelo clero como 27 atribuições do pontífice de Roma – prerrogativas pontifícias, especialmente do primado, "no calor da disputa das investiduras" (DE LIMA, 1999, p. 96). Sem pensar na economia das palavras e sem filtros, disse o historiador Cantor (1929-2004): "... é inconcebível pensar que Hildebrando fosse tão ingênuo para não perceber

que ele causaria grande sensação". (CANTOR, 1958, p. 258-259). E ironizou o temperamento politizado assumido pelo pontificado de Gregório, que iria muito além daquele édito: "os eclesiásticos e os reis da Europa ocidental aprenderiam que a ideologia papal era, acima de tudo, mais radical" (CANTOR, 1958, p. 258-259).

Gregório mantinha uma linha de conduta apoiada nos princípios de supremacia da Igreja de Roma, na infalibilidade do papa, editando regras pelas quais determinava que os bispos deveriam ser nomeados apenas por ele, e não mais pelo imperador. Esses bispos, submissos ao papado, estariam vulneráveis a mudanças repentinas. Pois, uma vez tendo o seu poder de sanção amplificado, o pontífice teria nas mãos a decisão de, segundo as necessidades, transferir os bispos de uma sede para outra (HENDERSON, 1965, p. 366). E que até mesmo o próprio papa seria eleito por um conclave de cardeais e não mais pelos nobres romanos. A Igreja ordenou o uso da palavra *papa*, originada do baixo latim *papa*, do baixo grego *papas* = "pai" ou "bispo" e do grego *pappas* = "pai". Logo, papa ou grande pai foram títulos concedidos por distinção ao bispo de Alexandria antes do bispo de Roma (WEBSTER, 1979). Mas acabou como um termo que se tornou de uso exclusivo do bispo de Roma, representando a máxima autoridade da Igreja Católica Romana. Porém, nem todos concordavam. O monge franciscano Guilherme de Ockham (1287-1347) tratou com menosprezo as argumentações dos partidários que defendiam certa plenitude do poder temporal do papa. Um tanto zombeteiro, disse:

> Daí, alguns se admirarem de que Pilatos, homem mundano e sem fé, tenha compreendido o verdadeiro significado das palavras de Cristo acerca de seu reino, e de que, ao contrário, alguns cristãos, que também querem ser doutores da lei, não o entendam do mesmo. Daí, conforme o parecer dessas mesmas pessoas, não haver uma outra explicação para tal atitude, senão que eles estão obcecados por um mau sentimento (OCKHAM, 2002, p. 44).

Todas essas argumentações apenas autenticavam o que já vinha acontecendo séculos antes, pois todos os bispos do Ocidente eram assim chamados de "pai". Tal título colocava os papas numa situação privilegiada e lhes conferia o direito à absolvição sacerdotal, como "sucessores" de Pedro, revestidos de todos os poderes a ele atribuídos. Como bem sabemos, esse "santo ofício" não é mencionado nas Escrituras e parecia que os discípulos já estavam sendo alertados por Jesus: "A ninguém na terra chamem 'pai', porque vocês só têm um Pai, aquele que está nos céus" (MATEUS 23:9, NVI). O que houve foram diversas tentativas de transformarem a PLENITUDE DO PODER PAPAL (*plenitudo potetatis*) em um dogma de fé. E isso, através da bula *Unam Sanctam*, promulgada pelo papa Bonifácio VIII (1230-1303), em 18 de novembro de 1302, que trazia em seu final a reprimenda: "Além do mais, declaramos, proclamamos, definimos que é absolutamente necessário para a salvação que toda criatura humana se sujeite ao Pontífice Romano" (ROSS; MCLAUGHLIN, 1949, p. 233-236).

Pedro nunca foi o primeiro papa. Jesus nunca outorgou tal autoridade, pois esta patente só pertencia a ele próprio. E Bonifácio insistia em pronunciar sua tese, dizendo: "Há uma única igreja onde há um só corpo, uma só cabeça e não duas cabeças como um monstro, ou seja, Cristo e o Vigário de Cristo, Pedro e o sucessor de Pedro" (DENZINGER, 1996, p. 495). Errônea e propositadamente, os papas argumentam em favor próprio, fundamentados numa interpretação deturpada do que o contexto original de Mateus diz. Vejamos: "Eu te digo que tu és Pedro e sobre esta pedra edificarei a minha igreja, e as portas do inferno não prevalecerão contra ela. E eu te darei as chaves do Reino dos Céus, e tudo o que desligares na terra será desligado nos céus" (MATEUS 16:18-19, ACF).

Ao estudarmos qualquer texto das Escrituras, devemos ter em mente outro que corrobore para a sua devida interpretação contextual. Neste caso, teria que estar escrito por qualquer um dos outros apóstolos, qualquer indício que favorecesse o consenso da aceitação de Pedro sendo o fundamento da Igreja. Só que todos são unânimes em reconhecer Jesus como a Pedra Fundamental, Cristo é o fundamento. Vejamos estes textos que falam por si:

> Autoridades e líderes do povo! Os senhores estão nos perguntando hoje sobre o bem que foi feito a este homem e como ele foi curado. Pois então os senhores e todo o povo de Israel fiquem sabendo que este homem está aqui completamente curado pelo poder do nome de Jesus Cristo, de Nazaré — aquele que os senhores crucificaram e que Deus ressuscitou. Jesus é aquele de quem as Escrituras Sagradas dizem: "A pedra que vocês, os construtores, rejeitaram veio a ser a mais importante de todas". A salvação só pode ser conseguida por meio dele. Pois não há no mundo inteiro nenhum outro que Deus tenha dado aos seres humanos, por meio do qual possamos ser salvos (ATOS 4:8-12, NTLH).

O próprio Pedro reconhece isso. Ele fala de Jesus como a "pedra viva", "pedra de esquina". Em momento algum vemos Pedro se referindo a si mesmo como pedra fundamental da Igreja. Vejamos:

> Como crianças recém-nascidas, desejem de coração o leite espiritual puro, para que por meio dele cresçam para a salvação, agora que provaram que o Senhor é bom. À medida que se aproximam dele, a pedra viva — rejeitada pelos homens, mas escolhida por Deus e preciosa para ele — vocês também estão sendo utilizados como pedras vivas na edificação de uma casa espiritual para serem sacerdócio santo, oferecendo sacrifícios espirituais aceitáveis a Deus, por meio de Jesus Cristo. Pois assim é dito na Escritura: "Eis que ponho em Sião uma pedra angular, escolhida e preciosa, e aquele que nela confia jamais será envergonhado". Portanto, para vocês, os que crêem, esta pedra é preciosa; mas para os que não crêem, "a pedra que os construtores rejeitaram tornou-se a pedra angular" (1 PEDRO 2:2-7, NVI).

Da mesma maneira, não encontramos nas cartas paulinas nenhuma semelhante referência a Pedro. Mas, como não poderia ser diferente, elas dão testemunho da mesma verdade: "Porque Deus já pôs Jesus Cristo como o único alicerce, e nenhum outro alicerce pode ser colocado" (1CORÍNTIOS 3:11, NTLH). Profetas e apóstolos assim anunciaram Cristo, que, quando disse a Pedro: "Sobre ESTA PEDRA edificarei a minha igreja", estava apontando para si mesmo. Ele é o alicerce da Igreja. Ainda podemos ver outro texto de Paulo, que favorece e fundamenta o nosso entendimento:

> Assim que já não sois estrangeiros, nem forasteiros, mas concidadãos dos santos e da família de Deus; edificados sobre o fundamento dos apóstolos e dos profetas, de que Jesus Cristo é a principal pedra de esquina; no qual todo o edifício, bem ajustado, cresce para templo santo no Senhor, no qual também vós juntamente sois edificados para morada de Deus no Espírito (EFÉSIOS 2:19-22, ARA).

Agora, tratemos dos poderes atribuídos a Pedro, em virtude das "chaves do Reino" de Mateus 16. Consideremos o princípio de que o Reino de Deus não pertence a este mundo. Logo, tais chaves não podem estar representando o poder civil, terreno. E pelo uso delas, pelo próprio Pedro, chegaremos ao contexto das palavras de Jesus. O primeiro sermão que Pedro pregou aos judeus, no dia de Pentecostes, está registrado em Atos 2:38. O apóstolo, na autoridade do Espírito Santo, abria os olhos dos homens para que deixassem, se desligassem dos rudimentos da lei cerimonial. Assim sendo, estariam ligados à lei de Cristo. Ou seja, a partir da conversão daqueles homens pela crença e fé em Jesus, estariam abertas as portas do Reino dos Céus. E a chave usada foi esta, em Atos 2:38: "Arrependei-vos, e cada um de vós seja batizado em nome de Jesus Cristo para perdão dos pecados, e recebereis o dom do Espírito Santo".

Com essa poderosíssima e viva palavra, entraram pelas portas celestes mais de 3 mil almas. Pedro usou as chaves certas. Com este feito, o apóstolo anulava todo o nacionalismo e as tradições judaizantes, ligando gentios e judeus a Cristo, como partes da mesma família espiritual. Desligados dos ritos e das cerimônias levíticas, os homens estariam definitivamente ligados aos céus, e nada, nem ninguém, poderia fazê-los voltar aos antigos rudimentos da Lei. Estavam todos livres em Cristo e receberam o Espírito Santo. Abertas as portas, cessou o poder das chaves. E Pedro não poderia ter passado o "poder" dessas chaves para mais ninguém. Elas voltaram para as mãos do Senhor. E foi Jesus quem disse à Igreja de Filadélfia, mais de 20 anos após a morte de Pedro: "Esta é a mensagem daquele que é santo e verdadeiro. Ele tem a chave que pertencia ao rei Davi; quando ele abre, ninguém fecha, e quando ele fecha, ninguém abre" (APOCALIPSE 3:7-8, NTLH).

As "chaves" só foram entregues a Pedro para que ele abrisse as portas do Evangelho da Salvação a todo o mundo, garantindo a todos o direito de poderem entrar no Reino dos Céus. E não para simbolizar poderes terrenos, seculares, ou cargos de autoridade sobre a Igreja do Senhor. Pedro não teve sucessor. Após a sua morte, se houve outro zelador guardando as chaves, este foi o próprio Jesus, cumprindo o que estava profetizado: "As tuas portas estarão abertas de contínuo: nem de dia nem de noite se fecharão" (ISAÍAS 60:11, ARA).

Por causa do engano de uma malfazeja liderança romanista em suas distorcidas interpretações da Palavra, os bispos passaram a ser os "sucessores" dos apóstolos, alegando sobre si até o poder divino de perdoar pecados. É o que ainda veremos, ao discorrermos sobre as Indulgências. Não tem como, caros leitores, termos acesso às Escrituras Sagradas e não sermos transformados por elas. Tudo o que foi acrescentado pela Tradição cai por terra diante da Verdade revelada. E tudo está tão nítido, tão lógico e tão bem exposto nela que qualquer leigo poderá compreendê-la. Quem dá esse entendimento é o Espírito do Pai. Por muito tempo, a Igreja de Roma defendeu e sustentou, a ferro e fogo, o seu projeto de assegurar à Igreja autonomia e soberania perante os poderes temporais, passando por cima da Palavra de Deus e, até mesmo, da autoridade suprema de Cristo:

> O Papa não pode ser julgado por ninguém; a Igreja Romana nunca errou e nunca errará até o final dos tempos; A Igreja Romana foi fundada apenas por Cristo; só o Papa pode depor e empossar bispos; só ele pode convocar assembleias eclesiásticas e autorizar a Lei Canônica; só ele pode revisar seus julgamentos; só ele pode usar a insígnia imperial; pode depor imperadores, pode absolver vassalos de seus deveres de obediência; todos os príncipes devem beijar seus pés (SOUTHERN, 1970, p. 102).

Se o catolicismo autentica, venera e permite ao fiel desavisado se prostrar diante dos papas, das imagens de Maria, dos santos e diante das relíquias, a Palavra condena. Se, na exposição oficial dos Dez Mandamentos, o *Catecismo de Baltimore* tenta deixar de fora o segundo Mandamento, é necessário atentarmos ao que verdadeiramente o texto bíblico diz:

> Eu sou o Senhor teu Deus, que te tirei da terra do Egito, da casa da servidão; Não terás outros deuses diante de mim; Não farás para ti imagem de escultura, nem semelhança alguma do que há em cima no céu, nem em baixo na terra, nem nas águas debaixo da terra; Não te encurvarás a elas, nem as servirás; porque eu, o Senhor teu Deus, sou Deus zeloso, que visito a iniquidade dos pais nos filhos, até a terceira e quarta geração daqueles que me odeiam. E faço misericórdia a milhares dos que me amam e guardam os meus mandamentos. DEUTERONÔMIO 5:6-10, ARA).

Por mais que esse catolicismo tente argumentar, baseado nas suas razões, a atitude herética de se colocar contrário à Lei de Deus, no que se refere à veneração de homens, de imagens de santos ou relíquias, não tirará o peso da condenação: tal prática constitui uma violação ao segundo Mandamento de Deus. É idolatria. Não tem como distorcer o sentido próprio e claro da ordenança da Palavra de Deus, quando diz "Não farás", "Não te encurvarás" e "Não servirás imagens de escultura". Se o primeiro Mandamento nos proíbe de termos outros deuses diante do único Deus, o segundo proíbe a feitura de imagens esculpidas. A princípio, ambos parecem simples ordenanças para que não adoremos falsos deuses e, em vez disso, adoremos apenas ao Deus vivo e verdadeiro. Mas não se trata de um só, mas, sim, dois Mandamentos distintos. O primeiro Mandamento, de modo mais do que suficiente, derruba qualquer forma de adoração a qualquer outro além do Deus vivo. O segundo, diretamente, aborda e enfatiza uma questão diferente: proíbe a adoração ao Deus verdadeiro pelo uso de imagens.

Até as sociedades mais primitivas viam estátuas e imagens apenas como veículos que auxiliavam a adoração, ferramentas pelas quais um "deus real" recebia adoração. Então, quebramos o segundo Mandamento quando buscamos adorar ao verdadeiro Deus por meio de imagens, incluindo imagens construídas em nossa própria imaginação. O Novo Testamento reforça um alerta: "Portanto, meus amados, fugi da idolatria" (I CORÍNTIOS 10:14, ACF). Toda forma e expressão de culto às imagens e aos ídolos mortos constitui-se desobediência, um agravo à Palavra e um impedimento de uma pessoa chegar ao céu. Por ser idolatria e, também, uma obra da carne, vejamos:

> Ora, as obras da carne são manifestas: imoralidade sexual, impureza e libertinagem; idolatria e feitiçaria; ódio, discórdia, ciúmes, ira, egoísmo, dissensões, facções e inveja; embriaguez, orgias e coisas semelhantes. Eu os advirto, como antes já os adverti, que os que praticam essas coisas não herdarão o Reino de Deus (GÁLATAS 5:19-21, NVI).

Notem a sentença anterior, no contexto, advertida mais de uma vez: aos que praticam a idolatria não restará nada além da própria perdição. Literalmente, serão condenados a uma eternidade fora do Reino preparado por Deus para os Seus filhos regenerados em Cristo. Maldições foram acometendo a terra ao longo dos anos por causa da rebeldia do povo e de sua insistência com as práticas idólatras: "Cairá a seca sobre as suas águas, e secarão, porque é uma terra de imagens de escultura, e eles, pelos seus ídolos, andam enfurecidos" (JEREMIAS 50:38, ARC). Torna-se um bruto, um insensato, insensível e incapaz o que faz com suas mãos imagens de escultura com o propósito de servi-las ou reverenciá-las. "Embruteceu-se todo homem e não tem ciência; envergonhou-se todo ourives de imagem de escultura, porque a sua imagem de fundição é mentira, e não há espírito em nenhuma delas" (JEREMIAS 51:17, ARC).

Quanto mais os que não se livram delas, antes, mantêm-nas em suas casas. Chegará sem avisar o "dia da visita" do Senhor, dia de prestação de contas: "Portanto, eis que vêm dias, diz o Senhor, em que visitarei a suas imagens de escultura; e gemerá o traspassado em toda a sua terra" (JEREMIAS 51:52, ARC). Ainda em Isaías encontramos:

> O artífice grava a imagem, e o ourives a cobre de ouro e cadeias de prata funde para ela. O empobrecido, que não pode oferecer tanto, escolhe madeira que não se corrompe, artífice sábio busca, para gravar uma imagem que não se pode mover (ISAÍAS 40:19-20, ARC). Eu sou o Senhor; este é o meu nome; a minha glória, pois, a outrem não darei, nem o meu louvor às imagens de escultura (ISAÍAS 42:8, ACF).

O ecumenismo, movimento que visa à unificação das igrejas cristãs, tem favorecido o agrupamento de várias denominações que, juntas, compõem o Conselho Nacional de Igrejas Cristãs do Brasil – CONIC (WOLFF, 2002, p. 17). Acontece que todas elas, também juntas, incorrem ao

mesmo erro. Porque, embora sugira um nobre ideal, a unificação das religiões pode levar multidões à apostasia da fé genuinamente cristã. A palavra ecumenismo, segundo o teólogo Juan Bosch Navarro (1939-2006), tem origem no grego oikoumene, em cuja raiz encontramos outra palavra "oikos", referindo-se ao "mundo em que habitamos" ou, simplesmente, "casa" (NAVARRO, 1995, p. 10). O ajuntamento ecumênico alega submissão ao governo de Cristo, mas aceita e defende pontos que não têm fundamento bíblico com o pretexto de diálogo e cooperação mútuos, superação de divergências teológicas, históricas e culturais, aproximação fraterna entre os irmãos, evangelismo e contribuição para a paz mundial.

"Dentro da perspectiva do século XX surgiu uma renovação, uma caminhada ecumênica, um apelo do Espírito Santo às Igrejas a fim de formarem uma comunhão (koinonia), para juntos testemunharem o Cristo" (KHATLAB, 2006, p. 40). O ecumenismo seria – acompanhando a lógica de Wolff – um instrumento restaurador da força profética das Igrejas no meio social, testemunhando "a unidade dos cristãos diante da sociedade dilacerada por forças ideológicas que desintegram a vida humana e do planeta" (WOLFF, 2005, p. 26-27).

Atropelando as evidentes diferenças doutrinárias que vieram à tona após a Reforma Protestante de Martinho Lutero, no século XVI, a Igreja Católica despertou essa ideia na tentativa de impor a sua liderança ante outras Igrejas pseudocristãs. Caracteriza-se assim, portanto, uma prostituição espiritual, engodo, hipocrisia, uma satânica tentativa de envergonhar a Igreja do Senhor Jesus. Como conciliar um sistema herético de doutrinas antibíblicas com os ensinos de Cristo e dos Seus apóstolos? Como unificar as práticas católicas romanizadas (como a crença no purgatório, as orações intercessórias a Maria e aos santos, o sumo sacerdócio papal, a veneração às imagens e às relíquias etc.) com a fé cristã que reconhece apenas Jesus como único e suficiente Salvador? Quem é de Deus só adora a Deus. E o que passa disso é IDOLATRIA!

Sabemos que há uma proposta não tão explícita às camadas menos familiarizadas com a Palavra, que virá como sendo algo da parte de Deus, algo que vai acabar com o preconceito religioso, celebrar a pluralidade, disseminar a tolerância e minimizar conflitos entre as religiões com discursos laicistas etc. Em breve, tal proposta alcançará seus intentos quando atingir de surpresa os faltos de conhecimento ou aqueles com traços perceptíveis de inclinação sincretista. Esse movimento é dinâmico e já começou a ser implantado: primeiro, politicamente, pela implementação de ideologias libertinas – livres da disciplina da fé religiosa; depois, cerceando liberdades de expressão e culto, se imporá. Incluirá em seu projeto globalista não somente as religiões historicamente classificadas como monoteístas – cristianismo, o islamismo e o judaísmo –, como abraçará as demais que se definem politeístas e que ferrenhamente conflitam contra a Bíblia, posto que apresentam em seus míticos panteões opções diversificadas, ecléticas, de deuses e espíritos ancestrais, numa miscelânea de formas e tipos cúlticos avessos àquela santa adoração devida ao único e verdadeiro Deus.

Sabemos que essa união da "fraternidade, da tolerância, da paz e do amor" não prioriza para as almas a salvação que só pode haver em Cristo Jesus. Logo, é zombadora, vil e furtiva por camuflar intentos obscuros. Visa a uma globalização que em breve arvorará a sua bandeira, quando tiverem um governo centralizado em um único líder, um único idioma, uma só moeda e uma religião unificada. E quem comandará tudo isso nos bastidores? O Anticristo. Palavras ditas a João, diante de toda a visão que teve quando arrebatado ao céu:

> E adoraram o dragão que deu à besta o seu poder; e adoraram a besta, dizendo: Quem é semelhante à besta? Quem poderá batalhar contra ela? E foi-lhe dada uma boca para proferir grandes coisas e blasfêmias; e deu-se-lhe poder para continuar por quarenta e dois meses. E abriu a boca em blasfêmias contra Deus, para blasfemar do seu nome, e do seu tabernáculo, e dos que habitam

no céu. E foi-lhe permitido fazer guerra aos santos e vencê-los; e deu-se-lhe poder sobre toda tribo, e língua, e nação. E adoraram-na todos os que habitam sobre a terra, esses cujos nomes não estão escritos no livro da vida do Cordeiro que foi morto desde a fundação do mundo. Se alguém tem ouvidos, ouça (APOCALIPSE 13:4-9, ACF).

União de cristãos sem Cristo, de Igrejas sem Salvador, de religiões desligadas de Deus. Cultuam a si mesmos. Veneram a imagem de um Jesus que, na maioria das vezes, é exposto como um ser frágil, um bebê amparado nos braços de sua mãe ou deitado em uma pobre e humilde manjedoura, naquela bem típica imagem de um presépio ao molde franciscano. Quando não, um Jesus traspassado e morto, preso em um crucifixo (que não é a cruz), ou ainda deitado, imóvel, flagelado e exposto à visitação. Sobre tais representações de Jesus, choram, lamentam, fazem suas preces, relembram um sofrimento que já foi vencido com a ressurreição. Difundindo uma mensagem falsa sobre o Senhor da Glória e distorcendo o propósito e o sentido de uma conversão genuína a Ele, o catolicismo de Roma tem, inegavelmente, afastado os pecadores do Deus e Salvador Jesus. Por ocasião da Campanha da Fraternidade de 1980, divulgada em cadeia de TV para todo o Brasil, o santo padre João Paulo II disse, em alto e bom tom, em sua mensagem para a nação brasileira:

> Converter-se é buscar a atitude de encontro com Deus e de encontro dos corações, no amor com o próximo, a determinar a partilha dos bens com os menos favorecidos das nossas sociedades, com aqueles que, por diversos motivos, não podem continuar a viver na sua terra, e têm de partir, muitas vezes sem saber para onde (CNBB, 1980).

Esse era o raso sentido de conversão na prédica papal e no dia a dia do clero romanizado. A Bíblia, porém, nos deixa claro, no Novo Testamento, pela santa instrumentalidade de Paulo, o verdadeiro sentido de verdadeira conversão: "Pois eles mesmos, no tocante a nós, proclamam que repercussão teve o nosso ingresso no vosso meio, e como, deixando os ídolos, vos convertestes a Deus, para servirdes o Deus vivo e verdadeiro" (1 TESSALONICENSES 1:9, ARA).

Conversão está no texto bem definida como "voltar-se do pecado", no caso, do culto aos ídolos – idolatria; e "voltar-se para Deus", para ter o privilégio de poder servir ao Deus verdadeiro, sem atalhos. Claramente, os dois elementos da conversão: voltar-se para Deus e o abandono dos ídolos. Tempos depois daquela campanha da fraternidade da década de 1980, o então Sumo Pontífice Bento XVI (1927-2022) enviou à Igreja do Brasil outra mensagem sobre o tema: *"Hão de olhar para Aquele que trespassaram"*, baseada em João 19:37 e com data de 21 de novembro de 2006. O assunto principal girava agora em torno da Quaresma – uma prática litúrgica presente na vida dos cristãos desde o século IV. Disse ele, em um trecho: *"Contemplar 'Aquele que trespassaram' estimular-nos-á, desta forma, a abrir o coração aos outros, reconhecendo as feridas provocadas na dignidade do ser humano"* (CANÇÃO NOVA, 2007, grifos do autor).

Conclui o "Bento" a sua mensagem, não *Apontando O Caminho*, mas apresentando aos fiéis outro guia, outra mediadora e mais um atalho. Quase em tom de oração, pede que Maria os guiasse naquele itinerário quaresmal que ele batizou de "caminho de conversão autêntica ao amor de Cristo". Nós, cristãos, que não renunciamos aos princípios bíblicos, lutamos para divulgar "a imagem" de um Jesus que é o único Mediador entre Deus e o homem, o Cabeça e Líder da Sua Igreja, o guia único e exclusivo em nossa conversão a Ele próprio, o eterno Sumo Sacerdote e Senhor nosso, nosso Caminho de volta ao Pai.

Ainda sobre "imagem", esse Jesus poderoso e glorioso não pode ser inferiorizado, minimizado, tampouco lembrado como aquela figura esbelta de traços tipicamente europeus, de cabelos aloirados e olhos azuis dos calendários festivos. Até porque, com certeza, o Jesus Nazareno, o Galileu, tinha características muito diferentes, pertinentes ao povo da sua região natal. Sendo um judeu, provavelmente

tinha a pele mais escura, olhos e cabelos escuros. Vejamos o que a Palavra fala sobre o Messias: "Ele não tinha qualquer beleza ou majestade que nos atraísse, nada em sua aparência para que o desejássemos" (ISAÍAS 53:2B, NVI). O que essa passagem nos diz é que a aparência de Jesus era como a de qualquer outro homem comum daquela época. A aparência exterior não tinha importância nenhuma para o Senhor.

O que Ele desejava era que as pessoas fossem até Ele para serem salvas do inferno, do mesmo modo como ainda deseja. Sim, o desejo de Deus é que todos os homens alcancem a glória eterna. E pede, na Sua Palavra, para que Seus filhos (os que creem nele) estejam em constantes orações, ações de graças, intercessões e súplicas por todos os homens e pelas autoridades constituídas, para que esses venham a ter o conhecimento da Verdade. Só que a Bíblia não diz que essas orações e súplicas devem ser feitas diante de qualquer pessoa, diante de uma imagem, diante de uma personalidade midiática ou um líder religioso. Não diz "diante de Maria", ou "diante de José", ou outro "santo", mas, DIANTE DE DEUS. Jesus é O Caminho que Deus espera que trilhemos para chegarmos à presença Dele. Ele e o Pai são UM. Vejamos:

> Antes de tudo, recomendo que se façam súplicas, orações, intercessões e ação de graças por todos os homens; pelos reis e por todos os que exercem autoridade, para que tenhamos uma vida tranqüila e pacífica, com toda a piedade e dignidade. Isso é bom e agradável perante Deus, nosso Salvador, que deseja que todos os homens sejam salvos e cheguem ao conhecimento da verdade (TIMÓTEO 2:1-4, NVI).

Como citamos, vale relembrar: Jesus é o único Mediador entre Deus e o Homem, não é MAIS UM. Não há acesso a Deus Pai por meio de mais ninguém, embora o catolicismo insista em ensinar que Maria, os padres e os santos são também mediadores entre Cristo e o crente e que não pode haver acesso a Cristo senão por meio deles! Possamos meditar no maravilhoso convite que Jesus nos faz ao dizer *Vinde a mim, todos os que estais cansados e oprimidos, e Eu vos aliviarei*. Então, nenhum sistema religioso poderá conflitar com a Verdade. Caso tente, por mais convincente e inclusivo que seja, por mais bem organizado que pareça, por mais ensinamentos empolgantes que propague, sempre será um sistema falso, herético e antibíblico.

Roma e o seu magistério eram rápidos em taxar de herético e blasfemo a quem não concordasse com suas declarações dogmáticas, estando ela mesma afundada em heresias. Segundo Mansini (1994, p. 234), "refere-se a uma declaração dogmática, a uma proposição da revelação divina, proposta como tal pela Igreja e a que se deve prestar assentimento de fé". E explica mais:

> Uma declaração dogmática estará ligada à Escritura e a expressões anteriores da tradição, enquanto interpretação normativa destas; então a função do magistério, na produção de tal interpretação será simplesmente a de reconhecer infalivelmente, segundo o dom recebido do Espírito Santo, que a interpretação é absolutamente correta (MANSINI, 1994, p. 238).

Devemos mesmo é permanecer firmados nas palavras do Evangelho da salvação pela graça, mediante a fé em Jesus, o Perfeito Caminho, crendo na regeneração pelo agir do Espírito Santo e no sacrifício definitivo que lavou os nossos pecados. Porque esse mundo que jaz no maligno precisa da Luz que dissipa as trevas e nos livra dos laços e enganos das tradições humanas e daqueles que andam nos atalhos da desobediência. Assim, nos ensina Paulo aos Tessalonicenses: "Se alguém não obedecer à nossa palavra por esta carta, marquem-no e não se associem com ele, para que se sinta envergonhado; contudo, não o considerem como inimigo, mas chamem a atenção dele como irmão" (2 TESSALONICENSES 3:14-15, NVI).

O profeta Samuel traz uma palavra forte sobre a compreensão do verbo obedecer, completando o que significa também a desobediência dos que arrogam donos de si mesmos ou cheios de autoridade:

> Samuel, porém, respondeu: "Acaso tem o Senhor tanto prazer em holocaustos e em sacrifícios quanto em que se obedeça à sua palavra? A obediência é melhor do que o sacrifício, e a submissão é melhor do que a gordura de carneiros. Pois a rebeldia é como o pecado da feitiçaria; a arrogância, como o mal da idolatria. Assim como você rejeitou a palavra do Senhor, ele o rejeitou como rei (1 SAMUEL 15:22-23, NVI).

Por derradeiro e não menos importante, podemos vislumbrar na epístola paulina aos romanos o agir misericordioso de Deus, ao ofertar de Sua misericórdia aos que estiverem debaixo da Sua graça:

> Assim como vocês, que antes eram **desobedientes** a Deus mas agora receberam misericórdia, graças à **desobediência** deles, assim também agora eles se tornaram **desobedientes,** a fim de que também recebam agora misericórdia, graças à misericórdia de Deus para com vocês. Pois Deus sujeitou todos à **desobediência,** para exercer misericórdia para com todos (ROMANOS 11:30-32, NVI, grifos meus).

A desobediência é filha da rebeldia. E uma vez concebida, gera mais desobediência. É como um abismo. Assim diz o livro de Salmos: "Um abismo chama outro abismo" (SALMO 42:7, ACF). E falando em abismo, ainda cabe falar de uma vergonha ainda maior do que todas essas das quais já citamos; uma aberração histórica ainda maior do que os negócios que começaram a fazer com as relíquias, maior do que veneração de imagens, culto aos mortos, inobservância aos Mandamentos etc.; um dos maiores crimes contra a santidade, contra a verdadeira Igreja e contra o nosso Deus: a venda de indulgências.

Voltemos (de novo!) um pouquinho no tempo. Devido a tantos e repetidos abusos da religião, Matinho Lutero deu início ao movimento de Reforma Protestante, escrevendo suas 95 teses e levantando-se veementemente contra diversos dogmas do catolicismo romano. Sobretudo, contestando a doutrina de que o perdão de Deus poderia ser adquirido pelo comércio (venda) das indulgências. Após terem inventado outra mentira, a doutrina do purgatório, resolveram inventar também uma maneira de lucrar com a ignorância dos crentes medievais. Fizeram muitos crerem que era possível encurtar o sofrimento das almas pecadoras aqui na terra, pela remissão parcial das penas temporais impostas aos condenados ao tal "lugar de tormento". E isso fizeram após a proclamação do papa Urbano II (1042-1099), que reinou entre os anos de 1.088 e 1.099 d.C.

Esse bispo de Roma começou oferecendo a todos os participantes das Cruzadas uma "vantagem" que valesse a luta contra os muçulmanos: seus pecados e os castigos a eles atrelados seriam anulados. As Cruzadas foram expedições militares organizadas pela Igreja Católica Romana objetivando conquistar a chamada Terra Santa, ou Palestina. Não já bastasse esse mesmo bispo ter convocado as sangrentas expedições, "prometeu que aqueles que se empenhassem nessa causa com um espírito de penitência teriam seus pecados pregressos perdoados e obteriam total remissão das penitências terrenas impostas pela Igreja" (READ, 2001, p. 82). Ou seja, um líder humano, falho e pecador prometendo salvação a todos aqueles homens sem conhecimento – embora corajosos – que lutassem em favor da Igreja, na defesa do que eles defendiam por cristianismo.

O apelo público de Urbano II em seu discurso durante o Concílio de Clermont, na França de 1095, estimularam naqueles homens, pela Igreja eleitos representantes da cristandade Ocidental "em resgate" do Oriente, não só o seu lado religioso, mas as mais vis ambições, uma vez que também lhes fora prometida prosperidade por estarem invadindo e possuindo uma terra bastante rica. Vejamos um detalhe sutil, implícito nas considerações do célebre historiador inglês Steven Runciman (1903-2000):

> Aqueles que morressem em batalha teriam a absolvição e a remissão dos pecados. A vida, aqui, era infausta e má [...]. Aqui, eram pobres e infelizes; lá seriam alegres e prósperos, e verdadeiros amigos de Deus. Não podia haver mais atraso. Que todos se aprontassem para partir na chegada do verão, tendo Deus como guia (RUNCIMAN, 2002, p. 104).

Diabólica e inconcebivelmente valendo-se desse meio de manipulação, não apenas para manter os fiéis em submissão ao catolicismo, mas também com a malévola intenção de angariar fundos para a construção da Basílica de São Pedro, em Roma, foi instituído o dogma do purgatório – criação do Concílio de Florença, em 1439, autenticado pelo Concílio de Trento (SILVEIRA, 2001, p. 144). Valores em dinheiro eram cobrados pelo alto clero para a "retirada" das almas sofredoras, temporariamente aprisionadas ali. Espalhou-se um terror ao redor do mundo, assustando os incautos para que "financiassem" a saída dos seus entes queridos do purgatório. Com o medo imposto e o sentimento de não quererem ver sofrer aqueles a quem amavam, davam fortunas à Igreja.

Essa heresia copiada do paganismo, base da mitologia greco-romana, trouxe consequências devastadoras: um caos espiritual comandado pelas hostes espirituais da maldade. Ao invés de buscarem regenerar-se para não contraírem o mesmo destino de condenação dos seus, as pessoas caíam deliberadamente no pecado pelo raciocínio lógico: se podiam pagar para obterem o perdão dos seus erros, então, para que preocupar-se com o castigo futuro? Ora! Era só acertar as contas com a Igreja, colocar uma moeda de certo valor na boca dos respectivos defuntos e aguardar que Caronte – o barqueiro do Hades que fazia a travessia das almas entre os rios Estige e Aqueronte, ou seja, entre o mundo dos vivos e o dos mortos – completasse o seu serviço. Era dessa forma que a doutrina do purgatório cumpriria seu papel, quando as almas saíssem do Tártaro e atravessassem para os Campos Elíseos (SILVEIRA, 2001, p. 145).

O papa Gregório VI (1000-1047) escreveu e publicou uma bula especial sobre indulgências em 1343, a qual foi contestada anos mais tarde por Lutero, em 31 de outubro de 1517. Tal bula, conhecida como *Unigenitus Filius Dei* ("O Filho Unigênito de Deus"), estabelecia que os contemplados com a indulgência papal estariam livres de quaisquer castigos. Igualmente afirmava que o pontífice romano, sendo o possuidor das chaves, podia conceder perdão total para os pecados de qualquer pessoa, viva ou morta. Esse engodo garantiria mesmo a saída antecipada dos mortos do purgatório e um lugar especial ao lado de Deus. Como se não bastasse, ainda proibia aos fiéis o acesso e a leitura da Bíblia, principalmente do Novo Testamento. E assegurava, textualmente, que havia um "inesgotável tesouro de méritos" reservado nos céus para a Igreja, adquirido e garantido pela paixão e morte de Cristo, o qual a Virgem Maria e os santos continuavam a contribuir, e que tinha especificamente garantido autoridade a Pedro e a seus sucessores com o propósito de aliviar os fiéis de suas penalidades temporais, por meio da aquisição de indulgências (DOS SANTOS, 2008, p. 2).

Toda essa heresia perpetrada pelo romanismo, ardilosamente infiltrado na cristandade, só aumentava o prestígio e o poder dos clérigos, cada vez mais ricos e menos voltados para as necessidades espirituais do povo que, em sua maioria, partia desse mundo sem acesso devido às Escrituras e ao plano da salvação em Cristo Jesus. Este, a essa altura, podia ser comparado ou rebaixado ao mais reles serviçal do papado – pois aos papas era conferida toda autoridade pela Igreja e somente eles ditavam e faziam cumprir as leis. O Concílio de Nicéia, por exemplo, deu aos bispos católicos uma relação de maior proximidade com o Império. Além disso, deu também autoridade magna para suavizarem ou suspenderem o castigo das severas penas infligidas aos que pecavam, fossem pecados públicos ou particulares, levando-se em conta que a posição do bispo tornara-se a mais poderosa nessa época (SILVA, 2018, p. 35). Eis a consideração de Raimundo de Oliveira (1984) sobre o bispado, em *História da Igreja*:

> O ofício de bispo que até então tinha sido um ofício assinalado pela humildade e trabalho, transformou-se num poço de esplendor profano, de arrogância, de opressão e suborno. A Igreja perdera, em suma, a sua humildade. Tornara-se rica, poderosa, respeitável, mas corrupta. Aqueles que haviam se tornado os líderes da Igreja, tornaram-se ditadores segundo o espírito do Império. Em suma: o reinado de Cristo fora rejeitado! Em seu lugar surgira uma trindade de reinados – reinado do céu, reinado de Roma e reinado da Igreja. Evidentemente, o cristianismo puro, simples e maravilhoso de Jesus, o Nazareno, fora conspurcado! A Igreja do Cristo vivo perdera a sua dignidade! Estava em decadência! (OLIVEIRA, 1984, p. 56).

Influenciando a consciência do povo, aumentariam sobremaneira a riqueza da Sé em ações vergonhosamente ilícitas, tudo em nome da ambição pelo poder. E o que aparentemente servia para disciplina passou a ser escândalo, levando o clero aos maiores excessos de abuso de autoridade, fazendo vistas grossas ao aumento desenfreado do comércio dessas indulgências e ao tráfico de objetos sagrados. O pior dos fatos é que o papa Leão X apenas revalidou uma prática que já estava em uso há mais ou menos 300 anos. Gerações inteiras sofreram com esse absurdo. Enquanto São Tomás de Aquino bradava que a Igreja Romana era infalível, as evidências mostravam o contrário. A Bíblia diz que:

> Os mercadores destas coisas, que com elas se enriqueceram, estarão de longe, pelo temor do seu tormento, chorando, e lamentando, e dizendo: Ai! Ai daquela grande cidade, que estava vestida de linho fino, de púrpura, de escarlata, adornada com ouro e pedras preciosas e pérolas! Porque numa hora foram assoladas tantas riquezas (APOCALIPSE 18:15-16, ACF).

Isso ficou gravado na história. Por exemplo, os que queriam comprar a remissão plena tinham todos os pecados perdoados: os pecados presentes, os do passado e ainda tinham o bônus do perdão dos futuros pecados. Sabemos, pela Palavra, que não pode haver perdão sem arrependimento verdadeiro. Sabemos que só Jesus tem o poder de perdoar o pecado, redimindo o pecador. Nem a Igreja, nem o papa, nem Maria, nem padre, nem pastor... ninguém mais, somente Jesus! Então, depreciando os méritos de Cristo de ser o Perdoador dos pecados da humanidade e invalidando a graça salvadora revelada na doutrina da justificação pela fé em Jesus, Roma levou à perdição os povos ignorantes, incentivando-os ao pecado liberal que rejeita a santificação pelo Espírito Santo. E, dessa forma, provocaram muita corrupção e escândalos. A abominável prática das indulgências, dogma incompatível com as Sagradas Escrituras, foi uma das causas principais da Reforma Protestante. Afinal, onde foi que Jesus falou sobre pagar para ter um ou vários pecados perdoados? O que encontramos em Lucas nos ensina:

> Jesus disse aos seus discípulos: "É inevitável que aconteçam coisas que levem o povo a tropeçar, mas ai da pessoa por meio de quem elas acontecem. Seria melhor que ela fosse lançada no mar com uma pedra de moinho amarrada no pescoço, do que levar um desses pequeninos a pecar. Tomem cuidado. Se o seu irmão pecar, repreenda-o e, se ele se arrepender, perdoe-lhe. Se pecar contra você sete vezes no dia, e sete vezes voltar a você e disser: 'Estou arrependido', perdoe-lhe" (LUCAS 17:1-4, NVI).

Foi contra esse histórico de corrupção generalizada do clero romanizado que Martinho Lutero fervorosamente se opôs, enxergando a necessidade urgente de haver uma reforma geral nos dogmas católicos que arrastavam multidões para o inferno. E ainda arrastam. Também foram cabeças da Reforma os servos de Deus: João Calvino (1509-1564) e Hulrico Zwínglio (1484-1531). Juntos com Martinho Lutero, mantinham uma fé inabalável na Bíblia como Palavra Inspirada por Deus e rejeitavam as doutrinas

medievais da infalibilidade da Igreja. Contudo, surgiram controvérsias teológicas ao passar dos anos. Várias outras correntes de pensamentos foram criadas na tentativa de desmerecer o teor espiritual das Escrituras e desviar os homens DO CAMINHO.

Podemos citar o "Misticismo" do filósofo e místico Jacob Boehme (1575-1624), conhecido como "Príncipe dos Filósofos Divinos e Teósofo Teotônico" (BATISTA SEGUNDO, 2017, p. 25). Essa corrente ensinava que o homem pode conhecer a Deus e ter comunhão com ele por meio de uma experiência subjetiva, descartando até mesmo as Escrituras. Em tese, ênfase na espiritualidade interior com características da clarividência e do metafísico – elementos que influenciaram todo o misticismo religioso que marcou Boheme como um cidadão de dois mundos: da mística e do esotérico (BATISTA SEGUNDO, 2017, p. 57).

O pietismo de Philip Jakob Spener (1635-1705) propagava a ideia de uma vida santa de piedade e oração, ao invés de uma ortodoxia estéril, num movimento que valorizava a vida de fé de todo cristão que não se prendia a uma fé dogmatizada ou praticamente morta (GODOY, 2012, p. 160). Tal corrente influenciou os morávios que, por sua vez, influenciaram John Wesley. Este sustentava que a Bíblia tem significado claro e que o seu propósito é conduzir o leitor a Cristo – em outras palavras, *Apontando O Caminho*

O período do liberalismo teológico, pressupostamente iniciado no racionalismo do século XVII, gerou um sistema teológico cuja base principal é a supremacia da razão em detrimento da revelação, inaugurado por René Descartes (1596-1650) no mesmo século. Seus intérpretes se mostravam antropocêntricos, vendo a Bíblia apenas como um livro humano e desprovido de inspiração divina, passando a rejeitar tudo o que a razão não explicasse, no afã de iluminar o povo mediante a razão. Logo, o liberalismo se tornou um grande mal para o cristianismo, passando a representar a fé na humanidade, ao passo que o cristianismo representa a fé em Deus (DA SILVA COSTANZA, 2005, p. 79). Nesse mesmo período, as teorias de Rudolph Bultmann defendiam que a Bíblia só podia ser entendida se extraíssemos os "mitos" e as "lendas", como: a ressurreição de Cristo, Seus milagres, anjos etc. Para Bultmann, a Bíblia não é a Palavra inspirada por Deus em nenhum sentido objetivo, mas, sim, um produto das antigas influências históricas e religiosas e deve ser avaliada exatamente como qualquer outra obra literária religiosa antiga (CONN, 1992, p. 32-37).

Porém, o período auge da crítica à Bíblia foi no século XIX (1800 a 1900 d.C.), quando os pensadores focalizavam apenas a autoridade humana das Escrituras, negando o seu caráter sobrenatural, um período sombrio em que se dizia que a Bíblia apenas continha a palavra de Deus e que a criação do mundo, do homem e a volta de Jesus eram apenas mito. Foi um período trevoso em que Jesus foi meramente considerado um Mestre, que ensinava uma moral elevada, não considerado como quem de fato era: o Salvador do mundo; período de ceticismo, em que negavam, inclusive, a autoria Mosaica do Pentateuco.

> Na época de Cristo, os cinco livros de Moisés (ou Pentateuco) eram considerados pelos judeus uma só entidade e chamados de "A Lei", pois continham as normas judaicas legais e morais, assim como as regras relativas ao culto. A divisão em cinco livros data de sua tradução para o grego, que foi feita com base no original hebraico por volta de 200 a.C. Os cinco livros de Moisés não foram escritos por um único autor do início ao fim. A miríade de histórias que neles se encontram não foi, por muito tempo, transmitida sobretudo oralmente. Os livros de Moisés compreendem, portanto, um complexo conjunto de textos escritos durante um longo período, num processo que se completou por volta de 400 a.C. (GAARDER, 2009, p. 113).

Só que, contrapondo a tudo isso, no mesmo período, surge a neo-ortodoxia de Karl Barth (século XX), cujo postulado teológico defendia que "a possibilidade do conhecimento de Deus encontra-se na

Palavra de Deus e em nenhum outro lugar", ou seja, que o "Deus eterno deve ser conhecido em Jesus Cristo e não em outro lugar" (BARTH, 2004, p. 42). Na verdade, foram tantos períodos e movimentos surgindo que parecia até que Deus estava sendo esquecido, uma vez que o intelecto humano sabia discernir o que era verdadeiro e o que era falso e seguia construindo seus próprios atalhos. E, assim, atacavam contra a autoridade da Bíblia, sua inspiração divina e infalibilidade, avaliando todas as coisas à luz das motivações e razões carnais, sutis e perigosas.

Diante desse caos instaurado pela apostasia do homem em sua insana epopeia, o mundo geme e se contorce até hoje em meio a tanta idolatria, tentando resgatar, "nas teias da História", um remanescente praticante da adoração vertical que ligue diretamente a terra ao céu, sem vacilar por atalhos. Uma adoração pura, que outra vez coloque a humanidade debaixo do AMOR que sempre APONTOU O CAMINHO para a existência de um ÚNICO E VERDADEIRO DEUS: O DEUS DE AMOR QUE ESCREVEU TODA A NOSSA HISTÓRIA, antes mesmo que nós pudéssemos ter consciência dela. Esse remanescente somos nós, que recebemos Jesus Cristo como Senhor e Salvador. Nós, a quem Ele conferiu o poder de também sermos feitos Seus filhos, lavados, remidos e santificados pelo sangue precioso vertido naquela maldita cruz. Nós, que fomos resgatados do mundo que jaz no maligno, para fazermos parte do Seu Reino Eterno. "Mas a todos quantos o receberam, deu-lhes o direito de se tornarem filhos de Deus, ou seja, aos que crêem no seu Nome" (JOÃO 1:12, BKJA).

Nós, que O reconhecemos como nosso único Caminho de volta ao Pai. Nós, que fomos enxertados no povo que Ele mesmo escolheu para Si, como Seus discípulos, cuja missão maior é levar o nome de Jesus aos quatro cantos da terra, anunciando que Ele está por vir. Está escrito, vai se cumprir! Pois, da nossa preexistência ao nosso futuro, tudo foi traçado pelo dedo de Deus. Permaneçamos, então, em obediência e não sigamos os atalhos dos desobedientes. Porque, "assim como por meio da desobediência de um só homem muitos foram feitos pecadores, assim também por meio da obediência de um único homem muitos serão feitos justos" (ROMANOS 5:19, NVI). Uma vez destruídos os argumentos e toda pretensão contra o conhecimento de Deus, segundo Paulo, "[...] estaremos prontos para punir todo ato de desobediência," uma vez estando completa a nossa obediência (2 CORÍNTIOS 10:5-6, NVI).

PELOS VALES DA IDOLATRIA

Então falou Deus todas estas palavras, dizendo: Eu sou o Senhor teu Deus, que te tirei da terra do Egito, da casa da servidão. Não terás outros deuses diante de mim. Não farás para ti imagem de escultura, nem alguma semelhança do que há em cima nos céus, nem em baixo na terra, nem nas águas debaixo da terra. Não te encurvarás a elas nem as servirás; porque eu, o Senhor teu Deus, sou Deus zeloso, que visito a iniqüidade dos pais nos filhos, até a terceira e quarta geração daqueles que me odeiam. E faço misericórdia a milhares dos que me amam e aos que guardam os meus mandamentos.

(ÊXODO 20:1-6, ACF)

O Senhor é um Deus zeloso e misericordioso, que ouve as orações e escuta o choro dos seus servos. Ele é o socorro bem presente em todos os momentos, é o nosso refúgio e a nossa fortaleza, socorro bem presente na angústia, tal qual lemos em Salmos 46. O Deus que se preocupa com as nossas dificuldades e luta conosco em todas as nossas batalhas. E quando pensamos estar em um deserto, Ele nos conduz para um lugar seguro. Quer que tenhamos intimidade com Ele, até que Nele atinjamos a liberdade plena longe da escravidão do pecado. Por isso, o nosso Deus nos dá um padrão impecável de adoração. É preciso que O conheçamos para que possamos compreender a Sua vontade, pois Ele verdadeiramente quer se relacionar com o Seu povo e nos chamar de "amigos". Disse Jesus: "Já não vos chamo servos, porque o servo não sabe o que faz o seu senhor; mas tenho-vos chamado amigos" (JOÃO 15:15, ARA).

Com esse entendimento, compreendemos que, primeiro, houve uma escolha de Deus com relação a um povo em particular. E os Mandamentos precisam ser entendidos como consequência da aliança de Deus com esse Seu povo, pela revelação que foi dada "não para dar, mas para orientar a vida" (FAIRBAIM, 1900, p. 274). Isso torna claro que a resposta humana à iniciativa amorosa divina deve ser um comportamento moral ilibado, que inclua respeito e reverência para com esse Deus. Voltemos a estudar um tópico citado no capítulo anterior. Podemos encontrar os Dez Mandamentos em Êxodo 20:3-17 e em Deuteronômio 5:7-21. Os quatro primeiros estão em concordância com o primeiro grande mandamento de Jesus, que nos mostra quão especial deve ser o nosso amor a Deus:

- No Antigo Testamento: "Não terás outros deuses além de mim" (ÊXODO 20:3 NVI);
- No Novo Testamento: "E Jesus respondeu-lhe: O primeiro de todos os mandamentos é: Ouve, Israel, o Senhor nosso Deus é o único Senhor. Amarás, pois, ao Senhor teu Deus de todo o teu coração, e de toda a tua alma, e de todo o teu entendimento, e de todas as tuas forças; este é o primeiro mandamento" (MARCOS 12:29,30, ACF). E ainda reforça: "A pessoa que aceita e obedece aos meus mandamentos prova que me ama. E a pessoa que me ama será amada pelo meu Pai, e eu também a amarei e lhe mostrarei quem sou" (JOÃO 14:21, NTLH).

O primeiro Mandamento é incisivo. Seu significado vai muito além de ser uma simples proclamação de crença em um ÚNICO Deus (monoteísmo). Fala que devemos amar a Deus acima de todas as coisas e com o melhor que há em nós. Isso é RELACIONAMENTO PRIORITÁRIO, sem interferências, sem intermediações, sem atalhos ou pontes. Na obra *Cidade de Deus,* composta de 22 livros escritos em um período de dez anos (416-427), temos uma riquíssima e profunda exposição de Santo Agostinho em defesa da religião cristã, na tentativa estabelecer comparação entre os que preferem esse relacionamento de prioridade e os que se entregam aos deuses que não proporcionam felicidade, seja ela temporal ou eterna. Nos cinco primeiros livros de sua coletânea, o bispo de Hipona discorre sobre a inutilidade de se buscar a felicidade por meio do culto aos ídolos. Mas é no prólogo da mesma obra que ele cita uma "cidade" como referência à Cidade Celestial, que faz oposição a esse mundo pagão e idólatra, em que muitos se perdem de Deus. Escreveu Agostinho:

> Nesta obra, que estou escrevendo, conforme promessa minha, e te dedico, caríssimo filho Marcelino, empreendo defendê-la (a Cidade de Deus) contra estes homens que a seu divino fundador preferem as divindades. Trata-se de um trabalho imenso e árduo, mas conto com o auxílio de Deus (AGOSTINHO, 1991, p. 27).

Ele segue analisando o comportamento desses homens como se mirasse uma batalha entre os da *"cidade dos homens"* – que preferem o mundo ao invés de seu Criador, pelo amor aos prazeres efêmeros ofertados pelas hostes espirituais que imperam neste plano e os filhos da *Cidade de Deus,* os quais miram a eterna felicidade proposta pelo amor do Pai aos Seus. Diretamente, esse amor a Deus proíbe a adoração ou a veneração de qualquer outra coisa ou alguém além de Cristo, seja em pensamentos, seja em palavras ou atos, "para que em tudo [Cristo] tenha a preeminência" (COLOSSENSES 1:18, ACF). Já o Segundo Mandamento nos condiciona a lembrarmos da essência divina, pois Deus é Espírito e, por essa óbvia razão, não deve ser engendrado à imagem do homem ou de qualquer outra criatura. Por conseguinte, esse Mandamento veementemente proíbe a criação e/ou o uso de imagens esculpidas como objeto de culto e adoração.

> O Primeiro Mandamento resguarda então a unidade de Deus, o segundo a Sua espiritualidade, e o terceiro Sua divindade ou essência. No primeiro somos proibidos de fazer que Deus seja um entre muitos quando Ele é o Único; no segundo de O igualarmos a uma imagem corruptível, quando Ele é o Espírito incorruptível; no terceiro de identificá-Lo de qualquer modo com a criatura, quando Ele é o Criador (MURPHY, 1868, p. 213).

Toda imagem de escultura, uma vez estando na casa de Deus e sendo venerada, é um ídolo. Não deveria estar ali. Quem vai à casa do Senhor deve ir apenas para Lhe prestar um culto presencial, a sós, ou entre os demais fiéis. Não precisando de atalhos que, ao contrário do Verdadeiro e Único Caminho, destroem vidas e desviam pessoas do céu. Se podemos falar diretamente com o nosso Pai, então, por que falarmos com as imagens, lhes acendermos velas, fazermos promessas a elas e recorrermos aos tantos "santos" que não podem ouvir, posto que não são deuses, nem onipotentes, nem oniscientes e onipresentes como Deus? Tais práticas configuram idolatria em todas as linhas, graus e formas. E toda idolatria é abominação contra o Senhor. Cada vez que lemos a Palavra, mais a compreendemos e desejamos obedecê-la. Não podemos sustentar afirmativas de crença ou submissão a esse Deus, na ilusão de O adorarmos, levantando ao mesmo tempo ídolos em nosso coração. Quem fala com uma imagem e lhe dirige orações e pedidos pensa que o próprio Deus o responderá por meio dela. Mas Ele não aprova tal ato, tal como lemos:

> Filho do homem, estes homens ergueram ídolos em seus corações e puseram tropeços ímpios diante de si. Devo deixar que me consultem? Ora, diga-lhes: "Assim diz o Soberano Senhor: Quando qualquer israelita erguer ídolos em seu coração e puser um tropeço ímpio diante do seu rosto e depois for consultar um profeta, eu o Senhor, eu mesmo, responderei a ele conforme a sua idolatria. Isto farei para reconquistar o coração da nação de Israel, que me abandonou em troca de seus ídolos. Assim diz o Soberano Senhor: Arrependam-se! Desviem-se dos seus ídolos e renunciem a todas as práticas detestáveis!" (EZEQUIEL 14:3-5-6, NVI).

É Deus mesmo quem nos convida ao arrependimento, à conversão dos ídolos para Ele, O Senhor. E cada vez que, desprovidos dos mecanismos de defesa dos nossos achismos e pré-conceitos, recorremos às páginas da História, no mais profícuo do ponto de vista da epistemologia da religião, filtramos os fatos e percebemos no comportamento dos povos da Antiguidade o quanto o homem foi rebelde para com o seu Criador. Muito mais aviltosamente se portou a escolhida nação israelita ao se deixar enveredar nos atalhos e armadilhas da idolatria, esquecendo-se de que fora o Senhor, o seu Deus, o único responsável pela sua libertação da egípcia tirania.

Com seus próprios olhos, aqueles hebreus testemunharam atônitos a revelação e a manifestação (teofania) do Todo Poderoso Deus em pleno deserto, apresentando-se a Moisés no Monte Sinai de maneira tal que nenhuma forma humana jamais poderia representá-lo. Nas palavras do reformador Martinho Lutero, ao parafrasear Tomás de Aquino, ali estava o Deus *"Absconditum"*, um Deus incompreensível às categorias racionais humanas, movendo-Se encoberto por uma mistura de nuvem com coluna de fogo, entre chamas, fumaça, trovões estrondosos, raios e um clangor de trombeta (sugestão de leitura em todo o capítulo 19 de Êxodo). De acordo com as teorias de Karl Barth (1968, p. 484), é de Deus que procede todo poder e é Ele quem estabelece toda autoridade existente:

> Aquele de quem procede todo o poder e por meio de quem toda autoridade existente é estabelecida é Deus, o Senhor, o Deus desconhecido e abscôndito, o criador e o redentor, o Deus que elege e rejeita. Isso significa dizer que os poderes constituídos são medidos tendo Deus por referência, assim como são todas as coisas humanas, temporais e concretas. Deus é o seu princípio e o seu fim, sua justificação e sua condenação, seu "sim" e seu "não" (*apud* FERREIRA, 2016, p. 47).

Até mesmo o místico Jacob Boheme (1575-1624) afirmava que a Divindade era vista (percebida) entre os místicos como um "Absoluto indeterminado" e que esse Deus *Absconditus* não seria uma pura transcendência: um Deus que "desde toda a eternidade [...] jamais teve início" (BOHEME, 2010, p. 39). E ainda, uma Trindade em três Princípios Divinos, "[...] uma essência única, indivisível – no entanto, é uma essência tripla em distinção pessoal" (BOHEME, 2010, p. 65). E assim – voltando à Bíblia, mesmo ali mediante a tais eventos da manifesta glória celeste –, pari passu, tentavam os hebreus presentificar, talvez aturdidos pelas dolorosas impressões de toda uma geração acorrentada às tradições culturais de outro povo, práticas que já deveriam ter sido extirpadas mediante o conhecimento Daquele que audivelmente falara a Moisés: "Disse também o Senhor a Moisés: Vai ao povo, e santifica-os hoje e amanhã, e lavem eles as suas roupas, E estejam prontos para o terceiro dia; porquanto no terceiro dia o Senhor descerá diante dos olhos de todo o povo sobre o monte Sinai" (ÊXODO 19:10-11, ACF). E assim aconteceu.

Deus desceu no monte Sinai e, ao terminar de falar com Moisés, lhe deu as duas tábuas da Aliança – tábuas de pedra escritas pelo dedo de Deus, contendo nelas os Seus Mandamentos, tais quais lemos no início deste capítulo. Mas o povo obstinado e de coração endurecido recusou-se a permanecer obediente à espera do retorno de Moisés. E antes que este descesse do monte, todo o povo murmurou e providenciou fazer com suas mãos um deus (Êxodo 32). Provavelmente, conforme estavam acostumados

a ver no desenrolar das práticas religiosas prevalecentes e dominantes desde o período do Antigo Egito, onde cada *nomo* ("divisão administrativa") cultuava a um deus particular que, mesmo se assemelhando aos demais deuses dos vários *nomos* em operações e caráter, se diferenciava no quesito domínio: cada um era o deus da sua cidade, e o povo dessa cidade era o seu povo. Além do mais, alguns desses deuses não se comunicavam com os demais. Heródoto, certa vez, afirmou: *"De todas as nações do mundo, os egípcios são os mais felizes, saudáveis e religiosos"* (GADALLA, 2004, p. 22, grifos meus). Mas, talvez, o famoso historiador não tivesse as noções exatas para mensurar o quanto!

Na passagem em questão, descrita em Êxodo 19, uma imagem semelhante a um bezerro foi esculpida em ouro, exatamente como faziam os antigos adoradores do deus Apis, de Mênfis. Representado por um touro preto, Apis era o deus que transmitia a ideia de poder e da fertilidade, sendo ele o "corpo", o "templo", a habitação do espírito de outro deus: Ptah. Do mesmo modo, recebiam honra (à altura de Apis) os deuses Mnevis, em Heliópolis, e Bacis, em Hermonthis – ambos também em forma de touro, sendo conhecidos e cultuados como "o corpo vivo de Re". Todo esse aparato de detalhes nos dirige à reflexão de que, talvez, aquele tempo de caminhada no deserto ainda não havia sido suficiente para purificar a maldade do coração idólatra de Israel, mesmo tendo experiências tão reais com o Senhor.

Isso nos leva a crer que os israelitas ainda não haviam se desintoxicado dos efeitos opiáceos daqueles multiformes cultos extáticos – *zikr* –, em que as massas euforicamente dançavam, sob o toque altissonante dos tambores e das flautas nos festivais públicos. Corroboravam, assim, com os misteriosos costumes dos "buscadores de caminhos" (baladis ou sufis) e seus métodos específicos de se atingir maior proximidade com o divino (GADALLA, 2004, p. 22). Por meio da música, de canções cantadas e de certas danças do tipo erótico-sensual, esses buscadores místicos invocavam nomes e palavras de poder em seções repetidas que favoreciam uma atmosfera de duradouro frenesi. Até que todos os participantes beirassem a exaustão, em profundo transe, ante as bizarras e antropozoomórficas representações dos divinizados seres, pelo povo elevados à sacralidade, tamanho era o esforço de seus fiéis seguidores em eternizá-los nas histórias que seriam lidas pelas próximas gerações. O escritor egípcio Moustafa Gadalla (1944) escreveu:

> O transe extático de ausência do eu é chamado de "intoxicação" e os extáticos são chamados de "bêbados espirituais". A embriaguez dos místicos descreve a estrutura extática da mente na qual o espírito é intoxicado com a contemplação de Deus, exatamente como o corpo é intoxicado pelo vinho (GADALLA, 2004, p. 66).

Segundo Gadala, o zikr ainda teria sido incorporado ao islamismo por outro místico egípcio, Dhu 'I-Num al-Misri, que expressou: *"zikr* é a ausência de si mesmo ao se lembrar de Deus" (GADALLA, 2004, p. 66). Na cultura árabe do sufismo, essa palavra significa "a lembrança de Deus", em um ritual diário que envolve a repetição dos 99 nomes de Deus e de seus atributos. Se nos inquieta e traz perplexidade a tão brusca mudança comportamental daqueles homens diante do bezerro de ouro, constatada a dubiedade de sentimentos, ações e reações após um encontro "a olhos nus" com o Deus de Moisés, não seria pecado perguntar: é possível alguém ter tantas experiências com o divino, ver o Sinai tremer por inteiro, ver o fogo, raios, trovões, trombetas tocando e aquela potente e assustadora voz que do alto falava e, ainda assim voltar a sua adoração para a obra de suas mãos? João Calvino pode responder. Certa feita, de maneira simples, suave e contemplativa, ao refletir sobre a tendência humana de repentinamente se afastar da presença de Deus, disse:

> Pois, no mesmo instante em que, da contemplação do universo, degustamos ligeiro sorvo da Deidade, preterindo o Deus verdadeiro, erigimos-lhe em lugar os sonhos e fantasias de nosso cérebro, e da própria fonte transferimos para alguém ou para algo o louvor da justiça, da sabedoria, da bondade, do poder. Ademais, seus feitos diários de tal modo os obscurecemos ou os invertemos mediante juízo pervertido, que não só lhes arrebatamos a glória que é dele, mas ainda o louvor que se deve a seu autor (CALVINO, 1536, p. 68, 69).

Voltando a Êxodo, eis a reprimenda divina:

> Então o Senhor disse a Moisés: "Desça, porque o seu povo, que você tirou do Egito, corrompeu-se. Muito depressa se desviaram daquilo que lhes ordenei e fizeram um ídolo em forma de bezerro, curvaram-se diante dele, ofereceram-lhe sacrifícios, e disseram: "Eis aí, ó Israel, os seus deuses que tiraram vocês do Egito" (ÊXODO 32:7,8, NVI).

Na maratona dos séculos, os quais não temos meios de contabilizar, um catálogo de dinastias foi sendo compilado com base nas informações acumuladas ano após ano. Egito e Babilônia estão juntos no pódio dentre os demais assentamentos da civilização como os mais antigos. Mas, talvez, os egípcios tenham sido o povo que mais influenciou outras nações com suas crenças religiosas, mesmo sem ter um sistema teológico unificado. Descendente direto de Cão, filho de Noé, esse povo teria surgido por volta de 2300 a.C. É o mais retratado em filmes, seriados e documentários sobre achados arqueológicos, pela grandeza das suas tumbas (pirâmides) e pelos mistérios que as cercam, ou pelas muitas histórias de seus faraós e tantos outros governantes (Ramsés, Tutancâmon, Cleópatra...).

O período conturbado da XXX Dinastia marcou o fim do governo de Neferites II *(Neferitas)* no ano de 380 a.C., quando o general Nectanebo I *("o forte de seu senhor"),* natural de Sebennytos, lhe usurpou o trono. As ameaças de invasão por outros povos eram constantes. Então, nessa mesma época, Nectanebo transferira a capital do Egito de Djedet (Tell El-Rubaestava atualmente) para Sebennytos *(Sebennytus).* Como construtor e reformador, ele ordenou e supervisionou o início de obras importantes em muitos dos templos de seu país, pontos religiosos de visitação e culto que estariam entre os mais importantes do antigo Egito, como o Templo de Ísis (na ilha sagrada de Philae) e o Primeiro Pilão no Precinto de Amon-Re (em Karnak).

Mesmo em meio às tensões políticas, aos avanços na arquitetura e ao desenvolvimento urbano, as tradições artísticas quase abandonadas da XXVI Dinastia voltaram à sua importância e puderam ser apreciadas outra vez pela população. Justamente nesses dias, e em Sebennytos, no Delta, nascia um artista nato: Manetho (Maneton). Além de ser um sacerdote do deus Sol *(Re ou Ra)* e grande escritor, Manetho foi um intérprete conhecedor dos hieróglifos, familiarizado com as lendas egípcias. Superou-se como autor de uma obra escrita em grego, dedicada ao Rei Ptolomeu II Filadelfo (CÂMARA, 2011, p. 38), *Aegyptiaca – Uma História do Antigo Egito*. Esta obra é dividida em três volumes, cuja integridade, somada à natureza sistemática na coleta de suas fontes, fora sem precedentes e consultada até hoje por estudiosos (SHAW, 2000, p. 155). Tal obra contém um catálogo cronológico das dinastias e genealogias reais que sustentam suas narrativas e atendem aos anseios desbravadores de historiadores e pesquisadores curiosos.

No primeiro volume, Manetho expõe, numa lista, divindades e semideuses, estendendo as suas histórias para um passado mítico e dando a essas divindades certo domínio sobre as primeiras histórias ancestrais, tais quais mencionamos nos relatos bíblicos anteriores. Narrativas detalhadas

de Isis, Osíris, Set e Hórus, por exemplo, podem ter sido encontradas nas páginas de Manetho que, com genialidade e conhecimento, acrescenta a cada divindade – por convenção – um equivalente grego. Por exemplo: Ptah = Hephaistos; Isis = Deméter; Thoth = Hermes; Hórus = Apolo; Set = Tifão etc.

Desenrola-se a História: findam-se reinados, mudam-se costumes, vão-se os séculos, desmoronam-se os templos... Mas as tradições religiosas idólatras mantêm-se invariavelmente operantes e destoantes daquela visão monoteísta e teocêntrica percepcionada por homens como Abrão, Isaque e Jacó. Uma visão unicamente focada no *YHWH* dos hebreus, como deveria ter permanecido desde as experiências detalhadas em Êxodo, acerca da fuga do Egito. Contudo, de tempos em tempos, formas de reutilização das crenças egípcias reaparecem. E continuam surgindo até hoje porque o fascínio por tudo o que diz respeito a essa intrigante civilização e à sua história só tem crescido. Dois conceitos hão, porém, de ser esclarecidos quanto ao seu uso e significado.

A *Egiptomania* consiste na apropriação e reinterpretação (ou reutilização) de elementos da cultura egípcia, ressignificados em outro contexto (BAKOS, 2004a, p. 188), por exemplo, para uso em discursos, "narrativas e imagens contemporâneas, com novos objetivos" (BAKOS, 2004a, p. 25); e a *egiptosofia*, na reutilização desse conhecimento "mágico-religioso" nas práticas modernas, como no cinema, cuja linguagem cinematográfica possui bastante relação com "o conhecimento do Egito Antigo que as pessoas carregam consigo" (BAKOS; SILVA, 2017, p. 155). Não muito distante da realidade de muitas Igrejas cristãs hodiernas, para vergonha e constrangimento nosso como "propagadores da Verdade", vemos o quanto certas práticas, em muito semelhantes às vivenciadas nas antigas civilizações, estão sendo sutilmente inseridas no ambiente de culto. Se Jesus não basta, não é suficiente, então é preciso recorrer a toda espécie de atrativo, de espetáculo e estratégias que barganhem com a atenção do povo.

> A utilização da magia permite, através da experiência, ter acesso a uma "verdade" numa dimensão alternativa da realidade social, manipulável de acordo com os desejos e anseios individuais e que, ao mesmo tempo, são coletivos (LEITE, 2010, p. 106).

Os egípcios baseavam a sua fé na acumulação desorganizada de mitos antigos, no culto à natureza e em inumeráveis divindades. Geralmente, cada templo das grandes cidades, sedes do poder, criava sua própria cosmogonia com o deus local no ápice da hierarquia. Sacerdotes e sacerdotisas diariamente realizavam cultos nos diversos templos, preparando suas oferendas de alimentos, flores e incenso, entoando cânticos aos deuses em meio a tantos outros rituais. Gostavam de magias e encantamentos para amor e saúde, além dos ritos funerários, pois eram um povo obcecado pela vida eterna e que cria na perpetuação da alma (Ka). A Bíblia relata em diversos textos a indignação divina contra a idolatria praticada no Egito, motivo pelo qual o Senhor sempre Se ter revelado ao Seu povo como único, suficiente e poderoso Deus. Por exemplo:

> E Moisés contou a seu sogro todas as coisas que o Senhor tinha feito a Faraó e aos egípcios por amor de Israel, e todo o trabalho que passaram no caminho, e como o Senhor os livrara. E alegrou-se Jetro de todo o bem que o Senhor tinha feito a Israel, livrando-o da mão dos egípcios. 10E Jetro disse: Bendito seja o Senhor, que vos livrou das mãos dos egípcios e da mão de Faraó; que livrou a este povo de debaixo da mão dos egípcios. 11Agora sei que o Senhor é maior que todos os deuses; porque na coisa em que se ensoberbeceram, os sobrepujou. 12Então, tomou Jetro, o sogro de Moisés, holocausto e sacrifícios para Deus; e veio Arão, e todos os anciãos de Israel, para comerem pão com o sogro de Moisés diante de Deus (ÊXODO 18:8-12, ARC).

Essa passagem retrata, ainda no livro de Êxodo, o mais relevante ato histórico de redenção no Antigo Testamento. A libertação do povo de Israel do cativeiro tipifica a libertação que Cristo operou em nós, livrando-nos da escravidão do pecado. Moisés foi um tipo de Cristo, Faraó, um tipo de Satanás, e o Egito, um tipo de mundo, imerso no erro da idolatria. O Egito acolheu a família de José, filho de Jacó (Israel), após ele ter livrado todo o Império da fome que assolava a terra. Mas, ao passar dos anos e com a mudança do governo, outro Faraó decretou que todos os hebreus seriam escravos, pois temia que eles, por estarem em maior número do que os egípcios, acabassem tomando a terra e assumindo o poder. Foram, em média, 430 anos de penosa escravidão, ou quatro gerações, segundo o ponto de vista e os cálculos de estudiosos judeus. Não apenas física, mas também espiritual, em toda sua forma de opressão.

Ao que se sabe, os israelitas entraram em terras egípcias no final da XVIII Dinastia e início da XIX Dinastia, numa localidade que funcionou como capital do Antigo Egito, Amarna, construída pelo faraó Aquenaton (GOMES, 2010, p. 22-34). Este intentou distanciar-se do panteão egípcio e substituir os vários deuses do tradicional politeísmo religioso nacional, pelo culto e pela adoração a uma "única divindade" digna de recebê-los. Foi uma frustrada tentativa de implantar naquelas terras o monoteísmo, ou o culto ao único Deus, pelo menos, entre a nobreza e as hierarquias palacianas, chegando até a orquestrar uma sistemática destruição de templos e imagens sagradas. Foi uma firme atitude que trouxe enorme instabilidade aos habituais processos ritualísticos mantidos há séculos pela população, que, fiel às tradições, insistia em manter viva, na pletora de amuletos místicos, imagens e deuses, a cultura religiosa e pagã de seus ancestrais.

O impacto revelador por detrás do impulso revolucionário de Aquenáton promoveria a substituição dos velhos costumes para com as entidades, objeto de culto, em função da adoração exclusiva a Aton – aquele que não possuía imagem nem forma alguma e que seria reconhecido como o "Deus Universal" –, sobre quem Aquenáton teria escrito um hino que possui – semântica e estilisticamente – as mesmas características poéticas do Salmo 104 da nossa Bíblia, composto por Moisés. E eis que, em meio a todo esse torvelinho histórico de similaridades, surge uma hipótese muito discutida por renomados egiptólogos, desde que a cidade de Amarna foi escavada, no início do século XX: seriam Aquenáton e Moisés a mesma pessoa? Porque, segundo descobertas arqueológicas, os quatro reis que governaram Amarna nesse período turbulento, todos eles, seriam descendentes diretos de José (Zafenate-Panéia para os egípcios): o próprio Aquenáton, Semenkhkare, Aye e Tutankhamon (OSMAN, 2005, p. 14).

Mesmo Sigmund Freud, de descendência judia e pai da Psicanálise, como conhecedor dos costumes judaicos, chegou muito perto de conseguir demonstrar que ambos eram o mesmo. Rascunhou suas teorias, sendo ele o primeiro a argumentar sobre tão polêmico assunto – um artigo que, mais tarde, deu origem ao livro *Moses and Monotheism* – "Moisés e Monoteísmo" (1939). Neste livro, Aquenáton e Moisés se fundiriam pela origem, ou seja, uma origem mitológica e outra real, fundamentada na existência de duas famílias: "uma das famílias é a real, na qual a pessoa em apreço (o grande homem) nasceu e cresceu realmente; a outra é fictícia, fabricada pelo mito, na perseguição de suas próprias intenções" (FREUD, 1990 [1939], p. 27). Seguindo a mesma trilha, temos o historiador egípcio Ahmed Osman, natural do Cairo, autor de vários livros, nos quais, utilizando-se do estudo de Freud, documentos históricos e as mais recentes descobertas arqueológicas, tornou a afirmar que Moisés e Aquenáton foram a mesma pessoa (OSMAN, 2005, p. 169).

Porém, todo o lapso de evidências probatórias no tocante a essa identificação dos dois personagens não pode obliterar o óbvio: entre as fontes da Bíblia e da História Egípcia, sempre nos balizaremos pela primeira opção. O que nos está revelado para nós está. Acréscimos serão sempre especulações que jamais alterarão o conteúdo da Revelação divina. E então foi ali, no Egito, que o povo de Deus aprendeu a identificar e a adorar muitos deuses. Tornou-se politeísta em sua maioria, envolvido até o pescoço nas práticas ritualísticas repugnantes que desagradavam e ainda desagradam a Deus. Notem o que o Apóstolo Paulo escreveu:

> Porque não quero, irmãos, que vocês ignorem o fato de que todos os nossos antepassados estiveram sob a nuvem e todos passaram pelo mar. Em Moisés, todos eles foram batizados na nuvem e no mar. Todos comeram do mesmo alimento espiritual e beberam da mesma bebida espiritual; pois bebiam da rocha espiritual que os acompanhava, e essa rocha era Cristo. Contudo, Deus não se agradou da maioria deles; por isso os seus corpos ficaram espalhados no deserto. Essas coisas ocorreram como exemplos para nós, para que não cobicemos coisas más, como eles fizeram. Não sejam idólatras, como alguns deles foram, conforme está escrito: "O povo se assentou para comer e beber, e levantou-se para se entregar à farra". Não pratiquemos imoralidade, como alguns deles fizeram — e num só dia morreram vinte e três mil. Não devemos pôr o Senhor à prova, como alguns deles fizeram — e foram mortos por serpentes. E não se queixem, como alguns deles se queixaram — e foram mortos pelo anjo destruidor. Essas coisas aconteceram a eles como exemplos e foram escritas como advertência para nós, sobre quem tem chegado o fim dos tempos (1 CORÍNTIOS 10:1-11 NVI).

Sim, sabemos que é chegado o fim dos tempos. Mas, se o Senhor já estava ali desde aquela época, acompanhando todo o povo, não será diferente agora nesses tempos difíceis. Ele, o nosso Emanuel – o "Deus Conosco" – estará do nosso lado. E o Santo Espírito Consolador nos livrará dos enganos do mundo atual, esse "Egito" onde muitos têm preferido permanecer ao invés de se submeter ao senhorio de Jesus. Guardemos, então, este versículo, como fechamento do discurso de Paulo: "Por isso, meus amados irmãos, fujam da idolatria" (1 CORÍNTIOS 10:14, NVI).

No Egito, cada templo local tinha sua própria "enéada" (grupo de nove divindades oriundas do "mito da criação"), como consta na cosmogonia de Mênfis, numa narrativa que sugere ser uma versão alternativa da cosmogonia de Heliópolis (BAKOS, 2004, p. 206). É em Heliópolis que encontramos o agrupamento dos nove deuses das origens: Atum, Shu, Tefnut, Nut, Geb, Isis, Osiris, Neftis e Seth. E é o número nove (três vezes três) que representa o plural divino, o plural dos plurais (TRAUNECKER, 1995, p. 79). Também havia em cada templo a sua própria tríade ou trindade, formada de um pai, uma mãe e um filho divinos, como a tríade Osiriana: Osíris, Ísis e seu filho Hórus – sendo Ísis "uma das deusas mais cultuadas da religião egípcia" (SILVA, 2021, p. 15).

A origem dessas deidades locais é por demais obscura. Porém, a enéada mais importante foi a de *Rá (Re)* com seus filhos e netos, venerados em Heliópolis, que era o centro do culto ao Sol no mundo egípcio. Já a enéada de Mênfis era encabeçada por uma tríade composta por Ptah, Nefertum e Sekhmetm, firmando o número três como o número da "pluralidade do deus supremo" (MORENS, 1990?, p. 255 *apud* BARGEMAN, 2005, p. 28). Tais tríades, na maioria das vezes, eram representadas em uma subcategoria de três divindades masculinas, como "as tríades Amon-Ré-Montu, Amon-Ré-Horakhti, Amon-RéAtum, Ré-Horakhti-Osíris e Ré-Horakhti-Atum-Osíris". No final deste capítulo, veremos uma tríade difundida no mundo inteiro, heresia saída de dentro do cristianismo. Por hora, miremos nas ilustrações dos deuses a seguir e no que elas representam. Fiquemos atentos aos seus nomes e às particularidades desses personagens históricos, alguns ora já mencionados como seres venerados pelas mais remotas e variadas expressões de culto e religiosidade egípcia.

Figura 12 – RÁ (Re-Horakhty)

Vocês são minhas testemunhas, declara o Senhor, e meu servo, a quem escolhi, para que vocês saibam e creiam em mim e entendam que eu sou Deus. Antes de mim nenhum deus se formou, nem haverá algum depois de mim (ISAÍAS 43:10, NVI).

Fonte: Wikimedia Commons / De: Jeff Dahl, 22 de dez. de 2007 / Disponível em: https://commons.wikimedia.org/wiki/File:Re-Horakhty.svg. Acesso em: 25 set. 2017

***RÁ (*RE)** – O deus do Sol do Antigo Egito, o pilar da religião solar heliopolitana, adotada na V Dinastia. Conhecido também por outros nomes: *Atum-Ré, Tem, Temu, Tum* e *Atem*, Re – pois Ré era a fonte de vida para os egípcios, "por excelência, o criador do mundo, dos deuses e dos homens" (LOPES, 1989, p. 28), o soberano de todas as partes do mundo criado (o céu, a terra e o mundo inferior), pois as palavras de Rá significavam energias sonoras criadoras das formas do Universo – o grande Atum-Ré –, sendo que "Atum representava o espírito do mundo e Ré a sua consciência realizadora" (LOPES, 1989, p. 29). Rá era o deus cuja teologia de seus sacerdotes – primeiros pensadores religiosos do Egito –, foi desenhando o próprio rumo até que fosse aprovada a doutrina de que "o Sol visível no céu" (Re) era o maior de todos os deuses. O deus-Sol, completo nas formas solares Khepri-Ré-Atum (Heliópolis) – onde Khepri (o escaravelho) representava o Sol matinal, Ré, a presença física do disco solar ao meio-dia, e Atum (como ancião) simbolizando o Sol do entardecer – o que, segundo o egiptólogo alemão Jan Assmann (1938), completariam assim os três momentos da existência do astro-rei, ou seja, a "tri-unidade dos deuses solares" expressando, teologicamente, "a unidade do próprio Sol" (ASSMANN, 2001, p. 107).

Champlin (2001) o descreve com a "aparência como homem dotado de cabeça de falcão, usando um disco solar", chamado também de "Ré-Haracte (Rá-Hórus do Horizonte), o sol que surgia no horizonte oriental" (CHAMPLIN, 2001, p. 537). Tentaremos compreender melhor o curso delirante e vacilante da mente humana longe do Verdadeiro Deus, ao resolver afastar-se do seu Criador, preferindo a mentira ao invés da Verdade. No livro de Salmos, encontramos:

> Os ídolos das nações não passam de prata e ouro, feitos por mãos humanas. Têm boca, mas não podem falar, olhos, mas não podem ver; têm ouvidos, mas não podem escutar, nem há respiração em sua boca. Tornem-se como eles aqueles que os fazem e todos os que neles confiam (SALMOS 135:15-18, NVI).

A religião solar (ou religião de Re) alcançou uma proeminência que ultrapassou o período da V Dinastia, mas teve o seu principal centro de culto em Heliópolis – chamada de Inun, ou "Local dos Pilares", pelos gregos (BLANC, 2021, p. 128). Ali o identificavam como "o sol do meio-dia" ou *Atum* – "o deus solar" local. Templos foram construídos e dedicados ao deus Sol e a outros tantos. Restos de dois desses templos podem ser vistos nos relevos de Niuserre (2400 a.C.), em Abu Gurab (CERVELLO, 1996, p. 214). Contudo, foi no período do Novo Império que esse complexo de templos

APONTANDO O CAMINHO

teve seu maior poder, após os faraós de Tebas e o deus Amon terem alcançado maior prestígio, no início da Dinastia XVIII, templos que, como afirma Baines: "foram erguidos, aumentados e novamente derrubados, e houve ampliações e restaurações durante mais de dois mil anos" (BAINES, 2008, p. 84).

Neles, os místicos buscadores de caminho (sufis) tocavam suas flautas de cana de boca invertida (nay) e os clarinetes duplos (mizmar), para aguçar suas habilidades na busca da perfeita coordenação de concentração, respiração e ritmo (GADALLA, 2004, p. 53), além das flautas curtas *(oud)*, cítaras *(trikanun)*, violinos *(kamangas)*, trompas, castanholas, tambores e tamborins, badalos, címbalos, sistros e outros instrumentos, uma vez que a música tinha um importante papel nos festivais antigos (GADALLA, 2004, p. 54) e nas práticas de culto – fosse nos templos, fosse nas ruas, sempre ligada de alguma forma ao culto sexual aos deuses, acompanhada de danças e variadas oferendas. E a civilização egípcia cultivou a música como elemento obrigatório em cerimônias religiosas e festas, além de ter desenvolvido o canto e instrumentos musicais (MONTANARI, 1993). Em cenas gravadas nas colunas do Templo de Karnak, está escrito: "Toque o Sistrum para... ele Amon-Ra o rei dos deuses. Faça isto para Ele lhe dar vida" (TEETER, 2009, p. 11).

Tudo para agradar e enaltecer a Rá, em um número incontável de canções e poesias, hinos, salmos, louvores e uma graduada série de formas diferentes de orações exclamativas, como recitações diárias executadas especificamente com a ajuda de um rosário. Isso mesmo, rosários místicos *(awrad)*! Conforme Gadalla (2004), todos esses elementos eram partes importantes na prática do culto extático – "zikr" –, em que cada litania descrevia Rá como "aquele que foi juntado, que sai dos seus próprios membros" – uma representação perfeita da unidade que abrange o conjunto das múltiplas entidades. E cada uma delas começava com uma breve introdução que daria sequência a um número de, pelo menos, 75 invocações das formas e dos nomes de Rá – como adorável deus criador –, acompanhadas com hinos e orações recitando nomes que traziam à memória dos ouvintes uma qualidade (atributo) ou aspecto desse deus (GADALLA, 2004, p. 55).

Recitações e rosários! Por mais de 5 mil anos, os egípcios enaltecem as contas de seus rosários místicos como parte importante em seus rituais. Familiar, não? Falaremos mais sobre os rosários em outro tópico.

O deus sobre o qual falaremos agora simbolizava o calor do deserto e da luxúria desenfreada. Pelos mitos que o cercavam, tornou-se rei dos reinos dos mortos do Oeste:

Figura 13 – SET

Certamente abandonaste o teu povo, os descendentes de Jacó, porque eles se encheram de superstições dos povos do leste, praticam adivinhações como os filisteus e fazem acordos com pagãos. Sua terra está cheia de ídolos. Eles se inclinam diante da obra das suas mãos, diante do que os seus dedos fizeram (ISAÍAS 2:6 e 8, NVI).

Fonte: Wikmedia Commons/ De: Jeff Dahl, 30 de dez. de 2007 / Disponível em: https://upload.wikimedia.org/wikipedia/commons/thumb/7/7a/Set.svg/640px-Set.svg.png. Acesso em: 25 set. 2017

SETEKH, SETH ou **SET** – O "deus do caos" é o responsável pelas guerras e pela escuridão. Foi também considerado como o deus das tempestades, dos raios, do vento e, ainda, o Senhor do Submundo – Tártaro, que é o inferno dos condenados. E era desse mundo que *Seth* era "o senhor" absoluto dos egípcios. Tem sido identificado com Baal. Encarna os conceitos de fúria, violência, crime e crueldade – "o assassino de Osíris". Pelo que se sabe, é um dos mais remotos deuses egípcios, ao lado de Rá, Hórus, Isis e Osíris: "aquele que gera a confusão, o autor/ a origem da confusão, aquele que perturba o regular processo da criação" (TE VELDE, 1967, p. 27, 31, 59, 81). Segundo Lisa Ann Bargemann (2012), Set teria sido identificado com o deus Baal, adorado entre os cananeus, também conhecido como Baal-Seth ou Belzebu (BARGEMAN, 2012, p. 31). A Palavra sempre está exortando sobre a adoração "desviada" do Verdadeiro Deus e voltada para os deuses pagãos. Logo: teologia errada, sacrifício vão. Quanto mais se tenta subir na adoração infrutífera, mais se atola no lamaçal da idolatria. Quanto mais preso a uma ética corrompida, mais rendido à imoralidade.

Abandonar ao único Deus é desembocar no precipício da apostasia, é descer sem freio os degraus da própria decadência, como que arrastado pelas águas de um rio de águas contaminadas afluindo para o mar da morte. Todo homem que serve aos ídolos, aos "senhores e deuses" que governam o coração e a mente da humanidade corrompida, sacrifica-se por nada. Como lemos até no Novo Testamento:

> Portanto, em relação ao alimento sacrificado aos ídolos, sabemos que o ídolo não significa nada no mundo e que só existe um Deus. Pois, mesmo que haja os chamados deuses, quer no céu, quer na terra (como de fato há muitos "deuses" e muitos "senhores"), para nós, porém, há um único Deus, o Pai, de quem vêm todas as coisas e para quem vivemos; e um só Senhor, Jesus Cristo, por meio de quem vieram todas as coisas e por meio de quem vivemos (1 CORÍNTIOS 8:4-6, NVI).

O inútil sincretismo religioso das nações apóstatas permitiu que viesse a galope a depravação moral e política e o opróbio espiritual que obstrui a santidade e macula o verdadeiro culto a Deus. E não podemos deixar de nos lembrar das palavras de Jeremias sobre os costumes religiosos de homens rebeldes e obstinados, ignorantes e estupidamente zombeteiros, que deixaram de buscar a presença de Deus para se curvarem diante das suas imagens.

> Os costumes religiosos das nações são inúteis: corta-se uma árvore da floresta, um artesão a modela com seu formão; enfeitam-na com prata e ouro, prendendo tudo com martelo e pregos para que não balance. Como um espantalho numa plantação de pepinos, os ídolos são incapazes de falar e têm que ser transportados porque não conseguem andar. Não tenham medo deles, pois não podem fazer nem mal nem bem. Esses homens todos são estúpidos e ignorantes; cada ourives é envergonhado pela imagem que esculpiu. Suas imagens esculpidas são uma fraude, elas não têm fôlego de vida. São inúteis, são objetos de zombaria. Quando vier o julgamento delas, perecerão (JEREMIAS 10:3-5; 14-15, NVI).

Abaixo, o deus identificado com um falcão, conhecido na mitologia egípcia pelos nomes: *Heru-sa-Aset, Her'ur, Hrw, Hr* ou *Hor-Hekenu;* protetor dos faraós e das famílias, o "supremo" Hórus, "o altivo", era o "deus dos céus", aquele que traz à luz, que tem a coragem e a força em todas as batalhas, o protetor de Osíris no submundo e mediador dos mortos. Foi o primeiro deus nacional, dominando três nomos do Alto Egito e dois do Baixo Egito (MOORE, 2021, p. 234).

Figura 14 – Hórus

Dizendo-se sábios, tornaram-se loucos e trocaram a glória do Deus imortal por imagens feitas segundo a semelhança do homem mortal, bem como de pássaros, quadrúpedes e répteis (ROMANOS 1:22-23, NVI).

Fonte: Wikimedia Commons, 20 de set. de 2007 / Domínio Público / Disponível em: https://upload.wikimedia.org/wikipedia/commons/thumb/c/ce/Horus_3.jpg/640px-Horus_3.jpg. Acesso em: 20 out. 2017

HÓRUS – Era o deus dos governantes do Delta, que o consideravam como o deus da casa real, promovendo seus cultos na corte e na capital. Simbolizava a luz, o poder e a realeza. Fora concebido de forma milagrosa, após sua mãe, Ísis, ter juntado os 14 pedaços do corpo de Osíris com ajuda de Néftis e de Tot, despedaçado pelo cruel Set. Como faltava a parte principal para o ato, o falo, Ísis conseguiu ultrapassar a perda do membro real, por um artificial, devolver energia ao esposo e dele conceber um filho: Hórus (DUNAND, 2000, p. 15). Dessa maneira maravilhosa, eis que surge aquele que seria o protótipo de todos os outros deuses do panteão egípcio, o herdeiro do trono, fruto de uma cópula prodigiosa.

Figura 15 – Anúbis em pé

A quem vocês compararão Deus? Como poderão representá-lo? Com uma imagem que funde o artesão, e que o ourives cobre de ouro e lhe modela correntes de prata? Ou com o ídolo do pobre que pode apenas escolher um bom pedaço de madeira e procurar um marceneiro para fazer uma imagem que não caia? (ISAÍAS 40:18-20, NVI).

Fonte: Wikmedia Commons/ De: Ningyou / Domínio Público, 3 de jan. de 2006/ Disponível em:https://upload.wikimedia.org/wikipedia/commons/thumb/7/7b/Anubis_standing.Jpg/640pxAnubis_standing.jpg. Acesso em: 19 out. 2017

ANÚBIS – "Cabeça de Chacal". Anúbis era venerado como deus da morte e do submundo, o "protetor das tumbas". É conhecido como o patrono da mumificação por ter participado do embalsamento do corpo do deus Osíris – aquele que se tornou a primeira múmia do Egito Antigo. Anúbis seria "o principal deus funerário do Egito Faraônico" (LOBIANCO, 2012, p. 39) e teria papel importante na passagem para o mundo dos mortos, pois era ele quem conduzia as almas dos mortos para o além. Tinha os seguintes títulos no Egito Antigo: "Senhor da Necrópole", "Senhor da Terra Santa", "Senhor do Oeste", "o Juiz dos Mortos", entre outros.

De acordo com as crenças mais antigas, Anúbis era claramente o regente do mundo inferior, porém Osíris, uma divindade associada ao Delta, à terra e à vegetação, acabou por superá-lo nessa função. Com Anúbis ficavam as responsabilidades e os rituais do embalsamamento, enquanto o novo deus se tornou o regente do âmbito dos mortos. As regalias reais e os títulos de Osíris evidenciavam a sua posição elevada. Uma vez estabelecido seu papel, Osíris manteve sua preeminência ao longo de toda a história do Egito (SILVERMAN, 2002, p. 61).

Figura 16 – THOT

Não farás para ti imagem esculpida, nem figura alguma do que há em cima no céu, nem em baixo na terra, nem nas águas debaixo da terra (ÊXODO 20:3-4, BKJA).

Fonte: Picryl.com / De: Champollion, Jean François (1790-1832) / Por: Dubois, LJJ (Leon Jean Joseph), Paris / Fonte: Biblioteca Pública de Nova York / Disponível em: https://picryl.com/media/thoth-trismegiste-le-premier-hermes-hermes-trismegiste-1e465a. Acesso em: 21 out. 2017

Vamos para a próxima divindade cultuada na Antiguidade, um deus que excedia aos demais em conhecimento. No Egito, Thot era o deus da sabedoria, o senhor da aprendizagem, o inventor das letras e patrono da literatura (MOORE, 2021, p. 239). **Thot ou Theuth** (Íbis **Thoth, Tôt, Zonga, Zehuti, Tehuti**) – aquele que trouxe aos filhos de seu país os hieróglifos (escrita egípcia), também conhecido como o deus da medição do tempo. Por conta disso, teria sido o criador do calendário de 365 dias – além de considerado como "autoridade em medicina, astronomia e outras ciências" (MOORE, 2021, p. 239), o senhor da magia e da cura. Crido em alguns lugares como uma "divindade lunar", ou "o deus da Lua", o deus que afirma que *"a memória é o reservatório do saber"* – segundo relata, concordemente, certa tradição grega transmitida por Platão no diálogo Fedro – 385-370 a.C. (RODRIGUES, 2015, p. 105). Representado como um escriba com cabeça de íbis (a ave que lhe estava consagrada), Thot é mais um *"neter"* (deus) pertencente ao panteão egípcio. Na verdade, segundo Moustafa Gadalla (2004), as palavras *neter* e *netert* teriam sido propositadamente traduzidas incorretamente como "deus" e deusa" pela maioria dos acadêmicos, ficando *Neteru* como plural delas e com significado de "princípios divinos e funções do único Deus Supremo" (GADALLA, 2004, p. 13).

Thoth ainda tinha ainda seu nome em grego correspondente a *Djehuty*, ou *Zehuti*. Acreditavam os homens que Thot, também representado por um babuíno com cabeça de cachorro, era o deus que tinha uma capacidade enorme de conhecer todas as fórmulas do universo. "Não adorem ídolos, nem façam deuses de metal. Eu sou o SENHOR, o Deus de vocês" (LEVÍTICO 19:4, NTLH). "Sacrificaram a demônios que não são Deus, a deuses que não conheceram, a deuses que surgiram recentemente, a deuses que os seus antepassados não adoraram" (DEUTERONÔMIO 32:17, NVI). Vejamos o que disse o profeta Ezequiel:

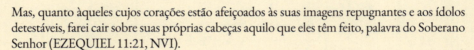

Mas, quanto àqueles cujos corações estão afeiçoados às suas imagens repugnantes e aos ídolos detestáveis, farei cair sobre suas próprias cabeças aquilo que eles têm feito, palavra do Soberano Senhor (EZEQUIEL 11:21, NVI).

ÍSIS – Na mitologia egípcia e segundo Gadalla em seu livro *O divino feminino* (2017), "Ísis" significa "o trono", a autoridade e o princípio da legitimidade, sendo geralmente representada "vestindo um trono sobre sua cabeça", pois Ísis não representa "a mulher por trás do trono", mas "o próprio trono" (GADALLA, 2017, p. 22). Também conhecida como a Senhora da Magia, Deusa da lua, a filha de Geb e Nut e irmã de Néftis, Seth e Osíris – com quem foi casada e de quem gerou Hórus (Harpócrates – o deus do silêncio na cultura helenística), a grande protetora de Osíris e da ordem cósmica, pois era ela "perfeita na palavra de comando" (ARAÚJO, 2000, p. 342). O culto a esta deusa foi de grande importância na Antiguidade, especialmente no Império Romano, onde ela obtivera muitos discípulos. É um fato comprovado pela arqueologia, pois é possível encontrar obeliscos, vestígios de templos e monumentos piramidais em todas as partes de Roma, como que ostenta a Praça do Vaticano – um obelisco egípcio da época de Ramsés II e Merneptá – século XIII a.C. (IMBROISI; MARTINS, 2023).

Segundo Plutarco de Queronéia (46-126) – historiador, biógrafo, ensaísta e filósofo platônico grego –, textos religiosos antes da V Dinastia egípcia (cerca de 3000 a.C.) já relatavam tal culto (SANTOS, 2021). Plutarco bem entendia dessas práticas, pois também serviu aos deuses como sacerdote de Apolo em Delfos (Grécia), durante os últimos 20 ou 30 anos de sua vida (RIBEIRO, 2002). A curiosidade e admiração dos incautos adoradores pagãos promoveram a difusão dos cultos de *isíacos*, que rapidamente alcançaram todo o mundo antigo. Seus mistérios percorreram o vasto (e não menos idólatra) Império Romano, influenciaram gnósticos, cristãos primitivos, cabalistas, hermetistas, rituais das mais diversas culturas, sociedades secretas e seus segredos.

Figura 17 – Ísis

O SENHOR decreta o seguinte a seu respeito, ó rei de Nínive: "Você não terá descendentes que perpetuem o seu nome. Destruirei as imagens esculpidas e os ídolos de metal do templo dos seus deuses. Prepararei o seu túmulo, porque você é desprezível" (NAUN 1:14, NVI).

Fonte: Wikipedia Commons / Por: Jeff Dahl, 20 de dez. de 2007 / Disponível em: https://commons.wikimedia.org/wiki/File:Isis.svg. Acesso em: 31 dez. 2017

Como Isis figurava um tipo de "salvadora", viam-na dotada de poderes curadores mágicos extraordinários, e, por isso, era muito venerada, chegando a sua fama a ultrapassar os limites fronteiriços para alcançar o prestígio de fiéis do vasto mundo greco-romano. Ísis se tornou importante e, "Originalmente, pôde ser uma deusa-mãe que mais tarde se converteu em uma deidade do céu, conservando marcados aspectos de fertilidade e maternidade" (CASTEL, 2001, p. 203). Devido a esse rápido alastramento dos feitos e histórias desses deuses, o universo místico e ritualístico ao qual se entregavam as massas transeuntes fora "do Caminho" veria, mais à frente, o apogeu dos "cultos de mistério". E tal apogeu seria um efeito causado justamente pela mistura religiosa dessas sociedades, principalmente, entre as culturas grega e romana.

Foi essa a conclusão do xará Ennio Sanzi (1965), ao afirmar, em seu livro *Cultos orientais e magia no mundo helenístico romano: modelos e perspectivas metodológicas,* que os deuses conheceriam:

> [...] uma evolução de seu complexo mitológico e ritual; e isto vale de modo particular para aqueles cultos fundamentados sobre um casal de deuses experimentando vicissitudes caracterizadas pela dor e morte, poderão tornar-se verdadeiros cultos de mistérios (SANZI, 2006, p. 38).

Diz a Bíblia: "Maldito quem esculpir uma imagem ou fizer um ídolo fundido, obra de artesãos, detestável ao Senhor, e levantá-lo secretamente. Todo o povo dirá: Amém!" (DEUTERONÔMIO 27:15, NVI). Vamos refletir, nas passagens a seguir, sobre a "quem" de fato os homens estão adorando, por meio das "obras de suas mãos", a maldição que tal atitude traz e a ordem de Deus para que se arrependam, pois Ele não levará em conta a ignorância dos atos passados.

> O restante da humanidade que não morreu por essas pragas nem assim se arrependeu das obras das suas mãos; eles não pararam de adorar os demônios e os ídolos de ouro, prata, bronze, pedra e madeira, ídolos que não podem ver, nem ouvir, nem andar (APOCALIPSE 9:20, NVI).

> Assim, visto que somos descendência de Deus, não devemos pensar que a Divindade é semelhante a uma escultura de ouro, prata ou pedra, feita pela arte e imaginação do homem. No passado Deus não levou em conta essa ignorância, mas agora ordena que todos, em todo lugar, se arrependam *(*ATOS DOS APÓSTOLOS 17:29-30, NVI).

Na cultura egípcia, não eram apenas as imagens de seus deuses que tinham valor. Os símbolos eram respeitados e podiam ser usados como amuletos de proteção, sendo que, em sua maioria, estavam diretamente relacionados com os deuses, a espiritualidade, a vida, a fecundidade, os sentimentos, a natureza, a política, o poder, dentre outros. Em nossos dias, ainda podemos ver muitos deles. Muitas pessoas guardam em seus lares objetos que foram de familiares, passados de geração a geração. Muitas vezes, nem sabem se tais objetos um dia foram consagrados a alguma entidade. Isso acaba virando um ponto de contato, e quem os mantém, se não tiver sob a proteção de Cristo Jesus, pode estar sujeito às investidas dos espíritos enganadores, abrindo portas para enfermidades físicas e espirituais. "Contudo Jesus lhe afirmou: 'Está escrito: 'Ao Senhor teu Deus adorarás e só a Ele darás culto'" (LUCAS 4:8, BKJA).

Quem sabe, o caro leitor possa ter ou conhecer quem tenha alguns desses símbolos a seguir, em casa, sem nem saber de onde vieram ou o que realmente significam. Estejamos atentos! Pois as armadilhas do inimigo, de tão sutis que são, podem estar em muitos lugares, onde, por falta de conhecimento ou mera distração, muitas vezes nem de perto as percebemos.

Figura 18 – O "Olho de Hórus"

Fonte: Wikimedia Commons / De: Jeff Dahl, 22 de out. de 2007 / Domínio PúblicoDisponível em: https://commons.wikimedia.org/wiki/File:HorusEye.png. Acesso em: 11 out. 2017

O *"olho de Hórus"* era usado como amuleto, uma vez que trazia proteção, força e coragem. Assim, muitos faraós utilizavam os olhos de *Hórus* (sol e lua) na cabeça como forma de proteção e realeza e, assim, impunha a sua condição de extrema superioridade. Em Dendera, um verdadeiro oásis às margens do Nilo, está um dos complexos de templos dentre os mais bem preservados do Egito. E próximo do complexo está a necrópole, um conjunto de tumbas datadas do início do Período Dinástico do Reino Antigo até o Primeiro Período Intermediário do Egito (KIPFER, 2000, p. 153). Foi encontrado uma espécie de inventário contendo detalhes arquitetônicos, curiosidades de certos rituais de liturgia mágica.

Em cada ato, um profundo simbolismo oculto e místico, incluindo os cuidados sobre o culto às imagens que eram sempre carregadas durante as procissões festivas. A imagem de Hátor (a deusa vaca) era a principal delas, protegida em um santuário fechado por pesadas portas de metal, pois a maior parte da população não podia participar diretamente de certas cerimônias e era proibida de acessar boa parte das áreas sagradas do templo. Então, um sacerdote era designado para abrir as portas a cada manhã e expulsar os demônios queimando incensos, preparar e depositar alimentos e flores para a deusa, recitando textos sagrados, fórmulas apropriadas à ocasião. Dizia ele, ao tirar o ferrolho que mantinha fechada a porta do santuário: *"O dedo de Set é retirado do olho de Hórus que é excelente [...] Ó deus, (nome do deus), tire tuas duas penas e tua coroa branca do olho de Hórus [...]"* (MOORE, 2021, p. 241-242, grifos do autor).

Hoje, vemos este símbolo escancaradamente mostrado e venerado em clips de estrelas da música pop, em tatuagens, em desenhos animados e em muitas propagandas. Não podemos ser juízes, mas também não sejamos hipócritas. Muitos desses artistas sabem, sim, o que esses símbolos geralmente significam e quem eles representam. Ou será que nunca ouvimos falar de que alguns artistas fizeram pacto, uma aliança com as forças ocultas para chegar ao sucesso absoluto? Não há novidade nisso. Particularmente, por ter vivido como músico e infiltrado no meio artístico, o autor que lhe escreve, caro leitor, pode afirmar que conheceu de perto compositores, cantores, músicos, artistas que entregaram a sua alma em rituais buscando entrar no hall da fama.

Os símbolos estavam ali, de alguma maneira atrelados a tudo que estava sendo entregue e representado nos altares. Sorrateiramente, entram nas casas e na mente de muitos que, sem o conhecimento do mal que simbolizam e do quanto desagradam a Deus, acabam por adorá-los. Em função do engano de Satanás, tudo o que o mundo pensa ser uma verdade óbvia ou uma coisa boa é, em suma, um tremendo laço. E infelizmente, por não buscarem esclarecimento nas Escrituras, os incautos têm uma barreira muito difícil a ser transpassada: o deus deste século cegou a mente deles. Isso é uma verdade registrada na 2ª Epístola de Paulo aos Coríntios: "O deus, desta presente era perversa, cegou o entendimento dos descrentes, a fim de que não vejam a luz do Evangelho da glória de Cristo, que é a imagem de Deus" (2 CORÍNTIOS 4:4 – BKJA).

A próxima imagem mostra uma cruz, sagrada em algumas religiões, conhecida Cruz de Ankh e como Cruz Ansata, Cruz Cóptica ou Cruz Egípcia. Na escrita hieróglifa, *Ankh* significa "vida, prosperidade e saúde" (VERNUS; YOYOTTE, 1988, p. 108). A sua combinação com o círculo colocado no alto da cruz tinha uma simbologia de "vida vindoura, após a morte biológica e transmitia a ideia de sabedoria secreta para outros povos, como os astecas e fenícios da América Central (CHAMPLIN, 2001, p. 1025). Ao que tudo indica, a Cruz de Ankh surgiu na V Dinastia.

Tal símbolo também corresponde à combinação da cruz oval de Isis – deusa da natureza, da maternidade e da magia, que ajudava os mortos a entrarem no "pós-vida". Na religião Wicca, a Cruz Ansata é o amuleto ligado à proteção, à fertilidade, à reencarnação e à imortalidade, sendo utilizada por muitos bruxos em seus rituais, também na alquimia e no ocultismo, onde representa o caminho da vida e simboliza a transformação (HEIDERMANN, 2016, p. 9).

Imagem 19 – A Cruz de Ankh (Símbolo Ankh)

Fonte: Wikimedia Commons / Serviço de Parques Nacionais, 18 de nov. de 2010 / Domínio Público / Disponível em: https://commons.wikimedia.org/wiki/File:Ankh_Symbol_(b38c875d-e624-419c-90de-0dc173f7fe7d).jpg. Acesso em: 11 out. 2017

A simbologia da cruz faz-se importante nos mais antigos processos religiosos da humanidade, "[...] cuja presença é atestada desde a mais alta Antiguidade: no Egito, na China, em Cnossos, Creta, onde se encontrou uma cruz de mármore do séc. XV, a.C." (CHEVALIER; GHEERBRANT, 1995, p. 309). Era utilizada pelos nobres e faraós com o intuito de lhes trazer proteção, pois os egípcios criam que ela indicaria a vida após a morte, estando assim associada com a ressurreição. Nesse sentido, soaria como um apelo "aos vivos", aos que "vivem na terra" – transmissão de uma instrução para que todos seguissem os desde muito tempo apregoados *"metjen em ankh, mtn n 'nh"*, ou "caminhos da vida" (SALES, 2011, p. 24).

O fascínio por esses símbolos do esoterismo sempre esteve presente nos porões do "inconsciente adorador" dos que não adoram a Deus. Porém, no período da História conhecido por Renascimento, pensadores humanistas acabaram favorecendo a difusão dessas representações profaníssimas e todo o engodo que as fomenta. E isso por meio de três correntes que, literalmente, acorrentaram muitas mentes fora do Caminho de libertação da alma que é o próprio Cristo: a Magia, a Alquimia e a Astrologia – pilares do que hoje se conhece academicamente como Tradição Esotérica Ocidental, como um câncer metastático que não se contentou apenas na Renascença. Espalhou-se rapidamente! Palavras de Otávio

Vieira: "As fontes as quais constituem a Tradição Esotérica Ocidental podem ser distinguidas como grandes rios que deságuam no oceano do Esoterismo. Estas disciplinas ou ramos irrigam a Alquimia, a Astrologia e a Magia, sendo seus afluentes – usando a metáfora de Faivre (VIEIRA, 2014, p. 6).

Já os cristãos cópticos (egípcios convertidos ao cristianismo) adotaram a cruz com asa, chamada de "cruz cóptica", por sua semelhança à cruz utilizada pelos cristãos. Por outro lado, essa mesma cruz pode ser confundida com uma cruz satanista, pertencente à magia negra. Faz parte também do símbolo da antiga e mística Ordem Rosacruz (A.M.O.R.C.), uma organização internacional de caráter místico-filosófico, fundada nos EUA, em 1915, por Rauph Spencer Lewis, um homem que nutria admiração pela cultura faraônica (BAKOS, 2004, p. 119).

A Ordem surgiu com a missão de "despertar o potencial interior do ser humano", ou o "DEUS INTERIOR", auxiliando-o em seu desenvolvimento, em espírito de fraternidade, respeitando a liberdade individual, dentro da Tradição e da Cultura Rosacruz. Segundo estudos de Rebisse (2004), a sua origem seria muito remota e ligada às escolas de mistérios do antigo Egito, onde alunos iniciados tinham acesso ao conhecimento do homem e do universo conforme uma escala ascendente de graus, cada grau abordando seu tema central, partindo da matéria e alcançando a alquimia espiritual – isso em muitas monografias a serem lidas constantemente. "A ontologia rosacruz lhe é peculiar e abrange o Conhecimento que os Iniciados transmitiram entre si desde a mais remota Antiguidade. Tem como fonte a Tradição Primordial e inclui, por conseguinte, a Sabedoria acessível ao ser humano encarnado" (TOUSSAINT, 1996, p. 13). Há tanta ligação entre o rosacrucianismo e as tradições egípcias que podemos ver estampada a Cruz de Ankh na fachada da sede da Ordem, que também é um museu egípcio, em Curitiba, no Paraná.

A seguir, conhecido como besouro, o inofensivo inseto simbolizava no Egito o deus Khepra (escaravelho). Associado ao verbo *"kheter"*, que significa "vir à existência", este inseto era sagrado para os egípcios. Corresponde à imagem do sol que renasce de si mesmo, que nos remete a uma ideia cíclica de imortalidade.

Figura 20 – Deus Khepra

"Pode o homem mortal fazer os seus próprios deuses? Sim, mas estes não seriam deuses!" (JEREMIAS 16:20, NVI).

"Ouve, Israel, o Senhor nosso Deus é o único Senhor" (DEUTERONÔMIO 6:4, ACF).

Fonte: Wikimedia Commons – Arquivo: Os Livros Sagrados e a Literatura Antiga do Oriente [1917], vol. 2, pág. 144-145, Khepera.jpg; / Domínio Público / Disponível em:https://commons.wikimedia.org/wiki/File:The_Sacred_Books_and_Early_Literature_of_the_East,_vol._2,_pg._144-145,_Khepera.jpg. Acesso em: 16 jan. 2018

O que se sabe é que esse inseto fazia parte do culto a Khepra (Khepri ou Khepera), dos rituais às práticas mágicas, pois esse deus tinha a figura de um corpo humano, mas uma cabeça de escaravelho (CARRERA, 1995, p. 475-477). Em diversos sistemas culturais, esse artrópode da ordem dos coleópteros (RAFAEL, 2012) era usado como amuleto, num simbolismo de diferentes etnias, tanto passadas quanto presentes (COSTA NETO, 2002), porque se pensava que encerrasse em si mesmo o princípio do "eterno retorno". O deus Khepri era um símbolo, uma divindade solar, a forma que o Sol assume pela manhã como um ser autoconcebido e uma manifestação do deus Atum, ou, ainda, uma das formas do deus Ré – "O que se transforma, o que se manifesta", "o deus do Sol nascente" (AFFHOLDER-GERARD; MARIE-JEANNE, 1990, p. 70). Enquanto o sol está cruzando os céus em direção ao ocaso, o escaravelho passa o dia inteiro empurrando, entre as patas, uma bolinha feita de suas fezes. E só a enterra com a chegada da noite. Ali a fêmea coloca os seus ovos. Um novo escaravelho nascerá do excremento ao amanhecer. E outra vez seguirá o ciclo do astro-rei em seu caminho e, tal qual o sol ressurge das sombras da noite, renascerá o escaravelho da própria decomposição. Sales ainda explica:

> A mentalidade egípcia estabelecia, assim, uma directa analogia entre o coleóptero e o curso diário do Sol no firmamento. [...] Na realidade, o escaravelho-do-esterco (scarabeus sacer) pode ser visto empurrando uma amálgama de alimento que enterra para depois ingerir. Os egípcios concebiam esta amálgama como o ovo que o escaravelho fêmea põe numa bola do seu próprio excremento, do qual, mais tarde, emergirá vida (AFFHOLDER-GERARD; MARIE-JEANNE, 1990, p. 105).

Cria-se que, da mesma forma, a alma da múmia a deixava e escapava para o céu. Toda essa essência de significados sobre esse inseto povoava a mente dos antigos egípcios, como símbolo da vida que se renova a partir de si mesma. O amuleto na forma de escaravelho devia impedir o coração de testemunhar contra o morto. Por isso, os egípcios colocavam nas múmias um escaravelho exatamente no lugar do coração. Pois, como amuleto, o escaravelho renovaria as energias, protegeria contra todos os males e proporcionaria vida longa e feliz a quem o usasse, estando representado em muitos artefatos mágicos encontrados pelos pesquisadores (ANDREWS, 1994, p. 50). Ou seja, para os incautos, era um místico objeto de proteção, muito presente na iconografia egípcia – parte integrante da zoolatria, impregnada, desde a Antiguidade, na mente dos homens sem Deus. Segundo Faraone (2018, p. 1), são amuletos todas as "imagens e textos em uma variedade de mídias – metal, papiros, mosaicos, pedras preciosas – fabricados para proteger, curar ou conceder algum benefício abstrato às pessoas que os usaram em seus corpos ou os colocaram em suas casas"

Dentro das antigas religiões, como a que vimos até agora, podia-se criar um elo divino junto aos deuses, por meio de rituais e do uso de palavras mágicas, ações de rendição e submissão, como autoflagelação e sacrifícios. Tais rituais evocavam, atraíam a manifestação das características e dos "poderes" de determinado deus. E, ao mesmo tempo, poder-se-ia também neutralizar das energias negativas de certos deuses "opositores", também com oferendas e sortilégios. O pretexto maior do povo para tanta idolatria é o desejo de, simplesmente, alcançar as bênçãos, as boas dádivas dessas divindades. Imaginava-se ser possível uma transferência de poderes dos deuses para aquele que os invocava, pelo uso de amuletos, imagens, tatuagens, orações etc.

Alcançando esse estágio de "ligação direta" com o mundo espiritual, a pessoa que se revestia desse poder era chamada de "iluminada". Por exemplo, diz uma lenda, da qual já não se sabe a autoria, que Isis, ao descobrir o poder secreto de Rá, conseguiu ser tão poderosa quanto ele. Assim, cheios dessas lendas, ritos e superstições, os sacerdotes egípcios foram aprendendo a lidar com as forças ocultas pelos ensinamentos místicos, passando-os adiante, influenciando muitas outras culturas. Essas influências ainda estão vivas dentro de muitas religiões pagãs da atualidade.

> Advertência contra o Egito: Vejam! O Senhor cavalga numa nuvem veloz que vai para o Egito. Os ídolos do Egito tremem diante dele, e os corações dos egípcios se derretem no íntimo. Incitarei egípcio contra egípcio; cada um lutará contra seu irmão, vizinho lutará contra vizinho, cidade contra cidade, reino contra reino. Os egípcios ficarão desanimados, e farei que os seus planos resultem em nada. Depois eles consultarão os ídolos e os necromantes, os médiuns e os adivinhos, então eu entregarei os egípcios nas mãos de um senhor cruel, e um rei cruel dominará sobre eles", anuncia o Soberano, o Senhor dos Exércitos" [...] Metade da madeira ele queima no fogo; sobre ela ele prepara sua refeição, assa a carne e come sua porção. Ele também se aquece e diz: "Ah! Estou aquecido; estou vendo o fogo". Do restante ele faz um deus, seu ídolo; inclina-se diante dele e o adora; Ora a ele e diz: "Salva-me; tu és o meu deus". Eles nada sabem, nada entendem; seus olhos estão tapados, não conseguem ver, e suas mentes estão fechadas, não conseguem entender. Para pensar ninguém para, ninguém tem o conhecimento ou o entendimento para dizer: "Metade dela usei como combustível; até mesmo assei pão sobre suas brasas, assei carne e comi. Faria eu algo repugnante com o que sobrou?" Iria eu ajoelhar-me diante de um pedaço de madeira? Ele se alimenta de cinzas, um coração iludido o desvia; ele é incapaz de salvar a si mesmo ou de dizer: "Esta coisa na minha mão direita não é uma mentira?" (ISAÍAS 19:1-4; 44:16-20, NVI).

O que lemos é tão claro! O ídolo que se faz da madeira é apenas um pedaço de madeira sem vida, cuja sobra da arte é usada para lenha, vira carvão. Tem boca, olhos e ouvidos tapados e em NADA pode ajudar alguém. Por essas coisas, o Senhor ainda está a dizer aos que ainda seguem seus ídolos: "CONVERTAM-SE A MIM e serão salvos! Vejamos em Jeremias:

> Embora o SENHOR tenha enviado a vocês os seus servos, os profetas, dia após dia, vocês não os ouviram nem lhes deram atenção quando disseram: "Converta-se cada um do seu caminho mau e de suas más obras, e vocês permanecerão na terra que o SENHOR deu a vocês e aos seus antepassados para sempre. Não sigam outros deuses para prestar-lhes culto e adorá-los; não provoquem a minha ira com ídolos feitos por vocês. E eu não trarei desgraça sobre vocês". "Mas vocês não me deram ouvidos e me provocaram à ira com os ídolos que fizeram, trazendo desgraça sobre vocês mesmos", declara o SENHOR (JEREMIAS 25:4-7. NVI).

Contudo, ainda haverá esperança para os idólatras. Há promessas de restauração, pela misericórdia e graça do nosso Deus, para todos os que reconhecerem que só há um Senhor e um único Deus. Ele ainda continua, pela Sua Palavra, *Apontando O Caminho*.

O ABISMO DOS INCAUTOS

E muitas nações passarão por esta cidade, e dirá cada um ao seu próximo: Por que procedeu o Senhor assim com esta grande cidade? E dirão: Porque deixaram a aliança do Senhor seu Deus, e se inclinaram diante de outros deuses, e os serviram.

(JEREMIAS 22:8,9, ACF)

No Novo Testamento, encontramos um paralelismo entre a citação de Lucas 4:8 e o texto de Mateus 4:10-11 (ACF). Jesus rebate a Satanás, dizendo: "Vai-te, Satanás, porque está escrito: Ao Senhor teu Deus adorarás e só a ele servirás. Então o diabo o deixou; e, eis que chegaram os anjos, e o serviam" Para Ramos e Lourenço (2017), nesse texto – e ainda no domínio das semânticas –, era preferível distinguir o primeiro verbo como "adorarás" – "latreuseis" e o segundo como "serviam" – "diakonoun" (RAMOS; LOURENÇO, 2017, p. 272). Champlin (2001) diz que a palavra que mais se aproxima no português de "adorar" é *"proskunein"*, significando "prostar-se como sinal de reverência", "prestar homenagem", como expressão de uma "atitude interna de adoração" (p. 50). Prestar culto, servir, adorar, venerar, somente ao próprio Deus. Jesus, no diálogo anterior, autentica textos do Antigo Testamento, nos quais Deus requer do homem a legítima adoração que Lhe cabe. Ou seja, não pode haver outro Senhor. Deus se coloca acima dos deuses criados pelo homem, ou dos que se dizem deuses. Por exemplo, vejamos com atenção outro texto bíblico: "Pois o SENHOR vosso Deus é o Deus dos deuses, e o Senhor dos senhores, o Deus grande, poderoso e terrível;" (DEUTERONÔMIO 10:17, ACF).

O único e verdadeiro Deus está a se revelar ao homem como o Senhor de toda a carne. A popularizada máxima homérica, de que todo homem tem necessidade de deuses, abarca um conceito generalizado da busca humana pelo preenchimento do vazio interior, do "lugar de Deus" que as Suas alienadas criaturas insistem em alocar às representações icônicas de sua religiosidade, segundo aquilo que chamam de fé. Todavia, a verdade bíblica revela que o mundo não poderia jamais conhecer a Deus pela sabedoria, pela inteligência ou por meio de conhecimentos humanos. No entendimento iluminado de Paulo:

> [...] a mensagem da cruz é loucura para os que estão perecendo, mas para nós, que estamos sendo salvos, é o poder de Deus. Pois está escrito: Destruirei a sabedoria dos sábios e rejeitarei a inteligência dos inteligentes'. Onde está o sábio? Onde está o erudito? Onde está o questionador desta era? Acaso não tornou Deus louca a sabedoria deste mundo? Visto que, na sabedoria de Deus, o mundo não o conheceu por meio da sabedoria humana, agradou a Deus salvar aqueles que crêem por meio da loucura da pregação" (1 CORÍNTIOS 1:18-21, NVI).

É Deus quem diretamente pergunta: "Acaso, seria qualquer coisa maravilhosa demais para mim?" (EZEQUIEL 32:27, ACF). Dele é todo o poder e toda a majestade. E por mais que tentem os homens fundamentar seus conceitos a respeito da Pessoa de Deus, eles não passarão de conjecturas, hipóteses e limitadas teorias. Porém, houve um ser que conheceu a Deus de perto, logicamente, não baseado em sabedoria humana. Um ser que, por ser espírito, andou com Deus, serviu diante do trono sagrado e experimentou da glória. Mas tentou secretamente tomar o lugar de Deus e fazer com que as criaturas celestes, os anjos, o adorassem, provocando a maior insurreição angélica que se tem notícia.

a. Sobre o Inimigo

Lúcifer – nome usado na versão Vulgata Latina como tradução da palavra hebraica *hêlēl (heylel)* = "astro brilhante" ou "filho da aurora"; ou "o portador da luz" em latim. Um nome de beleza ímpar em seu contexto mais particular. Todavia, devido à astúcia e malignidade desenvolvidas no interior do ser que carrega essa insígnia, surgiu a perversão popular do belo nome Lúcifer para designar o Diabo (ALEXANDER, 1963, p. 295).

> O grego tem heosphoros e o latim lucifer. Os dois termos significam "portador de luz". As traduções da Septuaginta e da Vulgata, juntamente com os principais rabinos e a maioria dos antigos escritores cristãos entendiam a palavra como um derivativo de *hll*, "brilhar". Por conseguinte, ela significa "aquele que brilha" ou "aquele que resplandece". Isso, sem dúvida, se encaixa melhor com o restante da frase *ben shachar*, "filho da alva" (ALDEN, 1968, p. 35-39).

Ele, que estava a tentar Jesus, era um anjo bom da Ordem dos Querubins; um ser de vívido resplendor, santo, sábio e belo, criado por Deus e o único destacado como "querubim ungido" e "perfeito" – conforme lemos em Ezequiel 28:14-16. Conhecido ainda como "estrela da manhã", "filho da alva" ou "o que brilha", corrompeu-se pelo orgulho e pela ânsia de poder. Talvez por se julgar superior ao homem e ao resto da criação, uma vez que fora criado antes e tendo, ao seu modo de ver, características superiores às dos humanos. Seu orgulho, sua vaidade e insolência o fizeram abandonar o Caminho. Ele apostatou, se revoltou contra a autoridade de Deus num esforço para se elevar em posição de igualdade com seu Criador. Ao ceder à tentação da ostentação, quis ser adorado como Deus:

> Como caíste desde o céu, ó Lúcifer, filho da alva! Como foste cortado por terra, tu que debilitavas as nações! E tu dizias no teu coração: "Eu subirei ao céu, acima das estrelas de Deus exaltarei o meu trono, e no monte da congregação me assentarei, aos lados do norte. Subirei sobre as alturas das nuvens, e serei semelhante ao Altíssimo". E contudo levado serás ao inferno, ao mais profundo do abismo" (ISAÍAS 14:12-15, ACF).

O diabo "não se firmou na verdade, porque não há verdade nele" (JOÃO 8:44, ACF). Se o texto diz que o diabo não se firmou na "VERDADE", que é o próprio Deus, implica dizer que, pelo menos, ele A CONHECEU e esteve por alguma fração de tempo NELA. "A palavra Satã em hebraico, ou 'Satanás' na forma mais grega que alguns aplicam, significa adversário quando traduzida para o grego" (ORÍGENES, 2004, p. 496). Depois da sua queda, conforme citação em Isaías 14:12 e Lucas 10:18, Lúcifer – nome que no folclore romano faz referência ao planeta Vênus em seu aspecto matutino –, foi descrito como sendo o "adversário" de Deus – um assaz rebelde militando contra a soberania divina, rico em poder, porém estando debaixo da vontade e permissão divina. Só que, ao ser expulso do céu, ele não caiu sozinho. Um terço dos anjos que foram levados por ele a pecar, participando da sua rebelião, foi também expulso. Assim, contraíram um caráter ultrapecaminoso, avesso à santidade, sendo lançados sobre a terra, como descreve Apocalipse: "E a sua cauda levou após si a terça parte das estrelas do céu, e lançou-as sobre a terra" (APOCALIPSE 12:4, ARC).

Lógica: se pecaram (e as Escrituras atestam este fato!), não foi por intervenção de "outro tentador" no meio deles, algum ser de outro plano. Presumimos, porque há mistérios não revelados na Palavra, que, se estavam debaixo da autoridade Suprema do Criador, deveriam também estar sujeitos e obedientes a qualquer lei divina e específica. E como se desviaram dela, pecaram – erraram o alvo! E sua iniquidade os transformou, tornando-os criaturas perversas, odiosas, cheias de crueldade,

podridão, inveja, arrogância, orgulho e soberba: os demônios, espíritos de engano, servos de Satanás, maliciosamente empenhados numa batalha feroz contra Deus e o Seu Reino. Manipulam as mentes vazias, seduzem, enganam, mentem, dissimulam, roubam, matam e destroem. Podendo afligir os corpos dos homens (como no caso de Jó), se isso lhes for permitido. Esforçam-se para serem adorados e guerreiam pelo poder exaltando-se a si mesmos. "Porém, não obstante tão profunda depravação no mais íntimo do seu ser, ainda se jactam das suas próprias perfeições" (JOINER, 2004, p. 170-171).

Dessa forma, os filósofos os identificaram como sendo divindades admitidas pela religião tradicional e que o mal – como afirmava Paul Ricoeur (1913-2005) –, tal qual a morte, *"é a pedra na qual toda filosofia tropeça"* (JEHA, 2007, p. 9-31, grifos meus). Os estoicos, membros da helenística escola de filosofia fundada em Atenas "por Zenão de Cítio, aproximadamente em 301 a.C." (MOREIRA, 2020, p. 23), da mesma forma que Platão, admitiram que essas "divindades" foram criadas pelo Demiurgo (Artesão divino ou o "princípio organizador" do universo que os filósofos da Patrística traduziriam pelo Deus da cristandade) – "prolongando, na Terra, os combates divinos inscritos nos mitos das Origens" (LOPES, 2012, p. 220). Plotino (204-270 d.C.) dizia que um demônio é uma "imagem de Deus". Segundo Agostinho, bispo de Hipona, o modus operandi dos demônios seria proporcional ao merecimento de cada homem (BROWN, 2005, p. 384).

Não seria absurdo pensar que o homem corrompido pelo pecado, influenciado por Satanás e seus súditos, tivesse usado a sua imaginação para criar os seus próprios deuses e tantos "atalhos e trilhas" fora do Único Caminho que é Jesus. Nem seria demasiado esdrúxulo cogitar que o próprio inimigo de Deus, também munido de sua perspicácia satânica, usasse dessa fragilidade humana para alcançar adoração, manifestando-se de diversas formas e enganando o homem que já não caminhava lado a lado com Deus. Satanás é um imitador de Deus e sempre desejou governar o Universo no lugar de Dele. Através dos séculos, ele foi o verdadeiro rei da Babilônia. Os tiranos humanos que ali reinaram foram (todos eles!) personificações suas. Deram expressão à sua rebelião na sua forma mais extrema: violência, auto deificação, perversão, profanação religiosa e idolatria.

Jesus usou a frase "está escrito" para afirmar o que Deus tantas vezes havia decretado na Sua Palavra. O que Deus decreta ninguém revoga. O que Ele determina, é lei. E se está escrito, é para que nós possamos usar das verdades contidas na Palavra contra as astutas ciladas do inimigo. Já citamos passagens sobre os Mandamentos do Senhor. Repeti-los, dentro do nosso propósito, não seria demais. Satanás conhece bem as Escrituras e o seu poder. Ele não poderia nem pode apagar o que Deus escreveu e, por isso, com certeza, sentia e ainda sente o peso da sentença divina. Assim está escrito: "Temam o Senhor, o seu Deus, e sirvam-no. Apeguem-se a ele e façam os seus juramentos somente em nome dele" (DEUTERONÔMIO 10:20, NVI). E em Êxodo: "Não terás outros deuses diante de mim. Não farás para ti imagem de escultura, nem alguma semelhança do que há em cima nos céus, nem em baixo na terra, nem nas águas debaixo da terra. Não te encurvarás a elas nem as servirás" (ÊXODO 20:3-5, NVI).

Obviamente, Satanás sabia de tudo isso. E uma vez longe do seu cargo no céu, o seu plano foi melindrosamente arquitetado para adulterar e destruir ao que Deus criou, principalmente o homem, com quem o Senhor buscou um relacionamento mais íntimo, paternal, digamos assim. Então, o inimigo faria o possível, tudo o que estivesse ao seu alcance para executar o maligno intento: arrastar o máximo de pessoas para o lugar que já está reservado para ele e para os anjos que o seguiram. Um lugar de tormento e de juízo, para expô-los à mesma condenação e à mesma sentença ao diabo, imputadas e decretadas por Deus: separação total da santa presença – e por toda a eternidade!

b. Sobre o "Inferno"

Este termo deriva do latino *infernus*, significando "o que está abaixo", "inferior", "subterrâneo". E estando de acordo com a mitologia grega, faz referência a supostas prisões subterrâneas onde seriam aprisionadas as almas após a morte física (CHAMPLIN, 2001, p. 323). Enganam-se os que pensam que o inferno é ficção ou que é aqui e agora. Com a banalização deste nome, inferno, não há mais o temor. Mas há quem não se preocupe com a possibilidade de uma viagem para lá, com passagem só de ida. Como balas perdidas em um imenso tiroteio, são as críticas vindas de todas as direções contra a doutrina do inferno, que, dentre outras doutrinas do cristianismo, parece ser a mais difícil de defender. Os que a atacam exercem friamente a sua incredulidade, não se importando com as consequências vindouras. Sem a existência do inferno, o céu seria um parque de diversões, um estádio de futebol em dia de copa, totalmente acessível. E o cristianismo, então, não passaria de uma doutrina humana. Deixaria de ser um conjunto de dados propostos por uma revelação divina, para ser nada mais além do que um monte de ideais humanamente escolhidos – algo insípido e incolor.

As nossas premissas e razões para crermos na existência do inferno firmam-se na certeza que nos traz a fé: de que nem a Igreja nem a Bíblia podem mentir, pois são elas as autoridades que nos ensinam claramente a respeito desta doutrina. Anular a crença nesse lugar de tormento eterno seria transformar o drama da vida em uma estrada plana, segura, sem os riscos próprios das nossas escolhas. Jesus, que, sendo Deus, abomina a mentira, foi muito mais enfático do que qualquer outro personagem bíblico.

Ao expor a realidade de céu e inferno nas Suas pregações, Jesus queria ensinar-nos que, se não existisse o inferno, não haveria motivos para Sua vinda à terra. Ninguém necessitaria de um Resgatador, ou Salvador. Ou seja, o sacrifício da Sua morte para nos livrar de uma eterna condenação não teria passado de um erro trágico, estúpido e absurdo. Teria sido em vão, pois todos os homens seriam potencialmente capazes de salvar a si próprios de um fim trágico. Se Ele deixou tudo para se tornar um de nós, ao ponto de sofrer e carregar o peso das nossas transgressões, é porque o céu existe. É para lá que iremos. A existência do céu, destino de uns, é alerta para uma triste realidade de outros: o inferno.

O escritor e Pastor Rob Bell, fundador da Mars Hill Bible Church em Grand Rapids, Michigan (UEA), surpreendeu muitos de seus jovens seguidores ao declarar, em uma entrevista concedida à revista *Veja*, que *"um Deus amoroso jamais sentenciaria almas humanas para o sofrimento eterno"* (LEMOS, 2015, p. 111-127, grifos do autor). Bell tem várias obras traduzidas para o português, incluindo livros com ideias universalistas, como *O Amor Venceu* (2012), e uma série com o título *Nooma*, que aborda eventos do cotidiano misturados com discussões sobre Deus. A sua frase polemizou ao soar como uma direta negação ao inferno, desfazendo da seriedade com que Jesus alertou sobre esse lugar terrível e real. Negar o inferno seria, de fato, admitir que tanto a Igreja cristã quanto a Bíblia mentiram, seria pressupor que o próprio Cristo mentiu quanto às escolhas da vida, posto que não fariam elas nenhuma diferença nem encaminhariam os homens para destinos opostos, fossem certas ou erradas. Ao crer no inferno como meras dimensões do "aqui e agora", Bell menospreza o plano da salvação e alicerça sua crença no universalismo que, geralmente, defende que "todos" serão salvos no final. E isto incluiria até mesmo o diabo.

Tanto a palavra hebraica *seol* quanto o termo grego *hades* têm a mesma ideia de significado: representa o imaterial e invisível mundo dos espíritos. Para os gregos, no sentido original e primário, *Hades* era o deus do submundo: filho de *Cronos* e esposo de *Persefone*, fora substituído à força por seu próprio irmão, *Zeus*, mas seu nome continuou a representar a "habitação de fantasmas de homens desencarnados", "o próprio submundo", com o desenvolvimento da mitologia (CHAMPLIN, 2001, p. 9).

Todavia, *hades* engloba duas divisões a partir da compreensão neotestamentária, podendo identificar os diferentes destinos: dos justos – "Paraíso" ou "seio de Abraão", onde as almas justificadas por Cristo estarão com Ele; e dos ímpios – "inferno", citação encontrada 12 vezes no Novo Testamento, tal como lemos: "Onde o seu bicho nunca morre, e o fogo nunca se apaga" (MARCOS 9:44, ACF).

Vê-se em rede nacional diversos programas debochando abertamente do nome de Deus e falando sobre o tema "inferno" de forma hilária, por meio dos seus comediantes *influencers*, que nem sequer têm a noção do que estão falando. Tomam o nome de Deus em vão e "ao vivo" em seus *talk shows*, com piadas sujas e preconceituosas, maliciosas e intencionalmente desfazendo do papel salvador do Senhor Jesus. Escolas de samba exaltam as potestades satânicas em seus enredos, desfilando em carros alegóricos fantasias infernais e seus personagens diabólicos. E ali nas suas festas, vê-se o povo dançando, cantando, extravasando, entregando-se à carnalidade, caminhando cego na beira de um profundo abismo, sem a exatíssima noção do abominável porvir.

É como se todos, homens e mulheres, fossem atraídos, encantados pelos ecos sombrios das descrentes e inconsequentes palavras de Maquiavel (1469-1527), ao dizer *"Quero ir para o inferno, não para o céu. No inferno, gozarei da companhia de papas, reis e príncipes. No céu, só terei por companhia mendigos, monges, eremitas e apóstolos"* (VIROLI, 2002, p. 18, grifos do autor). Maurizio Viroli (2002) registrou esse pensamento "maquiavélico" em uma biografia, na qual conta sobre um sonho que Maquiavel tivera antes de morrer, em 21 de junho de 1527.

"Salvar do quê, se o inferno é aqui?" Ou: "Aqui se faz, aqui se paga!" E ainda: "Morreu, acabou!" – muitos se enganam pensando assim. Não há o menor constrangimento das pessoas diante de tais questões. Podiam, ao menos uma vez, raciocinar dessa forma: "E se esse povo a quem chamamos de 'fanático' estiver certo? E se o inferno realmente existir?" Talvez assim, de um resquício de consciência, brotasse o genuíno arrependimento, a tempo de se poder buscar a Deus e conhecê-Lo intimamente. Talvez hoje mesmo, enquanto se lê este livro, seja o momento de alguém chegar à consciência do arrependimento. Deus oferece todas as oportunidades para o ser humano escapar desse lugar lúgubre, horroroso e apavorante, de choro e ranger de dentes, onde o fogo nunca se apaga. Se os sofrimentos desta vida terminam com a morte do corpo, Jesus nos advertiu sobre outro sofrimento que não terá fim:

> E, se a tua mão te escandalizar, corta-a; melhor é para ti entrares na vida aleijado do que, tendo duas mãos, ires para o inferno, para o fogo que nunca se apaga, onde o seu bicho não morre, e o fogo nunca se apaga. E, se o teu pé te escandalizar, corta-o; melhor é para ti entrares coxo na vida do que, tendo dois pés, seres lançado no inferno, no fogo que nunca se apaga, onde o seu bicho não morre, e o fogo nunca se apaga. E, se o teu olho te escandalizar, lança-o fora; melhor é para ti entrares no reino de Deus com um só olho do que, tendo dois olhos, seres lançado no fogo do inferno, onde o seu bicho não morre, e o fogo nunca se apaga (MARCOS 9:43-48, ACF).

Três vezes a palavra "inferno" nesse trecho, e três vezes o complemento: "[...] onde o seu bicho não morre, e o seu fogo nunca se apaga". Infelizmente, o homem diz um NÃO às ofertas do misericordioso e amoroso Pai, ao preferir viver uma vida atolada no pecado, na rebeldia, na feitiçaria, na prostituição etc. Escolhem a morte a ter que obedecer e amar ao Todo-Poderoso. O que a Palavra de Deus ainda fala sobre o inferno? "Os ímpios serão lançados no inferno, e todas as nações que se esquecem de Deus" (SALMOS 9:17, ACF); "Não tenham medo dos que matam o corpo, mas não podem matar a alma. Antes, tenham medo daquele que pode destruir tanto a alma como o corpo no inferno" (MATEUS 10:28, NVI);

> Ai de vocês, mestres da Lei e fariseus, hipócritas! Pois vocês atravessam os mares e viajam por todas as terras a fim de procurar converter uma pessoa para a sua religião. E, quando conseguem, tornam essa pessoa duas vezes mais merecedora do inferno do que vocês mesmos (MATEUS 23:15, NTLH).

"Cobras venenosas, ninho de víboras! Como escapareis da condenação do inferno?" (MATEUS 23:33, BKJA); "Então dirá também aos que estiverem à sua esquerda: Apartai-vos de mim, malditos, para o fogo eterno, preparado para o diabo e seus anjos". E por último: "Então dirá também aos que estiverem à sua esquerda: Apartai-vos de mim, malditos, para o fogo eterno, preparado para o diabo e seus anjos;" (MATEUS 25:41, ACF). Agora, prestemos atenção nesses trechos, em Lucas 16 e em 2 Pedro: "E no inferno, ergueu os olhos, estando em tormentos, e viu ao longe Abraão, e Lázaro no seu seio" (LUCAS 16:23, ACF). "Pois Deus não poupou os anjos que pecaram, mas os lançou no inferno, prendendo-os em abismos tenebrosos a fim de serem reservados para o juízo" (2 PEDRO 2:4, NVI).

O escritor e diplomata português Eça de Queiroz (1845 – 1900) narra, com todo o peculiar requinte de sua sóbria e aguçada habilidade de criar personagens, a história de Teodoro, no livro *O mandarim* (QUEIROZ, 2012) – publicado em 18 de julho de 1880. Amanuense em uma pequena repartição de Lisboa, o jovem ambicionava degraus mais elevados. Certa noite, enquanto lia em um quarto de pensão, foi surpreendido pela personificação de um demônio, que lhe fez uma proposta de enriquecimento rápido em troca da vida do mais poderoso dos mandarins. Este teria sua vida ceifada, tão logo Teodoro tocasse a campainha do demônio. Em troca da fortuna, o jovem cede ao sedutor jogo do inferno. Se tal história ocorresse de fato em nossos dias, o jovem Teodoro seria estigmatizado como uma pessoa sem coração, desprovida de moralidade, não temente a Deus, cúmplice de Satã, condenada ao inferno pelo júri popular por uma infeliz escolha.

Mas a visão do autor sobre o tema "inferno" é que era, de fato, um assunto diminuto para a nobreza da época, um tema caído em descrédito na concepção de muitos poetas, escritores e pensadores que se gabavam e farreavam com a própria sabedoria na conclusão de que céu e inferno são concepções para uso da plebe. Nada que devesse ser levado a sério. Eram pontos cabíveis nas discussões dos religiosos e fanáticos, apenas isso. E ainda é visto assim na mentalidade oriental. As religiões orientais não creem na moralidade absoluta, mas a julgam pragmática, meramente mundana. Então, não têm como conceituar o pecado como algo errado, até porque não ensinam nenhuma real oposição entre o bem e o mal. Logo, afirmam que não há inferno nem o livre-arbítrio. Da mesma maneira, propagam a ideia errônea da reencarnação.

São visões espúrias e contrárias à concepção bíblica sobre o céu, livre-arbítrio e, claro, sobre o inferno. Consideram como predeterminada a iluminação da alma no processo da reencarnação, em cuja lei está o meio de que dispõe o espírito para abreviar a caminhada rumo à perfeição, por meio das vidas sucessivas, assim adquirindo maior conhecimento, se elevando em moralidade e passando a cooperar conscientemente na obra do Criador. Não é um castigo definitivo e eterno como o inferno. Talvez por isso a possibilidade de voltar em outro corpo não pareça assim tão indesejável, uma vez que o espírito não tenha conseguido evoluir o suficiente aqui na terra. Crer nessa possibilidade de reencarnação é preferir não antever o efeito desesperador e irrevogável de uma fatídica condenação, visto que, no final, todos serão "iluminados". É colocar no próprio homem a ideia de outra chance, embora este corra o risco de poder voltar em outra forma de vida, até animal.

Portanto, não há nem pode haver reencarnação, apenas RESSURREIÇÃO. E por isso, Cristo ressuscitou. O céu ou Reino Celestial começa aqui, nesta vida, é uma questão de fé e de escolha. Aqueles que o negam, cedendo ao orgulho, à vaidade, aos pecados e cuidados deste mundo já podem dizer que

sempre estiveram no caminho do seu destino: o inferno – ou a exclusão definitiva do Livro da Vida. Há pessoas ainda que, interpretando erroneamente as Escrituras, usam das referências sobre o inferno como pretexto para o ensino do purgatório – tema que já pudemos comentar anteriormente. Seria um lugar habitado por anjos, um lugar bom, criado para a reeducação ou purificação das almas já salvas, mas que, por algum motivo, ainda precisam de um tipo de santificação para ver a Deus. Esse lugar, para a doutrina católica, satisfaria o senso de justiça divino com a punição para a purificação dos pecadores.

Um grande engodo, fatalmente, o mais extravagante já disseminado pelo catolicismo de Roma frente à reforma protestante, que obrigava aos incautos fiéis romanistas a aceitarem parte do *"Professio fidei Tridentina" (ou "Profissão de fé Tridentina"),* mais conhecido como "Credo do papa Pio IV" ou "Símbolo Tridentino". O tal Credo foi apresentado em 13 de novembro de 1564, pelo próprio Pio IV, em suas bulas *Iniunctum nobis* e *In sacrosancta beati Petri* (TELES, 2015, p. 40). É certo que, mesmo estando sob os auspícios do Concílio de Trento (1545-1563), sofreu algumas posteriores e "leves" modificações após o Concílio Vaticano I (1869-1870), para que se encaixasse no contexto das definições dogmáticas ditadas por esse santo sínodo. Ao que se sabe, porém, é que havia uma intenção por detrás do edito desse Credo. E era, como uma ampla confissão de fé, trazer à tona uma definição da fé católica em contraposição ao novo e crescente protestantismo, passando em revista as normas definidas no Concílio de Trento (COLLANTES, 1983, p. 1229). O trecho a seguir aborda os temas como a confirmação da existência do purgatório, a necessidade de súplicas aos santos (idolatria) e autentica o poder das indulgências:

> Sustento com constância que existe o purgatório e que as almas ali prisioneiras são ajudadas pelos sufrágios dos fiéis, e igualmente que os Santos, que reinam com Cristo, devem ser venerados e invocados, e que eles oferecem orações a Deus por nós [...] afirmo também que por Cristo foi deixado na Igreja o poder das indulgências e que o uso das mesmas é imensamente salutar ao povo cristão (DENZINGER, 2007, p. 770-771).

Após o período patrístico, tempo de desenvolvimento da Filosofia Cristã, o papa Inocêncio IV, escrevendo ao bispo de Túsculo, na carta *Sub catholicae professione* (1254), formalmente e em primeira mão, afirma os elementos primordiais de doutrina sobre o destino das almas dos mortos – o "estado intermediário" da purificação pelo purgatório, sobre a acolhida dos "limpos" no céu e a punição eterna no inferno dos que morreram em pecado mortal, ou só com o pecado original:

> E se tiverem falecido em verdadeira penitência na caridade, antes de haver satisfeito com frutos dignos de penitência pelo que cometeram ou deixaram de fazer, as suas almas são purificadas depois da morte, com penas purificatórias, ou seja, catartérias, como nos aclarou Frei João [Parastron OFM]; e para aliviá-los de penas de tal gênero são-lhes úteis os sufrágios dos fiéis vivos [...]. As almas, pois, daqueles que, depois de terem recebido o santo batismo, jamais incorreram em nenhuma mancha de pecado, e também aqueles que, depois de terem contraído a mancha do pecado, segundo o que foi dito acima, foram purificadas, seja quando ainda nos seus corpos, seja quando já despojadas deles, são logo recebidas no céu. As almas, pois, daqueles que morreram em pecado mortal, ou só com o pecado original, descem logo ao inferno, sendo, todavia, punidas com penas diferenciadas. A mesma sacrossanta Igreja Romana crê firmemente e com firmeza afirma que, no dia do juízo, todos os homens comparecerão, com seus corpos, diante do tribunal de Cristo e prestarão contas de suas ações [*cf.* Rm 14,10] (DENZINGER, 2007, p. 856-59).

Define-se "sufrágio" – do verbo lat. *suffragari (sub fragari)* – com o sentido de "dar voto, votar a favor de; ser a favor de apoiar, patrocinar", sendo empregado pelos escritores cristãos da antiguidade com os sentidos de "socorro, auxílio, apoio; intercessão; orações; aprovação" (GUÉRIOS, 1986, p. 99-100). Obra de alguém que intercede somente pelos mortos que morreram em pecado "venial" ou "não

mortal" – o ato que não separa o homem totalmente de Deus –, mas que fere a comunhão com o Criador. Pecados veniais são os que não foram expiados nesta vida, nem saciados pelas indulgências exigidas, como se o ponteiro da balança divina oscilasse entre o peso dos "pecadinhos", passíveis de perdão, e dos imperdoáveis e mortais "pecadões". Cristo, contrariando a expectativa doutrinária do purgatório e encerrando Nele mesmo o peso de todo o pecado, não ensina nada sobre nenhum estágio intermediário da alma. Essa tal inconsistente e herética doutrina teria surgido do imaginário idólatra romanizado, com o fim de extorsão.

Jesus ensinou que há apenas dois lugares: céu e inferno. Este último, um lugar de tormento eterno, como nos confirma a parábola do rico e Lázaro, contada pelo Mestre e registrada em Lucas 16:22,23. Então, nem mesmo o "limbo" existe. Aquino imaginou esse lugar, o limbo, como um imenso berçário espiritual, e, por meio dele, este termo se tornou recorrente no pensamento teológico. Um lugar lindo, mas afastado da presença de Deus. Foi uma tentativa de resolver a questão do pecado original das crianças que morriam sem o batismo nas águas. Haverá maior punição do que a morte sem Jesus? E haverá maior presente do que uma eternidade com Ele? Disse Thomas Hobbes (1588-1679) que "nenhum estado pode subsistir se alguém tiver poder para dar recompensa maior que a vida e uma punição maior que a morte" (HOBBES, 2003, p. 375). E acabou, mais à frente, deixando soar o alerta: "O inferno é verdade vista demasiado tarde"

Um resumo do irrefutável: o inferno é a total privação de Deus, sofrimento sem fim, castigo inevitável para as almas que, livremente, se recusam a beber da única Fonte de Vida: Jesus Cristo – O Caminho, A Verdade e A Vida.

c. Outras abominações

Duas coisas que, juntas, deram certo: a ira do inimigo contra Deus e o coração endurecido do homem aberto para o pecado. Combinação perfeita para as aberrações que ainda abordaremos adiante, dentre as práticas idólatras dos povos antigos. Conhecendo um pouco sobre as essas abominações, talvez o caro leitor identifique práticas que foram mantidas durante muito tempo, ainda atuais em muitas religiões. Nomes, títulos, rituais e alguns atributos dessas representações demoníacas podem parecer bem familiares.

Tanto no panteão egípcio quanto no babilônico, uma infinidade de deuses adorados. Cada cidade tinha o seu próprio deus. E para cada deus, um aglomerado de muitas outras divindades de diversas origens, formas e atuações, algumas com santuários inteiros dedicados a elas. Os *patesi* – "senhores", no sentido religioso, título conferido às lideranças civis e religiosas sumerianas, governantes e sumos sacerdotes dos deuses dessas comunidades – se encarregavam das questões de culto em todas as tradições ritualísticas das cidades que pertenciam ao sistema de "comunidade de vizinhança" (AZEVEDO, 1999, p. 14). Enquanto isso, as divindades ajudadoras do deus principal de cada povoado cuidavam de servi-lo de muitas maneiras: zelavam pelos rebanhos, pelas águas e pelos peixes, pelas plantações, pelas armas de guerra e até pelos instrumentos musicais. Uma entidade para cada departamento, cumprindo sua missão no vasto mundo dos humanos, seus incautos seguidores, a quem dispensavam os seus préstimos quando estes lhes rogarem por ajuda.

Em meio a essa miscelânea histórico-mitológica, que o Santo Espírito de Deus traga luz ao entendimento dos fiéis conhecedores da Verdade, para que não tenham suas mentes afetadas ao ponto de se desviarem do Caminho que os levará ao Deus de toda a criação, Senhor absoluto, acima de todos os ídolos! Tudo o que é sacrificado aos ídolos criados pelo homem chega a "alguém". Se há um remetente, há um destinatário para receber a encomenda. E, neste caso, são os demônios os receptores da adoração dos incautos. Vejamos o texto a seguir:

> Portanto, que estou querendo dizer? Será que o sacrifício oferecido a um ídolo é alguma coisa? Ou o ídolo é alguma coisa? Não! Quero dizer que o que os pagãos sacrificam é oferecido aos demônios e não a Deus, e não quero que vocês tenham comunhão com os demônios (1 CORÍNTIOS 10:19-20, NVI).

Falaremos agora sobre uma deusa bastante conhecida e cultuada na Antiguidade, conhecida como Deusa Mãe, Deusa da Lua, Deusa da Fertilidade, a personificação da força da natureza que tanto dá quanto tira a vida. Adorada sob vários nomes e estava presente na religião de vários povos. Ishtar é a deusa dos acádios ou Namu, dos antecessores sumérios.

Figura 21 – ISHTAR (Mitos e lendas da Babilônia e Assíria – 1916)

Ora, as obras da carne são manifestas: imoralidade sexual, impureza e libertinagem; idolatria e feitiçaria; ódio, discórdia, ciúmes, ira, egoísmo, dissensões, facções e inveja; embriaguez, orgias e coisas semelhantes. Eu os advirto, como antes já os adverti: Aqueles que praticam essas coisas não herdarão o Reino de Deus (GÁLATAS 5:19-21, NVI).

Fonte: Wikimedia Commons / De: Spence, Lewis, 1874-1955. / Domínio Público Disponível em: https://commons.wikimedia.org/w/index.php?search=ISHTAR&title=Special:MediaSearch&go=Ir&type=image. Acesso em: 3 set. 2017

ISHTAR significa "estrela". Na Babilônia, as práticas religiosas dos primeiros semitas que ali habitavam não diferiam em essência das de seus vizinhos, os sumérios. Geralmente cultuados juntos, Ishtar, Sin (a lua) e Shamash (o sol) formavam uma tríade divina semítica e eram cultuados dentre outros deuses, como: Adad ou Ramman (o tempestuoso ou "a tempestade"), Anu, Assur, Amurru, Marduk, Enlil – o Bel de Nippur, Ea, Nabu de Borsippa etc. Três desses, Anu, Enlil e Ea, pertenciam a uma tríade mais antiga e não menos importante, conhecida como "tríade divida original" (MOORE, 2021, p. 305), sendo que este último (Ea) era o pai de Enlil (Bel – "o Senhor") e personificava toda atividade prática (JASTROW, 1905, p. 61). Posteriormente, surgiu outra trindade cultuada, formada agora por Sin (lua), Shamash (sol) e Adad (tempestade), que desalojou Ishtar (MOORE, 2021, p. 308).

Ishtar era cognata da deusa filisteia Asterote, de Ísis, dos egípcios, de Easter – a deusa do amor na mitologia nórdica. Seria também irmã gêmea de Samas e filha do deus Lua, Sin. Como Inana-Ishtar, mencionada na Bíblia hebraica, influenciou a deusa Astarte dos fenícios e, mais tarde, a deusa Afrodite, dos gregos. É representada pelo planeta Vênus (BOTTÉRO, 2004, p. 219) e parte inspiradora de muitos hinos em sua homenagem, tal qual:

> Eu sou Ishtar, deusa do entardecer. Eu sou Ishtar, deusa das manhãs! Sou Ishtar, que abre e fecha as portas dos céus, o brilho dos céus reflete minha glória; eu apazíguo os céus, acalmo a terra, para minha glória; sou a que brilha nos céus resplandecentes, cujo nome é brilhante no mundo habitado, para minha glória. Para minha glória, sou proclamada Rainha dos céus tanto acima como abaixo. Para minha glória subjulgo as montanhas, eu sou o cume das montanhas (PEINADO, 1990, p. 41).

Na Astrologia, manuscritos antigos relatam que o culto a essa deusa deu origem ao signo de Virgem, no Zodíaco. Mas é justo na cultura patriarcal que Ishtar (como Inanna) era conhecida como a "deusa das prostitutas" ou "deusa do sexo" (BARBAS, 2004, p. 14-15). Em particular, pelos hebreus. Outro nome alternativo, "Har Hora", deu origem ao termo "prostituta ou meretriz". *"A prostituição sagrada foi na verdade a tradição do ritual sexual que persistiu desde a Idade da Pedra para se tornar parte integral da adoração religiosa nas primeiras civilizações do mundo"* (ROBERTS, 1998, p. 22). Para os profetas hebreus do Deus Único YHWH, todos as práticas rituais dos cultos à fertilidade, fora das festas sagradas instituídas pelo próprio Senhor (Levítico 23), eram consideradas prostituição – o abandono ao Deus Supremo por adoração aos ídolos. Práticas imundas que, para os fiéis neotestamentários remidos em Cristo, até mencioná-las seria um ultraje à santidade, como lemos nas citações paulinas de Efésios e Colossenses: "Entre vocês não deve haver nem sequer menção de imoralidade sexual como também de nenhuma espécie de impureza e de cobiça; pois essas coisas não são próprias para os santos" (EFÉSIOS 5:3, NVI);

> Assim, façam morrer tudo o que pertence à natureza terrena de vocês: imoralidade sexual, impureza, paixão, desejos maus e a ganância, que é idolatria. É por causa dessas coisas que vem a ira de Deus sobre os que vivem na desobediência, as quais vocês praticaram no passado, quando costumavam viver nelas (COLOSSENSES 3:5-8, NVI).

Ishtar – em outras línguas e tradições – aparece como: Istar, Estar, Ishara, Ishhara, Astar, Atar, Attar, Athar, Athtar, Irnini, Absusu, Abtagigi ("Ela Quem envia Mensagens do Desejo"), Dilbah (como Vênus a estrela da manhã), Hanata (como divindade guerreira), Kilili (como símbolo da mulher independente), Nanab ("A Rainha"), Nin Si Anna ("Senhora dos olhos do Céu"), Sharrat Shame ("Rainha do Céu"), Ulsiga (um título de reverência que significa "Ishtar do Céu e da Terra"), Zanaru ("Senhora da Terra"), e Zib (como Vênus-noite estrela), Rainha da Beleza, Amada de Enki, Doadora de Força, Luz Brilhante das noites, Filha da Lua, Perdoadora de pecados, Senhora de todos os Decretos, Senhora das Montanhas, Doadora da Justiça e das Leis ou Guardadora das Leis e da Ordem, Deusa das Deusas, Deusa dos Suspiros, Grande Deusa do Amor e da Guerra, Grande Hieródula (escrava sagrada), Ishtar – a Grande Hieródula da Babilônia, Grande Amante, Grande Mãe, Soberana dos Céus, Ishtar de Arbela, Ishtar Senhora de Nínive, Senhora de Ur, Senhora da Batalha, Senhora do Parto, Senhora do Céu, a Senhora das Águas, a senhora do Palácio, a Senhora da paixão e do desejo, Senhora das Dores, Senhora da Vitória, a Legisladora, a Líder dos Exércitos, a Luz do Mundo, a Brilhante Criadora da Vida, Condutora da Humanidade, Leoa dos Igigi, Senhora e Mãe dos Deuses, a Mãe da Mama Frutífera, Abridora do Ventre, Protetora dos Fracos, a Rainha do Ataque e a "Mão de Luta", Rainha do Céu e da Terra, Rainha do Sol nascente, Juíza justa, Soberana do Céu, Dona do Mundo, Destruidora da Vida, Senhora dos Terrores Noturnos e dos Medos, a que segura as coroas da Realeza, e Estrela do Céu.

> Inanna/Ištar é a divindade feminina mais importante do panteão babilônico e tem um caráter ridimensional: erótica e atraente, deusa do amor e do sexo; sanguinária e impiedosa, deusa da guerra e da vingança; astral, Vênus celeste. [...]. Sua fascinação reside precisamente na impossibilidade de separar estas três facetas: erótica, sanguinária e astral de sua personalidade. A presença da deusa implica na (existência das) três simultaneamente: a amante pode matar; a sanguinária pode amar; o astro celeste pode esconder-se (LÓPEZ; SANMARTÍN, 1993, p. 302-303).

Em certo ritual praticado pelos seus adeptos, conhecido como ritual de banimento ou libertação, repetia-se:

> Rainha dos Céus, Deusa da Lua, lance seus poderosos raios sobre meus inimigos. Que eles se curvem em derrota. Defenda-me, Senhora das Batalhas e da Vitória! [...] A renovação vem do caldeirão do Submundo. Assim como Isthar ascendeu vitoriosa de sua jornada, eu me renovo através de seu amor e sabedoria (SILVEIRA, 2008, s/p).

Falando em batalhas, Ishtar teria adquirido de outra deusa, a virgem Anat, uma característica guerreira. E, por isso, acabou sendo algumas vezes representada com barbas e nua; noutras vezes, em forma alada, ornada como Inanna. Ištar é a divindade feminina mais importante do panteão babilônico e tem um caráter ridimensional: erótica e atraente, deusa do amor e do sexo; sanguinária e i uma coroa a portar suas armas, dominando um leão sob um dos pés.

Figura 22 – Selo cilíndrico acadiano representando Innana e Ninshubur

Fonte: Wikimedia Commons, entre 2.334 e 2.154 a.C. /Domínio Público Disponível em: https://commons.wikimedia.org/wiki/File:Ancient_Akkadian_Cylindrical_Seal_Depicting_Inanna_and_Ninshubur.jpg. Acesso em: 3 set. 2017

Deve ter sido essa a última imagem que o rei assírio Assurbanipal (669-631 a.C.) – citado na Bíblia em Esdras 4:10 e comparado a uma "cana quebrada" em 2 Reis 18:21 – viu em um sonho, ao apelar para a deusa guerreira que o livrasse da morte na batalha contra os elamitas, provavelmente, a Batalha de Susã – 647 a.C. Era prática comum entre os babilônios, semelhantemente aos cultos extáticos egípcios, consultar os deuses e esperar deles respostas que, muitas vezes, vinham por meio de sonhos. A mensagem chegava por um intermediário: *mahhûm* ou *muhhûm* – caso fosse homem – e *mahhûtum* ou *muhhûtum* – caso fosse mulher –, que transmitia ao destinatário, em um estado de transe, o recado dos deuses (BOUZON, 1991, p. 34). Em uma inscrição conservada, talhada no tablete cuneiforme de Ninive K 2638, acervo do British Musewn – publicado em transcrição e tradução por Bauer (1933, p. 61) –, Assurbanipal falava de sonhos e oráculos dos *"mahhûm"* que a deusa Nana (Inanna/Ištar) lhe enviara por ocasião de uma incursão bélica do rei elamita Kudur-Nanhunte contra a Babilônia.

Qualquer semelhança entre um dos tantos títulos atribuídos a essa deusa, com outros atribuídos a vários "santos" e "santas" e entidades da atualidade, não serão "mera coincidência". Vê-se que o tempo passou depressa, a ciência se multiplicou. Mas a mente dos incautos idólatras continua retrógrada no que diz respeito aos seus mitos, às suas crenças, aos seus costumes e a tantas outras aberrações. Segundo Mircea Eliade (1907-1986), o "universo mental dos mundos arcaicos não chegou até nós dialeticamente nas crenças explícitas dos indivíduos, mas conservou-se nos mitos, nos símbolos e costumes que, apesar de todo gênero de degradação, deixam ver ainda claramente o seu sentido original" (ELIADE, 2008, p. 16). É como podemos entender conforme as palavras de Jeremias:

> Eles retornaram aos pecados de seus antepassados, que recusaram dar ouvidos às minhas palavras e seguiram outros deuses para prestar-lhes culto. Tanto a comunidade de Israel como a de Judá quebraram a aliança que eu fiz com os antepassados deles. Então as cidades de Judá e os habitantes de Jerusalém clamarão aos deuses, aos quais queimam incenso, mas eles não poderão salvá-los quando a desgraça os atingir. Você tem tantos deuses quantas são as suas cidades, ó Judá; e os altares que você construiu para queimar incenso àquela coisa vergonhosa chamada Baal são tantos quantas são as ruas de Jerusalém. [...] O Senhor dos Exércitos, que a plantou, anunciou-lhe desgraça, porque a comunidade de Israel e a comunidade de Judá fizeram o que é reprovável e provocaram a minha ira, queimando incenso a Baal. (JEREMIAS 11:10-12-13 e 17, NVI).

BAAL – Este nome em língua semítica, literalmente, tem o significado de senhor ou lorde, uma vez que a raiz da palavra indica que ele "governa" ou "possui", sendo o seu plural "baalim" ou "baalins" (1 REIS 18:18). Como em língua hebraica Baal significa "senhor" ou "proprietário", tal termo sugere que este deus fosse "proprietário" de determinada região, exercendo o controle em relação a alguns aspectos da vida humana (CHAMPLIN, 2001, p. 416). Muitos criam ser este deus o filho de *El* (o deus principal para os cananeus e pai dos deuses) com Aserá (deusa-mãe), porém a literatura antiga o cita como *Filho de Dagon* (RADMACHER; ALLEN; HOUSE, 2010, p. 463). Para Deus, o culto prestado a ele era algo repugnante, como registra a Bíblia a seguir:

> Vocês pensam que podem roubar e matar, cometer adultério e jurar falsamente, queimar incenso a Baal e seguir outros deuses que vocês não conheceram, e depois vir e permanecer perante mim neste templo, que leva o meu nome, e dizer: Estamos seguros, seguros para continuar com todas essas práticas repugnantes? (JEREMIAS 7:9,10, NVI).

Figura 23 – BAAL

Guarda-te, que não te esqueças do Senhor, que te tirou da terra do Egito, da casa da servidão. O Senhor teu Deus temerás e a ele servirás, e pelo seu nome jurarás. Não seguireis outros deuses, os deuses dos povos que houver ao redor de vós; Porque o Senhor teu Deus é um Deus zeloso no meio de ti, para que a ira do Senhor teu Deus se não acenda contra ti e te destrua de sobre a face da terra (DEUTERONÔMIO 6:12-15, ACF).

Fonte: Wikimedia Commons / Jastrow, 2006 / Domínio Público Disponível em:https://upload.wikimedia.org/wikipedia/commons/3/35/Baal_thunderbolt_Louvre_AO15775.jpg. Acesso em: 15 out. 2017

Nos templos para ele erigidos, sob as árvores nos altos montes, nos telhados das casas e diante de adornados altares, Baal era adorado de diferentes maneiras e em várias regiões. Como na antiga Canaã e na Fenícia, onde ele era considerado o mais poderoso de todos os deuses, conhecido também como o deus supremo, deus da fertilidade, senhor do universo, como o deus do sol e da tempestade, geralmente representado segurando um relâmpago. Para essas culturas e segundo os autores Edward E. Hindson e Gary Yates (2014), Baal era o deus que prometia produtividade agrícola, alegava jurisdição sobre a vida e a morte, alegava controle sobre os raios, fogo e chuvas, mas que acabou sucumbindo diante da supremacia de Deus (HINDSON; YATES, 2014, p. 165). Também conforme relatos antigos, os fenícios adoravam o Sol como o único senhor dos céus, e que este "Beelsamen" era idêntico ao Zeus grego, sendo transcrito na Septuaginta como Héracles.

Ora, se prestar culto ao sol, criação de Deus, como, sendo um deus, era prática habitual, vejamos o que diz esta tradução das Escrituras: "E serão assolados os vossos altares, e quebradas as vossas imagens do sol e derrubarei os vossos mortos, diante dos vossos ídolos. E porei os cadáveres dos filhos de Israel diante dos seus ídolos; e espalharei os vossos ossos em redor dos vossos altares" (EZEQUIEL 6:4-5, ACF). Nessa abominação de adorar ao astro, os homens, anciãos de Israel, cometiam a maior das transgressões contra Deus: viravam as costas para o altar do Senhor, ficavam de costas para o "Santo dos Santos" e para a Arca:

> E levou-me para o átrio interior da casa do Senhor, e eis que estavam à entrada do templo do Senhor, entre o pórtico e o altar, cerca de vinte e cinco homens, de costas para o templo do Senhor, e com os rostos para o oriente; e eles, virados para o oriente adoravam o sol. Então me disse: Vês isto, filho do homem? Há porventura coisa mais leviana para a casa de Judá, do que tais abominações, que fazem aqui? Havendo enchido a terra de violência, tornam a irritar-me (EZEQUIEL 8:16-17, ACF).

No culto a Baal, enfatizavam a sensualidade e a prostituição ritualística nos templos, sendo comum o sacrifício humano, como registrado em Jeremias: "Construíram nos montes os altares dedicados a Baal, para queimarem os seus filhos como holocaustos oferecidos a Baal, coisa que não ordenei, da qual nunca falei nem jamais me veio à mente" (JEREMIAS 19:5, NVI). O culto a este deus infiltrou-se na vida religiosa judaica durante o tempo dos juízes, numa evidente desobediência do povo, quando este se esqueceu do seu Deus. E a posteriori, tal prática idólatra se tornou muito comum em Israel durante o reinado de Acabe. Vejamos, a seguir, nos textos em Juízes e em 1 Reis:

> Habitando, pois, os filhos de Israel no meio dos cananeus, dos heteus, e amorreus, e perizeus, e heveus, e jebuseus, tomaram de suas filhas para si por mulheres, e deram as suas filhas aos filhos deles; e serviram aos seus deuses. E os filhos de Israel fizeram o que era mau aos olhos do Senhor, e se esqueceram do Senhor seu Deus; e serviram aos baalins e a Astarote (JUÍZES 3:5-7, ACF);

> E fez Acabe, filho de Onri, o que era mau aos olhos do Senhor, mais do que todos os que foram antes dele. E sucedeu que (como se fora pouco andar nos pecados de Jeroboão, filho de Nebate) ainda tomou por mulher a Jezabel, filha de Etbaal, rei dos sidônios; e foi e serviu a Baal, e o adorou. E levantou um altar a Baal, na casa de Baal que edificara em Samaria. Também Acabe fez um ídolo; de modo que Acabe fez muito mais para irritar ao Senhor Deus de Israel, do que todos os reis de Israel que foram antes dele (1 REIS 16:30-33, ACF).

Esse ato profano manchava o puro sentido de adoração ao único que é digno e se espalhou demasiadamente, chegando a afetar também a Judá, segundo o livro de 2 Crônicas:

> Acaz tinha vinte anos de idade quando se tornou rei de Judá. Ele governou dezesseis anos em Jerusalém. Acaz não seguiu o bom exemplo do seu antepassado, o rei Davi; pelo contrário, fez aquilo que não agrada ao SENHOR, seu Deus, e seguiu o exemplo dos reis de Israel. Fez imagens de metal do deus Baal e queimou incenso no vale de Ben-Hinom. Chegou até a oferecer os seus próprios filhos, queimando-os como oferta aos ídolos, de acordo com o nojento costume dos povos que o SENHOR Deus havia expulsado da terra conforme os israelitas avançavam (2 Crônicas 28:1-3, NTLH).

Deus confrontou diretamente o paganismo por meio do ministério do profeta Elias. E mostrou o Seu absoluto poder sobre a natureza quando enviou uma seca que durou três anos, tal como registrado em 1 Reis: "Então Elias, o tisbita, dos moradores de Gileade, disse a Acabe: Vive o SENHOR Deus de Israel, perante cuja face estou, que nestes anos nem orvalho nem chuva haverá, senão segundo a minha palavra" (1 REIS 17:1, ACF). Foi então convocado, por Elias, um grande confronto no Monte Carmelo para provar, de uma vez por todas, quem de fato era Deus. Os 450 profetas de Baal passaram todo o dia clamando ao seu deus para que ele enviasse fogo do céu, "porém não houve voz, nem resposta, nem atenção alguma" (1 REIS 18:29, ACF). Logo que eles desistiram, exaustos, Elias clamou ao Senhor numa simples oração, ao que Deus respondeu imediatamente, fazendo descer fogo do céu. Diante disso, o povo, como está no versículo 39, "caiu de rosto em terra e disse: O SENHOR é Deus! O SENHOR é Deus!".

Com o passar do tempo, diferentes localidades desenvolveram outras denominações do baalismo, dependendo do atributo que cada povo enaltecia: Baal-Peor ou "Senhor de Peor" (NÚMEROS 25:3) e Baal-Berite ou "Senhor do pacto" (Juízes 8:33), Baal-Gade ou "Senhor de sorte" (JOSUÉ 11:17), Baal-Hamon ou "Baal das multidões", Baal-Tamar ou "Senhor da palma" etc. (CHAMPLIN, 2001, p. 416-417), sendo, alguns desses nomes, nomes de cidades israelitas que levam Baal em sua formação. Baal Hadade-Rimom: significa "Senhor Hadade Trovejador". Lemos em 2 Reis: "Mas que o Senhor

me perdoe por uma única coisa: quando meu senhor vai adorar no templo de Rimom, eu também tenho que me ajoelhar ali pois ele se apoia em meu braço. Que o Senhor perdoe o teu servo por isso" (2 REIS 5:18, NVI).

Em geral, os sacerdotes de Baal apelavam para os ritos de selvageria na sua adoração, incluindo gritos de êxtase e ferimentos autoinfligidos. Devemos lembrar-nos, com base nesses relatos e exemplos bíblicos, daqueles pobres coitados que se autoflagelam durante certas procissões do famigerado ritual católico romanizado e orar por eles. Pois assim está escrito em 1 Reis: "E eles clamavam em altas vozes, e se retalhavam com facas e com lancetas, conforme ao seu costume, até derramarem sangue sobre si" (1 REIS 18:28, ACF). O Senhor Deus advertiu ao Seu povo contra a adoração dos deuses de Canaã. Mas Israel sempre desobedecia e se voltava à idolatria. Vejamos o que está registrado em Deuteronômio:

> Temam o Senhor, o seu Deus, e só a ele prestem culto, e jurem somente pelo seu nome. Não sigam outros deuses, os deuses dos povos ao redor; pois o Senhor, o seu Deus, que está no meio de vocês, é Deus zeloso; a ira do Senhor, o seu Deus, se acenderá contra vocês, e ele os banirá da face da terra (DEUTERONÔMIO 6:13-15, NVI).

No Evangelho de Mateus, lemos: "E, se eu expulso os demônios por Belzebu, por quem os expulsam então vossos filhos? Portanto, eles mesmos serão os vossos juízes" (MATEUS 12:27, ACF). O próprio Jesus chama Satanás de "Belzebu", ligando o diabo a Baal-Zebube, uma divindade filisteia, como vemos a seguir em 2 Reis:

> Certo dia, Acazias caiu da sacada do seu quarto no palácio de Samaria, e ficou muito ferido. Então enviou mensageiros para consultar Baal-Zebube, deus de Ecrom, para saber se ele se recuperaria. Mas o anjo do Senhor disse ao tesbita Elias: "Vá encontrar-se com os mensageiros do rei de Samaria e lhes pergunte: "Acaso não há Deus em Israel? Por que vocês vão consultar Baal-Zebube, deus de Ecrom?" Por isso, assim diz o Senhor: "Você não se levantará mais dessa cama e certamente morrerá!" (2 REIS 1:2-4, NVI).

O Baal cultuado e citado em vários textos no Antigo Testamento era nada mais do que demônios disfarçados de deuses, com características que variavam mais ou menos segundo as tribos que o adoravam. Quase sempre Baal estava relacionado com a fecundidade, e seus seguidores eram assíduos frequentadores e praticantes das cerimônias que, quase em sua totalidade, tinham um carácter orgiástico. Em Ugarit, esses banquetes e entretenimentos sexuais estavam relacionados ao Festival de Ano Novo, no outono, que celebrava o retorno de Baal com a descida das chuvas (SEGAL, 2004, p. 115-118). Todo culto que não é prestado ao Único Deus é idolatria, e toda a idolatria é, em última análise, uma forma de adoração ao diabo e aos seus demônios. Sobre isso, o apóstolo Paulo advertiu aos Coríntios na seguinte citação: "Não podeis beber o cálice do Senhor e o cálice dos demônios; não podeis ser participantes da mesa do Senhor e da mesa dos demônios" (1 CORÍNTIOS 10:21, ACF). Fiquemos com as palavras do Senhor, como uma sentença para quem abandona Sua lei e segue a seu endurecido coração:

> E disse o Senhor: Porque deixaram a minha lei, que pus perante eles, e não deram ouvidos à minha voz, nem andaram nela, Antes andaram após o propósito do seu próprio coração, e após os baalins, como lhes ensinaram os seus pais. Portanto assim diz o Senhor dos Exércitos, Deus de Israel: Eis que darei de comer losna a este povo, e lhe darei a beber água de fel. E os espalharei entre gentios, que não conheceram, nem eles nem seus pais, e mandarei a espada após eles, até que venha a consumi-los (JEREMIAS 9:13-14, ACF).

APONTANDO O CAMINHO

Ó Senhor, quem é como tu entre os deuses? Quem é como tu, glorificado em santidade, terrível em feitos gloriosos, que operas maravilhas? Estendeste a destra; e a terra os tragou. Com a tua beneficência guiaste o povo que salvaste; com a tua força o levaste à habitação da tua santidade. Os povos o ouviram, eles estremeceram; agonias apoderaram-se dos habitantes da Filístia. Ora, os príncipes de Edom se perturbam, dos poderosos de Moabe se apodera temor, esmorecem todos os habitantes de Canaã. Sobre eles cai espanto e pavor; pela grandeza do teu braço, emudecem como pedra; até que passe o teu povo, ó Senhor, até que passe o povo que adquiriste. Tu o introduzirás e o plantarás no monte da tua herança, no lugar que aparelhaste, ó Senhor, para a tua habitação, no santuário, ó Senhor, que as tuas mãos estabeleceram. O Senhor reinará por todo o sempre. (ÊXODO 15:11-18, ARA).

Figura 24 – DAGON

"Destruirei as suas imagens esculpidas e as suas colunas sagradas; vocês não se curvarão mais diante da obra de suas mãos" (MIQUÉIAS 5:13, NVI).

Fonte: Wikimedia Commons / R. Russell 2004/ Public Domain; Disponível em: https://upload.wikimedia.org/wikipedia/commons/c/c3/Dagon1.jpg. Acesso em: 17 set. 2017

DAGON – Alguns povos, longe do Senhor, abraçaram o culto a este deus de origem assírio-babilônica, também chamado Dagã Takala – conforme lido nos tabletes de Tell El Amarna (CHAMPLIN, 2001, p. 3). Era cultuado pelos cananeus, mas, para os filisteus, ele era o deus principal, a quem atribuíam o controle do tempo e da fertilidade da terra, o deus responsável pelo crescimento das plantas. Dagom, nome originado do hebraico *dagam* = "cereal", associado à cultivação ou à agricultura (CHAMPLIN, 2001, p. 3). Representado muitas vezes como vemos na imagem, metade homem, metade peixe, pois o seu nome *Dagom* – para outros estudiosos – pode significar "peixinho", diminutivo de dag = peixe (CHAMPLIN, 2001, p. 2), sendo adorado como "o deus-peixe". Inclusive, *dag* é uma palavra comumente traduzida como "peixe" na Bíblia. Atribuíam a *Dagom* o poder de julgar aqueles que morriam, reinando no mundo subterrâneo.

Na época de Sansão, como lemos em Juízes, esse deus era bastante conhecido: "Então os príncipes dos filisteus se ajuntaram para oferecer um grande sacrifício ao seu deus Dagom, e para se alegrarem, e diziam: Nosso deus nos entregou nas mãos a Sansão, nosso inimigo" (JUÍZES 16:23, ACF). Contudo, a sua fama logo foi abalada. Foi outro deus humilhado pelo Soberano Deus de Israel, quando colocaram a Arca do Senhor (que representava a presença de Deus entre os homens) diante da estátua de *Dagon*, conforme lemos:

> Depois que os filisteus tomaram a arca de Deus, eles a levaram de Ebenézer para Asdode. E a colocaram dentro do templo de Dagom, ao lado de sua estátua. Quando o povo de Asdode se levantou na madrugada do dia seguinte, lá estava Dagom caído, rosto em terra, diante da arca do Senhor! Eles levantaram Dagom e o colocaram de volta em seu lugar. Mas, na manhã seguinte, quando se levantaram de madrugada, lá estava Dagom caído, rosto em terra, diante da arca do Senhor! Sua cabeça e mãos tinham sido quebradas e estavam sobre a soleira; só o seu corpo ficou no lugar (1 SAMUEL 5:2-4, NVI).

Nas palavras de Baldwin (1996, p. 82): "A arca de Deus foi levada como troféu de guerra para a cidade de Asdode, cerca de 30 quilômetros ao sul, e posta ali no templo consagrado ao deus Dagom, cuja imagem dominava o santuário [...]". A história registra, das imagens que o tempo preservou, sinais que saltam aos nossos olhos quando percebemos uma ligação direta entre o sagrado e o profano, entre o que a religião romanizada adotou em sua liturgia e que, em vários aspectos, remontam às cenas de culto pagão da Antiguidade – por exemplo, quando vemos a tiara, coroa que os papas usam. Embora se apresente decorada de diferentes maneiras e em diferentes tempos, é idêntica, na forma, àquelas usadas pelos deuses ou anjos que são mostrados em antigos tabletes assírios. Tanto nas sociedades católicas quanto nas antigas tradições religiosas do Egito, Babilônia etc., o uso de certas indumentárias no crucial momento dos ritos fazia-se indispensável, dentre outros elementos emblemáticos e iconográficos, para diferenciar o alto clero dos menos destacados na hierarquia romanizada.

Logo, segundo Michel Pastoreau (1996), a cruz, a mitra e o chapéu permitem distinguir os regulares dos seculares e, entre os últimos, os cardeais dos bispos e os bispos dos simples canônicos (PASTOREAU, 1996, p. 70). Agora, leitores, observem atentamente as imagens a seguir:

Figura 25 – "SUA SANTIDADE" O PAPA e a mitra dos sacerdotes de Dagom

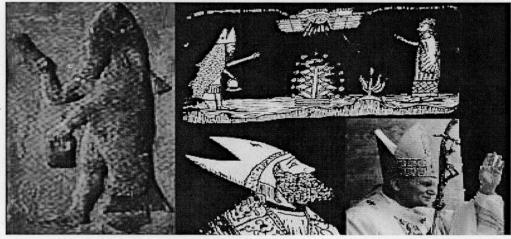

Fonte: Wordpress.com, 2009. Disponível em: https://cristovm.files.wordpress.com/2009/03/dagon_priests_hat.jpg?w=500. Acesso em: 14 dez. 2017

"Por que deveria eu perdoar-lhe isso? Seus filhos me abandonaram e juraram por aqueles que não são deuses. Embora eu tenha suprido as suas necessidades, eles cometeram adultério e frequentaram as casas de prostituição" (JEREMIAS 5:7, NVI). E basicamente se valia, o bispo, de uma túnica folgada na cor branca, chamada de alva, a mitra – modelo alterado de uma antiga

tríplice coroa e o báculo (cajado ou bordão; bastão alto, de extremidade curva, usado pelos bispos como insígnia de sua honrosa missão). Ao examinarmos cuidadosamente as imagens da Figura 17, percebemos várias representações do modo como a mitra de *Dagom* era comumente usada. Na extremidade esquerda, temos um sacerdote de *Dagom* vestido com uma mitra, espargindo água com uma mão e segurando uma vasilha na outra. Ao olharmos a imagem na direita superior, percebemos dois sacerdotes de *Dagom* espargindo uma espécie de água benta enquanto olham para um símbolo egípcio da adoração ao deus sol.

Referências às mitras aparecem no Antigo Testamento fazendo menção às vestes sacerdotais, como podemos pesquisar em Êxodo: "E a mitra porás sobre a sua cabeça; a coroa da santidade porás sobre a mitra" (ÊXODO 29:6, ACF); "E a mitra de linho fino, e o ornato das tiaras de linho fino, e os calções de linho fino torcido [...]" (ÊXODO 39:28, ACF). Contudo, não se pode afirmar que tenha alguma relação entre esse ornamento sacerdotal do Antigo Testamento e as usadas pelo clero católico. Porque, além de a origem das mitras ter vindo da cultura persa, sendo adotadas mais tarde pelos romanos, os discípulos de Cristo – o grande, perfeito e eterno Sumo Sacerdote –, ao receberem Dele a espiritual outorga para o exercício de um novo, santo e universal sacerdócio, passaram a se revestir da "nova armadura". E esta, dar-lhes-ia força e poder para lutarem contra os poderes e autoridades, contra os dominadores deste mundo de trevas, contra as forças espirituais do mal nas regiões celestiais, ou seja, a Armadura Espiritual, descrita por Paulo em Efésios 6, muito mais especial que toda aquela vestimenta veterotestamentária. Vejamos a citação paulina:

> Por isso, vistam toda a armadura de Deus, para que possam resistir no dia mau e permanecer inabaláveis, depois de terem feito tudo. Assim, mantenham-se firmes, cingindo-se com o cinto da verdade, vestindo a couraça da justiça e tendo os pés calçados com a prontidão do evangelho da paz. Além disso, usem o escudo da fé, com o qual vocês poderão apagar todas as setas inflamadas do Maligno. Usem o capacete da salvação e a espada do Espírito, que é a palavra de Deus (EFÉSIOS 6:13-17, NVI).

Mitra, palavra vinda do grego, significa "turbante" – vestuário usado por vários dignitários eclesiásticos: arcebispos, bispos, abades e o papa (CHAMPLIN, 2001, p. 323). Seria o mesmo que um diadema ou uma espécie de barrete, cinta ou faixa de linho para a cabeça, presa a uma chapa de ouro ligada à testa do sacerdote por um laço de fita azul. Biblicamente, podemos ver em Êxodo 28:4,27,29; 29:6 a palavra hebraica *misnefeth* referindo-se à mesma peça, usada pelos sacerdotes levíticos, com esta inscrição: "Santo ao Senhor" (CHAMPLIN, 2001, p. 323). Para os cleros católico, anglicano e ortodoxo, ela representa a sucessão apostólica, o poder episcopal, sendo, primeiramente, usada pelo papa. Nas palavras de um amigo padre que requereu o direito ao anonimato: *"A mitra é uma peça solene na indumentária eclesiástica. Diria que é, dentre as toucas conhecidas, a mais importante. Simplesmente porque ela representa o esplendor da santidade encarnada pelo Bispo, a sua dignidade e autoridade, uma insígnia pontifical"*.

Junto ao anel, ao báculo (bastão) e à cruz peitoral, a mitra era usada pelo Max Pontífice da Igreja Católica Apostólica Romana, que é o papa, "em sinal da sua missão apostólica em anunciar a Palavra de Deus, da sua fidelidade e à Igreja, esposa de Cristo, do seu múnus de pastor do rebanho do Senhor" (Catecismo da Igreja Católica, parágrafos 1533-1566). Depois, a mitra veio também a ser usada pelos demais prelados, evoluindo de formas e tamanhos, conforme ilustra a Enciclopédia Católica, na Figura 18.

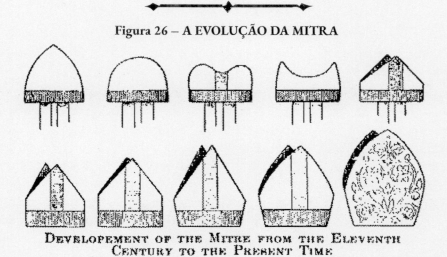

Figura 26 – A EVOLUÇÃO DA MITRA

Fonte: Wikimedia Commons; Published in the public domain Catholic Encyclopedia. Disponível em: https://upload.wikimedia.org/wikipedia/commons/1/17/Mitre_evolution.gif. Acesso em: 13 ut. 2017

Portanto, em comparação com essas figuras, como entender ou explicar o fato de o papa Bento XVI (mero exemplo) segurar o crucifixo vergado e vestir a mitra no formato de cabeça de peixe de *Dagom*, como se fosse um dos seus sacerdotes? Seria essa mais uma evidência do quanto que o paganismo está entranhado no romanismo? Como, quando e por que foram as mitras incorporadas pelo clero católico durante suas celebrações litúrgicas, enquanto o líder permanece sentado, ou enquanto faz a homilia, quando dá as saudações ou faz as alocuções e os avisos para a assembleia? Qual peso espiritual ela pode trazer aos novos discípulos cristãos, sendo que, em momento algum, se viu tal ornamento sobre Jesus, João, Pedro, Tiago e demais apóstolos? O Mestre, cumprindo todas as coisas, ordenanças, ritos, mandamentos e simbolismos do antigo pacto Nele mesmo, não cobrou dos Seus outra coisa, senão que fizessem discípulos e expandissem o Reino pela pregação do Evangelho, na liberdade verdadeira com a qual Ele nos libertou (ler: JOÃO 8:36).

Não são mais as vestes que diferenciam um servo cristão dos demais cidadãos em uma sociedade livre, mas, sim, o caráter transformado, o bom, puro e firme testemunho de conversão de alguém que anda com Cristo. Constantemente, e não em dias festivos ou de culto, apenas. Há documentos católicos, como o *Diretrizes para o ministério e a vida dos padres (Directory for the Ministry and Life of Priests)* – endossado em 1994 pelo papa João Paulo II –, no qual se regulamenta que deve, o sacerdote, desta forma se vestir: de uma forma que os separe ou diferencie dos leigos. Distinguir apenas nas vestes? Pode perguntar estupefato o caro leitor. Ou, ainda questionar, onde se encontram nas Escrituras recomendações para que se eleve em destaque o ofício sacerdotal por meio de dogmas que validam práticas idólatras. Por exemplo, citando o ex-padre Hipólito de O. Campos (1849-1931):

> No Novo Testamento não se fala, nem sequer uma palavra, de papas, cardeais, arcebispos, monsenhores, padres, monges e outros tais dignatários: mas somente são reconhecidos apóstolos, pastores, ancião, diáconos e o sacerdócio espiritual de todos os crentes em Cristo. Nem uma vez se fala em água benta, rosários, crucifixos, turíbulos, romarias, altares de imagens, velas, tiaras e batinas. Tampouco o Novo Testamento fala em missas, confissão auricular, adoração da bendita virgem Maria, canonização de santos, oração dirigida a eles, orações pelos mortos, purgatório, procissões e muitos outros dogmas que se destacam na doutrina da igreja romana (CAMPOS, 1921?, p. 185).

Disse Jesus: "Não será assim entre vocês. Ao contrário, quem quiser tornar-se importante entre vocês deverá ser servo, e quem quiser ser o primeiro deverá ser escravo; como o Filho do homem, que não veio para ser servido, mas para servir e dar a sua vida em resgate por muitos" (MATEUS 20:26-28, NVI).

Bem, analisemos que há diversas culturas que, de forma rígida, fazem oposição aos valores e práticas hodiernas no que diz respeito às vestes e a certos costumes. Por exemplo: como se vestem os judeus ortodoxos, segundo as diretrizes do Chabad? E qual a importância da barba para os homens dos Haredi? Ou das vestes brancas para os monges e monjas do Jainismo? Como encaram o nudismo os monges adeptos da seita *Digambara*, que rejeitam as roupas e todas as outras formas de bens mundanos? Quem poderia criticar a roupa espiritual *Sikh*, ou a noção budista de alguns cleros que criam numa "uniformidade de intenção visível à primeira vista"? Ou seja, esbarraremos em vestes e costumes criados para impressionar! Quem sabe, voltando ainda mais fundo na cultura babilônica, poderíamos até citar vestimentas mais lúgubres, usadas em rituais de exorcismo e cura dos *Ashipu* – exorcistas especializados em procedimentos mágicos (interlocutores dos deuses e de outros espíritos – demônios mesmo!). Leiamos: "O ašhipu usava vestes vermelhas e, decerto para provocar maior efeito psicológico durante a sua atuação ritual, utilizava uma máscara representativa de um animal (por exemplo, de leão ou águia) (MARTINS; SILVA, 2010, p. 132).

Diz o trecho a seguir, em Êxodo, sobre Arão e seus filhos como sacerdotes: "Arão e os seus filhos deverão usá-los sempre que entrarem na Tenda da Minha Presença ou quando chegarem perto do altar para servirem como sacerdotes no Lugar Santo. Deste modo eles não se arriscarão a morrer por mostrarem a sua nudez" (ÊXODO 28:43, NTLH). De Arão até a destruição do Templo, houve milhares de sacerdotes e uma média de 80 sumo-sacerdotes. Porém, as vestes sacerdotais (ou *Bigdêi kehuná*) eram: o peitoral, o éfode com o urim e o tumim, as pedras de engaste, o manto, a túnica bordada com os calções e um cinto, a mitra com a sua lâmina de ouro, e as tiaras (Ver: ÊXODO 28:4; 28; 40-42). Cada peça individualmente descrita e a sua simbologia podem ser vistas e estudadas em Êxodo, pois foram instituídas para "glória e ornamento".

Indubitavelmente, tais peças apontavam para o Messias prometido e imediatamente refletiam a Pessoa de Jesus como um espectro, uma semelhança, um espelho ou "imagem" da redenção, pois cada detalhe da vestimenta apontava para o Cristo e seu ministério. Eis alguns itens e seus significados:

1. A estola (éfode ou avental) era a parte exterior, a última peça das vestes sacerdotais, comum entre todos os sacerdotes, conforme podemos ver na Bíblia: usada por Samuel (1SAMUEL 2:18,28; 14:3); e por Davi (2 SAMUEL 6:14). Representava a divindade de Cristo (ouro), a origem de Cristo: dos céus (azul), a Sua realeza (púrpura), a Sua humilhação na morte (carmesim) e a Sua justiça e pureza (linho fino torcido de cor branca). E era composto de todo o tipo de material separado para as vestes sacerdotais (ÊXODO 28:6-14);

2. O peitoral (tipo de colete) era conhecido como "o memorial", lembrando ao Sumo Sacerdote – "*Cohen Gadol*", aquele a quem fora permitido entrar no Santo dos Santos – "*Kodesh Hakodashim*" (uma vez por ano) buscando a "*Shekinah*" (presença de Deus) para a cerimônia da expiação – "*Yom Kippur*" (CAMPOS, 2013, p. 7) – o relacionamento inquebrável de Deus com as 12 tribos de Israel e, por isso, trazia os nomes das tribos de Israel sobre seu coração, no "Peitoral do Juízo" que os guardava do "pecado da injustiça". Ninguém poderá separar-nos do amor de Cristo por nós, Seu povo, como Paulo bem falou em Romanos 8:35-39. Da mesma maneira, os nomes das tribos de Israel não poderiam estar longe do coração do sacerdote.

Enfim, roupas especiais, conforme o modelo que Deus criou, roupas limpas, decentes, trabalhadas, pesadas, bonitas e mui preciosas. Deus disse a Moisés: "E farás vestes sagradas a Arão teu irmão, para glória e ornamento. Falarás também a todos os que são sábios de coração, a quem eu tenho enchido do espírito da sabedoria, que façam vestes a Arão para santificá-lo; para que me administre o ofício sacerdotal" (ÊXODO 28:2-3, ACF). E se tais vestes sagradas nos transportam à esfera Daquele que verdadeiramente as vestiu em glória (não Arão ou os outros sacerdotes, cheios de imperfeições), Nele estamos revestidos de forma completa. E em santidade, não carecendo atribuir poderes mágicos ou sagrados a nenhuma das citadas indumentárias.

Do contrário, idolatraremos inutilmente as vestes e atribuiremos a elas algo que o Senhor já derramou sobre os Seus santos: a unção intransferível do Santo Espírito que em nós habita. Bom é relembrarmos do papel missionário e profético de João Batista, aquele que, com o seu ministério, preparou os caminhos do Senhor. A autoridade divina estava sobre ele, e o Espírito Santo o usava de forma tremenda. E não apareceu no deserto pregando com roupas sacerdotais. Muito pelo contrário, eis o que temos revelado sobre ele: "João vestia roupas feitas de pelos de camelo, usava um cinto de couro e comia gafanhotos e mel silvestre" (MARCOS 1:6, NVI). Simples, não? Pois é, Deus observa o nosso interior. Vejamos agora o que Pedro nos deixou de recado:

> A beleza de vocês não deve estar nos enfeites exteriores, como cabelos trançados e joias de ouro ou roupas finas. Ao contrário, esteja no ser interior, que não perece, beleza demonstrada num espírito dócil e tranquilo, o que é de grande valor para Deus (1 PEDRO 3:3-4, NVI).

Devido ao sofrimento e a toda humilhação imputados sobre os israelitas, quando deportados como escravos para a Babilônia, houve quem duvidasse do poder do único Deus – base do monoteísmo em Israel – e até pensasse que o deus de seus opressores era mais forte. Mesmo naquela condição, o coração endurecido daquele povo não conseguia enxergar que fora a sua falta de vigilância aos tantos avisos da parte de Deus para que, tão somente, obedecessem à Sua Lei e permanecessem em Sua presença. Aquele exílio evidenciava, na concepção de muitos dentre os de Israel, um pesado castigo de YHWH. Deus os estaria punindo pelo seu pecado, e tal punição seria o motivo e a causa de sua queda e derrota diante dos inimigos.

Sem um genuíno arrependimento, era mais fácil, então, culpar a Deus e contentarem-se em ouvir os gritos jubilosos de vitória de homens pagãos, agradecendo com cânticos, danças e sacrifícios diante da imagem do seu deus, a quem creditavam o sucesso daquela peleja. A essa altura, no meio do "povo escolhido", podia ter até alguém crendo que o Deus de Israel havia sido vencido por Marduk, deus da Babilônia (NAKANOSE; PEDRO, 2004, p. 17). Segundo o teor de certos mitos e poemas, a próxima divindade havia sido declarada, por volta de 2000 a.C., como "o deus Supremo da Babilônia" ou "o deus dos Quatro Cantos da Terra".

> Observa-se que Marduk foi venerado durante a dinastia babilônica caldaica, como o deus criador dos céus e da terra, salvador dos deuses da Babilônia e como o deus que concedeu a Ciro o direito de conquistar a Babilônia em paz. Toda essa narrativa, nos auxilia na compreensão da importância do deus Marduk no período da dinastia caldaica e como a teologia do Deus criador, fazia parte do cotidiano religioso do babilônicos (SILVA, 2018, p. 75).

Continuemos falando de Marduk, um deus que teria nascido de uma relação incestuosa entre *Enki* e *Ninhursag*. Gerou a *Dumuzi*, correspondente ao deus egípcio *Osíris*. Tinha a *Sarpanitu* como sua esposa. Possuía quatro olhos e ouvidos (via e ouvia tudo), e de sua língua saía uma chama. Apesar de toda essa descrição, era considerado muito belo. Outra versão diz que, da relação entre os deuses

Apsu (masculino) e Tiamat (feminino), nasceu Ea, e "este gerou um filho por nome Marduk, deus da cidade da Babilônia" (SANTOS, 2018, p. 72). Independentemente de qual seja a mais importante versão sobre a história, importância e até mesmo sobre os poemas que exaltam o poder dessas divindades, percebe-se "uma combinação de mitos de diferentes centros religiosos, e de diferentes períodos na história da religião babilônica, cuja forma literária final foi dada pelo sacerdócio da Babilônia próximo à época de Hamurabi" (MOORE, 2021, p. 313).

Devido à importante vitória sobre a deusa *Tiamat (a Deusa Dragão do Caos e das Trevas),* os outros deuses lhe confiaram o poder supremo do panteão mesopotâmico. Sua vitória indicava a mudança de governo do matriarcado para o patriarcado, no período da ascensão da Babilônia à "capital da coligação de estados do Eufrates", em 2250 anos a.C., aproximadamente. Nessa ocasião, toda esta região estava sob a liderança do *Rei Hamurabi.*

Figura 27 – Marduque e o seu dragão Musussu

"Não façam ídolos, nem imagens, nem colunas sagradas para vocês, e não coloquem nenhuma pedra esculpida em sua terra para curvar-se diante dela. Eu sou o Senhor, o Deus de vocês" (LEVÍTICO 26:1, NVI).

Fonte: Wikimedia Commons: Marduk e pet.jpg / Franz Heinrich Weißbach (1903) / Domínio Público / Disponível em: https://upload.wikimedia.org/wikipedia/commons/thumb/4/46/Marduk_and_pet.svg/519px-Marduk_and_pet.svg.png?20220210201044. Acesso em: 12 dez. 2017

MARDUQUE – Marduk, ou Merodaque, é apresentado na Bíblia como um deus protetor da cidade da Babilônia, deus tempestade e criador, *Em-Lil,* "o poder cósmico que determina o destino dos homens" (CHAMPLIN, 2001, p. 131). Pertencente a uma geração posterior de deuses cultuados na antiga Mesopotâmia, num Reino que ressurgiu de suas próprias ruínas – caldeu ou neobabilônico, onde, tal qual Assur era para a Assíria, era ali Marduk como o deus nacional, o "filho de Enki" (SOMMERFELD, 1982, p. 9). Conhecido pelos israelitas como Merodaque (ler: JEREMIAS 50:2) e no podium da aceitação geral das massas devotas, como veremos a seguir, Marduk era homenageado em muitas litanias a ele entoadas nas praças e nos templos. Ou seja, orações semelhantes às de hoje, nas quais se roga a Deus ou aos milhares de santos para intercederem pelos fiéis. Ladainhas, como seriam conhecidas na liturgia católica. Na litania a seguir, o nome desse deus está ou é colocado numa verdadeira glorificação, acima de outros deuses locais. Deuses que, na verdade, são nomes de Marduk em várias funções e operações:

> Ninib é o Marduk do poder, Nergal é o Marduk da luta, Zamana é o Marduk da dominação, Enlil é o Marduk da lei e da ordem, Nabu é o Marduk da superintendência, Sin é o Marduk da luz noturna; Shamash é o Marduk das decisões, Adad é o Marduk da chuva etc. (MOORE, 2021, p. 348).

Encontramos referências ao tal deus Marduque (conhecido por Merodaque pelos hebreus) nos parágrafos de abertura e finalização do Código de Hamurabi, o mais famoso código legislativo da Antiguidade, onde os deuses Anu e Enlil são retratados proclamando Marduque como rei sobre Suméria e Acádia, atitude que reflete o domínio que exercia a Babilônia sobre a Mesopotâmia (RAVN, 1929, p. 88-90). E aqui, nos textos que falam de Marduk e outros deuses, vemos a Palavra atestando que cada nação "fez" os seus ídolos, conforme sua crença, cultura e religião:

> Esta é a palavra que o Senhor falou pelo profeta Jeremias acerca da Babilônia e da terra dos babilônios: "Anunciem e proclamem entre as nações, ergam um sinal e proclamem; não escondam nada. Digam: "A Babilônia foi conquistada; Bel foi humilhado, Marduque apavorado. As imagens da Babilônia estão humilhadas e seus ídolos apavorados (JEREMIAS 50:1-2, NVI).
>
> Porém cada nação fez os seus deuses, e os puseram nas casas dos altos que os samaritanos fizeram, cada nação nas cidades, em que habitava. E os de babilônia fizeram Sucote-Benote; e os de Cuta fizeram Nergal; e os de Hamate fizeram Asima. E os aveus fizeram Nibaz e Tartaque; e os sefarvitas queimavam seus filhos no fogo a Adrameleque, e a Anameleque, deuses de Sefarvaim (2 REIS 17:29-31, ACF).

Notem: "cada nação fez" seus deuses. Saíram do imaginário idólatra de homens que não conheciam o Verdadeiro Deus. Entendamos: cada nação seguiu arquitetando o seu próprio panteão, construindo e prostrando-se ao que saiu das suas mãos. Prático, não? Imaginemos, aqui com nossos botões, os artífices rabiscando um ser divino, mitológico, cheio de poder, que logo será transformado em uma imagem de escultura para adoração coletiva. Imaginemos os contadores de história verbalizando os feitos heroicos, as odisseias, criando as lendas em volta desses personagens e compondo um fantástico cenário na imaginação dos ouvintes. Imaginemos os mais velhos agora, reunindo as famílias em volta de uma fogueira, repassando as memórias dos contos antepassados para a nova geração.

A nossa cultura popular, principalmente a que ficou registrada nas páginas de livros, nos contos, nas novelas de época, muito acrescentou para a formação de conceitos sobre religião. Os padroeiros locais, as quermesses, as festinhas de largo, as procissões, as práticas litúrgicas cheias de regras, os hinos e as recitações de longos rosários (intermináveis!), ladainhas, superstições etc., tudo isso junto, paradoxalmente, preenche um pacote de informação para desinformação. Pois, para um leigo em Bíblia, toda forma de expressão de religiosidade será um culto prestado a Deus, mesmo se for carregada de heresias. E como já diz o ditado popular que "todos os caminhos levam a Deus", ninguém há que possa discernir entre o santo e o profano.

O escritor baiano Jorge Amado (1912-2001) trouxe vida a muitos personagens em seus livros. Ele era conhecido no meio artístico como "um grande defensor das camadas populares e da mestiçagem", sendo sua marca patente as discussões sobre o patriarcalismo brasileiro, o combate ao racismo, a desigualdade e injustiça social. Chegou a ser um dos mais famosos e traduzidos escritores brasileiros de todos os tempos, porém as tradições da cultura local e todo o sincretismo estavam presentes em suas obras, como se vê em um de seus mais célebres romances: *Gabriela, Cravo e Canela* (1958). Jorge teria sido um grande divulgador do Candomblé. "Quem lê Jorge Amado encontra em muitos de seus livros referências ao candomblé, religião afro-brasileira dos orixás, deuses de origem africana" (PRANDI, 2009, p. 47). Jorge retrata nesse romance a cidade de Ilhéus, na época em que era dominada pelos produtores de cacau e onde tipos comuns do interior do Brasil no início do século XX ganhavam destaque.

Numa cena, juntam-se em uma procissão os coronéis, as beatas conservadoras, o vigário, os comerciantes (entre eles o turco Nacib), prostitutas e homossexuais, todos juntos clamando aos santos locais por chuvas. Estes "santos" deveriam interceder a Deus em favor do povo, para que a safra de cacau não fosse prejudicada com a seca. Até um manto havia sido bordado pelas prostitutas para Santa Maria Madalena – a padroeira das meretrizes –, fato que gerou conflito com as recatadas "mulheres de família". Para o Candomblé, bem retratado (embora discretamente) na obra do escritor baiano, todo o sincretismo católico lhe serviu também de "guarida e disfarce", pois "a presença de um altar com os santos católicos ocupando lugar de relevo no barracão do candomblé indicava, e em muitos terreiros ainda indica, que as pessoas ali reunidas são, antes de mais nada, católicas" (PRANDI, 2009, p. 51-52).

O que temos é a mais latente expressão de idolatria vista em cada uma dessas obras, num escancarado deboche para com a Igreja e com o seu Senhor. Tremenda zombaria! No sincretismo de Jorge Amado, catolicismo e candomblé não são de forma nenhuma inconciliáveis (PRANDI, 2009, p. 55). Acontece que Deus não deixa barato nenhum ato de escárnio contra Ele, mesmo quando vindo de alguém dentre os Seus mensageiros, sob o Seu Templo e dentre o Seu povo escolhido. Houve um tempo em que todos os líderes dos sacerdotes e o povo tornaram-se cada vez mais infiéis, seguindo todas as práticas detestáveis das outras nações e contaminando o templo do Senhor, consagrado por ele em Jerusalém – conforme 2 Crônicas. O castigo veio a galope:

> Mas eles zombaram dos mensageiros de Deus, desprezaram as palavras dele e expuseram ao ridículo os seus profetas, até que a ira do Senhor se levantou contra o seu povo, e já não houve remédio. Ele enviou contra eles o rei dos babilônios, que no santuário matou os seus jovens à espada. Não poupou nem rapazes, nem moças, nem adultos, nem velhos. Deus entregou todos eles nas mãos de Nabucodonosor (2 CRÔNICAS 36:16-17, NVI).

Semelhantemente, a obra de comédia dramática *Auto da Compadecida* (1955), de Ariano Suassuna (1927-2014), exalta o poder de Maria como parte da Trindade, interferindo no julgamento de Cristo para com o povo e alterando sentenças e destinos como a "Mãe dos Pobres", A Compadecida – a própria "Nossa" Senhora que, por ser bondosa e cândida, intercede por todos os que rogam a ela no julgamento final. É dessa forma cômica – para não dizer trágica – que as lendas vão perpetuando e ainda atraindo multidões pela beleza cultural que as enfeita, sem o mínimo de veracidade comprovada, sem base, sem nexo, sem fundamento, mas fatalmente atrativas aos olhos de todo homem de coração obstinado, rebelde, desconhecedor da Verdade e fora do Caminho. "Mas este povo tem coração obstinado e rebelde; eles se afastaram e foram embora" (JEREMIAS 5:23, NVI).

NISROQUE – É conhecido como o deus assírio da agricultura. Era um deus antropomórfico, corpo de homem e cabeça de águia, sempre representado carregando um cesto com água e uma esponja para regar as plantas. Muitos peritos sugerem que Nisroque era identificado com o deus do fogo *Nusku* – "deus sumério da luz e do fogo", tradicional na Mesopotâmia –, porém Wildberger refuta essa possibilidade (WILDBERGER, 2002, p. 405). Considerado também como o ajudador na derrota dos inimigos na guerra, o mensageiro dos deuses e dispensador da justiça. Foi no templo desse deus que o rei da Assíria, Senaqueribe, foi assassinado pelos seus próprios filhos. Vejamos em 2 Reis:

> Então Senaqueribe, rei da Assíria, partiu, e se foi, e voltou e ficou em Nínive. E sucedeu que, estando ele prostrado na casa de Nisroque, seu deus, Adrameleque e Sarezer, seus filhos, o feriram à espada; porém eles escaparam para a terra de Ararate; e Esar-Hadom, seu filho, reinou em seu lugar (2 REIS 19:36-37, ACF).

Nisroque, ao que dizem alguns estudiosos, teve seu nome mudado com o passar do tempo e com as mudanças culturais, não havendo muitos registros e ou referências dele nas páginas da História. Chega a ser citado por Schrader (1946) como variação de "saraku", significando "o despenseiro" ou "o benévolo", mas o pesquisador William Sandys Wright Vaux (1818-1885), em seu livro *Nínive e Persépolis – um esboço histórico da antiga Assíria e Pérsia* (1850), diz que a raiz de seu nome (a palavra *nisr*, que significa "águia") foi mantida em todas as línguas semíticas: hebraico, siríaco, etíope e árabe (VOUX, 1850, p. 31).

Figura 28 – Nisroque – o Orisis de Nínive

"E os outros homens, que não foram mortos por estas pragas, não se arrependeram das obras de suas mãos, para não adorarem os demônios, e os ídolos de ouro, e de prata, e de bronze, e de pedra, e de madeira, que nem podem ver, nem ouvir, nem andar (APOCALIPSE 9:20, ACF).

Fonte: Wikmedia Commons / Ciclopédia Popular do Conhecimento Universal: William Harrison Puy (1983). Disponível em: https://upload.wikimedia.org/wikipedia/commons/6/69/Nisroch.gif?20100421015248. Acesso em: 24 out. 2017

Na Bíblia, conseguimos encontrar algumas citações de seu nome, como em Isaías e em II Reis. Na verdade, um paralelismo. Há quatro capítulos de Isaías, do 36 ao 39, que estão como repetição ou complementação dos fatos narrados em II Reis 18 e 19, onde o profeta aparece em atuação durante a campanha de Senaqueribe:

> Assim Senaqueribe, rei da Assíria, fugiu do acampamento, voltou para Nínive e lá ficou. Certo dia, quando adorava no templo de seu deus Nisroque, seus filhos Adrameleque e Sarezer o feriram à espada, e fugiram para a terra de Ararate. E seu filho Esar-Hadom foi o seu sucessor (ISAÍAS 37:37-38, NVI).

TAMUZ – Um deus de origem fenícia, cultuado em Biblos. O Adônis dos gregos. Também chamado de Dumuzu. A depender da lenda, esposo de Ishtar (Ashtharte – a Afrodite dos gregos). Patrono dos alimentos e da vegetação, divindade que representava o ciclo de "Viver-Morrer-Ressuscitar". Celebrações de lamentação pela sua morte ou de exaltação e regozijo pelo seu "renascimento" ou sua "volta à vida" eram frequentes, movidas a práticas repugnantes e obscenos ritos (ler: EZEQUIEL 8:14).

Figura 29 – CASAMENTO DE ISHTAR (INANNA) E TAMUZ (DUMUZI)

"A quem vocês compararão Deus? Como poderão representá-lo? Com uma imagem que funde o artesão, e que o ourives cobre de ouro e lhe modela correntes de prata? Ou com o ídolo do pobre que pode apenas escolher um bom pedaço de madeira e procurar um marceneiro para fazer uma imagem que não caia?" (ISAÍAS 40:18-20, NVI).

Fonte: Wikimedia Commons / TangLung (1927?) / Domínio Público / Disponível em: https://upload.wikimedia.org/wikipedia/commons/c/cc/Marriage_of_Inanna_and_Dumuzi.png. Acesso em: 28 out. 2017

O teólogo alemão Ernst Friedrich Karl Rosenmüller (1768-1835), especialista em cultura oriental, escreveu: "O nome Ninrode deriva de *ma·rádh*, 'ele se rebelou', 'ele desertou', segundo o significado hebraico" (GARBER, 2017, p. 449). E isso parece em concordância com a escrita rabínica, cuja tradução também está referindo-se à "rebelar-se", "revoltar-se" = rebeldia. Até mesmo o Talmude Babilônico *(Erubin 53a)* declara: "Então, por que foi ele chamado de Ninrode? Porque incitou todo o mundo a se rebelar *(himrid)* contra a Sua soberania" (KASHER, 1955, p. 79). As lendas sobre o deus Tamuz giram sempre em torno de personagens que se misturam com as histórias bíblicas. Por exemplo, contam que seu pai era Ninrode, conhecido como "o rebelde", nascido em Sinar, do relacionamento entre Cuxe e Semíramis. Dessa maneira, seria Tamuz o neto de Cão e bisneto de Noé.

É sabido que os jebuseus e os cananeus surgiram da raiz de Cão e Canaã, seu filho. Este tivera um filho, Cuxe, que mais tarde gera Ninrode (GÊNESIS 10:8). Este é quem a Bíblia descreve como famoso, por ser um "poderoso caçador diante do SENHOR" (GÊNESIS 10:9, ARA). Teria sido ele o fundador da Babilônia, casado com Semíramis (que alguns defendem ser a sua própria mãe), uma personagem histórica a quem também se atribui a fundação de Babilônia – a primeira suma-sacerdotisa de uma religião, citada até pela Enciclopédia Britânica, cultuada como "doadora da vida" e representada como "a mãe com a criança". Após a destruição se Babel – que significa confusão, perturbação e desordem (SILVEIRA, 2001, p. 199) –, e mais tarde da Babilônia, o povo de Ninrode começou a migrar pelo mundo, conquistando outros povos de maneira tirânica e despótica, ensinando-lhes suas crenças pagãs. E conforme comenta Clarke (1832), Ninrode fundou o seu Reino na terra por meio de violência e afronta a Deus. Fica evidente que, segundo também consta na obra enciclopédica de James Strong (1822-1894):

> Ninrode foi o primeiro, depois do dilúvio, a fundar um reino, a unir os espalhados fragmentos do domínio patriarcal e a consolidá-los sob si próprio como único cabeça e senhor; e tudo isso em desafio a Deus, pois significava a intrusão violenta do poder camítico em território semítico (STRONG, 1894, p. 109).

"Aparentemente o sucesso de Ninrode como poderoso caçador fez com que ele se tornasse famoso entre aquelas pessoas primitivas. Ele se tornou 'um poderoso' na terra — um líder famoso nos negócios do mundo" (WOODROW, 1966, p. 8). Da Babilônia, este "poder" migra para a Pérsia. Dali por diante, Ninrode, Semíramis (a mesma Ishtar) e Tamuz formariam uma tríade que seria representada da mesma

forma que a Egípcia, abraçando ao pai (Osíris), à mãe (Ísis) e ao filho (Hórus) – é o que veremos mais adiante. Ninrode era representado por fogo. Daí a tradição pagã de velas e fogueiras acesas em festas específicas, pois essas eram acesas em homenagem a ele. Também era representado por figuras do sol, de peixes, árvores, pilares e animais.

Nas cidades fundadas por Ninrode, Tamuz era também reconhecido e adorado como "deus sol", uma alusão a Lúcifer, aquele que a Bíblia descreve como "portador da luz". Semíramis (ou Ishtar para os sumérios) esperava um filho quando Ninrode morreu. Há quem defenda que a viúva poderia estar grávida, mas não dele, e, sim, como consequência de uma vida adúltera. Nos registros de Champlin (2001), Tamuz seria irmão e marido de Ishtar (a deusa da fertilidade), que teria cometido incesto com ele antes de traí-lo (CHAMPLIN, 2001, p. 318). Pelo que, para não perder o status de rainha do céu, criou uma alegoria: "Ninrode, o deus sol teria lhe visitado e a engravidou" (BRUMATTI, 2013, p. 37). E quando o filho nasceu, ela declarou que o menino, Tamuz, era a reencarnação de Ninrode, o "Ninrode renascido", concebido de maneira sobrenatural. Declarou ainda que seria ele a semente prometida a Eva, o "salvador", surgindo dessa mentira o fundamento, a base do espiritismo: a "reencarnação", que tem marcado quase que a totalidade das falsas religiões existentes no mundo.

Segundo Dr. Aníbal Pereira dos Reis (1924-1991), sendo Semíramis esposa do neto de Noé, conhecia a profecia messiânica decretada em Gênesis 3:15 e, por essa razão, teria trazido sobre si o cumprimento da mesma ao apresentar Tamuz como o filho miraculosamente concebido, o Messias prometido (DOS REIS, 1992, p. 14). O culto onde se falava de morte, visita ao mundo dos mortos e ressurreição de Tamuz, foi mais bem elaborado na Babilônia, correspondendo ao início do verão e ao florescimento primaveril (CHAMPLIN, 2001, p. 318).

Reza uma antiga lenda que Tamuz, ainda moço, estava caçando nas matas quando foi atacado e morto por um porco selvagem, um javali. Então, a sua esposa-mãe, após muito tempo chorando por ele, desceu ao submundo para libertá-lo dos laços da morte. Uma versão babilônica da mesma lenda conta que Semíramis, com todas as mulheres que serviam na sua religião, chorou e jejuou por 40 dias. Tais ritos, nos quais se chorava pela morte de Tamuz, aconteciam sempre no quarto mês de Tamuz, conforme calendário judaico – mês que corresponde aos nossos meses de junho e julho (CHAMPLIN, 2001, p. 318). No final dos dias de pranto e jejum, Tamuz foi trazido de volta à vida, numa demonstração do poder da sua mãe, que começou a ser adorada com o título de "deusa mãe" (ou MÃE DE DEUS) e "rainha dos céus".

Títulos que se espalharam rapidamente em diversas culturas e deram origem aos cultos diante das imagens da "mãe com a criança no colo", tais quais: Astart e Tammuz, Ísis e Osíris – no Egito; Afrodite e Eros – na Grécia; Vênus e Cupido – em Roma (DOS REIS, 1992, p. 14); Maria e o Menino Jesus – em todos os cantos onde a religião romanizada pôde alcançar. Isso mesmo! Séculos mais tarde, o povo cristão romanizado passou a elevar orações e cânticos de louvor e de devoção à Rainha do céu: Maria, com o menino no colo. Na *CARTA ENCÍCLICA AD CAELI REGINAM DO SUMO PONTÍFICE PAPA PIO XII*, foi atribuído a Maria este título de "rainha dos céus", a quem também é dirigida a reza "salve rainha", conferindo-lhe a "realeza", conforme consta no *L'Osservatore Romano (1946)* – assunto que ainda discorreremos. Quando Deus espalhou as nações, após o já comentado episódio da Torre de Babel (confusão), elas levaram consigo esse sistema de idolatria, adorando ao deus-sol, a mãe e o filho e os vários símbolos a eles associados, mudando apenas os nomes de acordo os novos idiomas. Tamuz, então, poderia ser adorado pelo povo. E os adeptos a essa divindade envolviam-se emocionalmente nos rituais de culto, entoando "lamentações" em estado de "luto perpétuo" pela morte de Tamuz, como está descrito na Bíblia, no livro de Ezequiel:

> Então ele me levou para a entrada da porta norte da casa do Senhor. Lá eu vi mulheres sentadas, chorando por Tamuz. Ele me disse: "Você vê isso, filho do homem? Você verá práticas ainda mais repugnantes do que esta" (EZEQUIEL 8:14,15, NVI).

Em todas as culturas pagãs há um "deus sol" como "o deus maior" entre seus ídolos. Veio do Egito a crença de que Hórus (que é o mesmo Tamuz babilônico), o filho de Isis (outro nome que referencia a rainha do céu), nasceu em 25 de dezembro, data adotada por Roma para comemoração da festa de Mitra, principal divindade dos persas que também era adorada como "deus-sol", cuja função principal – ainda segundo Champlin (2001) – "era prover luz entre o céu e o inferno" (CHAMPLIN, 2001, p. 324). Tamuz também passou a ser adorado assim. Outros de seus objetos de adoração indireta eram as árvores, adoradas como totens sagrados, proibidas por Deus de serem plantadas próximo ao altar. Antigamente se adorava árvores como representação dos deuses da fertilidade (alguns já citados anteriormente), o que Deus não tolerava. Vejamos:

> Siga única e exclusivamente a justiça, para que tenham vida e tomem posse da terra que o Senhor, o seu Deus, lhes dá. Não ergam nenhum poste sagrado além do altar que construírem em honra do Senhor, do seu Deus, e não levantem nenhuma coluna sagrada, pois isto é detestável para o Senhor, o seu Deus (DEUTERONÔMIO 16:20-22, NVI).

Miremos a imagem seguinte (Imagem 30). Cai a Pérsia e começa a surgir um novo e poderoso Império, por meio de Alexandre. Com isso, a Grécia começa a crescer, e a trindade se disfarça novamente: Ninrode se torna Zeus; Semíramis, Afrodite; e Tamuz agora é Eros. Mais uma vez, voltando-nos para o Egito, lembraremos então de Osíris (Ninrode), Ísis (Semíramis) e Hórus (Tamuz). Eis que depois surgiria imponente o Império Romano, e os três, mais uma vez, estariam disfarçados de Saturno (Ninrode), Vênus (Semíramis) e Cupido (Tamuz). Esta se tornou a Trindade Profana: Ninrode (pai); Semíramis (mãe) e Tamuz (o filho).

Figura 30 – Osíris (Ninrode), Ísis (Semíramis) e Hórus (Tamuz)

"Aqueles que acreditam em ídolos inúteis desprezam a misericórdia" (JONAS 2:8, NVI).

"Ao Rei eterno, o Deus único, imortal e invisível, sejam honra e glória para todo o sempre. Amém" (1 TIMÓTEO 1: 17, NVI).

Fonte: Wikimedia Commons / Dieux d'Abydos – Osíris, Hórus, Ísis (Louvre, C 50). jpg.Disponível em: https://upload.wikimedia.org/wikipedia/commons/thumb/1/16/Dieux_d%27Abydos_-_Osiris%2C_Horus%2C_Isis_%28Louvre%2C_C_50%29.jpg/640px-Dieux_d%27Abydos_Osiris%2C_Horus%2C_Isis_%28Louvre%2C_C_50%29.jpg. Acesso em: 22 nov. 2017

Como a obra conspiradora do inimigo sempre avançou nas páginas da História, na satânica intenção de desfazer da Pessoa de Deus e Sua obra de resgate da humanidade, outros povos disseminaram a mesma crença da trindade. Os hindus, porém, foram além em sacrilégio, desde muito tempo. Ao contrário da tentativa de Aquenaton de implantar o monoteísmo no Egito, os hindus defendiam o "henoteísmo", segundo estudos do mitólogo alemão Friedrich Max Müller (1823-1900). Seria uma distorção do monoteísmo: o culto védico a um único deus, sem se negar a existência e cooperação de outras divindades. Similaridade, neste ponto, com as crenças dos adeptos da cultura de matriz africana e suas lendas sobre a origem de seus deuses. Müller cria que todos os seres humanos seriam levados à verdade por um "plano divino" revelado nessa sabedoria antiga, afirmando ele que a "verdadeira história do homem é a história das religiões: as maravilhosas maneiras pelas quais as diferentes famílias da raça humana avançaram para um conhecimento mais verdadeiro e um amor mais profundo a Deus" (MÜLLER, 1882, p. 129).

A trindade hindu era composta de Nirguna Brahman (o "deus impessoal" – pai), *Sadguna Brahman* (o "deus pessoal" – filho) e Luke Brahman (o "Absoluto"), o deus que é "essencialmente impessoal e, ao mesmo tempo, pessoal" (ANDRADE, 2021, p. 39). Neste caso, vemos perfeitamente uma variação profana das figuras do Pai, Filho e Espírito Santo – o que conhecemos como Santíssima Trindade Cristã. Anos mais tarde, e apegando-se à metáfora originária da experiência agrícola e ao seu processo contínuo (preparação, semeadura, crescimento, colheita e morte), a tríade hindu foi sendo construída e apresentada ao mundo hindu "sob três novos aspectos: Brahma, Vishnu e Shiva, respectivamente, criação, preservação e transformação" (ANDRADE, 2021, p. 40). Agora, definidos como: Shiva (mãe) e Krisna ou Vishnu (filho). E como "filho", Krisna seria o "conservador" ou "primeiro salvador do mundo", o "filho de Deus", também nascido de parto virginal e conhecido ainda como "o verbo encarnado". E tal qual fizeram os egípcios e hindus, assim também o catolicismo romano. Para estes credos, o "deus primário" sempre existiu como "plural" e "singular" ao mesmo tempo.

Difundiu-se mundo afora a premissa de que "todos os deuses são três". E teoricamente, qualquer par de deuses inferiores poderia ser incorporado (anexado) ao mais poderoso (ou onipotente). Assim sendo, nascem o que se pode classificar como as chamadas "trindades secundárias" (MATTOSO, 1952, p. 75), veneradas com o mesmo respeito e louvor que a suprema trindade. Exemplo disso se espalhou como fogo na palha seca por todos os continentes onde o cristianismo avançou, sendo facilmente aceita pelos fiéis: a secundária trindade composta por Jesus, Maria e José.

Alicerçada pelos dogmas e bulas papais, cultuada pelo sincretismo fomentador das crendices populares, essa trindade inspira feriados santos e até cânticos, em que Maria é elevada ao nível de Deus, "Mãe de Deus" ou manifestação feminina de Deus. E onde a Suprema Trindade do Pai, do Filho e do Espírito Santo quase cai em desuso, como caíram no Egito as referências da pluralidade do deus supremo: Ptah, Nefertum e Sekhmet. Ficam aqui as palavras de Jesus no Evangelho segundo Mateus:

> Portanto, eu vos digo: Todo o pecado e blasfêmia se perdoará aos homens; mas a blasfêmia contra o Espírito não será perdoada aos homens. E, se qualquer disser alguma palavra contra o Filho do homem, ser-lhe-á perdoado; mas, se alguém falar contra o Espírito Santo, não lhe será perdoado, nem neste século nem no futuro (MATEUS 12:31, ACF).

Se Deus condena tanto as imagens, então, por que enchem delas os templos? Aproximadamente no século III da era cristã, os líderes católicos começaram uma sincretização religiosa, com esperança de conquistar cada vez mais adeptos de sua fé. Passaram, então, a introduzir imagens de escultura nas igrejas e nas crenças, a fim de facilitar a aceitação dos povos pagãos à nova religião. E, acredite se quiser, hoje, a trindade profana está disfarçada assim, como vimos na ilustração anterior. Sabemos que, biblicamente falando, a verdadeira Trindade é o Deus Pai, o Deus Filho (o Senhor Jesus Cristo) e o Deus Espírito Santo. Sabendo disso, fica mais fácil ver o engano católico e perceber o disfarce demoníaco por detrás disso tudo. Até do culto às árvores!

Sim, falemos das árvores, porque o deus Tamuz era também assim adorado, numa simbologia de adoração indireta: uma árvore, de qualquer espécime, variando de acordo com cada cultura. Lá na cultura babilônica, por exemplo, a árvore que o representava era uma espécie de pinheiro. Segundo a lenda, Semíramis espalhara entre o povo a notícia de que seu filho havia voltado para o céu e que um pinheiro, como sinal de sua ressurreição, havia nascido no lugar de sua morte. E ordenou que, em todos os anos, mais ou menos uns 10 dias antes da data do nascimento de Tamuz (em 25 de dezembro), todas as casas tivessem um pinheiro decorado em memória dele. Pois, além de ser um símbolo de sua ressurreição, "o pinheiro dentro de casa traria muitas bênçãos" (BRUMATTI, 2013, p. 38). Mais tarde, introduzida como objeto de enfeite nas noites de Natal.

Como esse deus era considerado o "vivificador da natureza", na ocasião do seu aniversário os seus seguidores passaram a enfeitar toda a Babilônia com pinheiros, por ter o formato piramidal de sua predileção. Aliás, no ocultismo oriental, sabe-se que os espíritos são invocados por meio de uma árvore. Conforme estudos, muito antes de Cristo já usavam enfeites em árvores para celebrarem a fertilidade da natureza, praticamente em todas as culturas e religiões pagãs. Segundo José Armando Pinto Casquilho (1957): "A árvore permite conjugar dois infinitos opostos unindo duas profundidades simétricas e de sentidos contrários: as raízes mergulhadas na impenetrável matéria subterrânea e a copa imersa em luz" (CASQUILHO, 2008, p. 1). Segundo Mircea Eliade (1907-1986), a "imagem da árvore não foi escolhida unicamente para simbolizar o Cosmos, mas também para exprimir a Vida, a juventude, a imortalidade, a sapiência" (ELIADE, 2001, p. 124).

Também foi adotada essa prática no sacrifício do carvalho de Odin – o deus da guerra dos povos germânicos antigos (SILVEIRA, 2000, p. 212). Na intenção de culto a Odin, adorava-se uma árvore em homenagem ao "deus menino" e, debaixo dela, oferecia-se sacrifícios, coisa que Deus sempre repudiou. Tais ídolos adorados e representados por árvores são chamados na Bíblia de "ídolos dos bosques", os quais vemos Deus, em inúmeras passagens bíblicas, ordenando terminantemente que fossem destruídos totalmente. Vejamos isso em 2 Reis: "Também tirou da casa do Senhor o ídolo do bosque levando-o para fora de Jerusalém até ao ribeiro de Cedrom, e o queimou junto ao ribeiro de Cedrom, e o desfez em pó, e lançou o seu pó sobre as sepulturas dos filhos do povo" (2 REIS 23:6, ACF). A Bíblia ainda alerta: "As dores se multiplicarão àqueles que fazem oferendas a outro deus; eu não oferecerei as suas libações de sangue, nem tomarei os seus nomes nos meus lábios" (SALMOS 16:4, ACF); Leiamos agora outro trecho da Palavra de Deus, a seguir:

> Totalmente destruireis todos os lugares, onde as nações que possuireis serviram os seus deuses, sobre as altas montanhas, e sobre os outeiros, e debaixo de toda a árvore frondosa; E derrubareis os seus altares, e quebrareis as suas estátuas, e os seus bosques queimareis a fogo, e destruireis as imagens esculpidas dos seus deuses, e apagareis o seu nome daquele lugar (DEUTERONÔMIO 12:2, ACF).

Por que razão, amados leitores, permitir a influência secular de associação de árvores com o nascimento do Salvador? Reflitamos! Outro sinal de adoração indireta a Tamuz era o sinal do "T", adotado mais tarde pela Igreja de Roma como o "Sinal da Cruz". Era um sinal de adoração e reverência ao deus babilônico, tornando-se um amuleto usado "em cima do coração dos devotos, sobre as vestes sacerdotais e nas mãos dos reis, como sinal de autoridade divinamente outorgada" (WILKINSON, 1837, p. 365 *apud* DOS REIS, 1992, p. 14-15). O historiador e teólogo Thomas Maurice (1754-1824), estudioso da cultura oriental, escreveu, em seu livro *Indian Antiquites* (1812), sobre certo costume druída no uso da letra "tau" = "T", como o emblema de Tamuz:

> É indiscutível e de sobejo comprovado o fato de os druidas costumarem escolher para suas sepulturas a árvore mais imponente e frondosa como emblema da divindade e, tendo aparado os galhos laterais, fixaram os dois outros lados como os braços de um homem, e, junto com o corpo, formassem a imagem de uma cruz imensa e, sobre a casaca, em diversos lugares, também inscreviam a letra tau (MAURICE, 1812, p. 49).

Morrer numa cruz era sinal de maldição. Jesus se fez maldição por nós, levou sobre si toda a nossa culpa, todos os nossos pecados. Paulo ensinou aos da Galácia: "Cristo nos resgatou da maldição da lei, fazendo-se maldição por nós; porque está escrito: Maldito todo aquele que for pendurado no madeiro" (GÁLATAS 3:13, ARA). E em Colossenses 2, a partir do verso 14, entendemos que devemos amar a "mensagem da cruz", porque Jesus Cristo derramou nela o Seu precioso sangue para nossa salvação. Ali, na cruz, Ele cumpriu toda a Lei. A Bíblia mostra que Deus sempre condenou o culto de pessoas que dizem honrar ao Senhor Deus, mas adotam um costume pagão. Vejamos em Deuteronômio:

> Quando o Senhor teu Deus desarraigar de diante de ti as nações, aonde vais a possuí-las, e as possuíres e habitares na sua terra, guarda-te, que não te enlaces seguindo-as, depois que forem destruídas diante de ti; e que não perguntes acerca dos seus deuses, dizendo: Assim como serviram estas nações os seus deuses, do mesmo modo também farei eu. Assim não farás ao Senhor teu Deus; porque tudo o que é abominável ao Senhor, e que ele odeia, fizeram eles a seus deuses; pois até seus filhos e suas filhas queimaram no fogo aos seus deuses. Tudo o que eu te ordeno, observarás para fazer; nada lhe acrescentarás nem diminuirás (DEUTERONÔMIO 12:29-32, ACF).

Quantos há hoje, no mundo inteiro, que julgam achar, na Bíblia e na fé cristã, "absurdos" de todos os tipos e tamanhos e não conseguem ver os absurdos de suas próprias crenças e práticas religiosas? Quantos não estão imersos em conceitos pagãos que são puras "inovações" ou puras "teorias humanas"? Há, no Brasil, milhares e milhares de religiosos dentro da Igreja, caminhando nessas tristes condições de cegueira espiritual. Duvidam da Bíblia ou anulam-na à sua vontade, adulterando-a ou mutilando-a. Mas se firmam em sua desobediência a Deus, na distorção dos valores contidos na Palavra. "À Lei e ao Testemunho"! Esta ainda é uma regra da "sã doutrina". A Bíblia tem origem clara, um Autor autorizado, e o seu testemunho e ensino profético são documentados pelos fatos históricos. Não estão embasados em seitas exóticas, em concílios, nem em questões filosóficas. A sua fonte não vem do ateísmo prático nem dos costumes pagãos (ou neopagãos) dos que deixam a Revelação de Deus de lado pelos seus "achismos".

> De que vale uma imagem feita por um escultor? Ou um ídolo de metal que ensina mentiras? Pois aquele que o faz confia em sua própria criação, fazendo ídolos incapazes de falar. Ai

daquele que diz à madeira: "Desperte!" Ou à pedra sem vida: "Acorde!" Poderá o ídolo dar orientação? Está coberto de ouro e prata, mas não respira. O Senhor, porém, está em seu santo templo; diante dele fique em silêncio toda a terra (HABACUQUE 2:18-20, NVI).

Deus é Espírito, está vivo em Seu trono majestoso de glória. Basta que O busquemos com fé, convictos de que Ele nos ouve. Ele nos deu as Escrituras para que conheçamos a Cristo e sejamos somente Dele. E somente Nele, Jesus, deve estar a nossa fé. Pela fé em Cristo e batizados Nele, somos justificados e revestidos, somos um só corpo e feitos filhos de Deus. Basta lermos:

> Mas a Escritura encerrou tudo debaixo do pecado, para que a promessa pela fé em Jesus Cristo fosse dada aos crentes. Mas, antes que a fé viesse, estávamos guardados debaixo da lei, e encerrados para aquela fé que se havia de manifestar. De maneira que a lei nos serviu de aio, para nos conduzir a Cristo, para que pela fé fôssemos justificados. Mas, depois que veio a fé, já não estamos debaixo de aio. Porque todos sois filhos de Deus pela fé em Cristo Jesus. Porque todos quantos fostes batizados em Cristo já vos revestistes de Cristo. Nisto não há judeu nem grego; não há servo nem livre; não há macho nem fêmea; porque todos vós sois um em Cristo Jesus (GÁLATAS 3:22-28, ACF).

IX

O CAMINHO DOS GENTIOS

Assim diz o Senhor: Não aprendais o caminho dos gentios, nem vos espanteis dos sinais dos céus; porque com eles se atemorizam as nações. Porque os costumes dos povos são vaidade; pois corta-se do bosque um madeiro, OBRA DAS MÃOS DO ARTÍFICE, feita com machado; COM PRATA E COM OURO O ENFEITAM, com pregos e com martelos o firmam, para que não se mova. São como a palmeira, obra torneada, PORÉM NÃO PODEM FALAR; certamente SÃO LEVADOS, porquanto NÃO PODEM ANDAR. Não tenhais receio deles, pois NÃO PODEM FAZER MAL, NEM TAMPOUCO TÊM PODER DE FAZER BEM.

(JEREMIAS 10:2-5, ACF)

Seguia um jovem fiel em direção ao templo sagrado. Ao abrir as portas, em temor e reverência, conhecia bem o seu dever de se benzer com água benta antes de adentrar para o salão principal e se assentar calmamente para a costumeira reza. Contemplando uma imagem à sua frente com um olhar quase estático, absorto, deixava fluir soltas as palavras em confidência a quem cria estar a lhe ouvir – pois a sua fé lhe ensinara que aquela representação abrigava, dentro dela, o espírito do Deus Vivo e que Ele, naquela imagem, estaria atento aos clamores de seu contrito coração. Num impulso de adorador ante a "presença divina", ainda que imóvel e silenciosa, prestava o jovem o seu culto ao balbuciar de frases entrecortadas. Quase como um gemido!

Tão logo seus lábios entoaram louvores e hinos à imagem, foi aquele homem acompanhado por outros fiéis sedentos que ali chegaram, portando seus amuletos bentos – relíquias – e outros objetos pertinentes àquela entrega diária e matinal. *"Quem sabe seja hoje um dia de procissão!"* – pensou alto o jovem fiel! Era uma cena comum no lugarejo, ver os sacerdotes ou as estátuas, quando não juntos, desfilando de um lado para outro nas ruas a levar a "comunhão", como se "navegando" em embarcações simbólicas enfeitadas (andores sagrados). Mas ainda no templo, após o sinal da paz que prepararia o ambiente para a comunhão da presente membresia, o sacerdote local proferia algumas das tantas litanias e rosários do rito religioso, não por coincidência, muito similares aos de outra conhecida tradição milenar.

Talvez o leitor já tivesse se sentindo dentro de uma igreja da atualidade ao ler essas linhas. Não, na verdade o cenário descrito não passou de uma referência aos costumes antigos lá das terras chamadas de *"a dádiva do Nilo"*, segundo o olhar crítico detalhista do geógrafo e historiador grego Heródoto. E o jovem fiel, personagem dessa ilustração, estava apenas entrando em um templo dedicado aos deuses egípcios, em cujos átrios se praticava toda sorte de ritos cúlticos às imagens e relíquias, da mesma forma que fazem ainda hoje os fiéis da Igreja romanizada aos seus patronos. O que implica dizer que a Tradição, com todos os seus credos e liturgias, e o Clero de padres, bispos, arcebispos, cardeais e papas, há muito, não vislumbram mudanças dentro catolicismo, quaisquer ou mínimas que sejam. Não andam mais de acordo com o "novo e vivo Caminho", ensinado pelo Cristo, Verbo de Deus encarnado que encerrou, Nele mesmo, o Filho, toda a obra de redenção e dispensou os atalhos de antigos sacrifícios e obras da carne para validar as obras do Espírito, guardião da Sua Igreja.

A Igreja, que originalmente foi formada para ser "universal" e "apostólica", pertence ao Pai, é a Noiva do Filho e está sob os cuidados e as obras do Espírito Santo. Essa, sim, é a Trindade Santa indissolúvel, una, cooperando consentaneamente num mesmo propósito, de maneira tal que, no pleno sentido da palavra, são "UM SÓ DEUS". Tal revelação é a base do trinitarismo defendido por Atanásio, teólogo cristão e um dos "pais da Igreja", o vigésimo arcebispo de Alexandria (século IV). A Doutrina da Trindade é realidade para a Igreja graças ao trabalho de Atanásio, que energicamente combateu os ensinos e os movimentos dos "pneumatómacos", ou seja, os inimigos do Espírito Santo, sempre "argumentando a favor da divindade do Espírito Santo e a sua consubstancialidade com o Pai e o Filho" (DE GOUVÊA COELHO, 2016, p. 85).

Paulo declara: "Há um só corpo e um só Espírito, assim como a esperança para a qual vocês foram chamados é uma só; há um só Senhor, uma só fé, um só batismo, um só Deus e Pai de todos, que é sobre todos, por meio de todos e em todos" (EFÉSIOS 4:4-6, NVI). Sem o real conhecimento da ação e manifestação do Deus Trino, o homem foi facilmente enganado por falsas doutrinas ao longo dos séculos, entregando toda sua adoração aos aberrativos objetos de culto da Antiguidade, aos contos, às lendas e aos mitos deformadores do verdadeiro conhecimento. Histórias verídicas que alcançaram gerações pela tradição oral, a exemplo da narrativa bíblica da criação do homem e de sua história até o tempo do dilúvio, foram sendo adaptadas à realidade de outros povos com o mesmo requinte de detalhes, semelhanças nos relatos e até indícios arqueológicos.

Muito já se ouviu sobre as míticas epopeias *de Gilgamesh* (o quinto rei da I Dinastia de Uruk – 2650 a.C.) e *Atrakhasis* (personagem sobrevivente de um dilúvio, equivalente a Noé – 1600 a.C.), ambas de origem mesopotâmica e cujas fronteiras pouco se podia distinguir "entre o heróico, o sobrenatural e o propriamente divino" (LÓPEZ; SAMARTIN, 1993, p. 65); ou, ainda, sobre o *Ludlul Bel e Nemequi* e o *Enuma Elish* (em língua acadiana: *"quando no alto"* ou *"quando nos céus"*) – "título de um importante texto cosmológico da Mesopotâmia [...] sobre os começos da criação, com algum paralelo na narrativa bíblica" (CHAMPLIN, 2001, p. 299). O *Enuma Elish,* dentre os citados poemas, "frequentemente chamado pelos eruditos modernos Épico Cosmogônico, é considerado o mais importante do ponto de vista religioso" (MOORE, 2021, p. 309). Tais mitos da criação de deuses formam um conjunto dos mais belos e antigos poemas épicos nacionais de Babel (Babilônia), que narra a história dos deuses primevos a partir da mistura das águas do Abismo – *Apsu* – o "masculino", e as águas salgadas do Caos – *Tiamat* – a mãe de todos os deuses, "criatura monstruosa cujo assassinato por Marduk simboliza o ato fundamental da criação" (METZGER; MURPHY, 1965, p. 183). Apsu e Tiamat seriam dois seres divinos mesopotâmicos pertencentes a um período comparado ao "bereshit" (ou "no princípio") hebraico (ler: GÊNESIS 1:1 e JOÃO 1:1).

Desses poemas também vieram os anunnaki – soldados *Igigi,* servos de Anu, o regente; "abaixo dele, seus filhos Enlil e Enki" (SAMPAIO, 2016, p. 27). Ea (o deus das águas doces), Mummu (ou anjo de Apsu), Marduk (filho de Ea com Damkina) e um grande exército de outros deuses e demônios comandados pelo general Kingu, personificados de diversas formas: seres híbridos – meio-touro e meio-homem, meio-homem e meio-peixe –, ou de uma cobra com chifres, um cão raivoso, um dragão etc. Para o pastor batista, hebraísta, teólogo e linguista Luiz Alberto Teixeira Sayão (1963), analisando o contexto do antigo Oriente Próximo e o surgimento da cultura hebraica, afirma ser impossível encontrar uma sistematização a respeito do "problema" ou "origem" do mal nessa região, tendo em vista que os povos dali (politeístas) trataram dessa questão na forma de mitologias religiosas (SAYÃO, 2012, p. 37). Fazendo menção ao Egito, Sayão reforça a crença desses povos nas divindades quase sempre representadas por figuras híbridas, "sendo parte humanas e parte animais", e que estas eram vistas "numa perspectiva onde tudo era divinizado" (SAYÃO, 2012, p. 37).

Algumas dessas míticas aberrações citadas ainda permanecem vivas e relevantes na cultura de vários povos ao redor do planeta. Por exemplo, para os indianos, as figuras de *Aditi* – "a Ilimitada" – e Āpah – "as Águas" (AGRAWALA, 1984, p. 49). Ambas representavam as "deusas-mães" dos Vedas e idealizadoras de tudo que existe no céu. Na América pré-colombiana, os astecas cultuavam a *Tlauteutli* como sua deusa da criação (BALTAR, 2015, p. 15) – aquela que fizera o Universo de seu próprio corpo. Por sua vez, os maias também cultuavam a sua "deusa-mãe", a deusa *Ixchel* (RODRIGUES, 2014, p. 4). E dessas "deusas-mães", milhares de outros mitos surgiram e enganaram a muitos "adoradores" desacautelados.

a. Nasce o mito da mãe com a criança no colo

Da Babilônia para o mundo. Semíramis, a primeira sacerdotisa da idolatria, deu origem ao mistério de uma forma de culto que se estende até os dias atuais, visto nos absurdos romanistas da mariolatria. Lemos, em páginas anteriores, que Tamuz foi trazido de volta à vida numa demonstração de poder da sua mãe, que começou a ser adorada com o título de "rainha dos céus" ou "deusa mãe" (ou MÃE DE DEUS). Um símbolo de todo este mito nos chama bastante a atenção: a imagem da mãe com a criança nos braços, conhecida como "o mistério da mãe com a criança"; ou, ainda, "a madona e seu filho". Essa exposição da figura materna fez aflorar um sentimentalismo que mexia (e ainda mexe!) com o emocional do povo. Isso perdurou por muito tempo.

Escavações arqueológicas nas ruínas de Babilônia revelaram imagem de uma mulher segurando um menino no colo, datada de cerca de 2000 a.C., aproximadamente. Há outros registros de figuras de deusas e seus filhos, como já vimos. Mais tarde, no Ocidente, algumas dessas deusas-mães acabaram associadas à Virgem Maria, intitulada pelo papado como a "mãe do Deus dos cristãos". Muitas outras, entretanto, se transformaram em "santas", sendo homenageadas em vários lugares, com festas solenes e muita devoção. Pois eram elas o símbolo da fertilidade, do feminino, de liberdade e autonomia. Como a deusa Opet, deusa com cabeça de hipopótamo que representava a maternidade, para quem era celebrada uma festa anual chamada de *"O Festival de Opet" (ou "A Bela Festa de Opet"),* na qual acontecia uma grande procissão ao longo da avenida de esfinges (FUKAYA, 2019).

Ao lado do deus Amon, sua consorte Mut e o filho Khonsu, cada um seguindo em sua barca sagrada, Opet era reverenciada do templo de Karnak até Luxor. Roma adotou muitas outras deusas em seus cultos, como fez com a deusa Brighid (a protetora dos múltiplos atributos), cultuada pelos ancestrais dos irlandeses, os celtas. Acabou renomeada, ficando conhecida e venerada como Santa Brígida, mas continua associada à fertilidade, ao fogo, ao lar, à cura, à arte e à poesia. Tonantzin, a deusa asteca da maternidade, esposa de Mixcoatl – o Deus da tempestade, perseguição e caça –, foi identificada dentro do sincretismo católico com a Virgem Maria ou a Virgem de Guadalupe. Indígenas astecas usaram o nome de Tonantzin-Guadalupe, considerando-as uma mesma deidade. Ela é reverenciada na mesma data em que celebram aqui no Brasil o dia de Nossa Senhora dos Remédios – 6 de setembro –, com possibilidades de ter sido infiltrada em nossa cultura após a chegada dos conquistadores espanhóis (MEDEIROS, 2017).

Semelhante identificação aconteceu com a deusa Isis, cultuada no Egito e na cultura greco-romana, com Maria. Nas gravuras a seguir, temos duas divindades-mulheres que até hoje são veneradas em tradições religiosas diferentes. Ao lermos sobre Isis e sobre as formas de culto a ela prestados, entendemos o porquê. Com geniosa dedicação em seu trabalho "História da Civilização", detalha o historiador Will Durant:

> O povo adorava a Isis com especial ternura e erguia-lhe imagens, consideravam-na Mãe de Deus; seus tonsurados sacerdotes exaltavam-na em sonoros cantos... e mostravam-na num estábulo, amamentando um bebê miraculosamente concebido... Os primitivos cristãos muitas vezes se curvavam diante das estátuas de Isis com o pequeno Hórus ao seio, vendo nelas outra forma do velho e nobre mito pelo qual a mulher, criando todas as coisas, tornou-se por fim a Mãe de Deus (DURANT, 1943, p. 463).

Pela união do divino com o humano, nascido de uma mulher, vem ao mundo o Filho de Deus. Maria, segundo São João Damasceno (675-749), "Tornou-se verdadeiramente senhora de toda a criação, no momento em que se tornou Mãe do Criador" (DAMASCENO, 1995, p. 98). Lisa Bargeman registra, em *A Origem Egípcia do Cristianismo* (2012), que "há um registro da divina concepção antes da história greco-romana, no Templo de Seti I (1394-1279 a.C.) em Abidos" (BARGEMAN, 2012, p. 82). Ou seja, há uma representação egípcia datada muito antes do registro sobre a história de Maria e sua misteriosa experiência. Outra coincidência? Ou, ao mirarmos as imagens a seguir, não nos permitiremos pensar que há muito do que se prega sobre Maria retirado de antigas lendas e tumbas?

Fica de resto mais uma evidência de que tentaram a todo custo deificar a humilde e obediente serva, mãe do Jesus humano e esposa de José, dando-lhe um posto excelso ao qual ela jamais ascendeu. Ao compará-la com Ísis, atribuíam-na poderes, honrarias e a majestade digna que justificaria as formas litúrgicas a ela oferecidas em adoração. Pavimentaram, assim, com um grosso asfalto, os atalhos para a mariolatria.

Imagem 31 – Ísis cuidado de Hórus

Trecho do Rosário do Coração de Maria: "Mãe de Deus, derramai sobre a humanidade inteira as graças eficazes da Vossa Chama de Amor, agora e na hora de nossa morte. Amém" (DE HUNGRIA, 1978, p. 16)

Fonte: Wikimedia Commons / Domínio Público / Anônimo (Egito) – Museu de Arte Walters: Home page Info about artwork. Disponível em:https://upload.wikimedia.org/wikipedia/commons/thumb/9/91/Egyptian_Isis_with_Horus_the_Child_-_Walters_54416_-_Three_Quarter_Right.jpg/800px-Egyptian__Isis_with_Horus_the_Child_-_Walters_54416_-_Three_Quarter_Right.jpg. Acesso em: 8 nov. 2017

Ao refletir sobre essa representação, propositalmente associada à outra a seguir, qualquer leigo poderia fazer uma analogia crítica da cena em si, tentando explicar o desconhecido pelo conhecido, ou o estranho pelo que lhe é familiar. Ou seja, diria que alguém teve a ideia de replicar em uma "certa realidade", algo já ocorrido anteriormente. Copiar não somente para o campo visual do cenário da imagem em si, mas para a "intenção" por detrás do que está sendo exposto. Porque, da mesma forma, Maria poderia ser lembrada como Isis: mulher importante não só para uma cultura em particular, venerada como deusa, cultuada com honrarias ao protagonizar o retorno no "feminino" em uma

cultura basicamente machista e patriarcal. O egiptólogo, escritor e historiador Yosef Bem Jochannen (1918-2015), conhecido como Dr. Bem, chegou a sugerir uma origem egípcia de Maria e do Menino Jesus, e que este teria nascido antes de surgirem os coptas, em uma caverna na Etiópia. Se a figura de Isis amamentando seu filho era aceita e venerada na Antiguidade, não seria diferente com o outro exemplo a seguir, se compreendida como uma imagem anacrônica:

Figura 32 – Maria Amamentando Jesus

Assim rezam à Mãe:

"Ave Maria, cheia de graça, o Senhor é convosco; bendita sois vós entre as mulheres e bendito é o fruto do vosso ventre, Jesus. Santa Maria, **Mãe de Deus,** rogai por nós, pecadores, agora e na hora de nossa morte. Amém".

Fonte: Wikimedia Commons / Domínio Público / Weiszflog Irmãos / Nossa Senhora amamentando Nosso Senhor Jesus Cristo.png. Disponível em:https://upload.wikimedia.org/wikipedia/commons/thumb/e/eb/Nossa_Senhora_ amamentando_Nosso_Senhor_Jesus_Cristo.png/640px_Nossa_Senhora_amamentando_Nosso_Senhor_Jesus_Cristo. png. Acesso em: 8 nov. 2017

A descrição etíope anteriormente mencionada implicaria um tom de pele puramente africano aos dois, que foram eleitos "símbolo fundamental do catolicismo". Fatores que foram determinantes para o culto à Virgem Negra (Madona Negra ou Virgem Maria Negra) ter se espalhado com facilidade e alcançado a Grécia como "culto hercúleo a Isis" (BARGEMAN, 2012, p. 82-84). Não demorou muito e já podiam contar com as seguintes e variadas representações: a Virgem Negra de Czestochowska; a Virgem Negra de Toulouse, Nossa Senhora da Eremita, a Virgem Negra Mariazell, a Virgem de Montserrat, a Nossa Senhora dos Anjos, ou "La Negrita", a Nossa Senhora de Flander, a Virgem da Candelária, a Nossa Senhora de Guadalupe ou "La Morenita", a Nossa Senhora de Nazaré e a Nossa Senhora da Conceição Aparecida. Esta última, cuja data comemorativa cai em 12 de outubro, é cultuada como a "Padroeira do Brasil" e motivação de futuros comentários:

> Aparecida, Padroeira do Brasil, data do século XVIII e se prende a uma histórica visita do governador das províncias de São Paulo e Minas Gerais, D. Pedro de Almeida, ao Vale do Paraíba. No ano de 1917, este fidalgo, dignificado com o título de Conde de Assumar, passou pela Vila de Guaratinguetá em direção às Minas Gerais e a Câmara da cidade promoveu em sua homenagem um lauto banquete. [...] Os pescadores Domingos Garcia, João Alves e Filipe Pedroso foram os primeiros que tomaram uma canoa e lançaram suas redes no porto de Itaguaçu (rio Paraíba), mas sem nenhum resultado. Tentaram uma segunda vez, próximo a Guaratinguetá e com muita surpresa pescaram uma imagem de Nossa Senhora, mas sem a cabeça. Lançando as redes outra vez mais abaixo no rio, encontraram a cabeça da mesma efígie. [...] Alguns fatos extraordinários acontecidos junto à imagem da Virgem Aparecida e os primeiros milagres por ela realizados levaram sua fama para todo o país (MEGALE, 1986, p. 18).

A Senhora Aparecida é mais uma representação diferente da mesma pessoa (ou "santa"), também conhecida como Nossa Senhora de Fátima, Nossa Senhora de Guadalupe, Nossa Senhora de Lourdes e tantas outras – mais de mil nomes! Dogmas criados pelas nações antigas do Oriente Médio e do Norte da África aludem a conceitos que identificam Isis e Maria, no mesmo patamar de igualdade. Glorificando o atributo feminino, as duas surgiriam associadas ao Dragão Tiamat (Mãe de todos os deuses, a deusa feminina do mar e a "mulher-monstro" da antiga mitologia babilônica).

O Dragão Tiamat é o reptílico e assustador personagem do já citado poema *Enuma Elish* que, coincidentemente, pode ter servido de referência para outro mito: o apócrifo e romanizado acréscimo (incorporado como o capítulo 14 das Adições em Daniel) mais conhecido como *A História de Bel e o Dragão* – um acréscimo redigido em língua aramaica no século II antes de Cristo, "é uma história que fecha o texto de Theodócio e o texto da LXX, consequentemente a Vulgata" (SOUZA, 2018, p. 73). Hereticamente, as duas "divas" surgiriam ainda atreladas, pelos grilhões dessas tradições antigas, a mais duas personagens componentes da estrutura de organização e revelação de todo o capítulo 12 de Apocalipse: "a Mulher e o Dragão".

Contextualmente, porém, a passagem dos versículos 1-17 refere-se à mais bíblica e cristocêntrica interpretação de que ali está vaticinada a vitória de Cristo e de Sua Igreja, tendo a "Mulher" como representação do povo de Deus, tanto do Antigo quanto do Novo Testamento. E tendo ainda nessa simbologia: o "sol" como "a glória", a "lua debaixo dos seus pés" como "domínio", as "estrelas como coroa" como "vitória" e as "doze estrelas" como sendo as doze tribos de Israel e os 12 apóstolos neotestamentários. Por isso, o propósito principal do dragão (que simboliza Satanás – ler: APOCALIPSE 20:2) seria destruir de uma vez o "filho da mulher", o Messias, o "filho do Homem" citado em Daniel, o cumprimento da profecia lançada desde Gênesis, o Cristo! Alcançando o resultado planejado, o inimigo não somente impediria o nascimento do menino, como teria a vitória sobre o Corpo de Cristo na terra e sobre a sentença divina pronunciada desde o Éden: "E porei inimizade entre ti e a mulher, e entre a tua semente e a sua semente; esta te ferirá a cabeça, e tu lhe ferirás o calcanhar" (GÊNESIS 3:15, ACF).

Portanto, não faz sentido algum citarmos esdruxulamente as personagens Isis e Maria nesse contexto. Caso assim fizéssemos, estaríamos quebrando o estilo literário, a organização dos fatos e o raciocínio lógico de todo o conteúdo do livro supracitado. O que se acrescentou aos relatos bíblicos no decorrer dos séculos, baseado em interpretações enganosas, adendos espúrios ou nas lendas e mitos de tradições antigas, foi com a idólatra intenção de elevar aos céus a figura de Maria, conferindo-lhe poder divino, atributos especiais (onisciência e onipresença, por exemplo) e uma autoridade deveras superior ao que de fato teve em vida, como a serva humilde e escolhida para trazer ao mundo o Salvador prometido. Inclusive, na História oficial (Bíblia), nem sequer é mencionada a data exata de seu nascimento. Sabe-se muito pouco a respeito. Mas, na História oficiosa, encontramos relatos da natividade de Maria, outra vez associada a Isis.

Os egípcios da antiga tradição celebravam alegres o nascimento/aniversário de Auset (Isis) no dia 8 de setembro. E a Igreja Ortodoxa celebra o nascimento de Maria sempre na véspera, ou seja, no dia 7 de setembro, para não chocar com o da deusa (GADALLA, 2004, p. 99). Pela mesma tradição, Auset (Isis) era casada com sua "alma gêmea" Ausar (Osíris), identificado com a primavera, sendo também o deus que representa a natureza cíclica do universo. Ausar é associado a Jesus em certo mito que relata a ascensão do deus ao céu, após 40 dias da sua morte, tal qual é celebrada no Calendário Cristão a ascensão do corpo de Cristo – exatamente no 40º dia após a ressurreição (ou após a Páscoa). Auset chora muito pela subida do marido ao céu, e sua primeira lágrima cai no Nilo, que fica com suas águas em um tom avermelhado, ocasionando então a estação anual das cheias.

Esse evento ficou conhecido como *"a Noite da Gota de Lágrima"* – *Leylet em-Naktah* (GADALLA, 2004, p. 94) e inspirou muitos artífices que, de certa forma, tentaram perpetuar a antiga tradição fabricando representações (imagens) da Virgem Maria com a gota de sangue vertendo de seus olhos, como uma mãe que chorasse a cruenta morte de um filho. Em resumo: o que não está na Palavra Revelada não passa de engodo, laço, ferramenta do inimigo para alimentar doutrinas humanas fora do Caminho.

Lembremos das palavras do maestro britânico David Lloyd-Jones (1934-2022), em paráfrase, que, se alguém descer ao túmulo achando que a mensagem bíblica é irrelevante, um dia descobrirá que jamais houve outra coisa mais relevante. Mas fiquemos, pois, com as palavras do Senhor Deus em Êxodo:

> Por isso, diga aos israelitas: Eu sou o Senhor. Eu os livrarei do trabalho imposto pelos egípcios. Eu os libertarei da escravidão e os resgatarei com braço forte e com poderosos atos de juízo. Eu os farei meu povo e serei o Deus de vocês. Então vocês saberão que eu sou o Senhor, o Deus de vocês, que os livra do trabalho imposto pelos egípcios (ÊXODO 6:6,7, NVI).

b.   Surgem novos dogmas

Quanto a essa questão da maternidade, não tardou muito para que a Igreja Católica romanizada desse os primeiros passos na tentativa de estabelecer o dogma que elegeria a Maria como sendo a "Mãe de Deus" – "Theotókos" (MOREIRA, 2017). Como ser possível um ser criado gerar um Ser Criador? Somente seguindo os padrões idólatras do paganismo. Vejamos que revelação sobre Jesus nos traz a Palavra: "No princípio era o Verbo, e o Verbo estava com Deus, e o Verbo era Deus. Ele estava no princípio com Deus. Todas as coisas foram feitas por ele, e sem ele nada do que foi feito se fez" (JOÃO 1:1-3, ARA). Jesus, O Verbo que se fez carne e habitou entre nós, estava com Deus antes da criação de todas as coisas, sendo Ele mesmo o Criador de tudo e para quem tudo foi criado. Logo, Maria foi criada por Jesus, que é Deus. Aceitou a missão de conceber em seu ventre o Salvador, pela ação do Espírito Santo, mas se submeteu também ao senhorio de Cristo ao declarar: "A minha alma engrandece ao Senhor, e o meu espírito se alegra em Deus meu Salvador" (LUCAS 1:46,47, ACF).

Automaticamente, ao se referir a Jesus louvando-o como "meu Salvador", Maria reconhece ser pecadora. Pois, se não tivesse pecado, não necessitaria da salvação que só há em Cristo. Conforme registrou Dom Pedro Carlos Cipolini (1952), "O documento de Paulo VI, *Mariatis Cultus* (1974), pode ser considerado uma espécie de "diretório" do culto a Maria, correspondente ao capítulo VIII da *Lumen Gentium*" (CIPOLINI, 2005, p. 57). Sobre a maternidade gloriosa de Maria nas palavras de Santo Agostinho, registra o capítulo VIII da *Constituição Dogmática Lumen Gentium,* que "nela, os fiéis, aderindo à cabeça que é Cristo, e em comunhão com todos os santos, devem também venerar a memória 'em primeiro lugar da gloriosa sempre Virgem Maria Mãe do nosso Deus e Senhor Jesus Cristo'" (CONCÍLIO VATICANO II, 1962-1965). Pura heresia, mais uma invenção do catolicismo.

Com o ensino sobre a virgindade perpétua de Maria, alegam que ela permaneceu virgem por toda sua vida, como está no Catecismo da Igreja Católica (1994). Segundo este documento, acerca da questão # 510, *"Maria permaneceu virgem concebendo seu Filho, dando-lhe à luz, carregando-o e nutrindo-o em seu peito, sempre uma virgem"* (JUSTICE, 1994, p. 37, grifos meus). Séculos antes, em 1476, o terceiro dogma ("Imaculada Conceição") nasceria como uma festa no Oriente e chegaria ao Ocidente, através do Sul italiano, por monges ortodoxos. Expandiu-se, todavia caiu em desuso por certo tempo. Ressurgiu em 1127, na Europa. Motivado pelos ensinos do franciscano Duns Scotus (+ 1308), o papa Sixto IV (1471-1484) aprovou a festa que ficou conhecida na Europa pelas celebrações à Nossa Senhora da Conceição ou Imaculada Conceição, sempre comemorada no dia 8 de dezembro. Mas foi no século XIV, em Avignon, que a cúria papal começou a celebrá-la.

Essa festa foi defendida e amplamente difundida pelos padres da Ordem de São Francisco. Mais tarde, sem qualquer constrangimento e alheio a decisões e pareceres de terceiros, o papa Pio IX (1846-1878), por meio da Bula *Ineffabilis Deus,* de 8 de dezembro de 1854, promulgou o dogma da *Imaculada Conceição de Maria.* Nele, Pio IX defendia que Maria foi preservada do pecado original desde o primeiro instante de sua existência, que foi gerada sem pecado, ou seja, induzindo ao pensamento de que a mãe de Maria também tivera uma miraculosa gravidez proveniente do Espírito Santo e que, "os contrários" a esta herética imposição, sofreriam "penas estabelecidas por direito":

> [...] como decoro e ornamento da Virgem Mãe de Deus, para a exaltação da fé católica e incremento da religião cristã, com a autoridade de Nosso Senhor Jesus Cristo, dos bem-aventurados apóstolos Pedro e Paulo e nossa, nós declaramos, proclamamos e definimos que a foi revelada por Deus a doutrina, segundo a qual a beatíssima Virgem Maria, ao primeiro instante de sua conceição, foi preservada incólume de toda mancha de pecado original, por causa de especialíssimo privilégio de graça do Deus onipotente, em vista dos méritos de Jesus Cristo, o Salvador do gênero humano, e portanto, deve ser sólida e constantemente crida por todos os fiéis. Portanto, aqueles que presumirem em seu coração contra o que nós acabamos de definir, que Deus tal não permita, fiquem sabendo e entendam que estão se condenando por sua própria conta, que naufragaram na fé, e que se separaram da unidade da Igreja, e que ademais, se ousarem manifestar com palavras ou por escrito ou de outra qualquer maneira externa, o que sentem em seu coração, pelo mesmo motivo fiquem sujeitos às penas estabelecidas por direito (CIPOLINI, 2005, p. 62).

Entre outros clérigos, São Thomaz de Aquino combateu enfaticamente o propósito desse dogma, apoiado por todos os que compunham a sua Ordem *(Ordem Dominicana).* Como todos nós, Maria nasceu no pecado original e necessitava, sim, da sua salvação, conforme está bem claro em Eclesiastes: "Pois não há homem justo sobre a terra, que faça o bem, e nunca peque" (ECLESIASTES 7:20, BKJA). Pela mesma concepção escreveu Paulo aos de Roma:

> Porque todos pecaram e destituídos estão da glória de Deus; Sendo justificados gratuitamente pela sua graça, pela redenção que há em Cristo Jesus. Ao qual Deus propôs para propiciação pela fé no seu sangue, para demonstrar a sua justiça pela remissão dos pecados dantes cometidos, sob a paciência de Deus; Para demonstração da sua justiça neste tempo presente, para que ele seja justo e justificador daquele que tem fé em Jesus (ROMANOS 3:23-26, ACF).

João reforça em sua primeira epístola:

> Mas, se andarmos na luz, como ele na luz está, temos comunhão uns com os outros, e o sangue de Jesus Cristo, seu Filho, nos purifica de todo o pecado. Se dissermos que não temos pecado, enganamo-nos a nós mesmos, e não há verdade em nós. Se confessarmos os nossos pecados, ele é fiel e justo para nos perdoar os pecados, e nos purificar de toda a injustiça. Se dissermos que não pecamos, fazemo-lo mentiroso, e a sua palavra não está em nós (1 JOÃO 1:7-10, ACF).

Reconhecendo isso, está mais do que claro que Maria não tem autoridade ou poder para ser corredentora, auxiliadora ou intercessora, como ensinam no catolicismo. Exaltam-na, sabendo que a obra de salvação é exclusiva do Senhor Jesus, Aquele que padeceu e morreu na cruz do calvário para salvar a humanidade. Vejamos mais este versículo em Atos: "E em nenhum outro há salvação, porque também debaixo do céu nenhum outro nome há, dado entre os homens, pelo qual devamos ser salvos" (ATOS 4:12, ACF). Entre os gregos, por serem politeístas, era comum a ideia de que, se um deus viesse a ser gerado aqui na terra, perderia os seus plenos poderes. Seria um semideus. Jesus, contudo, não pode ser considerado semideus, posto que Ele sempre foi Deus e sempre esteve junto do Pai e do Santo Espírito.

Foi uma escolha divina Ele ter descido e se materializado para cumprir o Seu plano de salvação para a humanidade. Em 431 d.C., no Concílio Geral de Éfeso, a controvérsia sobre as naturezas divina e humana de Jesus levou a Igreja Católica a dar os primeiros passos para o estabelecimento do dogma de Maria como "Mãe de Deus", contrariando toda evidência da Bíblia (SILVEIRA, 2000, p. 155). Conflito teológico. Talvez, não tão fácil de ser explicado. Mas, certamente, não impossível de ser compreendido. O resultado desse Concílio foi positivo apenas em um ponto: para o estabelecimento da natureza hipostática de Cristo, pois somente Nele a natureza divina e a humana podiam coexistir. Jesus, em Sua essência, era verdadeiro Deus e verdadeiro homem, 100% Deus e 100% homem – duas naturezas distintas. Desta forma, Maria só poderia ser "mãe do Cristo", da natureza humana de Jesus, posto que a parte divina, sendo Deus, não foi gerada nem criada. Mas o papado e o clero ali reunidos sancionaram a adoração a Maria como a "Mãe de Deus", comparando-a a Jesus e tirando Dele a centralidade da adoração e as motivações de culto.

Nem mesmo o próprio Jesus a chamou de mãe. "É nada menos do que blasfêmia deificar Maria como a Mãe de Deus" (JUSTICE, 1994, p. 36). Maria, como serva fiel, apenas cumprira o seu papel sendo obediente, aceitando a missão de carregar o Salvador em seu ventre. O anjo, quando a saudou, antes de lhe anunciar o nascimento de Jesus, lhe disse: *"Salve agraciada"* (LUCAS 1:28), ou seja, uma declaração de que Maria havia recebido de Deus a graça – favor imerecido – para tão nobre missão. Porém, era necessário que se cumprissem todas as profecias das Sagradas Escrituras, saídas da boca do próprio Deus para o profeta Isaías:

> Portanto o mesmo Senhor vos dará um sinal: Eis que a virgem conceberá, e dará à luz um filho, e chamará o seu nome Emanuel; Porque um menino nos nasceu, um filho se nos deu, e o principado está sobre os seus ombros, e se chamará o seu nome: Maravilhoso, Conselheiro, Deus Forte, Pai da Eternidade, Príncipe da Paz (ISAÍAS: 7:14 E 9:6).

De resto, os Concílios foram o passaporte de entrada para toda adoração a Maria, em seus múltiplos aspectos. O Concílio de Éfeso abriu as portas para o culto à deusa Diana, tão popular na região da Ásia Menor nos primórdios da Era Cristã, trazendo-o para dentro da Igreja. E se por causa desse Concílio Maria for declarada "Mãe de Deus", no Concílio de Latrão (649 d.C.), declararam que ela não tivera outros filhos e, no de Nicéia (787 d.C.), então, instituíram o culto a Maria (SILVEIRA, 2000, p. 155). A partir desse momento, a mariolatria ganha corpo e vez, espalhando-se rapidamente e contaminando todo o povo católico. Como prossegue ainda o Dr. Horário Silveira (1950-), "contra tudo o que é mais legítimo quanto ao culto a quem se lhe dirige. *Maria substituiu, como deusa-mãe, a deusa Cibele dos romanos, e as deusas Diana-artêmmis e Teotocos, chamada esta última de mãe de Deus pelos efésios*" (SILVEIRA, 2000, p. 155, grifos do autor). Templos antigos consagrados aos deuses de outras nações foram, aos poucos, sendo invadidos pela iconografia mariana e pelo culto às variadas "Marias":

> Na Acrópole ateniense, o templo dedicado a Palas Atená foi substituído pela igreja à Virgem Mãe de Deus; em Éfeso, no século V, um santuário dedicado a Artemis foi reconsagrado a Maria; em Roma, sobre o templo de Vesta Mater, foi erguida a igreja de Santa Maria Antiqua; também ali, no local de um templo a Juno, foi levantada a igreja Santa Maria Capitólio; em Paestum, o culto a Hera Argiva foi substituído pelo da Madonna del Granato (107); em Soissons, o templo de Ísis passou no século V ao patronato da Virgem (108); em Roma, um dos templos de Cibele se tornaria a basílica de Santa Maria Maggiore; (JUNIOR, 1996, p. 62).

Tais ideologias discutidas e impostas nos concílios nada têm de diferente em comparação aos modernos cultos às "NOSSAS SENHORAS", às quais se dedicam as maiores solenidades e festividades nas inúmeras paróquias que honram as suas "padroeiras", colocando-as acima de Deus Pai e de Deus Filho – Aquele a quem, diga-se de passagem, a própria Maria chamava de seu Deus e seu Salvador, tal qual lemos em Lucas 1:47. Aproveitando a deixa entre as aspas, não podemos chamar Maria de "NOSSA SENHORA", pois até isto vai de encontro às Sagradas Escrituras. Nelas, somente Jesus Cristo é o Nosso Senhor, o "SENHOR dos senhores" e o "REI dos reis". Dele mesmo saiu o ensino que nos confronta em Mateus: "Ninguém pode servir a dois senhores; pois odiará um e amará o outro, ou será leal a um e desprezará o outro" (MATEUS 6:24, BKJA). E Dele mesmo o "Abba nosso", jamais o "Imma nossa" (mãe nossa).

O dogma da Assunção de Maria reivindica, ainda segundo Dr. Horácio Silveira, que ela subiu aos céus três dias após sua morte e que seu corpo permaneceu intacto, ou seja, não conheceu corrupção e, da mesma forma que Cristo, ressuscitou (SILVEIRA, 2001, p. 195). Quando um papa fala a frase *"ex cathedra"*, fala como chefe da Igreja, com autoridade de quem tem título, com conhecimento. Assim declarou o papa Pio XII em 1950, sem comprovação bíblica, sem nenhuma evidência histórica ou consideração plausível sobre natureza, personalidade, autoridade, morte, incorruptibilidade ou ressurreição de Maria: *"Pronunciamos, declaramos e definimos ser um dogma revelado que por Deus que a Imaculada Mãe de Deus, Maria, sempre virgem, no fim do seu percurso sobre a terra foi para o céu de corpo e alma"* (JUSTICE, 1994, p. 37, grifos do autor). Tal dogma acabou gerando outra reivindicação enganosa, registrada no próprio Catecismo de 1994, na questão *#966*. A de que Deus a ela conferiu um título, tão logo Maria ascendeu aos céus, e a exaltou como *"Rainha de todas as coisas"*.

Nas palavras do decreto de Pio XII, ficou declarado que "o corpo de Maria ressuscitou da sepultura logo depois que morreu, que o seu corpo e alma se reuniram e que ela foi elevada e entronizada como Rainha do Céu" (SILVEIRA, 2001, p. 196). Inacreditável ver tantos incautos ao longo da História crendo e perpetuando essa heresia! Será que a mãe de um médico tem que ser chamada de médica por conta do filho? A mãe de um advogado seria advogada? Era mais comum a esposa do rei ser chamada de rainha, e não a sua mãe. Mas não só atribuíram a Maria um título que não lhe cabia, como também certos poderes concernentes a este título. Leiamos, a seguir, a oração do "Salve Rainha" *("Salve Regina")*, um hino mariano, e as considerações de Felipe dos A. Mariano:

> Salve Rainha, Mãe misericordiosa, vida, doçura e esperança nossa, salve! A vós bradamos os degredados filhos de Eva. A vós suspiramos, gemendo e chorando neste vale de lágrimas. Eia pois, advogada nossa, esses vossos olhos misericordiosos a nós volvei, e depois deste desterro mostrai-nos Jesus, bendito fruto de vosso ventre, ó clemente, ó piedosa, ó doce sempre Virgem Maria. Rogai por nós Santa Mãe de Deus. Para que sejamos dignos das promessas de Cristo. Amém. [...] Maria é coroada pela Santíssima Trindade. É a expressão do título dado à Virgem: *Regina Coeli* (DOS SANTOS MARIANO, 2020 p. 450).

Com entendimento, vamos às justas considerações. **1ª** Quanto à origem desse poema, uma das mais populares orações do universo católico. Sabe-se que há várias teorias sobre a sua criação, meras suposições. A mais aceitável, depois da hipótese de ter sido um hino cantado na primeira Cruzada, é a de que foi produzida na mente brilhante do monge beneditino alemão Hermann von Reichenau (Hermano Contracto – "o manco" – como era conhecido), em 1050. Contracto faleceu quatro anos mais tarde, mas só foi beatificado pela Igreja Católica em 1863. Originalmente, a oração nem falava o nome de Maria e finalizava apenas com a frase: *"Mostrai-nos Jesus, bendito fruto do vosso ventre. Amém"*. Cem anos mais tarde, ganhou o acréscimo do latim: *"ó clemens, ó pia, ó dulcis Virgo*

Maria" (ó clemente, ó piedosa, ó doce Virgem Maria"), por um criativo jovem de nome Bernardo de Claraval, que espontaneamente completou a oração original com essas palavras, na Catedral de Espira (CORREA, 2014, p. 43). Bernardo foi posteriormente canonizado – e foi ele quem popularizou o título de "Nossa Senhora". **2ª** Maria nunca foi chamada na Bíblia Sagrada (e nem poderia ser!) de "mãe de misericórdia". Mas é Jesus Cristo quem nos consola por meio de Sua Palavra. A Bíblia, Sua Palavra, é um verdadeiro bálsamo para a alma humana. E nela, lemos:

> Bendito seja o Deus e Pai de nosso Senhor Jesus Cristo, Pai das misericórdias e Deus de toda consolação, que nos consola em todas as nossas tribulações, para que, com a consolação que recebemos de Deus, possamos consolar os que estão passando por tribulações. Pois assim como os sofrimentos de Cristo transbordam sobre nós, também por meio de Cristo transborda a nossa consolação (2 CORÍNTIOS 1:3-5, NVI).

A nossa consolação também vem por meio de Cristo, jamais por Maria ou qualquer outra pessoa. Senão, estaria escrito para que se cumprisse. Ademais, o Espírito Santo intercede junto ao Pai enquanto oramos para que haja consolo em nós. Se o Consolador já habita em nós, não carecemos de outro intermediário, certo? Caso contrário, blasfemamos. O próprio Jesus, ao falar do Espírito Santo, o chamou de "Consolador":

> E eu rogarei ao Pai, e ele vos dará outro Consolador, para que fique convosco para sempre; O Espírito de verdade, que o mundo não pode receber, porque não o vê nem o conhece; mas vós o conheceis, porque habita convosco, e estará em vós (JOÃO 14:16,17, ACF).

3ª Não há outro advogado para as nossas causas além de Jesus, como registrado em 1 João: "Meus filhinhos, estas coisas vos escrevo, para que não pequeis; e, se alguém pecar, temos um Advogado para com o Pai, Jesus Cristo, o justo" (1 JOÃO 2:1, ACF). **4ª** Maria não continuou virgem. Veremos mais à frente quando foi criado esse dogma católico da "perpétua virgindade", contrariando as Escrituras Sagradas que afirmam que ela teve, sim, outros filhos com seu esposo José. **5ª** Como não bastasse esse hino-oração colocar Maria em primeiro plano, ainda a chama de "Mãe de Deus". E sobre essa questão já comentamos. Em verdade, chamar por chamar Jesus de Senhor, não adianta. É preciso, antes de tudo, tê-lo como O ÚNICO. Ademais, precisamos mesmo dos rogos de Maria para que sejamos dignos das promessas de Cristo, nosso Salvador? Eis a questão!

c.   Saltério em desafino

É evidente a prática de culto prestado a Maria entre os católicos, em que ela *"encontra a sua expressão nas festas litúrgicas dedicadas à Mãe de Deus e na oração mariana, como o santo Rosário, 'resumo de todo o Evangelho'"* (PAULO VI, 1974, p. 152, 153). Desde os cânticos, as novenas, promessas, procissões, rezas intermináveis de tão repetidas. Por exemplo, a oração do Santo Rosário, criada no ano 800, aproximadamente, conhecida como o "Saltério dos Leigos". E vamos já saber por quê. A palavra "saltério" vem do grego *psaltérion*, um instrumento de cordas dedilháveis muito parecido com a harpa, provavelmente, um alaúde, que acompanhava os cânticos (SELLIN; FOHRER, 1984, p. 406-439). Posteriormente, passou a designar todo o livro como "coleção de cantos" – os 150 Salmos da Bíblia hebraica ou *Tehillim* (hinos) –, o "hinário do antigo povo de Israel" (CHAMPLIN, 2001, p. 38), orações que refletiam as mais diversas situações da vida do indivíduo e do povo em geral.

Os judeus, em seu costume, mantinham no Templo instrumentistas e cantores entoando cânticos de adoração ao Todo Poderoso Deus. Uma unção celeste era derramada sobre eles, de tal forma que a glória de Deus manifestava-se. A Palavra lindamente afirma: "Porém tu és santo, tu que habitas entre os louvores de Israel" (SALMOS 22:3, ACF). Quando o povo de Deus O adora e O louva em espírito e em verdade, Ele está presente e recebe como incenso suave tal louvor. Somente o Senhor é digno de receber honras e glórias, porque só Ele é digno de louvor e ninguém mais pode ocupar o lugar de Deus na nossa adoração, tal como cantado em Salmos: "Cantarei ao Senhor toda a minha vida; louvarei ao meu Deus enquanto eu viver" (SALMOS 104:33, NVI).

Classificado como um Livro Poético de Hinos, o livro de Salmos (ou Saltério) reflete a genuína adoração ao Verdadeiro e único Deus. Os leigos, por não saberem ler, não podiam acompanhar a rotina dos monges e frades católicos em sua devocional romanizada. Então, enquanto estes liam os 150 Salmos, os leigos rezavam 150 vezes o Pai-nosso. A parte mais mística de toda heresia sempre gira em torno de relatos e lendas sobre milagres, manifestações, aparições de santos e tudo o mais que fomenta a crendice popular em seu imaginário criativo e supersticioso. A exemplo do que se espalhou sobre a origem do rosário como uma arma ou ferramenta poderosa da igreja. Maria, em uma aparição sua a São Domingos, lhe teria dito:

> Quero que saiba que, a principal peça de combate, tem sido sempre o Saltério Angélico (Rosário) que é a pedra fundamental do Novo Testamento. Assim quero que alcances estas almas endurecidas e as conquiste para Deus, com a oração do meu Saltério (SANTO ROSARIO, 2019, s/p).

Poemas, hinos, homilias, orações, tratados... muita coisa composta para "Ela". Há um adágio popular dentro do catolicismo, bem antigo, cuja origem se perdeu. Ele diz assim no latim: *"De Maria nunquam satis"* – *"Sobre Maria jamais se dirá o bastante"*. Soma-se, às tantas criações, o surgimento milagroso do Rosário. Papa João Paulo II defendia que *"Por meio das contas do Rosário, podem-se contemplar os mistérios salvíficos da nossa salvação pelo olhar de Maria. Eis o grande valor dessa oração!"* (JOÃO PAULO II, 2002, nº 1; 8; 23). Tal posicionamento, vindo de um papa, coloca essa oração baseada em repetições como um imprescindível recurso no evangelismo católico. E teve o líder religioso a ousadia de dizer que, no período em que a cristandade foi ameaçada, a força dessa oração foi sentida de forma espetacular e, assim, *"atribuiu-se a vitória à intervenção da Virgem do Rosário"* (JOÃO PAULO II, 2002, nº 25; 39; 40).

Figura 33 – O Rosário

"E, quando orardes, não useis de vãs repetições, como fazem os pagãos; pois imaginam que devido ao seu muito falar serão ouvidos" (MATEUS 6:7 – BKJA).

Fonte: Imagem de chandlervid85 / Freepik (Licença grátis) / Disponível em: https://img.freepik.com/fotos-gratis/cruz-catolica-do-rosario-isolada-no-fundo-branco_123827-20966.jpg?w=740&t=st=1703018627~exp=1703019227~hmac=a5e01a58d23f54e4c595ee5376dc3cbb18a7d4ecf23897e76ce60614449afbf9. Aceso em: 19 dez. 2013

Estranho, não? Deus fica em segundo plano no Seu próprio Livro de Cânticos! Ademais, baseando-se em mais contos sem fundamentação bíblica, alegam os líderes romanizados que o Rosário teria sido entregue como um milagre, após aparição de Maria ao São Domingos de Gusmão (1170-1221), no ano de 1214, na Igreja do Mosteiro de Prouille – França. Logo após isso, ele teria espalhado a devoção mariana pela crença no poder do Rosário, por volta do século XIII, como uma poderosa arma para a conversão das pessoas. Ao quê, recebeu da Igreja o título honroso de "Apóstolo do Rosário". Atualmente, o mês de outubro é para os católicos o mês de comemorações ao Rosário, que significa literalmente "coroa de rosas". Esse suposto episódio da aparição ao frei São Domingos foi cercado de manifestações sobrenaturais, ao toque de sinos sem intervenção humana, ao balançar de braços de uma imagem de Maria, à fúria de ventos tempestuosos, enfim, eventos que só pararam quando o frei fez a recitação do bendito Rosário. O cardeal Orani João Tempesta (1950), Arcebispo do Rio de Janeiro, publicou um artigo, em 2021, numa página virtual da Conferência Nacional dos Bispos do Brasil (CNBB). Com o título de "Nossa Senhora do Rosário", registra o tal artigo, em um dos trechos, que:

> Após a aparição mariana, São Domingos de Gusmão entrou na Catedral de Toulouse para reunir e falar com os fiéis, de repente os sinos começaram a tocar sem nenhuma intervenção humana. Quando São Domingos começou a pregar houve uma forte ventania, tremor de terra, o sol velou-se e o céu foi cortado por raios. Uma imagem de Nossa Senhora levantou três vezes os braços pedindo justiça à Deus para aqueles que não recorressem a Ele ou não se arrependessem de seus pecados. São Domingos imediatamente começou a rezar o Santo Rosário, e por fim, cessou a tormenta. Após o ocorrido, São Domingos pôde continuar o seu sermão tranquilamente e o fez com tal zelo e ardor nas palavras que os habitantes da cidade abraçaram a devoção ao Rosário da Virgem da Maria. Em pouco tempo, observou-se que a população da cidade se converteu à fé, deixando as práticas de pecado de lado (TEMPESTA, 2021, s/p).

Com esse objeto poderoso em mãos, visível, táctil, como recorreria um leigo aos céus, baseando-se na fé cristã que fundamenta as coisas invisíveis? O atalho do Rosário, nessa lógica, pereceria um caminho mais fácil a ser percorrido. Não mais pedidos feitos diretamente a Deus! Não mais priorizar Cristo e Sua obra redentora! Não mais solicitar a direção do Espírito Santo! Nada disso hoje em dia parece preencher o abismo deixado por dogmas heréticos no coração dos incautos fiéis. O que tem reinado é uma tendência macabra em desviá-los (os atuais leigos de Bíblia!) da cristocentricidade das Escrituras, para que confiem cegamente nas contas de um rosário católico e no poder místico que a ele atribuem.

Diz o Catecismo que o culto de Maria encontra a sua expressão nas festas litúrgicas dedicadas à Mãe de Deus e na oração mariana, *"como o Santo Rosário, que nas palavras de Paulo VI é 'síntese de todo o Evangelho'. Quer dizer, o Rosário é uma oração que concretiza esse culto especial que a Virgem recebe na Igreja"* (Catecismo da Igreja Católica, 971). Segundo a sua convicção, um monge francês beatificado, em 20 de janeiro de 1888, pelo papa Leão XIII, conhecido como São Luís Maria Grignion De Montfort (1673-1716), ao fazer menção à aparição de Nossa Senhora de Fátima, em 1917, ressaltou, em tom de apelo, a importância de *"rezar o Rosário todos os dias, sobretudo em família, a fim de se alcançar a paz, não só a mundial, mas consigo mesmo, com Deus e com o próximo"* (LEME, 2018, p. 11).

Sobre a Senhora de Fátima, algumas considerações. Tal como aconteceu no evento da aparição a São Domingos de Gusmão, deu-se também entre sinais maravilhosos, milagres, conversões extraordinárias e diante de grande multidão de espectadores, a aparição de Maria na aldeia de Aljustrel, numa propriedade particular chamada Cova da Iria – freguesia de Fátima –, aos 13 dias de maio de 1917. A expectativa da multidão de peregrinos que haviam chegado para testemunhar a visão não foi frus-

trada, mesmo com a forte chuva que caía naquele dia. De repente, gritos de espanto! "Na sequência, o sol começou a rodopiar loucamente, girando sobre si mesmo. A atmosfera mudou de cor, assumindo uma tonalidade arroxeada e fazendo com que tudo em volta também assumisse a mesma cor" (SOARES; SOARES, 2019, p. 95). Ali ajoelhados, diante da visão sobrenatural da Virgem suspensa no ar, Lúcia, Francisco e Jacinta: três pastorzinhos atônitos, ao doce balbuciar das palavras que da Santa saíam. Após rezarem o terço, viram uma luz enorme, e, então, uma "senhora mais brilhante que o Sol" apareceu segurando um terço branco. Imaginam a cena, caros leitores! Digna de uma megaprodução hollywoodiana! Diante de mais de 70 mil pessoas reunidas com as crianças, o Sol aparece no meio das nuvens negras e gira sobre a Virgem como uma grande bola de fogo. Nos dias de hoje, não faltariam selfies, youtubers gravando suas *lives* e congestionando as redes. Mas o que contam é que:

> Todos ficaram estarrecidos e admirados por presenciar aquela cena "hierofânica". As pessoas ainda em estado de êxtase comentavam e testemunhavam o fenômeno milagroso da Senhora do Rosário. Os fenômenos das aparições da Virgem Maria exortaram a oração do rosário em todo mundo e o rosário ficou como o símbolo religioso de fé e devoção a Senhora do Rosário (SANTOS; VALENTIM, 2021, p. 20).

Passado o estarrecimento e a exacerbada admiração por aquela revelação ou manifestação do sagrado (hierofania), Maria teria feito algumas exortações a respeito do pecado do mundo e vaticinou certos acontecimentos que marcariam a humanidade. Mas, além das profecias, também falou da necessidade de que as pessoas orassem a ela e obedecessem aos seus pedidos, como condição para que fossem desviados os flagelos apocalípticos por ela previstos. E que "o castigo só seria obviado se os homens se convertessem, se fossem consagrados a Rússia e o mundo ao Imaculado Coração de Maria e se se fizesse a comunhão reparadora do primeiro sábado de cada mês" (MACHADO, 1995, p. 90). Por conta de toda essa influência mariana, Antonio Augusto Borelli Machado (1931-2023), quando ainda membro titular da Academia Marial de Aparecida, deixa, no final do seu livro *As aparições e a mensagem de Fátima conforme os manuscritos da Irma Lúcia* (1995), a Oração a Nossa Senhora de Fátima, com todas as honrarias cabíveis, segundo o catolicismo, a Maria – e com aprovação eclesiástica! Vejamos:

> Ó Rainha de Fátima, nesta hora de tantos perigos para as nações cristãs, afastai delas o flagelo do comunismo ateu. Não permitais que consiga instaurar-se, em tantos países nascidos e foemados sob o influxo sagrado da civilização cristã, o regime comunista, que nega todos os Mandamentos da Lei de Deus. Para isto, ó Senhora, conservai vivo e aumentai o repúdio que o comunismo encontrou em todas as camadas sociais dos povos do Ocidente cristão. Ajudai-nos a ter sempre presente que: 1º) O Decálogo nos manda *"amar a Deus sobre todas as coisas"*, *"não tomar seu Santo Nome em vão"* e *"guardar os domingos e festas de preceito"*. E o comunismo ateu tudo faz para extinguir a Fé, levar os homens à blasfêmia e criar obstáculos à normal e pacífica celebração do culto; 2º) O Decálogo nos manda "honrar pai e mãe", "não pecar contra a castidade" e "não desejar a mulher do próximo". Ora, o comunismo deseja romper os vínculos entre pais e filhos, entregando a educação destes em mãos do Estado. O comunismo nega o valor da virgindade e ensina que o casamento pode ser dissolvido por qualquer motivo, pela mera vontade de um dos cônjuges; 3º) O Decálogo manda "não furtar" e "não cobiçar as coisas alheias". O comunismo nega a propriedade privada e sua tão importante função social; 4º) O Decálogo manda "não matar". O comunismo emprega a guerra de conquista como meio de expansão ideológica e promove revoluções e crimes em todo o mundo; 5º) O Decálogo manda "não levantar falso testemunho", e o comunismo usa sistematicamente a mentira como arma de propaganda. Fazei que, tolhendo resolutamente os

> passos à infiltração comunista, todos os povos do Ocidente cristão possam contribuir para que se aproxime o dia da gloriosa vitória que predissestes em Fpátima com estas palavras tão cheias de esperança e doçura: "POR FIM O MEU IMACULADO CORAÇÃO TRIUNFARÁ" (MACHADO, 1995, p. 95).

Notemos que, embora a Virgem tivesse citado trechos dos Dez Mandamentos, ocultou dele partes importantes, como adorar somente a Deus, não farás imagens de escultura etc. E termina com uma frase que expressa a mais vil intenção da mariolatria: dar a Maria toda autoridade e poder, acima até do seu próprio Filho, que é O ÚNICO SENHOR. É o coração de Maria que triunfará, ou Jesus, quando vier em glória buscar a Sua igreja? Fiquemos com as palavras de Paulo aos Tessalonicenses:

> Porque o mesmo Senhor descerá do céu com alarido, e com voz de arcanjo, e com a trombeta de Deus; e os que morreram em Cristo ressuscitarão primeiro; depois, nós, os que ficarmos vivos, seremos arrebatados juntamente com eles nas nuvens, a encontrar o Senhor nos ares, e assim estaremos sempre com o Senhor. Portanto, consolai-vos uns aos outros com estas palavras (1TESSALONICENSES 4:16-18 ARC).

Palavras que exaltam ao Senhor, e não à Senhora! Contudo, livros apócrifos, aceitos e acrescidos ao Cânon bíblico pela Igreja Católica Romana, a exemplo do Livro de Tobias (anexado ao Antigo Testamento), validam histórias de personagens, aparições, milagres, lendas e superstições que fomentam as práticas de culto aos ídolos. Em Tobias, o "herói" da vez é o Anjo Rafael ("Deus curou"), enviado por Deus para acompanhar e proteger Tobias em sua viagem, durante a qual Rafael operou muitos milagres nos caminhos perigosos e misteriosos por onde passaram.

> Na narrativa do Livro de Tobias, Rafael, foi um Anjo enviado por Deus, tomou a forma humana e operou milagres em nome de Deus. Ele é considerado o Anjo portador de graças e curas das doenças físicas e espirituais, almejadas por muitos nas preces de todos os dias (SANTOS, 2021, p. 28).

Sabemos que Deus não divide a Sua glória com os ídolos (ISAÍAS 42:8). Então, não a dividiria em igualdade com Maria, para que ela tivesse fiéis que a adorassem. E foi no ano de 1365 que fizeram uma combinação dos 4 Saltérios ou "partes" – também chamadas "terços". Designa-se por "terço" tanto o ritual quanto o objeto essencial para a sua realização, que tem o objetivo de guiar o fiel durante o desenvolvimento desse ritual (REESINK, 2009, p. 40). Falando em ritual, chamaram de "Mistério" a meditação de um episódio da vida de Jesus e de Maria (claro!), também feita antes de cada dezena. Desta forma, equivale o terço à terça parte do Rosário, que é "o conjunto de 150 Ave-Marias proposto pelo Frade Alan de Rupe em 1470, compostos por três Mistérios (Gozoso, Doloroso e Glorioso) da passagem de Jesus no mundo" (SANTOS; VALENTIM, 2021, p. 154). Mais tarde, foi incluído mais um "mistério", pelo papa João Paulo II, no ano de 2002: o "Mistério Luminoso", onde são rezadas 200 Ave-Marias (SANTOS; VALENTIM, 2021, p. 154).

Ainda mais à frente, essa prática mística-religiosa fez surgir também o "Rosário de quinze mistérios". Segundo explicam os estudos de doutorado em Teologia de Maria da Glória Mélo de Souza (2011), "No Rosário, tudo é preparado para que um pensamento central absorva o espírito e o exponha à contemplação. De um modo simples, através de fórmulas de oração (Pai Nosso, Ave Maria, Glória ao Pai)" (SOUZA, 2011, p. 80). Essas "fórmulas", ainda conforme o mesmo estudo, desencadeariam "um processo psicológico pela recitação incessante ou repetição, bem ao gosto popular, ou, se quisermos, bem 'inculturado' e também presente em muitas outras culturas" (SOUZA, 2011, p. 80).

Porém, o Rosário não nasceu nesse período, nem dessas citações, é uma repetição ou um plágio de uma prática mística de recitação muito usada no Antigo Egito, quando se buscava a concentração necessária para avançar estágios de contemplação do que chamavam de "trilha espiritual". Havia entre os místicos egípcios *(sufis)* uma lista incontável de composições poéticas e musicais, textos, para ocasiões e momentos específicos, variando entre litanias, louvores, hinos, salmos etc. Além dessas variações, a mais importante na prática do culto estático *(zikr)* era o rosário místico. Segundo o egiptologista Moustafa Gadalla (1944), os rosários místicos *(awrad) "são normalmente longas séries bem compostas, na forma de estrofes poéticas de recitação, com seu próprio clímax particular [...] repletos de ditados proverbiais, reflexões pias e preceitos morais"* (GADALLA, 2004, p. 55, grifos meus). Orações exclamativas diariamente praticadas, ensinadas pelos *sufis* aos seus discípulos, que são guiados por meio de uma série graduada de diferentes formas de recitação. Vejamos o trecho a seguir, do autor citado, em seu livro *Mística egípcia – buscadores do caminho,* sobre a recitação desses rosários:

> Recitação consiste em se repetir uma palavra, nome ou frase por um número determinado de vezes. Isto é rememorativo à Litania de Rá (Re) – o Criador. A Litania começa com um breve prefácio, e, então, é seguida de 75 invocações aos nomes/formas de Rá, seguidas de uma série de orações e hinos. Cada nome recitado representa um aspecto/atributo específico de Rá (GADALLA, 2004, p. 55).

A igreja reformada, intitulada "protestante", milita contra as práticas místicas e idólatras pregando a Palavra de Deus, evangelizando conforme a Sã Doutrina defendida a ferro e fogo pelos apóstolos que deram suas vidas para honrar o seu chamado como servos do Senhor, representantes Dele na terra, sal e luz nesse mundo tenebroso. Revelações oriundas de aparições duvidosas, validadas pelas mãos de homens que se gabam de seus méritos clericais e vivem a criar bulas, normas, regras, dogmas e mais dogmas, como se cuspissem enojados em tudo o que foi dito DA e PELA VERDADE, quando vociferou: *"Eu sou o caminho, e a verdade e a vida; ninguém vem ao Pai, senão por mim"* (JOÃO 14:6 ACF). Sabemos que há uma resistência espiritual contra os cristãos protestantes que amam, vivem e pregam a Palavra e a têm como regra primeira de fé e prática. Vejamos uma centelha da grande fogueira da mariolatria, escrita por uma defensora da fé católica:

> Fazendo frente a esta mobilização protestante, a Igreja católica reforçou, através do Concílio de Trento (1545-1563), não só os seus dogmas tradicionais, mas, sobretudo, a importância da devoção aos santos canonizados e seu compromisso em divulgar e reforçar o culto à Virgem Maria. Escalada no posto mais elevado, depois da Santíssima Trindade, na hierarquia celestial, a divindade era tida desde a Idade Média como um dos principais sustentáculos da cristandade católica ocidental (DELFINO, 2013, p. 108).

O santo padre, o papa João Paulo II (Karol Józef Wojtyla, 1920-2005), chegou a consagrar o mundo a Maria e lhe fez várias declarações, numa entrega total de sua pessoa à mariolatria. Como símbolo de sua adoração à Santa, carregava em seu brasão azul – que representava o céu e o manto de Maria – a letra "M", junto a uma cruz de ouro e o lema de seu pontificado: *Totus Tuus,* traduzido do latim como "Todo Teu". Wojtyla havia sido influenciado por São Luís Maria Grignion de Montfort (1673-1716) e seu livro *Tratado da verdadeira devoção a Maria,* cuja primeira publicação ocorrera em 1843. Desse livro, Wojtyla teria tomado para si, como princípio fundamental de seu pontificado, a seguinte frase: *"Totus tuus ego sum et omnia mea tua sunt. Accipio Te in mea omnia. Praebe mihi cor tuum, Maria* – Sou todo vosso e tudo o que possuo é vosso. Tomo-vos como toda a minha riqueza. Dai-me o vosso coração, ó Maria" (MONTFORT, 1916, p. 266).

Façamos outras considerações. Primeira: Maria jamais revelou nada a ninguém. Seja quem for que tenha espalhado qualquer relato de revelação mariana, se olharmos para a Bíblia, poderemos afirmar: NÃO TEM FUNDAMENTO BÍBLICO, uma vez que a Palavra de Deus não se contradiz. tampouco tem base documental ou respaldo teológico fora da Tradição católica. Qualquer "revelação" semelhante que aponte para Maria não é cristocêntrica. Portanto, não passa de uma heresia, pois toda a REVELAÇÃO DE DEUS está contida nos 66 livros canônicos, aceitos sem acréscimos ou complementos apócrifos. O próprio Senhor, em corpo glorificado e numa dimensão espiritual, deu a João (o apóstolo) uma visão real de Seu Reino e das coisas que estão por vir sobre a humanidade. Encerram-se as profecias bíblicas no livro de Apocalipse, com Jesus dizendo "Aquele que testifica estas coisas diz: *Certamente, cedo venho.* Amém!" (APOCALIPSE 22:20, ARC).

Segunda: Maria estaria calma e pacientemente assentada no céu, recebendo toda a glória que, como já vimos no livro de Salmos, pertence somente ao Senhor? E não é qualquer devoção, não. Como o leitor acabou de ler, o Rosário representa "a mais importante" dentre todas as devoções, em que, segundo a crença popular difundida mundo afora, por cada rosário concluído, receberá o fiel uma coroa de rosas das mãos da "senhora" dele ao ressuscitar. E ainda vinculam, atrelam a nossa salvação a essa escancarada adoração a Maria. Se isso não for mariolatria, não sei como poderemos mais nos referir à tal prática! Assim, diversas páginas católicas de informações continuam a discorrer sobre a veneração à Santa, mantendo a ideia ou conceito da "intercessão mariana", pois, como creem, Maria recebe o que ela pede, ou seja: Jesus nunca diz não ao que sua mãe lhe pede, e "A Virgem sempre nos dá o que pedimos".

Como pode ser isso, caro leitor? Fiquemos com o que diz a Palavra de Deus, segundo o próprio Jesus em João: "Eu lhes asseguro que meu Pai lhes dará tudo o que pedirem em meu nome. Até agora vocês não pediram nada em meu nome. Peçam e receberão, para que a alegria de vocês seja completa" (JOÃO 16:23,24, NVI). Devemos pedir qualquer coisa que desejarmos, desde que esteja em concordância com a Palavra e NO NOME DE JESUS! Só assim a nossa satisfação e alegria serão plenas. Jesus, sendo Deus e Senhor, sabia que, após a consumação do Seu ministério terreno, todos nós teríamos acesso ao Trono da Graça por meio Dele, exclusivamente. E que nem seria necessário Ele pedir ao Pai por nós, pois Nele, em Jesus Cristo, alcançamos todas as bênçãos por meio da sincera oração: "Nesse dia, vocês pedirão em meu nome. Não digo que pedirei ao Pai em favor de vocês, pois o próprio Pai os ama, porquanto vocês me amaram e creram que eu vim de Deus" (JOÃO 16:26,27, NVI).

É uma pena Karol Wojtyla ter dito ao mundo ser "totalmente de Maria" e influenciado muitos a desejarem ser o mesmo. Os discípulos de Cristo jamais diriam isso de si mesmos, como pertencentes a outro(a) Senhor(a). Paulo disse aos de Corinto: "Quero dizer com isto, que cada um de vós diz: Eu sou de Paulo, e eu de Apolo, e eu de Cefas, e eu de Cristo. Está Cristo dividido? foi Paulo crucificado por vós? ou fostes vós batizados em nome de Paulo?" (1 CORÍNTIOS 1:12,13); E ainda: "[...] tudo é de vocês, e vocês são de Cristo, e Cristo é de Deus" (1 CORÍNTIOS 3:23). Pedro disse: "Porém, vós sois geração eleita, sacerdócio real, nação santa, povo de propriedade exclusiva de Deus, cujo propósito é proclamar as grandezas daquele que vos convocou das trevas para sua maravilhosa luz" (1 PEDRO 2:9, BKJA). Somos exclusivos de Cristo Jesus! Aleluia!

Todavia, pela Tradição, Maria teria feito várias aparições para que os fiéis recorressem a ela e fossem chamados "seus filhos". Por conseguinte, ela intercederia junto a Jesus em favor dos fiéis. Blasfêmia! Coragem e reverência teve o servo Jó quando, referindo-se ao seu Deus, exclamou: "Ainda que ele me mate, nele esperarei" (JÓ 13:15, ACF). Somente Jesus – o Redentor glorificado e consciente de Sua posição – é o nosso protetor e intercessor, cumprindo, Nele mesmo, o desejo expresso na maravilhosa oração intercessória registrada em João 17, onde Ele disse: "Não ficarei mais no mundo, mas eles ainda estão no mundo, e eu vou para ti. Pai santo, PROTEGE-OS EM TEU NOME, O NOME QUE ME DESTE, para que sejam um, assim como somos um". E completa: "Pai, quero que aqueles que me deste estejam comigo onde eu estiver" (JOÃO 17:11, 24 NVI, grifos meus). Paulo argumenta e ensina aos Romanos: "Quem os condenará? Foi Cristo Jesus que morreu; e mais, que ressuscitou e está à direita de Deus, e também intercede por nós" (ROMANOS 8:34). Diante do que sobra para Jesus, ficam as Suas palavras em Lucas: "Por que vocês me chamam 'Senhor, Senhor' e não fazem o que eu digo?" (LUCAS 6:46, NVI). E Ele também disse em Mateus:

> Todas as coisas me foram entregues por meu Pai, e ninguém conhece o Filho, senão o Pai; e ninguém conhece o Pai, senão o Filho, e aquele a quem o Filho o quiser revelar. Vinde a mim, todos os que estais cansados e oprimidos, e eu vos aliviarei. Tomai sobre vós o meu jugo, e aprendei de mim, que sou manso e humilde de coração; e encontrareis descanso para as vossas almas. Porque o meu jugo é suave e o meu fardo é leve" (MATEUS 11:27-30, ACF).

d. "Viva a grande Diana dos efésios!"

Ártemis, na Grécia, ou Diana, como era conhecida entre os romanos, a divindade responsável pelas atividades da caça é considerada tanto uma prostituta sagrada quanto uma virgem responsável pelos partos, pois os mitos a retratam igualmente com um bebê em seus braços. Ao lado de outras divindades lunares, como Hécate (deusa que está associada às esferas infernais) e Selene, compunham uma espécie de "trindade da Lua". O historiador e escritor judeu-cristão polonês Sholem Asch (1880-1957), descreveu como eram os cultos a Diana com estas palavras:

> Em dado momento, abrem-se par em par as portas de cipreste do templo. As multidões que convergiam de todas as partes da Ásia Menor, da Galácia, da Capadócia, da Macedônia e da Acaia, tanto sãos como enfermos, aleijados com as suas muletas, cegos guiados por crianças, paralíticos carregados em padiolas, se comprimem entre as colunas fronteiras à fachada. Todos esperam o momento de erguer-se o véu da deusa. Um longo clangor de trombeta, um rápido estrugir de tambores e, em seguida, um intervalo de silêncio. Uma nuvem de incenso paira na praça. Dentro e fora do templo os fiéis se prosternam retendo o fôlego. O véu de seda é lentamente retirado. Sobre o pedestal de mármore negro, cercado de misteriosos hieróglifos indecifráveis, ergue-se a deusa Diana de Éfeso, que Apolo enviou do céu à terra. No momento em que foi desvendado, um brado comovido se propagou do salão para o pórtico e do pórtico para a praça, onde milhares de fiéis estavam prostrados em terra. "Viva a grande Diana dos efésios!" Um êxtase de esperança e de temor dominou a multidão que se quedou de olhos fechados, lábios contraídos e frontes a se tocarem uma nas outras... Levantando-se então os fiéis seguiram de roldão para as portas do templo. Os cegos, os coxos e os enfermos avançavam como podiam, com os pés ou de rastos, em direção à deusa que não viam, amparando-se uns aos outros e gritando suas orações. Aqui e ali vozes delirantes soavam: "Milagre! Milagre! O coxo está caminhando! O enfermo desceu da cama!". A esses brados saía do templo um grupo de sacerdotes e, atravessando a multidão, eles reuniam as muletas jogadas fora, para pendurá-las como troféus nas paredes do templo, e homenagem à grande deusa Diana (ASCH, 1959, p. 386-387).

Do jeito que estamos vendo as coisas hoje, não pode ser mera coincidência. Querem perpetuar essa tradição milenar de culto às deusas, mas de uma forma camuflada. Apenas trocaram o "viva a Diana dos efésios" por "Viva a Nossa Senhora". E esse disfarce está dentro das igrejas. Jesus não é suficiente na maioria delas, Ele não é o Único Senhor. Poucos templos levam o nome do Senhor, aliás, a grande

maioria deles homenageia aos milhares de "padroeiros", cujos seguidores se amontoam em procissões pelas ruas e praças, chorando, cantando, louvando aos seus ídolos e esperando deles os milagres em sua idolatria cotidiana. Decerto, ao longo da História:

> [...] enquanto os teólogos medievais buscavam neutralizar a possibilidade de se compreender Maria como mãe celestial, debatendo o seu papel no nascimento de Cristo, inúmeros cultos às deusas-mães persistiam, pelo menos no contexto do cotidiano da população. O autor destaca que na parte oriental do Império Romano era possível identificar o culto a Cibele (mãe dos deuses) e a Diana (a toda mãe virginal), cujo culto alcançou seu zênite no século III d.C. (BASTOS; DE FÁTIMA ZDEBSKYI; DA SILVEIRA, 2018, p. 18).

Até na "Semana Santa" Maria é homenageada em 99% das igrejas. Romarias ao padre Cícero, ao Bom Jesus da Lapa, à Aparecida... Crendices, tradições, superstições, sincretismo, religiosidade, penitências, abstinência de alimentos, orações intermináveis, procissões, promessas, amuletos, missas para os mortos... Idolatria! Já estamos livres em Cristo. Porém, falar de Jesus é fácil, difícil é segui-Lo. Há um peso de condenação e vergonha para todos os que fabricam, para todos os que adoram e para todos os que conduzem e seguem em procissão as imagens de seus ídolos e que não olham apenas para o Senhor. Basta lermos Isaías:

> Envergonhar-se-ão, e também se confundirão todos; cairão juntamente na afronta os que fabricam imagens. Porém Israel é salvo pelo Senhor, com uma eterna salvação; por isso não sereis envergonhados nem confundidos em toda a eternidade. Congregai-vos, e vinde; chegai-vos juntos, os que escapastes das nações; nada sabem os que conduzem em procissão as suas imagens de escultura, feitas de madeira, e rogam a um deus que não pode salvar. Anunciai, e chegai-vos, e tomai conselho todos juntos; quem fez ouvir isto desde a antiguidade? Quem desde então o anunciou? Porventura não sou eu, o Senhor? Pois não há outro Deus senão eu; Deus justo e Salvador não há além de mim. Olhai para mim, e sereis salvos, vós, todos os termos da terra; porque eu sou Deus, e não há outro. Por mim mesmo tenho jurado, já saiu da minha boca a palavra de justiça, e não tornará atrás; que diante de mim se dobrará todo o joelho, e por mim jurará toda a língua (ISAÍAS 45:16-17; 20-23, ACF).

Para tais carolas, as orações não precisam ser diretamente dirigidas a quem é de direito. E carecem sempre de outro intermediário além do Espírito Santo que Jesus deixou como o nosso Consolador, Aquele que levaria ao Pai as nossas petições e orações com gemidos inexprimíveis. Nada entendem os que vão atrás de imagens nas procissões e rezam repetida e incansavelmente os seus terços. Deus não está recebendo esse tipo de adoração, não tolera Rosários, mas clama: *"olhai para mim"*! Diante de Cristo, devemos dobrar nossos joelhos, os nossos olhos voltados para Ele, como também o nosso clamor e as nossas orações. As orações têm que ser feitas a Jesus. Em Seu nome há autoridade. Assim está no Evangelho de João: "E tudo quanto pedirdes em meu nome eu o farei, para que o Pai seja glorificado no Filho. Se pedirdes alguma coisa em meu nome, eu o farei" (JOÃO 14:13-14, ACF).

Sem o conhecimento das Escrituras, o homem necessita ter algo palpável, um ícone, uma simples "lembrança" (como falam) de alguém que pode interceder por nós diante de Jesus, quando a Palavra garante que só há um Intercessor, um só Mediador, um só Senhor, um só Advogado, um só Salvador e Um único Deus! "Pois há um só Deus e um só mediador entre Deus e os homens: o homem Cristo Jesus" (1 TIMÓTEO 2:5, NVI); "E em nenhum outro há salvação, porque também debaixo do céu nenhum outro nome há, dado entre os homens, pelo qual devamos ser salvos" (ATOS 4:12, ACF); "Respondeu Jesus: 'O mais importante é este: 'Ouve, ó Israel, o Senhor, o nosso Deus, o Senhor é o único Senhor.'" (MARCOS 12:29-33, NVI); "[...] todavia, para nós há um só Deus, o Pai, de quem

é tudo e para quem nós vivemos; e um só Senhor, Jesus Cristo, pelo qual são todas as coisas, e nós por ele" (1 CORÍNTIOS 8:6, BKJA); "Por essa razão, Cristo é o mediador de uma nova aliança para que os que são chamados recebam a promessa da herança eterna, visto que ele morreu como resgate pelas transgressões cometidas sob a primeira aliança" (HEBREUS 9:15, NVI); "Meus filhinhos, estas coisas vos escrevo, para que não pequeis; e, se alguém pecar, temos um Advogado para com o Pai, Jesus Cristo, o justo" (1 JOÃO 2:1, ACF).

e. O trono de Satanás.

Na região de Pérgamo – uma antiga capital administrativa da Ásia Menor –, os sacerdotes da Babilônia instalaram-se. Fugiam dos medo-persas, adoradores do fogo, que sitiaram a Babilônia. Agora, em uma nova terra, contaminaram Pérgamo (que mais tarde foi mudada para Éfeso) com seus rituais idólatras, transformando-a num centro de culto da "mãe com o filho", levados para Roma com outros nomes. A Bíblia descreve Pérgamo como o lugar do trono de Satanás:

> Ao anjo da igreja em Pérgamo escreva: "Estas são as palavras daquele que tem a espada afiada de dois gumes. Sei onde você vive, onde está o trono de Satanás. Contudo, você permanece fiel ao meu nome e não renunciou à sua fé em mim, nem mesmo quando Antipas, minha fiel testemunha, foi morto nessa cidade, onde Satanás habita" (APOCALIPSE 2:12,13, NVI).

Cristo se apresentou à Igreja dos verdadeiros seguidores do Deus de Israel como *"aquele que tem a espada afiada de dois gumes"*, chamando todos ao arrependimento, para finalmente fazerem uma escolha entre o Único Deus e os deuses do Império Romano. Era inaceitável alguns se dizerem cristãos e, ao mesmo tempo, comerem das coisas sacrificadas aos ídolos de Roma. Assim como continua inaceitável que se professem seguidores de Jesus, ajoelhando, implorando, adorando, cantando, rezando a outro, figurado numa imagem de pau, pedra ou gesso. Ídolos, como já lemos anteriormente em Salmos:

> Os ídolos deles, de prata e ouro, são feitos por mãos humanas. Têm boca, mas não podem falar, olhos, mas não podem ver; têm ouvidos, mas não podem ouvir, nariz, mas não podem sentir cheiro; têm mãos, mas nada podem apalpar, pés, mas não podem andar; nem emitem som algum com a garganta. Tornem-se como eles aqueles que os fazem e todos os que neles confiam (SALMOS 115:4-8, NVI).

A fidelidade a Deus não consiste em que sejamos mais obedientes às tradições dos homens, mas que estejamos submissos ao senhorio de Jesus: *"Contudo, você permanece fiel ao meu nome e não renunciou à sua fé em mim [...]"*. Pedro, no episódio que narra Jesus caminhando sobre as águas, desviou o seu olhar de Cristo. Começou a afundar. Ele havia desafiado o Mestre e, quando teve a oportunidade de provar a sua fé Nele, se deixou envolver pelas circunstâncias. Leiamos em Mateus:

> E o barco estava já no meio do mar, açoitado pelas ondas; porque o vento era contrário; Mas, à quarta vigília da noite, dirigiu-se Jesus para eles, andando por cima do mar. E os discípulos, vendo-o andando sobre o mar, assustaram-se, dizendo: É um fantasma. E gritaram com medo. Jesus, porém, lhes falou logo, dizendo: Tende bom ânimo, sou eu, não temais. E respondeu-lhe Pedro, e disse: Senhor, se és tu, manda-me ir ter contigo por cima das águas. E ele disse: Vem. E Pedro, descendo do barco, andou sobre as águas para ir ter com Jesus. Mas, sentindo o vento forte, teve medo; e, começando a ir para o fundo, clamou, dizendo: Senhor, salva-me! E logo Jesus, estendendo a mão, segurou-o, e disse-lhe: Homem de pouca fé, por que duvidaste? E, quando subiram para o barco, acalmou o vento. Então aproximaram-se os que estavam no barco, e adoraram-no, dizendo: És verdadeiramente o Filho de Deus (MATEUS 14:24-33, ACF).

Quantos de nós, devido às circunstâncias da vida, não somos acometidos e dominados pelos nossos medos e fantasmas interiores? Quantas vezes, como Pedro, também não nos sentimos afundar, como se a morte estivesse sorrindo para nós? Quantas vezes, em meio às tempestades repentinas, não blasfemamos, falamos bobagens, negamos a fé, murmuramos ou, como costume de muitos, recorremos a outro, e não a Jesus? *"Mas, sentindo o vento forte, teve medo [...]"* Não podemos fazer como fez Pedro. O Mestre estava ali. E Ele disse "Vem". Ora, Pedro estava diante de quem jamais o deixaria afundar, de quem está sempre perto para estender a mão e dar o socorro. A nossa "pouca fé" pode estar fazendo com que deixemos o trono do nosso coração desocupado. Alguém mais poderá assenhorar-se dele.

Se Jesus não estiver assentado como Senhor absoluto do nosso coração, então estamos em perigo. Quem não estiver revestido de Cristo, sob a Sua autoridade e o Seu poder, fatalmente estará sujeito à queda. A quem clamaremos por socorro quando as ondas e os fortes ventos se levantarem contra nós? O que acontece é que, sem intimidade com o Senhor, levantaremos ídolos diante de nós, recorreremos a eles ou às tantas seitas e religiões travestidas como cristãs (mas que negam princípios bíblicos deixados pelo próprio Cristo), como fossem a última chance de alcançarmos a solução para todos os nossos problemas. Nessa hora, seremos como Pérgamo. Abriremos a porta para que se assente o inimigo como dono do nosso coração. Com certeza, afundaremos na nossa ignorância, longe do CAMINHO.

> Algumas das autoridades de Israel vieram e se sentaram diante de mim. Então o Senhor me falou: "Filho do homem, estes homens ergueram ídolos em seus corações e puseram tropeços ímpios diante de si. Devo deixar que me consultem? Ora, diga-lhes: Assim diz o Soberano, o Senhor: Quando qualquer israelita erguer ídolos em seu coração e puser um tropeço ímpio diante do seu rosto e depois for consultar um profeta, eu o Senhor, eu mesmo, responderei a ele conforme a sua idolatria. Isto farei para reconquistar o coração da nação de Israel, que me abandonou em troca de seus ídolos. Por isso diga à nação de Israel: Assim diz o Soberano, o Senhor: Arrependa-se! Desvie-se dos seus ídolos e renuncie a todas as práticas detestáveis! Quando qualquer israelita ou qualquer estrangeiro residente em Israel separar-se de mim, erguer ídolos em seu coração e puser um tropeço ímpio diante de si e depois for a um profeta para me consultar, eu, o Senhor, eu mesmo, responderei a ele. Voltarei o meu rosto contra aquele homem e farei dele um exemplo e um objeto de zombaria. Eu o eliminarei do meio do meu povo. E vocês saberão que eu sou o Senhor. E, se o profeta for enganado e levado a proferir uma profecia, eu, o Senhor, terei enganado aquele profeta e estenderei o meu braço contra ele e o destruirei, tirando-o do meio de Israel, o meu povo (EZEQUIEL 14:1-9).

f. A misteriosa assunção

Na Itália, comemorava-se uma festa popular em homenagem a Diana (ou Ártemis), um dia de caça, quando animais ferozes eram soltos para alegria e banquete dos cães caçadores. Esse evento foi abraçado e consagrado pela Igreja "como um culto católico que marca a Assunção de Nossa Senhora, transferido para o dia 15 de agosto" (SANTANA, 2017?, s/p). Comemorações a Maria seguiam os modelos pagãos, assim como os atributos, os mitos e os processos cúlticos que foram ganhando outro significado – incorporados ao cristianismo –, quando referentes à Virgem na adoração a ela prestada pelos fiéis católicos. Foi a partir do Cisma do Oriente, ocorrido em 1054, que o catolicismo de dividiu em Igreja Católica Apostólica Romana (Ocidente) e Igreja Ortodoxa (Oriente), época também em que foram estabelecidas inúmeras festas, devoções, textos e repertórios musicais católicos, frequentemente de origem popular, tudo em louvor à Virgem (CASTAGNA, 2017, p. 3). Eventos que foram lentamente quebrando a base exclusivamente

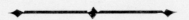

trinitária do catolicismo e gerando uma inusitada quaternidade (BLOOM, 2006, p. 120-133), a partir da qual Maria foi levada aos altares de todas as igrejas e passou a figurar, em termos teológicos, ao lado do Pai, do Filho e do Espírito Santo (CASTAGNA, 2013, p. 3 *apud* BLOOM, 2005, p. 120-133).

Já vimos anteriormente que, na Babilônia, o título de "Rainha dos Céus" era atribuído a Semíramis, mãe de Tamuz (o filho de Ninrode). Na obra *The Two Babylons* – *"As Duas Babilônias*, de Alexander Hislop (1807-1865), publicada em 1917, o autor se empenhou em comparar os dois títulos anteriores, "Rainha do Universo" e "Rainha dos Céus". Este último, foi aplicado a Maria pelo papa Pio XII. Não foi à toa tal semelhança. O paganismo sempre esteve infiltrado na mentalidade romanista não convertida ao senhorio de Jesus. Desde muito tempo, esse culto à Rainha dos Céus foi copiado pelos habitantes de Judá, o qual está registrado em Jeremias, como uma das causas da decadência moral do povo de Deus e sua consequente queda diante dos Babilônios:

> Porventura não vês tu o que andam fazendo nas cidades de Judá, e nas ruas de Jerusalém? Os filhos apanham a lenha, e os pais acendem o fogo, e as mulheres preparam a massa, para fazerem bolos à rainha dos céus, e oferecem libações a outros deuses, para me provocarem à ira" (JEREMIAS 7:17,18, ACF).

O que vemos é que, neste caso, há estreita semelhança entre o pensamento babilônico e o católico. Semíramis, após receber dos seus seguidores o honroso título, assumiu as riquezas e o poder do filho, então elevado ao posto de deus. Tornou-se poderosa. Em longo prazo, porém, a adoração a ela oferecida, como rainha e mãe, praticamente ofuscou a primeira adoração oferecida ao filho. O mesmo aconteceu no tocante à mãe do Senhor Jesus, que, segundo a Tradição, foi assunta no céu. Ora, a Bíblia diz que Enoque e Elias foram levados ao céu em vida. Teria sido Maria arrebatada? A Bíblia fala da ressurreição de Jesus e que Ele garante, a todos os fiéis, a futura ressurreição, sendo Ele próprio o primeiro. Porque é necessário que Jesus sempre tenha a primazia em tudo, conforme lemos: "Mas de fato Cristo ressuscitou dentre os mortos, sendo as primícias dentre aqueles que dormiram" (1 CORÍNTIOS 15:20, NVI).

Por conseguinte, se o Jesus Homem ressuscita, os demais que andarem em Sua presença também ressuscitarão. O Senhor da Vida pergunta a Marta, irmã de Lázaro, ao final da frase: "Eu sou a ressurreição e a vida. Aquele que crê em mim, ainda que morra, viverá; e quem vive e crê em mim, não morrerá eternamente. Você crê nisso?" (JOÃO 11:25,26, NVI). Por fim, pelo fato de Cristo ter oferecido a Si mesmo como sacrifício na cruz do Calvário, sendo o primeiro da futura ressurreição, agora, todos nós podemos alegrar-nos pelo que nos está garantido: a entrada no Reino Celeste e o gozar de uma vida eterna ao lado Dele. Ou a ressurreição, ou o arrebatamento:

> Eis aqui vos digo um mistério: Na verdade, nem todos dormiremos, mas todos seremos transformados, num momento, num abrir e fechar de olhos, ante a última trombeta; porque a trombeta soará, e os mortos ressuscitarão incorruptíveis, e nós seremos transformados. Porque convém que isto que é corruptível se revista da incorruptibilidade e que isto que é mortal se revista da imortalidade. E, quando isto que é corruptível se revestir da incorruptibilidade, e isto que é mortal se revestir da imortalidade, então, cumprir-se-á a palavra que está escrita: Tragada foi a morte na vitória. Onde está, ó morte, o teu aguilhão? Onde está, ó inferno, a tua vitória? Ora, o aguilhão da morte é o pecado, e a força do pecado é a lei. Mas graças a Deus, que nos dá a vitória por nosso Senhor Jesus Cristo. Portanto, meus amados irmãos, sede firmes e constantes, sempre abundantes na obra do Senhor, sabendo que o vosso trabalho não é vão no Senhor (1 CORÍNTIOS 15:51-58, ARC);

> Dizemos a vocês, pela palavra do Senhor, que nós, os que estivermos vivos, os que ficarmos até a vinda do Senhor, certamente não precederemos os que dormem. Pois, dada a ordem, com a voz do arcanjo e o ressoar da trombeta de Deus, o próprio Senhor descerá dos céus, e os mortos em Cristo ressuscitarão primeiro. Depois nós, os que estivermos vivos, seremos arrebatados com eles nas nuvens, para o encontro com o Senhor nos ares. E assim estaremos com o Senhor para sempre (1 Tessalonicenses 4:15-17, NVI).

Todas essas palavras estão de acordo com o que disse o profeta Daniel: "E muitos dos que dormem no pó da terra ressuscitarão, uns para vida eterna, e outros para vergonha e desprezo eterno" (DANIEL 12:2, ACF). Mas onde está escrito na Bíblia que Maria está assentada no céu? Alguns podem argumentar: *"Deus poderia ou não ter levado Maria ao céu sem mencionar isto na Bíblia?"*. Sim, é verdade, realmente poderia. Só que, ainda que esse fato tivesse ocorrido, como nós poderíamos prová-lo? Está escrito que "As coisas encobertas pertencem ao SENHOR, nosso Deus, porém as reveladas nos pertencem, a nós e a nossos filhos, para sempre, para que cumpramos todas as palavras desta lei" (DEUTERONÔMIO 29:29, ACF). Por isso, certamente, se Maria tivesse sido arrebatada (o que não está registrado na Bíblia), nenhum ser humano saberia, justamente, para que o povo não se desviasse do Caminho que é Cristo e se voltasse para adorá-la.

É certo que, após a ascensão de Jesus, Maria continuou em Jerusalém e perseverava em oração com os demais cristãos. Portanto, ela não ascendeu ao Céu. Há uma página com livre acesso, para quem quiser pesquisar sobre esse tema, em cujas linhas lemos o que diz o Frei Clarêncio Neotti (1934), da *Ordem dos Frades Menores* (em latim: *Ordo Fratrum Minorum, O.F.M.*), também conhecida por *Ordem de São Francisco, Ordem dos Franciscanos* ou *Ordem Franciscana* – fundada por São Francisco de Assis. Sob o título de *A passagem de maria para a eternidade,* eis um trecho do seu estudo:

> Em nossos dias prevalece a tese de que Maria passou pela morte à imitação de Jesus. Mas é ainda e continuará a ser uma questão em aberto. Também não temos certeza de onde e quando Maria encerrou sua passagem terrena. Sabe-se que, na dispersão dos Apóstolos, Maria acompanhou João, como recomendara Jesus na Cruz (Jo 19,16-27). O Apóstolo João teria migrado para Éfeso, hoje sudoeste da Turquia, uns 600 km ao sul de Istambul. Maria teria findado seus dias em Éfeso. Esta tradição tomou corpo a partir do século XVIII com as visões da camponesa alemã Ana Catharina Emmerich (1774-1824) que, em sonho ou numa revelação, "viu" no alto da montanha popularmente denominada "Colina do Rouxinol", distante 7 km da antiga cidade portuária de Éfeso, a capela Meryem Ana Evi (Casa da Mãe de Deus), que seria a casa em que Maria teria terminado seus dias. Catharina viajou para lá, encontrou tudo como "vira" em sonho e começou a restaurar a antiga capela-casa de Maria, que até hoje os peregrinos podem visitar. Mães turcas, católicas e muçulmanas visitam continuamente aquele santuário, para terem um bom parto e sorte na educação dos filhos. No entanto, não há documentos históricos que favoreçam essa tradição e as escavações arqueológicas mostraram que a capela é certamente posterior ao século VI (NEOTTI, 2015?).

Resumo: incertezas, suposta revelação baseada em visões, tradições infundadas e (pela ausência de provas) incoerentes. É oportuno que possamos refletir que um dos passos iniciais no desenvolvimento de uma heresia é conjecturar acerca de fatos não revelados. A Tradição tentou validar, por meio dos seus relatos sobre a vida de Maria, fatos que os Escritos Sagrados jamais revelaram nem sequer cogitaram. Mesmo porque Maria não era, nunca foi, nem nunca será o centro das Boas Novas. Jesus, sim. E todos esses fantasiosos relatos que surgiram no quarto século contrariam as Escrituras, distorcendo a visão

sobre a vida da humilde serva do Senhor, mãe de Jesus. Brotaram de uma lenda espúria espelhada em mitos, portanto, sem credibilidade. Martinho Lutero comentou, em certa feita, que qualquer ensinamento que não se enquadre nas Escrituras deve ser rejeitado, mesmo que faça chover milagres todos os dias. Essa, portanto, foi mais uma tentativa de elevar Maria a uma posição privilegiada, pois, uma vez levada aos céus e estando ao lado do seu Filho, poderia ser aclamada intercessora, mediadora entre Jesus e os homens. Para que, então, o Espírito Santo ter ficado no lugar do Senhor? Que o amado leitor possa fazer as suas reflexões.

Em uso de um processo de linguística textual chamado "paralelismo", o Vaticano tem projetos de elevar Maria, a mãe do Theo-Anthropos (Homem-Deus) à QUARTA PESSOA DA DIVINDADE, ou seja, hereticamente mudando A TRINDADE SANTA para "A QUATERNIDADE", em que veríamos como UM SÓ: o Pai, a Mãe, o Filho e o Espírito. E o sinal da cruz, portanto, seria desta forma: "Em nome do Pai, e do Filho, e do Espírito Santo, e da Mãe". Na visão antropomórfica que podemos ter da divindade, Maria ("Christotokos" ou "mãe de Cristo") seria, para os católicos, o LADO FEMININO DE DEUS, a "Mãe Divina", a "Mãe do Céu", a "Deusa Mãe", a "Virgem Esposa do Espírito Santo" e a "Virgem Sacrário da Santíssima Quaternidade", ou, ainda, "Deus-Mãe". Leiamos:

> Um outro motivo para a ampliação da trindade foi a elevação da Virgem Maria a uma posição onde ela quase alcançava uma dignidade divina. Para a piedade popular de muitos católicos atuais, Maria possui um significado bem maior que o "Espírito santo" e, muitas vezes, maior que as duas outras *personae* da trindade. Se a doutrina da virgem Maria como co-redentora [...] tivesse que tornar-se um dogma, a virgem Maria seria assim elevada à incondicionalidade e, em conseqüência, alcançaria a posição de uma das *personae* no seio da vida divina (HIGUET, 2003, p. 42).

Corre pelas cercanias interioranas de Goiás a história de um casal de camponeses. Eles teriam achado um medalhão de barro em um pasto e, a partir de então, começaram a fazer orações do terço mariano, que atraíam muitas pessoas. Em pouco tempo, tiveram que construir um local para adoração a Maria, numa das mais importantes manifestações religiosas (e por que não dizer mariólatras?) daquelas bandas do Planalto Central brasileiro.

> No medalhão que, segundo a lenda, teria sido descoberto de modo milagroso no chão de um pasto, estava gravada a imagem da Santíssima Trindade coroando a Virgem Maria: uma "quaternidade" que não podia deixar de ser considerada como o "Santo mais poderoso". Com os primeiros milagres foi crescendo o povo dos devotos, de modo que a casa familiar logo ficou pequena e foi preciso construir uma casa de oração, com telhado feito de folhas de buriti. No decorrer do tempo foram edificadas várias igrejas, até a imponente basílica recém-inaugurada. O pequeno povoado no meio do sertão tornou-se uma cidade, que responde agora pelo nome de Trindade. No dia da festa, ela recebe mais de oitocentas mil pessoas, vindas do Brasil inteiro ao termo de uma "caminhada para chegar mais perto de Deus (HIGUET, 2003, p. 42).

Um diabólico movimento representando católicos de 157 países teve início há, pelo menos, duas décadas atrás, por meio de um abaixo-assinado vinculado em redes sociais, para pressionar o papa da época, João Paulo II, a conceder à Santa Maria o que eles (católicos) batizaram de *"O Quinto Dogma"*. Cerca de 5 milhões de assinaturas foram levantadas naquela oportunidade. O "Quinto Dogma" seria um título oficial de "CO-REDENTORA DA HUMANIDADE", conferindo a posição de QUARTA

PESSOA DA TRINDADE à Mãe de Jesus. Se aprovado pelo papa, em sua autoridade aceita como "santa, infalível e irrevogável", tal doutrina seria elevada ao mais alto nível de verdade revelada. Se não foi o maior, certamente João Paulo II foi um dos maiores fomentadores do culto a Maria. Lembremos do seu brasão e do lema de seu pontificado: *Totus Tuus (todo teu – todo de Maria),* simbolizando a sua total entrega ao Marianismo, especialmente, à "Nossa Senhora de Fátima", a quem atribuiu o livramento do atentado que sofreu em 1981. Todavia, quem iniciou o processo de dogmatização foi o teólogo e professor da *Universidade Franciscana de Steubenville (Ohio / EUA),* Mark Miravalle. Audaciosamente, já contava com um expressivo número de 42 cardeais e 500 bispos que, conforme matéria publicada em setembro de 2001, pela *Revista Tudo,* assinaram o tal abaixo-assinado na tentativa de validar o movimento, chamado *Vox Populi Mariae Mediatrice* (SOUZA, 2022).

Contra essa ação, obviamente, houve reação oriunda de grupos católicos de outros segmentos, como os anglicanos e ortodoxos. Esse conflito de opiniões sobre validar ou não o novo dogma ocasionou a formação de uma comissão de 23 teólogos mariologistas. Unanimemente, desaconselharam a promulgação desse. Todo esse movimento não só nos mostra o quanto as nossas instituições religiosas estão longe de Deus, imersas em profunda idolatria. Claro que esse fato não desmerece nem enfraquece o conceito de IGREJA, como CORPO DE CRISTO. Apenas nos coloca na posição de vigilância quanto à observância e obediência à Verdade do Evangelho de Jesus. "Pois nada podemos contra a verdade, mas somente em favor da verdade" (2 CORÍNTIOS: 13:8, NVI); "Disse-lhe Jesus: Eu sou o caminho, e a verdade e a vida; ninguém vem ao Pai, senão por mim" (JOÃO 14:6, ACF).

A Verdade e a Vida estão no único Caminho que pode levar-nos ao Pai. E ESTE CAMINHO É JESUS.

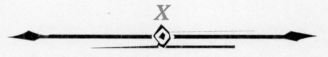

MUITOS OUTROS ENGANOS.

Portanto, que estou querendo dizer? Será que o sacrifício oferecido a um ídolo é alguma coisa? Ou o ídolo é alguma coisa? Não! Quero dizer que o que os pagãos sacrificam é oferecido aos demônios e não a Deus, e não quero que vocês tenham comunhão com os demônios.

(1 CORÍNTIOS 10:19-20, NVI)

A Bíblia é insubstituível. Já foi colocado que a pretensão da elaboração de *Apontando o Caminho* é para que sirva como fonte de pesquisa, tendo os textos da Palavra de Deus como verdade absoluta. Jamais para criticar, ofender ou diminuir quaisquer religiões ou seitas citadas em uma dessas páginas. E se temos amigos de várias religiões, que os respeitemos, crendo na recíproca para conosco. Entretanto, é bom deixarmos bem claro que a nossa opção religiosa não interfere no propósito de Deus para com a Sua criação. Não são as nossas concepções e teologia ou os nossos achismos que vão determinar quem é Deus. Mas, se dizemos crer em alguém, temos que conhecer esse alguém. Para defendermos algo, primeiramente precisamos reconhecer que não detemos em nós toda a sabedoria do mundo. A nossa humildade deve levar-nos a pensar que sempre podemos aprender mais. E isso é o que nos alimenta e estimula a buscar mais e mais conhecimento.

Na Bíblia é onde, inquestionavelmente, encontramos as revelações de um Deus que veio até nós, se manifestou, fazendo-se conhecer direta e indiretamente. Infelizmente, porém, há muitas seitas dentro do cristianismo que aparentemente são Igrejas ou grupos de cristãos, mas que, na verdade, são proclamadoras de terríveis heresias. Seguem pervertendo pontos principais do verdadeiro cristianismo, blasfemando da Verdade com doutrinas falsas, algumas, escancaradamente declaradas anticristãs. Portanto, são incapazes de colocar o homem de volta à comunhão com o seu Criador ou de promover transformação de vidas. Líderes religiosos que disseminam tais ensinos profanos são como lobos devoradores disfarçados, enganando os que, desavisadamente, se encontram num caos espiritual. Jesus, mesmo, fez separação entre os que ouvem a Sua voz dos que apenas acham que estão no caminho certo. Distinguiu entre os que são Dele e os que são do inimigo. Leiamos com atenção as Suas duras e diretas palavras em João:

> Mas ele continuou: "Vocês são daqui de baixo; eu sou lá de cima. Vocês são deste mundo; eu não sou deste mundo. Eu lhes disse que vocês morrerão em seus pecados. Se vocês não crerem que Eu Sou, de fato morrerão em seus pecados". Vocês estão fazendo as obras do pai de vocês. Protestaram eles: "Nós não somos filhos ilegítimos. O único Pai que temos é Deus". Disse-lhes Jesus: Se Deus fosse o Pai de vocês, vocês me amariam, pois eu vim de Deus e agora estou aqui. Eu não vim por mim mesmo, mas ele me enviou. Por que a minha linguagem não é clara para vocês? Porque são incapazes de ouvir o que eu digo. Vocês pertencem ao pai de vocês, o diabo, e querem realizar o desejo dele. Ele foi homicida desde o princípio e não se apegou à verdade, pois não há verdade nele. Quando mente, fala a sua própria língua, pois é mentiroso e pai da mentira. No entanto, vocês não crêem em mim, porque lhes digo a verdade! Qual de vocês pode me acusar de algum pecado? Se estou falando a verdade, porque vocês não crêem em mim? Aquele que pertence a Deus ouve o que Deus diz. Vocês não ouvem porque não pertencem a Deus (JOÃO 8:23-24; 41-47, NVI).

Amados, não percamos a chance de refletir sobre a profundidade espiritual dessa mensagem. O Senhor mesmo nos revelou, foram palavras Dele. Se Deus for mesmo o nosso Pai, amá-lo-emos acima de tudo e de todos, ouviremos a Sua Palavra e creremos nela. Os que não são filhos de Deus não podem suportar a Verdade revelada em Cristo Jesus, portanto são filhos do Diabo, aquele que rejeitou a Deus e que influencia incansavelmente a muitos para que façam o mesmo. E ele sempre se aproxima de alguém que ainda não tem uma aliança com o Senhor para enredá-lo com ensinos e condutas que até parecem edificar, mas, ao final delas, o que sobra é destruição de vidas, aprisionamento de almas, morte eterna. Exemplo claro disso tivemos entre os Pais da Igreja.

Havia dissensões entre eles acerca da pessoa de Maria. Atanásio de Alexandria, dito *"o Grande"* ou *"o Confessor"*, também chamado de *"o Apostólico na Igreja Ortodoxa Copta"*, enaltecia Maria em quase todos os seus escritos. Porém, João Crisóstomo, Patriarca de Constantinopla, a mostrava falível como qualquer pecador, chegando mesmo a ressaltar seus momentos de descrença e vanglória. Flávio Justino, conhecido como *"Justino Mártir"*, Irineu de Lyon e Tertuliano sugeriram que, como Eva havia sido a fonte do pecado e da morte, Maria trouxe a bênção da redenção ao mundo. Esses e tantos outros pensamentos e conceitos construídos saltam nas páginas da História, deixando um rastro de heresias e doutrinas sem fundamentação bíblica.

Nós, discípulos de Jesus Cristo, temos nas mãos como ferramentas as evidências bíblicas e históricas que apontam para o fato de que Maria nunca aceitou esse papel de ser adorada. E que qualquer menção a essa possibilidade seria explicitamente reprovada pelo próprio Cristo. Jesus, por outro lado, não necessita de intermediários entre Ele e os homens, como querem ensinar os defensores do culto mariano. Pois o próprio Deus Pai constituiu o Deus Filho como o único intercessor dos santos. Todos nós, pela fé, somos santificados em Jesus, e é um dever nosso a busca pela santificação dia após dia, degrau por degrau, de glória em glória. Ser santo não significa ser reverenciado, aplaudido, seguido, idolatrado, e, sim, ser separado dos restantes, consagrado a Deus, longe do pecado que nos afasta Dele.

Então, Deus, que é perfeitamente Santo, espera que todos os Seus filhos vivam em santidade, não se permitindo mais corromper pelos valores deste mundo. Vejamos: "Mas, como é santo aquele que vos chamou, sede vós também santos em toda a vossa maneira de viver; porquanto está escrito: Sede santos, porque eu sou santo" (1 PEDRO 1:15, ACF); "Diga o seguinte a toda comunidade de Israel: Sejam santos porque eu, o Senhor, o Deus de vocês, sou santo" (LEVÍTICO 19:2, NVI); "Amados, visto que temos essas promessas, purifiquemo-nos de tudo o que contamina o corpo e o espírito, aperfeiçoando a santidade no temor de Deus" (2 Coríntios 7:1, NVI); "Esforcem-se para viver em paz com todos e para serem santos; sem santidade ninguém verá o Senhor" (Hebreus 12:14, NVI); "Porquanto Deus não nos chamou para a impureza, e sim para a santificação" (1 TESSALONICENSES 4:7, ARA).

Quem teme, serve e caminha com Cristo torna-se igual a Ele. Imaginem agora um líder religioso temente, alguém que é tido na sociedade como um homem justo, servo de Deus, revestido da autoridade divina. Digamos que esse líder estivesse a orar e a rogar a Jesus por uma pessoa enferma, em estado grave, e, de repente, milagrosamente, a pessoa enferma recebesse de Deus a cura, clinicamente comprovada. Então, para confusão da medicina e do entendimento humano, o poder de Deus teria se manifestado por meio do princípio da oração do líder justo e da fé de quem recebeu. Mas, de repente, Deus chama para Si o líder, e ele vai a óbito. A Igreja, agora em posse do testemunho do milagre ocorrido, que até então era guardado em segredo, resolve homenagear o tal líder, canonizando-o. Segue o processo entre os mais altos do Clero, o caso vai às mídias e, por fim, sai a decisão: *"Santo Fulano de Tal, após dar testemunho de uma vida santa, voltada para os mais necessitados, agora poderá ser seguido pelos seus fiéis, ouvindo destes as orações e súplicas e intercedendo por eles junto a Jesus e o Pai"*.

Sacrilégio! Profanação! Heresia! Idolatria! É um gravíssimo erro, irreparável, que leva milhões de cegos ao abismo. Nem precisamos dar exemplos mais claros, pois, recentemente, algumas figuras populares por suas "boas ações" foram elevadas ao cargo de "santos", com direito de terem a sua imagem, ou sua medalhinha e mais um monte de souvenires, para decoração e "proteção" em muitos lares. Este absurdo de canonizar e venerar (idolatrar) pessoas como nós, ainda que santificados pela graça divina, implica dois graves erros. O primeiro é o erro de negligenciarmos a Palavra de Deus que estabelece, nos dois primeiros Mandamentos do Decálogo, a adoração única a Deus. O segundo é o erro de removermos de Jesus Cristo, a quem tudo pertence, a glória da salvação. Desta forma, transferindo-a parcial ou totalmente a seres humanos falíveis e pecadores.

Jesus continua a amar o pecador, mas rejeita as suas obras. A pior afronta a Cristo, independentemente de opinião particular, é aquilo que fazemos voluntariamente, conscientes do nosso erro. Diz um ditado que um homem de consciência pode errar uma vez. Da segunda vez, a sua falha não pode mais ser considerada erro, mas uma escolha. O que leremos a seguir foi mais uma das escolhas erradas que a Tradição, no abuso do seu poder e da sua influência, conseguiu autenticar como verdade entre os seus seguidores.

a. Sempre virgem? (dogma da perpétua virgindade)

Na milenar liturgia romanista, Maria é celebrada como a *"Aeiparthenos"*, isto é, a "sempre virgem". Esse é um dos pilares do culto mariano, o qual levou a Igreja a confessar a virgindade real e perpétua de Maria *(ante, in e post partum)*. Com efeito, o nascimento de Cristo sagrou a integridade virginal de sua mãe, sem diminuí-lo.

> Deste modo, Maria irá começar por atravessar duas etapas, quase simultâneas, como condições prévias do longo percurso de divinização: – De mãe de Jesus, dito o Cristo, a mãe de Deus: consagrada no Concílio de Éfeso, em 431, com a proclamação de Maria Theotokos. – De Mãe de Deus, a Virgem-mãe de Deus: consagrada no Concílio da Calcedónia, em 451, com a proclamação de Maria Aeiparthenos. [...] Ultrapassadas tais suspeições, Maria, a sempre virgem, verá os teólogos estender a dimensão da sua virgindade até ao inverosímil (LOPES, 2016, p. 12).

Desde o ano de 553 d.C. que essa posição vem sendo sustentada oficialmente pelos católicos. Foi quando aconteceu o 5º Concílio Ecumênico, chamado de Concílio de Constantinopla. O resultado final desse ajuntamento clerical: a declaração de que Maria foi sempre virgem – antes, durante e depois do parto. E ainda considerou "anátema" qualquer pessoa que fosse contrária à oficial decisão da Igreja. Um absurdo dentre tantos mais absurdos! Ainda segundo Aurélio Lopes, seria essa a cronologia mariana de tudo o que foi acrescentado à fé católica, como adendos obrigatórios dentro da romanizada Igreja:

> 431 – Concílio de Éfeso + Proclamação de Maria Theotokos (Maria Mãe de Deus). 451 – Concílio de Calcedónia + Proclamação de Maria Aeiparthenos (sempre virgem). 690 – Introdução em Bizâncio das Festas da Natividade. 754 – Constantino "O Iconoclasta", instituiu o culto obrigatório de Maria 1123 – Concílio de Latrão + Proclamação da Perpétua Virgindade de Maria. 1160 – Introdução, em Roma, das Festas da Anunciação. 1638 – Introdução da Avé-Maria no Breviário. 1858 – Proclamação do Dogma da Imaculada Conceição, por Pio IX. 1945 – Ano Mariano. 1950 – Proclamação do Dogma da Assunção e institucionalização dos anos marianos, por Pio IX. 1954 – Proclamação da Soberania de Maria. 1963 – Proclamação de Maria: Artesã da Unidade. 1964 – Proclamação de Maria: Mãe da Igreja. 1970 – No Concílio Vaticano II, Paulo VI, legitima o culto de Maria. 1974 – Encíclica de Paulo VI; colocando o seu pontificado sob a custódia de Maria. 1987 – Encíclica de João Paulo II (Mãe do Redentor) (LOPES, 2016, p. 14).

Como é um termo usado desde o Antigo Testamento, mas quase em esquecimento nos nossos dias, faz-se necessário esclarecer sobre o que significa o termo "anátema". Do gr. *"anathema"*, maldição; oferenda volitiva. "No sentido de maldição, p. ex., o que Paulo pronuncia em Gálatas 1:8: *"anathema esto"*, *"seja anátema"* (SCHÜLER, 2002, p. 44). Ritualisticamente, significa algo que era oferecido aos deuses gregos e indica uma condenação, ou uma sentença pronunciada contra um herege. No Novo Testamento, na visão do cristianismo, passou a significar "maldito", aquele que está fora dos propósitos divinos, longe do Caminho e da unidade entre ele e Deus, o Pai, e entre ele e o Corpo de Cristo, que é a Sua Igreja. Nesse entendimento, "maldição" se refere à máxima punição aos pecadores, destinados à condenação e ao fogo eterno, porque não estão na luz, antes, escolheram as trevas.

Sigamos a visão paulina, em Gálatas e 1 Coríntios: "Mas ainda que nós ou um anjo do céu pregue um evangelho diferente daquele que lhes pregamos, que seja amaldiçoado! Como já dissemos, agora repito: Se alguém lhes anuncia um evangelho diferente daquele que já receberam, que seja amaldiçoado!" (GÁLATAS 1:8-9, NVI); "Se alguém não ama o Senhor, seja amaldiçoado. Vem, Senhor!" (1 CORÍNTIOS 16:22, NVI). Bastava, então, alguém duvidar da questão "virgindade de Maria" que já seria condenado como herege, apontado como amaldiçoado, manchado na sociedade onde impera o catolicismo. E voltando à serva fiel, Maria, todos nós sabemos que o seu casamento foi instituído por Deus. Maria esperava o tempo certo para se casar com José, a quem já estava prometida. Eles eram noivos. Ela desposou José, conforme contam os Evangelhos e, certamente, com todos os privilégios de conjunção carnal que tinham direito os casais judeus.

> [...] O ensinamento sobre a "virgindade perpétua" simplesmente não é encontrado no Novo Testamento e não faz parte dos primeiros credos cristãos. A primeira menção oficial a essa ideia só vem a partir de 374 d.C., com o teólogo cristão Epifânio. A maior parte dos escritos cristãos primitivos anteriores ao século IV d.C. aceita naturalmente que os irmãos e irmãs de Jesus sejam filhos nascidos de José e Maria (TABOR, 2006, p. 90).

Deus honrou a José e lhe concedeu que tivesse frutos do seu relacionamento conjugal com a sua amada Maria. Isso mesmo, "frutos". Tiveram filhos, Jesus teve irmãos. Foi inventada a teoria de que estes irmãos de Jesus eram, de fato, apenas primos dele, parentes próximos. Quiçá, apenas "irmãos" por conta da mesma crença, "irmãos de fé", nada além. Inconsistente, essa explicação contraria as evidências. Uma vez que a mesma palavra em hebraico pronunciada *"ach"* aparece no Antigo Testamento referindo-se a "irmão", no mais amplo sentido de uma relação literal e metafórica de afinidade ou semelhança. O que pesa sobre qualquer mente pensante é saber que os temas da Perpétua Virgindade de Maria e sua Conceção Imaculada foram impostos como verdade, pois esses dogmas lhe acrescentavam popularidade e mais veneração dentro da cristandade. Ainda que cressem piamente, por incontestáveis fatos e provas documentais na geração mariana além de seu filho Jesus, tal crença seria logo sufocada pela pretensão romanizada de eternizar a imagem da Santa tal qual outras divindades femininas "imaculadas".

> E, apesar da escassa sustentação do Novo Testamento, o culto de Maria (entretanto revalorizado pela crença na Perpétua Virgindade e Conceção Imaculada) há-de incrementar-se cada vez mais (e, tal como tinha acontecido mais de um milénio antes) impor, à própria Igreja, a força do apego popular à adelfosidade feminina. [...] Constitui assim, o culto de Maria, uma revivência, pelo menos funcional, das antigas divindades femininas ligadas à terra e à fertilidade. Um regresso, se quisermos, da antiga "Deusa-mãe", avatar da terra, que, nas suas múltiplas valências, o cristianismo tinha irradiado. Cujas valências, sobrevivendo no imaginário popular rural europeu, encontram, novamente, cabal interpretação. Focalizada agora numa entidade que, apesar de virgem, é mãe. Mãe do redentor: logo arquétipo de todas as mães. Pode assim dizer-se que, mais que suportada em Maria sempre virgem, o culto da Virgem Maria, surge-nos, em

> termos populares, como assentando na natureza de Maria enquanto mãe e, apesar de Virgem! [...] Em síntese, se a popularidade de Maria entre as populações rurais europeias resulta da sua natureza de mãe, apesar de virgem, a promoção de Maria na cristandade, resulta, de ser virgem, apesar de mãe. Mais precisamente, de ser virgem-mãe: de não necessitar de escabrosos contactos carnais para gerar filhos, de ser um modelo de contenção e de ter sido capaz de se manter perpétua e imaculadamente incólume. É assim, de alguma forma, um modelo de pureza. Só que inalcançável! (LOPES, 2016, p. 18-19).

No Antigo Testamento, o termo usado por cerca de 160 vezes para designar "irmão" é o hebraico *ah*. Já no grego, o termo usado foi *adelphós*, aparecendo por cerca de 340 vezes desde Mateus a Apocalipse (CHAMPLIN, 2001, p. 368). Ambas apontam para "irmãos reais", com pouca mudança no feminino (*adelfi*), significando, exatamente e sem distorções, não somente os "nascidos do mesmo útero", ou seja, "os filhos do mesmo leito conjugal, mas também um familiar ou um consanguíneo próximo" (BETTENCOURT, 1957, p. 25-28). Esse termo, inclusive, é usado 347 vezes somente no Novo Testamento. Ao todo, em toda a Escritura, "este verbete comparece 630 vezes, sendo 296 vezes no singular, 333 no plural; 1 vez no plural aramaico (Esd 7,18)" (JENNI, 1978, p. 167). Agora, "primo" e "prima", em hebraico, se pronuncia desta forma: *"ben-dod"* e *"bat-do-da"*, significando literalmente "filho ou filha" de tio (ou tia). Já em língua grega, utiliza-se para "primo" a palavra *anepsiós*, em algumas traduções, a mesma palavra usada por Paulo em Colossenses 4:10 para se referir a Marcos e a Barnabé quanto ao grau de parentesco entre eles (CHAMPLIN, 2001, p. 383).

Acontece que, para preservar o mito da virgindade de Maria, historiadores e estudiosos católicos defendiam que os irmãos de Jesus eram seus primos carnais, o que, na época da escrita dos Evangelhos, não fazia o menor sentido. Alguns chegaram a defender que eram "irmãos", mas somente filhos de José, ou seja, frutos de um relacionamento anterior. Porém, tal prerrogativa não se sustenta, pois, se assim fosse, Jesus não teria a primogenitura segundo a "raiz de Davi", mas, sim, Seus "irmãos de consideração" – os filhos de José (BUCKLAND; WILLIAMS, 1999, p. 199-200). São teses católico-romanizadas que ficaram registradas em notas de rodapé de versões bíblicas, em dicionários e enciclopédias, como: na Bíblia da Editora Vozes, no Dicionário Barsa, na Bíblia de Jerusalém etc., como vemos a seguir:

> Mt 12,46: Há diversas menções de **"irmãos" (e "irmãs") de Jesus** (13,44; Jo 7,3; At 1,14); 1Cor 9,5; Gl 1,19). Embora tendo o sentido primeiro de "irmão de sangue", a palavra grega usada **(adelphos)**, assim como a palavra correspondente em hebraico e aramaico, pode designar relações de parentesco mais amplas (*cf.* Gn 13,8; 29,15; Lv 10,4), e principalmente um primo-irmão (1Cr 23,22). O grego possui outro termo para **"primo" anèpsios**, ver Cl 4,10, único emprego deste termo no NT. Mas o livro de Tobias atesta que ambas as palavras podem ser indiferentemente usadas para falar da mesma pessoa: *cf.* 7,2 "nosso irmão Tobit" (adelphos ou anèpsios conforme os manuscritos. **Desde os Padres da Igreja, a interpretação predominante viu nesses "irmãos" de Jesus "primos", de acordo com a crença na virgindade perpétua de Maria.** Além disso, isto concorda com Jo 19,26-27 o qual deixa supor que, na morte de Jesus, Maria estava sozinha. [...] Não filhos de Maria, mas parentes próximos, por exemplo, primos, que o hebraico e o aramaico também chamavam de "irmãos" (*Cf.* Gn 13,8; 14,16; 29,15; Lv 10,4; ICr 23,22s). Veja também Mt 13,55p; Jo 7,3s; At 1,14; 1Cor 9,5; Gl 1,19 (Bíblia de Jerusalém, 2002, p. 1726, 1862, grifos meus).

Já entre os autores protestantes, os atualmente chamados "evangélicos", esses termos ganham significado literal, sem referenciar dogmas impostos pelo catolicismo. A exemplo do Dicionário da Bíblia Almeida, no qual se lê: "IRMÃOS DE JESUS: Os irmãos de Jesus por parte de mãe, filhos de José e Maria (Mt 13.55-56). Eles passaram a crer em Jesus depois de sua ascensão (Jo 7.1-5; At 1.14) (KASCHER; ZIMMER, 1999, p. 169). Vejamos o firme posicionamento dos estudiosos Russell Norman Champlin e João Marques Bentes (1932-), quando explicam esses temas polêmicos:

> Marcos menciona por nome quatro irmãos de Jesus (6:3), bem como um número indeterminado de irmãs. Muitos discutem a questão dos irmãos de Cristo, aqui mencionados. Alguns, pretendendo preservar a doutrina da perpétua virgindade de Maria, inventada pelos homens, apresentam as seguintes explicações: 1. Esses "irmãos" de Jesus eram seus primos, e não irmãos no sentido literal, como podem indicar as palavras gregas e hebraica para "irmãos". Alguns sugerem que eram filhos de Alfeu e de Maria, a irmã de Jesus. 2. Seriam filhos de José mediante um casamento anterior; 3. Seriam filhos de José mediante um casamento posterior; e José teria contraído essas núpcias a fim de criar os filhos de um irmão seu, já falecido. Todas essas ideias tiveram início bem cedo na história eclesiástica, e até hoje perduram. [...] A não ser por motivo de preconceito teológico, não há razão para não acolhermos essas palavras em seu sentido mais natural, isto é, eram filhos de José e Maria, em seu sentido natural, isto é, eram filhos de José e Maria, em sentido literal. A elevação de Maria à estatura de deusa é uma tradição romanista, contrária ao próprio tratamento de Jesus à sua mãe (Mat. 12:47), onde ele não reconhece qualquer relação especial, devido à sua ligação física) e contrária à ideia que diz que Jesus era o único de sua espécie entre os homens, posição essa que ele jamais dividiu com sua mãe. Finalmente, devemos notar que a doutrina da perpétua virgindade de Maria não é apoiada nas Escrituras. A preservação dessa doutrina forma a base dos argumentos que explicam erroneamente esses "irmãos", como se não fossem irmãos literais de Jesus; e também não goza de base alguma nas Escrituras. Parece ser razoável que uma doutrina dessa natureza, caso tivesse tanta importância como alguns afirmam, pelo menos fosse apoiada por uma pequena afirmação bíblica nesse sentido (CHANPLIN; BENTES, 1995, p. 683-684).

Naturalmente, após o nascimento de Jesus, José e Maria tiveram uma vida normal como qualquer "casal de uma só carne", segundo os planos divinos registrados em Gênesis: "Por essa razão, o homem deixará pai e mãe e se unirá à sua mulher, e eles se tornarão uma só carne" (GÊNESIS 2:24, NVI); Planos confirmados no Novo Testamento, com a ênfase de que *"o que Deus ajuntou não o separe o homem",* no Evangelho de Marcos:

> Porém, desde o princípio da criação, Deus os fez macho e fêmea. Por isso deixará o homem a seu pai e a sua mãe, e unir-se-á a sua mulher, e serão os dois uma só carne; e assim já não serão dois, mas uma só carne. Portanto, o que Deus ajuntou não o separe o homem (MARCOS 10:6-9, NVI).

Além do mais, o texto que veremos em Mateus é claro quando ressalta uma condição especial e bem pontual. A expressão *"[...] não a conheceu até que"* é uma confirmação de que José não teve relações com sua esposa até o nascimento de Jesus, marcando o fim de um acontecimento para dar lugar a outro: "E não a conheceu até que deu à luz seu filho, o primogênito; e pôs-lhe por nome Jesus" (MATEUS 1:25, ACF). O termo *"conhecer"* era frequentemente utilizado pelos hebreus no sentido de relações sexuais normais entre marido e mulher, ou seja, Mateus usou a palavra *"ginosko"* – expressão idiomática para "relação sexual entre o casal". O mesmo aconteceu com Adão, quando ele *"conheceu Eva, sua mulher; ela concebeu e deu à luz Caim"* (GÊNESIS 4:1). Na tradução da Nova Versão Internacional (NVI), a linguagem é a mais direta: *"não teve relações com ela enquanto não deu à luz a um filho [...]".* Se Deus quisesse dar a entender que José não "conheceu" Maria de maneira nenhuma, permitiria apenas o registro de que *"ele nunca a conheceu",* e não teria sentido o *"até"* quando Jesus nascesse.

Logo, abençoados por Deus com todos os benefícios do sagrado matrimônio, José e Maria puderam, sim, desfrutar de muitos momentos de intimidade conjugal e, por meio de relação sexual, tiveram outros filhos além de Jesus. Ademais, nesse texto que anuncia o nascimento, não está escrito "Unigênito". Mas "Primogênito", ou seja, o primeiro dentre outros. Negar ou mutilar as Escrituras é inaceitável. Em Lucas 2:7, está definido: "o Primogênito de Maria". A intenção de desacatar e

adulterar a autenticidade de textos como esse – fato que foi veementemente rebatido por contundentes reformadores! – só evidencia a manipulação de um clero idólatra para contextualizar e validar os seus tantos e heréticos dogmas, bem como a sua sutileza, sustentada pela romanizada igreja católica, em divinizar a Maria, cuja:

> [...] identidade divina era gradualmente confirmada e tal como Ishtar ou Ísis, passa a ser chamada, "Estrela-do-mar", "Rainha do Céu" e, principalmente, "Mãe de Deus". Em 1954 é, por seu turno, proclamada a "Soberania de Maria" que, no Concílio Vaticano II, Paulo VI há-de legitimar e, durante todo o seu pontificado, favorecer especialmente. Aliás, em 1974, há-de colocar o mesmo, precisamente, sobre a Custódia de Maria. Antes disso, em 1963, Maria tinha sido já proclamada "Artesã da Unidade" e, um ano depois, "Mãe da Igreja". Mais tarde, em 1987, João Paulo II irá conferir-lhe o título de "Mãe do Redentor". E embora a Deus seja devida "latria" (adoração) e a Maria "hyperdulia" (uma forma superior de veneração que é atributo direto dos santos), na prática esta tornar-se-á a divindade maior do panteão cristão, cuja importância cultual transcende, em muito, o próprio Deus, em qualquer das suas valências (LOPES, 2016, p. 16).

Seguem alguns textos bíblicos para melhor compreensão sobre a família de Jesus: "Não é este o carpinteiro, filho de Maria, irmão de Tiago, José, Judas e Simão? E não vivem aqui entre nós suas irmãs? E escandalizavam-se nele" (MARCOS 6:3, ACF). "Depois disto desceu a Cafarnaum, ele, e sua mãe, e seus irmãos, e seus discípulos; e ficaram ali não muitos dias" (JOÃO 2:12, ACF);

> E foram ter com ele sua mãe e seus irmãos, e não podiam aproximar-se dele, por causa da multidão. E foi-lhe dito: Estão lá fora tua mãe e teus irmãos, que querem ver-te. Mas, respondendo ele, disse-lhes: Minha mãe e meus irmãos são aqueles que ouvem a palavra de Deus e a executam (LUCAS 8:19-21, ACF);

> Quando chegaram, subiram ao aposento onde estavam hospedados. Achavam-se presentes Pedro, João, Tiago e André; Filipe, Tomé, Bartolomeu e Mateus; Tiago, filho de Alfeu, Simão, o zelote, e Judas, filho de Tiago. Todos eles se reuniam sempre em oração, com as mulheres, inclusive Maria, a mãe de Jesus, e com os irmãos de Jesus (ATOS 1:13-14, NVI);

> Os irmãos de Jesus lhe disseram: "Você deve sair daqui e ir para a Judéia, para que os seus discípulos possam ver as obras que você faz. Ninguém que deseja ser reconhecido publicamente age em segredo. Visto que você está fazendo estas coisas, mostre-se ao mundo". Pois nem os seus irmãos criam nele (JOÃO 7:3-5, NVI);

Agora, prestemos atenção na citação paulina a seguir: "Não temos nós o direito de levar conosco uma esposa crente como fazem os outros apóstolos, os irmãos do Senhor e Pedro?" [...] "Depois apareceu a Tiago e, então, a todos os apóstolos" (1 CORÍNTIOS 9:5; 15:7, NVI). Esse Tiago citado em 1 Coríntios, com certeza, era irmão de Jesus. Não pode ser nenhum dos outros homônimos entre os discípulos, pois esse está num contexto bem diferente. Paulo o trata de forma diferente também e, na carta que escreve aos Gálatas, registra: "Não vi nenhum dos outros apóstolos, a não ser Tiago, irmão do Senhor" (GÁLATAS 1:19, NVI). Ainda vale ressaltar que Judas se identifica como irmão de Tiago no prefácio de sua Epístola Universal (cf. JUDAS v. 1). Sabemos que, entre os discípulos, havia dois irmãos de Jesus chamados Judas e Tiago (cf. MARCOS 6:3). Logo, é de se supor que o Judas em questão é, sem dúvidas, outro irmão de Jesus. Guardem o que for óbvio, embora seja de difícil digestão para alguns: IRMÃOS do Mestre, APÓSTOLOS e DISCÍPULOS do Mestre são grupos totalmente distintos (ler com atenção: MARCOS 3:31-35). E de novo citaremos aos leitores a verdade contida em 1 Coríntios 10:14: "Portanto, meus amados, fugi da idolatria"

A devoção à "Sempre Virgem" é apenas mais uma pedra de tropeço. Neste ponto, como já comentado, Maria estaria em paridade com a deusa egípcia Isis (Aster), pois o mito do nascimento de seu filho com Osíris envolve a mesma questão da virgindade. Não consumaram o ato, aconteceu uma "concepção milagrosa" ou, como dizem os católicos: "uma imaculada conceição". E, ao lado de outros dogmas, como o da adoração à hóstia consagrada, o da transubstanciação, o da missa em favor dos mortos e o do purgatório, a eterna virgindade de Maria ajuda a compor um conjunto de doutrinas não bíblicas da Igreja Romana, todas elas, parte do que esta sustenta na sua inviolável Tradição.

A Igreja Romana conceitua como "Tradição Apostólica" tudo o que foi ditado por Cristo, pelo Espírito Santo ou pelos apóstolos, passando por gerações e chegando até nós. Sem confundir, de maneira alguma, com o que se conhece como "tradição", que, em geral, se refere a costumes, ideias e modos de viver de um povo. Contudo, nem Cristo, nem o Espírito Santo, nem os apóstolos aceitariam tais doutrinas, pois todas elas contrariam os santos ensinamentos. São espúrias, totalmente heréticas, nem sequer foram citadas. Na verdade, não passam de interpretações particulares de diferentes teólogos, opiniões próprias, deturpações da Verdade seladas com uma autoridade que se coloca acima de tudo e todos: a autoridade papal. A infalibilidade papal, longamente discutida e ensinada como doutrina católica, foi declarada como um dogma na *Constituição Dogmática Pastor Aeternus.* No *Concílio do Vaticano 1,* em 18 de julho de 1870, essa constituição foi promulgada pelo papa Pio IX, que decretou a sua própria infalibilidade (SILVEIRA, 2001, p. 73).

> A Igreja Católica "celebra no Concílio Vaticano I, em 1870, pública demonstração de sua "internacionalidade". Proclama solenemente a infalibilidade papal e consagra assim o centralismo eclesiástico como decidida resposta aos avanços do pluralismo e individualismo da modernidade. Em todo esse cenário, o imperativo de unir é sentido com bem maior premência pelo protestantismo, no que reside seguramente um dos motivos para seu pioneirismo ecumênico. As afinidades doutrinais e a magnitude dos desafios a enfrentar questionavam a permanência das divisões lesivas no corpo da cristandade (BRAKEMEIER, 2004a, p. 33).

Logo, o papa, líder maior da Igreja Católica, não falha, nem erra. Sem ele, a Igreja não poderia resolver nenhum ponto de fé e doutrina. Isto feito, a Igreja romanizada se tornaria ESCRAVA DO PAPA. Deus não divide a Sua glória com ninguém. Já aprendemos isso. Temos então que, conscientemente, comparar as doutrinas e distinguir entre o que é do homem e o que pertence e vem de Deus. Vejamos as palavras do nosso Senhor:

> Em vão, porém, me honram, ensinando doutrinas que são mandamentos de homens. Porque, deixando o mandamento de Deus, retendes a tradição dos homens; como o lavar dos jarros e dos copos; e fazeis muitas outras coisas semelhantes a estas. E dizia-lhes: Bem invalidais o mandamento de Deus para guardardes a vossa tradição. [...] Invalidando assim a palavra de Deus pela vossa tradição, que vós ordenastes. E muitas coisas fazeis semelhantes a estas (MARCOS 7:7-9; 13, ACF).

Voltando ao Antigo Testamento, temos estas pérolas:

> Estes são os decretos e ordenanças que vocês devem ter o cuidado de cumprir enquanto viverem na terra que o Senhor, o Deus dos seus antepassados, deu a vocês como herança. Destruam completamente todos os lugares nos quais as nações que vocês estão desalojando adoram os seus deuses, tanto nos altos montes como nas colinas e à sombra de toda árvore frondosa. Derrubem os seus altares, esmigalhem as suas colunas sagradas e queimem os seus postes sagrados; despedacem os ídolos dos seus deuses e eliminem os nomes deles daqueles lugares. Vocês, porém, não adorarão ao Senhor, o seu Deus, como eles. [...]

> Não adorem ao Senhor, ao seu Deus, como fazem essas nações, porque, ao adorarem os seus deuses, elas fazem todo tipo de coisas repugnantes que o Senhor odeia, como queimar seus filhos e filhas no fogo em sacrifícios aos seus deuses. Apliquem-se a fazer tudo o que eu lhes ordeno; não lhe acrescentem nem lhe tirem coisa alguma (DEUTERONÔMIO 12:1-4; 31 e 32, NVI).

> Quem subiu ao céu e desceu? Quem encerrou os ventos nos seus punhos? Quem amarrou as águas numa roupa? Quem estabeleceu todas as extremidades da terra? Qual é o seu nome? E qual é o nome de seu filho, se é que o sabes? Toda a Palavra de Deus é pura; escudo é para os que confiam nele. Nada acrescentes às suas palavras, para que não te repreenda e sejas achado mentiroso (PROVÉRBIOS 30:4-6, ARA).

Avançando humildemente em entendimento, percebemos que, embora sejam identificadas com o cristianismo, grande parte das doutrinas do catolicismo romano está em desacordo com os ensinos Bíblicos. A Palavra de Deus é a maior fonte de autoridade, não a Tradição ou sentença papal. Dr. Horácio Silveira (2001), ao falar da infalibilidade papal citando o cardeal Roberto Belarmino (1542-1621), transcreve: "Se o papa errasse recomendando os vícios e proibindo as virtudes, a Igreja seria obrigada a crer que os vícios são bons e as virtudes más, se ela não quisesse pecar contra a consciência" (BELARMINO, [16--?], s/p apud SILVEIRA, 2001, p. 74).

Em seus escritos, Paulo usa diferentes palavras gregas associadas ao uso da autoridade, cada uma com seu significado próprio. Por exemplo, *"exousia",* pode ser traduzida para a nossa língua como autoridade, jurisdição, poder ou direito. O apóstolo afirma que Jesus ensinava com "poder" ou "autoridade" – *"exousia"* (REIMER, 2009, p. 92). Como podemos ler em sua carta aos Coríntios: "Pois mesmo que eu tenha me orgulhado um pouco mais da autoridade (exousia) que o Senhor nos deu, não me envergonho disso, pois essa autoridade (exousia) é para edificá-los, e não para destruí-los" (2 CORÍNTIOS 10:8, NVI, grifo do autor). Ela aparece em Mateus 28:18-20, literalmente significando *"aquilo que emerge do ser"*. Se há um meio literário eficaz de promover a Pessoa de Cristo Jesus como o Messias vindo ao mundo e a autonomia de Seu caráter, a esse meio chamamos Evangelhos. Tenhamos essa "autonomia" como uma poderosa "fonte de discernimento e revelação da Palavra de Deus. Nesse sentido, a afirmação sobre a *exousia* de Jesus constitui elemento doutrinário do Novo Testamento" (REIMER, 2009, p. 92).

Jesus, tomando para Si toda autoridade – *exousia* – nos céus e na terra, declarou a autoridade da Bíblia – a Sua Palavra Viva –, autenticou a inspiração do Antigo Testamento, se referiu às Escrituras dizendo: *"está escrito"*, ou *"não lestes...?"*, que a Escritura não podia falhar (JOÃO 10:35), e que nem mesmo um "i" ou um "til" jamais passaria da lei até que tudo se cumprisse (MATEUS 5:18). Somente Cristo, somente a Escritura, somente a Fé, somente a Graça.

b. O vinho das prostituições

Sair, deixar, abandonar a presença de Deus para recorrer a ídolos, obedecendo a dogmas humanos que tiram o homem do Caminho e o conduzem à idolatria, é, sem tirar nem pôr, prostituição. É trazer sobre si mesmo a condenação, pelo despertar do furor do Senhor e o transbordar de Seu cálice. Assim Ele disse ao profeta Jeremias: "Toma da minha mão este copo do vinho do furor, e darás a beber dele a todas as nações, às quais eu te enviarei. Para que bebam e tremam, e enlouqueçam, por causa da espada, que eu enviarei entre eles" (JEREMIAS 25:15-16, ACF). Israel, separada de todas as outras nações da

terra, foi e ainda é o povo escolhido por Deus. Uma nação formada e criada para servi-Lo, um povo santo e reino sacerdotal do Senhor. Deus mesmo disse que, por meio desse povo, todas as famílias da terra seriam abençoadas. Lemos isso em Gênesis:

> Ora, o Senhor disse a Abrão: Sai-te da tua terra, da tua parentela e da casa de teu pai, para a terra que eu te mostrarei. E far-te-ei uma grande nação, e abençoar-te-ei e engrandecerei o teu nome; e tu serás uma bênção. E abençoarei os que te abençoarem, e amaldiçoarei os que te amaldiçoarem; e em ti serão benditas todas as famílias da terra (GÊNESIS 12:1-3, ACF).

Israel surgiu da semente de Abrão. A aliança abraâmica é uma aliança perpétua, inquebrável, na qual Deus declara a estratégia de alcançar o mundo por meio de Israel, deixando, como herança, uma terra como uma possessão eterna a Israel, a terra de Canaã, terra desejável por muitas nações e habitada por vários povos. Deus também promete abençoar aqueles que abençoassem Israel e amaldiçoar aqueles que a amaldiçoassem. E Deus não mudou. E, ao passar do tempo, mesmo com toda a desobediência por parte do povo de Israel, Deus não anulou essa aliança, sob nenhuma hipótese. Lembremos que o gênero humano dominado pelo pecado foi cada vez mais se afastando do seu Criador. Mas o Senhor jamais se afastaria do homem, e o único motivo para isso era o SEU AMOR. Por este amor, Deus deu a Abraão um filho, Isaque, por intermédio de quem descende toda a nação.

Devido aos cuidados e à proteção recebidos pelo Senhor, Israel multiplicou não somente em número, mas em riquezas e em cidades, fortalezas, o que atraiu o ódio e a inveja das nações vizinhas. Estas logo se aproximaram com pretexto de alianças políticas, militares, econômicas e, como era de se esperar, religiosas também. E isso foi o maior estopim para a apostasia. O povo escolhido deixou a Teocracia para viver no politeísmo entre os povos que não conheciam a Deus. E eram cometidas muitas abominações diante Dele, seguiam servindo aos seus ídolos e criando as suas próprias doutrinas. Essas nações vizinhas matavam os seus filhos primogênitos em sacrifícios aos demônios. Isso, dentre muitas outras coisas abomináveis aos olhos de Deus. Então, Israel deixou de confiar somente no Senhor, se uniu às nações estrangeiras, passando a fazer também para si imagens de escultura e encurvando-se diante delas, provocando muito o furor de Deus.

O povo escolhido apostatou da verdadeira fé que os nutria. Passou a confiar nas alianças firmadas com as nações gentílicas, com as quais o Senhor ordenara que o Seu povo não se envolvesse. Prostituiu-se! Essa foi e continua sendo, até aos dias de hoje, a maior tragédia de Israel. Deus, por esse motivo, os espalhou pelo mundo, como é lido em Ezequiel: "Espalhei-os entre as nações, e foram derramados pelas terras; segundo os seus caminhos e segundo os seus feitos, eu os julguei" (EZEQUIEL 36:19, ARA). Como consequência dos seus atos, segundo a justiça divina, tudo o que Deus dissera por intermédio do Seu servo Moisés cumpriu-se. Suas cidades ficaram vazias, o povo desterrado, e os que escaparam da espada, da fome e da peste foram espalhados.

> Se não tiveres cuidado de guardar todas as palavras desta lei, que estão escritas neste livro, para temeres este nome glorioso e temível, o SENHOR TEU DEUS, então o Senhor fará espantosas as tuas pragas, e as pragas de tua descendência, grandes e permanentes pragas, e enfermidades malignas e duradouras; E fará tornar sobre ti todos os males do Egito, de que tu tiveste temor, e se apegarão a ti. Também o Senhor fará vir sobre ti toda a enfermidade e toda a praga, que não está escrita no livro desta lei, até que sejas destruído. E ficareis poucos em número, em lugar de haverem sido como as estrelas dos céus em multidão; porquanto não destes ouvidos à voz do Senhor teu Deus. E será que, assim como o Senhor se deleitava em vós, em fazer-vos bem e multiplicar-vos, assim o Senhor

> se deleitará em destruir-vos e consumir-vos; e desarraigados sereis da terra a qual passais a possuir. E o Senhor vos espalhará entre todos os povos, desde uma extremidade da terra até à outra; e ali servireis a outros deuses que não conheceste, nem tu nem teus pais; ao pau e à pedra. E nem ainda entre estas nações descansarás, nem a planta de teu pé terá repouso; porquanto o Senhor ali te dará coração agitado, e desfalecimento de olhos, e desmaio da alma (DEUTERONÔMIO 28:58-65, ACF).

Muito forte esse texto. Ainda mais, vindo tal sentença do próprio Deus. Ele é amor, mas também é justiça. Devemos lembrar-nos sempre disso. Foi justamente por causa desse grande e eterno amor Dele pelo Seu povo, e pela Sua promessa feita aos pais Abraão, Isaque e Jacó, que Deus não o destruiu totalmente. Como uma prostituta vestida de escarlata e púrpura, adornada com o mais fino ouro, pérolas e pedras preciosas, segura de si por sua beleza e suas riquezas... Assim foi a nação de Israel. Deus a tornou formosa em extremo, chegando à realeza. Mas, perfidamente, abandonou Aquele que a havia exaltado. Da mesma forma que fizeram aqueles primeiros habitantes da terra, descendentes de Adão e Eva, arrastados e riscados da face do Senhor pelas águas do Dilúvio.

Ao lermos todo o Antigo Testamento, vemos o quanto o povo provocava a ira do Senhor, levantando altares aos deuses pagãos, em perversidade, rebeldia, luxúria e idolatria. E ainda que os deixasse cair pelas suas escolhas erradas, percebemos o quanto Deus perdoava e se compadecia daqueles a quem Ele amava. Por diversas vezes, o Senhor agia com misericórdia, mas, tão logo o povo se fortalecia, outra vez voltava a praticar das suas abominações, entregue ao devaneio e às concupiscências do seu coração. Ao longo da História, reis, falsos profetas e sacerdotes desencaminhavam o povo que já não sabia distinguir a voz de Deus, quando Este enviava os Seus "porta-vozes": "Também vos enviou o SENHOR todos os seus servos, os profetas, madrugando e enviando-os, mas vós não escutastes, nem inclinastes os vossos ouvidos para ouvir" (JEREMIAS 25:4, ACF); "Estes homens consagrados orientarão meu povo a distinguir entre o santo e o profano, e lhe ensinarão a discernir entre o que é puro e o que é impuro" (EZEQUIEL 44:23, BKJA).

Essa prostituição desenfreada da nação de Israel com as demais nações da terra está registrada em várias passagens e em vários livros da Bíblia. O povo de Deus permitiu o casamento de seus filhos com mulheres de outros povos. Deus havia proibido essa prática, para que tais mulheres não trouxessem os seus costumes pagãos para dentro da nação de Israel:

> Eles e seus filhos se casaram com mulheres daqueles povos e com eles misturaram a descendência santa. E os líderes e os oficiais estão à frente nessa atitude infiel! Mas agora, ó nosso Deus, o que podemos dizer depois disto? Pois nós abandonamos os mandamentos que nos deste por meio dos teus servos, os profetas, quando disseste: A terra que vocês estão conquistando está contaminada pelas práticas repugnantes de seus povos. Com essas práticas eles encheram de impureza toda essa terra. Agora confessem ao Senhor, o Deus dos seus antepassados, e façam a vontade dele. Separem-se dos povos vizinhos e das suas mulheres estrangeiras (ESDRAS 9:2, 10-11 e 10:11, NVI).

Toda a terra se tornou impura pelas práticas idólatras repugnantes que caracterizavam a rebeldia do povo e a sua prostituição. Salomão, filho de Davi, considerado o homem mais sábio que já existiu, foi por demais abençoado por Deus e prosperou em tudo o que fazia. Porém, ao contaminar o seu coração na ilegalidade de relacionamentos poligâmicos, pecou contra o Senhor Deus. Fez aliança com muitas mulheres (incluindo a filha de um Faraó do Egito), sendo levado a satisfazê-las, mesmo passando por cima da ordem divina. Ele se prostituiu. Sobre isso, comentou Neemias:

> Fiz com que jurassem em nome de Deus e disse-lhes: Não consintam mais em dar suas filhas em casamento aos filhos deles, nem haja casamento das filhas deles com seus filhos ou com vocês. Não foi por causa de casamentos como esses que Salomão, rei de Israel, pecou? Entre as muitas nações não havia rei algum como ele. Ele era amado de seu Deus, e Deus o fez rei sobre todo o Israel, mas até mesmo ele foi induzido ao pecado por mulheres estrangeiras (NEEMIAS 13:25-26 NVI).

Vejamos mais detalhes sobre este fato em 1 Reis:

> O rei Salomão amou muitas mulheres estrangeiras, além da filha do faraó. Eram mulheres moabitas, amonitas, edomitas, sidônias e hititas. Elas eram das nações sobre as quais o Senhor tinha dito aos israelitas: "Vocês não poderão tomar mulheres dentre essas nações, porque elas os farão desviar-se para seguir os seus deuses". No entanto, Salomão apegou-se amorosamente a elas. Casou com setecentas princesas e trezentas concubinas, e as suas mulheres o levaram a desviar-se. À medida que Salomão foi envelhecendo, suas mulheres o induziram a voltar-se para outros deuses, e o seu coração já não era totalmente dedicado ao Senhor, o seu Deus, como fora o coração do seu pai Davi. Ele seguiu os postes sagrados, a deusa dos sidônios, e Moloque, o repugnante deus dos amonitas. Dessa forma Salomão fez o que o Senhor reprova; não seguiu completamente o Senhor, como o seu pai Davi. No monte que fica a leste de Jerusalém, Salomão construiu um altar para Camos, o repugnante deus de Moabe, e para Moloque, o repugnante deus dos amonitas. Também fez altares para os deuses de todas as suas outras mulheres estrangeiras, que queimavam incenso e ofereciam sacrifícios a eles. O Senhor irou-se contra Salomão por ter-se desviado do Senhor, o Deus de Israel, que lhe havia aparecido duas vezes. Embora ele tivesse proibido Salomão de seguir outros deuses, Salomão não obedeceu à ordem do Senhor (1 Reis 11:1-10, NVI).

Deus pode estar falando com você agora, caro leitor. Talvez, você esteja sendo confrontado com toda a Revelação de Deus em detrimento do que você acreditou, por toda vida, ser a verdade. Tradições passadas de pais para os filhos, costumes, crendices, superstições, tudo isso é idolatria, pela força de "atos repugnantes" aos olhos de Deus. Se Deus nos escolheu para Si, como um povo que verdadeiramente O adora, isso nos faz pensar que devemos adorá-Lo não do nosso jeito, mas do jeito que agrade o Seu coração. Deus se enoja de qualquer forma de adoração fora dos Seus padrões santos. Deus não pode ser substituído por qualquer coisa, ou melhor, por nada. Ele é insubstituível e merece o nosso melhor. E tudo o que Ele pede é que sigamos e prossigamos em conhecê-Lo, adorando-O em Espírito e em Verdade. Ou, caso contrário, vacilaremos, nos mesmos pecados daqueles que Lhe desobedeceram, como podemos ler em Salmos:

> Antes se misturaram com os gentios, e aprenderam as suas obras. E serviram aos seus ídolos, que vieram a ser-lhes um laço. Demais disto, sacrificaram seus filhos e suas filhas aos demônios, e derramaram sangue inocente, o sangue de seus filhos e de suas filhas que sacrificaram aos ídolos de Canaã; e a terra foi manchada com sangue. Assim se contaminaram com as suas obras, e se corromperam com os seus feitos. Então se acendeu a ira do Senhor contra o seu povo, de modo que abominou a sua herança (SALMOS 106:35-40, ACF).

Se a Bíblia fala do "vinho das prostituições", também fala do "vinho da ira de Deus". E todo aquele que beber do primeiro fatalmente provará do segundo. Vejamos o que relatou o Apóstolo João nas revelações dadas pelo Senhor a ele, quando diz que os habitantes da terra embriagaram-se com o vinho de determinada meretriz. É um texto cheio de simbologias, sobre as quais discorreremos a seguir:

> Um dos sete anjos que tinham as sete taças aproximou-se e me disse: "Venha, eu lhe mostrarei o julgamento da grande prostituta que está sentada sobre muitas águas, com quem os reis da terra se prostituíram; os habitantes da terra se embriagaram com o vinho da sua prostituição". Então o anjo me levou no Espírito para um deserto. Ali vi uma mulher montada numa besta vermelha, que estava coberta de nomes blasfemos e que tinha sete cabeças e dez chifres. A mulher estava vestida de azul e vermelho, e adornada de ouro, pedras preciosas e pérolas. Segurava um cálice de ouro, cheio de coisas repugnantes e da impureza da sua prostituição. Em sua testa havia esta inscrição: MISTÉRIO: BABILÔNIA, A GRANDE; A MÃE DAS PROSTITUTAS E DAS PRÁTICAS REPUGNANTES DA TERRA. [...] E ele bradou com voz poderosa: "Caiu! Caiu a grande Babilônia! Ela se tornou habitação de demônios e antro de todo espírito imundo antro de toda ave impura e detestável, pois todas as nações beberam do vinho da fúria da sua prostituição. Os reis da terra se prostituíram com ela; à custa do seu luxo excessivo os negociantes da terra se enriqueceram" (APOCALIPSE 17:1-5; 18:2, 3).

Esses versos não se referem a uma prostituta literal, uma "mulher de vida fácil", e não estão falando da Babilônia literal, cidade. Mas é uma linguagem simbólica que fala de um forte sistema religioso corrompido que se prostituiu com as nações pagãs, tornando-se abominável e totalmente atolado na idolatria. Lembremos que, na linguagem bíblica, a prostituição, incluindo o adultério, é símbolo de apostasia e idolatria. Já vimos que a cidade chamada Babilônia foi construída na terra de Sinar, onde Ninrode, bisneto de Noé e pai de *Tamuz*, havia sido poderoso na terra (GÊNESIS 10:8-10). Esse nome "Babilônia" se tornou símbolo da religião ímpia pagã e de todo sistema econômico centrado no homem, os quais tiveram suas origens na antiga Babel (confusão), apoiados e comandados por Satanás. Essa prostituição religiosa se configurou pela influência que a religião sempre exerceu sobre os homens. E no contexto anterior, refere-se à apostasia dos que se misturaram com os costumes das nações pagãs, deixando de lado os ensinamentos santos de Deus. O poder e a riqueza de uma Igreja corrompida, ou "sistema religioso", podem ser entendidos pelas "pedras preciosas, pela púrpura, escarlata, pérolas e o cálice de ouro". Este último, porém, é o que retrata mais a sua imundície. Está cheio das impurezas e das abominações, com as quais ela (a meretriz) subvertia e seduzia as nações. "Lascívia" e "promiscuidade", como vistas em Ezequiel:

> E eles te tratarão com ódio, e levarão todo o fruto do teu trabalho, e te deixarão nua e despida; e descobrir-se-á a vergonha da tua prostituição, e a tua perversidade, e as tuas devassidões. Estas coisas se te farão, porque te prostituíste após os gentios, e te contaminaste com os seus ídolos (EZEQUIEL 23:29-30, ACF).

Além das variadas formas de culto e ritos misteriosos difundidos pela religiosidade babilônica, enxertados na Igreja de Roma, podemos ainda incluir: a adoração à "Rainha do Céu", a confissão privada aos sacerdotes, a restauração e a ornamentação dos templos aos moldes pagãos, a reverência e a adoração às imagens, aos santos e às relíquias, a quaresma, os flagelos, as penitências, as promessas, as peregrinações, as romarias, o sinal da cruz etc. Todas essas coisas, como adornos ou acréscimos à fé, colocaram o cristianismo e o "babilonismo" como uma coisa só, unificados, sem nos esquecermos do que já foi exposto sobre as práticas religiosas do Egito. Todas essas coisas condenáveis e abomináveis aos olhos de Deus passaram a fazer parte da vida de muitos cristãos. E sobre os ombros dos que se negavam às suas práticas heréticas, preferindo a Sã Doutrina das Escrituras sem mistura, pesavam a condenação e o martírio.

A religião pervertida, contaminada e adúltera foi a responsável pela morte de 200 milhões de pessoas martirizadas por não aceitarem as transformações visíveis e incabíveis ao cristianismo verdadeiro. A prostituição de uma instituição religiosa fez com que esta se embebedasse com o sangue dos mártires de Jesus. O precioso sangue dos santos! E essa mesma Babilônia que embebedava as nações com o vinho das suas prostituições será morada e sede de demônios nos últimos dias, casa de todo espírito imundo, centro das feitiçarias e dos encantamentos, a cidade-mãe das apostasias, de onde Deus ordena que o Seu povo saia. Chegará o dia em que o povo se achegará ao Senhor, apegados, aliançados com Ele para sempre. As passagens a seguir são claras:

> Então ouvi outra voz do céu que dizia: "Saiam dela, vocês, povo meu, para que vocês não participem dos seus pecados, para que as pragas que vão cair sobre ela não os atinjam! Pois os pecados da Babilônia acumularam-se até o céu, e Deus se lembrou dos seus crimes" (APOCALIPSE 18:4,5, NVI).

> Naqueles dias, e naquele tempo, diz o Senhor, os filhos de Israel virão, eles e os filhos de Judá juntamente; andando e chorando virão, e buscarão ao Senhor seu Deus. Pelo caminho de Sião perguntarão, para ali voltarão os seus rostos, dizendo: Vinde, e unamo-nos ao Senhor, numa aliança eterna que nunca será esquecida (JEREMIAS 50:4,5, ACF).

Podemos entender claramente, se fizermos uma reflexão sobre tudo o que foi comentado neste livro até aqui, que o plano original de Deus para com a Sua criação era a total comunhão com Ele, em santidade, amor, justiça e verdade. Após a corrupção do homem, Deus escolheu para Si uma semente que O servisse e o glorificasse diante das outras nações, as quais Ele mesmo desejou que fossem exterminadas. Mas não permitiu, porém, que todas fossem destruídas. As que restaram ao derredor de Israel foram deixadas para que o povo fosse provado quanto à sua fidelidade ao Senhor, em obediência às Suas ordens. Lembremos que toda a terra já estava contaminada com seus ídolos inúteis, seus "profetas de coisa nenhuma", seus sacerdotes pervertidos e suas abomináveis e repugnantes práticas, ou seja, tudo o que entristecia a Deus.

Ao desobedecer ao seu Deus, fazendo alianças com esses povos, Israel trouxe todas as maldições para si. O culto a outros deuses, as orações intercessórias não dirigidas ao Senhor, a fabricação, a veneração e a posse das inumeráveis imagens de escultura (independentemente dos pretextos para tais práticas), o uso de amuletos de sorte e fé (fitinhas, santinhos, medalhinhas, terços), a consulta aos médiuns (espiritismo), e um repertório interminável além desse, são coisas que perduraram ao longo dos séculos. Chegaram aos nossos dias, e ninguém há que se conscientize de que toda essa parafernália religiosa é parte de um jogo satânico para aprisionar as mentes desprovidas do conhecimento da Verdade. Deus não falha. Não muda. O erro de ontem continua sendo erro hoje. A idolatria de hoje é apenas cópia da idolatria de ontem. Xerox barato não autenticado.

O que o caro leitor pode guardar, sem dúvidas, não é o pensamento ou as considerações do autor, mas, sim, o que o que está sendo exposto aqui nestas páginas, palavras fiéis e dignas de aceitação – posto que são PALAVRAS DE DEUS, nos textos extraídos da Bíblia. Talvez você, que está acompanhando o desenrolar de assuntos tão complexos, nunca tenha examinado o bastante as Escrituras, tampouco percebido o quanto elas nos ensinam. Talvez até nem cresse nelas! Mas, se em ti há certo temor, receba com amor o texto em Isaías, no qual o profeta clama a que se busque ao Senhor, enquanto se pode achar, e o invoque, enquanto Ele está perto. E completa: "Deixe o ímpio o seu caminho, e o homem maligno os seus pensamentos, e se converta ao Senhor, que se compadecerá dele; torne para o nosso Deus, porque grandioso é em perdoar (ISAÍAS 55:6-7, NVI). Ora, se o texto diz *"enquanto se pode*

achar", é porque tem um prazo determinado para essa busca. E o nosso tempo é hoje! O amanhã só pertence a Deus, não nos cabe o contar do tempo que ainda não chegou. Portanto, que estejamos atentos e dispostos a abrirmos nosso coração para que o Senhor nele faça morada. Urgentemente! Leiamos na carta aos Hebreus:

> Cuidado, irmãos, para que nenhum de vocês tenha coração perverso e incrédulo, que se afaste do Deus vivo. Pelo contrário, encorajem-se uns aos outros todos os dias, durante o tempo que se chama "hoje", de modo que nenhum de vocês seja endurecido pelo engano do pecado; Por isso Deus estabelece outra vez um determinado dia, chamando-o "hoje", ao declarar muito tempo depois, por meio de Davi, de acordo com o que fora dito antes: "Se hoje vocês ouvirem a sua voz, não endureçam o coração" (HEBREUS 3:12,13; 4:7, NVI).

Será mesmo que estamos hoje interessados em ouvir o que Deus tem a nos falar? Milhares de coisas ao nosso redor nos têm tornado insensíveis à Sua voz. Não podemos, de maneira alguma, esquecer que, à medida que ficamos mais velhos, o nosso entendimento também fica mais rígido. Infelizmente, o resultado disso é que muitas pessoas endurecem seu coração, se trancam para a Verdade, fecham os ouvidos e não se permitem novas perspectivas, não aceitam mudanças. Jesus ainda quer ardentemente ter um profundo e íntimo relacionamento conosco! Mas, primeiro, temos que permitir que Ele entre. Uma vez habitando em nós, as mudanças serão uma constante obra Dele nas nossas vidas. E, se outra vez o texto exorta ao dizer *"enquanto está perto"*, é porque chegará um tempo tão difícil de tribulação sobre a terra, que muitos procurarão achar a razão da sua existência, buscarão a face do Senhor, quererão arrepender-se e crer na Palavra, mas será tarde demais.

Então, alguns buscarão até a morte, tamanha a sua vergonha por não terem crido no Senhor Jesus, mas, nem mesmo a morte eles poderão encontrar. Está profetizado em Apocalipse 9:6 que chegarão dias nos quais os homens buscarão a morte e não a acharão. E que desejarão morrer, porém a morte fugirá deles. Toda a Palavra de Deus aponta o caminho para Cristo: Ele é o nosso Único Caminho de volta para os braços do Pai. Inclusive, a Lei foi dada ao povo de Israel para conduzi-lo a Cristo, contudo, sob pretexto de "guardarem a lei", rejeitaram o Autor da vida. Continuaram a seguir o curso das suas vaidades e de seu coração endurecido. Antes de passarmos para os próximos temas, vejamos outros textos, como exortações do Senhor para com o Seu povo. No Antigo Testamento, vemos que, por conta da idolatria, Deus ordenou ao sumo sacerdote Hilquias (durante o reinado de Josias) que todos os vasos que se tinham feito para Baal, para o bosque e para todo o exército dos céus fossem tirados do Templo do Senhor e queimados fora de Jerusalém. E Hilquias também destituiu "os sacerdotes que os reis de Judá estabeleceram para incensarem sobre os altos nas cidades de Judá e ao redor de Jerusalém, como também os que queimavam incenso a Baal, ao sol, à lua, e aos planetas, e a todo o exército dos céus" (2 REIS 23:5, ACF). No Novo Testamento, lemos na carta paulina aos da Galácia:

> Mas, se sois guiados pelo Espírito, não estais sob a lei. Ora, as obras da carne são conhecidas e são: prostituição, impureza, lascívia, idolatria, feitiçarias, inimizades, porfias, ciúmes, iras, discórdias, dissensões, facções, invejas, bebedices, glutonarias e coisas semelhantes a estas, a respeito das quais eu vos declaro, como já, outrora, vos preveni, que não herdarão o reino de Deus os que tais coisas praticam (GÁLATAS 5:18-21, ARA).

Amado e caro leitor, permita o Espírito Santo te convencer. Todas essas coisas impedirão a entrada de muitos no Reino de Deus. Todos os que as praticam pagarão um alto preço pela desobediência.

Toda essa aberração veio contaminando o povo desde muito tempo, disfarçada de religiosidade. Se já entendemos que, em Jesus, fomos eleitos e feitos filhos de Deus, enxertados na Videira verdadeira, não carecemos de mais nada nem de ninguém além de Cristo. Não somos do povo de Deus por descendência, mas nos tornamos um povo adquirido e santificado pelo sangue de Jesus. Alcançamos do Senhor graça e misericórdia. Aleluia! Olha que bênção Pedro nos deixou:

> Mas vós sois a geração eleita, o sacerdócio real, a nação santa, o povo adquirido, para que anuncieis as virtudes daquele que vos chamou das trevas para a sua maravilhosa luz; Vós, que em outro tempo não éreis povo, mas agora sois povo de Deus; que não tínheis alcançado misericórdia, mas agora alcançastes misericórdia (1 PEDRO 2:9,10, ACF).

Ir atrás da mentira e do engano embutido na religião é permanecer nas trevas espirituais. A idolatria nos afasta de Jesus, de modo que aquele que se embriaga do cálice das suas abominações e imundícies, consequentemente, beberá do vinho da ira e do juízo do Senhor, quando Ele voltar para levar o Seu povo. Naquele dia, o Rei Jesus não aparecerá mais como Salvador, mas como Justo Juiz. E os que não deixaram as suas práticas, deixando-se seduzir pelo anticristo e seus súditos, receberão a sentença de Apocalipse: "Também este beberá do vinho da ira de Deus, que se deitou, não misturado, no cálice da sua ira; e será atormentado com fogo e enxofre diante dos santos anjos e diante do Cordeiro" (APOCALIPSE 14:10, ACF). Como resposta àquilo que consideravam abusos da Igreja de Roma, os reformadores anunciaram: Sola Fide – somente a fé é necessária ao cristão para ser salvo; Sola Gratia – somente a graça divina ou "favor imerecido" de Deus, por seu amor e vontade salva o cristão; Sola Scriptura – somente a palavra de Deus é a autoridade para organização de doutrina na Igreja; Solus Christus – Somente Cristo nos basta!

OS LAÇOS DE ALÉM-TÚMULO

Não recorram aos médiuns, nem busquem os espíritas, pois vocês serão contaminados por eles. Eu sou o Senhor, o Deus de vocês.

(LEVÍTICO 19:31, NVI)

Qualquer um dentre nós que examinar as Escrituras terá de admitir que tanto o Antigo quanto o Novo Testamento não aceitam a ideia de outro mediador entre Deus e os homens. Além de Jesus, nenhum outro pode agir em favor nosso. E que nem mesmo os mensageiros de luz, os anjos de Deus, aceitam adoração dos homens. Por meio da Revelação, aprendemos que eles foram criados bons e santos. Existem para cumprir as ordens do Senhor, como mensageiros Dele. Não estão sujeitos à vontade dos humanos, não obedecem aos comandos humanos nem recebem culto ou orações a eles dirigidos.

Alguns permaneceram nesse santo estado, enquanto outros perderam as suas características originais, tornando-se maus e enganadores. Apóstatas, deixaram de obedecer a Deus, rebeldes. Estão organizados e exigem sacrifícios. São perigosos e estão infiltrados em muitas organizações que se intitulam cristãs, dispostos a guerrear, seguindo as ordens do seu senhor, o adversário de Deus. Lemos em Judas: "E aos anjos que não guardaram o seu principado, mas deixaram a sua própria habitação, reservou na escuridão e em prisões eternas até ao juízo daquele grande dia;" (JUDAS 1:6, ACF). O Apóstolo João, estando no terceiro céu e maravilhado com as visões do que o Senhor Jesus descortinara diante dos seus olhos, tentou prostrar-se diante do anjo que lhe falava:

> E disse-me: Escreve: Bem-aventurados aqueles que são chamados à ceia das bodas do Cordeiro. E disse-me: Estas são as verdadeiras palavras de Deus. E eu lancei-me a seus pés para o adorar; mas ele disse-me: Olha não faças tal; sou teu conservo, e de teus irmãos, que têm o testemunho de Jesus. Adora a Deus; porque o testemunho de Jesus é o espírito de profecia (APOCALIPSE 19:9,10).

Os judeus eram detentores de uma doutrina muito evoluída sobre os anjos. Alguns cristãos da Igreja primitiva, segundo estudiosos, acreditavam que podiam invocar os anjos para suas reuniões e que, consequentemente, isso atrairia a presença de Deus. Já os gnósticos criam em todo tipo de intermediários e os adoravam. Para o cristão consciente e maduro espiritualmente, ao contrário, pois esse sabe que só se deve tributar culto a Deus mediante uma vida íntegra de comunhão com Jesus Cristo. Independentemente da crença do caro leitor, que prevaleça a Verdade bíblica. Porque, seja qual for a função mediadora que os anjos tiveram na velha dispensação, agora está ofuscada pelo ministério de Cristo.

A Tradição católica consente orações feitas aos anjos (quem nunca orou quando criança: *"Santo anjo do Senhor, meu zeloso guardador..."*? Algumas imagens de anjos e arcanjos são reverenciadas em muitas igrejas, com o honroso direito de serem carregados nas procissões. Agora, vejamos o texto a seguir, escrito por Paulo aos Colossenses, sugerindo algum tipo de adoração a anjos, já existente no sistema religioso da época. De qualquer forma, Paulo encerra o discurso desses versos fazendo um alerta, de que tal comportamento dos que assim vivem é devido ao fato de não estarem ligados a Cristo (a Cabeça do corpo – Quem tem o comando da Sua Igreja):

> Não permitam que ninguém que tenha prazer numa falsa humildade e na adoração de anjos os impeça de alcançar o prêmio. Tal pessoa conta detalhadamente suas visões, e sua mente carnal a torna orgulhosa. Trata-se de alguém que não está unido à Cabeça, a partir da qual todo o corpo, sustentado e unido por seus ligamentos e juntas, efetua o crescimento dado por Deus (COLOSSENSES 2:18,19, NVI).

Sobre isso, escreveram muitos estudiosos mundo afora. Sempre houve uma preocupação geral entre os sérios pensadores, unânimes em argumentar que tendenciosos posicionamentos sobre esse tema poderiam originar seitas e fomentar doutrinas estranhas ao Evangelho, baseadas em revelações espúrias e interpretações convenientes aos que insistem em invocar suas entidades angelicais. E nem precisamos ir muito longe:

> [...] Colossenses 2:18 mostra que desde o início do cristianismo se prestavam adoração aos anjos. Na Idade Média era comum a crença em bruxarias e rituais envolvendo anjos. A Cabala faz incursões determinadas no misticismo que envolve também o culto aos anjos. Outra tendência que cresce a cada dia é a adoração a demônios, os anjos do mau (SANTOS, 2020, p. 9).

a. Smith e a "nova revelação"

Alguns sites incentivam a busca pelo contato pessoal com o anjo da guarda, simpatias, rezas etc. Facilidades como essas, ofertadas aos "desavisados espirituais", são como laços que amarram, correntes que aprisionam o entendimento, tal qual a devoção hodierna dos católicos romanizados à "Sempre Virgem Maria", desviando-os da centralidade e do foco na pessoa de Cristo. Por exemplo, *A Igreja de Jesus Cristo dos Santos dos Últimos Dias,* que é a igreja dos Mórmons (contração do inglês *more* = muito + a contração do egípcio *mon* = bom), surgiu da visão de um homem. Até tem o nome de Jesus em seu registro, mas os seus ensinos passam longe de cristãos. O americano Joseph Smith afirmou ter tido duas visões. Na primeira, apareceram-lhe dois seres de luz, dizendo ele, Deus e Seu Filho Jesus. E que vieram para orientá-lo a não se filiar a nenhuma Igreja, pois todas elas estavam erradas, todos os seus credos eram abominação e que os seus ministros haviam se corrompido (CABRAL, 1980, p. 152).

Na segunda visão, conforme registra o Pr. Jaziel Guerreiro Martins em seu livro *Seitas – heresias do nosso tempo* (2000), apareceu outro ser a Smith, quando este tinha 18 anos. Agora, um anjo chamado Moroni, que lhe ensinou a localização exata onde ele encontraria um livro, composto de placas de ouro e escrito em hieróglifos misteriosos, nos quais estaria contido o "puro Evangelho" e outras bobagens mais (MARTINS, 2000, p. 7). Ainda segundo Paulo advertiu, lemos em 2 Coríntios:

> Mas temo que, assim como a serpente enganou Eva com a sua astúcia, assim também sejam de alguma sorte corrompidos os vossos sentidos, e se apartem da simplicidade que há em Cristo. Porque, se alguém for pregar-vos outro Jesus que nós não temos pregado, ou se recebeis outro espírito que não recebestes, ou outro evangelho que não abraçastes, com razão o sofreríeis (2 CORÍNTIOS 11:3-4, ARC).

De acordo com a "nova revelação" de Smith, algumas doutrinas foram implantadas, apresentando Jesus como filho de Elohim (um dos nomes de Deus no Antigo Testamento) e Maria, o Diabo como nosso irmão, irmão dos anjos e de Jesus, o Espírito Santo como uma "entidade-espírito", e a Bíblia como sendo incompleta e cheia de erros. Os Mórmons dizem crer na Bíblia, mas se contradizem, usando outras literaturas que consideram mais importantes, como: *A versão inspirada da Bíblia,* feita por Smith, *O livro de mórmon, Discurso do ancião King Follet, Doutrinas e pactos* e *Pérolas de grande valor,* que apresenta Deus como mais um entre outros deuses (MARTINS, 2000, p. 9, 10). Politeísmo explícito! Como sempre, tomaremos a Palavra como guia:

> Admiro-me de que vocês estejam abandonando tão rapidamente aquele que os chamou pela graça de Cristo, para seguirem outro evangelho que, na realidade, não é o evangelho. O que ocorre é que algumas pessoas os estão perturbando, querendo perverter o evangelho de Cristo. Mas ainda que nós ou um anjo do céu pregue um evangelho diferente daquele que lhes pregamos, que seja amaldiçoado! Como já dissemos, agora repito: Se alguém lhes anuncia um evangelho diferente daquele que já receberam, que seja amaldiçoado! (GÁLATAS 1:6-9, NVI).

Como vimos, Deus criou os seres espirituais, os anjos. Os que se rebelaram e caíram com Satanás tornaram-se imundos, cheios de toda podridão. Eles contraíram do seu mestre um caráter repugnante, malévolo, cruel e malicioso. São, de fato, espíritos enganadores aprisionados num estado de miséria e trevas, pela quebra da unidade com o seu Criador. Eles podem agir diretamente na vida dos seres humanos e até possuí-los. Jesus expulsou demônios. No caso do endemoninhado de Gadara, expulsou, de uma vez só, mais de 2 mil desses espíritos do pobre homem. Esses demônios obedecem a Satanás, que tem seu reinado operando aqui na terra. Disse Jesus, em João: "Já não falarei muito convosco, porque se aproxima o príncipe deste mundo, e nada tem em mim" (JOÃO 14:30, ACF). Existe uma hierarquia da maldade em operação, e, enquanto não chegar o grande dia da volta do Senhor, essas hostes espirituais engendrarão seus planos mais ardilosos para destruir as famílias, os relacionamentos, a fé e a esperança dos que ainda não confessaram a Cristo como Senhor.

> No demais, irmãos meus, fortalecei-vos no Senhor e na força do seu poder. Revesti-vos de toda a armadura de Deus, para que possais estar firmes contra as astutas ciladas do diabo. Porque não temos que lutar contra a carne e o sangue, mas, sim, contra os principados, contra as potestades, contra os príncipes das trevas deste século, contra as hostes espirituais da maldade, nos lugares celestiais (EFÉSIOS 6:10-12, ARC).

Leiam com atenção o início do texto anterior. Pede para que nos fortaleçamos em Quem? Algum anjo? Algum espírito de luz? Em algum orixá ou guia? Em amuletos? Algum líder religioso? Em Maria, ou em algum padroeiro? Não! Mas a nossa força só pode vir daquele que tem TODO O PODER. Nós, os que estamos no Senhor, não temos que temê-los, pois recebemos autoridade para guerrear também, com orações no nome de Jesus, jejuns para submeter a carne e, com a arma principal: a Palavra. Temos uma armadura espiritual que nos capacita a enfrentar o exército satânico e as suas investidas, como também disse Paulo, em Efésios:

> Portanto, tomai toda a armadura de Deus, para que possais resistir no dia mau e, havendo feito tudo, ficar firmes. Estai, pois, firmes, tendo cingidos os vossos lombos com a verdade, e vestida a couraça da justiça; E calçados os pés na preparação do evangelho da paz; Tomando sobretudo o escudo da fé, com o qual podereis apagar todos os dardos inflamados do maligno. Tomai também o capacete da salvação, e a espada do Espírito, que é a palavra de Deus (EFÉSIOS 6:13-17, ACF).

b. Delírios de Hippolyte

O que dizer então dos espíritas, que recebem dos "seres de luz" e de espíritos familiares tantas revelações? Inclusive, uma das armadilhas que os anjos maus mais utilizam é a perversão dos ensinos das Escrituras Sagradas. Nota-se que a maioria dos centros prega sobre a caridade ou as boas obras, o amor, a paz e a fraternidade, a igualdade, falam muito em Jesus... Mas não vivem Jesus. Criam todo um meio de atração para o enlace dos mais fragilizados espiritualmente. A Bíblia é clara, como lemos anteriormente: *"Não recorram aos médiuns nem busquem a quem consulta espíritos, pois vocês serão contaminados por eles".* Se fosse algo bom, saudável e permitido, Deus não repreenderia.

O Rei Saul também se deixou corromper por esse engano e pagou um altíssimo preço pela sua loucura. O profeta Samuel, antes de partir para Gibeá, conta a Saul que ele fora escolhido por Deus, que atendeu ao clamor do povo em seu desejo de ter um rei, conforme os costumes das outras nações. Por intermédio de Samuel, profeta, sacerdote e juiz, Saul foi ungido rei. A partir dali, foi cheio do Espírito Santo, juntou-se a um grupo de profetas, profetizou e tornou-se um novo homem. Hoje, na dispensação do Espírito, isso é o que acontece com quem aceita Jesus: o Espírito de Deus não apenas enche, mas passa a habitar na pessoa, transforma-a em uma nova criatura e capacita-a para levar o Evangelho a outras pessoas, uma vez que teve todos os seus pecados redimidos pelo sangue de Jesus. "O Espírito do Senhor se apossará de você, e com eles você profetizará, e será um novo homem" (1 SAMUEL 10:6, NVI);

Porém, bastou Saul desobedecer ao Senhor para dar lugar a um espírito mau que o atormentava: "Tendo-se retirado de Saul o Espírito do SENHOR, da parte deste um espírito maligno o atormentava" (1 SAMUEL 16:14, ARA). Você entendeu, meu caro leitor, o que acontece aqui? Sem a presença do Espírito de Deus EM NÓS, estamos sujeitos às investidas dos seres espirituais malignos CONTRA NÓS. Mas o maior erro que Saul cometeu foi ter consultado, contra a vontade de Deus, a uma feiticeira – médium ou necromante (que consulta os mortos), de *En-Dor*, por saber que ela invocava espíritos familiares. Mesmo sabendo que isso era estritamente proibido. Atentemos para o que está em Deuteronômio:

> Quando entrarem na terra que o Senhor, o seu Deus, lhes dá, não procurem imitar as coisas repugnantes que as nações de lá praticam. Não permitam que se ache alguém entre vocês que queime em sacrifício o seu filho ou a sua filha; que pratique adivinhação, ou dedique-se à magia, ou faça presságios, ou pratique feitiçaria ou faça encantamentos; que seja médium ou espírita ou que consulte os mortos. O Senhor tem repugnância por quem pratica essas coisas, e é por causa dessas abominações que o Senhor, o seu Deus, vai expulsar aquelas nações da presença de vocês. Permaneçam inculpáveis perante o Senhor, o seu Deus. As nações que vocês vão expulsar dão ouvidos aos que praticam magia e adivinhação. Mas, a vocês, o Senhor, o seu Deus, não permitiu tais práticas. (DEUTERONÔMIO 18:9-14, NVI).

O resultado da história de Saul consultando um médium para trazer o espírito do morto Samuel foi a sua morte, registrada em 1 Crônicas:

> Assim morreu Saul por causa da transgressão que cometeu contra o Senhor, por causa da palavra do Senhor, a qual não havia guardado; e também porque buscou a adivinhadora para a consultar. E não buscou ao Senhor, que por isso o matou, e transferiu o reino a Davi, filho de Jessé (1 CRÔNICAS 10:13,14, NVI).

A pergunta anterior ainda continua no ar: "O que dizer então dos espíritas, que recebem dos 'seres de luz' e de espíritos familiares tantas revelações?" Os seguidores do espiritismo acreditam em vida fora da Terra, especialmente em outros planetas. Acreditam no contato com os mortos e na reencarnação – pregada, aceita e divulgada por religiões como: o jainismo, o budismo e o hinduísmo, como sendo um propósito de "evolução espiritual". A maioria dos povos da Antiguidade, como os celtas e os gregos, costumava "consultar" os mortos. Portanto, podemos definir o espiritismo como um antigo conjunto de práticas, princípios e doutrinas que analisam o ser humano como sendo imortal, tendo a sua vivência baseada em experiências entre os dois mundos: o material e o espiritual.

Em um período complicado de transformações políticas turbulentas, eis que veio ao mundo Hippolyte Léon Denizard Rivail (1804-1869), em Lyon, na França. Ainda jovem, fora mandado para estudar na Suíça, no Castelo de Yverdun – Instituto de Pestalozzi (SAUSSE, 2012, p. 26-28).

Não tardou e já começou a participar de algumas reuniões espíritas quando, em uma delas, um médium lhe inculcou a ideia de que ele era a reencarnação de um "druída" – como eram chamados os sacerdotes celtas – de nome Allan Kardec (DENIS, 2001, p. 17-19). E que, durante sua passagem neste plano, deveria cumprir uma missão: reunir os ensinamentos e conclusões dos últimos séculos em uma doutrina que propagasse as ideias de Cristo. Espera! Então Jesus usaria um médium (o que o próprio Deus sempre abominou) para trazer outra revelação, outros ensinamentos, para conclusões humanas fora da Sua Palavra? Creio que o leitor, por si só, já deva ter a reposta. Seria totalmente contraditório!

Cristo estaria desfazendo de todo um plano de salvação por meio de uma distorção da Sua Verdade? Afinal, foi Ele que, orando ao Pai, exclamou: "Santifica-os na verdade, a tua palavra é a verdade" (JOÃO 17:17, ARC). Confirmando essa passagem em 2 Samuel: "Agora, pois, Senhor DEUS, tu és o mesmo Deus, e as tuas palavras são verdade, e tens falado a teu servo este bem" (2 SAMUEL 7:28, ARC). Tiago reforça sobre o poder da Palavra de salvar vidas: "Portanto, livrem-se de toda impureza moral e da maldade que prevalece, e aceitem humildemente a palavra implantada em vocês, a qual é poderosa para salvá-los" (TIAGO 1:21, NVI). Voltemos à exortação já citada em Levítico 19:31, quando diz: "Não recorram aos médiuns nem busquem a quem consulta espíritos.". Deus não mudou a Sua ordem! Se há algum ser que tem prazer em transtornar a mente humana com falsos ensinamentos contraditórios à Palavra, esse ser é Satanás. E ele usa a quem estiver disposto a ouvir as "vozes do além", sem atentar ao que diz a voz de Cristo. Passado algum tempo, Hippolyte Rivail, então com seus 46 anos:

> [...] decepcionado com a inclinação religiosa do ensino na França, e contando, por outro lado, com uma relativa estabilidade financeira, encerrou suas atividades no campo do ensino. Passou a se dedicar a estudos no campo do esoterismo, como o magnetismo animal e posteriormente às mesas girantes (BRETTAS, 2013, p. 155).

Após assumir sua falsa identidade, Hippolyte, agora como Allan Kardec, usou de um neologismo e propôs, no século XIX, o termo Espiritismo – *"para definir a doutrina por ele criada na busca de evitar ambiguidades de sentido como outras crenças espiritualistas já existentes"* (ABBADE, 2013, p. 111, grifos meus). Kardec reuniu, então, os tais "novos ensinamentos" no *Livro dos espíritos*, incorporando suas concepções pedagógicas numa tendenciosa e nova doutrina. Pronto. A Bíblia inteira condenando as práticas dos médiuns, de feitiçaria e de consulta aos mortos. E, agora, alguém resolve escrever livros com pretexto de bondade, trazendo "alívio para a humanidade". E onde fica Jesus nessa história? Ele disse, em Mateus 11: 28, que todos os cansados e oprimidos fossem a Ele e aprendessem Dele, pois Ele os aliviaria e lhes daria descanso para suas almas. E completa, no verso 30: "Porque o meu jugo é suave e o meu fardo é leve" (MATEUS 11,30, ACF).

Embora Rivail fosse professor e um autor pedagógico renomado, Kardec não assumia que escrevia os livros de cunho espírita, mas dizia que apenas os "codificava". O fato é que todos os princípios do espiritismo foram reunidos por Allan Kardec em cinco obras: *O livro dos espíritos* (1857), *O Livro dos médiuns* (1859), *O Evangelho segundo o espiritismo* (1863), *O céu e o inferno* (1865) e *A gênese* (1868) (ABBADE, 2013, p. 112, grifos meus). Foram consultados (em média) outros 10 médiuns, que o ajudaram a escrever e a revisar *O Livro dos espíritos*, publicado pela primeira vez na França, em 18 de abril de 1857. Mas quais livros teriam mais autoridade espiritual? A Bíblia, que foi escrita segundo a vontade e permissão de Deus, inspirada pelo Santo Espírito e apontando para a obra redentora de Jesus, ou os livros de Kardec, inspirados e ditados por espíritos enganadores? Resposta: Jesus é FONTE SEGURA. Os outros servem a outro senhor!

Podemos ter muitos amigos espíritas que dizem não crer na Bíblia. Óbvio, estão com os olhos espirituais cerrados, pois preferem crer na sabedoria de um homem que diz receber mensagens do além. Preferem ouvir e dar crédito às vozes do além, de além-túmulo, de "espíritos familiares". A carência da alma pela ausência de um ente querido, um trauma de infância ou o anseio pelo desconhecido, ou tradições de família, são fatores que alimentam tal busca. Ou, em suma, a ignorância espiritual que foi o resultado do afastamento do homem de tudo o que se relaciona a Deus e que ainda alimenta este homem na vontade de seguir os próprios caminhos. Errados ou não, incertos ou não, ao menos satisfazem temporariamente com respostas imediatistas e superficiais sobre o desconhecido futuro. Diga-se de passagem, toda a recomendação bíblica contra a consulta aos mortos e o ocultismo de maneira geral foi prevenindo o homem dos futuros enganos e dos castigos provenientes da desobediência às Sagradas Escrituras. Aos nossos queridos amigos "kardecistas", ou "seguidores de Allan Kardec", fica o humilde conselho neste livro: sejam seguidores de Cristo.

Jesus jamais trará decepção a nenhum dos Seus filhos. Não queiram continuar crendo em "doutrinas de demônios", disseminadas por filosofias de homens que não conhecem Deus. Jesus foi enfático em Sua parábola do Rico e Lázaro, cujo relato está registrado apenas no Evangelho de Lucas. O fato é que a morte chegou para os dois personagens dessa parábola, contudo, os seus destinos foram totalmente diferentes. Lázaro foi "levado para junto de Abraão", um lugar que é conhecido pelos hebreus como sendo "o lar eterno dos justos", "seio de Abraão" – um lugar de paz e felicidade plenas, de verdadeiro repouso. A Igreja crê que seja esse o lugar para onde vão todos os justificados em Cristo, os que aguardam o grande "Dia do Senhor". O Rico avarento e insensível ao sofrimento do pobre Lázaro, por sua vez, foi enviado ao *"Hades"* ou *"Sheol"* – palavras que significam "inferno" – ou lugar para onde vão todas as almas não justificadas após a morte física. Na Bíblia de estudos *King James,* encontramos, em suas observações, que o *Hades* é dividido em duas áreas: o paraíso dos santos e o lugar do tormento, onde os ímpios esperam pelo Juízo Final para a condenação (ler: APOCALIPSE 20:11-15).

Ainda segundo a versão King James, há "um abismo intransponível" que separa o paraíso (seio de Abraão) e o mundo inferior (inferno). Então, o rico pediu para enviar Lázaro aos seus irmãos, que ainda estavam vivos, para os avisar sobre o inferno. Mas a figura de Abraão ali respondeu que eles já tinham as Escrituras para os ensinar. E que, ainda que lhes fosse enviado um "morto" (espírito), não creriam, tamanha dureza de seus corações. Se não tinham fé nas Escrituras, não seriam convencidos, mesmo se alguém ressuscitasse dos mortos para um encontro com eles. E o ensino fica: NÃO HÁ POSSIBILIDADE DE UM MORTO VOLTAR À TERRA PARA FALAR COM OS VIVOS. Após a morte, cada um irá para o destino que plantou aqui. E a colheita será farta: alegria eterna na presença do Pai, ou o infernal e eterno sofrimento.

Fixado no Brasil desde 1860, o espiritismo causou atrito e rejeição por parte de muitos cristãos, católicos e protestantes, pois nega o dogma da divindade de Jesus. Todavia, aceita o seu caráter humano. Se os espíritas entendessem que Jesus É DEUS, não necessitariam de recorrer a espíritos intermediários. O Dr. Adolfo Bezerra de Menezes, um homem muito fluente em muitas áreas, quando na presidência da Federação Espírita Brasileira, foi um dos maiores divulgadores dessa nova doutrina, tão logo teve acesso à tradução das obras de Kardec para o português. Para ele, a doutrina espírita era uma doutrina moral que desenvolvia e esclarecia pontos obscuros da que foi pregada por Jesus Cristo e tinha como inimigo o catolicismo (ABREU, 1996, p. 32). Embora Bezerra tivesse o mérito de ser o divulgador, o mais famoso dentre os médiuns foi Francisco Cândido Xavier, mineiro de Uberlândia/MG, cuja mediunidade foi manifesta quando ele tinha apenas 4 anos de idade.

Aos 17 anos, em 1927, Chico Xavier (1910-2002) iniciou os estudos do espiritismo. Segundo seus biógrafos, o espírito da sua mãe, falecida quando ele ainda tinha 5 anos de idade, teria o aconselhado a ler a obra de Allan Kardec. Então, na mesma época, iniciou na prática da psicografia. A sua pena começa a registrar manifestação de diversos poetas falecidos, que somente foram identificados a partir de 1931. A sua primeira obra, intitulada *Parnaso de Além-Túmulo*, teve apoio para publicação da Federação Espírita Brasileira, causando grande repercussão dentro e fora do movimento espírita por conter uma coletânea de poesias ditadas por espíritos de poetas brasileiros e portugueses (LEWGOY, 2001, p. 53-116). Chico era bastante orientado pelo espírito Emmanuel, que, junto a Bezerra de Menezes, somava ao time de seus "mentores espirituais".

Depois de Chico, vieram muitos outros dizendo incorporar espíritos de famosos escritores, pintores, médicos (a exemplo do alemão Adolf Fritz, supostamente morto na época da I Guerra Mundial). Enfim, muitos enganos. Deus é o único que pode orientar e ajudar, ninguém mais. Quem consulta espíritos abre-se à influência de demônios, que podem travestir-se de anjos ou "espíritos de luz", até mesmo na forma humana de algum ente querido que já tenha partido desse mundo. Vimos quantas vezes que Deus alertou ao seu povo que não fizesse tais coisas. Adorar, consultar e servir a um ídolo criado pelo homem, ou a um anjo caído (demônio) disfarçado de "ser de luz", é prostituir-se com eles. É voltar, com licença ao neologismo, à "babilonilatria", às práticas repugnantes de outrora. O povo idolatrava a Babilônia e todo o lixo espiritual que saiu dela. E já vimos que esse comportamento é uma espécie de "adultério espiritual". Quem despreza a Palavra do Senhor é visto por Ele como traidor. Adúltero, infiel e imoral, como se encontravam Israel e Judá em Jeremias:

> Você viu o que fez Israel, a infiel? Subiu todo monte elevado e foi para debaixo de toda árvore verdejante para prostituir-se. Depois de ter feito tudo isso, pensei que ela voltaria para mim, mas não voltou. E a sua irmã traidora, Judá, viu essas coisas. Viu também que dei à infiel Israel uma certidão de divórcio e a mandei embora, por causa de todos os seus adultérios. Entretanto, a sua irmã Judá, a traidora, e também se prostituiu, sem temor algum. E por ter feito pouco caso da imoralidade, Judá contaminou a terra, cometendo adultério com ídolos de pedra e madeira (JEREMIAS 3:6-9, NVI).

Prostituição! Se tivermos ao Senhor Jesus como dono de nossas vidas, somente a Ele deveremos recorrer. Dele vêm todas as respostas para as nossas questões mais difíceis. Vem a cura para nossas enfermidades físicas, emocionais e espirituais. Vem o consolo, o socorro, A SALVAÇÃO, A VIDA ETERNA. Continuemos com a Bíblia. E preste bastante atenção, amado leitor, no que Paulo deixa para nós em Atos dos Apóstolos:

> Certo dia, indo nós para o lugar de oração, encontramos uma escrava que tinha um espírito pelo qual predizia o futuro. Ela ganhava muito dinheiro para os seus senhores com adivinhações. Essa moça seguia Paulo e a nós, gritando: "Estes homens são servos do Deus Altíssimo e anunciam o caminho da salvação". Ela continuou fazendo isso por muitos dias. Finalmente, Paulo ficou indignado, voltou-se e disse ao espírito: "Em nome de Jesus Cristo eu ordeno que saia dela!". No mesmo instante o espírito a deixou (ATOS 16:16-18, NVI).

A Palavra ainda nos exorta: "Voltarei o meu rosto contra quem consulta espíritos e contra quem procura médiuns para segui-los, prostituindo-se com eles. Eu o eliminarei do meio do seu povo" (LEVÍTICO 20:6, NVI); "Os homens ou mulheres que, entre vocês, forem médiuns ou consultarem os espíritos, terão que ser executados. Serão apedrejados, pois merecem a morte" (LEVÍTICO 20:27, NVI). Pode ser que você esteja a se perguntar por quanto tempo andou em engano. Duvidou da Bíblia, da obra de Cristo. Mas qual a certeza de que onde você estava era o lugar certo?

E se tudo o que o leitor tem lido e aprendido for realmente a verdade? Para onde vai após a morte? Pode confiar nos recadinhos dos mortos enquanto o Senhor da Vida ensina a não crer? Está para todos em Atos 16:31: "Crê no Senhor Jesus Cristo e serás salvo, tu e a tua casa". Tem certeza da sua salvação? Onde passará a eternidade?

Deus, em toda a Sua obra majestosa, apontou o Caminho de volta para Si, para que, por Este Caminho, encontrássemos o nosso derradeiro lar. Jesus é Este Caminho, e não o animismo indígena sob a orientação do pajé. Jesus, e não o complexo universo ritualístico do culto aos deuses ancestrais vindos da África. Jesus, e não mais o "viver debaixo da Lei", pois Ele cumpriu toda a Lei em Si mesmo. Jesus, e não os sacrifícios de sangue, as promessas, as orações intermináveis, os banhos de folha ou de pipoca, os passes, a observação do sábado, as romarias, as procissões, as penitências, a consulta aos astros, as previsões para os signos, qualquer prática espírita ou mediúnica.

Vimos que muitas dessas práticas vieram da Babilônia, berço das "prostituições", do Egito, dos vários cultos espíritas praticados pelos cananeus, ou seja, dessas e de muitas outras nações que o Senhor Deus rejeitou. Na verdade, as nações O rejeitaram e seguiram a vaidade, se prostituíram ante os seus deuses. Os seus homens não quiseram ouvir a voz do Criador para serem transformados, perdoados e remidos. Israel não deveria ter se misturado. Deixou-nos o profeta suas palavras em Miquéias:

> E sucederá naquele dia, diz o Senhor, que eu exterminarei do meio de ti os teus cavalos, e destruirei os teus carros. E destruirei as cidades da tua terra, e derrubarei todas as tuas fortalezas; E exterminarei as feitiçarias da tua mão; e não terás adivinhadores; E destruirei do meio de ti as tuas imagens de escultura e as tuas estátuas; e tu não te inclinarás mais diante da obra das tuas mãos. E arrancarei os teus bosques do meio de ti; e destruirei as tuas cidades. E com ira e com furor farei vingança sobre os gentios que não ouvem (MIQUÉIAS 5:10-15, ACF).

Com muito amor, perguntamos agora aos amigos que frequentam centros de umbanda, candomblé, mesa branca, aos que seguem a Meishu Sama ("Senhor da Luz"), ao reverendo Moon, a Krishna, Buda, Maomé, aos adeptos do Satanismo, da Nova Era, da Ordem Rosa Cruz e tantas outras seitas pseudocristãs: estão mesmo preparados para encarar o grande e terrível dia do Senhor, quando vier julgar a humanidade afastada Dele? Porque todos esses supostos caminhos pregam a iluminação, a libertação da alma, a meditação, a reencarnação, as boas obras sem a fé em Jesus, a gnose, o esoterismo, a nova ordem mundial, o batismo pelos mortos, a poligamia, o culto aos antepassados, a adoração a Lúcifer... Chega! Satanás é mestre em criar fórmulas e doutrinas que conseguem afastar do cristianismo um número cada vez mais expressivo de pessoas ingênuas e inocentes (espiritualmente falando), desviando-as do Verdadeiro e Único Caminho. A nossa responsabilidade é pessoal porque a salvação é individual. E essa salvação consiste em buscarmos o conhecimento da Graça Salvadora de Deus, revelada por Seu Filho, para não sermos enlaçados nas mentiras do inimigo. A graça de Deus alcançou-nos e somente ela nos livrará da destruição que está por vir. Ela é um "favor" de Deus, pois não a merecemos. A graça de Deus faz com que seja possível outra vez a nossa comunhão com o Pai. Ainda sobre a Graça, diz a Palavra em Efésios:

> Porque Deus nos escolheu nele antes da criação do mundo, para sermos santos e irrepreensíveis em sua presença. Em amor nos predestinou para sermos adotados como filhos por meio de Jesus Cristo, conforme o bom propósito da sua vontade, para o louvor da sua gloriosa graça, a qual nos deu gratuitamente no Amado. Nele temos a redenção por meio de seu sangue, o perdão dos pecados, de acordo com as riquezas da graça de Deus, a qual ele derramou sobre nós com toda a sabedoria e entendimento. E nos revelou o mistério da sua vontade, de acordo com o seu bom propósito que ele estabeleceu em Cristo, isto é, de fazer convergir em Cristo todas as coisas, celestiais ou terrenas, na dispensação da plenitude dos tempos (EFÉSIOS 1:4-10, NVI).

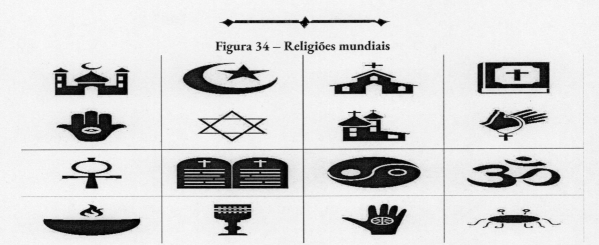

Figura 34 – Religiões mundiais

Fonte: Projetado por ibrandify/Freepik / Disponível em: https://br.freepik.com/fotos-vetores-gratis/religioes. Acesso em: 23 dez. 2023

  O Diabo tem feito muitas pessoas negarem a Cristo, as quais continuam a viver debaixo da escravidão do pecado, como ímpios, rebeldes, desertores, deixando de seguir o Caminho da Verdade e preferindo uma vida pautada na injustiça e na maldade. Sobre essas pessoas, não tardará a ira divina: "Porque do céu se manifesta a ira de Deus sobre toda a impiedade e injustiça dos homens, que detêm a verdade em injustiça" (ROMANOS 1:18, ACF). Mas, quanto à nossa esperança, ninguém poderá tirá-la de nós. Ao crermos no Evangelho do nosso Senhor Jesus Cristo, recebemos o Espírito santo e fomos Nele selados para todo o sempre. Todas as coisas estão sujeitas a Cristo. E nós também, pois agora temos um único dono. O inimigo não tem mais poder sobre as nossas almas, nem pode mais nos acusar diante de Deus. Leiamos: "Nele, quando vocês ouviram e creram na palavra da verdade, o evangelho que os salvou, vocês foram selados com o Espírito Santo da promessa, que é a garantia da nossa herança até a redenção daqueles que pertencem a Deus, para o louvor da sua glória" (EFÉSIOS 1:13,14, NVI). O Senhor Jesus é o único que tem todo o poder sobre nossas vidas. Somos a Sua igreja e somente a Ele obedecemos. Completemos a leitura em nossas próprias Bíblias, em Efésios 1:20-23. Que o Espírito Santo fale com o amado leitor.

O CALDEIRÃO DAS FEITIÇARIAS

E até fez passar a seu filho pelo fogo, adivinhava pelas nuvens, era agoureiro e ordenou adivinhos e feiticeiros; e prosseguiu em fazer o que era mau aos olhos do Senhor, para o provocar à ira. Também pôs uma imagem de escultura, do bosque que tinha feito, na casa de que o Senhor dissera a Davi e a Salomão, seu filho: Nesta casa e em Jerusalém, que escolhi de todas as tribos de Israel, porei o meu nome para sempre.

(2 REIS 21:6,7, ACF)

Esse texto, dentre os tantos já citados neste livro, esclarece o quanto Deus abomina as práticas de feitiçaria, adivinhação, sacrifícios aos deuses estranhos, os rituais diversos que os envolvem etc. Penso em como Deus tem olhado para o nosso país e o que Ele tem visto no meio do nosso povo. O Brasil exibe um catálogo extenso de religiões mistas, a maioria delas desenvolvida pelas influências e ou interferências de povos estrangeiros que por aqui aportaram. Pluralidade composta de uma miscelânea cultural e religiosa indígena, cabocla, afro-ameríndia e, não poderia faltar, cristã também. Sabemos que o desenvolvimento de qualquer sociedade tem o seu *start* quando se percebe nela o movimento efervescente e contínuo das manifestações populares, sejam no âmbito cultural, sejam no religioso. E essas diversificadas e importantes manifestações têm o poder de moldar uma comunidade e de dar a ela a base, o alicerce de estruturas sociais fortificadas nessa interculturalidade e no tão exótico multiculturalismo brasileiro.

Conviver nesse caldeirão étnico multicor e multifacetado, compreender a ramificação e o território de cada raiz, perceber que, por detrás de toda tez, existe uma história e um contexto nem sempre fácil de serem compreendidos ou examinados a contento; interagir, compartilhar de si e não se deixar contaminar não é tarefa fácil para nenhum cristão que vive neste "hodierno império do relativismo". Preservar a integridade cristã que se fundamenta na fé bíblica é, grosso modo, tolerar a diversidade, amar o pecador, rejeitar suas obras e manter-se nos princípios ensinados por Deus em Sua santa e incorruptível Palavra. Esta, sim, tem atravessado milênios influenciando e jamais sofrendo as influências externas – fossem humanas ou espirituais, culturais ou religiosas. Deus continua a falar e a ensinar por meio dela. Basta que a ela estejamos abertos, atentos a cada detalhe de sua ação em nossa mente e em todas as áreas de nossa vida.

a. O coquetel religioso do Brasil

Se levarmos em conta tudo o que, ao longo dos séculos, precisou ser desconstruído na mente e no modo de agir do povo de Deus, culturalmente falando, podemos dizer que a nação de Israel passou por um processo de desmame. Lento, mas gradativo, desvencilhando-se dos costumes pagãos acumulados durante os cativeiros egípcio e babilônico. Os hebreus foram reaprendendo a cultuar, a expressar a sua adoração mediante os ensinos e o direcionamento do único e verdadeiro Deus, sempre os conduzindo à plena unidade que permeia o relacionamento entre o Criador e o seu povo escolhido. Para que esse nível de intimidade fosse alcançado, tiveram primeiro que passar, necessariamente, por uma quebra total de ideias, padrões, conceitos e perspectivas impostos pelas nações inimigas que os dominavam. Não foi diferente o que aconteceu com os povos que encheram a nossa terra.

Tribos inteiras, de etnias diferentes, sofreram os horrores da dominação social, cultural e religiosa imposta a ferro e fogo pelos "desbravadores de terra alheia": uma gente opressora, cruel e muito mais desenvolvida que por aqui se instalou. E a inevitável miscigenação dessa com os povos subalternizados gerou novos grupos e novos hábitos, em uma nova maneira de lidar com a religiosidade, dentro, também, de um novo contexto de visão cultural que, aos poucos, precisou ser desmamada, afastada do conhecimento eurocêntrico que sempre foi visto como universal. Desta forma, os diferentes grupos foram aos poucos demarcando seu território, recuperando suas vozes na sociedade, podendo dar vida aos seus pensamentos, seus costumes, suas raízes, a práticas ritualísticas e outros hábitos sufocados ou confiscados no registrar de sua história. E toda essa mudança deu-lhes liberdade de expressar e, até mesmo, impor, agora, a sua cultura e religião e tudo o mais que as represente.

Se apelarmos outra vez para a História, poderemos achar em qualquer livro do colegial a receita do coquetel religioso que temos hoje no Brasil. Qualquer adolescente relataria com precisão e riqueza de detalhes alguns fatos há muito documentados e expostos. Em resumo de tudo o que foi dito nas linhas anteriores, toda essa pluralidade começou com a chegada dos portugueses à costa brasileira. Encontraram os moradores locais, os índios, cultuando os espíritos das águas e das matas, adorando a natureza (animismo). E, à força, os catequizaram. Mas não veio com os europeus apenas o catecismo católico. Trouxeram também as bruxarias, as perversões sexuais e as feitiçarias oriundas da península ibérica. Pouco tempo depois, africanos foram capturados e trazidos como escravos para trabalharem nas lavouras de cana-de-açúcar, na época do Brasil Colônia – prática que fez do Brasil o segundo maior importador de escravos do novo mundo, alcançando, segundo Bastide (1978), um número estimado de 3,6 milhões de escravos transportados da África para o Brasil entre os séculos XVI e XIX (BASTIDE, 1978, p. 35).

Contudo, em se tratando de um "comércio" que beneficiou muitas nações, esse número bizarro de humanos traficados pode ser exponencialmente maior. Segundo Pierre Verger (1902-1996), ao comentar sobre esse meio de ganho clandestino, diz que a Enciclopédia Católica tinha registrado um número de 12 milhões e que, em outras fontes, esse número pode ter chegado a 50 milhões de pessoas (VERGER, 1992, p. 20) extraídas de sua terra natal para o trabalho forçado em terras desconhecidas. Esses escravos, agora misturados com os estranhos do "novo mundo", trouxeram na memória a sua religiosidade tão diversificada, tendo em vista que eram naturais de várias tribos (nações) de diferentes pontos da África. O primeiro carregamento de escravos deve ter ancorado aqui por volta de 1538. Ainda em número reduzido. Somente a partir da década de 1570, passaram a desembarcar aqui grande quantidade de negros, *"nervo e força da economia do Nordeste do Brasil"* (MARCHANT, 1943, p. 20).

Os primeiros africanos chegaram divididos em dois grupos principais: os sudaneses, vindos de Guiné e da Costa da Mina, desembarcaram na Bahia. Negro da Guiné e gentio da Guiné foram as primeiras designações utilizadas para marcar a origem dos escravos africanos chegados à Bahia no século XVI. Mais do que um registro de procedência, essas expressões queriam significar a condição mesma de escravo na linguagem corrente da época (DE OLIVEIRA, 1997, p. 37). E os bantos, vindos de Angola e Moçambique, espalhados por São Luís do Maranhão, Bahia, Recife e Rio de Janeiro, migrando depois para outras regiões do país. Vários dialetos, vários costumes... Vários deuses! Mesmo quando foram batizados por imposição, forçados a aderirem ao catolicismo romano, não deixaram de, em secreto, cultuar às suas divindades. Tanto que, passados alguns anos, tais divindades foram sendo misturadas com os "santos" católicos, sendo representados nas suas imagens. Dessa forma, mantinham o culto às divindades africanas e permaneciam ligados a suas antigas crenças, em reuniões que, aos olhos dos senhores, não passavam de meras distrações, mas, na verdade, eram reuniões para invocação dos deuses da África (VERGER, 1992, p. 23).

Nasce, então, o sincretismo: a fusão ou a adaptação das religiões e suas culturas, na mixórdia desse efervescente caldeirão regional. Para Ferreti, a palavra "sincretismo" trouxe sobre si uma conotação negativa, sendo interpretada como "heresia contra a verdadeira religião" (FERRETI, 1998, p. 183). Depois disso, diversas religiões de matrizes africanas foram introduzidas em terras brasileiras, que, ao decorrer dos séculos, ganharam a identidade de "Cultura Afro-Brasileira". Engana-se quem pensa que os negros vieram de tribos pobres e esfomeadas, sem berço ou conhecimento. Muitos eram príncipes e princesas de suas etnias. Como já falamos, o Egito ganhou destaque entre os povos africanos antigos. Além dele, porém, havia diversos Impérios desenvolvidos em vários aspectos: culturais, tecnológicos, econômicos, políticos e religiosos.

Reinos fortes e organizados como os de Gao e Mali, no Sudão ocidental. A África oriental, por sua vez, comporta 100 milhões de habitantes pertencentes aos quatro grandes grupos linguísticos de toda a África e onde a maioria fala línguas bantas. No Sudão central, os Estados de Kanem-Bornu e Hausa. Na África Central, o Reino do Congo, retratado em muitos filmes de aventura. No Golfo de Guiné, os Reinos Yoruba e Benin. No Zimbábue, o Reino Monomotapa. Importante frisar que cada Reino tinha suas próprias religiões, várias, complexas e ricas em deuses. Quando os chefes desses Reinos travaram acordo comercial de escravos com os portugueses, houve uma mistura de crenças e adaptações forçadas, agora, em um novo território, pois *"diversas religiões africanas foram introduzidas em terras brasileiras, e ganharam ao decorrer dos séculos, a identidade afro brasileira"* (BEZERRA, 2021, p. 4, grifos meus). Da África do Sul, também emigraram vários grupos bantos e:

> [...] até à chegada dos europeus, os povos africanos estavam organizados em diversas estruturas políticas, algumas delas de grande complexidade. Durante o período de influência europeia, esses Estados e reinos foram, contudo, adaptando-se à economia cada vez mais global, o que acabou por os fragilizar e levar mesmo à sua dissolução, integrados nos impérios europeus então criados em África, como simples territórios ou protetorados. Mas diversos povos souberam, de início, tirar proveito com a presença dos europeus, como os ashantis, insta-lados na região do atual Gana, por exemplo, que beneficiaram muito com o comér-cio de escravos. [...] Quando os portugueses iniciaram a sua aventura ultramarina, visando sobretudo desenvolver o comércio, os Estados africanos encontravam-se em pleno processo de desenvolvimento, existindo estruturas políticas que se relacionavam entre si económica e culturalmente, ou seja, existindo em África uma complexa rede de relações entre Estados (SARAIVA, 2018, p. 111, 116).

Esses Reinos tinham as suas próprias religiões. E em sua maioria, tradições iniciáticas, que vieram para o Brasil durante o período da escravidão, passando por muitas adaptações e reformulações, uma vez que aqui tiveram outras influências – como a indígena e a europeia. Porém, o caráter iniciático se mantém até hoje, nos cargos e liturgias, com toda a sua complexidade sendo transmitida durante as iniciações que costumam durar ciclos de sete a 21 dias, sendo renovadas periodicamente. Na África oriental, todos os povos conhecem a iniciação pubertária, sendo que a maioria dos povos bantos pratica a circuncisão e a clitoridectomia ou a labiectomia (BEZERRA, 2021, p. 5). Uma dessas religiões iniciáticas predominou no Brasil, vinda da África ocidental, com seus segredos e mistérios, a religião dos Iorubas (Yoruba ou Iorubá), um povo sudanês da região correspondente à atual Nigéria, que politicamente e culturalmente dominou e influenciou um grande número de tribos. E como em outras páginas já mencionamos os antigos cultos às centenas de "deusas-mães", não soará estranho o que veremos a seguir. Os Iorubas cultuam a *Grande Deusa Mãe do Ile (o mundo elementar antes de ser organizado).* Por um lado, o Ile faz oposição ao céu como princípio organizado, que é o Orum, onde habitam os orixás e o deus supremo Olorum. Por outro lado, opõe-se também ao mundo habitado, que é o Aiyê. Mas a presença do ile na vida dos iorubas "é carregada do inquietante mistério da ambivalência feminina" (BEZERRA, 2021, p. 4).

Olorum é uma contração de Olodumaré (Senhor do Destino). "Olo" significa "senhor" e "Orum", o "além, o céu". Olorum é o "senhor do céu" ou "deus supremo" e tem, em si mesmo, os princípios masculino e feminino indiferenciados, porquanto a sua natureza divina é impenetrável, una, indivisível, indissociável. A mitologia yorubá acredita "que não há outro deus equivalente a Olodumaré: *"Kosi Oba Kan Afi Olorum – Não Há Outro Rei Senão Olorum"* (MELLO, 2016, p. 54, grifos meus). Citando o pensamento de outros religiosos e antropólogos sobre essa definição de Olorum, o também antropólogo, etinólogo e escritor franco-brasileiro, Pierre Edouard Leopold Verger (1902-1996), afirma terem os iorubás "uma clara concepção de um Deus supremo". E, discorrendo sobre uma outra argumentação de seus colegas, parece concordar que a origem das ideias sublimes sobre Olorum deve ser buscada no Egito (VERGER, 1992, p. 28). No Ocidente, costumam chamar o Olorum de pai e mãe ao mesmo tempo. Como "Senhor Supremo do Destino", é infinito em tudo e gerou em si mesmo as suas divindades que se complementam umas às outras na sustentação da criação divina e na manutenção dos princípios aos quais se submetem. Surgiram, então, os "sagrados orixás".

Lembram, amados leitores, dos cultos extáticos lá do Antigo Egito? É preciso entendermos que passou o tempo, foram-se os anos e, após eles, vários costumes e práticas não tão relevantes. Porém, há costumes e práticas danosas que, camuflados na religiosidade dos povos e em seus rituais, perduram e alcançam outras gerações com seus enganos. Basta que prestemos atenção na citação a seguir e façamos as devidas analogias:

> Para os filhos-de-santo, consagrados a um Orixá determinado, quando chega a hora de evocar o seu deus, a dança adquire uma expressão mais profunda, mais pessoal, e os ritmos, pelos quais foram sensibilizados, tornam-se uma chamada do Orixá e podem provocar-lhe um estado de embriaguez sagrada e de inconsciência que os incitam a se comportarem como o deus, enquanto vivo. O transe começa por hesitações, passos em falso, tremedeiras e movimentos desordenados dos iaôs. Imediatamente, ficam descalços, as jóias que usam são retiradas, as calças dos homens são arregaçadas até o meio da perna. Depois de alguns instantes, eles começam a dançar, possuídos pelos seus deuses, com expressões faciais e maneiras de andar totalmente modificadas. Os Orixás são recebidos com gritos e louvores e, em seguida, fazem a saudação aos atabaques, ao Pai ou à mãe-desanto, aos ogãs do terreiro, sendo, finalmente, levados pelas ekédis ao pejí do seu deus. Os iaôs vestem-se, então, com roupas características de seus orixás e recebem suas armas e seu objetos simbólicos. Uma vez convenientemente vestidos, todos os Orixás encarnados voltam em grupo ao barracão, onde começam a dançar diante a uma assistência recolhida. Xangô "pavoneia-se" majestosamente; Oxum requebra-se; Oxossi corre, perseguindo a caça; Ogum guerreia; Oxalufã, enfraquecido e curvado pelo peso dos anos, arrasta-se mais do que anda, apoiado no seu "opaxorô". Há várias sutilezas sobre essas entradas em transe que se inspiram em detalhes indicados nas lendas dos deuses (CARYBÉ; VERGER, 2005, p. 35).

Dos céus, Olodumaré governa a Terra, mesmo se mantendo a distância, por meio desse grupo seleto de divindades. Segundo essa visão sobre o divino, os orixás seriam "mistérios individualizados" do Divino Criador, ou, como já citamos, "divindades", "Tronos Sagrados" distribuídos por toda Sua criação. Seriam, portanto, segundo Olga Cacciatore (1920-?), manifestações das "qualidades divinas" do "todo" que é o Olorum, o complemento formador dessas partes. Ou, ainda, "divindades intermediárias" entre *Olorum (o deus supremo)* e os homens (CACCIATORE, 1977, p. 197). Neste caso, os orixás assumiriam o papel de Jesus, que é o nosso Advogado diante do pai. Ou do Espírito Santo, Aquele que leva as nossas orações e intercede por nós, Seus santos, conforme Paulo ensina aos Romanos 8:

> Da mesma forma o Espírito nos ajuda em nossa fraqueza, pois não sabemos como orar, mas o próprio Espírito intercede por nós com gemidos inexprimíveis. E aquele que sonda os corações conhece a intenção do Espírito, porque o Espírito intercede pelos santos de acordo com a vontade de Deus (ROMANOS 8:26-27, NVI).

As divindades do panteão iorubá geralmente estão ligadas umas às outras. Ou literalmente "casadas" com mais de uma divindade ao mesmo tempo. Os adeptos dessa religião africana dizem-se monoteístas, pois creem num "único Deus". Mas, ao mesmo tempo, se contradizem, ao declararem a sua regra de fé firmada na existência dessas divindades, os Orixás. Ora, em qualquer dicionário da Língua Portuguesa, logicamente, encontraremos sinônimos para a palavra "divindade", como: 1- Ser sagrado, que provém de Deus ou a Ele se refere; 2- Essência divina; o próprio Deus; 3- O que serve de culto religioso, de acordo com as crenças que admitem mais de um Deus: a divindade da natureza, 4- [Por Extensão] O que pode ser alvo de veneração: ela é uma divindade. 5- Característica ou estado de divido, sagrado, do que provém de Deus ou dos deuses (DIVINDADE, 2023).

Por essa razão tão óbvia de interpretação, eles são politeístas, pois as suas divindades não podem ser desassociadas do "Deus único", posto que são "partes" dele. Acabam sendo CULTUADOS, VENERADOS, IDOLATRADOS. O Rev. Samuel Johnson (1846-1901), anglicano, sacerdote e grande historiador dos iorubás, escreve:

> Eles acreditam na existência de um Deus todo-poderoso. Reconhecem-no como criador do céu e da terra, mas muito remoto para estar em conexão direta com os homens e seus negócios, assim admitem a existência de muitos deuses como intermediários e a esses chamam de orixá (JOHNSON, 2010, p. 26).

Ironicamente, cada uma dessas divindades atua num campo só seu e, em um dado momento, quer seja por personalidade, quer seja por atuação, elas se chocam. Isso representa uma ruptura de UNIDADE. Seria como se, em algum momento do Seu ministério, Jesus discordasse do Pai ou se irritasse contra o Santo Espírito. Jesus, o Verbo que se fez carne, a Palavra, está em perfeita comunhão com Deus. Eis um mistério revelado a nós: a manifestação de UM ÚNICO DEUS em TRÊS PESSOAS distintas, PAI, FILHO e ESPÍRITO SANTO: "Porque três são os que testificam no céu: o Pai, a Palavra, e o Espírito Santo; e estes três são um" (1 JOÃO 5:7, ACF).

A verdade da Trindade é um dos principais fundamentos das Escrituras, em que as prerrogativas divinas são atribuídas a Três pessoas reveladas em um ÚNICO DEUS, muito embora, a palavra "Trindade" não se encontre na Bíblia. E os Três estão de acordo em tudo, trabalham juntos, determinam, executam. Também já falamos sobre as trindades cultuadas pelas civilizações da Antiguidade. Por isso, a Trindade Santa e única não pode, de maneira alguma, ser substituída, copiada, blasfemada ou nem sequer comparada com as diversificadas doutrinas politeístas de quaisquer que sejam as tradições pagãs. É uma aberração deixar de atribuir ao Filho e ao Espírito Santo a Sua divindade junto ao Pai, nessa unidade ímpar, para seguir, por exemplo, a unidade de Olorum individualizada nos seus orixás.

Há muitas lendas girando em torno da origem dos orixás. Lendas que tentam explicar o surgimento dessas divindades no panteão africano. São histórias, relatos que variam de um povo para o outro, de um terreiro para o outro e até mesmo de um "pai-de-santo" para o outro. Isso torna impossível fazer uma apurada verificação científica ou arqueológica dos fatos, pois não há uma fonte segura. Ou seja, sem o aval de uma criteriosa avaliação histórica, os eventos relatados não passam de mitologia. O leitor pode pesquisar em qualquer site de cultura afro. Não será difícil encontrar tais histórias. Uma dessas lendas mais populares, passada a muitas gerações, conta sobre Obatalá, mito que induz incautas almas aos grilhões das bizarrices tidas como verdades. Vejamos:

No mito de Obàtálá, é ele o protagonista como criador da Terra e dos seres humanos. Ele recebe o Àse de Olódumàrè, faz o ebó prescrito, faz a primeira descida e cria a terra no lugar onde só haviam águas primordiais. Volta ao òrun, recebe novo Àse de Olódumàrè, faz uma segunda descida agora criar os seres humanos, as plantas e todos os seres vivos; porém, ao cria-los, embriaga-se com emu, o vinho da palma, produzindo seres humanos deficientes. Recupera-se, termina a criação, recebe culto, e volta ao òrun, sendo lembrado até hoje como Òrìsà Nlá, o grande criador do mundo e da humanidade (BARCELOS; MARINS, 2017, p. 5).

Figura 35 – Assentamentos de Oxalá (Oxaguian e Oxalufan Orossi)

Enquanto Israel estava em Sitim, o povo começou a entregar-se à imoralidade sexual com mulheres moabitas, que os convidavam aos sacrifícios de seus deuses. O povo comia e se prostrava perante esses deuses. Assim Israel se juntou à adoração de Baal-Peor. E a ira do Senhor acendeu-se contra Israel (NÚMEROS 25:1-3, NVI).SS

Fonte: Wikimedia Commons/Toluaye/Domínio Público; Out. de 2008. Disponível em: https://pt.wikipedia.org/wiki/Oxal%C3%A1#/media/Ficheiro:Acentamentos_de_Oxaguian_e_Oxalufan_Orossi.JPG. Acesso em: 19 set. 2020

1- Obatalá – o mesmo Oxalá = "filho de Olórun, o Deus Supremo [...] Orixalá = o grande orixá; [...] Orixaguiã = orixá jovem" (CACCIATORE, 1977, p. 183, 197, 201). O fundador da Ile-Ife – a cidade sagrada dos Orixás. De acordo ainda com o relato da criação contado pela tradição ioruba, havia apenas água no mundo, lá no início de tudo. Foi aí então que Olodumarê atribuiu a Obatalá a grande tarefa de criar a terra segundo aquilo que ele possuía em suas mãos como "elementos". E as lendas continuam seguindo o seu curso, despejando de suas fontes no largo imaginário humano, náufrago no oceano da idolatria. A seguir, outro mito que induz incautas almas aos grilhões das bizarrices tidas como verdades:

> Conta uma das suas lendas que da união entre Obatalá (céu) e Odudua (A Terra) nasceram Aganju, os Continentes, e Iemanjá, as águas. Desposando o irmão, Aganju, Iemanjá teria dado a luz a Orungã. Ele cresce nutrindo um amor apaixonado pela mãe. Um dia, aproveitando-se de uma ausência do pai, Orungã rapta e realiza a sua atração sexual pela mãe. Iemanjá em desespero consegue fugir dos braços do filho incestuoso. Seu corpo havia crescido desmensuradamente, como se suas formas se transformassem em serras, montes e vales. De seus seios enormes, como duas montanhas, nasceram dois rios que se reuniram numa mesma lagoa, originando adiante a imensidão do mar. Finalmente, o ventre de Iemanjá é rompido para dar à luz aos orixás (BARBOSA, 2012, p. 64).

Levado pelo entusiasmo diante da missão a ele confiada, Obatalá pegou uma galinha e uma concha de caracol (ou uma cabaça) cheia de uma mistura feita com areia e algumas sementes. Sem pestanejar, o deus Obatalá desceu do céu imediatamente, pendurado em uma corrente de prata. E uma vez pendurado, estando ele logo abaixo das águas primordiais, derramou o conteúdo que enchia a concha do caracol, criando assim a primeira grande massa de terra, deixando para a galinha a função de espalhar a massa, ciscando em outras direções (MARINS, 2012, p. 113). E foi a partir dessa criação da terra que os divinos Orixás "primordiais" passaram a habitar o mundo conhecido. Deixaram sua marca casando-se, gerando filhos e filhas, vivendo romances e, por causa deles, sofrendo as traições, as intrigas e aventuras (tais quais vivem os humanos), entre os homens, animais e vegetais.

Além desse acontecimento da criação primária, veio a consagração de todos os Orixás. Cada um deles é consagrado a uma força ou um elemento (aspectos) da natureza, não de forma aleatória, pois receberam de Olodumaré a "incumbência de criar e governar o mundo", e a responsabilidade por "certas dimensões da vida em sociedade e da condição humana" (PRANDI, 2000, p. 32, grifos meus). Estão em jogo nesse ato consagratório preciosos princípios éticos e ideológicos relacionados às tais forças, ou elementos, de acordo com o que cada orixá carrega em si. E seguindo na mesma vertente, ainda temos versões de lendas que chegam a classificar um número de 16 Orixás do panteão ioruba como reis e rainhas, príncipes e princesas, generais e curandeiros, seres que viveram e foram divinizados em situações diversas, eternizados em cultos específicos a eles prestados, protagonizando os mitos embasadores da toda adoração de seus fiéis seguidores.

b. O que restou no porto dos 50

Em todo o território da África, o número de orixás chegava a 600, sendo que destes, apenas uns 50 foram trazidos para o Brasil (AMARAL, 2001, p. 192). Orixás são espíritos que incorporam nos médiuns no dia das festas, sendo que cada um é agradado com suas cores próprias, suas cantigas individuais e oferendas de comidas do seu gosto. Muitos deles, como falamos, foram antigos reis, rainhas ou heróis divinizados, os quais representavam as "vibrações das forças elementares da natureza": as tempestades, os raios, os trovões, a água e atividades econômicas, como a caça e a agricultura (VASCONCELOS; DA SILVA, 2011, p. 155). Tais divindades também podiam representar os "grandes ceifadores de vidas", como as pestes e outras doenças epidêmicas. Infelizmente, a nossa cultura é cheia dessas práticas e desses costumes pagãos que estão enraizados no nosso povo desde a colonização do nosso país. Muitas festas, passes, demandas e oferendas espíritas, lendas, consagração de amuletos e comidas, banhos de descarrego, benzimentos, amarrações, águas energizadas, rituais e cerimônias de ocultismo. Todas essas coisas são verdadeiras maneiras de engano, fazendo com que muitos incautos se percam e, cada vez mais, se distanciem do Amor de Deus.

Porém, vamos outra vez às contas. Como vimos anteriormente, um número de 600 orixás (primários) era cultuado na África e dividido em duas classes: os 400 *Irunmalé* da direita seriam os òrisá; os 200 da esquerda, os *Ebora* (SANTOS, 2002, p. 75). Dos *Igbá Imole* surgem os *Orixá Funfun* – divindades funfun, do branco, que detêm o poder genitor masculino (SANTOS, 2002, p. 74), por exemplo: Oxalá, Orunmilá. E ainda, os Orixá Dudu (pretos, que vestem outras cores, exemplo: Obaluayê, Xangô). Acontece que, dentre o total dos 600 orixás, apenas 50 chegaram ao Brasil. E dentre esses 50, apenas um número reduzido de 16 orixás está inserido no Candomblé, em que a forma de enxergar a fé, o mundo e a adoração das divindades é exótica e diversificada. Seriam eles: Essú, Ògun, Osossì, Osanyin, Obalúaye, Òsúmàré, Nànà Buruku, Sàngó, Oya, Oba, Ewa, Osun, Yemanjá, Logun Ede, Oságuian e Osàlufan (PEREIRA, 2015, p. 28).

c. Cordas, correntes e laços ocultos

Enquanto Jesus nos chama para a liberdade Nele, o paganismo disfarçado de religião impõe as suas armadilhas. E milhões estão amarrados literalmente nelas. Não conseguem por vontade própria soltar-se dos laços do engano. Pessoas acorrentadas a todos os tipos de culto e adoração profanos, herdados por tradições, oriundos de povos que não conheceram de fato, ou se afastaram do Verdadeiro Deus. Aparentemente, um apreciável porto seguro para muitos desorientados. Ocultamente, um engano poderoso, perigoso e letal. Assim podemos classificar as facetas da heresia que alimenta a hodierna Babilônia. O que começaram lá atrás, há séculos e séculos, vem queimando como folha seca em dias de verão. E o que parecia simples e inofensiva chama alcançou proporções desastrosas e irreversíveis em muitos povos, línguas e nações. E quase ninguém mais há que atente para a Palavra de Deus. A lista de deuses e outras entidades parece interminável. E todos esses atalhos só afastam os homens do Caminho de Vida.

Então, como já entendemos, a origem do nome Orixá é africana e formada de *ori,* que significa *cabeça,* e *xá,* que significa *senhor,* ou seja, *"orixá é o senhor da cabeça, o senhor que rege a cabeça de um iniciado no candomblé"* (NASCIMENTO, 2008, p. 2). Em funções e qualidades diferentes, encontramos: *orixá cruzado* (Exu Ogum, Exu Preto Velho); *orixá de cabeça* e *orixá de frente* (principal, protetor, anjo de guarda); *orixaguinhã* (jovem); *orixakô* (de agricultura); *orixalá* (Obatalá – Oxalá); e ainda, *orixá Okô* (orixá feminino da agricultura), filha de Yemanjá (CACCIATORE, 1977, p. 197). No Brasil, o panteão dessas divindades pode ser assim apresentado:

> [...] os Orixás masculinos, que incluem os Orixás-olodê, que vivem do lado de fora; Exu, Ogun, Ode, Obaluayê, Logunedé e Ossaim; Xangô; um Orixá bissexuado, Oxumarê; os Orixás femininos, as ayabás (rainhas), que são Yemanjá, Oba, Oxum, Oyá, Nanã e Iewá; os Orixás funfun (brancos), que pertencem a uma categoria superior e se apresentam sob duas formas: os Orixás arubô (velhos) como Oxalufã, e os jovens e guerreiros como Oxaguiã; as árvores sagradas: Irokô, Apaoká e os Ibejis, os gêmeos (COSSARD, 2006, p. 36).

> Além da regência que cada orixá desempenha sobre um aspecto da natureza, a cada um é reservada uma atividade específica no cuidado da sociedade, da cultura ou da psicologia do ser humano. Também há uma divisão do trabalho sagrado entre os santos católicos — resquício do velho paganismo politeísta em que me drou o primitivo catolicismo em países da Europa. Esse poder de cada um sobre determinadas dimensões do mundo natural e social juntou santo e orixá numa só devoção. Também são unidos num só por seus feitos mitológicos notáveis (PRANDI, 2009, p. 52).

2- Oxalá – O mesmo Obatalá: "Mistério da fé, qualidade congregadora, oniquerência de Olorum" (SARACENI, 2017, p. 92). Na língua portuguesa, "oxalá" é uma palavra utilizada como interjeição para expressar o desejo de que algo aconteça, sentimentos, emoções, cuja exegese se amplia em diversificados períodos frasais. E tem sua origem na expressão árabe *in shaa Allaah,* cujo significado é "se Deus quiser", sinônimo de "tomara" ou "queira Deus", tendo em vista que, mesmo não sendo uma tradução exata dos originais (aramaico, hebraico ou grego), essa grafia pode ter sofrido uma transliteração hermenêutica para amoldar a compreensão dos portugueses que, por volta do século XVII, deram início às traduções dos textos bíblicos para sua língua pátria, justo quando a expressão mais se agregava aos costumes locais. Em Jeremias 9, na versão Thompson (2014), aparece assim: "**Oxalá** *minha cabeça se tornasse em um manancial de águas, e os meus olhos em uma fonte de lágrimas!*" (JEREMIAS 9:1, THOMPSON – grifo nosso), no lugar de "prouvera" ou "oh", interjeições usadas em outras traduções.

No candomblé, é o nome de um dos orixás mais importantes, uma entidade divina andrógina, que representa as energias da criação da natureza e personifica o céu. Apresenta-se de duas maneiras: jovem (moço), chamado *Oxaguiã* (ou Orixaguiã, como vimos anteriormente), sendo identificado no jogo de búzios pelo *odu ejionile*. E como velho, chamado *Oxalufã,* sendo identificado pelo *odu ofun*:

> Oxalufã, o Grande Orixá ou ainda o velho sábio inspira um imenso respeito às pessoas do candomblé. Pela idade, anda com dificuldade e apoiado num grande cajado de estanho, chamado opaxorô. Oxaguiã é o orixá funfun, jovem e guerreiro, usa espada, escudo e mão de pilão (DE AMORIM, 2009, p. 4).

"No Novo Mundo, na Bahia particularmente, Oxalá é considerado o maior dos orixás, o mais venerável e o mais venerado. Seus adeptos usam colares de contas brancas, e vestem-se geralmente de branco" (MARINS, 2012, p. 107). O culto a essa entidade acontece normalmente nas sextas-feiras, e a ele são atribuídas as funções da reprodução e da criação. No sincretismo, está associado à devoção católica ao "Senhor do Bonfim", que representa uma importante tradição religiosa na Bahia, num evento que se repete todos os anos, desde 1754, e que reúne milhares de pessoas no que é considerada uma das maiores manifestações culturais do Brasil, perdendo apenas para o Carnaval. A "Lavagem" é vista como um fenômeno sociocultural e cheio de simbologias, "no qual a religião, as artes e a festa do espírito e da carne se entrelaçam e se revelam em rituais que plasmam o sagrado, o profano e as suas liminaridades" (DE AMORIM, 2009, p. 1).

O cortejo profano que se dá logo após os "ritos sagrados" não é comandado pelo padre local, mas pelas baianas vestidas com trajes típicos – turbantes, saias engomadas, braceletes e colares, carregando suas "quartinhas" (vasos com água de cheiro). Atrás delas, comandando os tambores, vem o bloco *Filhos de Gandhi,* com todos vestidos de branco, a cor de Oxalá. Quem já visitou a famosa Igreja do Bonfim, em Salvador, sabe que lá se encontra de tudo um pouco. Há três pontos de maior urgência para considerarmos nesse cenário bizarro.

Primeiro: a imagem de escultura carregada nas procissões, representando um "Jesus" que leva o nome do Santo acima (ver no último capítulo o tópico *Jesus não é o Senhor do Bonfim*). Nós, cristãos, que bem conhecemos a Palavra, sabemos que Ele, Jesus, jamais aceitaria veneração a nenhuma imagem, ainda que fosse a Dele próprio. Se aceitasse, entraria em contradição consigo mesmo e com Seus Mandamentos. Não precisamos da imagem quando O temos bem próximo, dentro de nós, o tempo todo conosco. O nosso Jesus está vivo e já nos deu livre acesso ao Seu trono glorioso, não necessitando de que ninguém se prostre diante de algo que surgiu da mente criativa do homem, das mãos de um artífice.

Segundo: milhares de fitinhas coloridas presas nas grades, nos bancos, amarradas umas às outras, representando a fé daqueles que foram suplicar favores ao "Santo", em troca de "promessas". Apenas fitas, adornos, objetos que atuam entre os crédulos como amuletos – mais entre os tantos! Desfazendo do verdadeiro sentido da fé em Cristo e rebaixando a uma "fé de segunda categoria". Soam claras as palavras de Irineu Sílvio Wilges (1936-2022), religioso católico e bispo-emérito de Cachoeira do Sul, ao comentar:

> Quantos amuletos bentos, cada um com sua força especial, não andam por aí e o povo se agarra deles com tanta fé. Gente que nem conhece Jesus Cristo não depõe seu escapulário, ou sua medalha, nem sequer tomando banho, pois assim fica em contato com "o santo". É um fenômeno que encontramos em todas as religiões; o homem procura um objeto ou um lugar sagrado para garantir a amizade das forças do além (WILGES; COLOMBO, 1982, p. 13).

Terceiro: toda a prostituição espiritual é escancarada. Através dela, vemos o sacerdote da igreja de mãos dadas com as baianas (muitas delas mães de santo), misturando o santo e o profano. As rezas católicas e as do candomblé juntas, a água benta e o banho de cheiro, espargidas sobre a multidão de fiéis. Fora o "benzimento" do padre abençoando o cortejo que segue à frente, subindo as escadarias, oferecendo quilos de pipoca às entidades e lavando a área externa da igreja, no que eles batizam de "ritual de purificação". Idolatria alimentada pelas tradições! "A realização, em dia santo, no largo dominado pelo templo, de uma espécie de feira festiva, era tradição em terras portuguesas (de onde se transplantou para o Brasil) nas solenidades devotas que tinham grande concurso de povo" (SERRA, 1995, p. 235). Lemos em Isaías:

> Lembrem-se disto, gravem-no na mente, acolham no íntimo, ó rebeldes. Lembrem-se das coisas passadas, das coisas muito antigas! Eu sou Deus, e não há nenhum outro; eu sou Deus, e não há nenhum como eu. Desde o início faço conhecido o fim, desde tempos remotos, o que ainda virá. Digo: Meu propósito ficará de pé, e farei tudo o que me agrada (ISAÍAS 46:8-10, NVI).

De novo, voltamos às implicações da "babilonização" no que chamam de religião. O paganismo e suas superstições de mãos dadas com o cristianismo. Cânticos do novenário católico misturados com o animado samba de terreiro que atrai a presença dos orixás. Uns carregando terços e crucifixos, e outros levando as suas contas multicores, segundo o que representa a personalidade ou o gosto de cada "santo".

Figura 36 – Salvador – Fitas do Senhor do Bonfim

Fonte: Wikimedia Commons / De: Fbrandão. 1963 / 16 de maio de 2015. Disponível em: https://upload.wikimedia.org/wikipedia/commons/thumb/2/2a/Salvador_-_Fitas_S_Bonfim.jpg/640px-Salvador_-_Fitas_S_Bonfim.jpg. Acesso em: 25 nov. 2018

> Algumas dessas superstições podem ter feito parte, no passado, de um sistema mais amplo de ideias e crenças, mas atualmente consistem principalmente de elementos isolados legados pela tradição e que não perderam ainda seu poder. Grande parte de tais superstições está relacionada com boa e má sorte, como presságios ou como práticas oferecendo supostamente proteção. Quebra de espelhos, por exemplo, derramamento de sal, ferraduras, fontes de desejo, "toques na madeira", berloques, talismãs e daí por diante (JAHODA, 1970, p. 22).

Ou seja, todo o sincretismo que adultera, corrompe e macula a santidade da Sã Doutrina, tudo no mesmo lugar. Ali se misturam, ali festejam, ali seguem os trios elétricos com muita música de duplo sentido, ali muitos se prostituem, muitos usam entorpecentes, saem aos tombos de tão "trêbados" – relembrando aqueles cultos extáticos do Egito! E tudo – dizem eles – É EM NOME DA FÉ! E assim, entre simpatias e superstições, que caminha o povo fora do Caminho. Quem conhece um mínimo do padrão de Deus e o que Ele exige de "santidade" pode perguntar: estará mesmo ali a presença de Deus? É Jesus mesmo quem está sendo adorado, glorificado e cultuado naquele lugar? Haverá casamento entre as coisas de Deus e as consagradas a Satanás? Porque Deus deixou uma determinação em Ezequiel: "E a meu povo ensinarão a distinguir entre o santo e o profano, e o farão discernir entre o impuro e o puro" (EZEQUIEL 44:23, ACF).

O profeta traz algumas orientações direcionadas aos sacerdotes da sua época. Orientações que se enquadravam num contexto de uma urgente reforma no ministério do santuário. O zelo do Senhor pelas coisas sagradas, separadas para Ele, exigia toda uma organização, todo o cuidado e toda a reverência por parte dos que ali ministravam. Exigia ainda além, todo um discernimento espiritual para que os sacerdotes comprometidos com o altar desempenhassem bem o seu papel, respeitando os princípios de consagração e de santidade. E Quando Deus pedia que se fizesse separação entre o "santo" *(qodhesh)* e o "profano" *(chol)*, queria que houvesse distinção entre Seus filhos, escolhidos e separados, e os filhos da perdição. Desta forma, Deus seleciona para Si aqueles que se tornaram dignos de entrar na Sua santa presença, ou seja, os que se tornaram herdeiros de Suas promessas.

É como se fizesse menção da futura e definitiva separação entre o joio e o trigo, ou das ovelhas e dos bodes. A Bíblia Sagrada mostra a diferença que existe entre o que é santo e o que é profano. Como povo escolhido do Senhor, somos santos (santificados) Nele, porque Ele é Santo. E assim, já fomos separados deste mundo. Nós somos a diferença! Vejamos em Levítico e em Apocalipse: "Vocês têm que fazer separação entre o santo e o profano, entre o puro e o impuro" (LEVÍTICO 10:10, NVI); "Continue o injusto a praticar injustiça; continue o imundo na imundícia; continue o justo a praticar justiça; e continue o santo a santificar-se" (APOCALIPSE 22:11, NVI).

O orixá de quem falaremos a seguir, trazido pelos negros escravos do Golfo da Guiné para o território brasileiro, é associado pelo sincretismo a São Jorge, o famoso "Santo Guerreiro", que teria nascido na região da Capadócia, atual Turquia, por volta do final do século III. Principalmente, no estado de São Paulo, exerce bastante influência sobre os que, de alguma forma, estão presos ao fascínio despertado por essa divindade que inspira força, energia e proteção aos seus súditos fiéis. Um santo ornado de muitos simbolismos, arquétipos que "uniram povos desde o norte da Europa até os nossos ancestrais portugueses e africanos. Esse é o caso da aproximação realizada nos rituais umbandistas entre o santo católico e o Orixá Ogum" (MARQUES; MORAIS, 2011, p. 1). Na Bahia, Ogum está associado ao "casamenteiro" Santo Antônio. Segundo a cultura afro-brasileira, é filho de Oduduá, irmão de Exu e Oxóssi. Entidade poderosa que, devido *à* sua representatividade religiosa, constrói uma ponte entre povos e culturas aparentemente distintos, unindo-os. Pois, desde os mitos europeus "até os orixás africanos, passando pela aculturação cristã, verifica-se o quanto São Jorge/Ogum/Cavaleiro/Guerreiro está sempre presente nas energias e no imaginário popular, ou mesmo das elites" (MARQUES; MORAIS, 2011, p. 11).

Figura 37 – Orixá Ogum manifestado em um yawô

Fonte: Wikimedia Commons / Ogum – Orixá do ferro, dos ferreiros e dos caminhos, Candomblé, Salvador, Bahia, Brasil / De: Toluaye, Maio de 2008 / Disponível em: https://upload.wikimedia.org/wikipedia/commons/thumb/9/93/Ogum.JPG/800px-Ogum.JPG?20080518005822. Acesso em: 12 set. 2018

3- Ogum – Senhor da guerra e dos metais. "Mistério da ordenação, a onipotência de Olorum" (SARACENI, 2017, p. 92), o indomável e imbatível defensor da lei e da ordem. Na umbanda, é o primeiro orixá a ser saudado após Exu, pois Ogum é aquele que vem tirando as energias negativas (ou maus fluídos), deixando o caminho livre para a atuação dos outros orixás. É "o cortador das demandas". Assim exaltam a este orixá, em muita reverência e riqueza de detalhes nos mitos que o cercam:

> Ogum mata seus súditos e é transformado em orixá Ogum, filho de Odudua, sempre guerreava, trazendo o fruto da vitória para o reino de seu pai. Amante da liberdade e das aventuras amorosas, foi com uma mulher chamada Ojá que Ogum teve o filho Oxóssi. Depois amou Oiá, Oxum e Obá, as três mulheres de seu maior rival, Xangô. Ogum seguiu lutando e tomou para si a coroa de Irê, que na época era composto por sete aldeias. Era conhecido como o Onirê, rei de Irê, deixando depois o trono para seu próprio filho. Ogum era o rei de Irê, Oni Irê, Ogum Onirê. Ogum usava a coroa sem franjas chamada acorô. Por isso também era chamado de Ogum Alacorô. Conta-se que, 47 tendo partido para a guerra, Ogum retornou a Irê depois de muito tempo. Chegou num dia em que se realizava um ritual sagrado. A cerimônia exigia a guarda total do silêncio. Ninguém podia falar com ninguém. Ninguém podia dirigir o olhar para ninguém. Ogum sentia sede e fome, mas ninguém o atendia. Ninguém o ouvia, ninguém falava com ele. Ogum pensou que não havia sido reconhecido. Ogum sentiuse desprezado. Depois de ter vencido a guerra, sua cidade não o recebia. Ele, o rei de Irê! Não reconhecido por sua própria gente! Humilhado e enfurecido, Ogum, espada em punho, pôs-se a destruir a tudo e a todos. Cortou a cabeça de seus súditos. Ogum lavou-se com sangue. Ogum estava vingado. Então a cerimônia religiosa terminou e com ela a imposição de silêncio foi suspensa. Imediatamente, o filho de Ogum, acompanhado por um grupo de súditos, ilustres homens salvos da matança, veio à procura do pai. Eles renderam as homenagens devidas ao rei e ao grande guerreiro Ogum. Saciaram sua fome e sede. Vestiram Ogum com roupas novas, cantaram e dançaram para ele. Mas Ogum estava inconsolável. Havia matado quase todos os habitantes da sua

cidade. Não se dera conta das regras de uma cerimônia tão importante para todo o reino. Ogum sentia que já não podia ser o rei. E Ogum estava arrependido de sua intolerância, envergonhado por tamanha precipitação. Ogum fustigou-se dia e noite em autopunição. Não tinha medida seu tormento, nem havia possibilidade de autocompaixão. Ogum então enfiou sua espada no chão e num átimo de segundo a terra se abriu e ele foi tragado solo abaixo. Ogum estava no Orum, o Céu dos deuses. Não era mais humano, tornara-se um orixá (PRANDI, 2001, p. 89-91).

"Nosso redentor, o Senhor dos Exércitos é o seu nome, é o Santo de Israel" (ISAÍAS 47:4, NVI). Somente o Senhor Deus é o Senhor das demandas, Aquele que escreve o futuro e que, para todas as coisas, tem uma resposta. É causa e causador, idealizador e construtor, Advogado e Juiz, o que faz a ferida e o que sara, o que tira e o que dá a vida, Soberano e Todo Poderoso. "Assim diz o Senhor, o Santo de Israel, aquele que o formou: Perguntai-me as coisas futuras; demandai-me acerca de meus filhos, e acerca da obra das minhas mãos" (ISAÍAS 45:11, ACF). E, ainda assim, as pessoas preferem recorrer às suas crendices e lendas, aos seus deuses imaginários, às doutrinas de demônios enganadores. São pessoas que se colocam ao serviço de Satanás, consagrando seus filhos às entidades, enchendo a sua casa de maldição. A Palavra de Deus nos fala que somente Jesus é o Caminho, a Verdade e a Vida (JOÃO 14:6) e que os que praticam essas obras, contrárias à Sua vontade, são servos de Satanás. Serão enganados pelo perverso anticristo que virá operando sinais, prodígios e maravilhas, com um poder sedutor que levará multidões ao julgamento e à condenação eterna.

> E então será revelado o iníquo, a quem o Senhor desfará pelo assopro da sua boca, e aniquilará pelo esplendor da sua vinda; A esse cuja vinda é segundo a eficácia de Satanás, com todo o poder, e sinais e prodígios de mentira, E com todo o engano da injustiça para os que perecem, porque não receberam o amor da verdade para se salvarem. E por isso Deus lhes enviará a operação do erro, para que creiam a mentira; Para que sejam julgados todos os que não creram a verdade, antes tiveram prazer na iniquidade (2 TESSALONICENSES 2:8-12, ACF).

O próximo orixá sobre quem falaremos é conhecido como aquele que é responsável pela transmissão de conhecimento, "a expansão dos limites" por meio das descobertas, um grande caçador, uma vez que a caça é, para o povo que lhe rende culto, uma metáfora para o conhecimento, a "expansão maior da vida". Em muitos centros onde este orixá é cultuado, ainda se pode ouvir, em coro, versos de uma canção dedicada a ele. A letra de domínio público foi sendo adaptada à cultura de cada região. Sob os gritos daquele que se permite ser possesso por esta entidade, em sinal de que o orixá já se encontra no salão, os participantes do ritual entoam: *"Quem mora na mata é Oxóssi, Oxóssi é caçador, Oxóssi é caçador. Eu vi meu pai assobiar, Eu mandei chamar. Vem da Aruanda ê, Vem da Aruanda á, Eu vi meu pai assobiar, Ô Aruanda á".*

> Oxóssi é uma divindade esquecida hoje na África, mas bem viva no inconsciente coletivo afroreligioso do Brasil e de Cuba, principalmente. Embora sua origem seja iorubá, adota um papel importante como entidade sincrética, sobretudo na Umbanda, onde sob influência do espiritismo europeu de Alan Kardec, as divindades religiosas africanas que chegaram com a escravidão e a dos índios nativos alçaram um mesmo plano espiritual, conformando um mapa cognitivo espiritual de forças naturais que se expressam especialmente no espaço de mistura brasileiro. Oxóssi é a entidade do mato, da floresta, é um caçador, o dono da terra, pois na África o caçador encontrava o lugar ideal para habitar (VÉLIZ, 2018, p. 98-99).

APONTANDO O CAMINHO

Figura 38 – Oxossi (AI Oshosi)

Mas nós devemos sempre dar graças a Deus por vocês, irmãos amados pelo Senhor, porque desde o princípio Deus os escolheu para serem salvos mediante a obra santificadora do Espírito e a fé na verdade. Ele os chamou para isso por meio de nosso Evangelho, a fim de tomarem posse da glória de nosso Senhor Jesus Cristo (2 TESSALONICENSES 2:13,14, NVI).

Fonte: Wikimedia Commons / Domínio público / De: Google, dezembro de 2023. Disponível em: https://upload.wikimedia.org/wikipedia/commons/thumb/e/e6/AI_Oshosi.jpg/342px-AI_Oshosi.jpg?20231206140048. Acesso em: 24 dez. 2023

4- Oxossi – Mistério do conhecimento, qualidade expansiva, a onisciência de Olorum. "*Oxo* significa caçador. *Ossi* significa noturno. Logo, Oxóssi é o caçador noturno. É o orixá caçador que caça e busca o conhecimento, que leva as pessoas ao saber ordenado e sem desvirtuamento das doutrinas divinas" (SARACENI, 2017, p. 147). Divindade da caça que vive nas florestas. Apesar de ser possível aos seus fiéis fazerem preces e oferendas a ele em busca de respostas para os mais diferentes problemas da vida, por suas características de expansão e fartura, o seu auxílio é mais solicitado para solucionar os problemas relacionados à alimentação da tribo. Este era o papel costumeiro do caçador. E justamente por suas ligações com a floresta, pedem-lhe a cura de algumas doenças. Também pedem proteção espiritual e material devido às suas características de guerreiro. No sincretismo, está associado a São Noberto (Cuba), São Sebastião (Rio) e São Jorge (Bahia).

> Seus principais símbolos são o arco e flecha, chamado Ofá, e um rabo de boi chamado Eruexim. Em algumas lendas aparece como irmão de Ogum e de Exú. Oxossi é o rei de Keto, filho de Oxalá e Yemanjá, ou, nos mitos, filho de Apaoka (jaqueira). É o Orixá da caça; foi um caçador de elefantes, animal associado à realeza e aos antepassados. Podemos observar umdosmitosafros, que diz que um dia Oxossi encontrou Iansã na floresta, sob a forma de um grande elefante, que se transformou em mulher. Casa com ela e tem muitos filhos que são abandonados e criados por Oxum (CONSTANTINO, 2014, p. 27).

Sabe-se que, dentre os escravos que cultuavam Oxóssi, pouquíssimos sobreviveram ao tráfico negreiro e ao cativeiro. Porém, o culto a este orixá foi preservado em Cuba e no Brasil, sendo que, na umbanda, religião tipicamente brasileira, Oxossi é o "patrono da linha dos Caboclos". Pelo sincretismo, está associado a São Sebastião, sendo homenageado no dia 20 de janeiro.

5- Xangô – Mistério da justiça, qualidade equilibradora de Olorum; também conhecido como *Sangó,* é um dos orixás mais populares no Brasil, como "aquele que é preza pela justiça e pelo fogo". É o que abusa do charme e da sensualidade e gosta muito dos prazeres, tanto que teve três esposas: Iansã, Oxum e Obá. Sua personalidade não admite derrotas. Apesar de ser famoso por sua ação repressiva e autoritária, consegue distinguir entre o bem e o mal. Xangô é identificado no jogo de búzios (*ifá*) pelos odús. Entendam "odú" como resultado de uma jogada de adivinhação no oráculo de Ifá (grande orixá da adivinhação e do destino), usando cocos de dendê ou búzios, podendo chegar a 4.096 combinações possíveis que são as respostas dos orixás (16 x 16 x 16), tendo cada odu sua história que será interpretada pelo babalaô. Cada odu tem um nome especial e é ligado à determinada divindade (CACCIATORE, 1977, p. 185).

Os símbolos que representam Xangô são os raios e os trovões, com os quais ele castiga a quem se opõe aos seus princípios de justiça. Os "seus filhos" são justos, odeiam a mentira e a falsidade (Imagine, meu caro leitor, se houvesse alguma verdade em tudo isso!). Ao se manifestar no Candomblé, não deve faltar em sua vestimenta uma espécie de saias curtas, com cores variadas e fortes, que representam as vestes dos Eguns. Só para esclarecimento, entendamos como "Eguns" os espíritos recém-desencarnados, alguns ainda rudes ou sem conhecimento suficiente dentro da esfera da "evolução espiritual". Ou seja, tanto Eguns quanto os Quiumbas são espíritos obsessores, havendo entre eles uma significativa diferença. Aos sacerdotes dos Eguns cabe promover o culto aos ancestrais de suas famílias, ao passo que o culto a Babá Egum, por finalidade, "constitui a invocação desses ancestrais" (CONCEIÇÃO, 2017, p. 13).

Os Quiumbas seriam os "espíritos negativos" que muitas vezes se passam por entidades da umbanda, chamados de "encosto", ou "espíritos sem luz, atrasados" (MAGNANI, 2002, p. 10). Normalmente, manifestam-se como exus, adulterando, deturpando e denegrindo a importantíssima atuação dos "Exus Guardiões da Lei na Egrégora de umbanda", como defendem os que creem nessas falsas doutrinas. "São obsessores, apossam-se dos humanos, ou "encostam-se" a eles, dando-lhes ideias obsedantes de doenças, males, suicídio etc." (CACCIATORE, 1977, p. 219).

Figura 39 – Assentamentos de Xangô e Obá no candomblé

"O Senhor prova o justo, mas o ímpio e a quem ama a injustiça, a sua alma odeia. Sobre os ímpios ele fará chover brasas ardentes e enxofre incandescente; vento ressecante é o que terão. Pois o Senhor é justo, e ama a justiça; os retos verão a sua face" (SALMOS 11:5-7, NVI).

Fonte: Wikimedia Commons / De: Toluaye, em maio de 2008 / Domínio público. Disponível em: https://upload.wikimedia.org/wikipedia/commons/thumb/9/9e/Acentos_de_Xango_e_Oba.jpg/800px-Acentos_de_Xango_e_Oba.jpg. Acesso em: 16 set. 2017

Ainda sobre Xangô, diz outra lenda que o trono de Òyó já pertencia a Xangô por direito, pois seu pai foi o fundador da cidade. Xangô é o rei que não aceita contestação, e todos à sua volta sabem de seus méritos e reconhecem seu poder. Ele foi o grande alafim (rei) de Òyo porque soube muito bem inspirar responsabilidade e poder aos seus súditos. Xangô é viril e potente, violento e justiceiro, castiga os ladrões, os mentirosos e malfeitores (SANTOS, 2018, p. 31). Aqui no Brasil, este orixá é sincretizado com São João Batista e com São Jerônimo (no Rio de Janeiro), sendo o dia de sua homenagem comemorado em 30 de setembro. É também conhecido como o patrono da *Linha do Oriente*

de Umbanda – que é também regida por Oxalá, na qual se manifestam espíritos mestres em ciências ocultas (astrologia, quiromancia, grafologia, numerologia, esoterismo, cartomancia, numerologia etc.); "congrega espíritos que viveram em povos do Oriente e outros" (CACCIATORE, 1977, p. 219).

Nessa "Linha", encontramos as sete falanges que são suas divisões, cuja maioria delas é composta por entidades de origem oriental: a falange dos hindus, a dos árabes, a dos mongóis, a dos japoneses, a dos egípcios, a dos chineses e a dos romanos. Falange, aqui, tem um sentido de organização como era na Grécia Antiga: um corpo de infantaria espartano e macedônio ou qualquer corpo de tropas (na umbanda: o mesmo que legião – conjunto de seres espirituais que trabalham dentro de uma mesma corrente afim, ou "Linha"; subdivisão das Linhas). Em cada uma delas, manifestam-se espíritos (demônios) que tiveram "encarnação" nesses povos e que, por meio do ensino das suas ciências ocultas, praticam a caridade pregada na umbanda.

> Linha, nesse caso, quer dizer um grande exército de espíritos obedientes a um chefe – Orixá, espíritos estes que têm no espaço uma missão, incumbência, tarefa ou coisa equivalente. Cada linha subdivide-se em sete legiões, tendo cada uma um chefe; cada legião divide-se em sete grandes falanges, tendo, cada qual, o seu chefe; cada falange grande, por seu turno, divide-se, também, em sete falanges menores, e assim sucessivamente (BRAGA, 1946, p. 15).

Eis aqui, para conhecimento, as sete legiões que compõem a *Linha do Oriente* (também conhecida por *Linha Excelsa de Trabalhos Espirituais dos Magos Brancos do Oriente*), que, durante as décadas de 1960 e 1970, era bastante popular, abarcando todas as linhas de antigas religiões ou povos extintos sob a luz da umbanda (RAINHO, 2015, s/p), visando ao nascer de uma religiosidade que atendesse a todas as necessidades humanas e espirituais. A partir daí, a umbanda ganhou uma vertente denominada "umbanda esotérica", fundada nos anos de 1950, pelo Mestre Zartú, em São Paulo, tido pelos adeptos como um Mestre Indiano" (OLIVEIRA, 2014, p. 177), que comandava uma linha de trabalhadores da linha indiana, como antigos sacerdotes, yoguins, brâmades etc.

Legião dos árabes, persas, turcos e hebreus – chefiada por Pai Jimbaruê de Aruanda, esta Legião conta com muitos espíritos que se apresentam como guerreiros e aventureiros: mouros, tuaregues (guerreiros nômades do deserto), turcos (que começaram a ensinar os mistérios do Sufismo – uma corrente mística e contemplativa do Islã), califas, sábios marroquinos, todos conhecedores dos mistérios da Cabala, usando-a nos atendimentos (RAINHO, 2015). **Legião dos chineses, tibetanos, japoneses e mongóis** – chefiada por Pai Ory do Oriente, quem opera nesta legião são os espíritos de chineses, mongóis, tibetanos e japoneses, sendo estes últimos considerados caboclos e caboclas – que alguns dizem serem gueixas, ninjas e samurais. Já os esquimós são espíritos que conseguem quebrar as demandas dos feitiços de magia negra. **Legião dos egípcios** – na qual operam os espíritos de magos, sacerdotes, sacerdotisas, reis e guerreiros, do Antigo Egito, pouco conhecida, chefiada por Pai Inhoaraí. **Legião dos maias, toltecas, astecas, incas e caraíbas** – abrange os povos pré-colombianos que habitavam a América antes dos colonos, tendo, como guias espirituais, os espíritos dos apaches e xamãs, chefiados por Pai Itaraiaci, que parece governar também uma falange dos índios Caraíbas (RAINHO, 2015). **Legião dos europeus** – tendo por espírito-chefe o imperador Romano Marcus I e incluindo "sábios, magos, mestres e velhos guerreiros de origem europeia; romanos, gauleses, ingleses, escandinavos, etc." (RAINHO, 2015, s/p). **Legião dos hindus** – chefiada por Zartú – chamado de Pai Zartú ou Zartú Indiano, um "espírito chefe" também invocado para os trabalhos de cura, podendo contar com outros ajudadores dessa linha (que são de origem indiana): sacerdotes antigos, brâmanes, yoguins etc., entidades do mais alto grau espiritual e, por essa razão, considerados extremamente exigentes, e, portanto, são

poucos os médiuns e terreiros/templos com condições para permitir a sua manifestação (PINTO, 1971, p. 95). **Legião de médicos, curadores, sábios e xamãs** – chefiada pelo espírito-chefe José de Arimatéia, por vezes, manifesto como o Zartú Indiano, como Bezerra de Menezes e como o Grande Pajé. Essas entidades representam espíritos de médicos orientais ou não, que trabalham sob a supervisão da Linha do Oriente, sempre ligados a trabalhos mágicos de cura de doenças físicas (CUNHA, 2004, p. 60). Tal legião conta com espíritos portadores do dom de corte (para o caso de cirurgias espirituais), sendo também especializados em cura e conhecedores das ervas.

Todas essas legiões são muito bem organizadas, lideradas por espíritos que assumem patentes, hierarquias no plano espiritual. Não atuam sozinhos e são liderados pelo seu general maior, o próprio Lúcifer. Manifestam-se de várias maneiras, mas sempre pregando o bem, as boas obras, a fraternidade e a caridade, travestidos de espíritos de luz, sendo enganadores: curandeiros, pajés, pretos velhos, caboclos, crianças, médicos, baianos, enfermeiras, sacerdotes, espíritos orientais, como os grandes magos do Oriente e tantas outras formas. A maioria deles é bastante conhecida nas Giras (ver significado a seguir). Fora os já citados, eis mais alguns:

> Maharajah, Mestre Zartú, Pai Jacob, Kuan Shi Yin, Mahababa, Samara, Ori do Oriente, Rabi Kyamansu, Jimbaruê de Aruanda, Mestre Luiz, Inhoarairi, Itaraiaci, Marcos I, Chang Foi Lang, Ling Fo, Maria de Magdala, Swami Hia, Krisna, Hilarion, El Morya, Sêmulo, Razin, Ghandi, Ramatis, Akenaton, Pai Emmanuel do Oriente, Pai João do Tibet, Pai Ramim do Oriente, Pai Samuel dos Himalaias, entre outros (MELO, 2017, s/p).

Xangô no controle! Devemos guardar que, além dos guias já citados (pretos-velhos, caboclos, crianças), a nossa cultura pagã e fora DO CAMINHO recorre aos espíritos (povos) baianos, marinheiros, jangadeiros, boiadeiros, ciganos, encantados, além das correntes do Oriente, correntes africanas e correntes indianas. Toda essa quantidade de espíritos evocados e tão importantes nos trabalhos de umbanda representa bem as subdivisões das linhas. Por exemplo, cada linha tem sete falanges; cada falange tem sete subfalanges; cada subfalange tem mais sete bandas; cada banda tem mais sete legiões; em cada legião haverá mais sete sublegiões; e em cada sublegião haverá mais sete povos (DELLAMONICA, 1993, p. 38). Quantas coisas são feitas no mundo espiritual e as pessoas não tomam conhecimento de quão organizados e dissimulados são esses seres do inferno. Agora, imaginem só: o povo deixando o Grande Jeová Rafah, o Deus que cura, para seguir a espíritos (demônios) enganadores. Isso é pura prostituição espiritual! Heresia! Porque o mesmo Deus, que permite certas enfermidades no meio do Seu povo, é o mesmo que pode curar com o Seu poder, conforme lemos em Êxodo:

> E disse: Se ouvires atento a voz do SENHOR, teu Deus, e fizeres o que é reto diante dos seus olhos, e deres ouvido aos seus mandamentos, e guardares todos os seus estatutos, nenhuma enfermidade virá sobre ti, das que enviei sobre os egípcios; pois eu sou o SENHOR, que te sara (ÊXODO 15:26, ACF).

Atentando ao significado das Giras: segundo o Dicionário de Cultos Afro-Brasileiros de Olga Cacciatore, a "Gira" é uma roda ritual festiva, com cânticos e danças, para cultuar os santos e as entidades espirituais, formada pelos filhos de santo (médiuns); Canjira e enjira = corrente espiritual, sessão religiosa desses cultos (CACCIATORE, 1977, p. 131). Semelhantes são essas giras àquelas rodas de sacerdotes nas cerimônias egípcias aos seus tantos deuses, ao som de instrumentos musicais, cantigas ritmadas, uso de frases de poder em uma série de repetições intermináveis, ou seja, litanias e rosários, fechando os rituais com sacrifícios, a maioria deles "de sangue".

Figura 40 – Orixá Oxum manifestada em duas sacerdotisas

Fonte: Wikimedia Commons /Toluaye, Maio de 2008 / Domínio Público / Disponível em: https://commons.wikimedia.org/wiki/File:2008_agboro_e_yagba_072.JPG. Acesso em: 30 set. 2017

6- Oxum – Mistério do amor, qualidade conceptiva de Olorum. De acordo com vários mitos, é a irmã mais nova de Yemanjá (que a criou dando-lhe seus peitos!). É a orixá "dona do rio, do amor, do ouro, do coral e do âmbar (CABRERA, 2004, p. 16), levando o mesmo nome pelo qual a conhecem na Nigéria, em Ijexá e Ijebu (Ijexá: subdivisão do povo ioruba, cuja capital é Ilexá = Nação nagô no Brasil. Ijebu: o mesmo que Ijexá, ou Negro de cultura iorubana vindo, com o tráfico, para o Brasil. "A expressão nagô remetia à África descoberta no Brasil, pois só aqui eles se tornariam conhecidos por aquela expressão, enquanto Ijebu, Egba, Yagba, Oyo, Ijexá (ou Ilesha) representavam a África deixada do lado de lá do Atlântico" (REIS, 2008).

Oxum reside em numerosos lugares profundos (ibù), ou na parte mais profunda do rio, que, na África, leva o seu nome: "o rio nasce em Igèdè, desaguando num grande lago em Leke. Nas margens do rio em Oxogbô são realizadas todos os anos festas a Oxum para lembrar seu pacto com Larô, o primeiro rei de Oxogbô" (SERPA, 1996, p. 183). Mas, em cada lugar, ela é adorada com um nome diferente, devido às suas distintas qualidades. Foi a segunda esposa de Xangô, mas coabitou poligamicamente com Ogum, Exu, Orunmilá e Oxóssi. Também chamada de "Senhora do Ouro", Oxum é a padroeira da gestação e da fecundidade, recebendo as orações das mulheres que desejam ter filhos, pois, como relatam os mitos, ela controla a fecundidade. "Isto, graças a seus laços com Ìyámi-Àjé *(Minha Mãe Feiticeira)* [...] Oxum é chamada de Ìyálóòde *(Iaodê)* título conferido à pessoa que ocupa o lugar mais importante entre todas as mulheres da cidade" (CARYBÉ; VERGER, 2005, p. 62).

O dia da semana consagrado a ela é o sábado, sendo saudada, como na África, pela expressão "Eri ieiê ô", ou "Ora ieiê ô". São oferecidos a ela alimentos e sacrifícios: cabra, galinha, pata, conquém, um prato de Omolokun (mistura de cebolas, feijão-fradinho, sal e camarões) e de adun (farinha de milho misturada com mel de abelha e azeite doce), xim-xim de galinha etc. No sincretismo, é carinhosamente chamada de "Mamãe Oxum" e está associada com várias representações de Maria: N. Senhora das Candeias (ou Candelária), N. Senhora da Conceição e N. Senhora do Carmo (CACCIATORE, 1977, p. 203).

A Palavra revela em I Samuel, pela boca do próprio profeta: "Tem porventura o Senhor tanto prazer em holocaustos e sacrifícios, como em que se obedeça à palavra do Senhor? Eis que o obedecer é melhor do que o sacrificar; e o atender melhor é do que a gordura de carneiros" (I SAMUEL 15:22, ACF). A Bíblia ainda nos revela que os sacrifícios de animais no Antigo Testamento apontavam para o sacrifício perfeito e aceitável de Jesus Cristo na cruz. E diz, em Hebreus 10:4, que é impossível que o sangue de touros e bodes tire pecados, pois somente Jesus pode fazê-lo. Ele é o "CORDEIRO DE DEUS" que tira o pecado do mundo", conforme João 1:29. Jesus derramou naquela cruz o Seu sangue, pondo um fim nos antigos e cruentos rituais de sacrifício. Era necessário um sacrifício único e perfeito, o último, que remisse a toda humanidade, livrando-a da cegueira espiritual que há muito tempo a escraviza. Lemos, em Hebreus 10, que fomos santificados por meio do sacrifício do corpo de Jesus Cristo, oferecido uma vez por todas. Porque, segundo os ritos de purificação mantidos pelo Antigo Concerto e confirmados nessa passagem em Hebreus, todo sacerdote – dia após dia – se apresentava e exercia os seus deveres religiosos. E neles, repetidamente, oferecia os mesmos sacrifícios, que nunca poderiam (nem podem!) remover pecados. Satanás conhecia muito bem o ritual que o Senhor instituiu ao Seu povo, como forma de aplacar a Sua ira contra os homens que, constantemente, estavam a se desviar de Deus. Podemos ter uma visão mais ampla, voltando o nosso olhar e a nossa atenção à leitura de outra passagem em Hebreus:

> Estando tudo assim preparado, os sacerdotes entravam regularmente no Lugar Santo do tabernáculo, para exercer o seu ministério. No entanto, somente o sumo sacerdote entrava no Santo dos Santos, apenas uma vez por ano, e nunca sem apresentar o sangue do sacrifício, que ele oferecia por si mesmo e pelos pecados que o povo havia cometido por ignorância. Dessa forma, o Espírito Santo estava mostrando que ainda não havia sido manifestado o caminho para o Santo dos Santos enquanto ainda permanecia o primeiro tabernáculo. Isso é uma ilustração para os nossos dias, indicando que as ofertas e os sacrifícios oferecidos não podiam dar ao adorador uma consciência perfeitamente limpa. Eram apenas prescrições que tratavam de comida e bebida e de várias cerimônias de purificação com água; essas ordenanças exteriores foram impostas até o tempo da nova ordem. Quando Cristo veio como sumo sacerdote dos benefícios agora presentes, ele adentrou o maior e mais perfeito tabernáculo, não feito pelo homem, isto é, não pertencente a esta criação. Não por meio de sangue de bodes e novilhos, mas pelo seu próprio sangue, ele entrou no Santo dos Santos, uma vez por todas, e obteve eterna redenção. Ora, se o sangue de bodes e touros e as cinzas de uma novilha espalhadas sobre os que estão cerimonialmente impuros os santificam de forma que se tornam exteriormente puros, quanto mais, então, o sangue de Cristo, que pelo Espírito eterno se ofereceu de forma imaculada a Deus, purificará a nossa consciência de atos que levam à morte, de modo que sirvamos ao Deus vivo! Por essa razão, Cristo é o mediador de uma nova aliança para que os que são chamados recebam a promessa da herança eterna, visto que ele morreu como resgate pelas transgressões cometidas sob a primeira aliança. [...] De fato, segundo a Lei, quase todas as coisas são purificadas com sangue, e sem derramamento de sangue não há perdão" (HEBREUS 9:6-15 e 22 NVI).

Concluímos esta parte reafirmando, por essa Palavra, que "sem derramamento de sangue não há remissão de pecados". E confirmando, na primeira Epístola de João, que somente o "sangue de Jesus Cristo, seu Filho, nos purifica de todo o pecado" (I JOÃO 1:7, ARC). Deixando mais da Verdade revelada para os amados leitores: "Porém Jesus Cristo ofereceu só um sacrifício para tirar pecados, uma oferta que vale para sempre, e depois sentou-se do lado direito de Deus" (HEBREUS 10:12, NTLH); "E disse-me: Filho do homem, vês tu o que eles estão fazendo? As grandes abominações que a casa de Israel faz aqui, para que me afaste do meu santuário? Mas ainda tornarás a ver maiores abominações" (EZEQUIEL 8:6, ACF). É só seguirmos, atentos, os próximos mitos!

7- Obá – Obá é um Orixá africano feminino, que representa as águas revoltas dos rios e raramente se manifesta. Há pouco estudo sobre ela, mas se sabe que ela, na concepção de boa parte das babalorixás e seus mitos geracionais, é o Orixá identificado pelo odu *Ogbe-Ogunda,* no jogo de búzios chamado *merindilogun* (DA SILVA; DE SOUZA, 2020, p. 10). "O conjunto de dezesseis búzios chama-se em Yorubá MERINDILOGUN, o que significa o número 16 assim: MERIN = 4 OGUN = 20 DIN = MENOS, PORTANTO 20 – 4 = 16" (DA SILVA; DE SOUZA, 2020, p. 2).

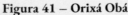

Figura 41 – Orixá Obá

Porque o Senhor dá a sabedoria; da sua boca é que vem o conhecimento e o entendimento. Ele reserva a verdadeira sabedoria para os retos. Escudo é para os que caminham na sinceridade, para que guardem as veredas do juízo. Ele preservará o caminho dos seus santos (PROVÉRBIOS 2:6-8, ACF).

Fonte: Wikimedia Commons / De: Toluaye, Maio de 2008 / Domínio Público / Disponível em: https://commons.wikimedia.org/wiki/File:Orix%C3%A1_Oba.jpg. Acesso em: 12 nov. 2017

Ela é a guerreira que usa o escudo, o arco e a flecha (Ofá), a filha de Iemanjá e Oxalá, o mistério do conhecimento, qualidade concentradora de Olorum, a esposa "menos amada de Xangô". "A espada é uma característica forte do orixá Obá, que é uma guerreira de natureza, esta também dança com a espada em movimentos desafiadores e astuciosos" (EUGENIO, 2014, p. 114). Ela é também chamada Obasy – a senhora da sociedade *Elekoo* – uma sociedade secreta feminina que milita pela autonomia e força das mulheres guerreiras "não submissas aos mandos dos homens, caçadoras, feiticeiras e independentes da figura masculina" (EUGENIO, 2014, p. 24, 25). Em toda a África, Obá era cultuada como a grande deusa protetora do poder feminino. Por isso, também é saudada como Iyá Agbá. Era uma mulher forte, que comandava as demais e desafiava o poder masculino. Obá é a representação da mulher consciente do seu poder, que luta e reivindica os seus direitos, que enfrenta qualquer homem (Influência no feminismo!). Só não enfrenta aquele que tomar o seu coração. "A liderança que Obá exerce sobre Eleko, a aproxima bastante das chefes das feiticeiras mulheres pássaros, Iami Oxorongá (iá agô), e fez dela o principal orixá do culto de geledés, que são ancestrais femininos que retornam ao Aiê escondidas sob enormes máscaras repletas de axé" (MARTINS, 2002, p. 80, 81).

> Obá: é a Orixá do Rio Obá ou rio Niger, sendo a primeira esposa de Xangô. Obá representa as águas revoltas dos rios. As pororocas, as águas fortes, o lugar das quedas, são considerados, também, domínios de Obá. Ela também controla o barro, água parada, lama, lodo e as enchentes. É a Orixá que trabalha juntamente com Nanã. Representa também, o aspecto masculino das mulheres (fisicamente) e a transformação dos alimentos crus em cozidos. Sincretizada no catolicismo como Santa Rita de Cássia (SANTOS, 2018, p. 35).

Embora Obá tivesse se transformado num rio, é uma deusa relacionada ao fogo e saudada como o Orixá do ciúme. Mas não se pode esquecer que o ciúme é o corolário inevitável do amor, portanto Obá é um Orixá do amor, das paixões, com todos os dissabores e sofrimentos que o sentimento pode acarretar – dizem seus seguidores. Obá tem ciúme porque ama. Obá pensa com o coração, por isso dança sempre com a mão esquerda apontando para o lado esquerdo. Está ligada a Oxóssi pela caça e ligada a Xangô por meio do fogo e da luta pela vida. Mas, falando em "amor", Obá foi a menos amada das esposas de Xangô. "Segundo os mitos, enganada por Oxum, cortou a orelha esquerda e colocou-a na sopa do esposo, como feitiço de amor, mas este, furioso, a repudiou" (CACCIATORE, 1977, p. 182).

Figura 42 – Orixá Yansã manifestada em dois yawôs

Mas, antes que a fé viesse, estávamos guardados debaixo da lei e encerrados para aquela fé que se havia de manifestar. De maneira que a lei nos serviu de aio, para nos conduzir a Cristo, para que, pela fé, fôssemos justificados. Mas, depois que a fé veio, já não estamos debaixo de aio (GÁLATAS 3:23-25, ACF).

Fonte: Wikimedia Commons / De: Toluaye, Maio de 2008 / Domínio Público / Disponível em:https://commons.wikimedia.org/wiki/File:Oya._Yans%C3%A3n._Oyamens%C3%A3norun.JPG. Acesso em: 15 nov. 2017

8- Iansã, mistério da Lei, qualidade direcionadora de Olorum. É conhecida como a Deusa da espada de fogo, dona ou senhora das paixões. Iansã (ou Oyá) representa essa mulher desbravadora, que não se submete à vontade de ninguém, dona de si, que faz muitos dos orixás se apaixonarem por ela sem se deixar dominar" (EUGENIO, 2014, p. 174). Ela é também chamada de rainha dos raios, dos ciclones, furacões, tufões, vendavais (CHARLOT, 2005, p. 67). É o orixá do fogo, guerreira e poderosa. Mãe dos eguns (espíritos dos mortos), que servirá de guia, ao lado de Obaluaê, para aquele espírito que se desprendeu do corpo, ou espírito desencarnado. É ela que indicará o caminho a ser percorrido por aquela alma, pois é "a senhora dos cemitérios" (CHARLOT, 2005, p. 67).

> Iansã é uma contração de Ya-mesan-orun, mãe dos nove oruns, que se constituem nos nove espaços paralelos do aiê – mundo, espaço visível. [...] Como mãe dos nove oruns, Iansã conduz os espíritos de um mundo para o outro, sendo, assim, um orixá ligado ao trânsito da vida para a morte. [...] Seu dia da semana é quarta-feira e sua saudação é Eparrei (LOPES, 2003, p. 244).

Iansã, inclusive, teria papel importante por ser ela quem ajuda no "ritual de limpeza" e a responsável de trazer para o barracão de festas a "esteira", que, em iorubá, é chamada Eny, sobre a qual serão colocadas as comidas. É comum ouvir-se a expressão "esteira de Iansã", ou "Eny de Oyá", nos terreiros que a recebem.

> Na tradição do Candomblé, se deve ter muito respeito com a esteira, Oyá se revolta quando sem necessidades se pisa ou se arrasta a esteira. Existem eguns, que ainda não tomaram obrigação ou não foram raspados que podem aparecer para as pessoas como uma esteira, elas podem se levantar e sair dançando ou correndo atrás de uma pessoa por isso devemos ter muito respeito com Eny. Em muitos engenhos quando morria um escravo ou ele era enterrado com sua esteira ou queimado enrolado nela (CARDOSO, 2002, p. 32).

Interessante é perceber a capacidade humana de se deixar moldar, influenciar e dominar por mitos, quase sempre sem um fundamento de lógica que o valha. Do contrário, não seria mais um mito, mas um princípio, uma causa, um traço de verdade – senão, a verdade por completo. É preciso que se tenha a mente totalmente vazia para que alguém, desprovido de conhecimento sobre a Pessoa de Deus, se deixe abastecer com tanta bizarrice. Uma coisa são os fatos históricos, comprovados e autenticados pelo tempo, registrados em páginas, relatados por testemunhas oculares: impressões que influenciaram gerações com seus conteúdos verossímeis. Outra coisa são as narrativas esdrúxulas, fantasiosas e míticas na essência, sem possibilidade comprobatória.

Devaneios? Contos absurdos? Improváveis cenas? Pela nulidade de fatos que jamais se pautaram na verdade, o que sobra é um "contexto para pretexto", nas danças, nas cantigas, nos rituais e sacrifícios que condensam um amálgama cultural formador dessa sociedade idólatra. Em algumas estórias, de fato, Iansã é trazida como alguém que gera, que traz à luz, mas os filhos não são cuidados por ela, e sim por outras orixás. Certo mito relata que "Iansã tem filhos com Oxóssi, mas quando briga com sua outra esposa, Oxum, Iansã mostra onde sua pele está guardada e assim foge, deixando os filhos para serem cuidados pela outra orixá" (PRANDI, 2001, p. 368). Outra lenda fala sobre o "poder" de cura:

> O mito diz que Omulu se esconde debaixo da palha por conta da doença que lhe deixou marcas na pele, tornando-o feio e defeituoso. Um dia Iansã soprou seu vento forte, levantando a palha que cobria o corpo de Omulu. Suas feridas, então, transformam-se em flores que saltam no ar, assim como a pipoca faz. E revela-se, então um moço lindo (SILVA, 2013, p. 99).

9- Oxumaré, (orixá masc.) mistério do amor, qualidade diluidora e renovadora de Olorum. Oxumaré é a cobra, a serpente arco-íris. Este Orixá é o senhor de tudo que é alongado, "é o símbolo da continuidade e da permanência e, algumas vezes, é representado por uma serpente que se enrosca e morde a própria cauda. Enrola-se em volta da terra para impedi-la de se desagregar" (CARYBÉ; VERGER, 2005, p. 73). A representação da junção entre o masculino e o feminino, união de tudo o que é duplo e ambíguo, símbolo da continuidade e da permanência. Mais direto: é um orixá de natureza bissexual:

> [...] sendo durante 6 meses masculino (às vezes confundido com Orugã que violou sua mãe Yemanjá – provavelmente pela imagem do arco-íris penetrando nomar), durante os outros 6 meses feminino, a bela ninfa Bessém. Seu símbolo são duas cobras de ferro que ele leva nas mãos quando dança (CACCIATORE, 1977, p. 204).

Orixá é símbolo da imortalidade e do infinito, por isso, seus filhos usam colares de búzios entrelaçados formando as escamas de uma serpente que tem o nome de *brajá*. As cores de seu arco-íris enfeitam o céu e encantam, surpreendem Euá: entre as águas, Euá foi surpreendida pelo encanto do arco-íris. "E dele Euá loucamente se enamorou. Era Oxumaré que a encantava" (PRANDI, 2001, p. 236). É o representante da riqueza e da fortuna e regente do princípio da multiplicidade da vida, transcurso de múltiplos e variados destinos. Oxumaré é o segundo filho de Nanã, irmão de Obaluaiê (orixá da varíola) e, juntos, constituem o panteão dos orixás do interior da terra, orixá ninu ilé, estando assim vinculados ao mistério da morte e renascimento (LUZ, 2013, p. 64). No sincretismo, está associado a

São Bartolomeu e é festejado numa pequena cidade que leva seu nome, onde seus fiéis se encontram, "no dia 24 de agosto, a fim de se banharem numa cascata coberta por uma neblina úmida, onde o sol faz brilhar, permanentemente, o arco-íris de Oxumaré" (CARYBÉ; VERGER, 2005, p. 74).

Segundo fontes históricas que seguem além das Escrituras – que não elucida aos leitores sobre sua vida e ministério –, São Bartolomeu teria pregado o cristianismo até as paragens mais distantes, incluindo Pérsia e Índia, como um discípulo sincero, humilde e aguerrido na missão, que recebeu do Senhor (CASTRO, 2020, p. 91-96) o cumprimento ao "ide" ordenado por Cristo, como visto em Marcos 16:15. Porém, certa tradição diz que esse mesmo "santo" morreu por esfolamento em Albanópolis, atual Derbent – Cáucaso –, a mando do governador e, até hoje, "costuma ser invocado para auxiliar a exorcizar o diabo do corpo dos possuídos" (MOREIRA, 2015, p. 74). Na Capela Sistina, localizada no Palácio do Vaticano, São Bartolomeu é pintado segurando a própria pele na mão esquerda, tendo na outra o instrumento de seu suplício, em um autorretrato de Michelangelo (BOTTON, 2010, p. 8).

Isso mesmo! O artista que assina a obra e teve sua importância no meio católico foi, ninguém menos, que o grande pintor, escultor, poeta, anatomista e arquiteto italiano Michelangelo Buonarotti (1475-1564), considerado um dos maiores criadores da história da arte no Ocidente. Na Bahia, essa relação mítico-sicrética entre católicos e o "povo de santo" faz-se mais forte na cidade de Maragogipe, no Recôncavo baiano:

> O culto a São Bartolomeu acontece ao longo do mês de Agosto e, embora ao longo da história seja majoritariamente organizado pela igreja católica, possui a presença de grupos, especialmente o afro-brasileiro em função de adeptos do candomblé participarem da organização no momento da lavagem popular organizada por terreiros da cidade (SILVA, 2018, p. 6).

Em algumas representações, São Bartolomeu aparece com um cão ou um lobo acorrentado aos seus pés, o que, na verdade, seria a retratação de um demônio. Isso se deve a tradições europeias medievais que ligam a iconografia deste santo a possessões demoníacas. O dia de sua comemoração, o já comentado 24 de agosto, seria o dia em que "anda o diabo à solta" (MARTINS, 1962, p. 179). Até o final do século XIX, era mantida em Portugal certa romaria no mesmo dia da festa do Santo, na qual se exorcizavam mulheres endemoninhadas ou possuídas pelos espíritos dos mortos. Houve um caso deste ocorrido às margens do rio Tâmega, na Ponte de Cabez:

> Esta romaria a São Bartolomeu é muito querida das pessoas endemoninhadas. Oferece a romaria três espectáculos todos burlescos, que de tempos antigos a têm tornado notável e famigerada. O primeiro é a gritaria infernal e terjeitos mais ou menos graciosos, que logo ao avistar a capela faz grande número de mulheres, que se dizem endiabradas, e afectadas por espíritos malignos! É curiosíssimo ver como estas megeras, gritando e esperneando sempre, são arrastadas a seu despeito até ao altar do Santo, onde, depois de muito gritar e muito saltar, fingem vómitos violentos, que, segundo elas, são o sinal certo da despedida do espírito que as trás inquietas! (BRAGA, 1986, p. 220).

Por relatos assustadores como esse, chega-se à conclusão de que as histórias do Santo, estando ou não vinculadas ao Orixá, sempre aparecerão rodeadas de mistérios e contos demoníacos, entre os relatos de possessões, como o do exorcismo de Astaroth – um demônio que era consultado no seu oráculo numa cidade da Armênia. Casos de mortes não solucionados e outras excentricidades que se repercutem sempre no dia de sua comemoração. Sendo assim, de fato, é a iconografia de S. Bartolomeu "a chave para a compreensão de algumas das formas de que se revestia a possessão na Época Moderna" (RIBEIRO, 2011, p. 98).

Agora pasmem, caros e fiéis leitores! Todos os desavisados seguidores de Oxumaré podem desenvolver a bissexualidade, pois faz parte da característica deste orixá. Por seis meses, ele é homem – arco-íris – e por seis meses, mulher – serpente (MOREIRA, 2015, p. 75). Não que seus filhos tenham os dois sexos, mas podem gostar e sentir atração por homem e mulher, de forma natural. Isso é, no mínimo, SATÂNICO! A influência diabólica dessa entidade andrógina, em estilo e expressão, pode ser analisada pelo comportamento dos seus seguidores. Por exemplo:

> Filhos e filhas de Oxumaré são reconhecidos (as) por suas personalidades marcantes. Adoram badalação, a noite, festas, joias, bijuterias e tudo que seja caro (ou pareça caro). É a representação de seu esforço em prol dos bens materiais, sempre uma busca constante. [...] Buscam o prazer, e assim, conquistar essas pessoas requer charme e criatividade para que seus desejos (sempre mutáveis) sejam atendidos o mais rápido possível. Geralmente são pessoas muito livres, não suportam serem controladas e não sentem ciúme do (a) parceiro. Já especificamente os homens filhos de Oxumaré costumam gerar fascínio nas mulheres e também nos homens, mas por motivos diferentes (SANTOS, 2009, p. 30).

São presas fáceis do sexo! Amam essa tal "liberdade", mas sabemos que, na verdade, esses jovens já estão acorrentados aos redis do inimigo. Alimentados por ilusões, pela astúcia de Satanás em atraí-los, acomodá-los em uma zona de conforto, cevando-os para o fatídico e lamentável abate. Analisando friamente esses perfis híbridos dos filhos e filhas deste Orixá, pensemos nos tantos e tantos jovens que estão sendo influenciados por este demônio. Nos variados programas e mídias voltados para a juventude, muitas vezes nem percebemos o quanto as nossas casas estão sendo atacadas por essas aberrações que destroem todo o conceito de Família. Filmes, séries, desenhos cheios de mensagens subliminares e tendenciosas, destrutivas da moral e dos bons costumes – como diriam os mais velhos. Principalmente, quando pensamos naquele conceito de família e "lar" planejado pelo nosso Deus. O que Deus planejou para o homem e a mulher, pais e filhos, não é o que estamos vivenciando em nossos dias.

Toda essa geração está sofrendo um bombardeio de ideologias "trans", de bissexualidade, de gênero e tanta sandice, que as crianças já nem sabem mais o que querem ser de verdade. Tudo gira em prol de uma falsa política inclusivista, baseada na ideia de construção social e histórica da concepção de gênero, inclusive, tão defendida e entendida pelos movimentos feministas ao longo do tempo, para se ter assim o conceito de identidade de gênero. Daí surgiram as classificações do sexo como: o sexo civil, sexo genético, sexo gonádico, sexo morfológico, sexo psicológico e sexo psicossocial (LIMA, 2018, p. 10-11). Uma geração bombardeada também pela distorção conceitual de sexo, na facilidade e exposição promovidas pela pornografia, nunca tão escancarada e à "palma da mão" (vista em celulares, por exemplo). Distorção essa que não vem de agora, mas desde o limiar das vertentes psicanalíticas promotoras das teses freudianas, principalmente, na teoria sobre a sexualidade infantil – quebrando a ideia biológica da sexualidade como instinto, acreditando que essa surge na criança desde seu advento ao mundo (LIMA, 2018, p. 10).

Quanto ao indivíduo em si, o seu sexo não tem mais importância, porque, a qualquer momento, ele pode ser trocado como se troca uma peça de roupa que não cabe mais no corpo. Há Projetos de Leis que já pleiteiam permitir cirurgias de mudança de sexo em crianças, garantindo proteção jurídica completa às pessoas trans, de acordo com as mais atuais teorias de gênero e sexualidade. Desde 2013, tentam emplacar um P.L., incentivado aos gritos por organizações de lésbicas, gays, bissexuais e trans:

> [...] o recente Projeto de Lei examinado é o P. L. 5.002/2013, apresentado pelos deputados Jean Wyllys (PSOL/RJ) e pela deputada Erika Kokay (PT/DF), também conhecido como Projeto de Lei João W. Nery – Lei de Identidade de Gênero. Tal denominação (Projeto de Lei João W. Nery) foi dada em homenagem ao primeiro homem trans, de que se tem registro, que realizou a cirurgia de transgenitalização no Brasil na época do regime militar. O projeto possui influência dos Princípios de Yogyakarta e se embasou na Lei de Identidade de Gênero Argentina (Ley nº

26.743/2012), considerada a mais avançada das atualmente existentes no mundo, neste tema. Levou em consideração a proposta de Anteprojeto do Estatuto da Diversidade Sexual construído pelas Comissões da Diversidade Sexual da OAB de todo o Brasil; a declaração The vices against homophobia and transphobia must be heard de Thomas Hammarberg, representante do Conselho da Europa para os Direitos Humanos, publicizado na conferência Combating discrimination on the grounds of sexual orientation or gender identity across Europe: Sharing knowledge and moving forward, ocorrida na França em março de 2012; e as recomendações da Associação Brasileira de Homens Trans (LIMA, 2018, p. 60).

É essa imagem de mundo que querem fazer descer em nossa garganta. É tudo natural, tudo liberado, tudo permitido, toda forma de amor é válida, e todo desejo não pode ser reprimido. Percebemos, com olhar espiritual, que toda essa desgraça comportamental entre os nossos jovens tem um princípio, uma causa: influência de demônios. E só tem um remédio: Jesus, puro e sem mistura! Voltemos à Palavra, em Ezequiel:

> Mas você confiou em sua beleza e usou sua fama para se tornar uma prostituta. Você concedeu os seus favores a todos os que passaram por perto, e a sua beleza se tornou deles. Você usou algumas de suas roupas para adornar altares idólatras, onde levou adiante a sua prostituição. Coisas assim não deveriam acontecer jamais! Você apanhou as jóias finas que lhe tinha dado, jóias feitas com meu ouro e minha prata, e fez para si mesma ídolos em forma de homem e se prostituiu com eles. Você também os vestiu com suas roupas bordadas, e lhes ofereceu o meu óleo e o meu incenso. E até a minha comida que lhe dei: a melhor farinha, o azeite de oliva e o mel; tu lhes ofereceste tudo como incenso aromático. Foi isso que aconteceu, diz o Soberano Senhor. "E você ainda pegou seus filhos e filhas, que você tinha gerado para mim, e os sacrificou como comida para os ídolos. A sua prostituição não foi suficiente? Você abateu os meus filhos e os sacrificou para os ídolos! (EZEQUIEL 16:15-2, NVI).

9- Obaluaiê/Omolu – No Candomblé, é o mistério da vida e da evolução, qualidade evolucionista e estabilizadora de Olorum. É o senhor das doenças, o orixá da renovação dos espíritos, senhor dos mortos e regente dos cemitérios, sincretizado com São Roque e São Lázaro, venerado pelos católicos como protetor contra a peste e padroeiro dos inválidos e cirurgiões. Como Nanã e Omolú, o *Lagdibá (iorubá: lágídígba)*, colar de ritual feito de contas pretas de certo tipo de coquinho ou de chifre preto de búfalo, cortado em rodinhas (discos), como proteção (amuleto) contra as doenças (SANTOS, 2012, p. 230).

Figura 43 – Obaluaye no Olubaje Orossi

Assim diz o Soberano Senhor: Vocês não estão se contaminando como os seus antepassados se contaminaram? E não estão cobiçando as suas imagens repugnantes? Quando vocês apresentam as suas ofertas, o sacrifício de seus filhos no fogo, continuam a contaminar-se com todos os seus ídolos até o dia de hoje (EZEQUIEL 20:30-31, NVI).

Fonte: Wikimedia Commons / De: Toluaye, Maio de 2008 / Domínio Público / Disponível em: https://commons.wikimedia.org/wiki/File:Obaluaye_no_Opanij%C3%A9_Orossi.JPG. Acesso em: 22 out. 2017

Conhecido também como *Obaluaê* na umbanda e como *Xapanã* no Batuque. Segundo o *Dicionário de Cultos Afro-Brasileiro* de Olga Cacciatore, "batuque" é um nome genérico para danças negras africanas, mas está relacionado – além da umbanda – aos cultos de influência nagô-pajelança e nagô-mina etc. (CACCIATORE, 1977, p. 67). Porém, *Xapanã* é um nome proibido tanto no Candomblé como na umbanda, não devendo ser mencionado, pois pode atrair a doença inesperadamente. Creem que ele é o controlador de todas as doenças, principalmente as epidêmicas. Este orixá é considerado o "campo santo" entre o mundo material e o mundo espiritual, e os seus adeptos estão sempre a recitar: "Salve Pai Obaluaiê, orixá do perdão, da cura, das passagens e de todas as transformações! Atotô, meu Pai!" (SARACENI, 2017, p. 205).

O *Olubajé* é a festa anual em homenagem (consagração) a Obaluaiê, em que as comidas são servidas na folha de mamona. Consideram-na uma das mais lindas e expressivas "cerimônias do calendário litúrgico das comunidades-terreiro, dedicada ao "Rei da Terra", que é o significado do nome do orixá em iorubá" (PESSOA DE BARROS, 2006, p. 75-76). *Olubajé* seria também uma refeição comunal em honra a esse Orixá, sempre promovido no mês de agosto, mês em que baianas bem-vestidas em seus trajes e turbantes brancos sentam-se nos arredores das igrejas, com seus cestos cheios de *doburu* – pipoca, oferenda a Xapanã, na liturgia dos candomblés. Em seu sentido etimológico, *Olubajé* dramatiza o mito, significando: *Olu:* aquele que; *Gbe:* aceita; *Je:* comer; ou *Olú:* aquele que: *Báje:* come com (PESSOA DE BARROS, 2006, p. 75-76).

Serve-se a comida do Orixá, especialmente pipocas com sal, com cânticos, danças etc. Tudo isso para rememorar um "itan" (mito), no qual todos os orixás vêm para prestar contas com Obaluaiê, por ele ter sido chacoteado por Xangô numa festividade, devido à sua maneira de dançar. Diz a lenda que, nessa festividade, todos os orixás participam (com exceção de *Xangô*), principalmente *Ossaim, Oxumarê, Nanã*, que são de sua família. Porém, nada, nenhuma dessas oferendas, pode preceder o "padê" – ritual propiciatório com oferenda ou "despacho" para Exu, realizado sempre antes do iniciar de qualquer cerimônia pública ou privada dos denominados cultos afro-brasileiros (CACCIATORE, 1977, p. 205).

Nesse emaranhado de laços e nós satânicos expostos até aqui, podemos pensar em tantos conhecidos nossos que se deixam prender por eles. Ajoelham-se e servem aos demônios, à mentira, ao que surgiu de lendas de povos caídos da presença de Deus. Doutrinas ensinadas por espíritos enganadores, perversos, sagazes, astutos e escravos das trevas, submissos ao seu senhor com "s" minúsculo – o adversário de Deus, Satanás. Sacrificar aos ídolos é estar servindo ao próprio Lúcifer. É reverenciá-lo e aceitar a mesma condenação que sobre ele pesa. Uma vez entregue ao senhorio de Cristo, todo indivíduo está livre não só dessa condenação, como também de toda obrigação para com os rituais impostos na adoração aos ídolos. Diz a Bíblia: "E nunca mais oferecerão os seus sacrifícios aos demônios, após os quais eles se prostituem; isto ser-lhes-á por estatuto perpétuo nas suas gerações" (LEVÍTICO 17:7, ACF).

No Novo Testamento, as palavras "adorou" e "adorá-lo", encontradas em Atos 10:26 e em Apocalipse 22:8 e 9, por exemplo, provêm do termo grego *proskuneo*. Significa, segundo o *Léxico Grego de Strong*, "ajoelhar-se ou prostrar-se" em adoração, prestar homenagem ou reverência a alguém, seja para expressar respeito ou para suplicar diante de uma autoridade (STRONG, 2002, p. 1226). O mesmo vocábulo "adorar" *(shārrāh)* aparece mais de 170 vezes na Bíblia hebraica com o significado de adorar, prostrar-se, inclinar-se – ato de se curvar em homenagem, feito diante de um superior ou soberano, e servia como prova de submissão, como vemos nos filmes os súditos se ajoelhando diante de seus reis.

É o que exemplifica o texto em Salmos: "Venham! Adoremos prostrados e ajoelhemos diante do Senhor, o nosso Criador;" (SALMOS 95:6, NVI), apontando para a mesma atitude exigida por Satanás quando tentou a Jesus no deserto, tal qual lemos em Mateus: "Tudo isto lhe darei, se você se prostrar e me adorar" (MATEUS 4:9, NVI). Diante disso, cai por terra a tese do *Catecismo Católico* e de outras seitas e religiões que reverenciam seus ídolos. Nós, discípulos de Jesus, aceitamos o que a Bíblia diz, de acordo com os textos originais. Não se pode "reverenciar um santo", prostrando-se diante de sua imagem, tampouco servir a entidades e divindades que não podem tirar ou usurpar a adoração que só pode ser dirigida ao Soberano Deus dos deuses.

Para o Candomblé, adorar essas divindades significa adorar as qualidades de Olorum, cuja presença está em todas as Suas divindades. E são elas que conduzem seus fiéis à Olorum, pois cada orixá é um guia, "uma via", "um caminho", até o Divino Criador. Cristo Jesus, sendo Deus com o Pai e o Espírito Santo, afirmou Ele mesmo ser O Caminho para o Pai. E O Único! Ninguém pode chegar a Deus caminhando por atalhos. Os discípulos de Jesus queriam que Ele revelasse o Pai. Mas Jesus disse que quem O visse veria o Pai, simplesmente porque o Pai já estava ali, revelado aos homens na pessoa de Jesus Cristo, o Filho de Deus. Voltemos, pois, ao caldeirão dos abomináveis ídolos.

10- Iemanjá (Yemanjá) – Mistério da vida, qualidade geradora criativista de Olorum. Da expressão Iorubá *"Yèyé omo ejá", que significa "Mãe cujos filhos são peixes"*. Os festejos em sua homenagem acontecem entre 31 de dezembro e 2 de fevereiro. Orixá de rios e correntes, filha de *Obatalá (Oxalá)* e sua esposa Odudua. Iemanjá é casada com Orānhiã, fundador da capital do Reino Iorubá (Oyó), com quem teve três filhos: Dadá, Xangô e Xampanã (CACCIATORE, 1977, p. 253). Lembrando a outra lenda já comentada, ela seria esposa do próprio irmão, Aganjú, com quem também teve um filho, Orungã. Este filho a teria estuprado.

Figura 44 – **Estátua de Yemoja, Ilê Odó Ogé (Terreiro Pilão de Prata), Salvador, Bahia,**

Que acordo há entre o templo de Deus e os ídolos? Pois somos santuário do Deus vivo. Como disse Deus: "Habitarei com eles e entre eles andarei; serei o seu Deus, e eles serão o meu povo". Portanto, "saiam do meio deles e separem-se", diz o Senhor. "Não toquem em coisas impuras, e eu os receberei e lhes serei Pai, e vocês serão meus filhos e minhas filhas", diz o Senhor Todo-poderoso (2 CORÍNTIOS 6:16-18, NVI).

Brasil. Fonte: Wikimedia Commons / De: Paulo R. Burley, 7 de mar. de 2017 / Disponível em:https://commons.wikimedia.org/wiki/File:Terreiro_pilao_prata-11111.jpg. Acesso em: 17 set. 2017

Iemanjá teria gerado 15 descendentes, os deuses: Dadá, Xangô, Olokun, Ogum, Oyá, Oloxá, Obá, Oxum, Xapanã, Okê, Orixá-Okô, Orun (sol), Oxupá (lua), Ajê Xalugá e Oxóssi. Iemanjá é a deusa da nação de *Egbé,* Iorubá, onde existe o rio *Yemojá (Yemanjá).*

Na mitologia africana, narra-se que o primeiro casal divino era formado por Obatalá, o céu; e Odudua, a Terra. Desse primeiro casal, nasceram dois filhos: Agunjú, o firmamento, e Yemanjá, as águas. Um dia, o firmamento (Aganjú) foi tomado por um profundo desejo sexual pela irmã, as águas (Yemanjá). Sabendo-se sozinho com sua irmã, Aganjú a perseguiu, com o objetivo de violentá-la. Em algumas versões desse mito, assinala-se que Aganjú realmente possuiu a irmã; em outras, ela conseguiu fugir, escapando ao irmão. Em ambas as versões, testemunha-se que Yemanjá, em desespero, rola pelo espaço infinito. Seu ventre cresce e acaba por se romper e, de lá, de suas entranhas, nasce a vida. De seus seios, que também se avolumaram, saíram as águas doces que formaram os rios. A idéia da criação do mundo, feita por um deus distante, pode parecer conflitar-se com outra idéia anterior, já mencionada, de serem os orixás, antepassados das tribos que, num passado distante, viveram na Terra e depois se metamorfosearam em orixás. Cumpre observar, contudo, que por acreditarem na reencarnação, os africanos poderiam admitir também que esses mesmos ancestrais divinizados tivessem sido encarnados pelo próprio orixá, por apresentarem um axé muito poderoso. Yemanjá foi casada com Orumilá, ou Ifá, o senhor das adivinhações. Depois se casou com Olofin e com esse teve dez filhos, entre os quais Oxumaré, o arco íris, e Xangô, o trovão. Cansada de viver com Olofin, rei de Ifé, Yemanjá resolveu abandoná-lo. Assim, fugiu levando consigo uma garrafa com um feitiço, que deveria ser jogada ao chão, caso alguma dificuldade surgisse na sua fuga. Yemanjá conseguiu chegar a um lugar chamado Entardecer-na-Terra. Olofin, seu marido, já havia mandado um exército à sua procura. Quando foi encontrada, Yemanjá, por não querer voltar, jogou a garrafa com o feitiço no chão, conforme lhe havia sido ensinado. Um rio surgiu na mesma hora e, nas suas águas, Yemanjá foi para Okun, o oceano onde ela passou a viver (FREITAS; DE MENDONÇA, 2009, p. 4-5).

No Brasil, a entidade é reverenciada como rainha das águas e dos mares e protetora dos pescadores e jangadeiros, uma força da natureza a quem temem, respeitam e oferecem muitos "presentes" lançados ao mar. Deus é Senhor sobre toda a Sua criação. O Todo Poderoso é o DONO DO MAR, não Iemanjá. Vejamos o que dizem estes Salmos:

Atribuam ao Senhor, ó seres celestiais, atribuam ao Senhor glória e força. Atribuam ao Senhor a glória que o seu nome merece; adorem o Senhor no esplendor do seu santuário. A voz do Senhor ressoa sobre as águas; o Deus da glória troveja, o Senhor troveja sobre as muitas águas. A voz do Senhor é poderosa; a voz do Senhor é majestosa" (SALMOS 29:1-4, NVI);

O Senhor Deus é Rei. Ele está vestido de majestade e coberto de poder. A terra está firme no seu lugar e não pode ser abalada. Ó Senhor, o teu trono está firme desde o princípio; tu sempre exististe. Ó Senhor Deus, o mar profundo levanta a sua voz, o mar ergue a sua voz e ruge. O Senhor reina no céu com poder. A sua força é maior do que a fúria do oceano e mais poderosa do que as ondas do mar. As tuas leis, ó Senhor, merecem confiança, e o teu Templo é santo para sempre (SALMOS 93:1-5, NTLH).

Quem quiser conhecer verdadeiramente a Deus, terá de conhecer o Seu Filho. DEUS NÃO SE REVELA MEDIANTE A MANIFESTAÇÃO DE OUTRAS DIVINDADES. Em Jesus, sim, a presença do Pai é manifestada verdadeiramente. Jesus disse:

Eu sou o caminho, a verdade e a vida. Ninguém vem ao Pai, a não ser por mim. Se vocês realmente me conhecessem, conheceriam também o meu Pai. Já agora vocês o conhecem e o têm visto" Disse Filipe: "Senhor, mostra-nos o Pai, e isso nos basta". Jesus respondeu: "Você não me conhece, Filipe, mesmo depois de eu ter estado com vocês durante tanto tempo? Quem me vê, vê o Pai. Como você pode dizer: "Mostra-nos o Pai"? Você não crê que eu estou no Pai e que o Pai está em mim? As palavras que eu lhes digo não são apenas minhas. Pelo contrário, o Pai, que vive em mim, está realizando a sua obra. Creiam em mim quando digo que estou no Pai e que o Pai está em mim; ou pelo menos creiam por causa das mesmas obras. (JOÃO 14:6-11, NVI).

Dentre essas entidades abraçadas pelo Candomblé, apenas oito ou talvez 10 delas passaram para a umbanda, religião que foi basicamente desenvolvida no Brasil. Surgiu, de fato, como a síntese de um processo de sincretismo das mais diferentes fontes, passando pelo catolicismo, pela macumba, pelo kardecismo e até mesmo por rituais tipicamente indígenas. Os umbandistas também centralizam a sua religiosidade, suas preces, seus clamores e seus votos, nos "sagrados orixás". E, em defesa da sua fé, argumentam que buscam aos orixás, assim como o cristão e o budista se dirigem a Jesus ou a Buda. E mais, que as entidades espirituais por eles cultuadas, variando entre o candomblecismo e o kerdecismo, seriam espíritos de mortos que constituem categorias mais genéricas, ou seja, substituem por um "estereótipo" qualquer referência à vida pessoal.

"Isto é, não é a evocação deste ou daquele indivíduo em particular, mas a representação de modelos sociais expressos em seus "cavalos" que realizam a passagem destas "entidades" de seu mundo sagrado para o mundo profano dos homens" (BARROS, 2013, p. 2). Notem que, para eles, sob esse ponto de vista, Jesus seria apenas mais um personagem religioso, como Buda ou Maomé. Não necessariamente visto nem crido como Salvador e Senhor absoluto. Tampouco, como Deus. E ainda afirmam não serem idólatras nem politeístas e que não procedem de forma diferente de outras religiões, por cultuarem ao "deus Olorum". Segundo citação de Aquino (1949), o *Catecismo da Igreja Católica* proíbe veementemente a prática do espiritismo para seus fiéis:

> Todas as formas de adivinhação hão de ser rejeitadas: recurso a Satanás ou aos demônios, evocação dos mortos ou outras práticas que erroneamente se supõe "descobrir" o futuro. A consulta aos horóscopos, a astrologia, a quiromancia, a interpretação de presságios e da sorte, os fenômenos de visão, o recurso a médiuns que escondem um desejo de ganhar para si os poderes ocultos. Essas práticas contradizem a honra e o respeito que, unidos ao amoroso temor, devemos exclusivamente a Deus (AQUINO, 2010, p. 18-19).

No entanto, o sincretismo religioso promovido pela mesma Igreja joga toda máscara no chão. Permitem que os babalorixás (chefes masculinos de terreiro, sacerdotes ou os populares "pais de santo") e as ialorixás (sacerdotisas dirigentes de candomblé, ou "mães de santo") entrem nos templos em dias de festejos populares, espalhem nas escadarias as suas "águas de cheiro", pipocas e outras coisas consagradas às entidades africanas. Não fazem distinção entre o santo e o profano, como já comentamos. Não discernem entre o que é da carne e o que é do Espírito Santo. Não provam se o que recebem como doutrina vem mesmo de Deus ou do inimigo. Ou seja, não examinam e desprezam as Escrituras. De fato, e à força, fazem valer o também popular ditado: "Todos os caminhos levam a Deus!". Só que não! Diz a Bíblia:

> E também os adivinhos, os feiticeiros, os terafins, os ídolos, e todas as abominações que se viam na terra de Judá e em Jerusalém, os extirpou Josias, para confirmar as palavras da lei, que estavam escritas no livro que o sacerdote Hilquias achara na asa do Senhor (2 REIS 23:24, ACF).

d. As iniciáticas e os seus segredos

Diversas tradições esotéricas que compõem a chamada *Nova Era* firmam-se sobre os mesmos complexos ritos de iniciação, sendo assim chamadas de "religiões iniciáticas e de mistérios", como no Candomblé. Como o nome por si só sugere, essas religiões não estão acessíveis a leigos, pois só é possível alguém conhecê-las após se submeter aos ritos e aos graus de iniciação que incluem juramentos de segredo. Não é bem isso o que ensina a Palavra de Deus. Vejamos o que Jesus disse em Mateus: "Naquela ocasião Jesus disse: 'Eu te louvo, Pai, Senhor dos céus e da terra, porque escondeste estas coisas dos sábios e cultos, e as revelaste aos pequeninos.'" (MATEUS 11:25, NVI).

Outra tradição, a *Wicca* (contração de "witega" = feiticeiro ou profeta) – conhecida como "Bruxaria" ou "A Arte", significando "a Arte do sábio" (TUITÉAN; DANIELS, 2006, p. 10) – é uma religião neopagã xamânica que prega a existência de mundos paralelos ao nosso e a possibilidade de contato com os seres de outros mundos. Está ligada ao homem primitivo, seu costume pastoril e à sua tradição de caça, bem como ao culto da natureza, tida pelos seguidores da religião como sagrada. A tradição Wicca, com toda sua bagagem de ensinos e práticas ritualísticas, já existia muito antes do cristianismo e da Igreja, originalmente enraizada no paganismo. O Parlamento da Inglaterra declarou-a legal em 1953, após um *show* de ritual para demonstrar o poder do Cornífero e da deusa, feito pelo do sumo sacerdote da religião, Gerald B. Gardner – um funcionário público aposentado, escritor, cuja publicação de um livro de sua autoria teria sido um marco de fundação da Wicca na Inglaterra dos anos de 1950 (CORDOVIL, 2016).

Wicca é uma palavra saxônica originada do termo "wic" ou "wit", que significa sábio ou douto (TUITÉAN; DANIELS, 2006, p. 10). O termo deu origem a outros de mesmo significado, como as inglesas "witch" e "witchcraft" (bruxa; bruxaria). Mas convém que façamos distinção entre o deus cultuado na bruxaria genuína e o satanismo, cujo deus exclusivo não é alegórico, mas o próprio Satanás, Lúcifer. Abordaremos sobre o satanismo mais à frente. Em muitas daquelas comunidades primitivas, a mulher mantinha uma posição privilegiada, acima da autoridade do homem. Por essa razão, começaram a adorar a "deusa", também chamada de "sacerdotisa" ou "deusa lua", adotada pelos romanos como Diana, trazendo à superfície conceitos embasadores para os movimentos feministas.

> Se a atividade da mulher como dona-de-casa ainda é vivenciada por muitas como uma submissão, na bruxaria ela é percebida como um espaço de liberdade para plantar ervas para feitiços, proteger a casa de influências nefastas, tomar conta da cozinha onde se utilizam vários instrumentos mágicos e realizar feitiços com o caldeirão, a taça, o athame (punhal), a varinha, a vassoura, entre outros. [...] Assim, a bruxaria parece um caminho aberto para algumas mulheres recuperarem uma identidade feminina, uma cultura e um mundo feminino perdidos. Claro que essa recuperação não é a de uma velha rotina. As bruxas modernas trabalham, casam e têm filhos. Elas são mulheres do mundo contemporâneo, mas parecem buscar na bruxaria um pouco daquela velha condição feminina que lhes foi de certa forma roubada. As bruxas entendem que a wicca é uma religião orientada para o feminino. Afirmam que a evocação da divindade feminina orienta a wicca para o feminino e vão além: para algumas, toda mulher é bruxa, isto é, "tem útero, é bruxa" (OSÓRIO, 2004, p. 168).

Nós, cristãos, prezamos a tolerância e a boa convivência entre os "contrários" aos nossos pensamentos e doutrinas. Expõem-nos e colocam-nos de forma caricata, como que algozes da fé alheia e sua liberdade de expressão. Porém, a citação anterior em muito nos traz à memória um poema de Neimar de Barros (1943-2012), um católico fervoroso que se dividia como escritor, diretor e produtor de televisão da equipe do Programa Silvio Santos. Em seu livro *Os fantoches* (1979), já mandava recado para o movimento feminista. Engana-se quem pensa que, naquela época, não se falava sobre isso. As mídias, mesmo com suas limitações tecnológicas, já exploravam as possibilidades do apogeu feminino na sociedade como um todo. O poeta escreveu:

> FEMINISTAS! Mulher, sua libertação não está na proveta, na criança, na fecundação fora; não está na fauna nem na flora, na moda, na dança; não está na vaidade da vida, na bebida, no cigarro, na ousada foto, na direção do carro, na traseira da moto; não está na casa noturna, no biquíni, na novela, no consumo, na querela, no sexo, na turma, na droga, no motel, no véu; não está na cama, na fama ou na meia-luz... sua libertação está em JESUS! (BARROS, 1979, p. 34).

Atual, não? Pois, os cristãos convictos e firmados nos princípios bíblicos vivem a defender valores, como: família, liberdade religiosa, a propriedade privada, o livre-arbítrio do indivíduo, o patriotismo tão latente quanto aquele do povo de Israel defendendo o seu mais nobre título de "tesouro particular de Deus", "propriedade exclusiva do Senhor". Valores esses que são inegociáveis. Contudo, contrapondo-se a tudo isso, vem essa ideologia feminista infiltrada nas atuais políticas identitárias, impostas como condições doutrinárias perigosíssimas que, paulatina e sutilmente, vêm sendo inoculadas nas veias dessa sociedade idólatra e tão afastada de Deus. Não toleram, os seus adeptos, o nosso pensionamento pautado na Verdade, na ordem e decência das coisas; antes, militam com imposições de atitudes vis, nefastas até – sem medirem futuras consequências! São como verdadeiros agentes do caos disfarçados de vítimas da sociedade patriarcal, machista e religiosa. Por isso, querem tirar Deus de campo, para que possam "livres" praticar o que chamam de *fair play* no estádio e na grande torcida da libertinagem. E como se faz isso? Desconstruindo a base: os valores e princípios cristãos.

Os *wiccanos* seguem a filosofia, a ética e as práticas da religião antiga, ou seja, magias e encantamentos da feitiçaria. Seus adeptos não acreditam no demônio e afirmam que os conceitos sobre inferno, diabo etc. nunca existiram para eles, pois esses apenas fazem parte da Teologia cristã. Com tal pretexto, adoram ao seu parceiro, o "deus Cornífero" (ou deus chifrudo), o deus fálico da fertilidade – o deus pagão dos bosques, o rei do carvalho e senhor das matas e o responsável pela passagem do homem pelo mundo da morte. Cornífero também seria um protótipo de embaixador ou cuidador do bem-estar de seus seguidores aqui na terra, como representante da natureza indomável de tudo o que é "livre". Na cultura greco-romana, estaria Cornífero associado ao deus Pã.

> Ele próprio simbolizava a aliança entre os caçadores humanos e suas presas animais. O deus cornífero fornecia carne aos humanos e renovava a vida animal. Os humanos, por sua vez, celebravam certas cerimônias mágicas, devolvendo a energia vital à floresta. Este era o mistério secreto do culto dos caçadores: os mesmos animais mortos eram devolvidos à vida através da cerimônia do deus com chifres de alce. [...] Joseph Campbell [...] afirma que o tema básico da aliança entre o caçador e a caça era essencial a todas as sociedades caçadoras (GRIMASSI, 2002, p. 87).

O deus chifrudo e a deusa lua eram cultuados em um ritual que se tornou em nossos dias apenas uma herança pré-cristã. Trata-se do *Sabatt de Bruxas,* posteriormente confundido com os rituais de culto satânico da Missa Negra. Algumas vertentes neopagãs, além das diversas ordens e sociedades secretas, como a maçonaria e a Rosacruz, cultivam uma estrutura iniciática de mistérios. Implica dizer que tais rituais escandalizavam, devido à lascividade exacerbada praticada quase que publicamente, a quem quisesse presenciar. As "misteriosas" reuniões noturnas propiciavam possessões. Geralmente aconteciam no meio das florestas, onde as mulheres dançavam e copulavam com os demônios. Supunha-se, dessa forma, que era pelo sexo que elas se tornavam bruxas, pela "natureza" impura e maléfica desses atos (FREIRE; SOBRINHO, 2006, s/p).

Figura 45 – Bruxas Sabá de Francisco de Goya (1789) – Culto Bruxo de deus cornífero

O diabo, que as enganava, foi lançado no lago de fogo que arde com enxofre, onde já haviam sido lançados a besta e o falso profeta. Eles serão atormentados dia e noite, para todo o sempre" (APOCALIPSE 20:10, NVI).

Fonte: Wikimedia Commons / Francisco de Goya, 1797-1798 / Domínio público

O bizarro e luxuriante comportamento dos wiccanos desencadeou processos de lei contra a feitiçaria na Europa, entre os séculos XV e XVII, segundo Ginzburg (1991), tendo como motivo acusatório o estereótipo criado pelos acusadores, justamente com base nesse conhecimento do senso comum sobre o sabá, desde então, reconhecido como uma seita de bruxas e feiticeiras. Havia, nas perguntas dos juízes, alusões mais que evidentes ao *Sabatt de Bruxas*, que era, segundo os demonologistas de plantão, o verdadeiro cerne da feitiçaria – como assim era divulgado na Europa pela boca de pregadores, teólogos, juristas etc. Quanto mais eram acusados, mais os réus repetiam espontaneamente (em gestos) os mesmos estereótipos inquisitoriais (GINZBURG, 1991, p. 206). Assim como a Wicca, deu-se com o neopaganismo ao migrar para os Estados Unidos. Além de manter um diálogo cultural com a contracultura, mantinha estreita relação com o feminismo. A Wicca, tendo influenciadoras militantes do nível de Suzanna Budapest (1940) e Starhalk (1951), se mostrou para as feministas com um enorme potencial fomentador de suas causas e seu enfoque, misturando tradições e ideais, divulgando uma visão de uma religião centrada no feminino, que ficou popularmente conhecida como a "Religião da Deusa" (BEZERRA, 2012, p. 31).

Entende-se por "contracultura" um movimento que teve o seu auge nos anos de 1960, buscando diferentes maneiras de manifestar novas formas de pensar, de encarar e de se relacionar com o mundo (PEREIRA, 1992, p. 8). Na "maneira wiccana", todos os adeptos são ensinados de acordo com o livro *Wicca: crenças e práticas,* de Gary Cantrell (2002), no qual o autor busca enfatizar a autonomia dos membros (indivíduos) na escolha da tradição que deseja seguir, tendo, cada um, total responsabilidade por seus atos (CANTRELL, 2002, p. 37). Eles não creem em um único Deus, são politeístas e têm o que eles chamam de Bíblia própria, um livro que, chamado *Livro das sombras,* muitos seguidores fazem, por si mesmos, de referência pessoal para os *wiccanos,* de acordo com o que consideram "Viver para Wicca". Um livro de tendência literária presente em obras tão distantes no tempo, como o já citado Pantagruel – obra de Françoir Rabelais (JARDIM, 2010, p. 78) – personagem que veremos mais à frente.

Depois que o governo dos Estados Unidos da América reconheceu essa religião como oficial, foram incorporados no calendário americano vários feriados (uma média de oito), exclusivos dos wiccanos, variando o dia de um estado para outro. Com a difusão das práticas wiccanas, muitas feministas as abraçaram como uma oportunidade de experimentar suas ideologias numa perspectiva espiritual (TERZETTI FILHO, 2016, p. 13). Cuidado! Sobre esses "enganos", bem nos alerta a Palavra a nós REVELADA:

> Irmãos, quanto à vinda de nosso Senhor Jesus Cristo e ao nosso reencontro com ele, rogamos a vocês que não se deixem abalar nem alarmar tão facilmente, quer por profecia, quer por palavra, quer por carta supostamente vinda de nós, como se o dia do Senhor já tivesse chegado. Não deixem que ninguém os engane de modo algum. Antes daquele dia virá a apostasia e, então, será revelado o homem do pecado, o filho da perdição. Este se opõe e se exalta ACIMA de tudo o que se chama Deus ou é objeto de adoração, a ponto de se assentar no santuário de Deus, proclamando que ele mesmo é Deus" (2 TESSALONICENSES 2:1-4, NVI).

Acréscimo: Todo aquele que ingressa em determinada religião começa a aprender sobre tudo o que ali terá que desenvolver, na trajetória de crescimento da sua espiritualidade e fé. A esse, chamamos de "neófito" (quando "novo na fé"). Em outras religiões, fica conhecido como um "iniciando", a desbravar os segredos ritualísticos e as doutrinas e entrando no que chamam de "mundo íntimo" das divindades. Ao receber as orientações necessárias de seu líder espiritual, passa por um processo de "fixar" o seu orixá (guia pessoal) em sua cabeça, ou seja, consiste em incorporá-lo em um ritual estrito senso, conhecido também como "obrigação de cabeça" ou "feitura do santo", correspondente à "feitura da cabeça" (GOLDMAN, 1985, p. 22-54).

Fiquemos com "Aquele que faz a nossa cabeça", por SER ELE "A CABEÇA" de Sua igreja! "A pedra que os construtores rejeitaram tornou-se a pedra angular" (SALMOS 118:22, NVI); "Deus colocou todas as coisas debaixo de seus pés e o designou como cabeça de todas as coisas para a igreja" (EFÉSIOS 1:22, NVI); "E ele é a cabeça do corpo da igreja: é o princípio e o primogénito de entre os mortos, para que em tudo tenha a preeminência" (COLOSSENSES 1:18, ACF); "E estais perfeitos nele, que é a cabeça de todo o principado e potestade;" (COLOSSENSES 2:10, ACF).

O ENTENDIMENTO DOS HUMILDES

*A lei do Senhor é perfeita, e refrigera a alma;
o testemunho do Senhor é fiel, e dá sabedoria aos símplices.*

(SALMOS 19:7, ACF)

Todo aquele que reconhece seus limites diante do poder do Grande Eu Sou já está capacitado para o conhecimento da Sua Majestade. É preciso, antes de tudo, que possamos retirar a pesada armadura da nossa sabedoria própria e desfazer-nos das armas da perigosa e persistente vaidade. É necessário que tiremos também as máscaras do nosso orgulho para que possamos reconhecer que, sem a Sabedoria que vem do Alto, não teremos como (nem de longe!) alcançar o pleno conhecimento da Graça salvadora de nosso Senhor Jesus Cristo.

Depois de analisarmos, à luz das Escrituras, tantas aberrações e abominações, que trazem sobre os incautos a ira de Deus, não tem como permanecermos os mesmos. Devemos, sim, apegar-nos ainda mais a essa verdade: "Pois o mandamento é lâmpada, a instrução é luz, e as advertências da disciplina são o caminho que conduz à vida" (PROVÉRBIOS 6:23, NVI). Percebamos, definitivamente, que muitos de nós caminhamos por muito tempo à mercê do que fomos ensinados. O asno é ensinado a trilhar segundo a vontade do seu condutor. Não tem escolha. Ainda que, em algum dia, resolva empacar, após uns açoites, volta à sua submissão. Não são assim os que buscam conhecimento na Palavra de Deus. Vejamos o que produz a cegueira espiritual dos que estão fora do Caminho:

> Portanto, visto que temos este ministério pela misericórdia que nos foi dada, não desanimamos. Antes, renunciamos aos procedimentos secretos e vergonhosos; não usamos de engano nem torcemos a palavra de Deus. Pelo contrário, mediante a clara exposição da verdade, recomendamo-nos à consciência de todos, diante de Deus. Mas se o nosso evangelho está encoberto, para os que estão perecendo é que está encoberto. O deus desta era cegou o entendimento dos descrentes, para que não vejam a luz do evangelho da glória de Cristo, que é a imagem de Deus. Pois não nos pregamos a nós mesmos, mas a Jesus Cristo, o Senhor, e a nós como escravos de vocês, por amor de Jesus. Pois Deus que disse: "Das trevas resplandeça a luz", ele mesmo brilhou em nossos corações, para iluminação do conhecimento da glória de Deus na face de Cristo (2 CORÍNTIOS 4:1-6, NVI).

É uma simples questão de escolha: crer ou não crer, ter humildade ou não para aprender e ouvir sobre a Palavra de Deus para ter fé, buscar nela a sabedoria necessária para ver a luz do Evangelho de Jesus e aceitar os Seus Mandamentos de vida eterna. E a fé só chega a nós mediante a exposição da Palavra, como aprendemos de Paulo em Romanos: "Portanto, a fé vem por ouvir a mensagem, e a mensagem vem por meio da pregação a respeito de Cristo" (ROMANOS 10:17, NTLH). A Sabedoria clama no livro de Provérbios: "Quem é simples, volte-se para cá. Aos faltos de senso diz: Vinde, comei do meu pão, e bebei do vinho que tenho misturado. Deixai os insensatos e vivei; e andai pelo caminho do entendimento" (PROVÉRBIOS 9:4-6, ACF).

Trabalhemos, então, o nosso entendimento. Poderão os "santos", os orixás, os espíritos familiares, os anjos e os que são chamados de deuses, estar ao mesmo tempo em todos os lugares e ouvir a todas as orações que lhes são dirigidas? Claro que não! Esses atributos da ONISCIÊNCIA e ONIPRESENÇA pertencem somente ao único e verdadeiro Deus. Este é um conceito do Teísmo, que é a crença em um ser imaterial, eterno, onisciente, onipresente e onipotente (KOSLOWSKI, 2012, p. 105-122). Os fatos concorrem, por exemplo, para uma pessoa esclarecida não crer na ajuda dos santos ou na "intercessão mariana". Não há respaldo bíblico. Em nenhuma passagem do Novo testamento encontraremos referências que embasem a oração dirigida a Maria. Nem mesmo João, o seu "filho adotivo" – a quem Jesus confiou cuidar de Maria após Sua morte (João 19:27) –, a menciona como medianeira ou intercessora. Quando escreveu o livro de Apocalipse, João nem sequer a mencionou entre as visões que tivera do verdadeiro céu, pois ela não estava lá intercedendo pelos cristãos, como muitos pensam. Mas foi O SENHOR quem lhe apareceu e lhe falou diretamente!

Ninguém mais, por mais santo que seja, nenhum espírito de luz ou "divindade" pode ter os atributos (qualidades) que são unicamente do Todo-Poderoso, como a onipresença, a onisciência e a onipotência. Quantos santos são venerados e homenageados todos os dias? Quantas rezas e quantos pedidos lhes são dirigidos a cada minuto? Então, todos eles podem ouvir aos que lhes clamam? Estarão mesmo ouvindo a voz do necessitado e aflito? O primeiro atributo, a onipresença, quer dizer que só Deus pode estar em todos os lugares ao mesmo tempo. Leiamos os trechos a seguir, em Salmos:

> Para onde me ausentarei do teu Espírito? Para onde fugirei da tua face? Se subo aos céus, lá estás; se faço a minha cama no mais profundo abismo, lá estás também; se tomo as asas da alvorada e me detenho nos confins dos mares, ainda lá me haverá de guiar a tua mão, e a tua destra me susterá" (SALMOS 139:7-10, ARA).

Em Jeremias: "Sou eu apenas um Deus de perto", pergunta o Senhor, "e não também um Deus de longe? Poderá alguém esconder-se sem que eu o veja?", pergunta o Senhor. "Não sou eu aquele que enche os céus e a terra?", pergunta o Senhor" (JEREMIAS 23:23-24, NVI). O segundo atributo, a onisciência, diz que só Deus sabe tudo, todas as coisas, antes que qualquer coisa aconteça. Ele sonda os pensamentos e as intenções do coração, Ele conhece o passado, o presente e futuro, até mesmo aquilo que nós estamos pensando em qualquer dado momento, e nada, por menor que seja, Lhe passa desapercebido. Está em Provérbios: "Se o SENHOR sabe o que acontece até mesmo no mundo dos mortos, como poderá alguém esconder dele os seus pensamentos?" (PROVÉRBIOS 15:11, NTLH). Já o terceiro atributo, a onipotência, diz que Deus pode todas as coisas, Ele é o Todo Poderoso e pode fazer qualquer coisa que Lhe agrada. E todas as Suas ações estarão sempre de acordo com o resto de Seu caráter e dentro dos Seus princípios divinos inalteráveis. É o que nos ensinam as passagens de Apocalipse e Mateus: "E ouvi como que a voz de uma grande multidão, e como que a voz de muitas águas, e como que a voz de grandes trovões, que dizia: Aleluia! pois já o Senhor Deus Todo-Poderoso reina" (APOCALIPSE 19:6, ACF). "Jesus, fitando neles o olhar, disse-lhes: Isto é impossível aos homens, mas para Deus tudo é possível" (MATEUS 19:26, ARA).

Nem Maria, nem José, nem Pedro, nem João, nem os milhares de santos católicos, nem os anjos, nem demônios, nem Iemanjá, nenhum outro orixá, NINGUÉM PODE ESTAR EM DOIS LUGARES AO MESMO TEMPO, só Deus pode. São forças, mistérios e particularidades (atributos) Dele, a quem unicamente é devida toda a adoração, quanto mais em bilhões de lugares simultaneamente, ouvindo pacientemente e atendendo a todas as orações, socorrendo a todos os necessitados, enfermos e atribulados! E são os irmãos romanizados os primeiros a crerem que é Maria quem lhes abençoa, protege e intercede por eles junto a Jesus, mas ela não tem esse poder. Entidades espirituais também não o podem. Só Deus pode conceder bênçãos e só Ele sabe de todas as coisas, pois Ele é Deus! O que passar da verdade bíblica é idolatria, heresia, falsa doutrina, ledo engano, maldição.

a. A treva dos "iluminados"

O diabo é sujo, enganador. Como dizer que há algo de Deus nessas heréticas e abomináveis seitas? Todas elas estão sempre camufladas de boas intenções, sem maldade, na melhor intenção de elevar o homem a um nível mais alto em matéria de espiritualidade. Nós sabemos que tudo o que está fora dos ensinamentos da Palavra de Deus está sob o comando de Satanás. A cada ano, dezenas ou até centenas de novas seitas surgem com novas heresias, ou com releituras das práticas pagãs antigas. É, sem dúvida, contraproducente computá-las e um enorme erro tentar enumerá-las, porém é bom que conheçamos algumas delas.

No Vietnã, por exemplo, surgiu uma nova seita chamada *Cao Dai* (*Morada Alta*, em língua vietnamita). Começou na cidade de *Tay Ninh*, no sul do Vietnã, em 1926. O seu fundador, ou o "pai do Caodaismo", foi Ngô Văn Chiêu (1878-1932), arrastando milhões e espalhando-se em diversos locais de emigração vietnamita, como a Nova Zelândia e a Oceânia (CHALIAND, 2007, p. 12). Isso, após ter estudado as tradições orientais do Confucionismo (criado por Confúcio ou Kung-fu-Tzu), do Taoísmo (criado por Lao-Tzu) e do Espiritismo (de Kardec). Que salada indigesta! Esta seita, cujo nome completo é Đạo Đại Tam Ky Tél Độ – "a terceira grande anistia religiosa universal" – é mais uma armadilha de Satanás para enganar aos incautos.

A palavra "anistia" tem origem em um termo grego que significa "esquecimento" (amnestía). Nesse sentido, está ligada em sua raiz ao vocábulo amnésia, tendo, no latim, o significado de "perdão" (amnestia). É dessa forma que a etimologia da palavra remete-nos aos verbos "esquecer" e "perdoar" (DOURAD, 2017, p. 6). No ano em que tinha se tornado funcionário do governo francês na Indochina, em 1919, *Ngo Van Chiêu* alegou ter recebido uma mensagem do além enquanto participava de uma sessão mediúnica. Como acontece na maioria dos casos, ele procurava uma resposta para os problemas de saúde da sua mãe, muito enferma. E quem falou com ele por intermédio do médium? O "ser supremo" *Duc Cao Dai*, um deus representado como um olho esquerdo inserido num triângulo, símbolo que pode ser visto em todos os templos da religião. Após esse contato com a divindade, Chiêu logo se tornou o profeta do novo e satânico movimento religioso. Vejamos, a seguir, o tal símbolo, apresentado numa forma bem conhecida. E façamos uma comparação com outras seitas, religiões e sociedades secretas do nosso tempo.

Figura 46 – Pirâmide com o olho que tudo vê no verso da nota de 1 dólar americano

Eis que os olhos do SENHOR estão sobre os que o temem, sobre os que esperam na sua misericórdia (SALMOS 33:18, ACF).

Fonte: Wikimedia Commons / Benutzer: Verwüstung, 20 de setembro de 2009 / Domínio Público / Disponível em: https://commons.wikimedia.org/wiki/File:Dollarnote_siegel_hq.jpg. Acesso em: 11 dez. 2017

Esse símbolo é alvo de muitas teorias. Os Illuminati são constantemente associados com o tal "olho que tudo vê", que, na verdade, se chama "olho da providência". Ele é um olho cercado por raios de luz, dentro ou em cima de um triângulo (delta ou pirâmide). As seitas e sociedades secretas o interpretam como sendo a representação do olho de Deus observando a humanidade. Nada tem a ver com Deus, mas, sim, com várias e antigas religiões do mundo, a exemplo da Índia, do Nepal e do Egito. É um símbolo antiquíssimo que, nas religiões em que foi adotado, representa um "Ser Divino" baseando-se "na Trindade, Tríade ou Trimurti, representada pelo Delta" (DE OLIVEIRA, 2017, p. 1).

> O "Udjat" ou "Olho de Hórus", era um símbolo particularmente forte para os egípcios antigos. Exemplos desse motivo podem ser encontrados nas paredes de templos e inscritos em pirâmides, mas sua utilização mais freqüente era como amuleto usado pelos vivos ou incluído entre os objetos que acompanhavam os mortos mumificados. Ele tem uma curiosa origem mitológica: diz-se que o deus Hórus perdeu o olho numa batalha com um deus rival, Set, assassino de seu pai Osíris (TAYLOR, 2006, p. 20).

Diz a Palavra em Hebreus: "Nada, em toda a criação, está oculto aos olhos de Deus. Tudo está descoberto e exposto diante dos olhos daquele a quem havemos de prestar contas" (HEBREUS 4:13, NVI). O simbolismo do "olho" está também, desde 1782, no verso do Grande Selo dos Estados Unidos e em toda a simbologia maçônica. Embora seja confundido, não está associado com o Olho de Hórus da mitologia egípcia. O "Olho que Tudo Vê" foi primeiramente desenhado pela mente do consultor artístico Pierre Eugene Du Simitiere (1737-1784), tornando-se um lembrete perpétuo para os Maçons de que sempre são observados pelo Grande Arquiteto do Universo, ou GAU. A primeira referência maçônica oficial ao Olho está no livro *O monitor dos franco-maçons*, ou *ilustrações da maçonaria* (1797), escrito por Thomas Smith Webb (1771-1819), pouco tempo depois da aprovação do projeto do Grande Selo.

> Se nos ativermos ao aspecto filosófico e cognoscível maçônico, cuja essência de seu significado se apoia fundamentalmente no SIMBOLISMO, perceberemos que num Templo Maçônico ou numa Sala de Loja – "O OLHO QUE TUDO VÊ" representa a chamada "ONISCIÊNCIA" – cuja composição do vocábulo constitui-se de "OMNI" que significa "tudo" e "SCIENTIA" que significa "conhecimento", "saber", "ciência". Portanto, o Olho que Tudo Vê, simboliza a posse de todo o conhecimento; e nesse SIMBOLISMO o Olho revela a sua capacidade sensorial de saber absolutamente tudo (AGRELLA, 2021, p. 2).

As primeiras linhas do escrito mosaico de Gênesis trazem, em seu primeiro capítulo, o iluminar de tudo quando este "tudo" era breu e caos: "trevas cobriam a face do abismo" (Gênesis, 1:2, NVI). E conforme guarda até hoje a tradição judaico-cristã, "o Fiat Lux do Gênesis significa iluminação, ordenação do caos" (ZONNO, 2011, p. 3). Com poder, Deus rasga o silêncio pela Sua Palavra – o Verbo revelado no capítulo primeiro do Evangelho de João (do grego *Logos* – "palavra" ou "razão") – e cria todas as coisas a partir do "Faça-se luz!", ou "Haja luz!". Assim, "o *fiat lux* é, então, um ato criador tornado realidade através da palavra e da linguagem" (VIEIRA, 2019, p. 1). "A luz simboliza a vida, a salvação e a felicidade dadas por Deus (Salmos 4, 7; 36, 10; 97, 11; Isaías 9:1), que é Ele próprio a luz (Salmos 27:1; Isaías 60:19-20)" (CHEVALIER, 2000, p. 570). Criativamente, nos anos de 1904, a Cia. Fiat Lux – uma antiga e já extinta indústria fabricante de fósforos do Brasil –, patenteou um selo de marketing contendo o olho dentro de um triângulo.

b. *Os Illuminati e a maçonaria e vice-versa*

Por falar em "luz" e em "olho dentro de um triângulo", aproveitemos o ensejo para (paradoxalmente!) discorrermos um pouco sobre a obscura e misteriosa Ordem dos Illuminati, fundada em 1776, na Baviera, Alemanha, pelo jurista Adam Weishaupt (1748-1830), um "maçon de ascendência judia que recebeu educação católica tipicamente jesuíta" (COUTO, 2009, p. 128). Fundamentada na estrutura da maçonaria e inspirada nos ideais iluministas, essa sociedade foi formada com o firme objetivo de acabar com o poder da monarquia e a influência da Igreja Católica politizada, na tentativa de mudar o quadro de insegurança causado pelo obscurantismo da época. "A Illuminati foi a primeira sociedade a tentar usar a máquina da organização secreta oferecida pela maçonaria para subversão política e, por meio dela, eles começavam a se espalhar de novo" (ROBERTS, 2012, p. 140).

A palavra Illuminati é o plural de illuminatus (iluminados), nome em Latim para grupos secretos (CARUJO, 2018), significando "o que é iluminado" ou "o que recebeu toda luz" – termo que a maçonaria também abraçou para poder conceder aos seus membros –, pois se refere diretamente a uma pessoa que recebeu por inteiro a iniciação maçônica oferecida e a elevou ao último grau de conhecimento da Ordem. Tecnicamente, trata-se de um "mestre" maçom ou um "Mestre do Templo", segundo William Schnoebelen (1949), um ex-satanista e maçom, em seu livro intitulado *Maçonaria por trás da fechada de luz* (SCHNOEBELEN, 2006, p. 152-153).

Os Illuminati tiveram suas atividades reprimidas pelo então duque da Baviera, Carlos Teodoro (1724-1799), em 1795. Encorajado pela Igreja Católica e tendo em mãos um decreto de sua autoria que citava nominalmente a maçonaria e os Illuminati, proibiu as ações de toda e qualquer sociedade secreta que não dispusesse de uma autorização formal para existir. A perseguição pelos homens de Teodoro promoveu o escape de Weishaupt para Rengesburg e o achado de documentos que, decodificados, registravam descrições de experiências químicas e tratados que incentivavam (ou defendiam) o suicídio (COUTO, 2017). Após anos no obscurantismo, a Illuminati voltou a influenciar e controlar tomadas de decisão políticas ao redor do mundo ao fundar a Nova Ordem Mundial (New World Order – NWO), com a pretensão de, não muito tarde, ser representada "pelo conceito da abolição de todos os governos monárquicos e de todas as religiões" (VIEIRA, 2019). A Ordem foi se espalhando e se fortalecendo, persuadindo seus adeptos para que se firmassem ao que, até então, constituía a base de planejamento da organização. Em seis metas perigosíssimas, vemos as "louváveis intenções" dos Illuminati da Baviera:

> 1. Aniquilação da monarquia e de todo governo organizado segundo o Antigo Regime; 2. Abolição da propriedade privada para indivíduos e sociedades; 3. Supressão dos direitos de herança em todos os casos; 4. Destruição do conceito de patriotismo e substituição por um governo mundial; 5. Desprestígio e eliminação do conceito de família clássica; e 6. Proibição de qualquer tipo de religião tradicional (VIEIRA, 2019, s/p).

Ainda que agindo em diversos países sob o véu da clandestinidade, longe dos holofotes, não foram poucas as teorias levantadas sobre a Ordem. Mesmo recentemente, nas não menos secretas reuniões do *Bilderberg Group* (Clube de Bilderberg). Trata-se de conclave anual das elites atlânticas, seleto e oculto, de apenas 130 pessoas de maior influência no mundo em diversas áreas: finanças, indústria, comunicações, educação etc. Diversas teorias da conspiração ligadas aos Illuminati ganhavam vulto e vibravam em torno do Clube Bilderberg e de outros grupos a ele associados. Isso, desde a sua primeira reunião, em 1954, pois já supunham ser o local de suas reuniões a sede de um governo global oculto, a Nova Ordem Mundial (WILFORD, 2003, p. 70-82).

> De toda maneira, com o advento de um Governo Mundial, um Exército Mundial, uma Religião Universal e Moeda Única, por que quereria a família Rockefeller submeter uma soberania, um poder governamental e uma riqueza americana que já controla em altares de um Governo Mundial? Esse Governo Mundial não ameaçaria seu poder financeiro? Não é essa a possibilidade, portanto, a última coisa que desejariam? A não ser, é óbvio, que os Rockefeller, o Clube Bildeberg e o CFR esperem controlar também o Governo Mundial! (ESTULIN, 2005, p. 61).

Voltando ao passado, houve quem ferrenhamente os recriminasse por essas teorias de suposta tentativa de destruir a religião e a monarquia. Em 1797, o padre jesuíta Abbé Augustin Barruel (1741-1820), jornalista e polemista católico conservador francês, acabou sugerindo que algumas sociedades secretas lideraram a Revolução Francesa. E entre elas estaria a Ordem dos Illuminati. Por essa narrativa registrada em textos, como as *Mémoires pour servir a l'histoire du jacobinisme*, publicadas entre 1797 e 1798, Barruel é até hoje considerado "o pai da Antimaçonaria" (FONSECA, 2022, p. 32). Só que, independentemente das especulações que fazem em torno dos mistérios dessa sociedade e do quanto os seus personagens renderam em lendas e histórias, até macabras, o que podemos aqui é explicar alguns pontos à luz da Bíblia.

Antes, porém, deixemos alguns pontos mais esclarecidos sobre a maçonaria. O termo "maçonaria" é de origem francesa, significando "construção", "trabalho ou a arte do pedreiro". Desenvolveu-se a partir de agremiações dos construtores de catedrais da Idade Média, que, aos poucos, graduavam: saíam de "novato", passando por "minerval" e, depois, subiam para "iluminado minerval", chegando a exigir de seus membros 13 graus de iniciação. Nunca foi e nunca será uma organização cristã, mesmo tendo, a princípio, o aval da Igreja Católica, que tutelou o desenvolvimento de confrarias laicas de artesãos itinerantes privilegiados, devotados às mais diversas atividades de construção, conhecidos na época como os *francs-mestiers* (franco-maçons). Além do termo *francs-mestiers*, consta, em um documento datado de 1376, o termo *ffremason;* em 1381, consta outro: *masonfree;* e, em 1396, *ffremaceons* (5) (SEGUY; NAUDON, 1963, p. 20-22).

Nem todos os seus membros podem ser chamados de ocultistas. Porém, usando pseudônimos para não serem reconhecidos, alguns faziam seus rituais e transmitiam suas crenças e seus conhecimentos às futuras gerações como um canal pelo qual todo o material mais esotérico e profundamente misterioso pudesse chegar aos seus "escolhidos". Da mesma forma que faziam e ainda fazem os remanescentes de outras instituições e antigas ordens cheias de ritos e segredos, como a Ordem dos Cavaleiros Templários, a Ordem Monástica Cisterciana e a dos sacerdotes druidas – tão bem adotados pelos celtas – que até hoje cultuam Beltane (um festival ou evento anual celta de artes participativas e rituais), entre o dia 30 de abril e 1º de maio, na Grã-Bretanha, com seus trajes extravagantes. O que trouxe a alcunha de ocultistas sobre os maçons pode ter sido por conta da influência de um tal Alessandro, conde de Cagliostro.

Na verdade, esse era um pseudônimo de Giuseppe Giovanni Battista Vincenzo Pietro Antonio Matteo Balsamo (1743-1795) – ocultista, alquimista, curandeiro e maçom, com fama de charlatão. Ele fundou o Rito Egípcio, em 22 de agosto de 1781, e, com isso, obteve o título de *grande-cofto/grande-copta*. Três anos depois, em 24 de dezembro de 1784, Cagliostro cria e redige o ritual da "alta maçonaria egípcia", com todas as formas de ocultismo dos antigos mestres egípcios – tais quais já citados anteriormente –, incitando inimigos que se opunham à maçonaria egípcia por conter "proposições, uma doutrina e um sistema que abre um amplo caminho para a sedição, considerado adequado para destruir a religião cristã, supersticioso, blasfemo, ímpio e herético" (BARBIERI, 1790, p. 221). Todavia, há fontes que apontam para a maçonaria como que contendo uma raiz muito mais antiga do que se pensa, originalmente fincada, em partes, nas terras do Antigo Egito. Outra vez, assim analisando, veremos práticas de cultos extáticos nessa raiz.

Nos escritos maçônicos de Rizzardo da Camino (1918-2007) – um dos fundadores da Academia Maçônica de Letras, jornalista e Juiz de Direito que atingiu o 33º Grau do Rito Escocês Antigo e Aceito, vemos ser chamada a antiga maçonaria de "Movimento". E ainda lemos que foi lá nas terras do Egito que o Movimento se fez "pedreiro livre". Talvez, se é que pode haver alguma ligação minimamente plausível, tenha sido baseado em conhecimentos sobre este "Movimento", por ser tão antigo, que o charlatão Cagliostro desenvolveu o "seu próprio movimento", ao qual chamou de "alta maçonaria egípcia", como vimos anteriormente. No livro *Simbolismo do primeiro grau: aprendiz* (1976), Rizzardo da Camino diz que os "iniciados" (os quais conhecemos como aprendizes), no Movimento que cumpria as suas duas missões de aperfeiçoar as leis e civilizar os homens, adotaram, também no Egito, o princípio filosófico da Luz e das trevas em constante luta. E atribui ao mito de Ísis e Osíris como agente afirmador de que esta luta seria "regular e permanente". E relata:

> Com o sacudir do jugo do poder sacerdotal, e para satisfazer a inclinação inata do povo egípcio, sentindo a necessidade do culto à divindade, o Movimento criou novos aspectos religiosos entrelaçados com a política dos Reis. Os símbolos humildes sofisticaram-se e os Templos tomam feições de santuários, com decorações suntuosas, jamais vistas e concebidas. As cerimônias litúrgicas assumem relevo. A música torna-se embriagadora. As danças participam do êxtase coletivo, sob os efeitos inebriantes e alucinógenos dos entorpecentes transformados em tênue espiral de fumaça. Os instrumentos musicais se aperfeiçoam. O Movimento, que mais tarde iria abraçar todo o conhecimento da arquitetura e o iria guardar como um dos maiores segredos em seu poder, chegou ao Egito sem se preocupar com a engenharia. Contemplando a capacidade artística dos egípcios, ampliou-a e passou a dar aos Templos, túmulos e monumentos, a amplitude que, ainda nos tempos atuais, os povos admiram (DA CAMINO, 1976, p. 15).

Anos mais tarde, ainda segundo Rizzardo, o Movimento teria se levantado com toda sua força e combatido contra esse estado de coisas e de embriaguez de poder, de magia e superstição, uma vez que toda essa simbologia havia tomado outro rumo, "como uma interpretação racional e valiosa, passando, mais tarde, intacta para a Maçonaria" (DA CAMINO, 1976, p. 19). É preciso que registremos um fato: todos esses relatos que remetem à Antiguidade a origem maçônica e todo detalhamento de rituais e sua simbologia, na verdade, nem podem ser levados em consideração. Mais uma vez, são narrativas baseadas em suposições, para atrelar ainda mais os leitores ou iniciandos ao seu lado "místico", que atrai, empolga e prende a mente de muitos. Não que não existam relações diretas entre a instituição e o esoterismo ou ocultismo, pois, como lemos em citações anteriores, isso é notório e não carece de muito esforço para que se chegue a essa óbvia conclusão.

Mas o fato é que a maçonaria, por si, e na ausência de uma explicação teórico-metodológica sobre sua origem, não permitiria que fossem divulgadas as suas bases – seus documentos oficiais, ideais, fórmulas, tratados e mistérios –, uma vez que, se assim o fizesse, estaria revelando o imenso vazio histórico dos "segredos" há muito preservados e que são, certamente, a força motriz da Grande Fraternidade Branca. Também o que, querendo ou não, a identifica com as ditas sociedades secretas. Como compõe uma lista de ordens iniciáticas e de mistérios, estando entre as mais conhecidas e polêmicas do mundo, natural é que queira preservar-se. E defender-se! Por isso, os seus "voluntários advogados", ou seja, não os de profissão, mas os que a defendem a ferro e fogo em seus escritos, são práticos em dizer que estão de acordo com os "princípios maçônicos autênticos", aqueles propagados por organismos regulares. E não com as mais variadas teorias estapafúrdias, espalhadas sem a chancela de um órgão regulador de cúpula da entidade. E que autores sérios, citando entre eles o maçom José Castellani (1937-2004, médico, escritor, jornalista e historiador brasileiro) e o próprio Rizzardo

da Camino, são unânimes em afirmar que tudo é apenas "lenda ou alegoria". "Haja vista que a Maçonaria não tem qualquer documentação oficial ou meramente permitida que autorize a divulgar que sua origem seja algo esotérico ou oculto" (INÁCIO, 2010, p. 298).

Atenção, leitores: não devemos julgar, sob nenhuma hipótese, os cristãos que se tornaram maçons, pois não somos juízes! Deus os julgará! A Palavra de Deus é o nosso guia e a nossa bússola para todos os pontos que ainda vamos abordar. Portanto, fiquemos atentos ao que a Bíblia diz, para que não sejamos enlaçados por falsas doutrinas ou por práticas que desagradam a Deus.

1- Sobre a existência de Deus: O núcleo maçônico não exige que todos os que com ela se envolvem creiam na existência de Deus, mas que creiam que existe (acima de tudo e todos) um "Ser Supremo". Nisso, qualquer outra religião também crê, como os umbandistas, os hinduístas e até os seguidores do islamismo. Nós, cristãos, cremos no Deus dos deuses, no Deus Vivo e Todo Poderoso, que não pode ser substituído por nenhuma outra representação de poder ou divindade. Está em Jeremias: "Mas o SENHOR Deus é a verdade; ele mesmo é o Deus vivo e o Rei eterno; ao seu furor treme a terra, e as nações não podem suportar a sua indignação" (JEREMIAS 10:10, ACF). E a maçonaria ainda ensina e convida pessoas de todas as religiões a crerem que, mesmo que usem nomes diferentes para o tal venerado *"Ser sem nome de uma centena de nomes"*, eles orarão ao único Deus e Pai de todos. A Palavra ensina que há um só Deus revelado por vários nomes, segundo Seus atributos. E que adorar outros deuses ou clamar a outras divindades é idolatria, pois sabemos que os idólatras perecerão no inferno, conforme veredito em Apocalipse: "Mas os covardes, os incrédulos, os depravados, os assassinos, os que cometem imoralidade sexual, os que praticam feitiçaria, os idólatras e todos os mentirosos — o lugar deles será no lago de fogo que arde com enxofre" (APOCALIPSE 21:8, NVI).

2- Sobre a paternidade de Deus e expiação do pecado: A maçonaria ensina e requer, no seu próprio processo de adesão, que os cristãos ignorem a exclusividade de Jesus Cristo como Senhor e Salvador. De acordo com a visão maçônica, em sua crença primária, firmam-se na paternidade universal de Deus e na fraternidade universal do homem, que todos os homens (sem exceção – independentemente de religião ou crença) são filhos espirituais de Deus. E que, conforme a crença secundária, qualquer pessoa vai ser salva e ir para o céu, conhecido entre eles como "Oriente Eterno" (ANKERBERG, 1995, p. 16), como resultado de suas boas obras e autoaperfeiçoamento, pelo ensino de que as boas obras e um caráter íntegro garantirão esse lugar. Mas a Bíblia diz que Jesus se tornou o "sacrifício do pecador diante de Deus" quando derramou o Seu precioso sangue e morreu como propiciação (pagamento) pelos pecados de todo aquele que n'Ele cresse. Vejamos: "Nele temos a redenção por meio de seu sangue, o perdão dos pecados, de acordo com as riquezas da graça de Deus" (EFÉSIOS 1:7, NVI); "Pois vocês são salvos pela graça, por meio da fé, e isto não vem de vocês, é dom de Deus; não por obras, para que ninguém se glorie" (EFÉSIOS 2:8-9, NVI); "Mas Deus demonstra seu amor por nós: Cristo morreu em nosso favor quando ainda éramos pecadores. Como agora fomos justificados por seu sangue, muito mais ainda seremos salvos da ira de Deus por meio dele!" (ROMANOS 5:8-9, NVI); "Se confessarmos os nossos pecados, ele é fiel e justo para nos perdoar os pecados, e nos purificar de toda a injustiça. Se dissermos que não pecamos, fazemo-lo mentiroso, e a sua palavra não está em nós (1 JOÃO 1:9,10, ACF);

O homem descendente de Adão é pecador pela natureza pecaminosa herdada, totalmente depravada. E está condenado desde o seu nascimento, pois a Bíblia ensina que todos, sem exceção, já vêm ao mundo com essa natureza pecaminosa. Ressalta o salmista em Salmos: "Eis que em iniquidade fui formado, e em pecado me concebeu minha mãe" (SALMOS 51:5, ACF). Cristo, por ser "UM COM O PAI", Santo e Perfeito, fugiu dessa regra ao encarnar. A Sua natureza divina não poderia estar vinculada ao pecado. Por isso mesmo, Jesus veio ao mundo, para nos livrar do peso dessa condenação, dando-nos o perdão de todos os pecados pelo Seu sacrifício ali no Calvário. Ou seja, na prática, todo homem necessita do Salvador: "Todos pecaram e estão afastados da presença gloriosa de Deus. Mas, pela sua graça e sem exigir nada, Deus aceita todos por meio de Cristo Jesus, que os salva" (ROMANOS 3:23,24; 5:12, NTLH).

Mas não é o que ensinam os buscadores místicos e suas confrarias, tais quais as egípcias organizações sistemáticas, cheias de membros aspirantes que buscavam alcançar os vários estágios de progressão ou desenvolvimento em seus códigos de ética, elos ou correntes de ancestralidade espiritual e programas para se atingir metas e um papel ativo na sociedade pela prática do que aprendem. Tudo isso somado a certos "juramentos", os quais exigem sigilo e votos de fidelidade. Assim sucede com algumas ordens secretas, inclusive com a maçonaria. Os seus ensinos, símbolos e emblemas erroneamente ensinam que os homens não são pecadores, mas apenas seres "rudes e imperfeitos por natureza" e que são capazes de melhorar seu caráter e comportamento de várias formas, inclusive por atos de caridade, vida moral e cumprimento voluntário do dever cívico. Membros na nossa família são adeptos da maçonaria, pelos quais não deixamos de orar a Deus para que, pela Sua misericórdia e graça, lhes conceda tempo de arrependimento e conversão antes do grande encontro com o Justo Juiz.

As afirmações maçônicas, sem fundamento na Verdade, fazem com que todos os seus adeptos pensem possuir a capacidade de se mover da imperfeição à perfeição total. É como se esse padrão de perfeição moral e espiritual pudesse ser encontrado dentro dos homens e mulheres. Porém, a Bíblia nega que a humanidade tenha dentro de si a capacidade de perfeição moral. A reprimenda paulina, contra os que estão nesse estado de depravação moral, nos ensina em Romanos:

> Além do mais, visto que desprezaram o conhecimento de Deus, ele os entregou a uma disposição mental reprovável, para praticarem o que não deviam. Tornaram-se cheios de toda sorte de injustiça, maldade, ganância e depravação. Estão cheios de inveja, homicídio, rivalidades, engano e malícia. São bisbilhoteiros, caluniadores, inimigos de Deus, insolentes, arrogantes e presunçosos; inventam maneiras de praticar o mal; desobedecem a seus pais; são insensatos, desleais, sem amor pela família, implacáveis. Embora conheçam o justo decreto de Deus, de que as pessoas que praticam tais coisas merecem a morte, não somente continuam a praticá-las, mas também aprovam aqueles que as praticam (ROMANOS 1:28-32, NVI).

3- Sobre a Bíblia: Porque desprezam as Escrituras, ensinam mentiras e não se empenham em fazer a vontade de Deus. Eles duvidam da inspiração sobrenatural da Bíblia como livro "inerrante" e como fonte de autoridade inquestionável, devido aos ensinamentos de Deus que são absolutos. Para a maçonaria, a Bíblia não é considerada como a exclusiva Palavra de Deus e não passa de um bom guia para a moralidade ou apenas mais um volume da Lei Sagrada, tão importante para os cristãos quanto o Alcorão é para os muçulmanos e o Rig Veda (ou *Livro dos hinos*) para os hindus. Diz o texto de 1 Tessalonicenses: "[...] pois, ao receberem de nossa parte a palavra de Deus, vocês a aceitaram não como palavra de homens, mas segundo verdadeiramente é, como palavra de Deus, que atua com eficácia em vocês, os que crêem" (1 TESSALONICENSES 2:13).

4- Sobre Jesus: Os maçons não veem Jesus como o único Caminho, pois essa visão seria, para eles, contradizer o princípio da tolerância. Logo, suprimem o nome poderoso de Jesus nas citações de alguns versículos bíblicos usados em seus rituais. Em vias de regra, seria um ato não maçônico invocá-lo ou fazer orações em Seu nome dentro da Loja Maçônica, dando certa "permissão" aos seus adeptos de acreditar na religião em que todos os homens concordam, deixando as suas opiniões particulares para si. A maçonaria acabou legitimando e adotando um princípio ou religião teísta que se opõe à religião cristã, "que considera Jesus Cristo como encarnação de Deus, o Filho, a segunda das três pessoas da Santíssima Trindade e oposta à determinação que a Igreja Romana era e é o único caminho para a salvação" (GONÇALVES, 2022, p. 206).

Diante de tudo isso e aqui no Brasil, uma corporação de leigos e clérigos católicos comprometidos com a Igreja, preocupados com o avanço do "vendaval das liberdades modernas", resolveu levantar-se contra ao pensamento filosófico científico, a maçonaria e o liberalismo anticlerical. Nesse ajuntamento, como fiéis defensores do primado pontifício e da autonomia institucional da Igreja e cientes do que acontecia no mundo católico da época, tais homens se posicionaram combatentes diante do que se conceituava sobre modernidade e secularização naqueles dias. Mas não sem estarem balizados por documentos pontifícios, validados e "emitidos desde o papado de Gregório XVI – com a Encíclica Mirari Vos, de 1832 –, seguido por Pio IX – que, em 1864, emitia a Encíclica Quanta Cura e seu anexo Syllabus – e pelo Concílio do Vaticano I (1870)" (DA SILVA; DA ROCHA CARVALHO, 2019, p. 30). E aqui ainda registramos que, no Brasil, a primeira agrupação de maçons que se tem notícia foi fundada em Pernambuco, nos anos de 1977, pelo médico e ex-frade Arruda Câmara (MAGNANI, 2000, p. 16).

No decorrer desse período, nos anos de 1800, um periódico religioso católico intitulado "O Apóstolo" tecia sérias críticas contra a maçonaria, vista, em todos seus princípios e suas práticas, como o inimigo mais execrável da sociedade brasileira, "disfarçando-se debaixo de certas aparências de piedade [...] trabalha ao mesmo tempo [para] solapar com mão sacrílega e misteriosa os alicerces da autoridade eclesiástica" (O APÓSTOLO, n. 10, 1873).

c. À luz da verdade

Na maçonaria Jesus não é exclusivo, não aceitam a Sua divindade nem a Doutrina da Trindade. Quando um cristão faz o obrigatório juramento maçônico, está aceitando e jurando pelas falsas, pecaminosas e abomináveis doutrinas condenadas por Deus, como:

1. A salvação pode ser adquirida pelas boas obras do homem;

2. Jesus é apenas mais um dentre muitos profetas igualmente reverenciados;

3. Seus membros vão permanecer em silêncio na Loja e não falarão de Cristo, proibidos de toda discussão ou controvérsia, seja ela política ou religiosa;

4. Todos se aproximarão da Loja em total escuridão espiritual e ignorância, com venda nos olhos, a fim de representar seu estado de trevas, uma vez que ainda não é um deles (COUTO, 2005, p. 31) – quando a Bíblia diz que os cristãos já estão na luz, são filhos da luz e são habitados pela Luz do Mundo – Jesus Cristo;

5. Ao exigir que os cristãos façam o juramento maçônico, a maçonaria leva os cristãos à blasfêmia por tomarem o nome do Senhor em vão. Fazem juramentos e tomam suas obrigações sobre um volume da Lei Sagrada, a fim de dar um caráter solene sagrado ao juramento. Mas são impostos a praticar, exata e escrupulosamente, os ritos e o simbolismo que são, para eles, meio de acesso ao "conhecimento" pelas "vias espirituais e iniciáticas que lhes são próprias" (COUTO, 2005, p. 14).

6. A maçonaria ensina que o seu GAU (ou GADU – Grande Arquiteto Do Universo) é o verdadeiro Deus do universo e age como o representante de todos os deuses de todas as religiões. Ao "deus desconhecido" a maçonaria chama de *JABULON,* uma fusão de Javé

(Yahweh) com Baal, On e Osíris. "GADU" seria "uma expressão religiosa deísta, ou seja, que não dispõe de base moral ou intelectual e não atua no mundo, o que seria incompatível com a revelação cristã" (RAMALHO, 2016, p. 202, 203), mas um instrumento para se conseguir – ou pelo menos tentar – sintetizar tradições culturais e religiosas no contexto iniciático e fraternal da Ordem, em sua pluralidade de alcance.

7. Exigem o uso de um nome "genérico" para o termo "cristão", para não ofender os de outra religião – ali chamados de "irmãos maçons" –, pois a maçonaria é um centro permanente de união fraterna onde reina a tolerância.

8. A maçonaria também exige que as pessoas participem de atividades que a Bíblia condena, as quais são consideradas à Luz do Evangelho como heréticas e ocultistas, algumas até por demais aberrativas. Muito embora nem todos os novos membros sejam conscientizados da relevância de tais práticas para a ordem, em cujas Lojas estão sempre expostas o que chamam de "as três grandes luzes da Ordem": um volume da Lei Sagrada, um esquadro e um compasso, "para aí trabalharem segundo o rito, com zelo e assiduidade e conforme os princípios e regras prescritas pela Constituição e os Regulamentos Gerais de Obediência" (COUTO, 2005, p. 14-15). A simbologia desses dois últimos elementos tão presentes na literatura maçônica, o esquadro e o compasso, acaba por vincular a maçonaria com estruturas tradicionais distintas – "antigas tradições de cultos solares, tendo em vista que tais símbolos significariam a Terra e o Sol, respectivamente, bem como o sentido da evolução iniciática da Terra (aprendiz-matéria) ao Sol (mestre-espírito)" (RAMALHO, 2016, p. 196).

Conceituado como a maior autoridade sobre a maçonaria, maçom no 32º grau e escritor de vários livros, Albert G. Mackey (1807-1881) afirma, em sua obra *O simbolismo da maçonaria*, que esta "é uma ciência – uma filosofia –, um sistema de doutrinas que é ensinado de maneira bastante peculiar e própria por suas alegorias e símbolos" (MACKEY, 2008, p. 8). E ele fez distinção entre a "maçonaria pura ou primitiva" da Antiguidade – restrita aos descendentes de Noé e a "maçonaria espúria" – ligada aos padres e filósofos e, "talvez mais tarde, aos poetas e nações pagãs, e entre aqueles que foram iniciados nos segredos dessas verdades" (MACKEY, 2008, p. 10). Mackey ainda afirma, em escritos posteriores e sem nenhuma hesitação, que a maçonaria é, em todo o sentido da palavra, eminentemente uma instituição religiosa. Isso se forem considerados os pontos de referência antigos, como cerimônias sublimes, símbolos profundos e alegorias, ou seja, tudo o que aponta para uma "doutrina religiosa".

Sabemos que toda doutrina religiosa ordena uma observância religiosa, da mesma forma que ensina "verdades religiosas". Seguindo a mesma concepção, diversos outros autores, desde os mais antigos aos mais modernos, que, em uníssono, dizem ser a maçonaria:

> [...] uma religião fundamentada em mistérios e no sigilo de seus participantes. Todos estes rituais e simbologias buscam de alguma forma preencher, com muitos adornos, o grande vazio presente no indivíduo. Pode-se notar nas suas práticas cultuais a ênfase na determinação humana e nos esforços conjuntos em torno da obra e filosofia maçônica, produzindo em seus seguidores um senso de propósito de vida e a realização pessoal tão almejada (CADORE; MODES; JAGMIN, 2018, p. 2).

Seguem adiante com muitas outras heresias, uma vez que, em sua miscelânea ritualística firmada na universalidade, o judeu, o muçulmano, o brâmane e o budista podem, conscienciosamente, participar de sua iluminação, e, em seu altar, homens de todas as religiões podem ajoelhar-se, discípulos de qualquer fé podem alistar-se. Inegavelmente, num ponto de vista bem particular, a maçonaria pode, sim, ser considerada uma religião. Ao defenderem esses seus códigos e normas, os maçons negam as religiões dogmáticas e acabam por se deixar comparar aos buscadores místicos e às abscônditas confrarias da Antiguidade, perseguindo o conhecimento da "verdade" ou "realidade" sobre a pessoa de Deus, baseando-se em ensinamentos e práticas místicas, como faziam aqueles que seguiam o modelo egípcio de organização (ordem). São sempre dependentes de um "mestre" e de um criterioso código de ética que englobava normas, valores e requisitos que influenciam, até hoje, a prática diária da piedade e a busca por experiências cultivadas na visão gnóstica e filosófica hodierna.

Para taxá-la de anticristã, como uma falsa religião, basta que comparemos a maçonaria com o cristianismo que ela nega com as suas práticas. A Palavra de Deus ensina, pela boca do próprio Cristo, que, desde a sua época, já existiam muitos falsos líderes religiosos, a quem Ele chamou de "ladrões e salteadores" no Evangelho de João: "Digo-lhes a verdade: Eu sou a porta das ovelhas. Todos os que vieram antes de mim eram ladrões e assaltantes, mas as ovelhas não os ouviram. Eu sou a porta; quem entra por mim será salvo. Entrará e sairá, e encontrará pastagem" (JOÃO 10:7-10, NVI). Esses "falsos mestres" baseavam-se em ensinos antigos, tradições ancestrais que pervertiam o puro Evangelho do Senhor, como disse Paulo aos Gálatas: "O que ocorre é que algumas pessoas os estão perturbando, querendo perverter o evangelho de Cristo" (GÁLATAS 1:7, NVI).

Confirmando o que diz o texto anterior, voltando aos maçons, segue uma declaração de Jorge Buarque Lira (1903-1977), pastor Presbiteriano e maçom, sobre o "patrono da maçonaria", registrado no livro *Seitas e heresias,* de Adriano Nascimento (2009): "[...] o santo que a Maçonaria adotou como patrono não é São João Batista, nem São João Evangelista,... é São João Esmoler, filho do rei de Chipre... digno... por suas virtudes [...]" Também, conhecido por São João de Jerusalém" (NASCIMENTO, 2009, p. 335). O nosso PATRONO é o Senhor Jesus! Jamais um "santo qualquer", nem ídolo algum, NINGUÉM MAIS! Literalmente, tal declaração despreza o texto já comentado aqui, de Êxodo 20: "Não terás outros deuses diante de mim". Seguem, a título de conhecimento, os 33 graus maçônicos, segundo o Rito Escocês Antigo e Aceito, o mesmo rito que domina a maçonaria inglesa, a francesa e latino-americana, incluindo a brasileira:

- LOJAS SIMBÓLICAS – Aprendiz Maçom – Companheiro Maçom – Mestre Maçom;
- LOJAS DE PERFEIÇÃO – Mestre Secreto – Mestre Perfeito – Secretário íntimo – Preboste e Juiz – Intendente dos Edifícios – Mestre Eleito dos Nove – Mestre Eleito dos Quinze – Mestre Eleito dos Doze – Grão-Mestre Arquiteto – Real Arco – Perfeito e Sublime Maçom;
- CAPÍTULOS – Cavaleiro do Oriente ou da Espada – Príncipe de Jerusalém – Cavaleiro do Oriente e do Ocidente – Cavaleiro Rosa-Cruz;
- CONSELHOS KADOSH – Grande Pontífice – Mestre Ad Vitam – Noaquita ou Cavaleiro Prussiano – Cavaleiro do Real Machado – Chefe do Tabernáculo – Príncipe do Tabernáculo – Cavaleiro da Serpente de Bronze – Escocês Trinitário – Grande Comendador do Templo – Cavaleiro do Sol – Grande Escocês de Santo André da Escócia – Cavaleiro Kadosh;
- CONSISTÓRIOS – Grande Inspetor – Sublime Príncipe do Real Segredo
- SUPREMO CONSELHO – Soberano Grande Inspetor Geral (PACHECO JR, 2000, p. 12-13).

> O noviço, para torna-se aprendiz, tem de submeter-se a certas provas e meditações, além de responder a certas perguntas e redigir um testamento. Depois, de olhos vendados, é admitido no templo; presta juramento, recebe o avental e um par de luvas. Um ano depois, pode aspirar a ser eleito companheiro, depois o de mestre, assim em diante" (MASIL, 2019, p. 21).

Há promessas, sim, para os que se mantêm firmes na Palavra de Deus, crentes no Senhor Jesus. E bênçãos espirituais para todos quantos O busquem, "desde que continuem alicerçados e firmes na fé, sem se afastarem da esperança do evangelho, que vocês ouviram e que tem sido proclamado a todos os que estão debaixo do céu" (COLOSSENSES 1:23, NVI). Sobre a séria e sinistra questão dos juramentos feitos nessa sociedade secreta, vejamos e entendamos o que está na Bíblia e que não é levado em consideração, em Mateus:

> Vocês também ouviram o que foi dito aos seus antepassados: "Não jure falsamente, mas cumpra os juramentos que você fez diante do Senhor". Mas eu lhes digo: Não jurem de forma alguma: nem pelo céu, porque é o trono de Deus; nem pela terra, porque é o estrado de seus pés; nem por Jerusalém, porque é a cidade do grande Rei. E não jure pela sua cabeça, pois você não pode tornar branco ou preto nem um fio de cabelo. Seja o seu "sim", "sim", e o seu "não", "não"; o que passar disso vem do Maligno (MATEUS 5:33-37, NVI).

Em uma breve avaliação, fica claro que a maçonaria não é bíblica, muito menos cristã. Um cristão não deve nunca fazer parte desse grupo que nega a divindade de Jesus Cristo, assim como a sua graça redentora (CADORE, 2018, p. 27). Logo, amados leitores, podemos concluir com precisão que não pode haver nenhuma conciliação entre a maçonaria e o cristianismo. Cristãos que se prestam a se aliançar com quaisquer que sejam as religiões, seitas ou doutrinas iniciáticas de mistérios, já apostataram da verdadeira fé. Mesmo que carreguem seus títulos, como o de pastor, por exemplo.

> Notamos como prova de que: (1) o uso da Bíblia é meramente simbólico, sendo os ensinos reinterpretados conforme qualquer filosofia que o maçom quiser; (2) o vago conceito do GADU maçônico é compatível com todas as religiões; (3) há uma omissão quase absoluta de referências sobre Jesus Cristo, mas não de vários outros líderes religiosos; (4) o homem, nascido em si mesmo, torna-se aceitável por sua própria justiça diante do GADU; e (5) há elos cada vez mais fortes com o ocultismo, os quais, de fato, saturam os ritos e símbolos maçônicos. Portanto, fica autoevidente que a religião maçônica é ambígua, mas não vazia. E é justamente essa ambiguidade, assim como os sincretistas do Egito, de Caná, da Babilônia da antiga cultura grega e do Império Romano — sempre vistas na Bíblia como falsas e diabólicas — que torna a maçonaria totalmente incompatível com a fé cristã (HORRELL, 1995, p. 98-99).

O cristão não deve colocar sua vida debaixo de nenhum juramento que fira os princípios divinos revelados na Palavra de Deus, pois isso seria como ferir o próprio Deus. Devemos, sim, cumprir os juramentos feitos diante do Senhor. Fora isso, o que vem é de procedência maligna, engano e obra de Satanás. Só essa passagem anterior jogaria por terra qualquer espécie de juramento maçônico. Mais uma vez, fiquemos com a Palavra verdadeira, santa e inerrante, em Tiago 5:12: "Sobretudo, meus irmãos, não jurem nem pelo céu, nem pela terra, nem por qualquer outra coisa. Seja o sim de vocês, sim, e o não, não, para que não caiam em condenação" (TIAGO 5:12, NVI).

"A obrigação de todo maçom é o obedecer ao mandato do mestre" – diz a Enciclopédia Maçônica. Não obedecem a Cristo nem seguem a Palavra do Senhor. Houve um jovem que foi levado em cativeiro junto do povo de Israel. Tornou-se sábio e respeitado, Deus o exaltou em terra estranha tão somente por

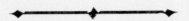

ter sido obediente ao seu Deus, em todos os aspectos. Daniel se tornou um homem de oração (prática que mantinha desde sua mocidade), não bajulava seus superiores, não se prostrava diante de homem algum nem fazia juramentos que não fossem ao seu Deus. E a sua postura incomodava a muitos oficiais bajuladores do então rei, Dario.

Astutamente, esses homens elaboraram um plano, criaram um edito no qual constava uma lei. E todo homem que, num prazo de 30 dias seguidos, orasse a outro deus ou se prostrasse diante de algum homem que não fosse o rei, seria jogado na cova dos famintos leões. Na verdade, eles sabiam que Daniel orava três vezes por dia, prostrado, rogando ao Deus de Israel. E mesmo com a lei assinada, Daniel resolveu obedecer ao seu Senhor. É como se víssemos aquele homem dizendo ao rei: *"Olha, rei Dario. Eu estou cativo no seu reino. Sou obediente às leis civis do seu país, cumpro as minhas obrigações como cidadão, sirvo ao rei com excelência. Mas me prostrar ou jurar a outro que não seja o meu Deus, isso jamais!"*.

Mesmo angustiado com a decisão de Daniel, o rei fez valer a sua decisão. Mesmo gostando muito de Daniel, Dario não poderia cair em descrédito diante do povo, pois, ferindo a sua própria lei, daria margem para uma desobediência geral. Só que o rei foi testemunha do livramento que o Verdadeiro Deus dera a Daniel, ao ponto de escrever um novo edito e decretá-lo a todo o povo, como lemos a seguir:

> Então o rei Dario escreveu aos homens de todas as nações, povos e línguas de toda a terra: "Paz e prosperidade! "Estou editando um decreto para que em todos os domínios do império os homens temam e reverenciem o Deus de Daniel. "Pois ele é o Deus vivo e permanece para sempre; o seu reino não será destruído; o seu domínio jamais acabará. Ele livra e salva; faz sinais e maravilhas nos céus e na terra. Ele livrou Daniel do poder dos leões". Assim Daniel prosperou durante os reinados de Dario e de Ciro, o Persa (DANIEL 6:25-28, NVI).

Nós, cristãos e servos do Deus altíssimo, sabemos que devemos obediência total e irrestrita ao senhorio de Cristo. Vejamos: *"Se vocês me amam, obedecerão aos meus mandamentos"* (JOÃO 14:15, NVI); "E nisto sabemos que o conhecemos: se guardarmos os seus mandamentos. Aquele que diz: Eu conheço-o, e não guarda os seus mandamentos, é mentiroso, e nele não está a verdade" (1 JOÃO 2:3,4, ACF); "Então Pedro e os outros apóstolos responderam: — 'Nós devemos obedecer a Deus e não às pessoas'" (ATOS 5:29, NTLH). Uma vez desobedecendo ao Senhor, o homem fatalmente encontrará a ruína e a destruição. E, além disso, não chegará ao conhecimento da Verdade que traz Salvação. Para o maçom, a salvação se dá de outra forma. Pregam uma maneira diferente de se chegar ao céu, fora da ação redentora de Jesus. Jamais poderíamos ser justificados tendo por baliza apenas a fé, a esperança e a caridade, segundo a visão maçônica. Toda a noção desses três elementos na Bíblia gira em torno da pessoa de Cristo. Fora Dele, essas palavras não passam de palavras sem efeito. Homens de Deus de diferentes épocas comentaram sobre a maçonaria. Vejamos algumas citações:

> JOHN WESLEY – "Que tremenda ironia da humanidade é a maçonaria"; CHARLES G. FINNEY – "É uma conspiração contra a Igreja e o Estado"; CHARLES A. BLANCHARD – "Toda maçonaria é anticristã. Seus próprios princípios são anticristãos. Maçonaria é secreta; cristianismo é aberto; maçonaria é para poucos; cristianismo é para todos; maçonaria exige juramentos de sangue; cristianismo diz: não jureis de modo nenhum. Maçonaria requer dinheiro e iniciação; cristianismo requer arrependimento e fé. Mas, de toda obra sacrílega anticristã e blasfema da maçonaria, nada é mais asqueroso e horripilante do que os chamados graus cristãos"; JOHN ADAMS – "Não há nada, na instituição maçônica, digno de ser associado"; D.L. MOODY – "Não posso ver como um cristão, quanto mais um pastor, pode adentrar essas lojas maçônicas com incrédulos. Não há mal que resulte o bem. Você nunca reformará qualquer coisa através de um jugo desigual com os ímpios". PETER CARTWRIGHT – "a maçonaria se originou com o Diabo e terminará com o Diabo" (REIMER, 1977, s/p).

d. *Velha Nova Era*

Diante desses argumentos, deixemos o que é secreto para o Deus que nos vê em secreto. As coisas reveladas, essas sim, cabem aos homens. Seitas, religiões, movimentos... Todos com as mesmas boas intenções, bem ecumênicas, tolerantes, não facciosas (não com os que toleram suas ideologias) e buscando a iluminação para um bem comum de todos. Heresias! Desde as décadas de 1960 e 1970 foi se infiltrando aos poucos na massa uma nova filosofia, ou melhor: "um sincretismo de crenças religiosas e pensamentos filosóficos [...], ou tipo de consenso acerca de certas crenças e atitudes" (MARTINS, 2000, p. 107), buscando uma espécie de renascimento pelo "despertar" da consciência e da evolução espiritual que traria, em um "novo tempo", profundas mudanças: fossem no relacionamento do homem com seu semelhante e com o meio-ambiente, ou fossem na interação com o próprio "eu" – mentalidade e espiritualidade, pelas alterações das suas concepções de vida e pensamento (PAIVA, 2016, p. 59).

Foi nesse "novo tempo" ou "novo período astrológico", iniciado no século XX, que surge, em nossos dias, mais um entre tantos movimentos, todavia, chegando de mansinho, sorrateiramente: eis, assim, a "Nova Era". Ou, como explicam os estudos sobre o campo, a "Era de Aquário" – que, junto ao movimento *hippie*, ecoou aqui no Brasil por meio da Tropicália, amplamente divulgada por artistas como Gil, Caetano, Os Mutantes, Gal, Tom Zé e outros que despontaram entre os acirrados protestos contra a Ditadura Militar da época (PAIVA, 2016, p. 59). Enquanto a nível global, a Era de Aquário contaminava o mundo inteiro por meio das artes: música, filme e teatro, como o musical *Hair*, estreado em 1967, retratando bem o choque de valores daqueles anos que abraçaram esse fenômeno ou movimento mais geral de contestação dos padrões então vigentes (MAGNANI, 2000, p. 11).

Surgiu, em nossos dias, pregando a tolerância entre os homens, o respeito e o cuidado com a natureza, a elevação da mente pelo amor, pautado na espiritualidade, na positividade da energia, no humanismo e nas religiões orientais. E, como muitas outras da sua época, pretendia que seus adeptos aprendessem a encontrar o "deus ou a luz interior". Afinal, essa geração idólatra e tão afastada do Caminho vive a buscar "luz", sem, nem sequer, se dar a oportunidade de conhecer a Verdadeira fonte de "LUZ" que tem poder para tirar qualquer homem das trevas em que vive. O que torna o comentário seguinte ainda mais atual:

> O Espírito da nossa época se encontra cheio de paradoxos. É, ao mesmo tempo, pragmático e transcendental. Dá valor, simultaneamente, ao esclarecimento e ao mistério... ao poder e a humildade... à interdependência e à individualidade. Ao mesmo tempo, é político e apolítico. Os impulsionadores incluem os que são irrepreensíveis aliados do sistema e radicais que já desfilam com cartazes de protesto (FERGUSON, 1980, p. 18).

A *Nova Era* (do inglês, *New Age*) ensina que a mudança de pensamento e a quebra de paradigmas determinarão uma mudança definitiva na visão humana e as forças do universo, criando vínculos com novos mitos e sintetizando doutrinas esotéricas, religiões orientais, gnosticismo e espiritismo, "variações de ocultismo, tais como clarividência, astrologia, hipnose, ufologia, prática de ioga, meditação, visualização e pensamento positivo" (MAGNANI, 2000, p. 107). Sabemos que a propagação dessas ideias corrompe o entendimento, desvirtua da Verdade, mas também corrobora e nos prepara para algo profetizado para os últimos dias: o momento da chegada do Anticristo. Vimos, em páginas anteriores, sobre o perigo dos símbolos. Sabemos que muitos deles ainda são usados hoje em dia. Porém, podemos afirmar que a maioria deles está associada ao conceito da Nova Era, que surge como uma nova realidade que se afirma "contra-altar" à secularização, como "contracultura" quanto ao moderno, como pós-moderno light, enquanto procura corrigir os grandes conflitos da história e das sociedades" (TERRIN, 1996, p. 16).

Considerando colocações do livro *O sagrado e o profano: a essência das religiões*, de Mircea Eliade (1907-0986) – famoso mitólogo e cientista das religiões –, um símbolo religioso se dirige (diretamente) ao ser humano integral, e não apenas à sua inteligência. Porque, uma vez que o sagrado permanece ativo por meio do simbolismo, todo símbolo transmite ao homem uma mensagem "mesmo quando deixa de ser compreendido, conscientemente, em sua totalidade" (ELIADE, 2018, p. 109). Em páginas anteriores, vimos sobre o famoso *Olho de Hórus*, símbolo de poder e clarividência, representando o olhar aberto, atento, observador e justiceiro de um dos deuses da mitologia egípcia. Sem dúvidas, este símbolo também está associado com a "Nova Era", pois, por meio da prática da meditação, os adeptos do movimento buscam encontrar a espiritualidade, o equilíbrio das forças interiores e a clarividência, a igualdade e o respeito entre homens, enfim, procuram a sua evolução espiritual.

Seguindo essa linha de pensamento de todo um orientalismo mais recente, ainda podemos destacar outros símbolos não menos conhecidos e/ou propagados, oriundos do paganismo e "cheios de poder", que proporcionam aos místicos um "contato maior com o sagrado" e alimentam a idolatria, como filtros do sonho, incensos, cristais, imagens de gnomos e muitos outros objetos (ALVES, 2011, p. 21). Fora a crença em doendes e fadas, em magos e suas poções, incensos e cristais, pirâmides, experiências místicas ou sobrenaturais. Sempre vão representar "algo" ou "alguém" que certos homens não encontram no cristianismo ou no Jesus bíblico. Quem não crê na obra de Cristo sempre terá um vazio que, certamente, será preenchido por filosofias e enganos disfarçados nessas representações de princípios de amor, de paz, evolução espiritual, inclusão social, tomada de consciência, união, contato com o cosmos etc. Vejamos a seguir.

Figura 47 – Símbolo Yin Yang

Fonte: Wikimedia Commons / Klem, 07 de dezembro de 2007 / Domínio PúblicoDisponível em: https://commons.wikimedia.org/wiki/File:Yin_and_Yang_symbol.svg. Acesso em: 31 dez. 2017

Esse símbolo do *Yin Yang*, *"Tao"* – na filosofia oriental chinesa –, é o famoso símbolo do *Tai Chi*, "O Grande Último", podendo ter a mesma importância que a *arché* para os filósofos gregos, pois simboliza o "princípio gerador" ou a partícula inicial de todas as coisas e representa também a união das duas energias (forças): positiva e negativa. Essas forças opostas e complementares entre si, juntas, ao manifestarem sua totalidade, formam e mantêm o equilíbrio do mundo. Enquanto o *yang* representa a parte masculina, figurando a penetração, o princípio ativo, o sol, o céu, a luz e o dia, vem o *yin* como seu complemento, representando a absorção ou princípio passivo, feminino, "frio e noturno" (FERNANDES, 2023, s/p), que permeia a terra, a noite (escuridão), o frio e a lua. Na junção das duas partes, o *yin* traz dentro de si o *yang* potencial, e o *yang* traz dentro de si o yin, sendo assim compreendidos como "os princípios da existência, o criativo e o receptivo, ou o masculino e o feminino potencial (MURATA, 2005, p. 11).

Tudo isso, na verdade, para ensinar que o homem e todo o universo podem ser transformados pela autoconsciência e iluminação interior. Sabemos que só Jesus pode transformar o homem, e essa transformação só é possível, de fato, quando permitimos a transformação da nossa mente (metanoia): "E não sede conformados com este mundo, mas sede transformados pela renovação do vosso entendimento, para que experimenteis qual seja a boa, agradável, e perfeita vontade de Deus" (ROMANOS 12: 2, ACF). Jamais poderemos entender a vontade de Deus se não formos moldados pela Sua Palavra que ensina o que é útil, saudável e edificante para nossas vidas. Esse é o princípio da "transformação interior" que todo homem precisa querer e aprender a buscar para "iluminação" do seu interior. Se andamos na Luz de Cristo, já somos mais que iluminados e temos tudo o que precisamos para uma vida plena. Porque, "Se dissermos que temos comunhão com ele, e andarmos em trevas, mentimos, e não praticamos a verdade" (1 JOÃO 1:6, ACF).

Jesus é o princípio e o fim de todas as coisas, o Alfa e o Ômega, e toda força é Dele, todo poder e toda majestade pertencem a Ele. O Pastor batista Paul Washer (1961) disse certa vez: *"Me diga o que ocupa a sua mente e eu te direi quem é o seu deus"*. Devemos pedir que Jesus preencha o nosso interior e que o Santo Espírito ocupe a nossa mente. Eis, a seguir, outro símbolo que muitos gostam de tatuar em seu corpo: é o símbolo do infinito – representando, para quem se tatua, o estado de transformação, evolução e equilíbrio físico-espiritual de quem a possui.

É um símbolo bastante utilizado nos estudos de matemática, desde que o matemático inglês John Wallis (1616-1703) o introduziu como representação de seus estudos, em 1665 (TAMIR, 2013, p. 1), neste caso, referindo-se às sequências infinitas de resultados de uma equação. Está representado pelo numeral 8 deitado e com um traço contínuo de ligação, que simboliza a inexistência do início e do fim, ou o conceito do que venha a ser a eternidade.

Figura 48 – O Símbolo do Infinito – "loop sobre a vista inspiradora"

Fonte: Freepik.com / Disponível em: https://img.freepik.com/fotos-gratis/simbolo-de-loop-sobre-a-vista-inspiradora_23-2150022252.jpg?w=740&t=st=1703693743~exp=1703694343~hmac=1e4fc5fc28cfaef4b-c26d25024479163535af60b3df4b8dcc1a9f7572856250a. Acesso em: 20 dez. 2023

Sem ponto de partida ou de término, sem limites, representa também o equilíbrio entre dois planos, o plano físico e o espiritual, num movimento eterno de nascimento e morte, segundo o ponto de vista místico-religioso. Por isso o associamos com a Nova Era. Alguns o veem como um símbolo de amor eterno, tal qual representa Jesus Cristo para o cristianismo. Porém, diabolicamente, representa, em algumas seitas, a busca pela iluminação espiritual e o seu ponto central, significa um portal entre os dois mundos (ou planos), simbolizando o equilíbrio dinâmico e perfeito dos corpos e dos espíritos.

Em 1694, Jacob Bernoulli publicou um artigo sobre uma curva geométrica em forma de "oito", ou de um laço dado com uma fita (lemniscos), surgindo assim a Lemniscata de Bernoulli, para referenciar matematicamente o símbolo do infinito (SILVA; TORRES, 1998, p. 31).

> A lemniscata, principalmente nas suas representações celtas, remete-nos directamente para o "Ouroborus", símbolo antiquíssimo, resgatado pela tradição alquímica, onde se vê uma serpente que morde o a própria cauda e se devora a si mesma. O Ouroborus é também a representação simbólica do Infinito e do equilíbrio dinâmico universal. Carl Gustav Jung, refere-se a este símbolo como o "Mysterium Conjuctionis" (Mistério da Conjunção), resultado do "Hieroghamos" (Casamento Sagrado), equilíbrio do Masculino e do Feminino Universais, essência fundamental da mente humana e, numa visão mais ampla, da existência humana em si. Ainda podemos observar a lemniscata nas curvas do Caduceus (o ceptro da dupla serpente), símbolo da Medicina e manifestação de Hermes; nos meridianos do fluir da Energia Vital descritos pelas medicinas tradicionais hindu e chinesa e pela Acupunctura (JORGE, 2019, s/p).

Parece um símbolo inofensivo, mas está ligado a outros personagens macabros. Na mitologia grega, por exemplo, a figura do 8 deitado representava a serpente *Ouroboros* ("devorador de cauda": "oura" – "cauda"; "boros" – "comer" ou "devorar") que engolia a própria cauda (OUROBOROS, 2008). Dessa forma, formava um círculo que, além de representar o "infinito", o "ciclo" ou "trajetória da vida", simbolizava para os antigos a mudança, o tempo, a fecundação e a evolução, a morte e o nascimento, a destruição e a ressurreição, a criação e a renovação. A imagem de *Ouroboros* para os gregos era a reflexão da ideia de repetição, a recriação eterna das coisas em todo o universo. Mas essa serpente mitológica dos infernos era também cultuada em outras civilizações, fazendo parte dos seus textos sagrados. A exemplo dos egípcios, dos hindus, dos astecas (como o deus *Quetzálcoatl*, ou *Serpente Emplumada*), dos japoneses etc. Uma maldita figura que está ainda viva em muitas seitas e religiões.

Figura 49 – Ouroboros

Fonte: Wikimedia Commons / De: Open Clip Art Library, 27 de fev. de 2015 / Domínio Público / Disponível em: https://commons.wikimedia.org/wiki/File:Ouroboros.svg. Acesso em: 20 dez. 2018

Esse ser era muito usado nos desenhos feitos pelos celtas, mas foi resgatado pela tradição alquímica. A Alquimia passou a representá-lo como um norteador das estações do ano e dos céus e como a unidade primordial e a totalidade do mundo. Em seu livro, C. G. Jung (1875-1961) cita Ouroboros, esse "devorador da própria cauda", encontrado em documento antigo e sendo, talvez, o mais antigo símbolo da alquimia. Um ser que, segundo uma antiga lenda (ou superstição) popular, é a serpente que traz saúde e paz duradouras e a representação do que os alquimistas entendem como sendo "uma espécie de movimento circular, o do dragão que morde a sua própria cauda. Por essa razão o opus é muitas vezes chamado de circulare = de forma singular ou rota = roda" (JUNG, 1994, p. 304-305).

No misticismo, esse símbolo também é conhecido como *Lemniscata* e está diretamente ligado ao "Mago" – Arcano Maior do Tarot de Marselha (nº 1), cujo chapéu tem a forma do oito deitado "e nos recorda o constante balanço dos opostos assim como o símbolo chinês Tai-Chi o qual simboliza a interação Yin e Yang, as forças positivas e negativas existentes na natureza" (BELONI, 2021, p. 25). Aparece ainda como um dragão – como já falamos de Tiamat, deusa das mitologias suméria e babilônica –, um ser que representa a "força da criação", ao lado de Apsu, quando a "origem de todas as coisas era o caos primordial das águas" (MOORE, 2021, p. 310).

Observemos, a seguir, o símbolo da paz, idealizado para o mundo que ainda sofria o medo de um novo ataque nuclear como aquele sofrido em Hiroshima e Nagasaki. Foi criado pelo artista britânico e designer Gerald Holtom (1914-1985), que na época atuava em movimentos contra a guerra. O círculo, em si, representa "unidade", mas, em seu centro, podemos identificar "duas letras sinaléticas, o N (para nuclear) e o D (para desarmamento); essa organização sintática nos revela, no entender do criador, o 'ser humano desesperado' na iminência de uma guerra nuclear" (STEPHAN; DA COSTA BRAGA, 2016, p. 237). Tempos depois, o mesmo símbolo ficou associado à Campanha do Desarmamento Nuclear *(Campaign for Nuclear Disarmament – CND)* no Reino Unido, que pretendia ser a maior campanha da paz da Europa.

Tal movimento pacifista britânico ficou conhecido como "Movimento da Paz". Porém, na década de 1960, os *hippies* se apropriaram desse símbolo como forma de expressar o seu lema de "paz e amor". Foi disseminado entre seus adeptos de uma maneira que trazia à tona a filosofia do equilíbrio das energias e da busca pela tão sonhada paz interior, estando, também, associado aos temas ecológicos (PAZ E AMOR, 2008). Em quase sua totalidade, eram adeptos da não violência e propunham "a crítica da sociedade civil e a criação de uma sociedade baseada na igualdade social no pacifismo" (CHACON, 1995, p. 79).

Figura 50 – Símbolo da Paz *(Peace Sign)*

Fonte: Wikimedia Commons / De: Gerald Holtom, 1958 / Arquivo: Crotalus horridus, 26 de janeiro de 2006 / Domínio Público / Disponível em: https://commons.wikimedia.org/wiki/File:Peace_symbol.svg. Acesso em: 20 dez. 2018

Porém, caros leitores, a história pode ser muito mais macabra do que toda essa falácia hippie de "paz e amor". No início da Idade Média, esse símbolo já era usado como sinal de uma suposta e ilusória vitória de Satanás sobre Jesus, pois era visto como representação da cruz com os braços quebrados. E, até hoje, conforme registra Jaziel Guerreiro Martins (2000), "o pé-de-galinha" é visto como sinal de blasfêmia em cultos secretos e em rituais de magia (MARTINS, 2000, p. 121-122). Palavras de Jesus, o Senhor da nossa paz, no Evangelho de João: "Deixo-vos a paz, a minha paz vos dou; não vo-la dou como o mundo a dá. Não se turbe o vosso coração, nem se atemorize" (JOÃO 14:27, ACF).

Outro símbolo, atualmente bastante usado, tem causado polêmicas e discussões quanto à sua associação com hodiernas ideologias propagadas nas mídias. Trata-se do arco-íris. Na cultura oriental, por exemplo, para os chineses, esse fenômeno da natureza conhecido como arco-íris é comparado ao símbolo do *Yin Yang*. Tem o significado de totalidade das cores, de luz e de transformação, a renovação e a esperança. Como vimos anteriormente, também estaria associado a Oxumaré, o orixá iorubano do arco-íris e da serpente, relacionado com São Bartolomeu no sincretismo e que representa, ainda, outra entidade ou personagem mítica do Congo (África), de nome N'Tyanga – a serpente: "O arco-íris é N'Tyama, serpente que vive no fundo do rio Congo no primeiro rápido, e quando, depois da chuva, vem aquecer-se à superfície, o dorso se reflete nas nuvens, formando o espectro das sete cores" (CASCUDO, 1988, p. 562-563).

Figura 51 – O Arco-Íris *(Rainbow Circle)*

Fonte: Wikimedia Commons / De: Magurale, 31 de maio de 2020 / Domínio Público. Disponível em: https://commons.wikimedia.org/wiki/File:Rainbow_Circle.svg. Acesso em: 20 dez. 2020

O matemático e escritor brasileiro Júlio César de Mello e Souza (1895-1921), apropriando-se do pseudônimo Malba Tahan em seus contos, disse, numa perspectiva mítico-simbólica, que a sombra de um arco-íris é formada por todas as cores, sejam visíveis, sejam invisíveis. E é essa sombra o centro de desejo do personagem *djin* (que pode ser anjo ou demônio – gênio inspirador dos poetas), chamado Sete Luzes, que se compadece dos homens e pede a Allah que lhe desse a sombra a fim de deslumbrar os homens: desfiaria as cores pelo "mundo desbotado", semeando beleza e alegria na Terra. Ao que Allah responde: "Faze, pois, ó djin, com a sombra do arco-íris o que quiseres. Ela é tua!" (TAHAN, 1963 *apud* OLIVEIRA, 2007, p. 150).

Linda e bem construída metáfora que reflete a realidade – ainda que sem intenção – de todo esse movimento e da escolha desse símbolo. Se entendermos o "mundo desbotado" como sendo o imagético ou desgaste do mundo dos padrões, dos princípios, da família, das tradições, da religião e de Deus, compreenderemos o porquê de se querer "colorir" onde tais valores já desbotaram. A Nova Era veio desconstruir toda a base que a religião conseguiu erguer desde os tempos imemoriais, quando ainda estava firmada sob a vontade e Palavra de Deus (testemunho dos profetas) e após, quando ainda se balizava na Sã Doutrina – ensinos do próprio Mestre Jesus, repassado até nós pelo árduo trabalho de evangelização e discipulado começado pelos apóstolos. Os adeptos da Nova Era viram no arco-íris uma ponte de ligação entre o céu e a terra, como se intentassem atribuir algum peso de valor espiritual às suas pretensões, como se o céu estivesse ligado aos anseios libertinos do movimento do "novo" aqui na Terra.

Mas nós, os crentes no Senhor Jesus e na Sua Palavra, sabemos do real e espiritual significado desse símbolo. Significa uma aliança de Deus para com os homens. Sinal de que a terra nunca mais seria destruída pelas águas do Dilúvio. E toda vez que aparecesse no céu, seria para lembrar ao homem a divina promessa em Gênesis:

> Quando eu trouxer nuvens sobre a terra e nelas aparecer o arco-íris, então me lembrarei da minha aliança com vocês e com os seres vivos de todas as espécies. Nunca mais as águas se tornarão um dilúvio para destruir toda forma de vida. Toda vez que o arco-íris estiver nas nuvens, olharei para ele e me lembrarei da aliança eterna entre Deus e todos os seres vivos de todas as espécies que vivem na terra'. Concluindo, disse Deus a Noé: "Esse é o sinal da aliança que estabeleci entre mim e toda forma de vida que há sobre a terra" (GÊNESIS 9:14-17, NVI).

Vergonhosamente distorceram o símbolo de uma aliança sagrada para representar ideais do homossexualismo. Incluíram o arco-íris numa bandeira criada em 1978, por Gilbert Baker (1951-2017), um artista e ativista dos direitos LGBT de San Francisco – EUA. Em 25 de junho daquele mesmo ano, no "Dia da Liberdade Gay nos EUA", as primeiras versões da bandeira foram vistas nas ruas. Seu criador se justificou dizendo que a sua ideia era promover a diversidade e a inclusão e usou algo da natureza para expressar seu pensamento de que "nossa sexualidade é um direito humano". Desde então, em qualquer evento homossexual, qualquer que seja o ponto do globo, são visíveis as bandeiras do arco-íris, símbolo de esperança e orgulho (SANTOS; FONTES, 2000, p. 9).

> Por fim, o arco-íris, que para além do seu significado bíblico, apresenta também um carácter fortemente homossexualizado, uma vez que é o símbolo mais utilizado em eventos homossexuais públicos, chamando a atenção para a existência de uma sociedade multicolorida e pluridiferenciada (SANTOS; FONTES, 2000, p. 1).

Tal bandeira se tornou, então, desde a década de 1990, reconhecida como símbolo global para direitos LBGT. Não devemos brincar com a Palavra de Deus. Ele ama a todos os pecadores, igualmente, mas esta é a sentença: os homossexuais que não se arrependerem e abandonarem suas práticas não entrarão no Reino dos céus, da mesma forma que qualquer outro pecador que permanecer em sua iniquidade. Está escrito: "Não se deixem enganar: nem imorais, nem idólatras, nem adúlteros, nem homossexuais passivos ou ativos, nem ladrões, nem avarentos, nem alcoólatras, nem caluniadores, nem trapaceiros herdarão o Reino de Deus" (1 CORÍNTIOS 6:9-10, NVI).

Outro símbolo associado à Nova Era é tão inofensivo quanto belo de se ver: a borboleta. Talvez seja usado por ser resultado de uma complexa metamorfose sofrida pela lagarta. Por isso, como outros símbolos já citados, também faz analogia ao processo de evolução interior e à transformação, na medida em que ela simboliza a renovação, a potencialidade do ser, a liberdade, o renascimento e a ressurreição.

Figura 52 – A Borboleta

Fonte: Wikimedia Commons / De: Nosferatus (Blue Butterfly Icon), 5 de jun. de 2022 / Domínio Público. Disponível em: https://commons.wikimedia.org/wiki/File:Blue_Butterfly_Icon.png. Acesso em: 20 dez. 2022

Jesus, que foi o primeiro a ressuscitar dentre os mortos em um corpo glorioso, Aquele que ensinou a Nicodemos sobre o renascimento, o Único que pode definitivamente transformar o homem pecador em filho de Deus, jamais ensinou sobre nenhum símbolo que representasse a Sua obra. Só que poucos homens param para ouvir a Sua voz. Sem haver o Cristianismo, não teria como existir o satanismo. Este é a oposição àquele, inverte e nega o sentido do que venha a ser "cristão". Há uma ferrenha luta entre as trevas e a luz, entre vícios e virtudes, entre o bem e o mal. Onde Jesus não é o centro, o diabo é um deus. Na Bíblia, lemos:

> Antes, rejeitamos as coisas que por vergonha se ocultam, não andando com astúcia nem falsificando a palavra de Deus; e assim nos recomendamos à consciência de todo o homem, na presença de Deus, pela manifestação da verdade. Mas, se ainda o nosso evangelho está encoberto, para os que se perdem está encoberto. Nos quais o deus deste século cegou os entendimentos dos incrédulos, para que lhes não resplandeça a luz do evangelho da glória de Cristo, que é a imagem de Deus (2 CORÍNTIOS 2:2-4, ARC).

A FACE DO MAL SEM MÁSCARAS

*O Senhor viu que a perversidade do homem tinha aumentado na terra
e que toda a inclinação dos pensamentos do seu coração era sempre e somente para o mal.*

(GÊNESIS 6:5, NVI)

Está mais do que claro que todo aquele que segue o caminho do mal vai, fatalmente, colher aquilo que está semeando. É só questão de tempo. Os frutos virão, mais cedo ou mais tarde. Já vimos que, desde o princípio, o homem escolheu seguir uma vida dissoluta, afastando-se cada vez mais do seu Criador. O inimigo de Deus e do homem, Lúcifer, conseguiu quebrar a pureza que havia no primeiro estado de inocência da criatura. Quis e conseguiu fazer com que a criatura, movida pela vaidade e ganância, seguisse os seus conselhos malévolos e se levantasse contra o Criador, no delírio de querer ser igual a Ele.

O homem foi expulso do paraíso por obedecer a Satanás e passou a sofrer as consequências da sua vesana atitude. Porém, Deus nunca se esqueceu daqueles que cumprem os Seus justos mandamentos e fazem a Sua vontade. Esses são os que alegram o coração do Pai. Está aí algo que requer muito esforço, tempo, diria, que até sacrifício: fazer o bem e estar em obediência, no centro da vontade de Deus. E sacrifício aqui não está relacionado aos rituais de sangue. Jesus já fez o definitivo sacrifício em nosso lugar. Mas relacionamos o termo ao abandono intencional das coisas que nos afastam de Deus, como práticas, pensamentos, costumes, religiosidade e toda e qualquer espécie de pecado deixado no altar. Para alguns, quando entendem que a condição de uma vida pautada no erro gera morte espiritual, é fácil deixar tudo para trás e seguir sem peso, definitivamente sentindo-se livres. Para outros, renunciar dói. Como numa amputação, algo sai do corpo e não se tem mais domínio sobre a parte separada.

Mas há quem prefira conviver com o membro gangrenado a ter que se livrar de uma vez do mal. Porém, todo aquele que voluntariamente aceita ao Senhor Jesus como único e suficiente Salvador é chamado para ser luz e sal do mundo, vive em comunhão com Ele e aprende a fugir da sutil e enganosa aparência do mal. Guardemos os textos a seguir: "Afastem-se de toda forma de mal" (1 TESSALONICENSES 5:22, NVI); "Não se deixem vencer pelo mal, mas vençam o mal com o bem" (ROMANOS 12:21, NVI). Tudo é questão de escolha! O mundo está sob o controle do poder satânico.

O nosso inimigo tem dominado a Terra e, como nos mostra o texto em Apocalipse 2:12,13, ele tem um trono estabelecido aqui (leia o tópico "O Trono De Satanás"). Em Efésios 2, Paulo faz uma referência à atmosfera terrestre, quando diz "ar" e chama de "príncipe" aquele que tem o domínio temporário "em torno" da Terra: "Vocês estavam mortos em suas transgressões e pecados, nos quais costumavam viver, quando seguiam a presente ordem deste mundo e o príncipe do poder do ar, o espírito que agora está atuando nos que vivem na desobediência" (EFÉSIOS 2:1-2, NVI).

Da mesma forma vemos, no Evangelho de João, quando o profeta registra as palavras de Jesus se referindo a "mundo": "Chegou a hora de ser julgado este mundo; agora será expulso o príncipe deste mundo"; "[...] pois o príncipe deste mundo está vindo. Ele não tem nenhum direito sobre mim"; "[...] porque o príncipe deste mundo já está condenado" (JOÃO 12:31, 14:30 e 16:11, NVI).

Sabemos que hordas de espíritos malignos, os demônios, atuam poderosamente para a destruição, objetivando atingir os desígnios do seu mestre. Lutam contra tudo o que é santo. Atuam interferindo no cotidiano do homem, influenciando-o e até mesmo possuindo a alguns. E contam com muitos agentes humanos para esse fim.

Falsos líderes religiosos, políticos corruptos vendidos ao "sistema", mentirosos, adúlteros, roubadores, assassinos, pedófilos, traficantes, fornicadores, devassos, blasfemos, hereges, egoístas... A lista é extensa demais. E diz a Bíblia em Eclesiastes: "Quando os crimes não são castigados logo, o coração do homem se enche de planos para fazer o mal" (ECLESIASTES 8:11, NVI). Poderíamos falar, como exemplo, de vários personagens históricos e até bíblicos que cederam às investidas do mal e trouxeram manchas sobre a raça humana. Não caberiam em milhares de páginas. E como toda ação causa uma reação, devido a muitas imposições doutrinárias da Igreja nos anos de 1500 (muitas delas heréticas, antibíblicas e radicais), reações de revolta começaram a acontecer. Reações em cadeia que foram contaminando rapidamente as massas, espalhando-se de forma assustadora.

Também nos contam as páginas da História o quanto essa Igreja tão influente se deixou corromper, chegando ao extremo de adulterar a Palavra de Deus com muitos dogmas, maculando a Sã Doutrina e desviando o povo do Único e Verdadeiro Caminho. Decerto, cansado da opressão religiosa de perseguições e de privação da liberdade, o povo debandou para um lado sombrio em busca dos prazeres mundanos. E um homem acabou contribuindo, nesse mesmo período, para que certo "desvio comportamental" viesse às claras, emergindo das trevas.

François Rabelais (1494-1553), que preferiu esconder-se sob um pseudônimo *Alcofribas Nasier*, um "anagrama" de seu verdadeiro nome construído pela transposição das letras (MOISÉS, 2002, p. 24), apreciava o conhecimento. Foi um escritor, médico e padre francês do século XVI que não temia as reformas e cuja ardente paixão pelo helenismo colaborou para que ele se tornasse alvo de perseguição, ao ponto de, ajudado por amigos, abandonar a primeira formação num convento franciscano e ingressar na Ordem dos Beneditinos (LOPES; GONÇALVES, 2014, p. 1). Ali, como sacerdote da Ordem, nunca assumiu bem o seu ofício por falta de vocação, sendo considerado como um dos mais radicais e originais humanistas do Renascimento. Aproximou-se desse movimento humanístico começado na Itália, no século XIV, após ter trocado correspondências com influentes homens da sociedade que comungavam dos mesmos ideais, como Erasmo (LOPES; GONÇALVES, 2014, p. 2).

Erasmo de Roterdã (1466-1536) – escritor, teólogo, filósofo, crítico social e monge católico holandês – foi por quem Rabelais mais se deixou influenciar, devido às suas ideias sobre o modelo educativo ligado ao *studia humanitatis,* um conjunto de disciplinas que norteavam, na época, o estudo das antigas "Artes Liberais", ou "conhecimentos do homem livre" (CARDOSO, 2017, p. 22). Contrariando algumas figuras públicas mais conservadoras e a muitos outros homens de fé, François começou a satirizar a religiosidade da sua época com destreza, numa riqueza vocabular impressionante. Cheios do que ele descrevia como "humor escatológico" mesclado com narrativas cômicas, os seus ousados e polêmicos textos logo ganharam popularidade, depreciando o ascetismo religioso e as prevalecentes propriedades cristãs com seus grotescos personagens. Era um jeito peculiar de "dizer, rindo, a verdade", com "máscaras" que encobriam as críticas e as ideologias do crítico autor – como um riso irônico e medieval libertador do medo, desdenhando dos padrões e princípios religiosos vistos como ultrapassados e ditadores. Como expressou Bakhtin (1895-1975):

> A prática do riso no Renascimento é, antes de mais nada, determinada pelas tradições da cultura cômica popular da Idade Média. No entanto, nessa época, essas tradições não se limitaram a ser transmitidas, mas entraram numa fase nova e superior de sua existência. A riquíssima cultura popular do riso na Idade Média viveu e desenvolveu-se fora da esfera

>oficial da ideologia e da literatura elevada. E foi graças a essa existência extra-oficial que a cultura do riso se distinguiu por seu radicalismo e sua liberdade excepcionais, por sua implacável lucidez (BAKHTIN, 1999, p. 61-62).

Francoir Rabelais se valia de uma criatividade no mínimo exuberante, pela qual, propositadamente, o Paraíso jamais teria vez ou valor frente à visão do inferno saturnal rabelaisiano, proporcionada por uma paródia sua sobre a descida ao Hades (DA SILVA JÚNIOR, 2013, p. 177). Os seus grotescos personagens eram, na verdade, dois glutões e bondosos gigantes que viviam às voltas com os prazeres físicos e mundanos da vida: a comida, a bebida e o sexo. Pantagruel e Gargântua, ao descreverem os cômicos episódios de suas festas burlescas, personificavam, decerto, toda a volúpia daqueles que queriam ser livres para viver uma vida sem regras, sem normas ou estatutos, sem horários e sem cobranças externas. Havia apenas uma lei: *"Faze o que tu queres, há de ser o todo da Lei"* (PARISI, 2020, p. 196, grifos meus).

Tudo era compartilhado em um único lugar: na Abadia de Thelema. Thelema é uma palavra grega que significa "vontade" ou "intenção". Em seus livros, obras caracterizadas, sobretudo, por sua pluralidade estilística, linguística e genérica, com acréscimos abundantes de crueza, violência, insultos picantes e explícitos embrulhados num humor ácido, François Rabelais descreve a Abadia de Thelema como sendo um ambiente perfeito, onde se podia viver em clima de completa amizade, companheirismo e amor, ou seja, com certa "alegria de espírito" confeitada no desprezo pelas coisas fortuitas (que não podem ser evitadas). E como consequência da ousadia impregnada nos seus contos, sua obra foi considerada imprópria pela censura da época, cujos "fiscais" eram a Universidade de Sorbonne (Paris) e o Parlamento Francês, que confiscaram os seus livros.

a. O credo de Crowley e a Abadia de Theleme

A Abadia de Theleme ficou conhecida como uma instituição para o cultivo das virtudes humanas, uma espécie de "antimonastério" onde as vidas dos habitantes eram gastas não em leis, estátuas, preocupação com o tempo ou com regras, mas sim de acordo com suas próprias vontades e seus prazeres livres. Lugar sem muralhas, onde seria estabelecida, institucionalmente, a singularidade de não permitir a entrada a religiosos ou religiosas. Com o mesmo rigor, eram proibidos os relógios e os quadrantes solares e as mulheres "não belas", tais quais: "zarolhas, coxas, corcundas, feias, tolas e empata-família" (FERREIRA, 2006, p. 4). Por causa dessa liberdade, os Telemitas entraram em louvável emulação de fazer tudo o que a um só viam agradar. Se algum ou alguma diziam: "Bebamos", todos bebiam; se dissessem: "Joguemos", todos jogavam (VIEIRA, 2019, p. 29). E foi essa utopia idealística de Rabelais que inspirou o modelo da comunidade alternativa do abominável satanista Edward Alexander, que, em sua juventude, passou a se chamar Aleister Crowley (1875-1947).

Mais tarde, Theleme ficaria também conhecida por Corrente 93, representando todo um sistema mágico-religioso que, sob forte influência de Rabelais, foi desenvolvido por Crowley em 1904 para agregar adeptos de sua sandice. Contudo, o "verdadeiro autor" dessa obra seria um espírito autodenominado *Aiwass* – entidade emissária de um deus egípcio chamado *Hoo-paar-kraat*, "Harócrates" para os gregos (CORDEIRO, 2017, s/p). Naquela perspectiva de alcance cosmopolita, não havia nenhuma concepção monoteísta, mas, sim (e outra vez!), interferência do politeísmo egípcio: uma nova roupagem para seus velhos deuses, sendo os principais: Nuit, Hadit e HeruRa-Ha (VIEIRA, 2019, p. 29). Eis a satânica "Trindade Thelêmica" de Crowley!

Figura 53 – Hexagrama unicursal de Aleister Crowley.

"Ai daqueles que planejam maldade, dos que tramam o mal em suas camas! Quando alvorece, eles o executam, porque isso eles podem fazer" (MIQUÉIAS 2:1, NVI)

Fonte: Wikimedia Commons / De: Elembis, 23 de dezembro de 2006 / Domínio Público Disponível em: https://commons.wikimedia.org/wiki/File:Crowley_unicursal_hexagram.svg. Acesso em: 18 dez. 2017

Sir Aleister era inglês, um hedonista britânico, escritor e ocultista que foi apelidado de "o pior homem do mundo". Ficou conhecido entre seus discípulos como o "sr. 666" e "a Besta!" – alcunha maldita conferida a ele pela própria mãe. Viveu com os *Yogis* nos desertos da Índia, gastou todo seu patrimônio na pesquisa de várias filosofias do Oriente, chegando a publicar alguns livros sobre o assunto. Excêntrico, além de ser um exímio jogador de xadrez e montanhista, tinha a sua vida dividida entre as horas de yoga, o compulsivo uso de drogas buscando estágios espirituais, um doentio apetite sexual ao nível sadomasoquista e amante do "ménage à trois". E ainda: os cultos de adoração ao deus Sol *(Líber Resh)*, estudos de filosofia mística e a escrita dos seus livros que fundamentariam o "princípio thelêmico" – décadas antes de surgir o movimento hippie. E ao que se sabe, esse princípio de Theleme perdurou "popularizou-se" ainda mais após a morte de Crowley, durante o movimento da Nova Era (PARISI, 2020, p. 197).

O propósito principal desse "princípio" era garantir a segurança da liberdade do indivíduo e de seu crescimento em luz, sabedoria, compreensão, conhecimento e poder. Isto, claro, mediante conceitos de beleza, coragem, sapiência, tolerância, paz e verdade. Nós também já vimos o quanto as falsas religiões atraem os incautos pelas "coisas boas" que pregam. Tais estudos de Crowley influenciaram muitos artistas do nosso tempo, como Ozzie Osbourne, Led Zeppelin, Iron Maiden, David Bowie e os Beatles, que lhes renderam homenagem em um de seus discos. A "Lei de Theleme" está no *Livro da lei*, de 1904, difundindo uma mensagem de revolução do pensamento humano, da cultura e religião. Crowley recebe tal livro em três dias por meio de sua esposa na época, Rose Edith Kelly, que entrava em uma espécie de transe. E assim surge o livro sagrado dos thelemitas, traçando uma linha de conduta específica frente à vida baseada na ideia de "vontade" (PARISI, 2020, p. 195).

Figura 54 – Detalhe do rosto, Aleister Crowley – 1902

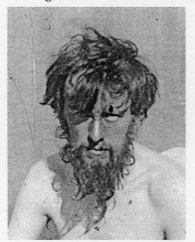

"O rosto do Senhor volta-se contra os que praticam o mal, para apagar da terra a memória deles" (SALMOS 34:16, NVI).

Fonte: Wikimedia Commons / De: Jules Jacot Guillarmod (1868 – 1925), em 1902 / Domínio Público / Disponível em: https://commons.wikimedia.org/wiki/File:Face_detail,_Aleister_Crowley_1902_K2_(cropped).jpg. Acesso em: 18 dez. 2017

Esse pervertido homem deixou um legado diabólico aos futuros seguidores das suas práticas ocultistas. Sua nefasta ideologia se firmava, como já vimos, no axioma: *"Faze o que tu queres há de ser toda a Lei – Amor é a lei, amor sob vontade"*. E ensinava que todo homem podia encontrar a felicidade em seus únicos e próprios e caminhos. E ainda dizia que *"Todo homem e toda mulher é uma estrela"*. Em Cefalù, uma comunidade italiana da região da Sicília, província de Palermo, Aleister Crowley e a sua parceira Leah Hirsig (sua nova Mulher Escarlate) fundaram uma Abadia de Theleme – seguindo os ideais do seu "mentor" Rabelais – no ano de 1920. Juntos, pretendiam transformar a casa em um centro de ensino e treinamento das artes mágicas. Tudo regado a orgias sexuais, uso de drogas, sacrifícios de crianças e animais e bestialidade, ou seja, a transgressão ritual por meio de magia sexual, coprofagia, entre outros (PARISI, 2020, p. 127).

Por conta de muitos rumores negativos sobre as estranhas atividades dos praticantes da filosofia thelêmica, incluindo a morte de um estudante de Oxford em um dos rituais na Abadia, Crowley foi obrigado a deixar o país. Foi expulso pelo governo de Mussolini, em abril de 1924, com todas as suas amantes. Obstinadamente, ele tentava transformar o seu "credo" em filosofia de vida, como podemos ver nessa passagem do Livro de Thoth (1944), de sua autoria, ao se referir a uma das cartas do Tarot dos egípcios – "Volúpia": *"Sê forte, ó homem! Deixa-te levar pela concupiscência! Deseja, aproveita todas as coisas de sentido e êxtase: não temas que Deus algum te negue por isto"* (CROWLEY, 2002, p. 71, grifos meus).

A esse contexto, podemos atribuir o peso da palavra "concupiscência", nas entrelinhas. Porque, etimologicamente, essa palavra pode ter se originado a partir do latim *"conscupiscentia, ae"*, significando ambição ou desejo desmedido por bens materiais ou sensuais, ganância por poder, dinheiro; cobiça: "cobiça por bens materiais", desejo ou apetite sexual. Champlin (2001) traduz três palavras do hebraico e quatro palavras do grego associadas à concupiscência. Todas elas, a depender do contexto em que estão inseridas, podem significar algo de teor negativo. Por exemplo: 1. *Nephesh* = "desejo" (ÊXODO 15:9; SALMOS 78:18); 2. *Sheriruth* = "teimosia, inimizade, imaginação" (SALMOS 81:12); 3. *Taavah* = "objeto de desejo" (SALMOS 78:29,30; 112:10; PROVÉRBIOS

10:24; ISAÍAS 26:8); 4. *Epithumía* = "desejo forte", "concupiscência" (MATEUS 4:19; LUCAS 22:15; JOÃO 8:44; ROMANOS 1:24; GÁLATAS 5:16,24; EFÉSIOS 2:3 etc.); 5. *Hedoné* = "prazer, doçura" (LUCAS 8:14; TITO 3:3; TIAGO 4:1,3 etc.); 6. Óreksis = "desejo ansioso" (ROMANOS 1:27) e 7. Páthos = "sofrimento, afeto" (ROMANOS 1:26; COLOSSENSES 3:5 etc.) (CHAMPLIN, 2001, p. 838).

Diz a Bíblia em 1 João: "Porque tudo o que há no mundo, a concupiscência da carne, a concupiscência dos olhos e a soberba da vida, não é do Pai, mas do mundo" (1 JOÃO 2:16, ACF). Fica bem claro que o "príncipe deste mundo" vai sempre militar contra as obras de Deus. Por isso o homem, corrompido pelo pecado, foi entregue às suas próprias concupiscências, como disse Paulo, em Romanos 1:24. Paulo ainda fala que as obras da carne sempre contrastarão com as obras o fruto do Espírito, pois grande é o conflito entre os desejos carnais do homem e o desejo do Espírito Santo que quer habitar no homem e torná-lo santo, como lemos em Gálatas: "Digo, porém: Andai em Espírito, e não cumprireis a concupiscência da carne. Porque a carne cobiça contra o Espírito, e o Espírito contra a carne; e estes opõem-se um ao outro, para que não façais o que quereis" (GÁLATAS 5:16,17, ACF).

A voz de Paulo e suas recomendações ecoam nas Epístolas, conforme a direção do Espírito. Ao povo de Éfeso, ele escreveu: "Que, quanto ao trato passado, vos despojeis do velho homem, que se corrompe pelas concupiscências do engano" (EFÉSIOS 4:22, ARC). Ao de Colosso, disse: "Mortificai, pois, os vossos membros, que estão sobre a terra: a fornicação, a impureza, a afeição desordenada, a vil concupiscência, e a avareza, que é idolatria" (COLOSSENSES 3:5, ACF). Já ao amado filho na fé, Timóteo, deixa o recado: "Fuja dos desejos malignos da juventude e siga a justiça, a fé, o amor e a paz, juntamente com os que, de coração puro, invocam o Senhor" (2 TIMÓTEO 2:22, ACF). E, por último, fala a Tito: "Porque também nós éramos noutro tempo insensatos, desobedientes, extraviados, servindo a várias concupiscências e deleites, vivendo em malícia e inveja, odiosos, odiando-nos uns aos outros" (TITO 3:3, ARC).

A concupiscência é um vício reprovável, exacerbado, impede a regeneração pela renúncia das coisas mundanas porque prende o homem aos seus deleites. O homem sem Deus vagueia por caminhos tortuosos. Pensa que é livre porque pode fazer o que quiser, seguir sem limites e regras. Voltando a Aleister, ele criou seu próprio mundo depravado. Aqui no Brasil, dois parceiros de música e magia influenciados pela *Lei de Theleme* começaram a divulgar os ensinos de Crowley em suas obras. Raul Seixas – compositor e cantor – e Paulo Coelho – escritor. E foi com a composição *Sociedade Alternativa*, do álbum *Gita* (1974), que Raul se tornou ainda mais popular. Logo, toda a juventude daquela época estaria a entoar um refrão que rapidamente se espalhou: *"Viva! Viva! Viva a sociedade alternativa!"*. Não só no título, mas a marca aleisteriana estaria também na sociedade criada por Raul, baseada na obra do satanista, com a única e mesma "regra da vontade". Pois, no meio da canção, lá está o antigo axioma muito usado por Aleister na sua Abadia em Cefalù: *"Faz o que tu queres, pois é tudo da lei! Da lei!"* (BLANK; SANTOS, 2013, p. 7).

Assim, acorrentando muitos homens em seu plano de destruição em massa, Satanás vai levantando sua bandeira contra tudo o que Deus criou. Deus ama ao homem, a Sua mais bela e mais importante criação. Mas, longe Do Caminho – Jesus –, o homem não consegue desprender-se do pesado grilhão que o prende às práticas que o arrastam ao inferno. Sem renúncia de si mesmo, o homem cai no engodo de achar que pode tudo. Quer estar acima do Criador. Viver suas próprias aventuras seguindo a bússola do seu eu. Cético, hedonista, ganancioso e cego, lança-se de cabeça no perigoso mundo dos prazeres materiais, atraídos pelo poder.

b. A goética dos endemoniados

Exatamente esta receita: poder, hedonismo e prazeres materiais – a perfeita mistura-base do sistema de Satanás para dominar o homem, sistema que se revela a quem vive em busca desses ingredientes mortais. E é essa a mesma receita que fomenta a Arte da Goética (Goetia; Goecia – termos originados provavelmente do latim = com significado mais aproximado para "a arte de uivar") – uma arte associada à prática de invocação de 72 espíritos infernais (demônios), contida numa coleção de manuscritos com feitiços antigos em língua hebraica e conhecida como Clavículas de Salomão – *Lemegeton Clavicula Salomonis* ou A Chave Menor de Salomão (SALAZAR, 2016, p. 121-122).

A goética consistia num organizado sistema de magia e feitiçaria ligado a essas entidades, espíritos, que, conforme antigo mito, seria controlado pelo Rei Salomão (MIZANZUK, 2010, p. 31), como um jogo onde o mago se torna um controlador dos espíritos, ameaçando-os com certas punições e obtendo deles favores. Crowley sempre invocava, em um de seus rituais satânicos conhecido como "inascido", o espírito IAO – identificado entre os thelêmicos como "o grande Deus dos gnósticos" (DUQUETTE, 2007, p. 34). Segundo um antigo mito, esses espíritos goéticos oriundos de uma ordem seriam entidades muitíssimo primitivas, deuses esquecidos, adorados durante os primórdios da humanidade. Mais precisamente, 72 reis e príncipes poderosos (demônios) que, segundo os místicos, foram aprisionados pelo *Rei Shlomo (Rei Salomão)* em uma arca de bronze.

Após dominá-los, Salomão teria selado a sua Arca pelo poder divino, encerrando-a numa gruta ou num poço, na antiga Babilônia. Conta-se que tais reis e suas legiões fugiram quando a arca foi encontrada e aberta por uns incautos babilônicos, que pensavam ter encontrado um vultuoso tesouro. Contam ainda que o único rei que permaneceu naquela região foi Belial, o Rei-Comandante de Sheol (parte das regiões infernais), reconhecido como um antigo Anjo da Virtude transformado no demônio da arrogância e da loucura após a queda de Lúcifer (RUFO, 2016, p. 85). Tão logo se viu livre daquela prisão, Belial tomou posse de uma imagem de escultura e, por meio dela, proferia oráculos que atraíam a adoração de fiéis como se fosse um deus, a quem eram oferecidos sacrifícios em muitos rituais sangrentos.

Cabe aqui uma ressalva que pode impedir qualquer raiz de confusão ou, no mínimo, incentivar aos leitores pesquisas e estudos tais que não caberiam neste capítulo. Há teorias de que são dois personagens homônimos, conhecidos na História por Salomão, que não podem ser confundidos. Segundo Ferreira (1996), há diferença entre o bíblico líder Salomão – o Rei dos Hebreus –, e o Sábio Salomão – o mago da Caldéia e suas Clavículas cheias de conjurações ocultistas. No entanto, a tradição corrente atribui à figura do rei as questões de lenda, rituais e disputas de sabedoria (FERREIRA, 1996, p. 46-47). Influenciados por temas semelhantes, ao longo da História, magos, feiticeiros, apreciadores e iniciantes do ocultismo passaram a se associar a tais espíritos enganadores. Havia todo um ritual que incluía objetos, símbolos, desenhos, conjurações e duas técnicas bastante comuns entre os praticantes da Arte Goética: a INVOCAÇÃO e a EVOCAÇÃO.

Na primeira, o mago invoca, ou seja, chama uma forma de "energia universal" (ou demônio) para dentro de si ou para dentro de um círculo desenhado no chão, onde se acredita estar protegido de qualquer influência externa.

> Invocação – aqui o Mago testa os limites de sua habilidade de criar mudanças arbitrárias causadas por modificações estudadas do ambiente e de comportamento: por exemplo, decorar todo o Templo como se fosse um Templo de um Deus Egípcio, vestir-se como tal Deus, personificando-o durante determinado tempo. É o que os iniciados fazem quando "incorporam" seu Orixá (DE MAGIA, 2000, p. 16).

Na segunda técnica ou "sistema de evocação", o mago, como numa barganha ou negociação, chama o espírito a comparecer ou se manifestar à sua frente. Na maioria das vezes forçadamente, com ameaças ou com propostas de recompensar o demônio pelo "benefício" que ele trará ao mago. Então, "o Mago cria, artesanalmente, uma imagem, uma escultura, um assentamento: as funções podem ser as mais diversas, definidas pelo Mago; o fetiche é tratado como um ser vivo; pode ou não conter elementos do Mago" (DE MAGIA, 2000, p. 16). Nesses rituais, ainda são usados, além do círculo, alguns elementos que compõem a evocação: baqueta: ferramenta da vontade manifesta do magista; triângulo: local destinado à manifestação do espírito invocado, contido ali sob as ordens do mago; selo do espírito: cada um dos 72 espíritos goéticos (demônios) possui seu próprio selo, disposto dentro do triângulo para a conjuração (OCULTURA, 2006).

Já o Hexagrama, o Pentagrama e o Disco de Salomão são símbolos usados para a proteção do mago, sendo este último apenas usado em casos de emergência (OCULTURA, 2006). A manifestação demoníaca, após os rituais e conjurações, pode ser percebida de várias formas, dependendo da percepção e sensibilidade do mago. Desde a percepção visual de neblina no local da evocação à queda súbita de temperatura, ou uma súbita sensação de formigamento no corpo, premonições etc. Há casos em que o espírito literalmente se torna visível, como um vulto, surgindo e desaparecendo na área do triângulo, ou numa imagem de escultura que tremula (quem nunca ouviu casos das imagens de santos que choram?). Pode também se manifestar\ psiquicamente, como uma nítida imagem refletida com detalhes na "tela mental" do "receptor". Segundo Champlin (2000), pode-se ter uma lista de sinais que podem identificar e desencadear uma possessão ou uma manifestação demoníaca: fenômenos psíquicos, enfermidades consideradas sem explicação, dupla personalidade, crenças errôneas, agitação, nervosismo, ações pervertidas, perversões sexuais, contorções, violência, vozes interiores etc. (CHAMPLIN, 2000, p. 67).

Mesmo entendendo que não há novidade alguma dentro desse sinistro sistema de evocação demoníaca – porque sabemos que tais espíritos enganadores estão em operação por toda a Terra e que podem, sim, ser atraídos por quem os buscam –, questionamos: o que leva as pessoas a buscarem os demônios? A resposta pode ser mais que óbvia, podemos assim dizer, exatíssima: ausência de Deus. Paradoxalmente, ao passo que esta geração caminha cética para com as coisas do céu, isso em sua grande maioria, notamos uma abertura maior para o desconhecido, para o que se encaixa no ocultismo, ou seja, milhões de pessoas seguem suas vidas dando mais ouvidos às coisas do inferno do que ao que é de Deus. Não creem mais no Jesus Salvador. Mas são rápidos em seguir os seus gurus, seus guias espirituais, seus consultores médiuns e, envoltos nos laços infernais que prendem a mente dos que enveredam por caminhos tenebrosos, caem como escravos aos pés de Satanás e seus súditos. Em busca de poder, riquezas e prazeres, acabam crendo que podem dominar os poderes das trevas, mas logo são consumidos por elas.

No meio de uma lista com os 72 nomes de demônios geralmente evocados nos ritos goéticos, encontram-se nomes de alguns desses espíritos que ajudam homens a encontrarem "tesouros", como *Asmoday, Gremory, Volac, Cimeges* e *Andromalius* (GODOY, 1996, p. 63). Outros que interferem nos relacionamentos entre homem e mulher, como *Sitri, Furfur, Forneus, Beleth, Raum, Zepar, Sallos* e *Glasya-Labolas*. E *Paimon,* um espírito considerado como um "grande Rei", muito obediente a Lúcifer (DE ARAUJO, 2015, p. 11-12). Para todos os que rejeitam ou duvidam da existência do mal e da influência diabólica neste mundo, fica a advertência: "O maior truque do diabo foi convencer-nos de que ele não existe" (JONES, 1994, p. 65). Mas glórias a Deus que, diante de Jesus – Único Senhor e nosso Rei – todos os demônios e seus líderes se dobrarão, caídos perante a glória do Eterno e Todo Poderoso Senhor! Aleluia!

c. Sob as garras sombrias

Quem não sabe orar, xinga Deus! Esse é mais um ditado popular que aprendemos desde cedo. Quem não conhece o Seu Criador não pode entender o Seu agir, não pode vislumbrar o Seu plano de reaproximação com toda a Sua criação por meio de Jesus, nem consegue crer na Sua Palavra. Logo, entendemos que milhões de pessoas ao redor do mundo estão aprisionadas (ainda que se sintam livres!), sob as garras sombrias de Lúcifer. O poder operacional dos espíritos imundos comandados pelo seu general do mal não só intrigava como obcecava os meios religiosos na Idade Média. Esse tenebroso e conturbado período da História, como já pudemos comentar, viu o florescer da demonologia nas práticas de exorcismo e o interesse na busca pessoal pelo satanismo como uma corrente mística.

O estudo sobre os demônios e o seu poder passou a ser doutrina teológica. Os magos e os apreciadores dessa filosofia do inferno chegaram a uma conclusão: já que os anjos não se interessam pelo plano material, nem interferem em nada sem que haja um propósito divino, posto que obedecem a ordens diretas de Deus, os demônios têm mais poder de atuação na terra e podem, por esse fato, ser mais úteis às vontades e aos desejos humanos. Vingança, poder, riquezas, prazeres carnais e toda sorte de maldade, tudo isso seria possível se houvesse uma "barganha" entre o homem e tais espíritos. Não temos como negar a eficácia dessas criaturas em promover o sucesso nessas áreas. Até porque, diz a Palavra em 1 João: "Sabemos que somos de Deus e que o mundo todo está sob o poder do Maligno" (1 JOÃO 5:19, NVI).

Isso mesmo o que João quis dizer, que todos os que estão fora dos planos divinos de salvação estão presos sob as garras do mal. Enganosamente, muitos dos que praticavam a evocação aos demônios criam que, se tivessem a proteção dos anjos ou se escrevessem os nomes pelos quais Deus era conhecido na cultura judaica dentro dos círculos, estariam livres de serem tomados pelas forças infernais. Repetiam muitas orações sem se dar conta de que os mesmos anjos de luz que os respondiam eram, na verdade, demônios disfarçados. Cada um desses espíritos possui um nome próprio ou uma identificação. Jesus perguntou ao espírito que falava pelo homem de Gadara qual era o nome dele. E ouviu a resposta: "Legião é o meu nome, porque somos muitos" (MARCOS 5:9, ARC). Eles nunca agem sozinhos, são muito bem-organizados. Só que eles reconhecem a autoridade que há no nome e na pessoa do Senhor Jesus.

Eles O conheceram e se prostraram aos Seus pés. Leiamos, para melhor compreensão:

> E chegaram ao outro lado do mar, à província dos gadarenos. E, saindo ele do barco, lhe saiu logo ao seu encontro, dos sepulcros, um homem com espírito imundo; O qual tinha a sua morada nos sepulcros, e nem ainda com cadeias o podia alguém prender; Porque, tendo sido muitas vezes preso com grilhões e cadeias, as cadeias foram por ele feitas em pedaços, e os grilhões em migalhas, e ninguém o podia amansar. E andava sempre, de dia e de noite, clamando pelos montes, e pelos sepulcros, e ferindo-se com pedras. E, quando viu Jesus ao longe, correu e adorou-o. E, clamando com grande voz, disse: Que tenho eu contigo, Jesus, Filho do Deus Altíssimo? conjuro-te por Deus que não me atormentes (Porque lhe dizia: Sai deste homem, espírito imundo) (MARCOS 5:1-8, ARC).

Esse cenário é de um lugar que cheirava a porcos, devia ter muita lama, e a água às margens do lago poderia exalar o odor das vísceras apodrecidas dos animais que ali eram abatidos e tratados. Vemos um homem possesso, não por um, mas por vários espíritos ao mesmo tempo. Milhares deles. Um homem sob as garras das trevas. Certo pastor batista, da nossa Convenção, recentemente nos trouxe uma reflexão sobre a influência maligna na vida daquele homem gadareno, tornando-o falido em, pelo menos, quatro áreas: familiar, moral, emocional e espiritual.

Falência FAMILIAR, porque a Palavra não diz que ele sempre fora atormentado, mas que fazia muito tempo que se encontrava assim. Deveria ter esposa, filhos e parentes vivos. Tanto tinha família que Jesus, após esse homem ter demonstrado interesse de segui-lo, lhe disse para ir para casa: "Jesus, porém, não lhe permitiu, mas ordenou-lhe: Vai para tua casa, para os teus. Anuncia-lhes tudo o que o Senhor te fez e como teve compaixão de ti" (MARCOS 5:19, ARA).

Falência MORAL, porque andava nu, não se envergonhava, não tinha decência nem pudor. Sobre o mesmo homem, relatou Lucas, o Médico: "[...] saiu-lhe ao encontro, vindo da cidade, um homem que desde muito tempo estava possesso de demônios e não andava vestido [...]" (LUCAS 8:27, ARC).

Falência EMOCIONAL, porque aquele homem não dormia, andava dia e noite clamando, cortando-se com pedras, vivendo entre os sepulcros. Talvez, fosse conhecido como "o doido de Gadara", alguém visivelmente perturbado, fora de si, sem o domínio próprio das vontades.

Falência ESPIRITUAL, porque os demônios, dentro dele, podiam fazer o que quisessem, pois lhe tiravam as forças. Aquele homem sozinho não conseguiria jamais se libertar. Somente Jesus poderia ajudá-lo. E assim, do mesmo jeito, vivem muitos hoje: atormentados, dependentes de drogas, de álcool, viciados, alucinados como loucos que vagueiam sem direção, longe do Caminho.

Debaixo das garras de Satanás, o homem é uma presa. Um prisioneiro sentenciado à morte física e espiritual. Condenado a viver longe de Deus eternamente. Se fosse correto alguém buscar ter relacionamentos com esses seres, Jesus não os teria expulsado. Foram muitos os exorcismos na época de Jesus. Os demônios sabiam quem de fato Ele era: O Filho de Deus, o próprio Deus em carne, o único Senhor. E O temiam, por isso, obedeciam. Nada poderiam fazer, por mais numerosos que fossem, diante da presença de Cristo ali. Vejamos:

> Justo naquele momento, na sinagoga, um homem possesso de um espírito imundo gritou: "O que queres conosco, Jesus de Nazaré? Vieste para nos destruir? Sei quem tu és: o Santo de Deus!" "Cale-se e saia dele!", repreendeu-o Jesus. O espírito imundo sacudiu o homem violentamente e saiu dele gritando. Todos ficaram tão admirados que perguntavam uns aos outros: "O que é isto? Um novo ensino – e com autoridade! Até aos espíritos imundos ele dá ordens, e eles lhe obedecem!" (MARCOS 1:23-27, NVI).

Até as mulheres que acompanharam Jesus tiveram de ser libertas antes de poderem servi-lo, como se vê: "E algumas mulheres que haviam sido curadas de espíritos malignos e de enfermidades: Maria, chamada Madalena, da qual saíram sete demônios; E Joana, mulher de Cuza, procurador de Herodes, e Suzana, e muitas outras que o serviam com seus bens" (LUCAS 8:2,3, ACF). Muitos homens possessos e enfermos foram tratados por Jesus: "E, havendo-se eles retirado, trouxeram-lhe um homem mudo e endemoninhado. E, expulso o demônio, falou o mudo; e a multidão se maravilhou, dizendo: Nunca tal se viu em Israel" (MATEUS 9:32,33, ACF); "E, chegada a tarde, trouxeram-lhe muitos endemoninhados, e ele com a sua palavra expulsou deles os espíritos, e curou todos os que estavam enfermos; Para que se cumprisse o que fora dito pelo profeta Isaías, que diz: Ele tomou sobre si as nossas enfermidades, e levou as nossas doenças" (MATEUS 8:16,17, ACF). Nem as crianças estão livres de possessões demoníacas, como este exemplo:

> Um homem, no meio da multidão, respondeu: "Mestre, eu te trouxe o meu filho, que está com um espírito que o impede de falar. Onde quer que o apanhe, joga-o no chão. Ele espuma pela boca, range os dentes e fica rígido. Pedi aos teus discípulos que expulsassem o espírito, mas eles não conseguiram". Respondeu Jesus: "Ó geração incrédula, até quando

> estarei com vocês? Até quando terei que suportá-los? Tragam-me o menino". Então, eles o trouxeram. Quando o espírito viu Jesus, imediatamente causou uma convulsão no menino. Este caiu no chão e começou a rolar, espumando pela boca. Jesus perguntou ao pai do menino: "Há quanto tempo ele está assim?" "Desde a infância", respondeu ele. "Muitas vezes esse espírito o tem lançado no fogo e na água para matá-lo. Mas, se podes fazer alguma coisa, tem compaixão de nós e ajuda-nos" "Se podes?", disse Jesus. "Tudo é possível àquele que crê" Imediatamente o pai do menino exclamou: "Creio, ajuda-me a vencer a minha incredulidade!" Quando Jesus viu que uma multidão estava se ajuntando, repreendeu o espírito imundo, dizendo: "Espírito mudo e surdo, eu ordeno que o deixe e nunca mais entre nele". O espírito gritou, agitou-o violentamente e saiu. O menino ficou como morto, ao ponto de muitos dizerem: "Ele morreu". Mas Jesus tomou-o pela mão e o levantou, e ele ficou em pé" (MARCOS 9:17-27, NVI).

O Senhor dos Senhores, o Mestre Jesus, ensinou aos Seus seguidores a fazerem o mesmo que Ele fez. Deu-lhes o poder, não para negociarem com os espíritos malignos, tampouco evocá-los em busca de benefícios materiais ou entrevistá-los em programas. Mas para expulsá-los em Seu nome. "Estes sinais acompanharão os que crerem: em meu nome expulsarão demônios; falarão novas línguas; pegarão em serpentes; e, se beberem algum veneno mortal, não lhes fará mal nenhum; imporão as mãos sobre os doentes, e estes ficarão curados" (MARCOS 16:17,18, NVI); "Chamando seus doze discípulos, deu-lhes autoridade para expulsar espíritos imundos e curar todas as doenças e enfermidades" (MATEUS 10:1, NVI).

Percebem quantas pessoas em nossos dias também se encontram numa situação de tormento espiritual, sendo atacadas, manipuladas a fazerem o mal, vítimas de muitas enfermidades provocadas por esses espíritos, sem se darem conta de que precisam ser libertas? Percebem quantos estão vazios e vivendo uma vida sem sentido sem Jesus? Percebem o quanto o maligno investe para que almas estejam aprisionadas sob suas garras, sem forças para pedirem por socorro, sem ânimo para conhecerem intimamente a Verdade que liberta? E, cada vez mais, percebemos um número incontável de pessoas que vão sendo afetadas por estarem fora do Caminho, vazias do Espírito Santo, como casas ocas para a ocupação do mal.

Está escrito que, quando um espírito imundo sai de um homem, ele vagueia por lugares áridos procurando onde descansar. Quando não o encontra, diz: "Voltarei para a casa de onde saí". Quando chega, encontra a casa varrida e em ordem. Então vai e traz outros sete espíritos piores do que ele, e entrando passam a viver ali". E diz a Bíblia que o estado final do homem que passa por esse tormento espiritual torna-se muito pior do que o primeiro estado (LUCAS 11:24-26, NVI). Com o mal não se brinca. Evocar espíritos traz consequências desastrosas. Vende a sua alma quem se entrega às práticas ocultistas de magias, encantamentos, cultos satânicos, consulta aos espíritos ou guias espirituais e não chamam pelo nome poderoso do Senhor da Glória, Jesus Cristo de Nazaré. Não sejamos como os que dormem na ignorância espiritual. Eis que se aproxima o tempo de ser estabelecido o reinado do Anticristo, pois, como foi registrado pelo profeta Daniel, no capítulo 10, as suas hostes há muito tempo pelejam contra o exército de Deus pelo controle dos Reinos da Terra. Os líderes políticos do mundo inteiro serão dominados, literalmente manipulados por demônios.

> E da boca do dragão, e da boca da besta, e da boca do falso profeta vi sair três espíritos imundos, semelhantes a rãs porque são espíritos de demônios, que fazem prodígios; os quais vão ao encontro dos reis da terra e de todo o mundo, para os congregar para a batalha, naquele grande dia do Deus Todo-Poderoso (APOCALIPSE 16:13,14, ACF).

A intenção é implantar um poder unificado, como alguns já sabem, uma Nova Ordem Mundial (NOM), como uma espécie de resposta encontrada pelo sistema capitalista para o esgotamento de um padrão de acumulação (LASTRES, 1999, p. 72-78). Conhecida como "Teoria Conspiratória", teria o objetivo de derrubar de vez os Reinos e governos de todo o mundo, erradicar todas as crenças e religiões, unificando, assim, a humanidade em uma ideologia uniforme de manipulação: única moeda e única religião. As evidências mais atuais estão aí, diante dos nossos olhos. Sem fanatismo, apenas olhando com um olhar mais observador, em 2004, a Food and Drug Administration (FDA) – agência que regula o uso de medicamentos e alimentos nos Estados Unidos por meio de diversos testes e pesquisas – aprovou a fabricação para implantes em humanos do microchip *VeriChip* (REINALDO FILHO, 2018). Após implantado, esse microchip pode ser lido por uma espécie de scanner, que vai identificar o código do portador, permitindo o acesso a um grande banco de dados mantido pela empresa por meio da internet.

Ou seja, toda a ficha médica das pessoas cadastradas permanece armazenada, mantendo, entre outras informações, os tipos de doenças anteriores e seus respectivos tratamentos, o tipo sanguíneo etc. (REINALDO FILHO, 2018). Globalização, identificação digital, tanta tecnologia de vigilância e rastreamento e muitas outras coisas que indicam um monitoramento global para controle de massa. É o que já se cantava nos anos 1990 em algumas letras que falavam sobre a "liberdade vigiada". E a nossa sociedade em geral vem sofrendo transformações que evidenciam um governo diabólico por trás de muitos poderes e organizações.

d. As trevas: seu reino e suas 7 divisões

O Senhor Deus é Soberano e Dele é o domínio universal, não há quem possa ocupar o Seu lugar nem se comparar ao Seu poder: "Do SENHOR é a terra e a sua plenitude, o mundo e aqueles que nele habitam. Porque ele a fundou sobre os mares, e a firmou sobre os rios" (SALMOS 24:1-2, ACF). Ao refletirmos nesse Salmo, podemos fazer uma ressalva importante: como é um Reino onde só entrarão os justos, os limpos de mão e puros de coração que não juram com engano, ali não há nem poderá haver lugar para Lúcifer, que é o pai da mentira – como disse o próprio Jesus, outorgando a Satanás autoridade nessa área. Tampouco pode haver lugar para demônios, ou espíritos enganadores que estão sob o poder do seu general do mal. Menos ainda haverá lugar para os rebeldes, para os que se deixam escravizar pelas forças satânicas, os que andam fora do Caminho de Salvação que é Cristo Jesus, os que não abrem seus ouvidos para ouvir, entender e se deixar moldar pela Palavra que transforma o homem pecador em filho de Deus.

Contrariando o versículo 4 do Salmo anterior, Lúcifer não só renunciou à pureza quando pretendeu e arquitetou em seu coração ocupar um lugar semelhante ao de Deus, um "trono glorioso", como se entregou definitivamente à sua vaidade sem arrependimento. Ele jurou enganosamente, mentiu e, como foi desmascarado pela onisciência do Todo Poderoso, convenceu o homem a seguir seus passos, dividindo com este a condenação que pesava sobre seus ombros. Embora não tendo os atributos da onisciência, onipresença e onipotência, recebera em algum momento da eternidade qualquer fração de poder da parte de Deus e é baseado nesse poder, sendo um ser espiritual, que ele intenta cumprir seu último objetivo: desencaminhar os cristãos fiéis, impedindo-os de crer e aceitar a Cristo como Senhor e Salvador, como lemos na Palavra. Nas palavras de Paulo aos Coríntios, o Evangelho que chegou aos fiéis só está "encoberto" para "os que se perdem": "Nos quais o deus deste século cegou os entendimentos dos incrédulos, para que lhes não resplandeça a luz do evangelho da glória de Cristo, que é a imagem de Deus" (2 CORÍNTIOS 4:4, ACF).

E Pedro complementa e exorta: "Sejam sóbrios e vigiem. O diabo, o inimigo de vocês, anda ao redor como leão, rugindo e procurando a quem possa devorar" (1 PEDRO 5:8, NVI). Logo, conforme Kunhiyop (2008), o império de Satanás e seus demônios pode ser real, porém devemos sempre afirmar o poder de Deus sobre aqueles que se opõem a nós:

> As Escrituras não negam a existência de demônios, espíritos malignos e bruxaria. Mas as Escrituras insistem que a presença de Deus e de seus anjos proveem segurança contra demônios e qualquer outra causa de medo para o ser humano. O cristão pode repousar confiantemente na promessa de Cristo de que ele estará conosco até o fim dos tempos (Mateus 28.20). A questão não é negar a existência e o poder de Satanás e seus agentes, como demônios e bruxas, mas afirmar o poder de Deus sobre aqueles que se opõem a nós (KUNHIYOP, 2008, p. 241).

Falando mais uma vez em divisão, eis que Doc Marquis (1956-2018), um ex-feiticeiro Iluminista convertido a Cristo, escreveu um livro sob o título *Secrets of the Illuminati* – Segredos dos Illuminati (1994) –, no qual ele relaciona as sete divisões do reino das trevas, os nomes dos demônios que estão no comando e o que cada um procura fazer na Terra. Publicado pela American Focus Publishing Company, o livro traz uma abordagem interessante sobre todos os acontecimentos atuais e a ligação que o mundo espiritual pode ter com eles, interferindo diretamente na vida dos seres humanos e abalando estruturas da sociedade tomada pelo crime. O site A Espada do Espírito (2000), traduzindo trechos da obra de Marquis, lista os SETE CHEFES DO MAL com as suas atribuições, no estudo intitulado "Os Sete Principados do Reino das Trevas:

> **1) "Rege** — É o general do ocultismo. Lida com as drogas alucinógenas, como maconha, haxixe, cocaína, LSD, mescalina e outras. Essas são as drogas da feitiçaria, que atacam e abrem a mente para que um demônio possa entrar na pessoa. Rege também é responsável pelo enfeitiçamento da música" Meu estudo do ocultismo me revelou que a "abertura da mente em níveis mais elevados de consciência" é absolutamente essencial no desenvolvimento de uma pessoa nos níveis mais elevados do ocultismo. Essa "abertura da mente" depende do consumo de drogas. Portanto, se nossa teoria delineada no artigo CE1001 estiver correta, devemos ver um tremendo problema de pessoas consumindo drogas de uma maneira generalizada e sem precedentes. Você vê esse problema nas notícias do dia-a-dia? Quanto ao fato de a música popular estar enfeitiçada, acredito nisso totalmente. [...] **2) "Larz** — Demônio da lascívia sexual, da homossexualidade, bissexualidade, adultério, e outros prazeres sexuais" Novamente, os jornais e revistas estão repletos de sexo e perversões sexuais. A pornografia, tanto da forma "pesada" quanto da "suave" pode ser encontrada em qualquer localidade do país. A programação da televisão está repleta de filmes, novelas e comédias que usam o sexo para atrair a audiência. As prisões estão lotadas de pessoas presas por crimes sexuais, de estupros à pedofilia. [...] Larz está obtendo grande sucesso no mundo de hoje, mais do que em qualquer outro período na história. Um dos seus grandes sucessos nos EUA é a legitimação da homossexualidade e da bissexualidade; [...] O álcool, as drogas e o sexo selvagem servem todos ao mesmo propósito: romper o antigo sistema de valores e a consciência da pessoa de seu estilo de vida atual. O sexo também é muito importante na feitiçaria. **3) "Baco** — Demônio dos vícios, como drogas, fumo e álcool" Satanás gosta de capturar uma pessoa em algum tipo de vício, pois então fica muito mais fácil controlá-la para seus objetivos malignos. Vemos esses tipos de vícios afligindo nossa sociedade hoje. Tenho certeza que os fumantes nunca pensaram que sejam vítimas da ação de demônios. No entanto, isso é verdade. Se nossa teoria estiver correta, deveremos ver um aumento cada vez maior desse tipo de dependência. Além disso, Rege e Baco podem trabalhar em conjunto para maximizar suas respectivas áreas de responsabilidades, eles e suas legiões de demônios subalternos. **4 "Pã** — Demônio da mente. Causa doenças mentais, depressão, tendências suicidas, ataques nervosos e sentimento de rejeição. Você já observou que quando uma pessoa se torna deprimida, ou se sente rejeitada,

ela se volta para as drogas ou para algo que cause dependência? Vê como um demônio pode levar uma pessoa a outro demônio? Pã faz as pessoas se sentirem deprimidas, de forma que caem sob a influência de Rege, o demônio do ocultismo e das drogas, e ele, por sua vez, leva as pessoas a Baco, o demônio dos vícios e das dependências. É um grande círculo, no qual os demônios tentam prender as pessoas para sempre" **5) "Medit** — Demônio do ódio, assassinato, matanças, guerras, ciúmes, inveja e fofocas" Parece enredo de novela da televisão, não é mesmo? Esse demônio está também muito ativo na sociedade atual, enchendo as notícias do dia-a-dia com assassinatos e desordens. Tenho a certeza que os ativistas que lutam contra a violência doméstica nunca pensaram que estão lutando contra uma horda demoníaca. Novamente, quando essa divisão de demônios coopera com as divisões que promovem os vícios, as drogas, o álcool, as doenças mentais, etc., você tem um poderoso caldeirão de problemas, de uma natureza desastrosa! **6) "Set** — Demônio da morte. Isso realmente existe" Guerras, terrorismo e assassinatos estão aumentando em todo o mundo. O século 20 foi o mais violento e sangrento da história mundial; foi quando ocorreram os genocídios. Esse demônio marcha com os exércitos do mundo, com os grupos guerrilheiros nas selvas e com as gangues de jovens nas cidades. Ele fica de tocaia na escuridão da noite, aguardando para atacar sem aviso, sem misericórdia e sem qualquer motivo. "Set" é o nome dele; Morte é o nome do jogo. **7) "Demônio Cristão** — Esse demônio não tem um nome definido. Ele é tão poderoso que a maioria dos feiticeiros prefere não incomodá-lo... Fazer os cristãos falar mal uns dos outros em fofocas e causar rixas dentro da igreja e entre os irmãos... Ele também procura enfraquecer a comunhão dos crentes com o Senhor e fazê-los negligenciar os compromissos com a igreja, como o dízimo, a evangelização, o envolvimento na obra do Senhor e muitas outras coisas" (ESPADA DO ESPÍRITO, 2000, s/p, grifos nossos).

Basta ter estudado um pouco sobre ocultismo para saber que todo iniciante nas práticas de feitiçaria é convidado por seu líder espiritual e recebido em uma grande festa, regada a muito álcool, drogas e sexo livre, tudo disponível para saciar os desejos dos novos magos ou admiradores ocultistas. Vimos isso no discorrer de temas já discutidos neste livro, como quando falamos dos cultos extáticos aos deuses egípcios. Em todas essas coisas, vemos enfaticamente o cumprimento de Romanos 1:25-29, quando expressa as perversões e aberrações da carne, sob as quais os pagãos adoram mais a criatura (o sexo), e não o seu Criador. E, segundo o apóstolo Paulo, toda essa impureza e abominação advêm da corrupção da genuína adoração que o homem deveria prestar ao único Deus.

Irmãos, caros leitores, não nos enganemos... O inferno é um lugar literal. E como já falamos e testificamos com muitas citações da Palavra, é um lugar que, originalmente, foi criado para o diabo e seus anjos. Infelizmente, será o destino final dos que não pertencerem ao Reino de Deus. Mas, enquanto o grande dia do juízo não chega, Satanás mantém o seu trono em algum lugar da terra, agindo de forma sobrenatural para atingir seus malévolos objetivos. E, muito embora pareça alcançá-los, pelo sucesso de suas muitas investidas, na verdade, ele está sendo autorizado pelo próprio Deus para o cumprimento das profecias dos últimos dias. Deus é o único que pode impedir Satanás de agir porque o Seu poder não tem fim. E quando Deus começar a remover Seu poder de restringir a ação de Satanás e suas hordas, o mal experimentará uma falsa vitória, temporária, que incluirá um completo esmagamento dos cristãos, falência da Igreja, até que Jesus Cristo volte e implante o seu Reino Milenar, pondo um fim à rebelião e à iniquidade.

O caos espiritual que estamos testemunhando em nossos dias, com todo o liberalismo e legalismo fomentando essa chamada contemporização infiltrada, distorcendo os princípios bíblicos, só colabora para o avanço das forças do Anticristo. Uma vez que doutrinas fundamentais estão sendo negligenciadas e a Verdade do Evangelho sendo negada pela omissão de muitos líderes, não podemos esperar outra coisa: "O fim vem!" O Grande e terrível dia, o qual nunca houve nem jamais haverá outro igual sobre

a face da terra. Dia de juízo sobre os quatro cantos da terra. E o que será de todos os que estão fora DO CAMINHO? Onde passarão a eternidade? Quando vier a ordem de separação entre o joio e o trigo, entre as ovelhas e os bodes, de que lado nós todos estaremos? Será que estaremos ao lado de Cristo? Ou seremos lançados no infernal abismo, num lago ardente onde o fogo nunca se apagará? A Palavra de Deus não muda e logo se cumprirá. E triste será o fim de todos os que negarem a Salvação que só há em Jesus Cristo de Nazaré, nosso único Senhor, pois, como profetizado em Ezequiel 7:1-6, "VEM O FIM, O FIM VEM SOBRE OS QUATRO CANTOS DA TERRA".

Biblicamente, o correto é entendermos que o mal é tão somente a ausência do bem. Num sentido ainda mais específico, usando outras palavras, podemos, sim, dizer que o mal é a ausência de Deus, ou seja, o mal é tudo aquilo que é contrário a Deus e à Sua vontade. Logicamente, sob esse aspecto, é errado dizer que o mal sempre existiu. Porque Deus, que é plenamente bom, santo e eterno, Ele, sim, sempre existiu. O mal surgiu, teoricamente, em algum lapso de tempo, pela desobediência aos padrões santos estabelecidos na criação – pois tudo o que Deus criou, em essência, é santo (é impossível que Deus pratique o mal!). Foi justamente quando "um ser", dentre os demais seres perfeitos da criação, resolveu, livremente, opor-se a Deus e desobedecer a Sua autoridade, que o mal passou a ser experimental entre os seres humanos. Portanto, em tese, tudo aquilo que é oposto a Deus, ou que se levantou contra Deus, é o mal. E agora que vimos essas áreas de atuação do mal por outro prisma, fica mais fácil entendermos o quanto o mundo está padecendo e as nossas famílias sofrendo os ataques de todos os lados. Mas, NO CAMINHO certo, a nossa vitória está garantida!

O ÚNICO CAMINHO

Porque Deus, que disse que das trevas resplandecesse a luz, é quem resplandeceu em nossos corações, para iluminação do conhecimento da glória de Deus, na face de Jesus Cristo.

(2 CORÍNTIOS 4:2-6, NVI)

Bem, como está justificado na introdução deste livro, basta que sigamos por Ele – Jesus, sem desvios... E nunca mais saberemos da dor ou da tristeza pelos passos errados em caminhos tortos. Jesus nos fez conhecer ao Pai. Deus se manifestou ao mundo por meio do Messias prometido. Aquele que havia de vir e veio, para resgatar o pecador. C. S. Lewis sabiamente disse: "o Filho de Deus tornou-se homem para possibilitar que os homens se tornem filhos de Deus". Jesus Cristo é o Salvador Universal, o Único Senhor e Deus Verdadeiro, que veio ao mundo em carne. E ser cristão, ou seja, viver fundamentado na Verdade do Cristianismo, é testemunhar da obra redentora que Jesus veio concluir em nós, garantindo a vida eterna a todo aquele que quiser crer. Não tem sido uma tarefa muito fácil para os cristãos da atualidade conviverem em um mundo tão hostil e intolerante, pluralizado – religiosamente falando – e tão distante do conhecimento de Deus, da Sua Palavra e de Seus ensinamentos para todos os que querem segui-lo pela fé em Cristo Jesus.

Diversas seitas têm surgido a cada dia, arrastado muita gente para fora do Caminho. Com base no que lemos no capítulo anterior, entendemos que o mal tem investido pesado contra as nossas crianças, nossos jovens, nossa família e contra todos os que ainda não estão firmados na Rocha. Recentemente, foi publicada uma matéria sobre o Templo Satânico (*The Satanic Temple*), que tem promovido nos EUA uma crescente onda de "batismos" no nome de Satã em plena rua. Publicamente, sacerdotes dessa seita americana recebem os fiéis, afluindo aos montes, feito formigas em véspera de tempestade. Em meio aos vendedores que exibem seus produtos com os dizeres "Satanás ama você!", voluntariamente, novos adeptos recebem o sinal invertido da cruz em suas testas, como uma confirmação pública de que estão renunciando a Cristo e a qualquer vínculo com outra religião. É um pacto livre e escancarado com o poder das trevas, em que confessam com seus próprios lábios que estão cientes de que, a partir daquele momento, Satanás será o senhor de suas vidas.

Além do sinal e da aceitação do trevoso clero, recebem apoio massivo para a prática do aborto, com clínica definida, cujo nome é "Clínica de Aborto Satânica Mãe de Samuel Alito". Pretendem no escopo incluir o recebimento de medicamentos abortivos pelos correios e assistência médica a distância. A organização satanista tem, inclusive, acionado o governo americano para facilitar a prática do aborto, pela quebra das restrições legais impostas em cada estado. Sendo que o Templo desenvolveu um ritual do aborto, destinado a confortar pessoas que encerram uma gravidez (COELHO, 2023). Incrível como já estamos vendo os sinais dos últimos dias em NOSSOS dias! Porque, em dias passados e em pleno exílio, o profeta Daniel teve visões assustadoras sobre os últimos dias. E a ele foi revelado sobre o futuro governo de Cristo, em Daniel 7:

> Na minha visão à noite, vi alguém semelhante a um filho de um homem, vindo com as nuvens dos céus. Ele se aproximou do ancião e foi conduzido à sua presença. A ele foram dados autoridade, glória e reino; todos os povos, nações e homens de todas as línguas o adoraram. Seu domínio é um domínio eterno que não acabará, e seu reino jamais será destruído (DANIEL 7:13,14, NVI).

Autoridade? Pertence a Jesus! A Glória e o Reino? São exclusivos Dele! A adoração? Toda expressão de adoração, de louvor e de serviço que possamos manifestar aqui na terra tem que ser unicamente para Aquele que é digno. O homem natural é pecador e está condenado pelo pecado. Pode viver a vida que quiser viver e tem, da parte de Deus, o livre-arbítrio para fazer suas próprias escolhas. Pode até ter a sua existência pautada naquilo em que foi criado e educado, nos princípios religiosos de gerações passadas, nos conceitos e achismos adquiridos pelas suas experiências de vida. Mas somente Jesus pode mudar a condição que traz sobre o homem a condenação. Disse João Batista, cheio do Espírito: "No dia seguinte João viu Jesus aproximando-se e disse: 'Vejam! É o Cordeiro de Deus, que tira o pecado do mundo!'" (JOÃO 1:29, ACF). Ao olhar para a figura humana de Jesus, foi revelado a João que Aquele seria o sacrifício definitivo que religaria toda a humanidade ao seu Criador.

O Cordeiro Santo e imaculado, perfeito, que seria imolado sem ter cometido pecado, cujo sangue derramado pagaria de forma definitiva toda a dívida acumulada desde Adão. "Ele é a propiciação pelos nossos pecados, e não somente pelos nossos, mas também pelos pecados de todo o mundo" (1 JOÃO 2:2, NVI). E, para isso, João foi enviado: preparar o mundo para a chegada do Senhor. A partir daquele momento de revelação, Jesus iniciaria o Seu ministério terreno, atraindo, a Si mesmo, aqueles que estivessem dispostos a segui-lo, renunciando a velha natureza para receber o revestimento do alto, a saber, o Espírito Santo – por meio Dele!

> E eu não o conhecia; mas, para que ele fosse manifestado a Israel, vim eu, por isso, batizando com água. E João testificou, dizendo: Eu vi o Espírito descer do céu como pomba, e repousar sobre ele. E eu não o conhecia, mas o que me mandou a batizar com água, esse me disse: Sobre aquele que vires descer o Espírito, e sobre ele repousar, esse é o que batiza com o Espírito Santo. E eu vi, e tenho testificado que este é o Filho de Deus (JOÃO 1:31-34).

Jesus, em carne, tendo nascido de mulher, seria conhecido por todos como "o Filho de Deus", possibilitando assim, que a criatura (homem) gozasse do mesmo privilégio de paternidade. Só que a Bíblia revela o tempo todo: Jesus É DEUS. Não somente profeta, não somente o Filho, mas o Deus que desceu do trono e se humilhou por nos amar. Simplesmente! Está escrito sobre Jesus, de Paulo para o povo de Filipo, em Filipenses 2: "Que, sendo em forma de Deus, não teve por usurpação ser igual a Deus, mas esvaziou-se a si mesmo, tomando a forma de servo, fazendo-se semelhante aos homens" (FILIPENSES 2:6,7, ACF). E, por essa excelsa razão, o Seu poderoso nome está acima de qualquer outro. Por isso mesmo, a ninguém mais podemos clamar, orar, prestar culto, adorar nem entregar a nossa vida. Afinal, todos os "heróis" levantados pelo homem ao longo do tempo, morreram. E por mais santos que tivessem sido em sua conduta, por mais martírios que tivessem sofrido, por mais piedosos que fossem, nenhum deles poderia tomar o lugar de Deus em tão sublime entrega. Ao assumir a forma humana, Jesus passou por grande humilhação. Preferiu sofrê-la, negou a glória divina sobre Si mesmo por obediência ao Pai. E, obediente, seguiu qual ovelha para o matadouro. Foi até a cruz!

Eis o complemento do texto anterior: "Por isso Deus o exaltou à mais alta posição e lhe deu o nome que está acima de todo nome, para que ao nome de Jesus se dobre todo joelho, no céu, na terra e debaixo da terra, e toda língua confesse que Jesus Cristo é o Senhor, para a glória de Deus Pai" (FILIPENSES 2:8-11, ACF). Não houve, não há e nem haverá outro Salvador além de nosso Jesus

Cristo. Portanto, devemos honrá-lo acima de todos, porque só há uma maneira de rendermos honra a Deus: honrando ao Filho. A Palavra não manda que honremos "a mãe", ou os santos, ou o padre, o pastor etc. Se alguém quer realmente agradar ao Pai, basta que chamem pelo Filho. Lemos: "Para que todos honrem o Filho, como honram o Pai. Quem não honra o Filho, não honra o Pai que o enviou" (JOÃO 5:23, ACF).

Fora de Cristo, o Único Deus não pode ser confessado, honrado, tampouco conhecido ou adorado. Neste nosso plano físico, não pode haver outro nome que signifique mais para nós além do nome de Jesus. A quem você, amado leitor, tem orado? Em quem tem confiado e dedicado o seu tempo? Leia e guarde mais essa pérola em Atos: "Não há salvação em nenhum outro, pois, debaixo do céu não há nenhum outro nome dado aos homens pelo qual devamos ser salvos" (ATOS 4:12, NVI).

a. Para você, quem é Jesus?

Aceita-se, numa visão globalizada, que Jesus Cristo foi, de fato, um homem que influenciou toda a humanidade. E que andou na terra, mais precisamente em Israel, há pouco mais de 2024 anos. Numa concepção basicamente religiosa, todas as religiões pseudocristãs vão dizer que Jesus foi um grande profeta, homem simples e piedoso que gostava de socorrer as pessoas, ou um bom mestre. Para alguns, Jesus não passou de um revolucionário, alguém que mexeu com as estruturas político-religiosas do Seu tempo. Para outros, porém, Jesus foi um personagem influente, quem sabe, um ícone emblemático da Galileia, alguém que deixou muita história para ser contada. Mas, para os "filhos do Diabo", Jesus não é ninguém. Para os "filhos de Lúcifer", Jesus não fez nada demais, não disse nada demais, ou seja, "tanto faz, nada muda".

Queridos leitores, não se escandalizem porque aqui se escreve "filhos do Diabo", ou "de Satanás", pois foi o próprio Jesus quem comparou entre os que ouvem a Sua voz e O obedecem, com os que NÃO CREEM NEM SEGUEM A SUA PALAVRA. Não veio das linhas do conteúdo deste livro essa VERDADE. Mas, antes que discorramos sobre o que o próprio Jesus disse de Si mesmo, vamos à pergunta que não quer calar: PARA VOCÊ, QUEM É JESUS? Muitos de nós frequentamos igreja, lemos a Bíblia, até dizemos crer Nele, enfim. Mas será que já paramos para refletir sobre a pessoa de Jesus de uma maneira mais íntima? Em outras palavras, gostaríamos de trazer à memória dos irmãos a imagem de um Jesus que está ACIMA DE QUALQUER CONCEITO FILOSÓFICO OU RELIGIOSO, UM JESUS QUE ESTÁ MAIS PRÓXIMO DE VOCÊ DO QUE VOCÊ IMAGINA.

Isso mesmo, UM JESUS QUE PODE CAMINHAR CONTIGO POR ONDE VOCÊ ANDAR E QUE TE PERMITE ATÉ CHAMÁ-LO DE AMIGO. Portanto, irmãos, essa certeza não vai interessar aos que não creem Nele. Para esses, de coração endurecido pelo ceticismo, pelo pecado e pela influência do inimigo, nada muda. Mas interessa a nós, Seus filhos, e a todos que quiserem abrir o seu coração para aprender e se aproximar mais de Jesus. Alguns homens O negam com toda sua força. São categóricos em afirmar que Jesus não passa de um mito. Mesmo com a revelação da Palavra e tantos fatos confirmados por estudiosos, religiosos, pesquisadores, arqueólogos e uma série de provas e testemunhos que nem o tempo nem todo o ceticismo puderam apagar.

É o caso do pesquisador americano Joseph Atwill (1950), autor do livro *Caesar's Messiah: The Conspiracy to Invent Jesus* – "O Messias de César: A Conspiração Romana para Inventar Jesus" (2006). Para ele, esse personagem mitológico, bem como Suas palavras e ações, não são menos do

que uma elaborada narrativa inventada por aristocratas romanos objetivando pacificar os judeus que, segundo a consideração de alguns da época, se envolviam em sucessivas rebeliões contra o Império romano. Para Atwill e a sua tese, Jesus não teria passado de uma ferramenta de guerra psicológica (ROSA, 2013).

Ele está às portas! DEIXE JESUS ENTRAR, caro leitor! Todo homem que não confessa a Jesus, negando o Seu senhorio, Sua majestade e a Sua divindade, é um anticristo. Assim como o inimigo se fez contrário ao seu Criador, da mesma forma também faz o homem que se recusa a adorar a Jesus. Vejamos os textos a seguir, em 1 João: "Quem é o mentiroso, senão aquele que nega que Jesus é o Cristo? Este é o anticristo: aquele que nega o Pai e o Filho. Todo o que nega o Filho também não tem o Pai; quem confessa publicamente o Filho tem também o Pai" (1 JOÃO 2:22-23, ACF). E segue: "[...] mas todo espírito que não confessa a Jesus não procede de Deus. Esse é o espírito do anticristo, acerca do qual vocês ouviram que está vindo, e agora já está no mundo" (1 JOÃO 4:3, ACF).

Ainda que soe repetitivo, não podemos deixar de afirmar: uma vez tendo conhecido O Caminho, não somos mais atraídos nem levados por atalhos. Firmamos na Rocha os nossos pés e trilhamos, passo a passo, o rumo certo que nos leva de volta ao nosso definitivo lar. Reconhecendo a nossa pequenez diante da grandeza de Deus, Ele nos dá entendimento por meio do Seu Espírito para testemunharmos do que é Verdadeiro. As fábulas, as tradições familiares, toda a religiosidade e as demais crenças que tínhamos tornam-se nada diante da Verdade revelada: "Sabemos também que o Filho de Deus veio e nos deu entendimento, para que conheçamos aquele que é o Verdadeiro. E nós estamos naquele que é o Verdadeiro, em seu Filho Jesus Cristo. Este é o verdadeiro Deus e a vida eterna" (1 JOÃO 5:20, NVI).

b. Jesus Cristo, a história e o tempo

Nos primeiros capítulos deste livro, falamos da importância da História ao tecer a teia que une os dados, os relatos, os fatos e acontecimentos ao longo do tempo. Também falamos da sua relação com a Religião e com a Cultura, levando em conta a responsabilidade dos historiadores pela preservação das memórias e dos costumes de cada povo e língua. Chegamos também à conclusão de que Deus, como Autor de toda a criação e Senhor absoluto sobre todas as coisas, é o Dono da História. Tudo surgiu após a Sua atitude de criar tudo o que existe. E ao homem, no comecinho da humanidade, coube a opção de escolha: ou perpetuar a paz e a unidade que havia na sua relação íntima com o Criador, ou pagar um alto preço por suas atitudes e seus passos fora Do Caminho. Sabemos qual foi a escolha do homem.

Entre fracassos, tropeços, desilusões, guerras, sofrimentos, morte e alguns poucos acertos, tudo foi sendo composto ao passar dos anos. O mundo foi se transformando ao passo em que a humanidade avançava na sua epopeia rumo ao desconhecido futuro (isso, para os que estavam distantes da perfeita vontade do Pai). Na verdade, desde os primeiros dias, Deus determinou salvar a humanidade dos efeitos da sua queda. E a História do mundo revela esse propósito de Deus. Os fatos e acontecimentos já convergiam para o grande evento da chegada do Messias, evento da mais alta significação para a história humana. Cristo, como Mediador de uma Nova Aliança, veio na plenitude dos tempos para tabernacular entre nós e em nós, levando a efeito uma reconciliação eterna e perfeita Nele. E uma nova História surgiu após o nascimento Daquele que estava prometido, o Único Ser capaz de restabelecer definitivamente a íntima comunhão entre o Deus e a humanidade. Foi justamente por causa dessa Aliança, firmada no amor e comprada com o mais precioso sangue.

Assim, Jesus fez o mundo se voltar, outra vez, para o Verdadeiro Deus, acima de todos os deuses criados pela idólatra e tão fértil imaginação humana. Concluiu em Si mesmo a obra objetiva de Deus, construindo uma ponte sobre o abismo deixado pelo pecado e eliminando a distância que havia. A História da humanidade foi marcada de forma irreversível e inquestionável. Jesus, ou seja, a Sua vinda a este mundo, a Sua vida e o Seu ministério alteraram todos os demais acontecimentos. Deus, no uso do Seu poder absoluto sobre o tempo e sobre toda a História, providenciou (num tempo determinado) a direta interferência do "divino" (espiritual) na vida do homem (carnal), restabelecendo a Sua bendita comunhão e dirigindo a todos ao novo tempo da graça. Em suma: Deus repaginou toda a História para fazer o que tinha que ser feito, na hora que tinha que ser feito, ou seja, no exatíssimo e oportuno momento. Tudo em função do Seu amor para com todos nós. O tempo de Deus foi manifestado e operou na terra tal transformação, que jamais será vista outra vez.

Vamos tentar trazer ao entendimento do leitor este fator "TEMPO DE DEUS". A mitologia grega nos apresenta outros dois personagens sobre os quais ainda não falamos: Kairós e Chronos. Por exemplo: sobre Kairós, temos uma referência surgida a partir do século V, quando um poeta lírico e dramaturgo chamado Íon de Quios (390-320 a.C.) compôs-lhe um hino, exaltando-o como filho mais jovem de Zeus e Tyche, a deusa da prosperidade (ARANTES, 2015, p. 2). Essa linhagem seria parte de uma primeira narrativa, na qual Kairós seria como uma "manifestação de um tempo específico": sem refletir passado, sem pressentir futuro, simbolizaria o instante preciso em que se conseguiria afastar o caos e abraçar a plena felicidade. E por outra narrativa, como filho de Chronos – o deus do tempo e das estações –, Kairós representaria uma oportunidade, uma ocasião, o momento certo e oportuno (ARANTES, 2015, p. 2-3). Ou seja, seria esse "o deus do tempo oportuno" – ou o "deus da oportunidade", em linhas gerais.

Na mesma mitologia, Chronos seria filho de Gaia (a Terra) e Urano (o Céu) e a representação do tempo no seu sentido mais destrutivo, como "o tempo que tudo devora", a medida linear de um movimento ou período, o tempo sequencial e cronológico, aquele que se mede, aquele que cria para depois destruir, aquele que representa o tempo da geral relatividade, "assim como o tempo das religiões monoteístas, com um início, com uma criação a partir de algo desconhecido, caótico" (ABDALLA, 2009, p. 52). Fazendo uma abordagem mais concisa sobre esses dois termos (Kairós e Cronos) no grego clássico, explica o *Dicionário Internacional de Teologia do Novo Testamento* (2005):

> O substantivo kairos, usado pela primeira vez por Hesíodo (Obras 694), denotava originalmente "medida certa", "proporção correta", "aquilo que é conveniente, apropriado ou decisivo". Além do conteúdo material, temporal e léxico, kairos pode ter um sentido locativo, da "localidade", do "lugar apropriado". Empregado no sentido material e temporal, kairos caracteriza uma situação crítica, que exige uma decisão para a qual o homem talvez é levado pela fatalidade. [...] No sentido temporal, kairos descreve um "tempo apropriado", o "momento certo" (e.g. Sóf. El. 1292), um "momento favorável". [...] O substantivo chronos denota, a partir de Homero, um espaço de tempo cuja duração não é precisamente determinada como regra geral, mas que, no máximo, é caracterizado por adjetivos adicionais como sendo mais longo (e.g. polys, "muito"; kikanos, "suficiente") ou mais curto (e.g. oligos, "pouco"; micros, "pequeno"; assim, Ulisses deve esperar Nausicaa por um pouco de tempo, Hom. Od. 6, 295). Do outro lado, a quantidade de tempo que o herói passa durante suas peregrinações enquanto é obrigado a ficar longe da sua pátria, pode ser considerável (Od. 11, 161; 14, 218). [...] Com referência a pessoas, chronos frequentemente significa "idade", "anos", "duração da vida" e, portanto, chega razoavelmente perto de bios – "vida" (COENEM; BROWN, 2005, p. 2459).

Figura 55 – Kairós	**Figura 56 – Chronos**

Fonte (Kairós): Wikimedia Commons / De: Francisco Salviati (1510–1563), entre 1552-1554 / Domínio Público / Disponível em: https://commons.wikimedia.org/wiki/File:Francesco_Salviati_005.jpg.Acesso em: 11 dez. 2017 Fonte (Chronos): Wikimedia Commons / De: Artus Wolffort (1581–1641), entre 1596 e 1641 / Domínio Público / Disponível em: https://commons.wikimedia.org/wiki/File:Artus_Wolffort_-_Chronos.jpg. Acesso em: 11 dez. 2017

Baseados nessas abordagens e na mitologia, então, os dois conceitos de tempo chegaram até nós. Porém, o sentido de "tempo" que buscamos compreender melhor está na Septuaginta (LXX ou Versão dos Setenta) – a tradução mais antiga do Antigo Testamento (Bíblia hebraica) para o grego koiné, realizada em Alexandria por 72 sábios Judeus (rabinos), entre o século III a.C. e o século I a.C. (DE LIÃO, 1995, p. 195). A Biblioteca de Alexandria (no Egito), por muito tempo, foi considerada a mais completa, chegando a ser conhecida como o maior centro de intelectualidade de sua época. Mas ainda lhe faltava algo. Foi com esse pensamento que Eusébio de Cesaréia (263-340 d.C.), tomando posse de citações de Irineu de Lião (130-202 d.C.), afirmou que a Septuaginta era inspirada. E ainda acrescentou, confirmando, historicamente, que Ptolomeu II Filadelfo (285-247 a.C.), rei do Egito, filho de Lagos, pediu que fossem convocados 70 sábios judeus com a missão de traduzir a Lei – os cinco primeiros livros da Bíblia atribuídos a Moisés (chamados de Pentateuco). E assim, ambicionava ele adornar e enriquecer o famoso acervo da recém-criada biblioteca (CESARÉIA, 2002, p. 108-109).

Aos poucos, sucessivamente, toda a Bíblia Hebraica foi sendo traduzida. E os gregos, por terem uma ideia bem definida da "representação do tempo" para a sua cultura, compreenderam facilmente o texto de Eclesiastes 3, na qual Paulo diz: "Tudo tem o seu tempo determinado, e há tempo para todo o propósito debaixo do céu" (ECLESIASTES 3:1, ACF). E ao consultarmos o Dicionário do Grego do Novo Testamento (2003), fazendo a justaposição das palavras CRONOS e KAIRÓS no lugar de "TEMPO", podemos ler assim: *"Tudo tem o seu CHRONOS determinado, e há um KAIRÓS para todo propósito"*. Noé, Abraão, Moisés e tantos outros homens viveram como nós, no Chronos, aguardando a ocasião perfeita, o momento certo e oportuno no qual o Kairós faria resplandecer as promessas de Deus em seus dias, tornando-as reais dentro do relógio de suas vidas. Logo, podemos dizer que existe, sim, um tempo que pode ser cronologicamente contado, totalmente calculável, dentro do qual todos nós vivemos. E dentro desse tempo, um momento, uma ocasião oportuna que se descortina para que se cumpram todos os propósitos de Deus para cada um de nós, enquanto passageiros neste plano terreno.

Quanto ao tempo programado para a vinda do Senhor Jesus, o mundo experimentou o que se chama de A PLENITUDE DOS TEMPOS! Um novo tempo (Kairós), embora já estivesse determinado que um dia viria – isso desde Gênesis 3:15 –, a ocasião perfeita para que se cumprisse a promessa da vinda do Resgatador e Remidor perfeito do povo escolhido. O Kairós rasgando o Chronos para que se manifestasse a Justiça e a Salvação de Deus, travestidas na carnalidade do Filho de Deus, do Emanuel entre os humanos, do Deus do Tempo alterando toda a História por amor à humanidade. A expressão "plenitude do tempo" responde justamente à espera da humanidade pela sua redenção e confirma a concretização dessa maravilhosa obra concretizada em Cristo, no momento designado por Deus para o estabelecimento do Reino de Seu Filho – Aquele Messias fora preanunciado nas Escrituras por meio dos profetas.

Aquele dado momento na História testemunhou a chegada do tempo escatológico ou messiânico, cumprindo assim o que foi vaticinado no passado como um evento único que encerraria todo o período de angústia e espera da humanidade, como Paulo escreveu nas citações a seguir: "Quando, porém, chegou a plenitude do tempo, enviou Deus o seu Filho, nascido de uma mulher, nascido sob a Lei" (GÁLATAS 4:4, NVI); "E nos revelou o mistério da sua vontade, de acordo com o seu bom propósito que ele estabeleceu em Cristo, isto é, de fazer convergir em Cristo todas as coisas, celestiais ou terrenas, na dispensação da plenitude dos tempos" (EFÉSIOS 1:9-10, NVI). Finalmente, juntando esses dois textos, chegamos à compreensão dos termos em grego que definem "tempo" (cronos e kairós), com a tradução no plural por "tempos", concluindo seu significado. Sendo assim, no "término do tempo" determinado por Deus, no tempo preestabelecido, Ele enviou o seu Filho Jesus Cristo à terra no momento mais favorável para a salvação do homem caído pelo pecado.

Completando, a expressão "os tempos" indica "os momentos" que foram designados por Deus para compor o Seu plano salvífico, os quais, progressivamente se sucedendo um após outro, enchem a medida estabelecida por Deus, atingindo a sua plenitude. Focando no sentido ou caráter escatológico da encarnação, é Deus irrompendo diretamente na História da humanidade imersa no pecado, dando início ao que chamamos de "último tempo" – no qual Cristo encerra Nele mesmo todas as coisas, religando as que estão nos céus com as que estão na terra, restabelecendo a comunhão perdida entre a criatura e seu Divino Criador. Nós, Seus discípulos, estamos passando por esse Chronos aguardando que Deus outra vez interfira na História e cumpra a promessa que tanto aguardamos: a Sua gloriosa e segunda vinda – definitiva! No advento desse Kairós, estaremos eternamente com ele, num lugar onde o Chronos não mais existirá.

c. Registros históricos sobre Cristo

Alguns escritores podem até brincar com a hipótese de um Jesus mitológico, mas o fazem sem uma base nas evidências históricas. E, independentemente do que se pense sobre o personagem histórico Jesus de Nazaré, muitos foram os relatos deixados, tanto por escritores judeus quanto pelos gentios, que vão confrontar aqueles que tentam negá-lo. A perspectiva inclusivista dos líderes de Roma tentava fazer do cristianismo mais uma religião em meio a todas as outras da época. Mas a certeza dos seguidores de Jesus de que Ele era o Deus verdadeiro, o único Senhor e o único capaz de salvar o homem da morte, chocou com a realidade idólatra e politeísta dos romanos. A rejeição aos cristãos foi a resposta romana à crescente notoriedade da pessoa de Jesus, o Cristo, que passou a ser referenciado por escritores contemporâneos ao seu ministério terreno. Por exemplo, na conceituada obra do polemista e apologista cristão, Tertuniano de Cartago (160-230 d.C.), conhecida pelos títulos de *Apologia I*, em cuja argumentação Tertuliano registra o que conhecemos como sendo relatos sobre a vida, morte e ressurreição de Jesus, bem como os eventos que sucederam a esse último fato:

> E, no entanto, pregado na cruz, Cristo manifestou muitas maravilhas admiráveis pelas quais Sua morte foi diferente de todas as outras. [...] Na mesma hora, também, a luz do dia feneceu, enquanto o sol naquele momento, exatamente, estava fulgurando no seu meridiano. Aqueles que não estavam cientes de que isso tinha sido predito sobre Cristo, pensaram, sem dúvidas, que era um eclipse. Vós mesmos tendes ainda registro em vossos arquivos desse fenômeno da natureza (TERTULIANO. Apologia I c. 20-21).

Não diferente da apologia tertuliana, as obras do conhecido historiador e apologista judaico-romano, Flávio Josefo (37-100 d.C.), até hoje fornecem aos pesquisadores informações valiosas, que retratam o importante panorama da sociedade judaica do século I, período que viu a separação definitiva do cristianismo do judaísmo. Josefo era descendente de uma linhagem de importantes sacerdotes, pela linhagem paterna, e descendente de reis, por parte de sua mãe (JUNIOR, 2015, p. 86). Influente em sua época e assaz observador dos fatos, Josefo registrou, *in loco,* estando ele como general de tropa, a destruição de Jerusalém (em 70 d.C.) pelos soldados do imperador romano Vespasiano (JUNIOR, 2015, p. 89-90). Em um de seus relatos sobre a preocupante repercussão do cristianismo e o alvoroço que o nome de Jesus causava naquela sociedade, escreveu:

> Sobre este tempo viveu Jesus, um homem sábio, se de fato podemos chamá-lo de homem; pois ele foi genitor de grandes feitos, professor de homens que receberam a verdade com grande prazer. Ele conquistou muitos judeus e também muitos gregos. Esse homem era o messias. E quando Pilatos o condenou à cruz por instigação de nossos próprios líderes judeus, aqueles que o amaram desde começo não cessaram. Pois ele apareceu a eles no terceiro dia ressuscitado, como os profetas previram e disseram muitas outras coisas maravilhosas sobre ele. E até agora o movimento dos cristãos, denominados assim por causa d'Ele, ainda não morreu (JOSEFO, 2015, p. 832).

Esse relato, embora contestado por alguns pesquisadores na alegação de que o texto original teria sofrido interpolações cristãs, foi considerado um texto padrão e autêntico por Russell H. Seibert (1909-2000) – professor de História Antiga da Western Michigan University. Seibert ainda atenta para o detalhe de que Jesus, nesse relato, é retratado como um "homem sábio" *(sophos aner)*, uma colocação empregada por Josefo para personalidades como Davi e Salomão. Em suma, é um escrito deixado por um Judeu que testificou a existência de Jesus Cristo (SCOFIELD, 2023).

Outro historiador de nome Suetônio, Gaius Suetonius Tranquillus (70-130 d.C.), foi um erudito oficial romano e historiador, mais conhecido como o autor da obra *De Vita Caesarum* – "A Vida dos Doze Césares" –, cujo gênero teria impactado a tradição literária, tornando-se referência e modelo canônico para os novos escritores de biografias (MENDONÇA, 2007, p. 12). Conforme disse o Dr. Gary R. Habermas (1950) – um dos maiores especialistas na ressurreição de Jesus – em seu livro *The Historical Jesus* (o Jesus Histórico): "pouco se sabe sobre ele, exceto que ele era o secretário chefe do Imperador Adriano (117-138 d.C.) e que tinha acesso aos registros imperiais" (HABERMAS, 1996, p. 190). Suetônio, em sua biografia sobre os imperadores romanos, nos deixou alguns comentários que muito interessam a nós, como a declaração a seguir: "Como os judeus, por instigação de Chrestus, estivessem constantemente provocando distúrbios, ele [Claudio] os expulsou de Roma" (MACDOWELL, 1992, p. 106).

Josh MacDowell (1939), considerado um dos mais renomados apologistas cristãos, notifica *Chrestus* como uma outra forma de escrever *Christus* – versão latina do nome grego para Cristo. Essa declaração é confirmada por John William Drane (1946), quando escreveu que a divulgação do nome desse *Chrestus* teria sido o motivo principal dos tais "distúrbios" ou "tumultos", tais quais registrados por Suetônio (DRANE, 1985, p. 11). Na verdade, pode ser entendido como um erro de grafia bem comum da época. E o que vemos nessa relatos anteriores? Incontestavelmente, mais uma declaração

sobre a pessoa de Jesus Cristo, mais um relato histórico vindo de fontes não bíblicas. E isso partindo de um oficial, analista da corte da Casa Imperial. Ou seja, Suetônio, escrevendo sobre a vida de Cláudius, registrara as constantes perturbações causadas pelos seguidores de Chrestus (Cristo), motivo pelo qual Cláudio os teria expulsado de Roma. Tal fato está registrado na Bíblia, em Atos dos Apóstolos, escrito por Lucas (o Médico).

Esse mesmo incidente, não por coincidência, foi o que provocou o encontro do apóstolo Paulo com o casal Áquila e Priscila: "Depois disso Paulo saiu de Atenas e foi para Corinto. Ali, encontrou um judeu chamado Áquila, natural do Ponto, que havia chegado recentemente da Itália com Priscila, sua mulher, pois Cláudio havia ordenado que todos os judeus saíssem de Roma" (ATOS, 8:1-2. NVI). Seguindo a História, menos questionável apresenta-se a segunda declaração de Suetônio ao se referir aos cristãos: "Nero infligiu castigo aos cristãos, um grupo de pessoas dadas a uma superstição nova e maléfica" (MACDOWELL, 1992, p. 106). E quando aqui no texto ele fala da "nova superstição maléfica", provavelmente refere-se às primeiras pregações da Igreja primitiva sobre a ressurreição de Cristo – algo impossível de se imaginar, principalmente, entre determinados grupos religiosos do judaísmo naquela época.

Como os saduceus que, aplicando fora do contexto uma passagem sobre costumes de Deuteronômio 25:5-6, contaminavam o povo com suas teorias carnais, levando-o a desacreditar na doutrina da ressurreição (ler: MATEUS 22:23, LUCAS 20:27). Essa afirmação do médico Lucas, em Atos: "Porquanto, os saduceus afirmam que não existe ressurreição" (ATOS, 23:8, ACF). Resultado: tudo isso só confirma o quanto a fé cristã crescia e incomodava tanto aos romanos quanto a outras entidades religiosas, que, pensando ser algo pejorativo, faziam uso normal do termo "cristão" para se referir a essa fé que tanto negavam. E entre essas "entidades" de dentro judaísmo, estavam os essênios, outros descrentes de que o Cristo ou qualquer outra pessoa pudesse ressuscitar. Fato confirmado pelo teólogo luterano teuto-brasileiro, de nome Gottfried Brakemeier (1937), em seu livro *Por que ser cristão* (2004):

> Surpreendente é que os textos de Qumran, redigidos pouco antes do inicio da era cristã, guardam silêncio sobre o assunto. A seita cuja biblioteca foi sensacionalmente reencontrada em 1947 nas grutas do Mar Morto, aparentemente não acreditava em ressurreição (BRAKEMEIER, 2004a, p. 35).

O apóstolo Paulo ensinou aos Coríntios sobre a doutrina da ressurreição, o que reforçava ainda mais a convicção no Jesus histórico em meio às heresias abraçadas pelas Igrejas, cujos membros já haviam se inclinado ao dualismo filosófico e desdenhado do genuíno ensino perpassado aos discípulos pelo próprio Senhor. Paulo descreveu Cristo na cena de seu reaparecimento de maneira gradativa, como aos poucos se manifestou aos Seus antes de aparecer diante da multidão e ser visto ascendendo ao céu. Pode ser lido esse contexto em 1 Coríntios 15:1-11, em que o apóstolo tão somente lembra o que aqueles cristãos já sabiam, na intenção de fazê-los voltar aos primeiros e puros ensinos do Mestre. Sigamos outros relatos da historicidade do Cristo.

Plínio, o Jovem, Gaius Plinius Secundus (62-114 d.C.), foi escritor e historiador, administrador, gramático, naturista e oficial romano, enquanto governador da Bitínia, na Ásia Menor, no período do Imperador Trajano, em 112 d.C. (VOORST, 2000, p. 23). Em suas diversas cartas dirigidas ao imperador Trajano, entre as quais muitas sobrevivem até os dias de hoje, Plínio relata que interrogava os cristãos condenados à morte para prová-los. E, justamente na carta de número 96, encontramos uma declaração sobre o crescimento do cristianismo primitivo e a sangrenta perseguição contra ele, nas regiões rurais e urbanas na Bitínia e a decadência dos templos pagãos. Vejamos este trecho:

> Esta foi a regra que eu segui diante dos que me foram deferidos como cristãos: perguntei a eles mesmos se eram cristãos; aos que respondiam afirmativamente, repeti uma segunda e uma terceira vez a pergunta, ameaçando-os com o suplício. Os que persistiram mandei executá-los pois eu não duvidava que, seja qual for a culpa, a teimosia e a obstinação inflexível deveriam ser punidas. Outros, cidadãos romanos portadores da mesma loucura, pus no rol dos que devem ser enviados a Roma (BOYLE, 2011, p. 426).

Em outra carta ao imperador Trajano (53- 117 d.C.), Plínio relatou que jamais um verdadeiro cristão maldiria a Cristo, pois esses cantavam seus hinos ao Cristo como se cantassem para o próprio Deus. Alguns, porém, diante da pressão de Plínio para que negassem a Cristo, apostataram e até saudaram deuses pagãos para ganharem a temporal liberdade: "Decidi libertar os que... repetiram comigo uma invocação aos deuses [pagãos] e adoraram... sua imagem [isto é, do imperador], ... e que, por fim, amaldiçoaram Cristo" (Cartas de Plínio, Livro X, XCVI.). Fatos inegáveis do quanto Jesus Cristo estava sendo reverenciado, adorado por uns, odiado e rejeitado por outros, e Seu nome sendo espalhado por toda aquela região. O metodista Justo González (1937) comenta a confusão pela falta de um padrão no julgamento do Estado contra o cristianismo, tendo em mente esse relato de Plínio para Trajano e os castigos aplicados aos confessos seguidores do Cristo. E cita outro trecho do que seria uma resposta do imperador às colocações de Plínio:

> Segundo ele [Trajano], não há uma regra que possa ser aplicada em todos os casos. Por um lado, o crime dos cristãos não era de tal natureza que devessem ser usados recursos do Estado para buscá-los. Por outro lado, entretanto, se alguém os acusa e eles se negam a adorar aos deuses, devem ser castigados (GONZÁLEZ, 2011, p. 47).

Decerto, a autenticidade das cartas de Plínio jamais fora contestada. Portanto, os relatos sobre a historicidade de Cristo nelas encontrados foram comentados por estudiosos renomados. Um exemplo atual é o do teólogo e especialista em palestras sobre a ressurreição de Jesus, Gary Habermas (1950). Ele escreve:

> (1) Cristo era adorado como Deus pelos antigos cristãos; (2) Plínio se refere posteriormente em sua cara que os ensinos de Cristo e seus seguidores eram excessivamente supersticiosos e contagiosos, como termo reminiscência de ambos, Tácito e Suetônio; (3) Os ensinos éticos de Cristo eram refletidos nos juramentos dos cristãos jamais seriam culpados pelos pecados mencionados nessa carta; (4) Provavelmente encontramos uma referência a instituição de Cristo da comunhão cristã celebrada na festa do amor, nas declarações de Plínio sobre a reunião deles para compartilhar comida. A referência aqui alude a acusação por parte dos não cristãos que os cristãos eram suspeitos de um ritual assassino e beber o sangue durante esses encontros, o que confirma nosso ponto de vista que a comunhão é o assunto a que Plínio se refere; (5) Há também uma possível referência ao Domingo na declaração de Plínio que os cristãos se encontravam em um dia específico" (HABERMAS, 1996, p. 199-200).

Luciano de Samosata (125-180 d.C.) muito escarneceu do cristianismo em suas sátiras. Nem mesmo a sociedade de sua época escapou de suas críticas. Teve o apogeu de sua literatura durante o reinado de Marco Aurélio, entre 161 e 180 d.C. Há uma declaração sobre ele registrada no final do século X na Suda – uma espécie de enciclopédia da cultura grega, provavelmente compilada por diversos eruditos bizantinos (DICKEY, 2007, p. 90-91). Nela, vemos estampado o desconforto de homens que esboçaram seus pareceres em desfavor das sátiras desse homem, contumaz em desfazer dos cristãos e escarnecer da pessoa do Cristo. Por essa razão, acabou severamente criticado. Ou melhor, demonizado por estudiosos cristãos da Antiguidade, muitos deles até contemporâneos seus.

> Luciano, samosatense, o chamado blasfemo ou difamador – ou ateu, para dizer mais – porque, em seus diálogos, atribuiu ser risível até o que se diz sobre as divindades. Era, de início, advogado em Antioquia, na Síria, mas, não tendo tido sucesso, voltou-se para a logografia e escreveu

> infindáveis obras. Diz-se ter sido morto por cães, posto que foi contaminado pela raiva contra a verdade, pois, na vida de Peregrino, o infame atacou o cristianismo e blasfemou contra o próprio Cristo. Por isso, também pagou, com a raiva, a pena devida neste mundo, e no futuro, sua herança será o fogo eterno, na companhia de Satanás (SUIDAS, 1967 *apud* BRANDÃO, 2015, p. 17).

Outra vez, podemos ter informações sobre o cristianismo, ainda que tão atacado por homens como Luciano. Mesmo por mãos e lábios tão blasfemos, o mundo conheceu a história do Mestre Jesus e Seus ensinos, nos relatos deixados por um "não cristão":

> (1) Somos informados de que Jesus era adorado pelos cristãos; (2) Também nos informa que Jesus iniciou novos ensinos na Palestina (sendo que o local é oferecido em outra parte não mencionada da seção II); (3) que Ele foi crucificado por causa dos seus ensinamentos. Jesus ensinou seus seguidores certas doutrinas, como (4) que os cristãos são irmãos; (5) a partir do momento da conversão e (6) depois que os falsos deuses são negados (tais quais os da Grécia). Adicionalmente, esses ensinos incluíam (7) adorar a Jesus e (8) viver de acordo com suas leis; (9) Luciano também se refere a Jesus como sábio (HABERMAS, 1996, p. 206-207).

Inegavelmente, as circunstâncias da morte de Jesus Cristo tornaram-se conhecidas e foram debatidas na cidade Imperial até meados do primeiro século. Tanto que nasceu, no coração de alguns descrentes da época, o desejo, ou uma necessidade, de tentarem explicar o fenômeno da escuridão causada pelo eclipse solar durante a crucificação de Jesus, bem como havia registrado Tertuliano. O tema ressurreição ganhava mais e mais notoriedade por casa do nome de Jesus. Gottfried Brakemeier, já citado nesta obra, confirma que as primeiras comunidades de cristãos "confessavam a ressurreição dos mortos não por simpatia ou por fidelidade a alguma tradição. Mas sim, por um motivo maior – a ressurreição de Jesus de Nazaré" (BRAKEMEIER, 2004a, p. 36). O historiador romano Thallus (?) foi um dos primeiros historiadores a mencionar Jesus em suas pesquisas e tentou explicar o fenômeno da escuridão no dia da crucificação de Jesus como uma coisa natural, ou seja, apenas um eclipse do sol (BRUCE, 2003, p. 113).

Mesmo sem a legítima intenção de justificar a existência de Jesus ou autenticar a Sua crucificação, sendo um descrente, Thallus apresenta um evento histórico definido, não inventado, que está citado na Bíblia. Vemos escrito nos Evangelhos: "E, chegada a hora sexta, houve trevas sobre toda a terra até a hora nona" (MARCOS 15:33, ACF); "E era já quase a hora sexta, e houve trevas em toda a terra até à hora nona, escurecendo-se o sol;" (LUCAS 23:44, ACF). Outro historiador, chamado Sexto Julio Africano (160-240 d.C.), confirma os escritos do escritor grego Flégon de Trales, feito cidadão romano, como autênticos relatos das coisas extraordinárias que sucederam à morte de Jesus: eclipse, terremoto, ressurreição de mortos, fazendo ainda uma analogia ao livro de Daniel, como se fossem esses acontecimentos um cumprimento da profecia sobre as 70 semanas. Assim escreveu Africanos:

> Phlegon registra que, na época de Tibério César, na lua cheia, havia um eclipse total do sol desde a hora sexta até a nona – manifestamente aquela de que falamos. Mas o que tem um eclipse em comum com um terremoto, as rochas dilacerantes e a ressurreição dos mortos, e tão grande perturbação em todo o universo? Certamente nenhum evento como este é registrado por um longo período. Mas foi uma escuridão induzida por Deus, porque o Senhor passou a sofrer. E o cálculo faz com que o período de 70 semanas, como observado em Daniel, seja concluído neste momento (SOUSA, 2016, p. 39).

Ironicamente, todos os esforços empreendidos por Thallus tornaram-se evidências que testificaram a historicidade de Jesus e os eventos que cercaram a Sua crucificação, autenticando os relatos encontrados nos Evangelhos sinópticos. Em seu livro *Contra Celsus* (Livro II, cap. XIV), o erudito Orígenes de Alexandria (182-254 d.C.) refuta as colocações de Celso – um pagão polêmico, para quem era um absurdo o fato de "uma considerável massa de pessoas, que só faz crescer e se expandir, adorar um judeu crucificado em circunstâncias vergonhosas" (SOARES, 2013a, p. 149). Com essa refutação, embalada por sua exuberante e convincente retórica, Orígenes acabara exaltando publicamente as Escrituras e sua superioridade frente a outros escritos espúrios. E acabou encontrando os contrastes e sutis diferenças entre termos classificatórios de identidade ao delinear, para si e para os outros cristãos, uma identidade própria, criando a alteridade em relação a essa identidade, ou seja, "judeus", "pagãos", "judaizantes", "hereges" (SOARES, 2013b, p. 64). Então, convenhamos: tanto Thallus como Phlegon são, para nós e para os novos historiadores, como referências significativas, ao relatarem episódios que até hoje são aceitos como fatos históricos genuínos e apontadores da obra do Mestre: o Senhor Jesus.

O teólogo e professor Robert E. Van Voorst (1952) cita o escritor e filósofo estoico Mara Bar-Serapion (50-?) em uma de suas obras, publicada em 2000. Serapion foi considerado por alguns apologetas como aquele que forneceu uma das primeiras referências sobre Jesus em uma carta endereçada ao seu filho, provavelmente, escrita por volta do ano 73 d.C. (VOORST, 2000, p. 53). Nem judaica nem cristã, mas uma sólida referência que pode, inicialmente, estar vinculada à crucificação de Jesus. Tal documento, em um dos trechos, revela Serapion atestando a tolice de tamanha perseguição a Jesus comparada ao mesmo infortúnio de outros personagens da história, o que resultou na operação da justiça divina em forma de castigo sobre os opressores. Sobre isso, registrou o filósofo e apologista cristão Norman Leo Geisle (1932-2019):

> Que proveito os atenienses abtiveram em condenar Sócrates à morte? Fome e peste lhe sobrevieram como castigo pelo crime que cometeram. Que vantagem os habitantes de Samos obtiveram ao pôr em fogo em Pitágoras? Logo depois sua terra ficou coberta de areia. Que vantagem os judeus obtiveram com a execução do seu sábio rei? Foi logo após esse acontecimento que o reino dos judeus foi aniquilado. Com justiça Deus vingou a morte desses três sábios: os atenienses morreram de fome; os habitantes de Samos foram surpreendidos pelo mar; os judeus arruinados e expulsos de sua terra, vivem completamente dispersos. Mas Sócrates não está morto, ele sobrevive aos ensinos de Platão. Pitágoras não está morto; ele sobrevive na estátua de Hera, nem o sábio rei está morto; ele sobrevive nos ensinos que deixou (GEISLER, 2003, p. 451).

Sabemos pela Bíblia e pela História o que aconteceu com Jerusalém, segundo o que foi profetizado e o que está registrado. Os homens foram arruinados, destituídos de suas posses, dispersos, humilhados, longe de sua pátria. A diferença, entretanto, está em um ponto crucial: o Rei dos reis não permaneceu morto, como muitos da época gostariam que estivesse. A começar pelos judeus, que O negaram. Ele está vivo, assim como todos os Seus ensinamentos. Pegar ou largar? Crer ou não crer? Escolha! A verdade é uma só: nem todos os historiadores da época estavam interessados em registrar fatos que testificassem sobre a vida, o ministério e o poder do nome de Jesus. Isso porque boa parte da elite, fosse judaica, fosse romana ou grega, não queria saber de nada nem de ninguém que diminuísse o prestígio de seus imperadores e seus deuses. Ainda mais, em se tratando de um líder simples, do povo, alguém pertencente a uma classe ou grupo "inferior" dominado por eles. A missão de contar a história sobre o Senhor Jesus ficou ao encargo das Suas testemunhas.

Falando como servos, como aqueles que amam tudo o que fazem para o Reino, não podemos dizer que os homens e as mulheres que testemunharam da obra de Jesus fizeram-no por obrigação ou pressão. Mas dizemos que eles estavam mais do que motivados, porque foram impactados, transformados pelo amor de Deus a eles manifesto. E esse amor os impulsionou a espalhar a maravilhosa graça que

alcançaram da parte de Deus por onde eles fossem, pois não estavam como aquela elite, imersa até o pescoço em tradições de homens. Estavam livres em Cristo! E nada poderia impedir que a Palavra fosse pregada. Quem saberá dizer se o medo de que todo o panteão dos idólatras fosse lançado na lama foi ou não o motivo principal do silêncio de muitos? Diante da divina Revelação trazida pelo Cordeiro Santo de Deus, toda cultura, toda religiosidade e toda manifestação de culto pagão foram postas em xeque.

Por isso, talvez, outros importantes fatos foram quase que ignorados, para que Jesus não fosse assim, de todo, acreditado. Claro exemplo disso deu-se quanto à ressuscitação dos santos, ocorrida logo após Jesus ter ressuscitado. É improvável que alguém, fora os escritores do Evangelho, um escriba rabínico, por exemplo, ou um historiador romano tivesse interesse em registrar um evento como este:

> Depois de ter bradado novamente em alta voz, Jesus entregou o espírito. Naquele momento, o véu do santuário rasgou-se em duas partes, de alto a baixo. A terra tremeu, e as rochas se partiram. Os sepulcros se abriram, e os corpos de muitos santos que tinham morrido foram ressuscitados. E, saindo dos sepulcros, depois da ressurreição de Jesus, entraram na cidade santa e apareceram a muitos (MATEUS 27:50-53, NVI).

Os judeus mais conservadores, os quais alguns estudiosos classificam como "anti-missionários", podem até afirmar que tal fato não se firma em nenhum apoio histórico. "Isto é obviamente um absurdo completo, sem qualquer indício de apoio histórico. Se um evento tão incrível acontecesse – algo como 'a noite dos mortos-vivos' na antiga Jerusalém – alguém teria gravado isso" (BROWN, 2017, s/p). O Professor Samuel Tobias Lachs (1926-2000) descreve esse fato extraordinário da ressurreição dos mortos como um evento "comum" em "tempos messiânicos" (LACHS, 1987, p. 435). Se tivesse registrado como um evento "incomum", sobrenatural, fantástico, maravilhoso etc., teria chamado muito mais atenção. E os ferrenhos defensores do Antigo Concerto, no sentido etimológico de pacto, convenção, aliança, não ficariam confortáveis em admitir que eles mesmos, sendo aqueles que tinham o conhecimento da Lei e das profecias, foram, indubitavelmente, os cruéis assassinos do Mestre Jesus.

Mas, então, caros leitores? Por qual razão tais acontecimentos não foram enfatizados como deveriam ser? Simples. Reconhecer Jesus Cristo como sendo o Deus encarnado, Emanuel, o Senhor Todo Poderoso entre os homens, seria pôr um fim a toda idolatria que, diga-se de passagem, era fonte geradora de lucros para a elite, fosse ela grega ou romana. Além do mais, seria um transtorno fazer com que todos os povos, nações e línguas fossem confrontados pela Verdade, vendo expostos os seus pecados. Isso conotaria uma irreversível derrota. O mesmo aconteceria se um historiador egípcio deliberasse registrar a saída esplêndida do povo de Deus do Egito. Imaginem só todo o Êxodo e todos os sinais e maravilhas que se sucederam, incluindo a morte de faraó e dos seus soldados, os detalhes das pragas assolando aquele povo tão rico e influente da Antiguidade. Na ótica local, a nação inteira seria humilhada, seu ego ferido, sua cultura, seus princípios, sua magia e religião naufragados e, em pouco tempo, lançados no esquecimento. A glória de milênios de história sendo afogada nas águas do Nilo.

Essa "consciência autodefensiva" parece ter alcançado os hodiernos historiadores. Porque, em nome da "preservação de suas raízes", em honra ao "ensino de seus ancestrais", ou em prol de uma "ideologia de raça", preferem também ignorar os fatos históricos que colocam Jesus em lugar de honra, excelso, extremamente superior aos deuses e entidades de quaisquer religiões que trafegam fora da rota principal, fora Do Caminho da salvação. Se os relatos citados fossem mentiras ou simples especulações, o cristianismo não teria sobrevivido, ao contrário, desacreditado por todos já teria sido esquecido. Porém, fato é que toda documentação existente – aqui falando das Escrituras Sagradas –, toda pregação

e todo clamor das testemunhas oculares estavam ainda frescos de tão recentes na memória histórica daquela geração, perdurando gerações à frente, alcançando a todos nós. E nos livros apócrifos (não inclusos no cânon bíblico), bem como nos considerados gnósticos, Jesus é citado. A Sua vida, o Seu ministério, Sua morte e ressurreição. Eis alguns deles: O Evangelho Segundo Tomé, chamado de "O Quinto Evangelho", O Evangelho da Verdade, O Tratado da Ressurreição, O Apócrifo de João, dentre muitos outros.

Ou miramos a historicidade da pessoa do Cristo com os olhos da fé, firmando a visão na Palavra inerrante de Deus, ou, inevitavelmente abraçaremos os pensamentos do teólogo alemão Rudolf Bultmann (1884-1976). Certa feita, ele comentou que "não temos condições de saber nada a respeito da vida e da personalidade de Jesus, uma vez que as primeiras fontes cristãs não demonstram nenhum interesse sobre isso, sendo ademais fragmentárias e com frequência de natureza lendária" (BULTMANN, 1926, p. 14). Achados arqueológicos também provam a existência de Jesus. Entre os mais comentados e pesquisados, temos os Pergaminhos do Mar Morto. São textos que foram encontrados em grutas que margeiam esse mar, ente os anos de 1947 a 1956 (FITZMYER, 1997, p. 19). Sua escrita remonta à época de Jesus, referindo-se a Este como o "Mestre da Justiça", possuindo alguns textos completos e fragmentos de diferentes tipos de textos e documentos datados do período entre o final do século III a.C. e o século VII-VIII d.C. (FITZMYER, 1997, p. 19).

Em apenas um desses fragmentos, conhecido como "fragmento das colunas", pode-se ler sobre um tipo de banquete comunitário que parecia ocorrer com frequência entre os judeus na época de Jesus. Segundo Cullman, ainda analisando sobre a revelação do fragmento, em um desses banquetes de caráter essencialmente sagrado e com pronunciamento de bênçãos sobre os elementos (pão e vinho), tem-se uma alusão à presença de Jesus. Os pergaminhos constituem um achado que não apenas trouxe os olhos do mundo sobre Qumran naquela primavera de 1947, mas que descortinou significados relevantes sobre elementos do judaísmo e a incidência, sobre o cristianismo e a formação do Novo Testamento, dos pensamentos das comunidades que ali viveram na época de Jesus (PERONDI, 2011, p. 205).

Pois é, caro leitor. Não pregamos uma imagem de Jesus pendurado num madeiro, não testemunhamos apenas mais um personagem histórico, nem mitológico, não O honramos da mesma maneira que muitos fazem com Zumbi dos Palmares, Mahatma Gandhi, Madre Teresa de Calcutá, Irmã Dulce, Sidarta Gautama (o Buda), nem com Maria ou qualquer representação dos "santos" ou dos orixás. Pregamos e reverenciamos a um Deus vivo! Olhemos bem para o que revela a Palavra por meio de Paulo:

> O deus, desta presente era perversa, cegou o entendimento dos descrentes, a fim de que não vejam a luz do Evangelho da glória de Cristo, que é a imagem de Deus. 5 Pois não pregamos a nós mesmos, mas a Jesus Cristo, o Senhor, e a nós mesmos como vossos servos por causa de Jesus. Porquanto foi Deus quem ordenou: "Das trevas resplandeça a luz!", pois Ele mesmo resplandeceu em nossos corações, para iluminação do conhecimento da glória de Deus na face de Cristo (2 CORÍNTIOS 4:4-6, KJA).

Jesus Cristo é A IMAGEM DE DEUS. O apóstolo Paulo, ao escrever para os crentes de Corinto, os estava exortando, tentando fazê-los entender que ALGUÉM estava cegando o entendimento daqueles que não queriam crer em Jesus como Senhor de suas vidas. Havia uma força, um poder operante na mente dos incrédulos, para que não fossem iluminados pelo conhecimento da glória de Deus Pai, revelada em Cristo. E tal poder das trevas foi ali atribuído a um ser, a quem Paulo descreveu como "o deus desta presente era perversa", o mesmo ser que opera poderosamente em nossos dias, impedindo que muitos venham ao Senhor para entregarem as suas vidas nas mãos de quem tem TODO O PODER PARA SALVAR.

d. O poder do nome de Jesus

A idolatria e todas as formas pagãs de culto desagradam a Deus e ainda continuam arrastando as multidões de incrédulos para os milhares de atalhos que desembocam no inferno. As fiéis testemunhas de Jesus, Seus discípulos, servos amados, não admitiam, sob nenhuma hipótese, qualquer tipo de reverência, honra, devoção ou louvor para eles próprios. Antes, atribuíam o poder que deles emanava ao Senhor de suas vidas. Em certa situação, Pedro deixou isso bem claro. Estavam subindo ao Templo, ele e João, quando um aleijado de nascença lhe pediu esmolas próximo da porta Formosa. Pedindo que o homem olhasse bem para eles, disse-lhe Pedro: "Não tenho prata nem ouro, mas o que tenho, isto lhe dou. Em nome de Jesus Cristo, o Nazareno, ande" (ATOS 3:6, NVI). Ao que, obedecendo ao homem, começou a se levantar e, apoiando-se em Pedro, logo caminhou com suas próprias pernas, saltando e louvando a Deus.

Ao ser reconhecido pelo povo como aquele que antes mendigava, aproximou-se mais de Pedro e João, porque todos ao redor estavam espantados, maravilhados com o milagre. Pedro, então cheio do Espírito Santo, disse, em Atos:

> Israelitas, por que isto os surpreende? Por que vocês estão olhando para nós, COMO SE TIVÉSSEMOS FEITO ESTE HOMEM ANDAR POR NOSSO PRÓPRIO PODER OU PIEDADE? O Deus de Abraão, de Isaque e de Jacó, o Deus dos nossos antepassados, glorificou seu servo Jesus, a quem vocês entregaram para ser morto e negaram perante Pilatos, embora ele tivesse decidido soltá-lo. Vocês negaram publicamente o Santo e Justo e pediram que lhes fosse libertado um assassino. Vocês mataram o autor da vida, mas Deus o ressuscitou dos mortos. E nós somos testemunhas disso. PELA FÉ NO NOME DE JESUS, O NOME CUROU ESTE HOMEM que vocês vêem e conhecem. A FÉ QUE VEM POR MEIO DELE LHE DEU ESTA SAÚDE PERFEITA, como todos podem ver" (ATOS 3:12-16, NVI, grifos meus).

Esse texto comprova o poder do Nome de Jesus e que os santos homens de Deus não aceitavam glórias para si mesmos. Logo, está mais do que claro que não podemos atribuir a santo nenhum a manifestação da graça de Deus, pois toda operação de milagres é ocasionada pelo poder do nome de Jesus, que está acima de todo nome que se nomeia. Esse nome ainda continua operando em quem crê. E todo aquele que se faz servo Dele já recebeu de Suas mãos autoridade e poder para curar os enfermos, libertar os cativos das garras das trevas e anunciar a vinda Daquele que há de vir para buscar os que são Seus. Pedro atribuiu o feito ao poder do Nome que é capaz de fazer maravilhas.

Outro exemplo foi o que Pedro disse a um centurião do regimento Italiano, chamado Cornélio. Este homem e toda sua família eram fiéis a Deus, tementes e piedosos com os mais necessitados, dando-lhes muitas esmolas. Certo dia, quando, em oração no turno da tarde, Cornélio teve uma visão. Um anjo do Senhor apareceu e direcionou-lhe a procurar por Pedro. Então, enviou dois dos seus servos a Jope para que trouxessem o homem de Deus à sua casa, em Cesaréia. Pedro, também alertado por uma visão, acolhe os mensageiros em sua casa e, no outro dia, partiu com eles para se encontrar com o fiel centurião. Diz assim a Palavra: "E aconteceu que, entrando Pedro, saiu Cornélio a recebê-lo, e, prostrando-se a seus pés o adorou. Mas Pedro o levantou, dizendo: Levanta-te, que eu também sou homem" (ATOS 10:25-26. ACF). Cornélio se prostra para adorá-lo, e não simplesmente reverenciá-lo. E por isso foi repreendido.

Mesmo sendo homem de pouca instrução, Pedro sabia que o ato de se ajoelhar diante de outro homem (prostrar-se) poderia ter dois significados bem distintos. O primeiro, no sentido de respeito e reverência a uma personalidade importante, um rei, um político ou autoridade local. E o outro sentido era o de adoração. Vejamos: 1º "Assim que informaram o rei que o profeta Natã havia chegado, ele entrou e prostrou-se, rosto em terra, diante do rei" (I REIS 1:23, NVI); "Então Joabe ordenou a um etíope: "Vá dizer ao rei o que você viu". O etíope inclinou-se diante de Joabe e saiu correndo para levar a notícia" (2 SAMUEL 18:21, NVI); 2º No livro de Apocalipse, lemos o relato de João, arrebatado ao céu, onde viu e ouviu coisas maravilhosas. Ao que, tomado pelo temor e pela êxtase do momento devido às coisas que um anjo lhe mostrara, caiu aos pés desse anjo para adorá-lo. "Mas ele me disse: "Não faça isso! Sou servo como você e seus irmãos, os profetas, e como os que guardam as palavras deste livro. Adore a Deus!" (APOCALIPSE 22:8,9, NVI).

Muitas pessoas cegas de entendimento atribuem a cura, o milagre, a prosperidade, a vinda da chuva, a fartura da colheita etc. aos "santos", às divindades, às entidades, rezando em nome de pessoas que já morreram, sacrificando suas vidas numa adoração vã, quando, na verdade, só por meio do nome de Jesus é que devemos oferecer os nossos sacrifícios a Deus. Está na Bíblia, basta lermos na carta aos Hebreus: "Por meio de Jesus, portanto, ofereçamos continuamente a Deus um sacrifício de louvor, que é fruto de lábios que confessam o seu nome" (HEBREUS 13:15, NVI). Nas antigas sociedades monárquicas, tudo era feito em nome do rei. As leis que seriam promulgadas, os agradecimentos e pronunciamentos, as sentenças e as alianças com outros reinos, tudo estava debaixo do selo real. Acompanhamos em nossos dias toda a dinastia da Inglaterra sendo reverenciada pelos seus milhares de súditos. Por isso, até para anunciar o Evangelho do Reino de Deus, devemos fazê-lo no nome de Jesus Cristo, que é o Rei e Senhor absoluto. Fazer parte desse Reino implica seguir normas, obedecer a leis espirituais e estar submisso à autoridade máxima de quem não divide a Sua glória com mais ninguém. O resultado da missão vem quando o que se faz para o Reino é feito no nome de Jesus: "Mas, como cressem em Filipe, que lhes pregava acerca do reino de Deus, e do nome de Jesus Cristo, se batizavam, tanto homens como mulheres" (ATOS 8:12, ACF).

e. Jesus e a verdadeira adoração

Seria contradição pensar que podemos agradar a Deus servindo ou reverenciando outro nome além do de Cristo Jesus. Em todas as nossas ações dentro e fora da Igreja, em nossos relacionamentos, em nossa família, no trabalho, seja na vida ministerial, seja na secular, em tudo o nome Dele deve ter a primazia. Mas, sinceramente, não é o que vemos na maioria das Igrejas. Homens que se dizem intelectuais, estudiosos, teólogos e cheios de si em questão de conhecimento alegam que há vários exemplos bíblicos de pessoas que se prostraram diante de objetos sagrados e de imagens. O que, em parte, é verdade. Mas o contexto é bem diferente. Vejamos o que Josué fez e façamos a exegese correta: "Então Josué rasgou as suas vestes, e se prostrou em terra sobre o seu rosto perante a arca do Senhor até à tarde, ele e os anciãos de Israel" (JOSUÉ 7:6, ACF).

Bem, sabemos que a Arca do Senhor era, naquele tempo, a representação viva de Deus, um objeto cujo modelo veio do próprio Deus, para que marcasse determinado lugar onde a Sua glória seria manifesta e preferencialmente denominada de "Arca do Testemunho" (ARAÚJO, 2011, p. 234-248). Ao se prostrarem diante da Arca, os sacerdotes estavam adorando ao Senhor. E só a Ele, correndo o risco, inclusive, de ser fulminados em caso de estarem em pecado diante da presença de Deus. Não era o mesmo caso da adoração às relíquias, como já lemos anteriormente. Isso, sim, é idolatria. Verdade também que o Templo era cheio de figuras de anjos e outros tantos objetos consagrados, ou seja, separados para uso exclusivo na casa de Deus. Mas o ajoelhar-se diante dessas coisas não tinha o peso espiritual que tentam perpetuar como algo natural, pois havia apenas uma conotação de reverência a um local "santo", sagrado.

Um respeito absoluto por se saber QUEM estava ali, O DONO DA CASA, O SENHOR DO TEMPLO. O que temos hoje em dia: pessoas que entram nos enormes templos e se prostram diante da imagem de um santo, ou de Maria, ou mesmo de Jesus, e ali adoram. Pois, se fosse apenas reverência ou veneração, não tratariam tais imagens como se elas pudessem ver, ouvir, receber orações ou interceder diante de Deus. Isso é atribuir a elas um poder que só pertence a Jesus. Outras páginas falam desse assunto. Só Deus é ONISCIENTE, só Ele pode saber de todas as necessidades daqueles que se aproximam Dele e O adoram em espírito e em verdade. Até mesmo o que jamais foi revelado pela boca do homem. Só Deus é ONIPRESENTE e pode estar em todos os lugares ao mesmo tempo. Inclusive, só Ele ouvir todas as orações de todas as pessoas no mundo inteiro orando ao mesmo tempo. NENHUMA IMAGEM DE ESCULTURA PODE, ainda que muitos usem a desculpa que a imagem está ali só para trazer a "lembrança" do Santo.

Só que, na verdade, todos que assim procedem acreditam serem os santos intermediadores entre nós e Deus. Esse papel só coube a Jesus. Mas, se o pedido (oração, súplica etc.) for para Maria, para José, para Pedro, para João, Antônio, Sebastião, Expedito, Paulo, Fátima, Aparecida, e não ÚNICA E EXCLUSIVAMENTE PARA JESUS, estamos adorando e servindo a OUTROS, e isso É IDOLATRIA, querendo aceitar essa verdade ou não, meu caríssimo leitor. Eis a recomendação paulina em Colossenses: "Tudo o que fizerem, seja em palavra ou em ação, façam-no em nome do Senhor Jesus, dando por meio dele graças a Deus Pai" (COLOSSENSES 3:17, NVI).

No nome de Jesus, aprendemos a adorar EM ESPÍRITO e EM VERDADE (JOÃO 4:23), guiados pela Verdade das Escrituras e cheios do Santo Espírito de Deus, DE QUEM aprendemos as santas e adequadas expressões para uma genuína adoração que toque o coração de Deus – um SACRIFÍCIO DE LOUVOR, como pede Hebreus 13: "Por meio de Jesus, portanto, ofereçamos continuamente a Deus um sacrifício de louvor, que é fruto de lábios que confessam o seu nome" (HEBREUS 13:15, NVI). Esse louvor, uma vez fluindo através de nós e exercitado todos os dias, não carece de elementos materiais, como desenhos, fotos, esculturas, candelabros, velas, fitas, incensos ou incensários, sacrifícios de animais, medalhinhas, imagens... NADA DISSO PODE NOS LEVAR À PRESENÇA DE DEUS.

A adoração verdadeira não é algo monótono, é movimento que, com ORDEM E DECÊNCIA, pode ser de dança, palmas, sons de instrumentos, de alegres cânticos, expressões de exaltação ao Senhor, brados de júbilo, quebrantamento, lágrimas, risos, tudo com sabedoria e EQUILÍBRIO. E tudo em nome de Jesus! A verdadeira adoração é renovação de mente, na unção e direção do Espírito Santo. Sobretudo, uma simples manifestação de uma pessoa transformada, convertida, que se prostra diante do Nome que é sobre TODOS OS OUTROS NOMES, pela fé que não precisa VER PARA CRER. Uma fé pura que nos ensina a CRER PARA VERMOS as maravilhas de Deus. Olhem que texto lindo que é lido no livro de Salmos: "Todos os limites da terra se lembrarão, e se converterão ao Senhor; e todas as famílias das nações adorarão perante a tua face. Porque o reino é do Senhor, e ele domina entre as nações (SALMOS 22:27,28, ACF).

Vejam que profundidade na revelação desse texto! Conversão é VOLTAR-SE PARA mudar de direção, ENCONTAR "O CAMINHO". E diante DELE, ou seja, do Senhor Jesus, todas as famílias devem se prostrar. Outra vez, os atos de reverência e adoração voltados unicamente para Aquele que é digno.

f. Os falsos Cristos

Entre o terceiro e o início do segundo século d.C., houve um tempo de intensa luta pela independência política da nação hebraica, representada por sua liderança rebelde e cega espiritualmente que, ao mesmo tempo, estava sendo impactada e evangelizada pelos apóstolos de Cristo e pelas Boas

Novas do Evangelho. Os judeus que se distanciavam desses anseios de independência eram os mais tocados, pois estavam assim mais abertos (sensíveis) à mensagem sobre o Cristo, sendo Saulo de Tarso um grande exemplo disso: sendo um judeu pertencente à seita dos fariseus, teve seu nome mudado para Paulo, tornando-se um grande pregador após se ter convertido ao cristianismo que anteriormente havia combatido (FUNARI, 2001, p. 106-107). Contudo, profecias sobre a chegada do Cristo tornaram-se alvo de uma grande contenda religiosa entre os que divergiam sobre a natureza desse Salvador.

Aquela promessa de um líder sofredor que levaria sobre si a carga de toda a humanidade foi, aos poucos, sendo substituída por uma falsa expectativa. Começaram a idealizar um tipo de personagem, um rei que satisfaria o anseio imediatista do povo pela sua libertação de Roma, a grande opressora, dominadora de toda a região da Palestina. E como Jesus não passava de um impostor blasfemo para a maioria dos judeus, o famoso "povo escolhido", separado dentre as nações, rejeitou o Enviado de Deus, o Messias prometido, buscando maneiras de se livrar do Mestre Milagroso. Os homens daquela nação tão amada por Deus levaram-no à cruz. Deus, acerca do Messias, disse a Moisés: "Eis que lhes suscitarei um profeta do meio de seus irmãos, como tu, e porei as minhas palavras na sua boca, e ele lhes falará tudo o que eu lhe ordenar. E será que qualquer que não ouvir as minhas palavras, que ele falar em meu nome, eu o requererei dele" (DEUTERONÔMIO 18:18,19, ARC).

Mataram ao Senhor! Não creram na Sua proposta mansa e humilde de uma liderança firmada no imensurável amor que resgata o pecador, não enxergaram a urgente necessidade de um renascimento espiritual e rejeitaram a Graça salvadora que os conduziria ao Reino Eterno tão sonhado. E durante os dois primeiros séculos após a morte de Jesus de Nazaré, muitos outros "Messias" surgiram entre os judeus, todos eles aventureiros, líderes militares e religiosos em evidência, ladrões e fanáticos que tentaram ocupar o lugar do "libertador guerreiro" que Jesus não fora. Não há novidade quanto a essa questão. Foi o próprio Jesus quem alertou que, nos últimos dias, muitos viriam em Seu nome, enganando a muitos. Antes de tecermos quaisquer comentários, analisemos o texto a seguir:

> Tendo Jesus se assentado no monte das Oliveiras, os discípulos dirigiram-se a ele em particular e disseram: "Dize-nos, quando acontecerão essas coisas? E qual será o sinal da tua vinda e do fim dos tempos?" Jesus respondeu: "Cuidado, que ninguém os engane. Pois muitos virão em meu nome, dizendo: "Eu sou o Cristo!" e enganarão a muitos (MATEUS 24:3-5, NVI).

O tema discutido é bem claro: interrogavam a Jesus sobre os últimos dias, ou "fim dos tempos". E Ele alertou para algo que, em nossos dias, ninguém dá muita atenção. Talvez, porque não conheçam as Escrituras. Ou talvez porque não querem saber de Cristo. Tanto uma coisa como outra, em si, já seria um sério sinal de perigo, uma seta para um precipício sem volta. Jesus afirmou que muitos seriam enganados. Só é enganado quem não está NA VERDADE, porque não se permite ser transformado por ela. Antes, ao primeiro sinal de confronto entre os ensinos da Palavra e os achismos ensimesmados de um ser sem Deus, vê-se o homem trancando, por fora, a porta do seu coração, tentando evitar que o Senhor Jesus – que educadamente bate à porta, possa entrar.

Sigamos com uma revelação, em Atos 5, sobre um tal personagem de nome Teudas: "Há algum tempo, apareceu Teudas, reivindicando ser alguém, e cerca de quatrocentos homens se juntaram a ele. Ele foi morto, todos os seus seguidores se dispersaram e acabaram em nada" (ATOS 5:36, NVI). Nessas palavras do sábio Gamaliel, a glória de Teudas foi de pouca duração. Segundo Champlin (2011), antes de ele ser eliminado por Roma, reivindicou ser o messias e liderou uma revolta contra o governo (CHAMPLIN, 2011, p. 677). O texto bíblico ainda cita outro revolucionário surgido após a dispersão dos seguidores de Teudas, na sequência dos fatos narrados por Gamaliel: "Depois dele, nos dias do recenseamento, apareceu Judas, o galileu, que liderou um grupo em rebelião. Ele também foi morto, e todos os seus seguidores foram dispersos" (ATOS 5:37, NVI). Depois de uma lista enorme de coisas que aconteceriam num futuro bem próximo, dentre as quais muitas já se confirmaram, e outro tanto que está acontecendo atualmente, Jesus continua ali, alertando o povo, para que este ficasse atento aos lobos enganadores que certamente surgiriam alegando ser o Cristo, com poder de fazerem sinais, prodígios e de enganar, se possível, até as ovelhas do Senhor (os eleitos):

> Se, então, alguém lhes disser: "Vejam, aqui está o Cristo!" ou: "Ali está ele!", não acreditem. Pois aparecerão falsos cristos e falsos profetas que realizarão grandes sinais e maravilhas para, se possível, enganar até os eleitos. Vejam que eu os avisei antecipadamente (MATEUS 24:23-25, NVI).

Figura 57 – *Bar Kochba, O Messias Guerreiro*

"Vê-lo-ei, mas não agora, contemplá-lo-ei, mas não de perto; uma estrela procederá de Jacó e um cetro subirá de Israel, que ferirá os termos dos moabitas, e destruirá todos os filhos de Sete" (NÚMEROS 24:17, ACF).

Fonte: História do Mundo. Disponível em: https://static.historiadomundo.com.br/imagens/Bar%20Kochba%20-%20HISTORIA%20DO%20MUNDO.jpg. Acesso em: 18 nov. 2017

Entre os zelotes, um grupo político-militar fiel às tradições judaicas, que não aceitava nenhuma influência estrangeira, surgiu outro protótipo de Cristo. Um líder do tipo revolucionário, que pensavam estar a cumprir uma missão messiânica, chamado **Simão Bar Kokhba (132 d.C.)**, ou simplesmente Bar Kokhba – "Filho da Estrela" (GOODMAN, 2004, p. 8). Num cenário de nova política antijudaica e muitos massacres, destacou-se a Revolta de Bar Kokhba (DE FARIA, 2014, p. 87). Segundo Champlin (2011), "Barcocabe" tivera uma glória temporária e, mesmo assim, chegou a conquistar Jerusalém, onde reinou por certo tempo, sendo chamado de rei e de messias (CHAMPLIN, 2011, p. 677). Contudo, outros "messias" surgiriam fora do Caminho. Natural de Porto Rico – um território não incorporado dos Estados Unidos localizado no nordeste do Mar do Caribe –, outro falso Cristo surgiu: **Miranda.**

José Luis de Jesús Miranda (1946-2013) – fundador da Igreja Crescendo na Graça, ao mesmo tempo considerado pelos seus seguidores como deus supremo, Jesus Cristo e o Anticristo (SIERRA, 2016, p. 11). Miranda afirmou que o Jesus ressuscitado teria se apossado do seu corpo em 1973, após ter sido avisado por dois espíritos. Mas foi em 1999 que ele declarou ser a encarnação do Espírito Santo, motivo pelo qual a sua esposa e seu filho abandonaram a seita. Chegou ao cúmulo de tatuar no braço o número da Besta (666) e se autoproclamar anticristo (SIERRA, 2016, p. 20).

Podemos, assim, crer que apenas pessoas espiritualmente ou mentalmente perturbadas teriam a coragem de se expor desse jeito, sustentando terrível heresia e trazendo maldição sobre si mesmo. Ao longo da história, milhares de relatos semelhantes espalharam-se mundo afora, de homens que se diziam "o salvador do mundo" e a reencarnação de Cristo. Se Jesus disse, como vimos antes, em Mateus 24:5, "Porque muitos virão em meu nome, dizendo: Eu sou o Cristo; e enganarão a muitos", vale a pena lembrarmos ainda do texto na carta aos Hebreus: "Quão mais severo castigo, julgam vocês, merece aquele que pisou aos pés o Filho de Deus, que profanou o sangue da aliança pelo qual ele foi santificado, e insultou o Espírito da graça?" (HEBREUS 10:29, NVI).

Jim Jones (1931-1978) – o lobo vestido de "pastor" – título dado por ele mesmo após um curso por correspondência –era mais um insano dentre os que se diziam a reencarnação de Jesus. Na verdade, um paranoico que dizia ser (ao mesmo tempo) herdeiro espiritual de Cristo e de Lenin, chegando a ser considerado na história americana como um dos mais macabros líderes de cultos religiosos (ROMEIRO, 2018, p. 3). Em uma edição especial com ênfase em pedagogia e meios de comunicação, a *Revista Brasileira de Ensino de Jornalismo* (2015) fala do ocorrido no ano de 1978, em Jonestown – uma comunidade agrícola estruturada para sustentação da seita Templo dos Povos, cujo fundador era o líder religioso messiânico James Warren "Jim" Jones, responsável por uma página memorável e trágica da história humana (LOPES FILHO; CAMILOTO, 2015, p. 93). Instalada em uma comunidade fundada em homenagem ao líder, denominada Jonestown, estava a sede da seita Templo dos Povos, alvo de denúncias veiculadas na imprensa norte-americana, motivo que teria forçado a visita do congressista Leo Ryan e uma equipe de três jornalistas:

> O reverendo Jim Jones sabia que o retorno do congressista para os Estados Unidos iria arruinar seu "paraíso tropical", por ele idealizada e construída: Jonestown. A opção foi pelo fim trágico, com o assassinato do congressista, de parte de sua comitiva e a condução do suicídio coletivo, previamente ensaiado, por ele denominado de revolucionário. Esta parte do episódio representa o maior número de mortes civis de cidadãos norte-americanos depois dos eventos ocorridos em 11 de setembro de 2001 (LOPES FILHO; CAMILOTO, 2015, p. 94-95).

Marshall Applewhite (1931-1997) – um professor de música e líder da seita *Heaven's Gate (Portão do Céu)*, outro insano "pastor" que acreditava ser a reencarnação de Jesus Cristo, causando indignação ao destruir muitas famílias americanas, um total de 39 pessoas que se entregaram a um suicídio Coletivo – 21 mulheres e 18 homens, entre 20 e 72 anos (OLIVO, 1998, p. 21). Isso, ao incitar a crença dessas pessoas em um delírio seu, misturando religião com ficção científica, aterrorizando a cidade de San Diego, Califórnia. As vítimas foram encontradas em uma mansão por policiais, após denúncia de um integrante da seita sobre um suicídio coletivo, ocorrido entre os dias 24 e 27 de março de 1997 (TORRES, 2021, p. 17). Marshall Applewhite teria iludido uma média de 40 discípulos seus com a teoria de que o mundo seria "limpo" e que, naquele mesmo dia – caso abandonassem seus corpos e esta vida terrestre –, Jesus os estaria esperando em uma nave espacial (TORRES, 2021, p. 17). Pessoas vazias de Deus estarão sempre dispostas a ouvir líderes com aparência de cordeiro, quando, na verdade, são sempre lobos sagazes que os conduzirão à destruição de suas vidas e à condenação de suas almas:

> O século XX e XXI estão repletos de narrativas documentadas de cultos destrutivos. Todos lembramos de **Jim Jones,** fundador da seita Templo dos Povos, responsável em "Jonestown" pela morte de 918 de seus seguidores, além do homicídio do congressista americano Leo Ryan em 1978. **Charles Manson,** criou na Califórnia uma seita que acreditava que um apocalipse causado por uma guerra racial iria ocorrer, o qual intitulou de *"Helter Skelter"* (em homenagem à música dos *Beatles*). O grupo de Manson foi responsável pelo homicídio

de nove pessoas, incluindo a atriz Sharon Tate em 1967. Em 1997, a seita *Heaven's Gate* (Porta do Paraíso), liderada por **Marshall Applewhite** e **Bonnie Nettles,** foi responsável pelo suicídio de 38 membros, sendo que posteriormente inúmeras outras denúncias vieram à tona, como membros da seita que se sujeitaram à castração. Outras seitas talvez não cheguem ao ponto extremo de cometer crimes contra a vida, mas não deixam de ser destrutivas. Não é raro nos depararmos com relatos de seitas que posteriormente demonstraram sua verdadeira face, como exploração econômica e sexual de seus membros (MALLET; CARREGOSA, 2022, p. 80, grifos meus).

Marshall era mais um homem que se considerava pastor e acreditava ser a reencarnação de Jesus Cristo. Com incrível poder de persuasão, convenceu outros lunáticos alegando que o planeta Terra estava dominado pelos "Luciferianos", e, arrumando as bagagens, partiram numa viagem sem volta para o INFERNO. Se ao menos ele, que se dizia sábio e religioso, conhecesse o mínimo que fosse da Palavra de Deus, saberia que em Jesus todos recebem vida. Todos os outros são ladrões e salteadores, como o próprio Jesus alertou em certo discurso que fez. Ladrões e salteadores não pedem licença, não batem à porta e não trazem luz. Jesus, sendo A NOSSA LUZ, é também A PORTA que nos leva aos pastos verdejantes, onde os ladrões e salteadores não terão vez nem voz. E garantiu, Nele mesmo, uma vida abundante a todo o que crê. Jesus é a PORTA DE SALVAÇÃO, e é necessário ao pecador "entrar" por Ele, para que seja salvo. Foi Ele quem disse: "Eu sou a porta; quem entra por mim será salvo. Entrará e sairá, e encontrará pastagem" (JOÃO 10:9, NVI).

Quem entra PELA PORTA e PELO CAMINHO que é Jesus entra para o redil do BOM PASTOR, encontra SALVAÇÃO e verdes pastagens, ou seja, PLENITUDE, SATISFAÇÃO COMPLETA. Só "sai" da vida de pecados quem primeiro "entra" pela Porta. E uma vez purificados na Verdade, volta a sair, agora, em outro sentido. Aprende o sentido etimológico da palavra "igreja" *(ekklesia),* que, em grego, tem o significado literal de "chamado para fora". Os "santos" em Jesus saem das quatro paredes, recebem autoridade e poder para ganhar almas, saquear o inferno e povoar o Reino de Deus. Mas os ladrões e salteadores, semelhantes a Jim Jones e a Applewhite, ainda espreitam suas presas que vagueiam sem direção. Iguais e loucos como eles, houve inúmeros outros. Alguns mais obcecados, outros nem tanto ofensivos. Porém, todos insanos, lunáticos, inconfiáveis endemoniados.

Deivid Koresh (1959-1993) – tão assustador e perturbado quanto os demais citados até aqui. Trata-se de Vernon Wayne Howel, autoproclamado profeta e líder da seita Ramo Davidiano, que causou uma tragédia em Waco, Texas-EUA. Segundo o antropólogo Charles Lindholm (1946-2023), os membros da seita encheram a casa de produtos inflamáveis e atearam fogo – um final trágico para 72 pessoas (LINDHOLM, 1993, p. 15), pobres almas lideradas por mais um alienado que queria ser o Cristo. Os membros da seita Ramo Davidiano criam mesmo que Koresh havia demonstrado ser o Cristo, pois, além de ter o nome "Messias" no seu cartão de visitas, dava declarações nas quais afirmava: "Se a Bíblia é verdade, então eu sou o Cristo" (ROMEIRO, 2018, p. 3). Isso reforçava ainda mais as palavras de sua própria mãe, que dizia: Koresh realmente é "a reencarnação de Cristo" (QUEIROZ, 1995, p. 12). A *Revista Espaço Acadêmico,* de novembro de 2001, publicou uma matéria do professor Raymundo de Lima, membro da BFC-Centro de Psicanálise de Curitiba. Na verdade, era uma crítica à globalização e ao avanço do fanatismo religioso, sob o título "A ascensão do irracional", em que ele cita a seita de Koresh e o triste fim de seus membros:

> No nosso tempo, o irracional não se reduz a ignorância ou loucura. Por vezes, usa de alguns elementos da razão científica e tecnológica para fazer seus atos irracionais. Os fanáticos da seita do Ramo Davidiano que preferiam arder no fogo, eram pessoas inteligentes, de nível superior, com formação em Direito, Ciências Contábeis, e até ex-cientista (DE LIMA, 2001, p. 3).

Os súditos fiéis de Koresh, cegos ao ponto de lhe entregarem suas esposas, filhas e até somas em dinheiro, preferiram enfrentar o FBI em um confronto armado no ano de 1993 e morrer, a ter que entregarem o seu messias. Falta de intimidade com Deus, falta de conhecimento das Escrituras, falta de um firme caminhar NO CAMINHO certo. Da mesma forma que fizeram os fariseus nos dias de Jesus, muitos se tornaram líderes para a própria perdição. Infelizmente, perdição também para os seus liderados. São homens cegos que passam a guiar outros cegos. Fora do Caminho que é Jesus, não lhes resta outro destino, senão cair "no barranco". Ou seria melhor dizer "buraco"? "Deixem-nos; eles são guias cegos. Se um cego conduzir outro cego, ambos cairão num buraco" (MATEUS 15:14, NVI).

Dinheiro, prazeres, poder, sucesso, fama.... O jogo de Satanás continua o mesmo, as suas armas não mudam, seus soldados não vacilam nas insistentes investidas para derrubar os desavisados e desarmados espiritualmente. E em se tratando de religião, é fácil para o inimigo usar homens excêntricos e sem temor a Deus, vaidosos, inteligentes e de boa retórica, hábeis em persuadir pelas suas ideias e ideais. Há muita "casa vazia" precisando ser habitada. E quando não é o Espírito Santo quem as ocupa e preenche, outras forças fazem o serviço. Jesus, sempre cortês e educado, bate à porta. Já as trevas invadem sem pedir permissão. Todo aquele que se permite ser morada de Deus não se deixa levar pelo engano.

Fácil de entender, traçando um paralelo entre o Antigo e o Novo Testamento. No primeiro, o Templo era como uma casa, o lugar onde o povo se reunia para ter comunhão com Deus. O Senhor manifestava Sua glória ali, por ser um lugar especial onde Deus se revelava às pessoas. Isso por meio de rituais de consagração e da pessoa do Sacerdote. Mas, quando Jesus morreu e ressuscitou, Ele abriu caminho para que todos pudessem ter contato direto com o Pai, a qualquer hora e em qualquer lugar. Quem proclama Jesus como seu Senhor e Salvador recebe o Espírito Santo, que faz morada dentro dele. Dessa forma, todo crente em Jesus se torna "Templo de Deus", um lugar onde Deus pode manifestar sua glória, "Morada do Altíssimo": "Vocês não sabem que são santuário de Deus e que o Espírito de Deus habita em vocês? Se alguém destruir o santuário de Deus, Deus o destruirá; pois o santuário de Deus, que são vocês, é sagrado" (1 CORÍNTIOS 3:16-17, NVI). "Acaso não sabem que o corpo de vocês é santuário do Espírito Santo que habita em vocês, que lhes foi dado por Deus, e que vocês não são de vocês mesmos? Vocês foram comprados por alto preço. Portanto, glorifiquem a Deus com o seu próprio corpo" (1 CORÍNTIOS 6:19-20, NVI).

Ainda seguindo a voz do Verdadeiro Messias: "Se alguém me ama, guardará a minha palavra, e meu Pai o amará, e viremos para ele, e faremos nele morada" (JOÃO 14:23, NVI). Eis aí outra vez a receita para a perfeita comunhão com Deus: OBEDIÊNCIA à Palavra de Jesus! Obedecer à Sua doce voz, seguir Seus conselhos, acatar as Suas ordenanças, viver de acordo a Sua vontade. Os falsos Cristos foram e ainda são tantos, que transbordam nos noticiários, causam indignação, críticas e revolta. Eles jamais conheceram a Palavra Viva que é Jesus, por isso, não O obedeceram. Difícil mesmo é crer que, em pleno século XXI, com tanta informação e tecnologia, com toda a facilidade de acesso ao conhecimento, ninguém mais se interesse em conhecer a Verdade. Ninguém mais a busca.

Ainda assim, muitos incautos e neófitos são enganados todos os dias, seguindo atalhos mortais. Como esses falsos Messias em suas fantasiosas e insanas "reencarnações". Hereges! Dissimulados! Pilantras e caras de pau! *"Raça de víboras!"!* – exclamaria Jesus! Às vezes, podemos flagrar-nos rindo de alguns deles, tamanha a sua ousadia. E pensamos, talvez, para vergonha nossa, que, se nós (que nos achamos salvos e crentes) tivéssemos a mesma audácia e destemor deles para levar o verdadeiro

Evangelho aos quatro cantos do mundo, muitas almas seriam salvas do fogo eterno. Este "Jesus" de quem falaremos é assim, digamos, cômico: ou pelo sotaque, ou pelas bobagens que fala, ou pelos "servos" jovens e desajeitados que o seguem. Não fosse trágico o que está por trás desse personagem, ele seria um bom comediante.

I. C (1948-) – outro personagem, brasileiro, bastante conhecido e chamado por muitos como um grande charlatão, enganador e um exímio comediante. Cogitam que o seu verdadeiro nome seja Iuri Thais, sendo o adotivo filho do casal Wilhelm e Magdalena Thais, do interior catarinense (JURKEVICS, 2012, p. 132). Saiu de casa aos 13 anos dizendo estar obedecendo a uma voz, a mesma que, segundo ele, desde muito novo lhe falava. Tendo experimentado os pecados do mundo, resolveu outra vez obedecer a voz, agora aos 21 anos de idade. Aos 30, viajou para o Chile, onde começou um jejum de purificação à base de mel e leite coalhado, período no qual Deus teria lhe revelado a sua identidade e missão (JURKEVICS, 2012, p. 132). Foi o fundador da sua própria Igreja, com sede em Brasília: uma instituição chamada "Suprema Ordem Universal da Santíssima Trindade" – SOUST, na periferia curitibana, nos anos de 1982 (MARTINS, 2006, p. 151). Sobre a conversa com Deus, Iuri afirma ter ouvido Dele:

> Eu sou teu Senhor e Deus, Criador do Céu e da Terra e único Senhor do Universo e tu és meu filho Primogênito, o mesmo Cristo que crucificaram. Em teu nome está o mistério de tua identidade. Doravante caminharás sobre a Terra como um peregrino errante e serás reprovado por tua geração, serás humilhado e repudiado, muitos zombarão de ti e te olharão como se fora um mendigo e escutará vozes de escárnio, calúnias e blasfêmias (CRISTO, 1996, p. 27).

A tal "voz" lhe confirmou que ele era, de fato, Jesus. Voz de engano, isso sim! Que outra voz traria em sua mente uma confirmação tão herética, senão a voz do enganador inimigo de Deus e dos homens? Influência maligna, perturbações, mentais, alucinações, qualquer coisa, menos algo vindo do céu. Ao usar o nome "INRI", Iuri estaria, inapropriada e hereticamente, fazendo uso do acrônimo da frase em latim, afixada à cruz de Cristo a mando de Pilatos: *Iesus Nazarenus Rex Iudaeorum* = Jesus Nazareno Rei dos Judeus, conforme registrado pelos quatro evangelistas e segundo leremos a seguir, em João: "Pilatos mandou preparar uma placa e pregá-la na cruz, com a seguinte inscrição: JESUS NAZARENO, O REI DOS JUDEUS" (JOÃO 19:19, NVI, grifos meus). E continuando esse ponto dos falsos Cristos, segue-se uma lista de personalidades que, ao longo do tempo, têm aparecido como Jesus de Nazaré reencarnado. Que o Senhor tenha misericórdia dos milhões que foram enganados por esses lobos devoradores, salteadores e ladrões.

Bahá'u'lláh (1817-1892) – cujo nome verdadeiro veremos mais adiante, declarou-se, em Bagdá, como o mensageiro ou Manifestante Prometido de Deus (1863), "profetizando e ganhando adeptos por onde passava" (HERÉDIAS, 2018, p. 43). Bahá'u'lláh era natural de Teerã, foi fundador e profeta da Fé Bahá'í ou babismo – religião originada na Antiga Pérsia, hoje, região do Irã (GRANFAR, 2011, p. 36). Já idoso, aos 75 anos, comentou com amigos que estava pronto para partir deste mundo, pois já havia completado a sua missão, falecendo em 1892 (GRANFAR, 2011, p. 41). Porém, Bahá'u'lláh não foi o único personagem central do babismo. Quem anunciou a sua vinda foi Siyyd 'Ali Muhammad (1819-1950), conhecido por Báb – que significa "portão ou porta" –, considerado o oitavo profeta vindo após Krishna, Abraão, Moisés, Buda, Zoroastro, Cristo e Mohammad (Maomé). Báb, de quem Bahá'u'lláh se tornou seguidor desde 1844, profetizou a união da humanidade e o estabelecimento da paz duradoura na Terra, quando chegasse um novo mensageiro de Deus (HERÉDIAS, 2018, p. 43). Vejamos um resumo sobre esses principais personagens da Fé Bahá'í:

Siyyd 'Ali Muhammad, comerciante iraniano, nascido em 1819, se autoproclamou como o Prometido do Islã e assumindo o título de Báb, que significa O Portal, anunciou, em 23 de maio de 1844, a iminente chegada de um novo profeta enviado de Deus. Durante seu ministério – 6 anos – Báb enviou discípulos por toda a Pérsia para proclamarem sua revelação. Em 1850, Báb, sob a acusação de ter praticado heresia, foi assassinato com 750 tiros. Apesar de toda a perseguição realizada pelo clero e pelo governo persa, os discípulos de Báb conseguiram espalhar seus ensinamentos pela Pérsia e por países próximos. MirzáHusayn-'Alí, Mirzá Husayn – "Alí, membro da nobreza iraniana, abandonou sua família e tornou-se um dos primeiros seguidores de Báb. Assim como Báb, Mirzá também foi perseguido e preso. Em 1852, durante seu primeiro aprisionamento, em Teerã, Mirzá recebeu a revelação de ser o profeta anunciado por Bábe adotou o nome Bahá'u'lláh (Glória de Deus). Entre idas e vindas da prisão, Bahá'u'lláh, que viveu 75 anos, passou 40 anos preso e foi na prisão que escreveu a maioria dos seus ensinamentos que abrangem os mais diversos temas – igualdade racial, de gênero, educação, política, natureza, ética e desarmamento entre outros. Em 1863, no local atualmente conhecido como Jardim de Ridván, Bahá'u'lláh revelou ser o profeta enviado por Deus (CRISTINA DE OLIVEIRA, 2015, p. 168-169).

Haile Selassie I (1892-1975) – embora ele mesmo não dissesse abertamente ser Jesus, o movimento *Rastafari*, que surgiu na Jamaica durante os anos 1930, acreditava que ele era a Segunda Vinda do Messias. Heile é aclamado como "o último leão de Judá", "rei dos reis" para os Rastafaris (CONTI, 2012, p. 450). Astutamente, Jah Ras Tafari Makonnen incorporou isso ao ser coroado na África, tornando-se o autoproclamado imperador da Etiópia em 1930 e assumindo uma linhagem de reis que seria fruto da união entre Salomão e a Rainha de Sabá (ALBUQUERQUE, 1997, p. 32-33).

Shoko Asahara (1955-2018) – um japonês que foi o líder do grupo religioso *Aum Shinrikyo*, alegando ser Cristo, publicou um livro sobre suas revelações como "Jesus", no qual "previu" o apocalipse, dizendo que quase todo mundo morreria, exceto alguns poucos que se juntassem a ele. Foi responsável por numerosos ataques terroristas, condenado por assassinato e tentativa de derrubar o governo, permanecendo no corredor da morte:

> A *Aum Shinrikyo*, uma seita que se supõe estar envolvida no atentado com gás sarin – que ataca o sistema nervoso – no metrô de Tóquio, em março de 1995, tem a levitação, a cura pela fé e a ESP (percepção extra-sensorial) entre seus principais dogmas. Os seguidores, a um preço elevado, bebiam água do "lago milagroso" – tirada do banho de Asahara, o seu líder (SAGAN, 1996, p. 22).

A seguir, seguem outros falsos mestres que, movidos por Satanás e seu ódio contra tudo o que aponta para Deus, já enganaram e continuam a enganar a muitos. Andrei Alves (2011), um dos colunistas do portal de conteúdo cristão Gospel Prime, publicou uma lista de homens que, ao longo da história, se autoproclamam encarnação de Jesus ou o próprio Deus. Além do tão conhecido e excêntrico Álvaro Thais ("Inri Cristo"), que se autodenomina o Cristo, podemos ver:

> John Nichols Thom; Arnold Potter; Ahn Sahng-hong; Baha Ullah; Joseph C. Dylkes; Mirza Ghulam Ahmad; Cyrus Teed; Haile Selassie; Georges-Ernest Roux; Ernest Norman, Krishna Venta; Yahweh ben Yahweh; Ariffin Mohamed; Jung Myung Scok; Jose Luis De Jesus Miranda; David Koresh; Sergei Torop; Grigory Petrovich Grabovoy; Hogen Fukunaga; Maria Devi Christos; Michael Travesser; Apollo Quiboloy; David Shayler; Sergei Torop... (ALVES, 2011, s/p).

Mirza Ghulam Ahmad (1835-1908) – fundador e líder da Comunidade Islâmica Ahmadia (Ahmadiyya), nascido em Qadian *(Índia). Segundo* a autora alemã Melanie Miehl (1972), Hazrat Mirza Ghulam Ahmad era crido pelos seus seguidores, os ahmades, como sendo a encarnação da segunda vinda de Cristo, e ele mesmo reivindicava ser um tipo de reformador para o tempo final (MIEHL, 2005, p. 10).

Sun Myung Moon (1920-2012) – mais conhecido como reverendo Moon – foi fundador da Igreja da Unificação. Moon mantinha um relacionamento doentio com seus seguidores e adeptos de sua seita, pois queria sentir-se amado e venerado por todos. Todo novo membro tinha que demonstrar ou provar um amor ao seu líder, maior do que o amor a si próprio. Em um discurso, no ano de 1977, disse aos seus fiéis: "Se vocês me amam, mostrem-me que vocês me amam" (BOYER, 1988, p. 39).

Já em outra plateia de jovens, teria dito: "Agora é minha vez de dar a vida pelo 'Pai'... Sou voluntário para morrer... Se você sente verdadeiramente que é uma alegria morrer pelo 'Pai', não somente em palavras, mas em atos, isso é formidável!" (BOYER, 1988, p. 39). Nas palavras de Francisco Lotufo Neto (1997), o reverendo Moon relatava que, nas visões que tivera no decurso dos seus 16 anos, o próprio Jesus Cristo havia confessado que o seu trabalho estaria incompleto e que lhe confiaria a continuação de sua obra para estabelecer o Reino de Deus na terra (LOTUFO, 1997, p. 207). Lotufo ainda cita outros líderes religiosos com aparentes transtornos mentais, que arrastaram multidões de vítimas das suas sandices. Por exemplo: **Sabbatai-Levi** (1626-1676), **Swendenborg** (1688-1772), **Sri Bhagavan Maharshi** (1879-1950), líder que, na Índia, foi um importante santo (LOTUFO, 1997, p. 204-207). Não tão diferentes dos já citados, temos:

Wayne Bent (1941-) – o fundador da Igreja O Senhor é Nossa Justiça começou seu ministério em 1989, persuadindo alguns adventistas a que o seguissem, ocultando o seu verdadeiro nome: Michael Travesser. Afirmava ser a "personificação de Deus", mas foi preso por abusar sexualmente de menores em 2008 (BRAGANÇA, 2020, p. 112). Cláudio Cezar Bragança segue comentando sobre outros falsos Cristos e suas seitas: **Ariffin Mohammed (1943-)** – seita Reino dos Céus, da Malásia; **Masayoshi Mitsuo (1944-)** – seita Partido Mundial da Comunidade Econômica; **Hogen Fukunaga (1945)** – seita Ho No Hana Sanpogyo – "leitura do pé"; dentre outros (BRAGANÇA, 2020, p. 112).

Champlin (2001) registra alguns outros "messias" históricos prejudiciais à genuína fé cristã, ao intentarem usurpar o ofício de Cristo. Líderes sem escrúpulos que reivindicavam para si mesmos autoridade divina, manifestavam sinais, enganavam aos incautos com promessas: de abrir um caminho pelo meio do mar rumo à Terra Prometida, como fez certo **Moisés Cretense (cerca de 440 d.C.),** que conseguiu controlar a ilha de Creta, mas desapareceu após o afogamento de alguns ingênuos judeus; de vencer uma revolta contra os islamitas, tal qual arquitetou um judeu persa de nome **Davi Alroy (cerca de 1160 d.C.),** que fracassou em sua investida, de produzir uma coluna de nuvem e fogo na condução de judeus italianos à Palestina, alegando ser um precursor de um esperado Messias, como fez o rabino **Asher Lammlein (1502),** que jamais realizou algo de especial (CMAMPLIN, 2011, p. 677).

Todos esses e muitos outros, longe da verdade neotestamentária dos Evangelhos, apenas enganaram ao exercer sua influência malévola sobre pessoas sedentas por algo novo, mas tão vazias de Deus que não se apercebiam do mal que se apossava delas. Seriam necessárias, caros leitores, muitas outras páginas para descrever um pouco das macabras histórias e biografias desses loucos que quiseram ou querem ser Jesus. Hoje em dia tem muito material disponível nas redes sociais e em sites de pesquisa, para que ninguém se prive de saber o que se passa além dos muros de nossas igrejas, ou além de tudo o que aprendemos sobre fé, religião e o verdadeiro Cristo.

g. Jesus e a Bíblia

O Jesus pregado pelas tantas religiões espalhadas pelo mundo é um personagem que nunca existiu. O verdadeiro Jesus revelado nas Escrituras canônicas tinha um propósito singular para vir a este mundo e ficar certo tempo entre os homens: salvar o pecador da morte eterna, reaproximando-o do seu Criador. Só que os Seus ensinamentos, de tão perfeitos e duros, contradizem, se chocam com o que é ensinado pelas outras religiões. Até hoje os judeus esperam a primeira vinda do prometido Messias. Para eles, Jesus não passou de mais um profeta, um homem que teve a sua importância, mas que não libertou o povo como eles esperavam. Na verdade, no comentário de Champlin (2001), os judeus não criam ser possível uma única pessoa cumprir todas as profecias messiânicas. Da mesma forma, nem todos os intérpretes judeus criam ser o Cristo o prometido filho de Davi (CHAMPLIN, 2011, p. 487). Ele veio, sim, como alguém que sabia ser quem de fato era (o Messias), embora não tivesse em momento algum se apresentado como tal e soubesse, também, esperar o momento certo de Se revelar aos Seus discípulos. Jesus frustrou expectativas de conflito e de rebelião.

Segundo Albert Schweitzer (1875-1965), filósofo, médico e filantropo alemão, não há resposta clara para a questão do universo mental judeu contemporâneo, quanto à expectativa em relação ao Messias: seria geral essa expectativa geral ou seria apenas a fé de uma mera seita? Pois Schweitzer completa, dizendo que: *"Não havia conexão orgânica entre a religião da observância legal e a esperança futura"* (SCHWEITZER, 2005, p. 18, grifos meus). Acontece que aquela "esperança futura" se descortinava ali naquele cenário diante de olhares incrédulos. E a libertação proposta por Jesus para aqueles homens não era física, mas espiritual, algo que transformaria o ser de dentro para fora. E não apenas um tipo de libertação fundamentada em mais uma experiência militar, travando um conflito bélico com as forças do Império Romano que oprimia o povo naquela época.

Os judeus pensavam mesmo diferente. Sua visão estava voltada para os antigos acontecimentos da história do seu povo e enraizada nas manifestações do poder de Deus transmitidas por gerações. Segundo John Bright (1908-1995), um estudioso bíblico americano e autor de vários livros – incluindo o influente *A History of Israel* (1978) –, a religião de Israel não se fundamentava em proposições teológicas abstratas, mas na memória de uma experiência histórica interpretada e correspondida. Ou seja, Israel acreditava que Iahweh, o seu Deus, o havia livrado do Egito pelo poder de Sua onipotência e que, mediante uma aliança, o havia constituído Seu povo (BRIGHT, 1978, p. 179). Como pesquisador, Bright manteve sua convicção teológica de que o coração da fé de Israel reside em um forte relacionamento da aliança com *YHWH*. Aliança esta que se solidificou em Cristo, o mesmo Cristo prometido e presente nas Escrituras. O Apóstolo Paulo também destacou aos de Roma a importância dos judeus, como um povo peculiar e especial, o qual Deus jamais abandonou porque, desse povo, veio o Salvador. Vejamos:

> [...] porque, primeiramente, as palavras de Deus lhe foram confiadas"; "Porque eu mesmo poderia desejar ser anátema de Cristo, por amor de meus irmãos, que são meus parentes segundo a carne; que são israelitas, dos quais é a adoção de filhos, e a glória, e as alianças, e a lei, e o culto, e as promessas; dos quais são os pais, e dos quais é Cristo segundo a carne, o qual é sobre todos, Deus bendito eternamente. Amém (ROMANOS 3:2; 9:3-5, ACF).

Se os judeus só reconhecem o Antigo Testamento como livro sagrado, deveriam saber que, em todos os livros, Jesus está representado, se não diretamente, está simbolicamente, nas entrelinhas. E ainda assim, não O creram nem O reconheceram. A Bíblia claramente diz que Jesus Cristo, em Sua obra redentora, Se tornou o Único Caminho para toda a humanidade. Independentemente de raça, cor, cultura e religião, Ele é a Salvação para todos, uma vez que judeus e gentios são, de fato, descendentes do mesmo homem – Adão. Então, sem querer acrescentar nada de novo ao conhecimento dos que se debruçam a estudar as Escrituras e sabendo que muitos outros já tiveram o mérito deste trabalho, apenas deixamos aqui mais um registro de como Jesus é retratado ou simbolizado em cada livro da Bíblia. Reforço: dentro de uma visão bem simples, tendo em vista que poderíamos usar variadas citações de cada livro para retratar a obra de Jesus, sob várias perspectivas. Que os teólogos e exegetas de plantão guardem as suas teorias, face à maneira simples como o Senhor (que é o CENTRO de toda a Escritura) se revela aos humildes:

- Em Gênesis 3:15 – Jesus é Semente da mulher que pisará a cabeça da serpente; e em 22:10, Ele é o Cordeiro no altar de Abraão;
- Em Êxodo 12:3-13 – Jesus é o Cordeiro da Páscoa;
- Em Levítico 1:3-6 – Jesus é o Sacrifício expiatório; e em 4:3, "o novilho sem defeito oferecido como oferta pelo pecado";
- Em Números 20:11 – Jesus é a Rocha ferida. E no decorrer da caminhada, Ele estava ali como uma nuvem durante o dia e uma coluna de fogo durante a noite;
- Em Deuteronômio 18:15 – Jesus é o grande Profeta de Deus;
- Em Josué 2:21 – Jesus está representado pelo fio de escarlata, o tecido vermelho na janela de Raabe que apontava para o sangue a ser derramado no Calvário; e em 5:14 – Ele é "o príncipe do exército do Senhor";
- Em Juízes 2:16 – Jesus é o nosso Juiz e Libertador; e em 6:11- 24, Ele é o "Anjo do Senhor" que levanta os Seus libertadores;
- Em Rute 2:1 e 3:2 – Jesus é o nosso parente redentor; e em 3:9, o nosso "resgatador" divino;
- Em I Samuel 16:1 – Jesus é o "rei escolhido por Deus"; e em 17:47, Ele é a nossa vitória;
- Em II Samuel 7:11-13 – Jesus é o descendente de Davi;
- Em I Reis 2:12 – Jesus é o herdeiro verdadeiro do Trono de Deus; e em 3:12 e 4:29 – Jesus é O doador da Sabedoria;
- Em II Reis – Jesus é o único Rei perfeito e absoluto, o Rei dos Reis;
- Em I Crônicas 29:23 – Jesus é o Rei de Deus, infalível;
- Em II Crônicas – Jesus é o Rei que governa o seu povo; e em 7:14, o que faz aliança;
- Em Esdras 1:2 – Jesus é o Deus dos céus, o Senhor dos céus e da terra;
- Em Neemias 1:11 – Jesus é o ajudador que ouve as orações;
- Em Ester – Jesus é Intercessor e Defensor do seu povo; e em 3:5,6, o nosso Mardoqueu, sofredor;
- Em Jó 19:25 – Jesus é o nosso Redentor que vive para sempre;
- No Salmo 121:4 – Jesus é o guarda de Israel;
- Em Provérbios 8:12,22,35 – Jesus é a Sabedoria de Deus;
- E em Eclesiastes 12:1 – Jesus é o Criador e alvo verdadeiro;
- Em Cantares 2:16 – Jesus é O amado; o Noivo;
- Em Isaías 53:2-4 – Jesus é o Servo e Profeta sofredor;
- Em Jeremias 33:16 – Jesus é a nossa Justiça;
- E em Lamentações 3:24 – Jesus é a nossa porção e a nossa confiança;
- Em Ezequiel 1:1 – Jesus é Aquele que dá as visões ao Seu servo;
- Em Daniel 3:25 – Jesus é o quarto Homem na fornalha; e em 7:14, é o Rei Eterno;
- Em Oséias 14:4 – Jesus é quem sara as feridas e nos ama;
- Em Joel 2:28 – Jesus é Aquele que promete derramar do Seu Espírito; e em 3:17, Aquele que habita em Sião;
- Em Amós 4:12 – Jesus é quem prepara Israel para encontrar-se com o seu Deus;
- Em Obadias 1:21 – Jesus é Senhor no Seu Reino e garante autoridade aos vencedores;
- Em Jonas 2:6 – Jesus é o profeta que (simbolicamente) morre e ressuscita;
- Em Miquéias 5:2 – Jesus é o prometido de Belém;
- Em Naum 1:15 – Jesus é o que leva as boas novas e anuncia a paz;
- Em Habacuque 2:18 – Jesus é Aquele que confronta os idólatras que confiam em imagens de escultura;

- Em Sofonias 3:17 – Jesus é o Senhor que está no meio do Seu povo e Se regozija com brados de alegria;
- Em Ageu 2:7 – Jesus é quem fará tremer todas as nações;
- Em Zacarias 11:12 – Jesus é o Senhor que preanuncia o preço da traição;
- Em Malaquias 4:2 – Jesus é o Sol da Justiça;
- Em Mateus 2:2 – Jesus nasce como Rei dos judeus;
- Em Marcos 1:11 – Jesus é o Filho amado;
- Em Lucas 19:10 – Jesus é o Filho do Homem que veio buscar e salvar o perdido;
- Em João 1:1 – Jesus é o Verbo, estava com Deus e é Deus;
- Em Atos 9:3 – Jesus é o Resplendor de luz que cercou a Saulo;
- Em Romanos 8:1 – Jesus é quem livra de toda condenação;
- Em I Coríntios 19-23 – Jesus é a certeza da ressurreição;
- Em II Coríntios 12:9 – Jesus dá a Sua graça que nos basta;
- Em Gálatas 1:11-12 – Jesus é o Evangelho revelado;
- Em Efésios 6:10-11 – Jesus é toda Armadura de Deus;
- Em Filipenses 4:13 – Jesus é quem nos fortalece;
- Em Colossenses 1:18 – Jesus é cabeça da Igreja;
- Em I Tessalonicenses 4:6 – Jesus é o vingador dos Seus;
- Em II Tessalonicenses 3:3 – Jesus é o fiel protetor;
- Em I Timóteo 2:5 – Jesus é o nosso Único Mediador;
- Em II Timóteo 4:8 – Jesus é Senhor e Justo Juiz;
- Em Tito 2:11-13 – Jesus é a Graça revelada, Deus e Salvador;
- Em Filemom 1:25 – Jesus derrama Sua Graça sobre nós;
- Em Hebreus 12:2 – Jesus é o Autor e Consumador da fé;
- Em Tiago 1:12 – Jesus dará a coroa da vida aos vencedores;
- Em I Pedro 2:7 – Jesus é a Pedra principal;
- Em II Pedro 1:11 – Jesus é o Senhor e Salvador que nos concede a entrada no Seu Reino Eterno;
- Em I João 3:8 – Jesus é Aquele que se manifestou para desfazer as obras do diabo;
- Em II João 1:9 – Jesus é a fonte da verdadeira doutrina;
- Em III João 1:7 – Jesus é o nome que garante a vitória;
- Em Judas 1:4 – Jesus é o único Soberano Deus e Senhor;
- E em Apocalipse 19:16 – Jesus é o Rei dos reis e Senhor dos senhores.

Quantas coisas lindas poderíamos falar ainda sobre o Senhor! Quantos adjetivos lhe caberiam, quantas referências ao Seu santo Nome, quantas mais demonstrações de amor e reverência à Sua pessoa! Quão maravilhosa a Sua revelação a nós! E tantos foram os Seus feitos aqui na terra que, se contados um a um, não caberiam em livros. João assim testemunhou, dizendo: "Jesus fez também muitas outras coisas. Se cada uma delas fosse escrita, penso que nem mesmo no mundo inteiro haveria espaço suficiente para os livros que seriam escritos" (JOÃO 21:25, NVI).

h. Jesus e as hodiernas heresias

E se, de repente, Jesus resolvesse vir à Terra para levar consigo os verdadeiros adoradores? Quantos Ele acharia em cada igreja? Poucos? Muitos? Nenhum? Será que nós estaríamos incluídos? Fiquemos a imaginar uma cena que, só de pensar, mexeria demais com os escolhidos. Sem avisar, Ele chega no meio do culto, em determinada igreja. Olha na direção do pastor, minuciosamente observa toda manifestação de adoração que acontece naquele templo. Amorosamente, fita o olhar dos que ali, assustados com a gloriosa visão, parecem querer desfalecer... Ou fugir! Ele passeia pelo altar. Em lentos passos, percorre cada metro quadrado daquele espaço. Sem saber o que dizer, perdido em pensamentos, o pastor se apressa em quebrar o silêncio, mostrando ao Senhor o esplendor daquela construção, reforça a excelência da execução dos louvores congregacionais, aponta para aquele obreiro dedicado, como que dissesse: *"Olha, Senhor, vê como nós estávamos preparados para a Sua chegada?"*. Jesus, agora mais sério e com a voz embargada por uma profunda decepção, exclama: *"Onde estão os meus verdadeiros adoradores que me adoram, me servem e honram em Espírito e em Verdade? Eu os procuro por cada canto deste templo e não os vejo!"*. E antes que o pastor pudesse responder, Jesus dá as costas e sai a passos largos, rumo à outra igreja próxima dali. Ele caminha uns 50, talvez 60 metros calçada afora e entra em um outro templo, muito mais pomposo e imponente que o primeiro. A cena se repete: outra vez o olhar que procura, outra vez o oportuno questionamento, outra vez a decepção.

Assim, sai Jesus de porta em porta, por todas as igrejas. E, certo tempo depois, via-se ao longe a Sua glória se afastando, tendo consigo uns poucos "gatos pingados", como se diz no popular. Certamente, dessa forma, cumprindo Suas próprias palavras que soaram cortantes como uma rara e amolada phurba tibetana em Mateus 22:14: MUITOS são chamados, mas POUCOS escolhidos. Talvez, só de imaginar isso acontecendo na realidade, fiquemos a nos questionar como anda a nossa vida no altar (se é que está!). Talvez coloquemos na balança os nossos atos, os nossos achismos e as nossas convicções, de acordo com nossa vã maneira de enxergar a igreja, como se esta tivesse que atender às nossas necessidades, ter a nossa cara e funcionar do nosso jeito. Há quem queira fazer da igreja o seu supermercado predileto, onde se entra, pega o que precisa na prateleira, paga e sai, sem nem precisar ter acesso ou intimidade com o dono do estabelecimento. Talvez nos flagremos chorando arrependidos, pelas oportunidades que tivemos de nos entregar totalmente na presença de Deus e não o fizemos. Ou envergonhados, pelo tempo que perdemos criticando um irmão, pela rebeldia em não querermos ser discípulos dedicados e IMITADORES do Mestre Jesus. Pior ainda... Talvez nos descubramos tão idólatras quanto aqueles a quem mais apontávamos.

Quem sabe, as nossas práticas e formas de cultuar a Deus estejam distantes daquilo que Ele espera. Quem sabe, estamos fazendo o mesmo que alguns líderes corrompidos fizeram com a Igreja primitiva, esquecendo da Sã Doutrina. Verdade é que (se isto fosse possível em nossos dias!) seria necessário que levantássemos em coro e propuséssemos uma Nova Reforma Protestante. Teria muito pastor ensimesmado agindo como Constantino em sua época. Não quereria renunciar ao cargo eclesiástico, mas, também, não intencionaria abandonar suas práticas idólatras e tão fora das Escrituras.

Se o ensino de Jesus é puro, se é verdadeiro e se traz vida, não CARECE SER MUDADO, ALTERADO, ACRESCENTADO, ADAPTADO, REINVENTADO E NEM TRANSFORMADO segundo doutrinas e entendimentos humanos. Devemos lembrar que, se tudo na Igreja tivesse do mesmo jeito que Jesus deixou, se já não tivessem levedado a Sã Doutrina com o fermento de tantas heresias, não haveria a necessidade de os irmãos Reformadores arquitetarem mudanças. No passado, falsas doutrinas (heresias) estavam sendo introduzidas na Igreja, trazendo dissenções. O Ebionismo, movimento judaico-cristão dos primeiros séculos, negava que o filho de Maria pudesse ser divino, pressupondo que Jesus fosse simplesmente humano (HABERMAS, 2008, p. 144). Já o Docetismo o analisava contrariando os ebionitas, ou seja, para eles, Jesus era 100% Deus. Apenas tinha aparência humana, porém era um espírito que se mostrava bastante "real e concreto" em funções básicas humanas, como comer, dormir etc. (HABERMAS, 2008, p. 144).

Os arianistas pintavam um Jesus plenamente criado, não divino, posto que não tinha passado eterno. Nesse sentido, Jesus teria sido o primeiro e o mais elevado dentre os seres criados – heresia que ainda se impõe como raiz histórica para os Testemunhas de Jeová (HABERMAS, 2008, p. 144). O grande heresiarca Ário (256-336 d.C.) e sua doutrina foram rebatidos por Alexandre (250-326 d.C.), bispo de Alexandria, que julgava o arianismo como nocivo aos ideais salvíficos da obra de Cristo, uma vez que rapidamente se espalhava e causava divisões nas comunidades cristãs, como afirma o historiador e arqueólogo Funari (1959): "A pregação de Ário mudou repentinamente a forma como muitos cristãos concebiam Deus e provocou, em pouco tempo, divisões em cada comunidade cristã, suscitando um ativo engajamento popular em Alexandria, no Egito e em todo Oriente" (FUNARI, 2012, p. 105).

Enquanto isso, os seguidores de Apolinário (310-390 d.C.) invertiam: ele era plenamente divino e humano. Possuidor de uma alma *(psyche)*, de um corpo *(gr. soma)*, o Jesus apolinariano não teria um espírito (pneuma), como os demais seres humanos. Tal doutrina, negando a humanidade plena de Cristo, foi condenada. Segundo Champlin (1997, p. 232), depois de "diversos sínodos locais terem condenado a doutrina, o segundo concílio geral de Constantinopla, em 381, declarou-a herética". Já o eutiquianismo defendia que as duas naturezas de Jesus não eram plenamente equilibradas, pois o seu lado divino superava ou exercia um controle abrangente sobre o lado humano, anulando-o totalmente (HABERMAS, 2008, p. 147). Ainda podemos citar a doutrina nestoriana, implantada na Igreja da Pérsia e expandida rapidamente para outras comunidades cristãs, entre os anos de 422 e 484 d.C.

A heresia de Nestório (386-451 d.C.), um monge da Anatólia que chegou a ser o arcebispo de Constantinopla (428-431 d.C.), ficou conhecida como a "doutrina das duas pessoas" ou "diofisismo" (SIMÕES, 2005, p. 4). Essa doutrina nestoriana foi, a princípio, difundida, em Antioquia, pelo bispo cristão Diodoro de Tarso (?-390 d.C.) e pelo escritor e bispo Teodoro de Mopsueste (350-428 d.C.). Mas foi Nestório quem deu notoriedade à heresia, travando lutas doutrinais com os monofisistas, que defendiam a "acomodação" do cristianismo com a antiga filosofia, em que o Cristo "teria uma só natureza, a divina, que poderia ter duas aparências", enquanto os nestorianos diziam que o Cristo "tinha duas naturezas distintas e 'não confundidas': o homem e o Deus que nele habita" (SIMÕES, 2005, p. 4). Ao se espalhar esse ensino, Jesus seria visto como dois seres (entes) independentes, mas o nestorianismo foi condenado como heresia no Concílio de Éfeso, terceiro concílio ecumênico universal convocado no governo de Teodósio, o Moço (401-450 d.C.), que ocorreu no ano de 431. Assim como o monofisismo, elaborado por Eutiques (378-456 d.C.), monge de Constantinopla e inimigo declarado de Nestório, no Concílio de Calcedônia – quarto concílio ecumênico universal, no ano de 451 (KARENIN, 1957, p. 154).

Todos esses conceitos heréticos e paradoxais apresentam um Jesus segundo a visão de homens, inferiorizado, incompleto e ineficiente, mais parecido com os semideuses greco-romanos do que o que realmente é: o Deus-Homem perfeito em toda a Sua obra, revelado a nós, pecadores, conquistando-nos pela Sua humanidade e santificando-nos em Sua divindade. As duas naturezas juntas concluíram um serviço extraordinário de restauração em nós. Ninguém reforma uma obra que está perfeita. A Igreja romanizada estava dando as costas para o Verdadeiro Senhor, tendo seus ouvidos fechados para a Verdade, voltando-se às fábulas. A presença do Soberano Emanuel – Deus Conosco –, sendo substituída por grande número de imagens.

O Cabeça da Igreja deixado de lado pelos tantos e tantos ídolos de pau e pedra que não falam, não andam nem ouvem. Para que ter se rasgado o véu e o Pai nos ter dado livre acesso ao Trono de Glória pelo Seu Filho Jesus? Para o homem voltar a confiar em relíquias, em objetos, em crucifixos e em sacrifícios que não agradam a Deus? Voltaram aos velhos costumes e práticas, às superstições, às orações intermináveis dos saltérios agora dedicados à Maria, aos ritos obrigatórios e penitenciais, aos simbolismos das vestes sacerdotais e dos elementos incorporados nas liturgias. Aos poucos, foram omitindo a figura do Senhor Absoluto da Igreja, substituindo-O por coisas visíveis, tangíveis e perecíveis.

A Reforma não veio por acaso. Espiritualmente, a Igreja estava em ruínas. Entre as quatro paredes, as marcas da influência Renascentista, da escancarada corrupção do clero pela venda de indulgências, cargos eclesiásticos e de relíquias, das imoralidades e abusos por parte da cúria. Foi um processo lento, gradativo e muito doloroso. Os pré-reformadores deram início às suas discussões teológicas que pesavam, sempre à luz das Escrituras, as errôneas doutrinas romanistas fincadas em suas práticas devotas e na venda de indulgências. Depois, a atitude de Martinho Lutero que, na tentativa de fazer a Igreja voltar às suas origens, ou seja, às verdades bíblicas, publicou as suas 95 teses, afrontando os clérigos de Wittemberg. O já citado teólogo Juan Bosch Navarro, reproduzindo as palavras do eclesiólogo francês Yves-Marie-Joseph Congar (1904-1995), registra sobre esse fato do fenômeno religioso que foi a Reforma:

> Está perfeitamente claro que a Reforma foi, em certas condições concretas um movimento essencialmente religioso, uma tentativa de renovar a vida religiosa fazendo-a remontar às suas origens [...] Lutero e os que a ele se unem são sem dúvida, em sua intenção primeira, almas que buscam a Deus [...] Na verdade, trata-se, em princípio, de descobrir, para além dos conceitos, o mistério inviolável; para além da literatura edificante, um evangelho vivo, bebido em sua própria fonte; para além das práticas devotas, às vezes desfiguradas pelo dinheiro e pela farsa (as indulgências), uma religião, simples, pura, viril, desnuda; para além dos sacerdotes de qualquer hábito e dos prelados de qualquer título, um face a face com Deus no segredo da consciência (NAVARRO, 1995, p. 94).

Como resultado, surgiu o protestantismo com as suas características peculiares de administração, liturgia e ministração dos sacramentos. Claro, não com vistas no teor litúrgico romanizado de como tais sacramentos eram administrados, mas sob o olhar da graça, como na concepção do teólogo Wayne A. Grudem (1948), "meios de graça", quando se referia à palavra sacramento: "Meios de Graça são quaisquer atividades na comunhão da Igreja que Deus usa para distribuir mais graças aos cristãos" (GRUDEM, 2006, p. 801). No firmar de seus ofícios e sacerdócios, os protestantes visavam à criação de uma instituição voltada para a restauração dos princípios básicos do cristianismo e focando no ensino simples e puro da Palavra – mais acessível após a tradução, impressão e distribuição do Novo Testamento. Resgatando a importância de se viver de acordo o exemplo de Cristo, tendo-O como CENTRO e FUNDAMENTO, a Igreja seria pura, santa, pregando a graça que salva, comprometida com o Reino de Deus e cada vez mais distante da manipulação corrupta do catolicismo que se achava dono da Verdade Absoluta com a sua Tradição.

Na citação que fez Rubem Alves (1933-2014) das palavras que expressam o raciocínio de Troeltsch (1865-1923), a princípio, o movimento protestante teria surgido como uma simples "modificação do catolicismo":

> O protestantismo foi, em primeiro lugar, uma simples modificação do catolicismo, no qual a formulação católica dos problemas foi mantida, enquanto uma resposta diferente lhes era oferecida. [...] De início, o protestantismo se preocupou em responder à velha questão acerca da certeza da salvação, que tem como seus pressupostos a existência de Deus, seu caráter ético e pessoal e, em geral, a cosmologia bíblica medieval, e tem como seu único e urgente problema a absorvição no juízo final, visto que todos os homens foram condenados ao inferno em consequência do pecado original..." (TROELTSCH, 1958, p. 59-61 apud ALVES, 2004, p. 39).

Em suma, o protestantismo foi um movimento de "olhar para trás", de volta aos princípios para resgatar o que se havia perdido ou esquecido. Feito isso, a Igreja estava pronta para seguir em frente, reformada conforme os padrões bíblicos de culto, em que nada – nenhum objeto, nenhum elemento – poderia substituir a presença viva do Deus Vivo entre nós. Jesus nos garantiu estar conosco todos os dias. Essa verdade só se concretiza no exercício absoluto da nossa fé. E a Palavra diz em Hebreus: "Ora, sem fé é impossível agradar-lhe; porque é necessário que aquele que se aproxima de Deus creia que ele existe, e que é galardoador dos que o buscam" (HEBREUS 11:6, ACF). Então, se cremos, temos a certeza de que o nosso Senhor e Salvador está ao nosso lado. Ele disse em Mateus: "Portanto, vão e façam discípulos de todas as nações, batizando-os em nome do Pai e do Filho e do Espírito Santo, ensinando-os a obedecer a tudo o que eu lhes ordenei. E eu estarei sempre com vocês, até o fim dos tempos" (MATEUS 28:19-20, NVI).

OBEDECER a tudo o que Ele nos tem mandado, cumprindo o "ide" pregando o Evangelho e fazendo discípulos Dele onde quer que estejamos. E isso, independentemente de quaisquer situações que estejamos passando, seja nos momentos bons, seja nos maus momentos. A Sua promessa de jamais nos deixar órfãos, desamparados, foi cumprida quando desceu sobre nós o Espírito Santo. Ele é o Outro Consolador que havia de vir e que agora habita em nós.

i. Jesus e o óleo ungido

Diversos segmentos religiosos da atualidade têm a unção com o óleo como uma prática indispensável em seus cultos. Contudo, não se pode ocultar em certos púlpitos as evidentes discrepâncias doutrinárias que atropelam a literalidade bíblica e passeiam pelos atalhos do exagero e do misticismo. Em se tratando de pessoas, a unção nada mais é do que a separação/consagração de escolhidos para determinado ofício, apontando para o caráter sagrado de sua missão. Sabemos que Cristo é o Ungido de Deus, "coberto" com a presença do Espírito Santo, que deu autoridade e poder a Jesus, capacitando-o para toda a obra, desde a pregação das Boas Novas do Reino à operação de milagres e prodígios – como bem podemos ler no Evangelho de Lucas: "O Espírito do Senhor está sobre mim, porque ele me ungiu para pregar boas novas aos pobres. Ele me enviou para proclamar liberdade aos presos e recuperação da vista aos cegos, para libertar os oprimidos e proclamar o ano da graça do Senhor" (LUCAS 4:18,19, NVI), um cumprimento da profecia messiânica em Isaías 61.

Tanto *christós* (grego) como *messiah* (hebraico) significam "ungido" (CHAMPLIN, 2001, p. 527). E Cristo Jesus foi ungido de maneira especial, como que em um "nível superior" a qualquer outra pessoa ungida: "Amaste a justiça e odiaste a iniquidade; por isso Deus, o teu Deus, te ungiu com óleo de alegria mais do que a teus companheiros" (HEBREUS 1:9, ACF).

Já comentamos em outros capítulos sobre o que é fé. Se eu vejo ou toco, para que ter fé? Logo, o óleo ungido não pode mais representar a presença viva do Espírito, como representava na época em que Ele não HABITAVA entre nós, mas apenas vinha e manifestava temporariamente o Seu poder na vida de algum servo escolhido, por exemplo: sobre reis (símbolo de consagração ao ofício – I SAMUEL 12:3-5; II SAMUEL 1:14,16); sobre sacerdotes e profetas – representantes de Deus, geralmente, os encarregados do ato de ungir (I REIS 1:39,46; I SAMUEL 10:1; SALMOS 105:15; I CRÔNICAS 16:22); sobre os cadáveres que eram preparados para o sepultamento (MARCOS 16:1; GÊNESIS 50:2,3,26); sobre enfermos. Alguém pode até dizer que teve alguma experiência extraordinária na qual Deus curou um enfermo após a unção com óleo. Mas tal elemento não tem poder algum, a não ser medicinal. Sim, era nesse contexto que o óleo era usado sobre os enfermos na Antiguidade.

Temos no Novo Testamento a passagem em Tiago 5:14, a qual é vista em sentido sacramental, conforme visão de alguns intérpretes. Porém, os santos da Igreja primitiva tinham o óleo como um sinal – sem poder de cura –, que acompanhava a oração de fé sobre o enfermo, como escreve Champlin (2001):

> Portanto, sabemos que era usado meramente como sinal visível e tangível do poder de Deus; e os primitivos cristãos criam que o Senhor curaria o enfermo, quando assim fizessem, porque, com tal ação, confirmavam sua fé em Deus. É possível que alguns primitivos cristãos criam que o azeite tem algum poder sacramental verdadeiro. Em outras palavras, que comunicasse a graça da cura. Mas é provável que a maioria deles visse no azeite um mero meio de confirmação da fé. Era algo que faziam a fim de mostrar sua fé (CHAMPLIN, 2001, p. 81).

Coisas, objetos também eram consagrados por meio do óleo sobre eles (EZEQUIEL 10:34; JEREMIAS 8:22; TIAGO 5:14). Mas vamos por parte. Experiências particulares não podem tornar-se doutrina. Que esteja clara a intenção de fazer valer o que de fato ensinam as Escrituras, longe de querer fazer críticas ou trazer confusão. Em dúvida, faça o leitor a exegese do texto, busque nos originais, consulte seu pastor e que o Espírito Santo lhe convença, pois todo intelectualismo sem discernimento torna-se hipercrítico e é pecaminoso. Leiamos o texto bíblico:

> Em seguida o Senhor disse a Moisés: "Junte as seguintes especiarias: seis quilos de mirra líquida, a metade disso, ou seja, três quilos de canela, três quilos de cana aromática, seis quilos de cássia, com base no peso padrão do santuário, e um galão de azeite de oliva. Faça com eles o óleo sagrado para as unções, uma mistura de aromas, obra de perfumista. Este será O ÓLEO SAGRADO PARA AS UNÇÕES. Use-o para ungir a Tenda do Encontro, a arca da aliança, a mesa e todos os seus utensílios, o candelabro e os seus utensílios, o altar do incenso, o altar do holocausto e todos os seus utensílios, e a bacia com a sua base. Você os consagrará e serão santíssimos, e tudo o que neles tocar se tornará santo. "Unja Arão e seus filhos e consagre-os para que me sirvam como sacerdotes. Diga aos israelitas: Este será o meu óleo sagrado para as unções, geração após geração. NÃO O DERRAMEM SOBRE NENHUM OUTRO HOMEM, E NÃO FAÇAM NENHUM OUTRO ÓLEO COM A MESMA COMPOSIÇÃO. É óleo sagrado, e assim vocês devem considerá-lo. QUEM FIZER ÓLEO COMO ESSE OU USÁ-LO EM ALGUÉM QUE NÃO SEJA SACERDOTE, SERÁ ELIMINADO DO MEIO DO SEU POVO (ÊXODO 30:22-33, NVI, grifos meus).

Vamos às considerações, partindo do que está em destaque no texto, em caixa alta. Deus ordena a Moisés que faça um óleo sagrado, conforme a mistura das especiarias ditada por Ele. 1ª observação: consagrava-se objetos para USO EXCLUSIVO NA CASA DE DEUS, santificando-os. Jamais era usado para os objetos pessoais, e NINGUÉM MAIS PODERIA USÁ-LO, apenas os sacerdotes. 2ª observação: o uso do composto de especiarias sobre pessoas tinha a finalidade de SEPARÁ-LAS para o ministério (sacerdócio), uma vez que haviam sido escolhidas pelo próprio Deus. NÃO PODIA SER USADO SOBRE NENHUM OUTRO HOMEM, sob esta pena: tanto quem derramasse o óleo quanto quem o recebesse sobre si SERIA EXTIRPADO, eliminado do povo de Deus. No Antigo Testamento, sacerdotes, reis e profetas foram ungidos com óleo. Então veio o Cristo (que, como vimos antes, é "O Ungido de Deus") e cumpriu Nele mesmo essas três unções: como Profeta, como Rei, e como Sacerdote. O Jesus Profeta anunciou ao pecador as Boas Novas do Reino; o Jesus Rei estabeleceu o Seu Reino como Libertador do povo e Rei dos reis, Senhor do universo; o Jesus Sacerdote fez a ligação entre o povo e o seu Deus, oferecendo-se a Si mesmo como sacrifício por todos nós.

A Bíblia mostra vários tipos de óleo em diferentes usos. O unguento, uma mistura de ervas perfumadas com gordura, era derramado sobre os pés dos viajantes, dando-lhes alívio após as longas viagens. Em João: "Então Maria tomando um arrátel de unguento de nardo puro, de muito preço, ungiu os pés de Jesus, e enxugou-lhe os pés com os seus cabelos; e encheu-se a casa do cheiro do unguento"

(JOÃO 12:3, ACF). Daniel o usava como hidratante na higiene pessoal, como lemos: "Não comi nada saboroso; carne e vinho nem provei; e não usei nenhuma fragrância perfumada, até se passarem as três semanas" (DANIEL 10:3, NVI). Também temos o óleo medicinal, com propriedades curativas. Misturado a certas ervas, era usado para amolecer os cascões das feridas, purificando-as. Em Isaías, lemos: "Desde a planta do pé até a cabeça não há nele coisa sã, senão feridas, e inchaços, e chagas podres não espremidas, nem ligadas, nem amolecidas com óleo" (ISAÍAS 1:6, ACF). No Novo Testamento, também como medicamento, encontramos o óleo usado sobre o homem que o bom samaritano ajudou, na parábola contada por Jesus em Lucas: "E, aproximando-se, atou-lhe as feridas, deitando-lhes azeite e vinho; e, pondo-o sobre o seu animal, levou-o para uma estalagem, e cuidou dele" (LUCAS 10:34, ACF).

Em todo funeral, o óleo estava presente. O unguento fúnebre era parte de um processo que os egípcios conheciam há milênios: o embalsamamento de cadáveres para preservação e retardamento da putrefação. Ele fora preparado pelas mulheres que acompanhavam Jesus para ser derramado sobre o Seu corpo: "No primeiro dia da semana, de manhã bem cedo, as mulheres tomaram as especiarias aromáticas que haviam preparado e foram ao sepulcro" (LUCAS 24:1, NVI). De acordo o grego, há dois termos usados para "ungir" no Novo Testamento. Um termo mais comum, corriqueiro, habitual e mundano (não no sentido de pecaminoso): *"aleipho"* – o mesmo que está em Tiago 5:14 e é usado literalmente para fins como os que vimos anteriormente, medicinais, estéticos e funerários. Tem o sentido de untar, esfregar o azeite sobre o corpo ou ferimentos, normalmente derramado sobre uma pessoa ou objeto (BRUNOTTE, 2000, p. 2568).

Outro termo que qualifica como sagrado, no sentido religioso: "crisma", derivado de "chrio" = "ungir", indicando aplicação do que a Igreja romanizada chama de "azeite bento" para uso nos Sacramentos (batismo, crisma ou confirmação e ordenação), nas cerimônias solenes, como a dedicação de altares (CHAMPLIN, 2001, p. 971). De fato, precisamos manter acesa a certeza de que Cristo é a NOSSA UNÇÃO. E a fé de que a Sua presença está conosco e em nós nos basta. Não há prerrogativas que autorizem o uso do óleo na consagração de ministros no Novo Testamento. Pelo menos, não de forma literal, mas apenas simbólica, sem atribuir ao óleo poderes ou significados místicos. Basta a imposição de mãos sobre os escolhidos do Espírito Santo como parte do ato consagratório, tal qual registrado a seguir:

> E este parecer contentou a toda a multidão, e elegeram Estêvão, homem cheio de fé e do Espírito Santo, e Filipe, e Próximo, e Nicanor, e Timão, e Parmenas e Nicolau, prosélito de Antioquia; E os apresentaram ante os apóstolos, e estes, orando, lhes impuseram as mãos" [...] "E, servindo eles ao Senhor, e jejuando, disse o Espírito Santo: Apartai-me a Barnabé e a Saulo para a obra a que os tenho chamado. Então, jejuando e orando, e pondo sobre eles as mãos, os despediram (ATOS 6:5-6; 13:2-3, ACF).

Jesus não mandou nenhum dos Seus discípulos derramar óleo ungido sobre ninguém. E como é que estão usando o óleo hoje nas nossas igrejas que deveriam viver a Sã Doutrina, sem mistura? O que vemos, no entanto, é uma moderna liturgia pseudoevangélica, alimentada pelos ruidosos e variados movimentos neopentecostalistas, mas sem fundamento bíblico. Isso afirmamos por já termos falado anteriormente de SÃ DOUTRINA. Então, a oração sem o óleo seria ineficaz? E os ministérios de libertação não teriam êxito ao expulsarem espíritos possuidores sem que o "poder" do óleo ungido fizesse parte do processo? Em que parte da Bíblia lemos que Jesus ou qualquer dos Seus discípulos deixou tal exemplo para que pudéssemos imitá-lo? Esse tipo de ritual de unção não faz parte dos ensinos de Cristos no Novo Testamento. Reiteramos: a consagração de utensílios e de pessoas no culto levítico, relatado em Êxodo 30:22-33, era acompanhada de outros elementos em todo o ritual. Por exemplo, na consagração de Arão, o irmão de Moisés escolhido para este ministério sacerdotal, o óleo foi o último elemento a ser usado. Vejamos:

> Assim você os consagrará, para que me sirvam como sacerdotes: separe um novilho e dois cordeiros sem defeito. Com a melhor farinha de trigo, sem fermento, faça pães e bolos amassados com azeite, e pães finos, untados com azeite. Coloque-os numa cesta e ofereça-os dentro dela; também ofereça o novilho e os dois cordeiros. Depois traga Arão e seus filhos à entrada da Tenda do Encontro e mande-os se lavar. Pegue as vestes e vista Arão com a túnica e o peitoral. Prenda o colete sacerdotal sobre ele com o cinturão. Ponha-lhe o turbante na cabeça e prenda a coroa sagrada ao turbante. Unja-o com o óleo da unção, derramando-o sobre a cabeça de Arão (ÊXODO 29:1-7, NVI).

Em ordem de leitura do texto anterior: animais "sem defeito" (limpos) para o sacrifício; pão feito com farinha sem fermento; lavagem para purificação; derramamento de sangue; depois, o óleo. Será que não conseguimos enxergar Jesus em todas estas etapas citadas? Será que não entendemos que todos esses simbolismos apenas APONTAVAM O CAMINHO pelo qual devemos seguir fugindo dos atalhos? Em tudo isso (perdoem-nos os que não concordam com esse entendimento!), vemos o Cordeiro Santo de Deus que foi preparado para o definitivo sacrifício, o Pão Vivo que desceu do céu e foi misturado na "farinha da aflição", sem pecado (fermento), derramando o Seu sangue que nos limpa e purifica (nos dá vestes novas) e nos promete o Espírito Santo sobre nós, os que cremos. Ele é a verdadeira e suficiente UNÇÃO! Se O temos em nós, então, somos ungidos! E essa unção nos basta, ela não é temporária, não carece de renovação a cada culto, dispensa todo e qualquer simbolismo ou ritual, é a unção que permanece na vida do cristão. O rei Davi, assim como Saul e outros, foram ungidos com óleo de oliva puro, o puro azeite, diferente do composto sagrado de Êxodo. Vejamos:

> Então disse o SENHOR a Samuel: Até quando terás dó de Saul, havendo-o eu rejeitado, para que não reine sobre Israel? Enche um chifre de azeite, e vem, enviar-te-ei a Jessé o belemita; porque dentre os seus filhos me tenho provido de um rei. [...] Então Samuel tomou o chifre do azeite, e ungiu-o no meio de seus irmãos; e desde aquele dia em diante o Espírito do Senhor se apoderou de Davi; então Samuel se levantou, e voltou a Ramá (1 SAMUEL 16:1 e 13, ACF).

Um "chifre" de azeite não era uma pequena quantidade de óleo, ou, simplesmente, mãos untadas sobre a cabeça daqueles escolhidos (reis, sacerdotes e profetas). Mas uma medida diferenciada, um derramar abundante, uma grande quantidade de azeite – até então, um símbolo do derramar do Espírito. No instrutivo texto de Marcos 6:7-13, Jesus concede autoridade aos discípulos para que eles expulsassem demônios e curassem os enfermos (ungindo-os com o óleo dos enfermos). O verso 13, segundo a Nova Versão Internacional, é claro: "Expulsavam muitos demônios e ungiam muitos doentes com óleo, e os curavam" (MARCOS 6:7-13, NVI). Nunca esteve explícita nenhuma recomendação ou instrução de Jesus quanto à libertação ou cura com óleo, uma vez que Ele mesmo não usou o óleo (nem antes, nem durante, nem depois) em nenhuma das oportunidades que teve para curar e libertar. Uma única recomendação do Mestre está em Mateus 6:17, quando Ele ordena que Seus seguidores se ungissem e lavassem o rosto para que expressassem alegria enquanto jejuassem. Essa recomendação quebrava o costume judaico que ensinava que o jejum tinha de ser sem lavagem, sem unção, acompanhado de cinzas sobre a cabeça e uma expressão de tristeza (RIENECKER, 1998, p. 108).

Reflita você mesmo, caro leitor, de forma bem particular e sem viés doutrinário: por acaso, a AUTORIDADE QUE SÓ HÁ NO NOME DE JESUS NÃO É SUFICIENTE? Será necessário acrescentarmos algo visível para que a manifestação da Sua glória aconteça? Paulo alertou que muitos seriam desviados da Verdade por meio de fábulas: "Porque virá tempo em que não suportarão a sã doutrina; mas, tendo comichão nos ouvidos, amontoarão para si doutores conforme as suas próprias concupiscências; E desviarão os ouvidos da verdade, voltando às fábulas" (2 TIMÓTEO 4:3-4, ACF). Fé.

Esta é a ferramenta que atrai o poder de Deus. Ainda que seja pequena e aparentemente insignificante como um grão de mostarda, a fé é suficiente para transportar os montes para o meio dos mares. Acompanhada de ORAÇÃO e JEJUM, abala o mundo espiritual. Juntos, completam a receita, a mistura certa para o banquete. Oração e jejum são as vitaminas da fé e nos fortalecem, quando a nossa devocional de fé está em dia. Dizem em nosso meio: *"Muita oração, muito poder. Pouca oração, pouco poder. Nenhuma oração, NENHUM poder"*. O poder que há na oração de um servo de fé, orando no nome de Jesus, nunca precisou de um complemento. A cura, em si, vinha pela oração. E a manifestação do poder não consistia no visível, mas no invisível e sobrenatural poder de Deus, pelo NOME PODEROSO DE JESUS.

O óleo era, portanto, usado como remédio, tratava o doente. Atribuí-lo qualquer sentido ou poder espiritual é não obedecer aos preceitos bíblicos, é conduzir cegos pelos atalhos do misticismo, é uma invencionice barata do protestantismo moderno, superstição. E, com todas as letras, sem meio termo: É IDOLATRIA! Ou teremos que voltar a usar a água benta das missas romanizadas, os banhos de folhas, o copo com água em cima da televisão, receber no corpo o flagelo para purificação da carne, ter a proteção dos patuás, figas, trevos de quatro folhas, ferradura atrás da porta, orações repetidas... Chega! Jesus nos basta! O cristão não pode voltar às fábulas nem se ater a rituais que já foram suprimidos pela obra redentora de Jesus e pela presença do Santo Espírito. Todo rito, como linguagem religiosa e simbólica, transmite valores e define a conduta de determinados grupos em uma sociedade. Assim define Claude Rivière (1932) a palavra "rito", no registro de Roberto Motta (1996):

> [...] conjunto de condutas individuais ou coletivas, relativamente codificadas, com base corporal (verbal, gestual, postural), de caráter mais ou menos repetitivo, com forte carregamento simbólico para seus atores e habitualmente para os seus assistentes, condutas essas fundamentadas numa adesão mental, muitas vezes inconsciente, a valores relativos a escolhas sociais consideradas como importantes, e cuja eficácia não depende de uma lógica puramente empírica que se esgotaria na instrumentalidade técnica da ligação entre causa e efeito (MOTTA, 1996, p. 11).

É necessário que o povo desperte para abandonar os excessos das suas crendices e se apegar ao Senhor. Qualquer prática que não for amparada pela Bíblia deve ser rejeitada, sem medo, mas com temor. Sorrateiramente, tais heresias vão se infiltrando em nosso meio, camufladas, sustentadas pela desobediência de lobos disfarçados de líderes religiosos. Aí, já viu: óleo de Israel, água mineral extraída do Rio Jordão, parece que estamos voltando ao tempo das relíquias sacras. Comércio! Jesus Cristo de Nazaré, o Ungido de Deus enviado ao mundo para a propagação das Boas Novas do Reino, não recebeu sobre Si mesmo nenhuma gota sequer de óleo (a não ser a devoção daquela mulher que Lhe ungiu os pés).

Mas Ele mesmo Se fez UNÇÃO sobre todos nós, foi pisado, moído ali no Monte das Oliveiras, dando-nos sobre as nossas cabeças o Seu sangue. Ele, O Rei, O Profeta e O Sacerdote, revestido do alto pelo Espírito Santo de Deus, numa atitude puramente espiritual que dispensa qualquer ritual físico-material. As pessoas se empolgam pelos movimentos, por tudo o que chama a atenção dos olhos, atos humanos que não trazem consigo transformação. Ter unção é estar cheio do Espírito Santo. É ter uma vida digna de um servo de Jesus Cristo, dando testemunho de uma conversão genuína. É estar preparado para toda boa obra, com humildade e mansidão, na consciência de que Jesus já pagou toda a nossa dívida. Todo aquele que se faz um com Cristo é ungido por Ele e não carece de nenhuma manifestação física e ritualística que simbolize algo que é espiritual. Já fomos sarados por Aquele que, por nossa causa, foi moído, prensado, pisado até a morte:

Verdadeiramente ele tomou sobre si as nossas enfermidades, e as nossas dores levou sobre si; e nós o reputávamos por aflito, ferido de Deus, e oprimido. Mas ele foi ferido por causa das nossas transgressões, e moído por causa das nossas iniqüidades; o castigo que nos traz a paz estava sobre ele, e pelas suas pisaduras fomos sarados (ISAÍAS 53:4,5, ACF)...

j. Jesus e a transferência de unção

Depois de conhecermos o verdadeiro significado do que é ser ungido, não podemos mais cair nas teias das persuasivas ideologias de líderes, que incutem na mente dos mais incautos essas doutrinas sem respaldo bíblico, baseadas em sua própria teologia e segundo seu entendimento, formando discípulos delas mesmas e não de Jesus. Outra heresia, baseada em distorções dos textos bíblicos, é a "transferência de unção". Quem surgiu com toda essa invencionice nunca ouviu falar dos bereanos de Atos 17:11, que receberam a palavra com toda avidez, examinando diariamente as Escrituras para ver se estas coisas eram assim. A unção que havia sobre a vida de Elias (já falamos dele anteriormente!) era inegável, pois milagres extraordinários aconteceram no curso do seu ministério. Perto do Senhor tomá-lo para Si, ordenou-lhe algumas tarefas, entre as quais que ungisse como profeta a Eliseu, filho de Safate, de Abel-Meolá, em seu lugar (I REIS 19:16 e 19). Não foi Elias que escolheu a Eliseu, como se pudesse concedê-lo uma "paterna unção", treinando-o para profeta.

Mas essa foi uma escolha de Deus, quem mesmo o escolheu e o separou para este ministério. Elias foi um instrumento de Deus para aperfeiçoar Eliseu. E este observava cada passo do seu mestre, aprendendo com ele a buscar e a servir com excelência a Deus. Porém, Eliseu pediu algo difícil a Elias, algo que o profeta chamou de "dura" coisa (árduo, severo, duro). Eliseu queria uma porção dobrada da unção que repousava sobre o profeta, seu mestre. Vejamos: "Depois de atravessar, Elias disse a Eliseu: 'O que posso fazer por você antes que eu seja levado para longe de você?' Respondeu Eliseu: 'Faze de mim o principal herdeiro de teu espírito profético'" (2 REIS 2:9).

Eliseu queria, na verdade, trabalhar duas vezes mais, ter o tempo dobrado na sua atuação ministerial, ajudar duas vezes mais o povo de Deus, servir a Deus duas vezes mais e melhor, ou seja, excelentemente. E mesmo sendo de uma família de posses, Eliseu não pensou duas vezes em deixar tudo para trás e seguir Elias. Segundo a tradição judaica, para alguém ser tão ousado ao ponto de pedir algo desse nível, seriam necessárias duas importantes prerrogativas: ter mérito e ser filho. Por isso, Eliseu conquistou o seu lugar, tamanha a sua dedicação, sendo companheiro e amigo de todas as viagens, o braço direito do seu mestre. Ele havia aprendido e se comprometido tanto que não queria perder a oportunidade de receber o poder da dobrada unção (ou porção dobrada do espírito de Elias), para operar em um nível ainda maior, audaciosa e ministerialmente falando.

Da mesma maneira, os discípulos de Jesus receberam Dele poder, por intermédio do Espírito Santo, para atuar em seus ministérios terrenos num período maior do que o que teve Jesus em seus três anos e meio de ensino (MATEUS 28:18-19; LUCAS 24:47-49). Muito antes, Josué recebera autoridade e o espírito de sabedoria após imposição de mãos de Moisés, seu líder: "⁹ E Josué, filho de Num, foi cheio do espírito de sabedoria, porquanto Moisés tinha posto sobre ele as suas mãos; assim os filhos de Israel lhe deram ouvidos, e fizeram como o Senhor ordenara a Moisés" (DEUTERONÔMIO 34:9, ACF). Note, caro leitor, que outra passagem mostra Josué já tendo o Espírito Santo, antes mesmo da ação de Moisés:

> Então disse o Senhor a Moisés: Toma a Josué, filho de Num, homem em quem há o Espírito, e impõe a tua mão sobre ele. E apresenta-o perante Eleazar, o sacerdote, e perante toda a congregação, e dá-lhe as tuas ordens na presença deles. E põe sobre ele da tua glória, para que lhe obedeça toda a congregação dos filhos de Israel (NÚMEROS 27:18-20, ACF).

Podemos chegar ao entendimento de que era necessário Moisés, publicamente, apresentar o novo líder diante daqueles que deveriam obedecê-lo dali por diante. A "glória" ou autoridade do líder Moisés seria reconhecida sobre quem ele havia imposto as mãos. Em que momento na Bíblia lemos que Jesus orientou que seus discípulos transferissem dons e unção? Onde foi que Paulo, Pedro, João ou qualquer outro discípulo praticou e ensinou transferência de unção ou porção dobrada? Certamente, podemos perceber que, nesses tempos difíceis nos quais estamos, os modismos impetram suas marcas. Seja nos usos e costumes, seja no âmbito religioso, a nossa sociedade percebe uma tendência de busca pelas novidades que surgem aos montes a cada minuto. E no que tange às questões de doutrina, deveriam os fiéis sempre questionar o que tem entrado em seus cultos, se há nessas "novidades" base bíblica ou propósito espiritual definido, se foi algo vindo mesmo da parte de Deus ou se apareceu como fruto das obras da carne. Afinal, como já vimos, a unção existe para separar a pessoa ungida para o seu ofício, confirmando o caráter sagrado do seu chamado e deixando em pauta a presença permanente do Espírito Santo. Este, não somente está, Ele permanece "com" e "nos" crentes remidos em Jesus, nascidos de novo e feitos filhos de Deus.

Usando uma linguagem firme e direta, o Pr. Renato Vargens, conferencista, autor e colunista de sites evangélicos de estudos bíblicos, certa feita, comentou sobre esse tema. Ele expressou o seu pensamento (sem medo) e a sua indignação, comentando que "Infelizmente, a Igreja deixou de ser a comunidade da palavra de Deus cuja fé se fundamenta nas Escrituras Sagradas, para ser a comunidade da pseudo-experiência, do dualismo, do misticismo e do maniqueísmo e da venda de indulgências" (VARGENS, 2017, s/p). Duro esse discurso! Imagina Jesus dizendo isso hoje em dia em uma praça pública, como fez com os fariseus. Os fariseus dos nossos dias falam de si, ensinam de si, enganam a outros e a si mesmos. Só que a Palavra de Deus diz-nos sempre o que devemos fazer, sem dúvidas, sem acréscimos, sem deturpações. É a Verdade.

Na primeira epístola de João, no capítulo 2, encontramos o que precisamos entender sobre a unção de cada um. Aquilo que Deus coloca EM NÓS fica EM NÓS, tem que PERMANECER: "E a unção que vós recebestes dele, FICA EM VÓS, e não tendes necessidade de que alguém vos ensine; mas, como a sua unção vos ensina todas as coisas, e é verdadeira, e não é mentira, como ela vos ensinou, assim nele permanecereis" (1 JOÃO 2:27, ACF, grifos meus). Os diferentes tipos de unção que a moderninha igreja tem buscado e divulgado passam longe, muito longe dos ensinos bíblicos e do testemunho vivo do Deus entre nós, Jesus Cristo. Críticas? Não nos cabe fazê-las. Apenas trazemos à tona certas "erupções ruidosas" de nossos dias, que fazem oposição ao que verdadeiramente edifica e glorifica o nome do Senhor. Falando em "ruídos", faz pouco tempo que surgiu mais uma novidade gospel que pode ser inserida na categoria não bíblica ou exótica, algo que tem "alegrado" o povo:

> Nas últimas décadas surgiu um fenômeno religioso nos EUA e no Canadá denominado Bênção de Toronto, Benção de Isaac, Unção do riso, Unção do cai, cai. Especificamente, a Unção do Riso surgiu em 1994 na Igreja Comunhão Divina de Toronto, no Canadá. Embora esse tenha sido o fenômeno que tornou o movimento conhecido para o mundo, há alusão que já havia relatos da Unção do Riso em 1933, em escala menor, e em pequenas igrejas. Foi a partir de 1980, portanto, antes do episódio de Toronto, que a Unção do Riso chega ao Brasil por meio do Pastor argentino Carlos Anacondia, que difundiu essa doutrina em inúmeras comunidades evangélicas. A Unção do Riso é praticada no Brasil e no mundo por grupos cristãos pentecostais e neopentecostais. Um dos maiores divulgadores da Benção do cai, cai, considerado o pai da teoria da prosperidade, foi Kenneth Hagin (1917-2003), que em 1937 tornou-se pastor da Igreja Assembleia de Deus americana.4 Muito de seus pares o con-sideraram herege por suas colocações teológicas. No Brasil essa "benção" ficou conhecia

> como Bênção do cai cai, Gargalhada Sagrada, ou Unção do helicóptero ou ainda Unção do aviãozinho. O termo cai cai foi usado devido ao fato que muitos seguidores tomados pelo riso caíam no chão e aviãozinho e helicóptero, porque muitos, em transe, giravam os braços lembrando uma hélice de helicóptero (FERRAZ; SCHMITZ; LIVRAMENTO, 2018, p. 225).

Uma espécie de êxtase ou euforia, é mais uma entre os milhares de manifestações e invencionices estranhas às Escrituras Sagradas. Paulo, escrevendo aos Filipenses, fala de uma alegria especial, transbordante, significando "alegrar-se muito". Ele não mencionava os risos rasgados nem as gargalhadas descontroladas dentro dos templos, mas uma alegria que deve ser sentida em cada culto, na adoração vertical de todo crente que sente a presença do Deus vivo no meio do Seu povo. Uma felicidade que, certamente, fortaleceria o povo de Filipos a enfrentar qualquer adversidade que viesse pela frente. Alegria encorajadora! E nós, da mesma forma, podemos tomar posse dela, como escrito: "Alegrem-se sempre no Senhor. Novamente direi: alegrem-se!" (FILIPENSES 4:4, NVI).

Meus irmãos cheios do Espírito! Ultimamente, é tanta unção nova que acompanha essa do riso que mais parece um zoológico. Unção da serpente, unção do urso, unção do leão etc. Uivos, rugidos, sons estranhos fora as gargalhadas, o que foi chamado pelo Pr. Renato Vargens, condenando categoricamente essas manifestações, de zooteologia, uma vez que, durante o tombo, algumas pessoas emitem sons de animais (FERRAZ; SCHMITZ; LIVRAMENTO, 2018, p. 226). Seria tudo isso mesmo fruto da ação do Espírito Santo? Ou um desespero que é filho da imaturidade espiritual de muitos que buscam apegar-se aos sinais visíveis de Deus? O que pode haver de transformador e edificante em todas essas manifestações? Qual o propósito? Seria possível imaginarmos Jesus ou qualquer um de seus discípulos ensinando tais práticas? Quem sabe Paulo, em cima de um palco, imitando um urso feroz... Ou Pedro, arrastando-se como uma serpente do deserto, ou João, o "Amado do Senhor", rodopiando como brinquedo de parque infantil.

Chega de meninice dentro das igrejas do Senhor! Cada atitude sem propósito dentro do contexto de culto fere a ordem e a decência que o Espírito Santo ensina por meio de Paulo, em 1 Coríntios. Depois de falar acerca da diversidade dos dons espirituais no capítulo 12, Paulo fala sobre a importância do dom de profecia (pregar a Palavra) no capítulo 14 e, em sequência, expressa a necessidade de ordem e decência no culto. Todo cristão sente a alegria que vem do alto, do Espírito Santo, se regozija, expressando "alegria; satisfação". Jesus disse: "Mas, agora, vou para junto de ti e isto falo no mundo para que eles tenham o meu gozo completo em si mesmos" (JOÃO 17:13, ARA). Essa "plenitude" de alegria aproxima-nos de Deus, porém, para que não faça tropeçar os incautos e neófitos que ainda não estão familiarizados com o mover do Espírito no meio dos crentes, foram ensinadas por Paulo algumas regrinhas básicas de como a igreja deve comportar-se publicamente.

Dos tópicos discorridos até agora, o próximo é sobre o que menos eu gostaria de falar. Mexe com o brio de muita gente que não está atenta ao correto ensino dos textos bíblicos, distorcendo-os. Às vezes, por não os conhecer e por não se aprofundarem neles. Mexe, principalmente, com a vaidade de muitos líderes que manipulam inescrupulosamente suas ovelhas. Em 2024, completam-se 17 anos de conversão deste autor que lhes escreve. Foram muitas provas que o fizeram descer ao fundo do poço. E quando pensou não haver mais solução para tantos problemas que o acorrentavam, olhou para o alto e de lá veio o seu socorro. Foi abraçado pelo Salmo 121, que lhe dizia que Aquele que o guardava não cochila. Teve, então, a certeza de que o Senhor estava cuidando dele, mesmo atravessando aquele deserto. Um ano após o seu batismo e ainda passando por algumas situações complicadas, estava ele indo para o seu primeiro teste de trabalho, após ter abandonado toda sua carreira e seus sonhos como músico profissional para servir a Cristo. Certo conhecido de infância, o qual ele já sabia também professar da mesma fé, deu-lhe uma carona até o ponto de ônibus.

Mostrando-se feliz pela decisão do músico de se tornar crente em Jesus, o conhecido lhe fez uma pergunta um tanto sem nexo, embora complexa. A interrogação do rapaz foi como um golpe no rosto: *"Você já foi batizado no Espírito Santo?"* E rapidamente ouviu a resposta com toda a certeza: "Óbvio que sim! Tenho convicção de que recebei o Santo Espírito tão logo aceitei a Cristo como meu Salvador". Os cinco minutos que se seguiram pareciam meia hora, custaram a passar. O conhecido tornou a expressar sua inquietação: *"Ah, então você já fala em línguas estranhas? Sim, porque, se você diz que já está batizado, então fala em línguas!"* Chegando ao ponto de ônibus, separaram-se. E nunca mais tiveram outra oportunidade para conclusão daquela inquisição. Porém, antes de descer, o ex-músico olhou nos olhos daquele seu conhecido e lhe disse: *"Só sei que tenho o Espírito Santo!"*

k. Jesus e o batismo do Espírito Santo

"E dar-vos-ei um coração novo, e porei dentro de vós um espírito novo; e tirarei da vossa carne o coração de pedra, e vos darei um coração de carne. E porei dentro de vós o meu Espírito, e farei que andeis nos meus estatutos, e guardeis os meus juízos, e os observeis" (EZEQUIEL 36:26,27, ACF). Essa profecia anuncia não só a vinda do Espírito Santo, mas também a permanência Dele DENTRO de nós. Do Antigo Testamento, ainda temos a referência profética em Joel 2, sobre um derramar especial, sem medida e universal do Espírito de Deus, que se concretizou no dia de Pentecostes. A Igreja fundada por Cristo aguardava este tão sonhado dia e viu-o se cumprindo diante dos seus olhos. João Batista, o que batizava com água para arrependimento, disse a todos os quantos vinham a ele no Jordão, que Jesus batizaria "COM O ESPÍRITO SANTO E COM FOGO" (MATEUS 3:11; LUCAS 3:16). Essa colocação reforçava que o revestimento proposto por Jesus era maior e trataria do homem interior, diferente daquela externa unção com o óleo da consagração do Antigo Testamento. Com efeito, seria como estar cheio, completo, totalmente envolvido no poder de Jesus. É preciso, contudo, que tentemos analisar separadamente cada ato que envolve esse batismo.

O batismo representa uma identificação espiritual com Cristo pela atuação do Espírito na vida de quem crê. Uma vez crendo nas Boas Novas da salvação que é o próprio Cristo, o Messias de Deus, o Deus Encarnado, qualquer pessoa já está batizada e pode afirmar que tem o Espírito Santo. João Batista, o primo de Jesus, por exemplo, foi cheio do Espírito ainda no ventre de sua mãe. Nunca desceu às águas. E nunca falou em línguas estranhas para demonstrar seu batismo. Deus opera maravilhas para que se cumpram todos os Seus propósitos. Fez uma grande obra na vida do casal Zacarias e Isabel (que era estéril) após 400 anos de silêncio sem falar com Seu povo Israel e sem manifestar grandes milagres em torno de, pelo menos, uns 500 anos. E assim a Bíblia relata essa passagem sobre a vinda de João:

> Mas o anjo lhe disse: Zacarias, não temas, porque a tua oração foi ouvida, e Isabel, tua mulher, dará à luz um filho, e lhe porás o nome de João. E terás prazer e alegria, e muitos se alegrarão no seu nascimento, porque será grande diante do Senhor, e não beberá vinho, nem bebida forte, e será cheio do Espírito Santo, já desde o ventre de sua mãe (LUCAS 1:13-15, ACF).

O que podemos entender? Que existem duas situações distintas a serem colocadas aqui. A primeira é: TER OU NÃO O ESPÍRITO SANTO. A segunda é: COMO O ESPÍRITO SANTO OPERA POR MEIO DA VIDA DE CADA UM. E isso é pessoal, envolvendo os DONS DO ESPÍRITO. A paracletologia (ou pneumatologia) não tem achado muito espaço entre os teólogos ao longo da história da Igreja. Porém, o resgate e a ênfase dos pentecostais a essa doutrina têm-na limitado ao falar em línguas e ao uso de uma meia dúzia de outros dons, muitas vezes, descontextualizados. Inaceitavelmente, estão menosprezando a obra do Espírito que, em toda a sua magnitude e plenitude, completa o mistério da Trindade, esteve presente na criação de todas as coisas, é convencimento para o pecador e a capacitação para os salvos, é parte integrante, inseparável e diária na vida da Igreja e, o mais lindo de tudo isso, aponta para Cristo, aponta O CAMINHO, sem pretensão de glória para a Terceira Pessoa.

Entre os dois opostos, exageros e omissões, as Igrejas têm esbarrado nos engessados e frios tradicionalistas a 100% e, do outro lado, os fanáticos sem conteúdo bíblico em seus sonhos reveladores, suas visões e suas tantas "profetadas". Ambos, divididos entre os seus conceitos próprios, achismos e religiosidade, sem o mínimo de equilíbrio. A falta desse equilíbrio no sentido espiritual tem sido a causa de muitos tropeços fora DO CAMINHO. Diz o livro de Provérbios: "Meu filho, guarde consigo a sensatez e o equilíbrio, nunca os perca de vista; trarão vida a você e serão um enfeite para o seu pescoço. Então você seguirá o seu caminho em segurança e não tropeçará" (PROVÉRBIOS 3:21-24, NVI). E no Novo Testamento, encontramos este alerta na segunda epístola de Paulo a Timóteo: "Pois Deus não nos deu espírito de covardia, mas de poder, de amor e de equilíbrio" (2 TIMÓTEO 1:7, NVI).

O verdadeiro avivamento, como já vimos anteriormente, começa dentro de nós. Mas, por conta desse desequilíbrio doutrinário oscilante entre a razão e a emoção e entre o que é carnal e o espiritual, estamos presenciando, em nossos dias, a supervalorização da experiência pessoal como sendo a marca distintiva do cristianismo. O homem ego-centralizado dispensa a obra Cristocêntrica, pois já está entronizado em si mesmo e não carece ser ensinado por ninguém. Nem mesmo pelas Escrituras. O *RUAH* – palavra hebraica que incluía a ideia da espiritualidade de Yahweh (CHAMPLIN, 2001, p. 740) – é o Espírito que se movia sobre a face das águas em Gênesis, era quem vinha sobre os escolhidos para a realização das missões especiais a mando de Deus no A.T., sempre os inspirando, consagrando e capacitando na administração, no governo e na liderança, nutrindo-os de toda inteligência e de habilidades, produzindo neles santificação, retidão e justiça, frutos de um novo coração.

Hoje, no período que chamamos de "Dispensação da Graça" ou "Era da Igreja" (que começou com a Nova Aliança no sangue de Cristo e terminará com o arrebatamento dos santos), Ele, o Espírito Santo, habita em nós. Foi enviado pelo Pai em nome de Jesus. Age por meio do Seu povo, revestindo-o com o poder do alto, SEM CONFUSÃO e COM EQUILÍBRIO. Temos a incidência de 370 vezes do termo grego *PNEUMA,* que, além de estar associado a "sopro", "vento", espírito humano ou outro ser espiritual, está também indicando o Espírito Santo de Deus (CHAMPLIN, 2001, p. 510). O Espírito Santo é quem testifica de Jesus, revela o Pai e o Filho como sendo UM com Ele, nos dá domínio sobre as nossas concupiscências e nos liberta da lei do pecado, nos fortalece quando fracos, intercede por nós com gemidos inexprimíveis quando nos faltam palavras e sela-nos com a Sua marca como exclusivas propriedades de Deus.

Já citamos, de Paulo, este texto em Efésios: "Há um só corpo e um só Espírito, assim como a esperança para a qual vocês foram chamados é uma só; há um só Senhor, uma só fé, um só batismo, um só Deus e Pai de todos, que é sobre todos, por meio de todos e em todos" (EFÉSIOS 4:4-6, NVI). Extraímos dele a essência do "um só batismo", palavra com origem no grego *"baptizo"* (de *"bapto"* = mergulhar), traduzida pelo *Dicionário Crítico de Teologia* (2004) da raiz *baptizein,* o que confirma ainda mais o seu sentido de "mergulhar", imergir", "batizar", ensinado na Septuaginta (LXX) e confirmado em 2 Reis 5:14 (LACOSTE, 2004, p. 252). A obra do batismo pelo Espírito anela a nossa alma a Cristo pelo arrependimento das obras infrutíferas da carne e pelo "novo nascimento", como disse Jesus a Nicodemos. É esse o batismo que salva a alma do homem e o enxerta no Corpo de Cristo, fornecendo-o poder para o serviço no Reino. O ato de "descer às águas", todavia, não se faz regra para salvação. Os que ouviram a Palavra quando Pedro discursou receberam o Espírito Santo antes do batismo nas águas:

> E, dizendo Pedro ainda estas palavras, caiu o Espírito Santo sobre todos os que ouviam a palavra. E os fiéis que eram da circuncisão, todos quantos tinham vindo com Pedro, maravilharam-se de que o dom do Espírito Santo se derramasse também sobre os gentios. Porque os ouviam falar línguas, e magnificar a Deus. Respondeu, então, Pedro: Pode alguém porventura recusar a água, para que não sejam batizados estes, que também receberam como nós o Espírito Santo? E mandou que fossem batizados em nome do Senhor (ATOS 10:44-48, ACF).

Todos eles, mesmo sendo gentios (ou não pertencentes ao povo de Deus), se tornaram participantes daquele "novo" acontecimento pela fé que passaram a ter em Jesus. Aqui vemos cumpridas as palavras de Jesus em João 1:11-12, quando o profeta anuncia que Jesus teria vindo para os Seus (judeus – povo escolhido) e que estes não O receberam. Mas que o mesmo Jesus dera poder de se tornarem filhos de Deus a todos os outros povos que O aceitassem como Senhor. Justamente os que creram na mensagem das Boas Novas anunciadas por Pedro começaram a falar em "línguas", ou seja, receberam o "dom de línguas", que é a capacidade de falar fluentemente uma língua jamais aprendida anteriormente (ler: ATOS 10:4-48; 19:5-6), como se fosse "uma prece que não obedece a nenhum tipo de prece: nem formular pedidos, nem recitar fórmulas prontas ou inspirar-se nelas na improvisação de salmos, nem adorar — quer dizer, rezar sem a utilização (mesmo mental) de linguagem" (CORTEN, 1996, p. 56).

Esse fenômeno acompanhou a Igreja nascente nos primeiros séculos e em vários lugares, como uma confirmação visível do poder do Espírito Santo sobre os novos convertidos. Assim era necessário acontecer, para diferenciar os cristãos dos gentios incrédulos. Devemos lembrar, pontualmente, que Jesus mesmo dissera: "E eis que sobre vós envio a promessa de meu Pai; ficai, porém, na cidade de Jerusalém, até que do alto sejais revestidos de poder" (LUCAS 24:49, ACF). Esse "poder" derramado do alto produziu o fenômeno da glossolalia cristã, marcado por uma experiência espiritual poderosa, sim, sem dúvidas. Contudo, ainda em nossos dias, continua representando um grande desafio para a hermenêutica e a práxis cristã. Porque muitos se apropriaram desse dom para promover movimentos ilegítimos, fingidos e fraudulentos, seguidos por uma gama de abusos. Além do que, a depender de quem esteja administrando certos dons como esse de línguas, outros "espíritos" podem originar línguas estranhas, operar sinais, curas e falsos milagres por intermédio de pessoas inescrupulosas.

A carne também pode produzir o mesmo fenômeno por meio de alteração da consciência, seja por hipnose, seja transe ou êxtase – como as experiências de culto extático de antigas civilizações e sua religião de mistérios:

> As religiões mistéricas constituem uma fonte importante para a compreensão do fenômeno da glossolalia praticada na comunidade de Corinto no tempo de Paulo. Forbes, citando Eurípedes (Bacchae), descreve uma fala extática com violentas manifestações físicas, típicas das celebrações dionisíacas, como gritos dos adoradores em frenesi, danças enérgicas, balançar frenético da cabeça e cabelos em desordem. O ritmo é marcado ao som de tambores, címbalos e flautas. Os gritos invocatórios representam títulos alternativos para a divindade. Forbes diz que não há indicação de que esses gritos sejam de uma língua estrangeira, mas invocações e aclamações que parecem estar na língua de origem dos membros do culto (FORBES, 1997, p. 127).

Abrindo um adendo para falarmos de outro processo que difere da glossolalia, conhecido como *xenoglossia*, este fenômeno consiste no falar, de forma espontânea, em línguas que não foram previamente aprendidas, ou nem sequer conhecidas. Há relatos de casos em que certos indivíduos apresentam capacidades surpreendentes, de repente, tanto no campo intelectual e artístico como no físico (BLANK, 1998, p. 68), de falar em línguas que são conhecidas – "falar uma língua estrangeira", por exemplo. Alguém que nunca aprendeu inglês e que, pelo Espírito Santo, começa a falar inglês. Então, xenoglossia é o bíblico "dom de

línguas" ocorrido durante o Pentecostes de Atos 2, levando o Evangelho da salvação aos representantes de várias nações que ali estavam e que, certamente, retransmitiram esse testemunho do poder de Deus (no nome de Jesus) em suas terras de origem. Estratégia de alcance do Espírito Santo, para tocar os confins da terra.

Já a glossolalia, esta foi um fenômeno elevado a símbolo de status de espiritualidade entre os coríntios na época do nascimento da Igreja primitiva, consistindo no falar uma língua totalmente desconhecida, um idioma inexistente, na ênfase que ainda é dada por certas denominações cristãs ao dom de línguas. Não por coincidência, está presente em diversas tradições religiosas. Logo, não é algo exclusivo do pentecostalismo, chegando a fazer parte até mesmo de grupos de dentro do catolicismo romanizado. Desde 1967, um grupo nascido nos Estados Unidos vem crescendo no Brasil com o nome de Movimento de Renovação Carismática, assemelhando-se, em muitos aspectos, aos movimentos pentecostais, "na medida em que os membros valorizam a glossolalia, os exorcismos, as curas e os milagres" (PRANDI, 1998, p. 32).

É uma prática por vezes embasada em "expressões de êxtase", no proferir de sons ininteligíveis que se parecem com linguagem, como o som de instrumentos musicais tocados sem harmonia. Também se refere aos "sons da fala", ou ao balbuciar de palavras ou ruídos sem sentido, e tem confundido muita gente – uma manifestação linguístico-religiosa na qual o falante/crente, no contexto da oração e tomado pelo êxtase, produz uma linguagem emocional, ritmada, silábica, quase melódica" (BAPTISTA, 1989, p. 17). Até mesmo aos mais velhos no Evangelho. A Palavra diz que Deus não é Deus de confusão (1 CORÍNTIOS 14:33). Então, que Ele traga esclarecimento e sabedoria aos leitores. A prática ou o exercício da glossolalia nas primeiras comunidades cristãs, bem como algumas manifestações do que poderia figurar um êxtase religioso ou transe coletivo, pode ter sido a causa de algumas deliberações restritivas da parte de Paulo em sua epístola aos Coríntios.

Ao que tudo indica, parecia estar havendo entre os coríntios uma disputa de poder. De um lado, os que não falavam em línguas estranhas, mas tinham convicção de seu batismo no Espírito. Estes eram opressos pelo que Israel Serique (2011) chama de "ditadura glossolálica". Do outro lado, uns mais empoderados, arrogando para si uma graça especial e formando seleto um grupo que se autointitulava "espiritual" e que "usava o carisma glossolálico como meio de legitimação do status quo" (SANTOS, 2011, p. 24). Isto, se levarmos em conta a semelhança dessas manifestações com os cultos extáticos ora já mencionados aqui, em páginas anteriores, o ato de balbuciar, falar ou murmurar sons ininteligíveis não é de agora. O escritor e pesquisador Antonio Wellington de Oliveira Junior (2000), em seu livro *Língua de anjos,* esclarece que o dom de línguas não era uma característica exclusiva do cristianismo primitivo. Mas podia ser vista desde os cultos iniciáticos xamânicos até entre os gritos e assobios dos gnósticos – a quem Plotino condenava (DE OLIVEIRA JÚNIOR, 2000, p. 28). E na Igreja medieva, na mística cristã dos santos católicos que tinham suas experiências glossolálicas, como relatado certa feita por São Francisco de Assis ao se referir a Antonio de Pádua:

> O maravilhoso vaso do Espírito Santo, Santo Antonio de Pádua... pregou uma vez diante do papa e dos cardeais. Havia homens de diversas nações: gregos, latinos, franceses, alemães, eslavos, ingleses e de outras diferentes línguas do mundo, e inflamado pelo Espírito Santo expôs a palavra de Deus tão devota, clara e inteligentemente, que todos quantos ali estavam, mesmo de diferentes línguas, entenderam todas as suas palavras clara e distintamente, como se tivesse sido faladas no idioma de cada um dos presentes. Todos ficaram assombrados e lhes parecia ver renovado o antigo milagre dos apóstolos, quando falaram no tempo do Pentecostes, por virtude do Espírito Santo, todas as línguas, motivo por que manifestavam mutuamente sua admiração, perguntando: "Não é da Península Ibéricas este que está pregando? E como é é que todos ouvimos sua fala na línguas de anossas próprias terras? (ASSIS, 1949, p. 164 *apud* DE OLIVEIRA JUNIOR, 2000, p. 28-29).

Enfim, a glossolalia vem sido praticada há tempos por muitos homens, dentre os quais há os que buscam para si os holofotes e surgem como um ser iluminado, de profunda compreensão do mundo místico e espiritual. E isso sempre aconteceu em toda parte do mundo e em várias religiões pagãs, seja entre os indígenas, seja entre as giras de matrizes africanas, ou como já foi explicado em outro capítulo que fala das práticas de cultos extáticos egípcios, com os seus sacerdotes recitando palavras de poder entre danças, movimentos sincronizados e muita música, diante das representações de seus inúmeros deuses. Não é algo incomum, ao contrário: "[...] o conjunto de sons articulados dentro de um determinado ritmo e cadência é capaz de provocar nos seus praticantes transes de diversas ordens" (MALISKA, 2010, p. 249). E tais transes fazem "[...] com que os sujeitos se entreguem à sonoridade e à musicalidade dessa língua de uma forma a serem conduzidos por ela" (MALISKA, 2010, p. 249).

Foi constatado por pesquisa que, se exposta por certo tempo em um ambiente propício à glossolalia, qualquer pessoa pode aprendê-la por repetição, algo que "a *psique* humana pode produzir por meios puramente naturais" (CHAMPLIN, 2001, p. 466). E Champlin segue explicando que foram feitos estudos e experiências em laboratório, demonstrando que o homem possui capacidades telepáticas, sendo as línguas uma espécie de ginástica mental (CHAMPLIN, 2001, p. 466). Logo, línguas exóticas ou desconhecidas podem, sim, ser compreendidas e ou traduzidas. As "estranhas" ou tidas como "espirituais", não. Principalmente, se forem produzidas por um estado de êxtase e não tiverem "intérpretes". Agora fica mais fácil compreender o porquê desse dom ter sido concedido aos discípulos do Senhor, dentro de um contexto de expansão do Evangelho.

Havia um propósito bem-definido naquele evento de Atos 10, repetindo o fato ocorrido em Atos 2, no Pentecostes. Aquele "vento veemente e impetuoso" atraiu a atenção daquela multidão de estrangeiros para o ajuntamento dos cristãos ali presentes, os quais, falando em línguas estrangeiras, pregavam a Cristo como Senhor e Salvador e testemunhavam que sobre eles havia descido um poder sobrenatural para tal missão. E isso os diferenciaria dos demais, idólatras e céticos, dentre os gentios. Irmãos, não queremos aqui, em hipótese alguma, restringir, com esses comentários, a capacidade do dom de interpretação também dado pelo Espírito Santo. Mas reforçar a ideia central de que o termo para "línguas" no grego, como visto antes, refere-se a idiomas comumente conhecidos, e não a nenhuma língua de anjos.

Leiamos atentamente ao que se segue: "Estes sinais acompanharão os que crerem: em meu nome expulsarão demônios; falarão novas línguas" (MARCOS 16: 17, ACF). Plural: "línguas" = "glôssais" – neste episódio vemos claramente o sentido de idiomas. O sentido das "línguas" a seguir, porém, é outro: "E viram o que parecia línguas de fogo, que se separaram e pousaram sobre cada um deles" (ATOS 2:3, NVI). "Línguas de fogo": "O texto latino diz: *linguae tamquan ognis,* isto é, línguas como se fossem de fogo: [...] manifestações luminosas" (LEAL, 1988, p. 10). Somente a partir desse fenômeno, ou seja, do "toque dos raios luminosos sobre os apóstolos, eles começam a falar línguas estranhas. Diz o texto em latim: *ei coeperunt loqui vanis linguis*" (LEAL, 1988, p. 10). Continuando em Atos, "Todos ficaram cheios do Espírito Santo e começaram a falar noutras línguas, conforme o Espírito os capacitava" (ATOS 2:4, NVI). Idem, plural: "línguas". E confirmando o exposto:

> Partos e medos, elamitas e os que habitam na Mesopotâmia, Judéia, Capadócia, Ponto e Ásia, e Frígia e Panfília, Egito e partes da Líbia, junto a Cirene, e forasteiros romanos, tanto judeus como prosélitos, cretenses e árabes, TODOS NÓS TEMOS OUVIDO EM NOSSAS PRÓPRIAS LÍNGUAS falar das grandezas de Deus" (ATOS 2:9-11, ACF, grifos meus).

Porém, o Apóstolo Paulo não ignorava a possível existência de línguas celestiais, pois os anjos habitam em outra dimensão e se comunicam de forma peculiar com o seu Criador. Em I Coríntios 13:1, ele diz que: "ainda" que ele falasse a língua dos anjos, sem amor, não teria serventia alguma. Ou seja, não afirmou que as Igrejas de Corinto falavam algum idioma celeste. Mas quis dizer que: "ainda" que ele falasse outra coisa além da "língua dos homens" e não houvesse o exercício dos dons da graça e do amor cristão, não estaria fazendo a diferença diante das atividades de várias religiões pagãs de mistério ou iniciáticas. Quaisquer manifestações que fujam dos princípios de Deus são como "o metal que soa ou como o sino que tine", apenas fazem barulho. E um barulho ensurdecedor, sem propósito, sem sentido ou contexto. Ademais, sem o discernimento espiritual para a interpretar as línguas, é quase impossível discernir o que é de cima (céu) do que vem dos enganos de Satanás, que pode, muito bem, confundir a mente de muita gente. E da mesma forma que existem outros dons que são distribuídos conforme a vontade do Pai PARA O QUE FOR ÚTIL, também existe o dom de "interpretação de línguas". Reforçando: a manifestação do Espírito é dada a cada um, para o que for útil:

> Porque a um pelo Espírito é dada a palavra da sabedoria; e a outro, pelo mesmo Espírito, a palavra da ciência; E a outro, pelo mesmo Espírito, a fé; e a outro, pelo mesmo Espírito, os dons de curar; E a outro a operação de maravilhas; e a outro a profecia; e a outro o dom de discernir os espíritos; e a outro a VARIEDADE DE LÍNGUAS; e a outro a INTERPRETAÇÃO DAS LÍNGUAS. Mas um só e o mesmo Espírito opera todas estas coisas, repartindo particularmente a cada um como quer" (1 CORÍNTIOS 12:7-11, NVI, grifos meus).

O surgimento de tantos "movimentos" traz aos seus adeptos bastante prejuízo. Por não incentivarem o estudo das Escrituras como prioridade, tais pessoas simplesmente estagnam espiritualmente, sem conseguirem discernir entre o que pertence às trevas, o que sai do homem e o que vem do Espírito de Deus. Buscam os dons sem priorizar TRANSFORMAÇÃO. Movimentos tidos como "evangélicos", que estão distantes da Sã Doutrina, são armadilhas que induzem à apostasia e ao "misticismo gospel". Distorcendo princípios divinos, afirmam, categoricamente, que o falar em línguas é a única evidência externa de que uma pessoa foi ou é batizada com o Espírito Santo. Se observassem com zelo e temor as passagens e análises a seguir, minuciosamente, não teriam essa conclusão. Sigamos alguns versos de 1 Coríntios:

> Segui o amor, e procurai com zelo os dons espirituais, mas principalmente o de profetizar. Porque o que fala em língua desconhecida não fala aos homens, senão a Deus; porque ninguém o entende, e em espírito fala mistérios. Mas o que profetiza fala aos homens, para edificação, exortação e consolação. O que fala em língua desconhecida edifica-se a si mesmo, mas o que profetiza edifica a igreja. E eu quero que todos vós faleis em línguas, mas muito mais que profetizeis; porque o que profetiza é maior do que o que fala em línguas, a não ser que também interprete para que a igreja receba edificação. E agora, irmãos, se eu for ter convosco falando em línguas, que vos aproveitaria, se não vos falasse ou por meio da revelação, ou da ciência, ou da profecia, ou da doutrina? [...] Assim também vós, se com a língua não pronunciardes palavras bem inteligíveis, como se entenderá o que se diz? porque estareis como que falando ao ar. Mas, se eu ignorar o sentido da voz, serei bárbaro para aquele a quem falo, e o que fala será bárbaro para mim. Assim também vós, como desejais dons espirituais, procurai abundar neles, para edificação da igreja. Por isso, o que fala em língua desconhecida, ore para que a possa interpretar. Porque, se eu orar em língua desconhecida, o meu espírito ora bem, mas o meu entendimento fica sem fruto. De outra maneira, se tu bendisseres com o espírito, como dirá o que ocupa o lugar de indouto, o Amém, sobre a tua ação de graças, visto que não sabe o que dizes? Porque realmente tu dás bem as graças, mas o outro não é edificado. Todavia eu antes quero falar na igreja cinco palavras na minha própria inteligência, para que possa também instruir os outros, do que dez mil palavras em língua desconhecida. Irmãos, não sejais meninos no entendimento, mas sede meninos na malícia, e adultos no entendimento. [...] De sorte que as línguas são um sinal, não para os fiéis, mas para os infiéis; e a profecia não é sinal para os infiéis, mas para os fiéis. Se, pois, toda a igreja se congregar num lugar, e todos

falarem em línguas, e entrarem indoutos ou infiéis, não dirão porventura que estais loucos? [...] E, se alguém falar em língua desconhecida, faça-se isso por dois, ou quando muito três, e por sua vez, e haja intérprete. Mas, se não houver intérprete, esteja calado na igreja, e fale consigo mesmo, e com Deus. [...] Porque Deus não é Deus de confusão, senão de paz, como em todas as igrejas dos santos. [...] Se alguém cuida ser profeta, ou espiritual, reconheça que as coisas que vos escrevo são mandamentos do Senhor. Mas, se alguém ignora isto, que ignore (1 CORÍNTIOS 14:1-6; 9; 11-14; 16,17; 19,20; 22,23; 27,28; 33; 37,38, ACF).

Considerações contextuais: **1-** Se procuramos zelosamente os dons espirituais, devemos ter a consciência de que, falando em línguas, não falamos para os homens. Não devemos, portanto, incentivar essa prática sem certo cuidado e controle dentro das igrejas. E logo saberemos o porquê. **2-** A Palavra que é ministrada na pregação produz EDIFICAÇÃO DE TODA A IGREJA, exortando, ensinando e consolando. Isso, sim, é prioridade e deve ser levado a sério. **3-** Sem a DEVIDA INTERPRETAÇÃO, a Igreja NÃO PODE SER EDIFICADA com o FALAR EM LÍNGUAS. Paulo faz objeções às atitudes dos coríntios quando juntos na assembleia, tais como: a prática frequente da glossolalia sem interpretação, o que não contribuía em nada para o crescimento da comunidade, inclusive, na presença dos descrentes que podiam escandalizar-se; o apóstolo não proíbe o uso do dom, mas exorta que MAIOR, ou seja, EM PRIORIDADE está o que prega a Palavra pura. **4-** Fora da Sã Doutrina, nada se aproveita no culto, ainda que alguém esteja falando em línguas, dizendo-se CHEIO DO ESPÍRITO. Acaso a confusão vem de Deus? **5-** No vs. 9, está claro que, se o que eu falo na congregação não traz entendimento ao que ouve, devo calar-me, pois falo para o ar. **6-** No sentido literal, *"bárbaro"*, no vs. 11, se refere a quem é desumano, cruel, feroz. Falar o que o outro não pode entender seria como agredi-lo. E segue-se o reforço dos versos. 12 ao 14: aquele que quiser abundantemente falar em línguas DEVE ORAR, pedir a Deus para que também INTERPRETE. Ou, NÃO PODERÁ DAR FRUTOS. Por isso, o falar em línguas no culto devia e ainda deve ser interpretado. **7-** Quem não tem ainda conhecimento da Palavra, o néscio – indouto, inculto e desprovido de conhecimento ou discernimento – ou neófito – novo na fé – não poderá concordar com nenhuma oração, ou seja, dizer o AMÉM, por não ENTENDER o que está sendo falado. **8-** Estavam acontecendo dissensões entre os membros por causa dos dons, principalmente, pelo dom de línguas, pois os exercitavam por competição, disputando oportunidades como se possuíssem uma unção superior aos que não falavam em línguas. **9-** Assim analisando, podemos entender que Paulo cria em todos os dons espirituais, mas tal comportamento dos coríntios na assembleia não passava de exaltação de apenas um dos dons sobre os outros. No caso, a glossolalia, que, praticada sem ordem no culto, impedia a edificação da comunidade e a igualdade entre todos os seus membros. **10-** Daí as recomendações paulinas, para que entendessem a glossolalia como simplesmente uma entre as várias manifestações do Espírito. Não seria superior nem inferior a nenhum outro dom, POIS TODOS OS DONS SÃO PARA EDIFICAÇÃO DA IGREJA.

A continuação dos próximos versículos falou por si. Eis aqui onde encerramos este tópico. A Palavra não precisa de acréscimos. Ela é autoexplicável! Textos fortes e diretos. O que avança para além dela vem do coração de líderes sem conhecimento, Igrejas sem doutrina, servos indoutos e movimentos para confusão – jamais para edificação. E *"quem quiser ignorar isto, que ignore!"* Em resumo, se alguém tem esse dom, use-o no seu particular com Deus, quando em oração. Na Igreja, apenas se houver quem o possa interpretar. Não tem sido assim na maioria das congregações ditas evangélicas. Os membros são a toda hora incentivados a rajadas de sons estranhos que não edificam. Óbvio que o Espírito Santo é livre para agir na Sua Igreja. Mas Ele não opera onde há discordância com a Verdade. A carne, sim, é levada por ventos de doutrinas dos sem discernimento. Busque falar em línguas, ore a Deus e interprete e experimente dessa experiência sobrenatural, converse em espírito com o seu Senhor no seu secreto.

Dance, salte de alegria, louve, solte rajadas de glórias quando na presença Dele. Porém, na casa Dele, use de sabedoria, haja com prudência, ordem e decência, para que os de fora possam entrar e entender o que se passa e sejam também edificados. Não ao "oba, oba"! O que extrapola é de procedência maligna: confusão! E questionem sempre: pode um "vaso" ser cheio do Espírito somente nos cultos e permanecer numa vida sem transformação de caráter, sem testemunho, sem a mudança de mente (metanoia) de Romanis 12? E que possamos valorizar, acima de qualquer dom, "[...] a santificação, sem a qual ninguém verá o Senhor" (HEBREUS 12:14, ACF).

1. O Jesus que liberta

Ele é o nosso único Libertador. Ao olharmos para a obra redentora do nosso Senhor e tudo o que Ele fez por nós pecadores, o que nos passa na mente? Haveria ainda algo dentro de nós que nos colocasse em condições de questionarmos o Amor desse Deus pela Sua criação? Seríamos capazes de negá-lo depois de tanta elucidação sobre como devemos adorá-lo? Muitos dentre os judeus negaram-no. E isso bem nos mostra o capítulo 8 do livro de João. Jesus, ali no templo, ensinava e apontava para Ele mesmo como sendo "Aquele que liberta", como o Grande Eu Sou, como o Filho que estava cumprindo a vontade do Pai. Após Seu discurso, muitos creram Nele: "Disse Jesus aos judeus que haviam crido nele: 'Se vocês permanecerem firmes na minha palavra, verdadeiramente serão meus discípulos. E conhecerão a verdade, e a verdade os libertará'" (JOÃO 8:31,32, NVI). Ainda assim, tendo a Verdade diante dos seus olhos e ao alcance das suas mãos, questionaram-no acerca da libertação proposta por Jesus naquele discurso. Achavam-se sábios e santos o suficiente, julgavam-se o exemplo perfeito, dignos herdeiros da imagem impoluta do seu pai da fé, Abraão. Ao que, com autoridade, Jesus retrucou: "Digo-lhes a verdade: Todo aquele que vive pecando é escravo do pecado. O escravo não tem lugar permanente na família, mas o filho pertence a ela para sempre. Portanto, se o Filho os libertar, vocês de fato serão livres" (JOÃO 8:34-36, NVI).

O "pecador", colocado no texto como "o escravo", não poderá permanecer na casa do Pai. Talvez até consiga, temporariamente, enquanto a Igreja não for arrebatada, enquanto o joio estiver disfarçado de trigo, e o bode, de ovelha. O "filho", este sim, permanece. Todo o que é feito filho já está liberto. Mas... tantos dentre nós ainda precisam de um espelho! TODOS NÓS precisamos. Porque é necessário olharmos para dentro, perscrutar, esquadrinhar cada vão do nosso coração. Talvez, assim, descobríssemos o quanto somos diferentes do que parecemos ser, ou o quanto nós representamos para não termos expostas as nossas fraquezas, "prisões" e "algemas". Às vezes, a palavra "libertação" em si lembra algo mais espiritual. Remete-nos às perturbações dos seres imateriais que perambulam entre os dois mundos trazendo confusão, medo e opressão. Outras vezes, lembra o específico: por exemplo, uma dependência química que precisa ser vencida. Mas a libertação mais genuína que pode haver é a libertação de si mesmo, a morte do ego.

Será mesmo que somos livres? Ser livre é conhecer Jesus, é estar Nele, ser Dele, ser como Ele é, refletir a Sua imagem. É conhecer a Verdade, tornarmo-nos discípulos, e não apenas posarmos de seguidores do Mestre. Enquanto o "EU" reina, Jesus não entra. Morrendo a natureza dominadora de si mesma, o Senhor é entronizado, e, de forma natural e espontânea, todas as demais correntes são quebradas, sejam elas físicas, psíquicas ou espirituais. Na egolatria nossa de todo dia, porém, não cabe outro ser além de nós mesmos, e isso impede o nosso interior ser tratado, limpo, sarado e liberto. É por causa desse comportamento do homem, de se achar o dono da razão e de centralizar as suas

opiniões e os seus achismos em torno de si mesmo, que o "crer" tem sido sufocado pelo "ser". Sou o que sou, logo, ninguém me ensina em que ou em quem devo crer. Então, firmado nessa "minha verdade", sinto-me livre para seguir os meus passos, meus caminhos, desfrutar das minhas atitudes e viver conforme creio ser o melhor para mim. Porém, há uma verdade por trás disso: podemos até sermos realmente livres para fazermos as nossas escolhas. Só que, fatalmente, sempre seremos escravos das CONSEQUÊNCIAS. Boas ou ruins.

O cerne de toda a nossa trajetória cristã é Jesus, assim como o cerne de toda mensagem que se prega tem que ser Jesus. Toda a base para um relacionamento perfeito com Ele, que é Deus, advém da vida que aprendemos a viver com Ele, livres dos pecados que nos acorrentam nas mãos de Satanás. E muitos crentes têm ido à igreja, apreciado os louvores, se embalado no ritmo, ensaiado qualquer balbuciar de oração, mas saem como entraram. Não estão libertos do próprio EU. Cheios de si, percebem tudo à sua volta, menos o Dono da casa que deveria estar sendo cultuado. Nele, decerto, teriam encontrado a receita perfeita da liberdade plena. É aquela questão: olhando para o umbigo, não contemplo as estrelas. E quando o olhar para mim mesmo me faz enxergar um ser intelectualmente perfeito, torno-me prático, morno, cético, desacreditado do que vagueia longe dos meus olhos e mãos. Creio em mim mesmo e basto-me! Como o Sr. Alferes diante do personagem que endeusou dentro de si.

Machado de Assis (1839-1908), talvez o mais expressivo nome da literatura brasileira, com maestria descreveu certo comportamento de alguém que se deixou vencer por um "outro eu" que nem ele mesmo conhecia. Em seu conto "O Espelho" (1952), a história de Jacobina intrigava a muitos pela percepção que ele tinha de si mesmo. Passou a representar aquela figura que os outros viam nele, até que o que ele realmente era não mais existia. O homem humilde foi seduzido pelo título a ele conferido. Alferes era um antigo posto militar, equivalente ao atual segundo-tenente. Jacobina, no conto, se tornara o queridinho, orgulho e honra da família. E a sua tia Marcolina, querendo presenteá-lo, deu-lhe um espelho. Porém, o móvel antigo, proveniente da Família Real Portuguesa, não projetava mais a humildade que outrora abrilhantava a alma daquele homem. Essa imagem, embora original, se tornara disforme e embaçada. Fora substituída por outra, cheia de vida, cores e contornos. O espelho, na concepção machadiana sobre o reflexo da alma, só refletia agora aquela impecável farda, marca distintiva de um título imponente. Um status que, para Jacobina, era a única luz a refletir nos dias sombrios da sua solidão.

Dessa forma, o autor traz à tona uma análise profunda do comportamento humano. O homem aprendera a olhar para os seus personagens magníficos, meras projeções intelectuais do que gostaria de tornar realidade em si mesmo, pelas ambições sociais que levam o humano à desumanização. Nesse prisma, comenta o historiador e sociólogo Raymundo Faoro (1925-2003): "A separação da vida em dois pedaços, revivendo uma idéia dos céticos gregos, acentua a desumanização, o aviltamento espiritual na existência do contexto social, sinistramente equiparado à cega divindade, ao mostro que vigia o passo ensaiado e presunçoso do ator" (FAORO, 1981, p. 422). Ao olhar para dentro de si mesmo, Jacobina sucumbe, perde a sua humanidade e cai no grande abismo da alma, no vazio existencial dos que não se permitem o preencher de Deus. Sente-se, então, como se já fosse um defunto andarilho – o que poderíamos chamar de zumbi: "Mas o característico daquela situação é que eu nem sequer podia ter medo, isto é, o medo vulgarmente entendido. Tinha uma sensação inexplicável. Era como um defunto andando, um sonâmbulo, um boneco mecânico" (ASSIS, 1952, p. 267).

Os espelhos nossos continuam oscilantes entre o nítido e o embaçado. Vacilam entre as máscaras e os desejos, o prestígio e a real personalidade, o status e o que de fato importa, vida íntima e vida pública, entre o SER e o PARECER. Não podemos permitir que a Igreja seja escrava dessa sociedade hipócrita, engessada, travestida, de mente curta, despersonalizada. Como convencê-la do caos que despercebidamente se descortina? Só há um meio: SERMOS O ESPELHO DE CRISTO AQUI NA TERRA E REFLETIRMOS A SUA IMAGEM. Quem olhar para nós terá de ver Jesus. Devemos refletir da Sua graça, do Seu amor, das Suas misericórdias, do Seu perdão. Sem o Jesus Libertador, os homens não passam de bêbados náufragos, descompassados. Afundam cada vez mais ao tropeçar em seus próprios passos, idolatrando a si mesmos. Se a Palavra fosse o presente espelho para a alma sedenta de Deus, refletir-se-ia não mais o inabalável ser exterior. Mas o vulnerável e fraco pecador de dentro, clamando ao Senhor: "Liberdade, Pai! Liberdade!" Segundo o que lemos em 2 Coríntios, onde o Senhor está – sendo Ele ESPÍRITO –, ali há liberdade; e que, com Ele, todos nós, "[...] com rosto descoberto, refletindo como um espelho a glória do Senhor, somos transformados de glória em glória na mesma imagem, como pelo Espírito do Senhor" (2 CORÍNTIOS 3:17,18, ACF).

Conhecemos filósofos e professores de história que sentem enorme dificuldade em crer no Jesus que não pode ser negado pelos fatos históricos. Não se rendem, não aceitam a Sua divindade. Da mesma forma, umbandistas, kardecistas, ateus, professos satanistas, místicos e uma gama de outras vertentes religiosas que "parecem", mas "não são" O CAMINHO. Pessoas tais que se julgam donas da verdade. Mas que verdade? Se eles crucificam a Cristo todos os dias no madeiro da sua incredulidade, nos desvios comportamentais de sua vida dissoluta e imoral, na insubordinação aos preceitos e juízos Daquele que tem poder para condenar os que NÃO ACEITAM A ÚNICA VERDADE: JESUS, O NOSSO LIBERTADOR! A Verdade foi rejeitada. E os homens preferiram a mentira refletida no espelho da vaidade. Adoraram os contornos, as formas, o brilho, os enfeites do que os olhos veem e do que as mãos tocam. Construíram altares para o culto de si mesmos e, ensimesmados, rejeitaram Aquele que EM ESPÍRITO, caminhava no meio do Seu povo. Jesus foi o cumprimento de muitas profecias, realizando a Sua obra dentro do plano de Salvação, visando a contemplar toda a humanidade que se rendesse a Ele. Por exemplo, cumpriu a profecia de Gênesis 3:15. Nela, toda a descendência de Eva, ou seja, todos os seres humanos seriam inimigos de Satanás por serem servos fiéis de Deus.

Porém, quanto à "semente", é clara a compreensão de que o texto se refere a uma descendência santa, sem pecado, vinda por um nascimento extraordinário, virginal, Daquele que esmagaria definitivamente todo o mal debaixo dos Seus pés, como está em escrito: "E porei inimizade entre ti e a mulher, e entre a tua semente e a sua semente; esta te ferirá a cabeça, e tu lhe ferirás o calcanhar" (GÊNESIS 3:15, ACF). Sobre o Seu ministério ter iniciado na Galileia e sobre ser A LUZ DO MUNDO, vejamos o que diz o Antigo Testamento e comparemos com o Novo. Tudo o que está escrito se cumpre por meio do Senhor:

> Contudo, não haverá mais escuridão para os que estavam aflitos. No passado ele humilhou a terra de Zebulom e de Naftali, mas no futuro honrará a Galiléia dos gentios, o caminho do mar, junto ao Jordão. O povo que caminhava em trevas viu uma grande luz; sobre os que viviam na terra da sombra da morte raiou uma luz (ISAÍAS 9:1-2, NVI).

> Saindo de Nazaré, foi viver em Cafarnaum, que ficava junto ao mar, na região de Zebulom e Naftali, para cumprir o que fora dito pelo profeta Isaías: "Terra de Zebulom e terra de Naftali, caminho do mar, além do Jordão, Galiléia dos gentios; o povo que vivia nas trevas viu uma grande luz; sobre os que viviam na terra da sombra da morte raiou uma luz" (MATEUS 4:13-16).

"Estava chegando ao mundo a verdadeira luz, que ilumina todos os homens. Aquele que é a Palavra estava no mundo, e o mundo foi feito por intermédio dele, mas o mundo não o reconheceu" (JOÃO 1:9-10, NVI). A "Luz que ilumina o mundo" e que estava por vir foi anunciado e esperado por muitos. O mundo que, como esclarece o texto, estava em trevas, e Ele, Jesus de Nazaré, veio então para trazer a luz da salvação para a humanidade e reconduzir o povo ao Caminho de Vida Eterna. A Palavra é fiel em afirmar que Jesus é Deus e que por Ele todas as coisas foram criadas. E não é sem fundamento que os Evangelhos se referem a Jesus como Filho de Davi e vindo da Tribo de Judá. A profecia messiânica apontava para a descendência do Rei Davi, que era "segundo o coração de Deus". E isso pode ser encontrado em várias passagens do Antigo Testamento. Mas, quanto ao lugar onde o Senhor Nasceria, lemos no livro do profeta Miquéias: "E tu, Belém Efrata, posto que pequena entre os milhares de Judá, de ti me sairá o que governará em Israel, e cujas saídas são desde os tempos antigos, desde os dias da eternidade" (MIQUÉIAS 5:2, ACF).

Essas palavras foram confirmadas séculos mais tarde e registradas no Novo Testamento. Ao saber que três magos vindos do Oriente estavam em Jerusalém a procurar por Jesus, o Rei dos judeus prometido nas Escrituras, Herodes se perturbou. Convocou uma assembleia entre os mestres da Lei e os chefes dos sacerdotes, todos eles conhecedores das profecias. Ao lhes perguntar sobre onde nasceria o menino, na intenção de confrontar a certeza dos magos, ouviu esta resposta: "Em Belém de Judéia; porque assim está escrito pelo profeta: E tu, Belém, terra de Judá, de modo nenhum és a menor entre as capitais de Judá; porque de ti sairá o Guia que há de apascentar o meu povo Israel" (MATEUS 2:5,6, ACF). Em Neemias 2:1-9, temos registrada toda a angústia do profeta, copeiro-mor do rei persa Artaxerxes. O rei concedera ao seu servo todos os recursos para que os muros e a cidade de Jerusalém fossem reconstruídos. Mas o profeta Daniel havia previsto isso bem antes, calculando (em linguagem profética) um tempo específico entre a reconstrução de Jerusalém e a chegada do Messias: "Sabe e entende: desde a saída da ordem para restaurar, e para edificar a Jerusalém, até ao Messias, o Príncipe, haverá sete semanas, e sessenta e duas semanas" (DANIEL 9:25, ACF).

Este termo "Messias", no hebraico "mashach", significa "ungir" e pode ser traduzido por "o ungido". No grego, a palavra *Christós* significa "ungido" (PFEIFFER, 2007, p. 1259). Justamente no tempo previsto, 483 anos mais tarde, cumpriu-se o prazo de Daniel e Jesus – o Cristo, o "Ungido de Deus" entrava pelos portões da cidade. Cada semana correspondia a sete anos. Então, sete semanas + 62 semanas totalizam 69. Multiplicando por sete anos temos, exatamente 483. Os fariseus tentaram impedi-lo sem sucesso. E Jesus chorou sobre a cidade, o que Lucas também registrou: "Quando se aproximou e viu a cidade, Jesus chorou sobre ela e disse: 'Se você compreendesse neste dia, sim, você também, o que traz a paz! Mas agora isso está oculto aos seus olhos'" (LUCAS 19:41,42, NVI). Se aquela cidade tivesse a noção de Quem estava a entrar pelos seus portões! O Rei dos reis e Senhor dos senhores! Mas o próprio Senhor declarou que eles ainda não podiam enxergar, o coração estava deveras endurecido, cético. Muitos dentre nós, ainda hoje, mantêm fechados o seu coração e a sua mente, não deixam entrar o Rei da glória, não creem na Palavra para serem libertos. Bem, vamos adiante. Até sobre o preço da traição que Jesus sofreria, a exata quantia, o local onde ocorreu a negociação, tudo já estava registrado em Zacarias:

> Eu lhes disse: Se acharem melhor assim, paguem-me; se não, não me paguem. Então eles me pagaram trinta moedas de prata. E o Senhor me disse: "Lance isto ao oleiro", o ótimo preço pelo qual me avaliaram! Por isso tomei as trinta moedas de prata e as atirei no templo do Senhor para o oleiro (ZACARIAS 11:12-13, ACF).

Ao sofrer incômodo pelo seu remorso, Judas foi ter com os sacerdotes que lhe pagaram as 30 moedas. Estavam todos no Templo do Senhor. Ali, Judas arremessou aos pés daqueles homens o valor da traição, que, como não poderia mais retornar ao Tesouro por ser preço de morte, ou seja, por já estar "contaminado", compraram um terreno para fazer de cemitério. E um oleiro era o seu dono. Coincidência? Vejamos em Mateus:

Então Judas jogou o dinheiro dentro do templo, saindo, foi e enforcou-se. Os chefes dos sacerdotes ajuntaram as moedas e disseram: "É contra a lei colocar este dinheiro no tesouro, visto que é preço de sangue". Então decidiram usar aquele dinheiro para comprar o campo do Oleiro, para cemitério de estrangeiros (MATEUS 27:5-7, NVI).

Leiamos agora, com atenção, o que estava previsto para o Seu sofrimento:

Todavia, ao Senhor agradou moê-lo, fazendo-o enfermar; quando a sua alma se puser por expiação do pecado, verá a sua posteridade, prolongará os seus dias; e o bom prazer do Senhor prosperará na sua mão. Ele verá o fruto do trabalho da sua alma, e ficará satisfeito; com o seu conhecimento o meu servo, o justo, justificará a muitos; porque as iniquidades deles levará sobre si (ISAÍAS 53:10-11, ACF).

Em, aproximadamente, 1000 anos antes de morte de Jesus, o Salmo 22 já descrevia com riqueza de detalhes sobre toda a provação que Ele passou naquela maldita cruz:

Como água me derramei, e todos os meus ossos estão desconjuntados. Meu coração se tornou como cera; derreteu-se no meu íntimo. Meu vigor secou-se como um caco de barro, e a minha língua gruda no céu da boca; deixaste-me no pó, à beira da morte. Cães me rodearam! Um bando de homens maus me cercou! Perfuraram minhas mãos e meus pés. Posso contar todos os meus ossos, mas eles me encaram com desprezo. Dividiram as minhas roupas entre si, e tiraram sortes pelas minhas vestes (SALMOS 22:14-18, NVI).

José de Arimateia, um homem rico e influente na corte romana, se pôs diante do governador, buscando que este lhe concedesse autorização para que sepultassem o corpo de Jesus. Adquiriu com recursos próprios um sepulcro e ali depositou o defunto. Estava assim sendo cumprida mais uma profecia, agora sobre o sepultamento do Senhor, em Isaías: "E puseram a sua sepultura com os ímpios, e com o rico na sua morte; ainda que nunca cometeu injustiça, nem houve engano na sua boca" (ISAÍAS 53:9, ACF). Vimos até aqui apenas uma parte de toda uma história verídica e riquíssima em detalhes. Mas o fim não se deu na cruz. E os planos divinos não fracassaram naquele sepulcro. A morte de Jesus foi um recomeço, a chegada de um novo tempo, uma PORTA QUE SE ABRIU NO LAPSO DA NOSSA EXISTÊNCIA, conduzindo-nos para a ETERNIDADE! Jesus sempre teve essa certeza, pois já estava profetizado em Salmos: "Pois não deixarás a minha alma no inferno, nem permitirás que o teu Santo veja corrupção" (SALMOS 16:10, ACF).

Estava escrito, teria de se cumprir. Em três dias e três noites depois, antes mesmo que o Seu corpo sofresse o processo de decomposição, Ele, o Autor da vida, ressuscitou dentre os mortos em um novo corpo, um corpo GLORIOSO. Essa é a prova cabal de que Ele venceu a morte e nos fez vencedores Nele, pois pagou a nossa dívida, nos livrou da penalidade que estava nos sentenciando à morte.

Os Evangelhos contam a história de Jesus, com o intento principal de narrar como ele enfrentou a morte, e como neste evento o mal cósmico e suprapessoal foi confrontado pelo amor soberano e salvífico de Deus de Israel, Yahweh, o Criador do mundo. Esta é a mensagem e o significado do Reino de Deus, que reúne aspectos dessa vida e para além dela (ROSSI; PROENÇA; GUIMARÃES, 2019, p. 136-137).

Ele, o Messias de Israel, oferecendo-se como Cordeiro de Deus que tira o pecado de toda a humanidade, foi até o fim. Negou a Sua vontade enquanto homem, cumprindo zeloso a vontade absoluta do Pai para o propósito determinado da Redenção. Muitas vezes, a sua carne tentou fazê-lo desistir. Satanás, certamente, daria um banquete pela Sua derrota. Ali no Getsêmani, Jesus clamou ao

Pai outra opção para o pagamento da dívida do homem que não fosse pelo Seu sangue derramado. Orou até sangrar, como também já comentamos. Mas, pelo gozo inefável que O estaria esperando, trocou a frase *"Pai, afaste de mim este cálice!"* por *"Seja feita a Sua vontade!"*. Naquele instante tenebroso de angústia e medo, naturais e compreensíveis sentimentos do estado humano, Jesus até que poderia ter recorrido aos Seus atributos divinos para sair daquela situação. Mas não o fez. Apenas confiou na providência do Pai e se entregou de corpo e alma.

Um dos pais da Igreja que viveu no quarto século, Atanásio, falou desse lado humano de Jesus: *"Ele se tornou o que somos para que pudéssemos ser como Ele é"* (HABERMAS, 2008, p. 159). A morte do único Filho tornou-nos filhos também. Seu sofrer nos comprou vida. Para vivermos essa verdade, é preciso que creiamos com o coração, com toda nossa força, corpo e alma. Paulo, movido pelo Espírito, nos deixa escrito em Romanos:

> Se você confessar com a sua boca que Jesus é Senhor e crer em seu coração que Deus o ressuscitou dentre os mortos, será salvo. Pois com o coração se crê para justiça, e com a boca se confessa para salvação. Como diz a Escritura: "Todo o que nele confia jamais será envergonhado". Não há diferença entre judeus e gentios, pois o mesmo Senhor é Senhor de todos e abençoa ricamente todos os que o invocam, porque "todo aquele que invocar o nome do Senhor será salvo" (ROMANOS 10:9-13, NVI).

Por isso, a crença na ressurreição corporal de todos os mortos é absolutamente essencial para a nossa salvação. Queiram ou não aceitar, que nos perdoem os críticos. Mas aquele domingo, mais conhecido como o "3º dia", após a fatal tristeza que abateu a todos os Seus seguidores, se tornou o dia mais importante da história. Em coro, podemos imaginar aquelas atônitas almas gritando de êxtase: *"Ele ressuscitou!"*

CONCLUSÃO: JESUS CRISTO, O PRINCÍPIO E O FIM.

> *Está feito. Eu sou o Alfa e o Ômega, o Princípio e o Fim.*
>
> *(APOCALIPSE 21:6, NVI)*

Esta é a origem de todas as coisas, materiais e imateriais, visíveis e invisíveis: tudo surgiu pelo poder de Deus, pela ação direta de TRÊS PESSOAS DISTINTAS que compõem a DIVINDADE SUPREMA. Este é o mistério que até hoje intriga os incrédulos. A Palavra revela que a Trindade Santa estava reunida na criação de todo o universo. Vimos também que o livro de João anuncia esta verdade da preexistência de Jesus, falando Dele, pois, *"sem Ele nada do que foi feito se fez"*. O Verbo que estava no princípio e que trouxe à existência tudo o que não existia, lá no comecinho de Gênesis, é O MESMO anunciado pelo Apóstolo. Deus veio ao mundo, Se fez carne, foi visto e tocado, ouvido, crido e anunciado:

> O que era desde o princípio, o que ouvimos, o que vimos com os nossos olhos, o que contemplamos e as nossas mãos apalparam — isto proclamamos a respeito da Palavra da vida. A vida se manifestou; nós a vimos e dela testemunhamos, e proclamamos a vocês a vida eterna, que estava com o Pai e nos foi manifestada (1 JOÃO 1:1,2, NVI).

a. Jesus: o Grande EU SOU

A nação de Israel conhecia a Deus como o Grande Eu Sou. Jesus afirma que, se alguém não crer que Ele é o EU SOU, morrerá em seus pecados, ou seja, não terá salvação. Aqui, o Senhor está dizendo ao leitor: "Eu sou o TEU DEUS e vim ao mundo por TUA CAUSA! Mas você tem que crer que EU SOU para que eu possa lhe perdoar". Moisés ouviu isso no passado, em *Êxodo*: "EU SOU O QUE SOU. Disse mais: Assim dirás aos filhos de Israel: EU SOU me enviou a vós" (ÊXODO 3:14, ACF). Jesus disse aos Seus discípulos em João: "Eu lhes disse que vocês morrerão em seus pecados. Se vocês não crerem que Eu Sou, de fato morrerão em seus pecados" (JOÃO 8:24. NVI). O que ainda falta, caro leitor, para que possa crer na Verdade? Não há dúvidas sobre a Divindade de Cristo. Ele, Jesus – a nossa Verdade –, diversas vezes, ao Se revelar, disse: *"EU SOU o pão da vida"* (JOÃO 6:35); *"EU SOU a luz do mundo"* (JOÃO 8:12); *"EU SOU a porta das ovelhas"* (JOÃO 10:7); *"EU SOU o bom pastor"* (JOÃO 10:11); *"EU SOU o caminho, e a verdade, e a vida"* (JOÃO 14:6); *"EU SOU a ressurreição e a vida"* (JOÃO 11:25); *"EU SOU a videira verdadeira"* (JOÃO 15:1). E Pedro ainda nos traz outra revelação sobre o Verbo, criação, início... E Jesus está falando conosco por meio da Sua Palavra:

> Antes de tudo saibam que, nos últimos dias, surgirão escarnecedores zombando e seguindo suas próprias paixões. Eles dirão: "O que houve com a promessa da sua vinda? Desde que os antepassados morreram, tudo continua como desde o princípio da criação". Mas eles deliberadamente se esquecem de que há muito tempo, pela palavra de Deus, existem céus e terra, esta formada da água e pela água. E pela água o mundo daquele tempo foi submerso e destruído. Pela mesma palavra os céus e a terra que agora existem estão reservados para o fogo, guardados para o dia do juízo e para a destruição dos ímpios (2 PEDRO 3:3-7, NVI).

Logo, amado leitor, Aquele que estava no PRINCÍPIO de tudo também estará no FINAL de todas as coisas. No dia do juízo de Deus, todos os ímpios serão destruídos junto com os céus e a terra que agora existem. Tudo será novo, e todos os que creram em Jesus de Nazaré estarão com Ele, eternamente. Ele é o cerne do princípio deste livro e não poderia ser diferente no final, pois Dele falamos até aqui. Vejamos:

> Visto que tudo será assim desfeito, que tipo de pessoas é necessário que vocês sejam? Vivam de maneira santa e piedosa, esperando o dia de Deus e apressando a sua vinda. Naquele dia os céus serão desfeitos pelo fogo, e os elementos se derreterão pelo calor. Todavia, de acordo com a sua promessa, esperamos novos céus e nova terra, onde habita a justiça (2 PEDRO 2:11-13, NVI).

Precisamos ser filhos, e não apenas seguidores ou crentes no nome de Jesus. Isso só não basta se não vier associado a um compromisso de vida, um relacionamento vertical com nosso Senhor e Salvador. Crente por crente, muito mais foi o Diabo. Mas ele não permaneceu na Verdade. O Desejado de todas as nações veio a este mundo dar-nos o exemplo de quem devemos ser a partir Dele e o que podemos fazer estando COM ELE. Após a Sua assunção, assentou-se, agora como Sumo Sacerdote celestial, aquele que venceu o mundo para nos ligar a Ele próprio outra vez, da mesma forma como Adão estava ligado. É esse o elo que estava quebrado e que Jesus reconstruiu, transformando-nos em herdeiros Seus, participantes das Suas promessas. Promessas que logo se cumprirão.

b. Jesus abomina a idolatria

Precisamos manter nutrida a nossa fé em Jesus sem atalhos, uma fé alimentada por uma vida de dedicação Àquele que nos deu a chance de remissão pelo Seu sacrifício definitivo. E essa fé é um forte testemunho para o resgate dos perdidos e uma fonte de socorro para os apóstatas, ou seja, aqueles que se apartaram da divina graça, desviando-se do Caminho. A fé desnutrida alimenta a incredulidade que é mãe da apostasia. E, uma vez gerada no campo espiritual pela desconexão com o Reino, a apostasia produz aqui, no plano físico, toda espécie de idolatria. O idólatra não tem parte no Reino, só o filho, aquele que já foi enxertado na Videira verdadeira. Nos primeiros capítulos deste livro, vimos o quanto o homem se afastou de Deus para seguir seus próprios caminhos. E que uma vez desviados da rota vertical de adoração, acabam focando apenas na zona horizontal onde habitam os desvarios e a insensatez daqueles que pensam poder viver longe da sintonia com o Criador, ou seja, desconectados do céu.

Em toda a Bíblia, podemos listar mais de 40 coisas, comportamentos e práticas que Deus abomina, ou, literalmente, odeia. Por exemplo: a idolatria (DEUTERONÔMIO 12:31; 16:22); a perversão sexual (LEVÍTICO 20:1-23), os que praticam o mal (SALMO 5:4-6; 11:5), "[...] olhos altivos, língua mentirosa, mãos que derramam sangue inocente, coração que traça planos perversos, pés que se apressam para fazer o mal, a testemunha falsa que espalha mentiras e aquele que provoca discórdia entre irmãos" (PROVÉRBIOS 6:17-19, NVI). Em todas essas práticas, podemos ver presos os homens, seres criados para serem adoradores. Porque o sentimento de insuficiência e vazio deixado pelo pecado escraviza-os a buscarem satisfação em cultos pagãos, em abomináveis vícios sexuais, em ídolos feitos por mãos e em atos injustos que negam a suficiência de Deus. Inequivocadamente, Jesus abomina os idólatras.

Então, se fizermos uma avaliação rápida e simples do conteúdo até aqui apresentado, veremos que, em tudo o que foi exposto, sempre teremos alguém ou lembraremos de alguém que é dominado pelas suas crenças. Não os criticamos, nem podemos fazê-los "engolir" Jesus, empurrando-O goela abaixo. Tão somente apontamos O CAMINHO, para que todo aquele que crer – como diz a Palavra –, não pereça, mas tenha a vida eterna: "Assim como lhe deste poder sobre toda a carne, para que dê a vida eterna a todos quantos lhe deste. E a vida eterna é esta: que te conheçam, a ti só, por único Deus verdadeiro, e a Jesus Cristo, a quem enviaste" (JOÃO 17:2-3, ACF).

Quando colocamos como prioridade em nossas vidas um relacionamento direto e sincero com Deus, pela fé, passamos a ter outra noção sobre quem é Deus e Sua indiscutível existência, bem como os Seus planos para a vida do homem. Passamos a olhar diferente para o ser humano, por outro prisma, enxergando-o como coroa da criação divina e o centro do Amor do Pai. Percebemos que a História da humanidade em toda a sua amplitude e no seu alcance, não pôde deixar de observar nas manifestações culturais ao longo do tempo, o intrínseco e misterioso "lado adorador" de cada um, manifesto de várias formas. E que todo trabalho dos historiadores ao longo de milênios, bem como a ciência, a arqueologia, a teologia, a filosofia e uma série de outros fatores contribuíram direta e indiretamente para a construção do perfil cultural e religioso de cada povo, língua e nação.

A religião, vista com olhos pesquisadores, surge como um complemento de todas essas partes componentes do homem que investiga o mundo à sua volta, tentando compreender, muitas vezes, o que seus olhos não veem e suas mãos não tocam. Sobre a importância de se estudar a religião, dizia Rubem Alves (1933-2014) que "o estudo da religião é como um espelho no qual nos vemos, a ciência da religião é também ciência de nós mesmos" (ALVES, 1984, p. 11). Por outro lado, agora no sentido literal, a religião nada mais é do que a obra de RELIGAÇÃO de uma comunhão inicial que havia sido interrompida pela ação do pecado. Pecado que causou a ruptura no elo que consolidava o todo da criação: a intimidade oriunda da UNIDADE entre o ser criado do pó da terra e o seu Maravilhoso Artífice, o Criativo Oleiro que nos fez conforme Sua própria imagem e semelhança. E é por meio das teias da história e da religião tecidas pelos fatos, relatos e acontecimentos, teorias e argumentos, testemunhos e provas, que testificamos o quanto o homem foi se afastando de Deus.

Seguimos por uma lista interminável de seitas, heresias, cultos pagãos e demoníacos, toda espécie de apostasia e idolatria alimentadas pela ignorância do homem que decide viver como lhe convém, fora DO CAMINHO, perdido, pelos vales da rebeldia e atalhos da desobediência, pelos caminhos onde as abominações fazem sua cama e prepara suas armadilhas contra os incautos. Só Jesus, a verdadeira RELIGIÃO, pode apagar todas essas transgressões e restabelecer o primeiro estado da unidade com o Pai.

c. Jesus não é o Senhor do Bonfim

Vimos, por meio de muitas elucidações pautadas na Palavra, o quanto os gentios correm perigo à beira dos abismos criados por qualquer crença que não seja no Senhor Jesus apenas. E que idolatria não é somente colocar-se diante de imagens de escultura para veneração e culto a essas. Mas é, além disso, colocar desejos, vontades, objetos, pessoas, qualquer coisa entre o adorador e Aquele Único digno de adoração. Meditando sobre isso e completando o que começamos anteriormente, falemos sobre o Jesus Baiano que seduz as multidões que o seguem há séculos. É triste testemunhar tanta cegueira!

É desolador para nós, cristãos, quando vemos em matérias de reportagem local a ênfase que dão à imagem do Senhor do Bonfim, amparada nos ombros do sincretismo e da cultura baiana. É assim todo ano, no mês de janeiro, na quinta-feira que antecede o segundo domingo após o Dia de Reis (6 de janeiro), ocasião de sua comemoração. Poderíamos até pensar: "É só mais uma entre as centenas de manifestações culturais do nosso povo, isso é normal!" Mas não é normal aprovar o que Deus condena, ainda que seja com a esfarrapada desculpa de "defesa da crença popular".

Esse santo popular, junto dos famosos "Senhor e Senhora dos Navegantes", faz parte do calendário festivo da Bahia, como falamos anteriormente, aprisionando multidões aos grilhões da idolatria. JESUS NÃO É O SENHOR DO BONFIM! Ponto final! A imagem de Cristo foi esculpida em Setúbal, Portugal, mas embarcou em Lisboa no dia 18 de Abril de 1745, trazida pelo oficial Teodósio Rodrigues de Farias, da Armada Portuguesa. A princípio, foi levada para a igreja da Penha, em Itapagipe, seguida por grande cortejo. E em julho de 1754, também em procissão, foi conduzida e colocada em seu lugar definitivo, no templo católico que virou ícone do sincretismo baiano – a Igreja do Senhor do Bonfim, na "Colina Sagrada" (DE AMORIM, 2009, p. 2-4).

A igreja se tornou um centro de peregrinação mística e da fé católica, pela atribuição de certos poderes milagrosos ao sincrético e novo "objeto de devoção popular": uma imagem de escultura que retrata Jesus no momento da Sua ascensão. O tal Senhor do Bonfim, assim como os outros senhores da devoção popular, tem olhos e não pode ver, ouvidos que não escutam. O veneno destilado no sincretismo é letal. Pedra de tropeço. Laços infernais. Caminho dos gentios, costumes pagãos. Basta que atentemos ao texto de Jeremias:

> Assim diz o Senhor: Não aprendais o caminho dos gentios, nem vos espanteis dos sinais dos céus; porque com eles se atemorizam as nações. Porque os costumes dos povos são vaidade; pois corta-se do bosque um madeiro, obra das mãos do artífice, feita com machado; Com prata e com ouro o enfeitam, com pregos e com martelos o firmam, para que não se mova. São como a palmeira, obra torneada, porém não podem falar; certamente são levados, porquanto não podem andar. Não tenhais receio deles, pois não podem fazer mal, nem tampouco têm poder de fazer bem (JEREMIAS 10:2-5, ACF).

d. O veneno do sincretismo

Ao citarmos as entidades do candomblé e umbanda, falamos também sobre a questão do sincretismo, como uma faca bem amolada, de dois gumes, cortando dos dois lados. De um lado, estão os adeptos da cultura africana e suas tradições, preservando suas raízes ancestrais, ou, como dizem, a sua "africanidade". Do outro, os católicos que acreditam no poder intercessor dos seus santos, por meio das suas respectivas e tão veneradas imagens de escultura. Todos esses pecam ao se desviar do Caminho, do NOSSO INTERCESSOR E MEDIADOR, O ÚNICO que nos pode conduzir ao Deus Soberano. Aqueles já pecavam pelo culto às entidades pagãs oriundas da "Mãe África".

Etimologicamente, a palavra "sincretismo" significa a reunião de vários estados da ilha de Creta contra um adversário (inimigo) em comum, "passando, posteriormente, a expressar todas as formas que resultam da fusão de doutrinas diferentes, sobretudo, no campo religioso" (ARAÚJO, 2021, p. 362). E derivada do termo grego *"sygkretismós"*, como uma reunião de "ideias ou de teses de origens díspares, amálgama de doutrinas ou concepções heterogêneas" (PARADISO, 2011, p. 254). Mas, para o povo de umbanda, é apenas um fenômeno de identificação dos orixás com os santos católicos. Os africanos cultuavam suas entidades por meio de seus "otás" – ou "pedras altares" (VASCONCELOS, 2013, p. 750). O "otá" é uma "pedra-fetiche" (um símbolo), na qual é fixada a força mística do orixá, ou seja, o seu axé, tornando-se o assentamento, a base principal do seu deus, no ritual onde "cada membro do terreiro que através do processo iniciático (o borí) torna-se um altar vivo do Orixá. Ele possui em si a presença da energia do Orixá" (SANTOS, 1988, p. 40).

Nós, os cristãos, temos a nossa BASE DE SUSTENTAÇÃO, a nossa ROCHA, a PEDRA FUNDAMENTAL, o nosso Senhor Jesus, certo? Continuemos. Cada Orixá também tinha a sua pedra, quando venerado na natureza, em terras africanas. Só que a forma encontrada pelos escravos de camuflarem a sua fé sem receberem os castigos pela desobediência ao catolicismo foi associando a imagem de cada santo católico à força desses Orixás, colocando os seus "otás" dentro dessas imagens, cultuando-as, sem a repreensão dos seus senhores. Se olharmos o sentido aqui empregado, poderíamos fazer uma comparação, chula, talvez, mas bem apropriada para a ocasião. Se o católico se ajoelha devoto diante dessas inúmeras imagens, não crê que, de fato, existe algum poder nelas? Se não cressem nessa "força mística" para se achegarem a Deus, não as esculpiriam nem as teriam em casa, pois não teriam validade alguma. Nenhum poder, nenhuma serventia! Leiamos:

> A assimilação com o catolicismo continua a verificar-se hoje, e até em maior escala: tendo começado como um subterfúgio para escapar à reação policial, que de vez em quando se encarniça contra os candomblés, torna-se cada vez mais uma segunda natureza. Assim, podemos encontrar altares católicos em todos os candomblés; todos os orixás têm correspondentes entre os santos da Igreja; a Cruz, a Hóstia, o Cálice, os episódios da Arca, do nascimento e do batismo de Cristo são relembrados nos cânticos, especialmente os cânticos em português (CARNEIRO, 1977, p. 46).

Ainda que algum católico o faça sem essa intenção, por falta de conhecimento, não estará isento de culpa diante de Deus. Pois, quando se põe a venerar seus "santos", prostrados diante deles nas suas Igrejas, estão, na verdade, reverenciando uma maldição, algo que já foi condenado pelo Criador. Ou pode, sim, estar cultuando aos orixás ora neles representados. Mais uma vez a título de esclarecimento, eis os orixás e seus "respectivos santos" correspondentes, com algumas alterações entre Rio de Janeiro e Bahia: Jesus Cristo – OXALÁ; São Jorge e Santo Antônio – OGUM; São Pedro ou São Jerônimo – XANGÔ; São Sebastião e São Jorge – OXOSSI; São Lázaro e São Roque – OMULÚ ou OBALUAIÊ; Nossa Senhora da Conceição, Nossa Senhora das Candeias, Nossa Senhora Aparecida ou Nossa Senhora de Fátima – OXUM; Nossa Senhora das Candeias, Nossa Senhora da Conceição, Nossa Senhora da Glória ou Nossa Senhora dos Navegantes – IEMANJÁ; Santa Bárbara – IANSÃ ou OIÁ; Nossa Senhora Sant'ana – NANÃ BURUQUÊ; São Cosme e São Damião – IBEJI; Santo Antônio de Pemba – EXÚ; Santo Expedito – LOGUM EDÉ (Logunedé); São Bartolomeu – OXUMARÉ; Santa Joana D'Arc – OBÁ; São Benedito – OSSAIN; Santa Luzia – EWÁ.

"Todo o homem é embrutecido no seu conhecimento; envergonha-se todo o fundidor da sua imagem de escultura; porque sua imagem fundida é mentira, e nelas não há espírito. Vaidade são, obra de enganos: no tempo da sua visitação virão a perecer" (JEREMIAS 10:14,15, ACF). Portanto, O Senhor do Bomfim *é mais um ídolo mudo,* mais uma obra de engano. E onde opera o engano, o Espírito não habita. Adoram a tudo: ao templo, adoram a imagem... Jesus passa longe! Vendo o que era para ser separado (consagrado) para Deus misturado com tudo o que é profano (impuro), nós, os remidos em Cristo, entristecemos. Multidões seguindo em procissão o tal Bomfim, sem saber onde findarão os seus passos. Pois, sem entendimento, o povo continua a se chafurdar, como citamos em páginas passadas, entre festas, passes, demandas e oferendas espíritas, lendas, consagração de amuletos e comidas, banhos de descarrego, benzimentos, amarrações, águas energizadas, rituais e cerimônias de ocultismo.

Falando de amuletos, ainda sobre o tal Senhor do Bonfim, há um item ligado ao santo que tem, literalmente, "amarrado" muita gente. A fitinha do Senhor do Bonfim, de várias cores para todos os gostos. Os "cegos", num gesto supersticioso, amam amarrá-las no pulso e alimentar um ritual de misticismo batizado de "crença popular", nada bíblico. Esse costume nasceu no século XIX da ideia e iniciativa "do tesoureiro em exercício da Irmandade do Senhor do Bonfim, Manoel Antônio da Silva Servo, como meio de angariar fundos para essa instituição" (FERREIRA, 2005, p. 5). Sr. Antônio mediu o comprimento do braço direito da imagem portuguesa do padroeiro de Salvador (47 cm) – razão de ser chamada de medida (FERREIRA, 2005, p. 5). Então, começou a confeccionar as tais fitinhas coloridas, que, a princípio, eram "[...] feitas artesanalmente de seda e apresentavam pinturas, bordados e douramentos" (SANTANA, 2009, p. 139), colocadas à venda naquela paróquia.

O souvenir se popularizou e, por volta dos anos 1960, ganhara novo estilo de uso: transitou para o pulso, coloriu os camelôs de toda Salvador e passou a fazer parte das indumentárias hippies. Transformaram uma simples fita de seda (hoje feita de algodão) no maior amuleto popular dos baianos, pelo qual fazem promessas e pedidos, na fé de que serão atendidos. O lado bizarro delas que poucos talvez conheçam é no que diz respeito às cores. Cada cor faz alusão a um Orixá, amarrando os tolos a essas entidades meio que "sem querer". Vamos lá: **verde** (escuro ou claro): Oxossi; **azul** (claro): Iemanjá; **amarelo:** Oxum; **azul (**escuro): Ogum; **colorido ou rosa:** Ibeji (erê) e Oxumaré; **branco:** Oxalá; **roxo:** Nanã; **preta com letras vermelhas:** Exu e Pomba gira; **preta com letras brancas:** Omulu e Obaluaê; **vermelha**: Iansã; **vermelha com letras brancas:** Xangô; **verde com letras brancas:** Ossain (FACÓ, 2013).

Todos nós sabemos da definição de "superstição", do latim *supersto*, "pairar por cima", "ameaçar", como registrou Champlim (2001): "algum tipo de temor ou receio religioso, em face do desconhecido, ou de forças naturais potencialmente negativas, como os deuses, a sorte, o destino, etc." (CHAMPLIN, 2001, p. 299). Logo, superstição (ou crendice) *é a crença em situações com relações de causalidade, que não se podem mostrar de forma racional ou empírica*, geralmente associada à hipótese (suposição) de que alguma força sobrenatural, possivelmente de origem religiosa, agiu para promover o suposto milagre ou a realização de um pedido. Folclore! Abominação! Ignorância espiritual! Idolatria! Como vemos, é triste mesmo perceber quantas pessoas estão entregando suas vidas ao que desagrada e entristece mais ainda o coração de Deus. Jesus não pode ser substituído por amuleto algum, por nenhuma imagem "santa", nem por nenhum deus do imaginário popular:

> Pelo caminho, de volta da romaria, tendo já deixado na igreja suas velas de cera, em cumprimento de promessas feitas pela aquisição de saúde, ou milagres, (partes do corpo formadas de cera) pelas maravilhosas curas adquiridas, vinha grande tropel de gente dando vivas ao Senhor do Bomfim. Uns levavam folhas aromatizes, flores, e também fitas bentas do Senhor do Bomfim, as quais eram vendidas por 80 réis cada uma; outros levavam jumentos e carroças enfeitados de flores naturais e fitas multicores (IGNOTUS, 1888, p. 89).

Jesus não está presente nessas procissões, nem pode ser carregado nos andores alegóricos de ombro a ombro, de mão em mão, cantado nas giras de culto africano, nem estampado em camisas, PORQUE ELE NÃO SE ALEGRA COM ESSAS MANIFESTAÇÕES PAGÃS DE RELIGIOSIDADE que atrofiam a mente dos que não querem dar lugar à Verdade que liberta.

e. Desperta, povo de Deus!

Então, amados, fiquemos com a Bíblia e toda a Revelação do Verbo encarnado, da Palavra Viva que desceu do céu, do Deus soberano que humilhou a Si mesmo e morreu por todos nós. Voltemos à Sã Doutrina da Igreja primitiva. Voltemos ao primeiro amor. Repensemos os nossos atos de adoração com prudência, reverência, ordem e decência, mas, sobretudo, com a Sabedoria que vem do Alto e abre o nosso discernimento espiritual. Firmados em Cristo, estaremos fechados para todo engano, libertos de toda hipocrisia mascarada de religião. Livres de todos os laços de homens vis e dissimulados. Longe desse coquetel religioso, babilônico, profano, herético e mortal, somos a luz que dissipa as trevas nessa geração, com o entendimento dos humildes a quem foi revelado o Senhor da Glória.

Se os atributos divinos só pertencem à Trindade Santa, é inútil recorrer aos milhares e milhares de intercessores católicos. Maria, José, João, Antônio, Sebastião, Pedro... Porque só Deus é ONISCIENTE, ONIPRESENTE E ONIPOTENTE. As orações de todos os fiéis, mundo afora, são levadas pelo Espírito Santo ao Trono da Graça. E são ouvidas pelo Pai, se feitas no nome poderoso de Jesus. Os terços ou rosários bentos, as cruzes, os escapulários, as vestimentas sacerdotais, as fitinhas, os colares (ou contas), os patuás, as mãos de figa, as velas, as oferendas, a água benta, o óleo ungido, o sal grosso, a ferradura, o trevo de quatro folhas, as relíquias, os símbolos pagãos, os candelabros, os castiçais, os rituais cruentos de purificação, o saltério desafinado das rezas intermináveis de tão repetitivas, os dogmas papais, os mitos, a consulta aos mortos, a magia, os horóscopos, as cartas do tarô, os deuses antigos e os seus respectivos cultos, os demônios goéticos, Buda, Odin, Baal, os orixás e todos os outros laços idólatras ocultos JÁ FORAM DESTRUÍDOS NO NOME DE JESUS. Ele, Jesus, cumpriu Seu papel, realizou a Sua obra e já nos revelou o Caminho. Pois, como está escrito em Efésios:

> Nele temos a redenção por meio de seu sangue, o perdão dos pecados, de acordo com as riquezas da graça de Deus, a qual ele derramou sobre nós com toda a sabedoria e entendimento [...] Nele fomos também escolhidos, tendo sido predestinados conforme o plano daquele que faz todas as coisas segundo o propósito da sua vontade, a fim de que nós, os que primeiro esperamos em Cristo, sejamos para o louvor da sua glória. Nele, quando vocês ouviram e creram na palavra da verdade, o evangelho que os salvou, vocês foram selados com o Espírito Santo da promessa, que é a garantia da nossa herança até a redenção daqueles que pertencem a Deus, para o louvor da sua glória (EFÉSIOS 1: 7,8; 11-14, NVI).

O juízo do mundo está chegando, e todos então verão o Senhor, quando vier com o Seu povo tomar a Terra do poder do mal, conforme João: "Agora é o juízo deste mundo; agora será expulso o príncipe deste mundo" (JOÃO 12:31, ACF). Ele já venceu Satanás ao ressuscitar dentre os mortos e Deus, o Pai, Lhe deu todo o poder, segundo já vimos em Mateus 28:18: *"É-me dado todo o poder no céu e na terra"*.

> Esse poder ele [Deus] exerceu em Cristo, RESSUSCITANDO-O DOS MORTOS e fazendo-o assentar-se à sua direita, nas regiões celestiais, muito acima de todo governo e autoridade, poder e domínio, E DE TODO NOME QUE SE POSSA MENCIONAR, não apenas nesta era, mas também na que há de vir. Deus colocou TODAS AS COISAS DEBAIXO DE SEUS PÉS e o designou como CABEÇA DE TODAS AS COISAS PARA A IGREJA, que é o seu corpo, a plenitude daquele que enche todas as coisas, em toda e qualquer circunstância (EFÉSIOS 1:20-23, grifos meus).

O Filho de Deus reforçou, de maneira poderosa, a nossa dependência diária (física e espiritual) do Seu amor. E uma vez ligados ao Criador por Seu intermédio, fomos feitos vencedores Nele. O triunfo de Cristo sobre Satanás e sua horda, ali na cruz, foi a nossa garantia de semelhante glória. Quando parecia que enfrentávamos uma batalha desleal e estando fadados ao fracasso, fomos libertos da escravidão do pecado que gera a morte. Leiamos os textos a seguir: "Pois também Cristo sofreu pelos pecados uma vez por todas, o justo pelos injustos, para conduzir-nos a Deus. Ele foi morto no corpo, mas vivificado pelo Espírito" (1 PEDRO 3:18, NVI). "Mas, em todas estas coisas somos mais que vencedores, por meio daquele que nos amou" (ROMANOS 8:37, NVI).

> E, visto como os filhos participam da carne e do sangue, também ele participou das mesmas coisas, para que pela morte aniquilasse o que tinha o império da morte, isto é, o diabo; E livrasse todos os que, com medo da morte, estavam por toda a vida sujeitos à servidão" (HEBREUS 2:14:15, ACF).

f. Os passos para a salvação

Enfim, caro leitor, diante de todo o material exposto neste livro a título de esclarecimento sobre as armadilhas, cordas, correntes e laços ocultos disfarçados de religiosidade, pudemos analisar as formas de idolatria que fomentam, desde muito tempo, os cultos antibíblicos – razão da ira de Deus. Pode alguém perguntar: "Como ser liberto de toda crença acumulada e repassada geração após geração, de toda tradição familiar e de todas as algemas espirituais oriundas dos falsos caminhos?" Ou ainda: "Como ser salvo da morte eterna?" Vamos por partes.

O **1º passo** e o mais difícil de ser dado é: crer, pela fé, que Jesus é o seu Único Senhor e Salvador e entregar a sua vida a Ele, "Porque o fim da lei é Cristo, para a justificação de todo o que crê" (ROMANOS 10:4, ACF). Aceitar e confessar o Seu nome. Mas ter fé Nele sem confiar e sem guardar os Seus Mandamentos é apenas manter uma crença passiva. Até porque demonstramos nossa fé por meio das atitudes de um novo ser transformado, verdadeiramente convertido e dependente do Senhor. Isso significa, de imediato, que você precisa reconhecer a condição de ser um humano falho e pecador que necessita do perdão e da graça de Deus. "Eu lhes digo: quem me confessar diante dos homens, também o Filho do homem o confessará diante dos anjos de Deus. Mas aquele que me negar diante dos homens será negado diante dos anjos de Deus" (LUCAS 12:8,9, NVI); "Confessei-te o meu pecado, e a minha maldade não encobri. Dizia eu: Confessarei ao Senhor as minhas transgressões; e tu perdoaste a maldade do meu pecado" (SALMOS 32:5, ACF).

> Mas agora se manifestou uma justiça que provém de Deus, independente da lei, da qual testemunham a Lei e os Profetas, justiça de Deus mediante a fé em Jesus Cristo para todos os que crêem. Não há distinção, pois todos pecaram e estão destituídos da glória de Deus, sendo justificados gratuitamente por sua graça, por meio da redenção que há em Cristo Jesus. Deus o ofereceu como sacrifício para propiciação mediante a fé, pelo seu sangue, demonstrando a sua justiça. Em sua tolerância, havia deixado impunes os pecados anteriormente cometidos; mas, no presente, demonstrou a sua justiça, a fim de ser justo e justificador daquele que tem fé em Jesus. [...] Se você confessar com a sua boca que Jesus é Senhor e crer em seu coração que Deus o ressuscitou dentre os mortos, será salvo. Pois com o coração se crê para justiça, e com a boca se confessa para salvação. Como diz a Escritura: "Todo o que nele confia jamais será envergonhado" (ROMANOS 3:21-26; 10:9-11 NVI).

O **2º passo** (não menos difícil) é: buscar a Verdade nas Escrituras, crendo que a Bíblia é, de fato, a Palavra de Deus, meditar e debruçar sobre ela todos os dias. Partindo do princípio de que Jesus É A VERDADE e que toda a Escritura fala Dele. "Jesus dizia, pois, aos judeus que criam nele: Se vós permanecerdes na minha palavra, verdadeiramente sereis meus discípulos; E conhecereis a verdade, e a verdade vos libertará" (JOÃO 8:31,32, ACF).

O **3º passo** é: reconhecer que você precisa de ajuda, resistir à tentação e fugir do pecado, sujeitando a sua vida a Deus: "Não veio sobre vós tentação, senão humana; mas fiel é Deus, que não vos deixará tentar acima do que podeis, antes com a tentação dará também o escape, para que a possais suportar" (1 CORÍNTIOS 10:13, ACF); "Sujeitai-vos, pois, a Deus, resisti ao diabo, e ele fugirá de vós. Chegai-vos a Deus, e ele se chegará a vós. Alimpai as mãos, pecadores; e, vós de duplo ânimo, purificai os corações" (TIAGO 4:7,8, ACF).

O **4º passo:** Perdoar, pois o perdão encobre uma multidão de pecados, e só por meio dessa atitude nobre nossa para com o próximo poderemos obter o perdão do Pai. Quando entendemos o quanto fomos perdoados, descobrimos um amor profundo, tão intenso, que não conseguimos mais viver sem liberar o perdão. "Pois se perdoarem as ofensas uns dos outros, o Pai celestial também lhes perdoará. Mas se não perdoarem uns aos outros, o Pai celestial não lhes perdoará as ofensas" (MATEUS 6:14,15, NVI). "E, quando estiverdes orando, perdoai, se tendes alguma coisa contra alguém, para que vosso Pai, que está nos céus, vos perdoe as vossas ofensas. Mas, se vós não perdoardes, também vosso Pai, que está nos céus, vos não perdoará as vossas ofensas" (MARCOS 11:25,26, ACF).

E o **5º passo:** busque uma igreja evangélica mais próxima da Palavra e não apenas próxima da sua casa. Peça ao Espírito discernimento, para que você encontre uma igreja dentro dos padrões bíblicos, onde Jesus seja o Cabeça e o cerne do culto, onde Seu nome seja glorificado, onde os louvores sejam cristocêntricos e a Sã Doutrina, no ensino da Palavra, seja sem os acréscimos heréticos dos nossos dias. A igreja é a Noiva de Cristo que se prepara para as bodas que estão por vir, é o complemento do plano maravilhoso de Deus de congregar os santos, um instrumento poderoso para levar as Boas Novas do Evangelho do Reino de Deus ao mundo. O próprio Jesus disse que edificaria a Sua Igreja e assim o fez, afirmando que nem mesmo as portas do inferno prevaleceriam contra ela (MATEUS 16:18).

Nós somos igreja, templo do Espírito Santo. Nós, que não éramos povo de Deus, alcançamos essa graça por Jesus: "Vocês, porém, são geração eleita, sacerdócio real, nação santa, povo exclusivo. Antes vocês nem sequer eram povo, mas agora são povo de Deus; não haviam recebido misericórdia, mas agora a receberam" (1 PEDRO 2:9-10, NVI). "Não deixemos de reunir-nos como igreja, segundo o costume de alguns, mas procuremos encorajar-nos uns aos outros, ainda mais quando vocês veem que se aproxima o Dia" (HEBREUS 10:25, NVI).

Estamos perto do fim de uma etapa para o início de uma nova vida na presença de Deus. Estamos nos últimos dias, Jesus está voltando. Muito em breve, todos os que não creram Nele terão de ver se cumprindo esta profecia paulina em Romanos, de que "todo o joelho se dobrará e toda língua confessará que Jesus Cristo é o Senhor". Vejamos com detalhes a citação: "Porque está escrito: 'Por mim mesmo jurei', diz o Senhor, 'diante de mim todo joelho se dobrará e toda língua confessará que sou Deus'. Assim, cada um de nós prestará contas de si mesmo a Deus" (ROMANOS 14:11, NVI). "Disse Jesus: 'Porquanto a vontade daquele que me enviou é esta: Que todo aquele que vê o Filho, e crê nele, tenha a vida eterna; e eu o ressuscitarei no último dia'" (JOÃO 6:40, ACF).

> Por isso, também Deus o exaltou soberanamente, e lhe deu um nome que é sobre todo o nome; Para que ao nome de Jesus se dobre todo o joelho dos que estão nos céus, e na terra, e debaixo da terra, e toda a língua confesse que Jesus Cristo é o Senhor, para glória de Deus Pai (FILIPENSES 2:9-11, ACF).

Enquanto o mundo prega o relativismo, no qual todas as religiões são semelhantes, nós cremos que o cerne das Boas Novas da Salvação está em Cristo Jesus. Enquanto muitos creem na visão universalista que diz que todos serão salvos, nós aprendemos que só quem confessa o nome do Senhor alcança tal graça. Jesus é o Único que pôde afirmar ser o próprio Deus e provou isso ao ressuscitar dentre os mortos, enquanto todos os outros falsos líderes estão mortos e enterrados. O Seu ato expiatório e substitutivo (vicário) tornou-nos partícipes da profecia de Gênesis 3:15, conduzindo-nos vitoriosos sobre o pecado, aos portões da Jerusalém Celestial e eterna, à Cidade da nossa Paz.

Deus não tem prazer na morte dos que têm se afastado Dele. Vê-los eternamente longe da Sua glória não foi nem nunca será a vontade do Pai. Os homens O têm negado de muitas formas, mas, ainda assim, Ele convida pela Sua Palavra, em Ezequiel: "¹¹ Vivo eu, diz o Senhor DEUS, que não tenho prazer na morte do ímpio, mas em que o ímpio se converta do seu caminho, e viva. Convertei-vos, convertei-vos dos vossos maus caminhos; pois, por que razão morrereis, ó casa de Israel?" (EZEQUIEL 33:11, ACF).

A forma de voltarmos dos maus caminhos para termos vida é PERMANECERMOS NO CAMINHO. Sendo assim, invoquemos o Nome de Jesus e alcançaremos o favor de Deus. Não percamos tempo, hoje pode ser a nossa última oportunidade. Pensemos, reflitamos, meditemos onde vamos querer passar a eternidade. Se perto, ao lado de Jesus, ou longe, condenados a não termos outra chance de nos reencontrarmos com o nosso Criador. Há uma festa, a maior festa de todos os tempos, preparada para o grande dia da nossa entrada no definitivo lar celestial. Quando a História da humanidade enfim chegar ao seu desfecho, quando aquela voz mansa e suave disser "Muito bem, servo bom e fiel; [...] entra no gozo do teu senhor" (MATEUS 25:21, ACF). A nossa decisão é para hoje. A nossa chance é AGORA!

"Que o próprio Deus da paz os santifique inteiramente. Que todo o espírito, a alma e o corpo de vocês sejam preservados irrepreensíveis na vinda de nosso Senhor Jesus Cristo" (1 TESSALONICENSES 5:23, NVI).

> Então o anjo me mostrou o rio da água da vida que, claro como cristal, fluía do trono de Deus e do Cordeiro, no meio da rua principal da cidade. De cada lado do rio estava a árvore da vida, que dá doze colheitas, dando fruto todos os meses. As folhas da árvore servem para a cura das nações. Já não haverá maldição nenhuma. O trono de Deus e do Cordeiro estará na cidade, e os seus servos o servirão. Eles verão a sua face, e o seu nome estará em suas testas. Não haverá mais noite. Eles não precisarão de luz de candeia nem da luz do sol, pois o Senhor Deus os iluminará; e eles reinarão para todo o sempre. O anjo me disse: "Estas palavras são dignas de confiança e verdadeiras. O Senhor, o Deus dos espíritos dos profetas, enviou o seu anjo para mostrar aos seus servos as coisas que em breve hão de acontecer". "Eis que venho em breve! Feliz é aquele que guarda as palavras da profecia deste livro". Eu, João, sou aquele que ouviu e viu estas coisas. Tendo-as ouvido e visto, caí aos pés do anjo que me mostrou tudo aquilo para mim, para adorá-lo. Mas ele me disse: "Não faça isso! Sou servo como você e seus irmãos, os profetas, e como os que guardam as palavras deste livro. Adore a Deus!" Então me disse: "Não sele as palavras da profecia deste livro, pois o tempo está próximo. Continue o injusto a praticar injustiça; continue o imundo na imundícia; continue o justo a praticar justiça; e continue o santo a santificar-se". "Eis que venho em breve! A minha recompensa está comigo, e eu retribuirei a cada um de acordo com o que fez. Eu sou o Alfa e o Ômega, o Primeiro e o Último, o Princípio e o Fim. Felizes os que lavam as suas vestes, para que tenham direito à árvore da vida e possam entrar na cidade pelas portas. Fora ficam os cães, os que praticam feitiçaria, os que cometem imoralidades sexuais, os assassinos, os idólatras e todos os que amam e praticam a mentira" (APOCALIPSE 22:1-15, NVI).

SOBRE O AUTOR

Ênio Daniel Machado Costa (03/03/1975), nascido em Santo Antônio de Jesus, Bahia/Brasil, criado sob a tradição católica, se converteu ao Senhor Jesus, aos 32 anos de idade. Casado e pai de uma filha, desde muito cedo foi disciplinado em leitura. Trabalhou por mais de 20 anos como músico profissional. Abandonou sua carreira de baterista, arranjador, compositor e produtor musical no secular, após um chamado especial do próprio Deus em cima de um trio elétrico, em pleno Carnaval baiano de 2009.

É bacharel em Teologia. tendo passado pela ESUTES – Escola de Teologia do Espírito Santo – pela FATECBA – Faculdade Teológica e Cultural da Bahia –, onde formou-se desde 14/07/2014, estendendo seus estudos no SETEFI - Seminário Teológico Filadélfia com vistas à sua convalidação, então reconhecida e expedida pela FAEPI – FACULDADE DE EDUCAÇÃO DO PIAUÍ -, instituição credenciada pelo MEC. Consagrado a pastor pela Ordem dos Pastores Batistas do Brasil – Convenção Batista Brasileira –, em 14 de novembro de 2015.

É capelão pela OCB e pastor auxiliar da Igreja Batista da Esperança (IBESAJ), onde também é secretário e administrador, sob a presidência e discipulado do Pr. João Carlos Gomes da Silva. Facilitador em cursos de Teologia, da EBD e do MMI (Casados Para Sempre), junto de sua esposa. Por ter certa experiência na área musical (embora autodidata), tem sido chamado para ministrar sobre Louvor e Adoração em parceria com alguns músicos, com o tema: "Restaurando O Altar".

Certificado pelo Centro SENAI de Educação a Distância em Competência Transversal – Segurança do Trabalho; Certificado Básico pelo IPED (Instituto Politécnico de Ensino a Distância) em Administração Para Igrejas e pela Prime (ABED) em Antropologia Cultural, Introdução à Psicologia e Psicanálise, assistente administrativo; certificado em Oratória pelo Instituto Logos de Educação e UCL (Universidade Contemporânea Livre); copista da Bíblia Manuscrita, pelo projeto da UNIGREJAS, em parceria com a Sociedade Bíblica do Brasil.

Baterista ativo na IBESAJ, igreja na qual congrega com a família. Quando solicitado, produz gravações e arranjos para alguns cantores gospel, também, acompanhando a cantora Renata Rios e atuando em missões pelo Brasil com o Ministério Fé Brasil, com o qual esteve recentemente em uma cruzada evangelística em Cabo Verde, na África, promovida pelo Ev. Adam Smith.

Maior e mais almejado título: SERVO DO DEUS ALTÍSSIMO.

REFERÊNCIAS

ABBADE, Celina Márcia de Souza. A TERMINOLOGIA DA DOUTRINA ESPÍRITA. *In*: ALVES, Ieda Maria (org.). **OS ESTUDOS LEXICAIS EM DIFERENTES PERSPECTIVAS**. v. V. São Paulo: USP, 2013. p. 111, 112.

ABDALLA, Elcio. O conceito de tempo, do misticismo aos dias modernos. **Revista USP**, n. 81, p. 50-57, 2009.

ABRAHÃO, J. R. R.; Curso de Magia. **Uma publicação eletrônica da editora Supervirtual**, Uma. LTDA. Colaborando com a preservação do Patrimônio Intelectual da Humanidade. 2000. p. 16. Disponível em: https://www.ebooksbrasil.org/eLibris/magia.html. Acesso em: 12 set. 2017.

ABRANCHES, Cassiano. Argumento ontológico e ideias inatas em António Cordeiro. **Revista Portuguesa de Filosofia**, p. 1-12, 1961. Disponível em: http://www.jstor.org/stable/40333943. Acesso em: 20 out. 2017.

ABREU, Canuto. **Bezerra de Menezes**. São Paulo: Edições FEESP, 1996.

ACIDIGITAL. **Como surgiu a oração do Santo Rosário** (Blog). EWTN – Eternal Word Television Network. Alabama, 2015. Disponível em: https://www.acidigital.com/Oraciones/orosario.htm. Acesso em: 17 set. 2018.

ACN Fundação Pontifícia. **A Verdadeira Fisionomia dos Santos** – Versão digital 2021. p. 34. Disponível em: https://www.acn.org.br/a-verdadeira-fisionomia-dos-santos/. Acesso em: 31 dez. 2022.

AFFHOLDER-GERARD, Brigitte; MARIE-JEANNE, Cornic. **Collections** Égyptiennes (Inventário das coleções públicas francesas). Angers: RMN-Grand Palais Musées d'Angers, 1990.

AGOSTINHO, Santo. **A Cidade de Deus (contra os pagãos).** Tradução de Oscar Paes Leme. 2. ed. 2 v. Petrópolis, RJ: Vozes; São Paulo: Federação Agostiniana Brasileira, 1991.

AGRAWALA, Prithvi Kumar. **Goddesses in ancient India**. Delhi: Abhinav Publications, 1984.

AGRELLA, Newton. Olho Que Tudo Vê. **Boletim Informativo Chico Da Botica**, Porto Alegre, n. 157, p. 2, jul. 2021. Disponível em: http://www.abemdaordem.com.br/sfu/wp/wp-content/uploads/2017/03/Binfo-Chico-157-31-Jul-21.pdf. Acesso em: dez. 2021.

ALBUQUERQUE, Carlos. **O eterno verão do reggae**. São Paulo: Editora 34, 1997.

ALDEN, Robert. **Lúcifer: Quem ou o que?** Bulletin of the Evangelical Theological Society, v. 11, n. 1, p. 35-39, Winter 1968. Disponível em: https://www.monergismo.com/textos/comentarios/lucifer-quem-oque_robert-alden.pdf. Acesso em: 15 out. 2017.

ALEXANDER, Joseph Addison. **Commentary on the Prophecies of Isaiah**. Grand Rapids: Zondervan, 1963. [originalmente publicado em 1865].

ALMEIDA, Néri de Barros. O alvo da história e da Igreja e a história da Igreja como alvo: O exemplo da Idade Média central (Séculos XI-XIII). **Revista de Estudos da Religião**, n. 2, p. 65-67, 2004.

ALVES, Ana Carolina Chizzolini *et al*. **Wicca e corporeidade**: a bruxaria moderna e o imaginário do corpo. 2011. Disponível em: https://tede2.pucsp.br/handle/handle/1811. Acesso em: 23 set. 2017.

ALVES, Andrei. **Cinco verdades sobre os falsos cristos** [Blog]. Gospel Prime, 2011. Disponível em: https://www.gospelprime.com.br/cinco-verdades-sobre-os-falsos-cristos/. Acesso em: 16 out. 2017.

ALVES, Luiz Alberto Souza; JUNQUEIRA, Sérgio. **A elaboração das concepções do Ensino Religioso no Brasil**. O Ensino Religioso no Brasil, Curitiba: Champagnat, 2011.

ALVES, Rubem. **Dogmatismo e Tolerância**. 1. ed. São Paulo: Edições Loyola, 2004.

ALVES, Rubem. **O que é Religião**. São Paulo: Abril Cultural/Brasiliense, 1984.

AMARAL, Ana Maria. **Objetos rituais no candomblé da Bahia.** Sala Preta, v. 1, p. 191-195, 2001.

ANDRADE, Joachim. A mística na construção da realidade última: Tríade Hindu e Santíssima Trindade. **Revista Relicário**, v. 8, n. 15, p. 32-44, 2021.

ANDRADE, Joachim. **Shiva abandona seu trono**: destradicionalização da dança hindu e sua difusão no Brasil. 2007. Disponível: https://repositorio.pucsp.br/jspui/handle/handle/2018. Acesso em: 14 out. 2017.

ANDREWS, C. **Amulets of ancient Egypt**. London: The British Museum Press, 1994. p. 50.

ANKERBERG, John. **Os ensinos secretos da maçonaria**. São Paulo: Vida Nova, 1995.

AQUINO, Felipe Rinaldo Queiroz de. **Falsas Doutrinas**: seitas e religiões. São Paulo: Editora Cléofas, 2010.

AQUINO, ST. **Concílio de Trento**. Suma Th. II-II,81,3, ad3. 1566, 1992.

AQUINO, ST. **Suma Teológica**. v. 2. Madrid: Biblioteca de Autores Cristianos, 1997.

ARANTES, Paulo Corrêa. Kairós e Chronos: Origem, significado e uso. **Revista Pandora Brasil**, v. 69, n. 7, p. 48-57, 2015.

ARAÚJO, A. P. de. O Candomblé e a desconstrução da noção de sincretismo religioso: Entre utopias do corpo e heterotopias dos espaços na Diáspora Negra. Abatirá – **Revista de Ciências Humanas e Linguagens**, v. 2, n. 4, p. 357-388, 2021. Disponível em: https://www.revistas.uneb.br/index.php/abatira/article/view/13036. Acesso em: 3 jan. 2022.

ARAÚJO, Emanuel. **Escrito Para a Eternidade**. Brasília: Ed. UNB, 2000.

ARAUJO, G. L. A Arca da Aliança. **Estudos Teológicos**, São Leopoldo, v. 51, n. 2, p. 234-248, 2011.

ARRUDA, José Jobson de Andrade. O Egito Antigo: organização social, religiosa e cultural. *In:* ARRUDA, José Jobson de Andrade. **História Integrada**: da pré-história ao fim do império romano. 4. ed. São Paulo: Ática, 1996. p. 40-47.

ASCH, Sholem. **O Apóstolo**. 1. ed. São Paulo: Companhia Editora Nacional, 1959.

ASSIS, Machado. **O espelho**. Obras Completas de Machado de Assis: Papéis avulsos (Vol. XII), Rio de Janeiro, São Paulo, Porto Alegre: W.M. Jackson, 1952.

ASSMANN, J. **The search for God in ancient Egypt**. Ithaca; London: Cornell University Press, 2001.

AZEVEDO, Leandro Villela de. **As Obras Inglesas de John Wycliffe inseridas no contexto religioso de sua época**: Da Suma Teológica de Aquino ao Concílio de Constança, Dos espirituais franciscanos a Guilherme de Ockham. São Paulo: USP, 2010. Disponível em: https://www.teses.usp.br/teses/disponiveis/8/8138/tde-14062011-135520/publico/2010_LeandroVilleladeAzevedo.pdf. Acesso em: 21 fev. 2018.

AZEVEDO, Milena Larissa Varella de. **A Pirâmide-Montanha**: relação entre arquitetura e religião nas sociedades tradicionais-Suméria e Maia. 1999. Disponível em: http://ftp.editora.ufrn.br/handle/123456789/268. Acesso em: 12 set. 2017.

BAINES, John. **Deuses, Tempos e Faraós**. Barcelona: Folio, 2008.

BAKHTIN, Mikhail. **A cultura popular na idade média e no renascimento**. O contexto de François Rabelais. Tradução de Yara Frateschi Vieira. São Paulo/Brasília: Universidade de Brasília/Hucitec, 1999.

BAKOS, Margaret. **Egiptomania:** O Egito no Brasil. Cosmogonia de Heliópolis. São Paulo: Paris Editorial, 2004a.

BAKOS, Margaret. **Egiptomania:** O Egito no Brasil. Ordem Rosacruz. São Paulo: Paris Editorial, 2004b.

BAKOS, Margaret. **Egiptomania**: O Egito no Brasil. São Paulo: Paris Editorial, 2004c.

BAKOS, Margaret. **Fatos e Mitos do antigo Egito**. 2. ed. Porto Alegre: EDIPUCRS, 2001.

BAKOS, Margareth Marchiori; SILVA, Maria Aparecida de Oliveira. **Deuses, Mitos e Ritos do Egito Antigo**: Novas Perspectivas. Saarbrücken: Novas Edições Acadêmicas, 2017.

BALDWIN, Joyce G. **1 e 2 Samuel, introdução e comentário**. 1. ed. São Paulo: Vida Nova. 1996.

BALTAR, Catharina da Silva Nazareth; TAKAFUJI, Lígia Midori. **Narrativas interativas**. 2015. 157 f. Monografia (Bacharelado em Desenho Industrial) – Universidade de Brasília, Brasília, 2015.

BALTIMORE, O Catecismo de. **Questão #223**. Baltimore: Confraternity Edition, 1884.

BANZOLI, Lucas. **As relíquias da Igreja Católica**. Paraná, 2015. Disponível em: http://heresiascatolicas.blogspot.com/2015/10/as-reliquias-da-igreja-catolica.html. Acesso em: 23 set. 2017.

BAPTISTA, S. **Glossolalia:** o sentido da desordem – a simbologia do som na constituição do discurso pentecostal. 1989. Dissertação (Mestrado em Filosofia e Ciências Humanas) – Faculdade de Filosofia e Ciências humanas, Universidade Estadual de Campinas, Campinas, 1989.

BARATA, M. F. **O Touro esculpido de Miróbriga**. *In*: A Lusitânia [Blog]. Lisboa, 2010. Disponível em: http://ascidadesdalusitania.blogspot.pt/2009/02/o-touro-esculpido-de-mirobriga.html. Acesso em: 22 set. 2018.

BARBAS, Helena. **A saga de Inana** – Antologia de Poemas. Tradução de Helena Barbas. Lisboa: [s. n.], 2004.

BARBIER, **Régis Alain. Bíblia Panteísta**: a religiosidade do presente. Olinda: Editora Livro Rápido, 2009.

BARBIERI, Giovanni. **Vie de Joseph Balsamo, connu sous le nom de comte Cagliostro**: extraite de la Procédure instruite contre lui à Rome, em 1790, traduite d'après l'original 182 italien, imprimé à la Chambre Apostolique; enrichie de Notes curieueses, et ornée de son Portrait. Paris: Onfroy libraire, 1790. Disponível em: https://www.worldcat.org/title/vie-de-joseph-balsamo-connu-sous-le-nom-de-comte-cagliostro-extraite-de-la-procedure-instruite-contre-lui-a-rome-en-1790/oclc/1049633099. Acesso em: 15 out. 2021.

BARBOSA, Jorge Luiz. RIOS, BAIAS E CONTINENTES: PAISAGENS NAS ANDANÇAS DAS ÁGUAS. **Ensaios de Geografia**, v. 1, n. 1, p. 60-70, Rio de Janeiro: UFF, 2012. p. 64.

BARCELOS, Renata; MARINS, Luiz L. Antes de Odùduwà. **Revista Olorum**, v. 55, p. 5, 2017.

BARGEMAN, Lisa Ann. **A origem egípcia do cristianismo** (The Egyptian Origin of Christianity). São Paulo: Pensamento, 2012. p. 18, 31, 82-84.

BARROS, Neimar de. **O fantoche**. 6. ed. São Paulo: O Recado, 1979.

BARROS, Sulivan Charles. As entidades "brasileiras" da umbanda e as faces inconfessas do Brasil. SIMPÓSIO NACIONAL DE HISTÓRIA (ANPUH), v. 27, p. 2, 2013. **Anais** [...]. Natal, 2013. Disponível em: https://anpuh.org.br/index.php/documentos/anais/category-items/1-anais-simposios-anpuh/33-snh27?start=480. Acesso em: 15 out. 2021.

BARTH, Karl. **Palavra de Deus, palavra do homem**. São Paulo: Novo Século, 2004.

BASTIDE, Roger. **The African Religions of Brazil**: Toward a Sociology of the Interpenetration of the Civilizations. London: John Hopkins University Press, 1978.

BASTOS, Rodolpho Alexandre Santos Melo; DE FÁTIMA ZDEBSKYI, Janaina; DA SILVEIRA, Aline Dias. O sagrado feminino entre hebreus e cristãos: das grandes deusas a Maria. **Revista de História Comparada**, Rio de Janeiro, p. 18, 2018. Disponível em: https://revistas.ufrj.br/index.php/RevistaHistoriaComparada/article/view/22623/12721. Acesso em: 15 jan. 2018.

BATISTA SEGUNDO, João Florindo *et al*. **Mysterium Pansophicum**: imaginário e esoterismo em Jacob Boehme. 2017. Disponível em: https://repositorio.ufpb.br/jspui/handle/123456789/12201. Acesso em: 17 out. 2020.

BAUER, Thomas. **Das Inschr~ffernuerkAssurbanipals**. v. 2. Leipzig: J.C. Hinrich, 1933.

BEHRENS, Marilda Aparecida. OLIARI, Anadir Luiza Thomé. A evolução dos paradigmas na educação: do pensamento científico tradicional à complexidade. **Rev. Diálogo Educ.** [on-line], v. 7, n. 22, p. 57, 2007. Disponível em: http://educa.fcc.org.br/pdf/de/v07n22/v07n22a04.pdf. Acesso em: 22 nov. 2017.

BELONI, Luciane. **A estética das ilustrações do Tarot de Marselha**: uma nova plasticidade poética. 2021. Disponível em: http://repositorio.upf.br/handle/riupf/2162. Acesso em: 16 jan. 2022.

BENATTE, Antônio Paulo. A História Cultural das Religiões: contribuições a um debate historiográfico. *In:* SILVA, Elaine Moura da; ALMEIDA, Neri de Barros (org.). **Missão e pregação**: a comunicação religiosa entre a história da igreja e a história das religiões. São Paulo: FAP-UNIFESP, 2014. p. 65.

BERKHOF, Louis. **Teologia Sistemática**. São Paulo: Cultura Cristã, 1998.

BERKHOF, Louis. **Teologia Sistemática**. Atributos. 1. ed. São Paulo: Cultura Cristã, 2019.

BETTENCOURT, Estêvão. Quem eram os irmãos de Jesus. **Revista Apologética Católica Pergunte & Responderemos**, Rio de Janeiro: Mosteiro de São Bento do Rio de Janeiro, n. 3, p. 25-28, 1957.

BEZERRA, Karina Oliveira. **A Wicca no Brasil**: Adesão e permanência dos adeptos na Região Metropolitana do Recife. 2012. Dissertação (Mestrado em Ciências da Religião) – Universidade Católica de Pernambuco, Recife, 2012. Disponível em: http://tede2.unicap.br:8080/handle/tede/325. Acesso em: 16 dez. 2017.

BEZERRA, Karina Oliveira. **História geral das religiões**. Observatório Transdisciplinar das Religiões, 2021. Disponível em: https://www1.unicap.br/observatorio2/wp-content/uploads/2011/10/HISTORIA-GERAL-DAS-RELIGIOES-karina-Bezerra.pdf. Acesso em: 11 dez. 2021.

BÍBLIA. **Bíblia de Jerusalém**. Nova edição, revista e ampliada. São Paulo: Paulus, 2002.

BIZERRA, Fernando de Araújo *et al*. **Estado e expropriações**: uma relação vital ao sistema do capital. 2022. Disponível em: http://www.repositorio.ufal.br/jspui/handle/123456789/11573. Acesso em: 31 dez. 2022.

BLACKABY, Henry; KING, Claude V. **Conhecendo Deus e fazendo Sua vontade**. Rio de Janeiro: Ed. Lifeway Brasil, 2001.

BLANC, Cláudio. **O Grande Livro da Mitologia Egípcia**. [*s. l.*]: Camelot, 2021.

BLANK, **Júlia C. G.;** SANTOS, Janaína dos. Raul Seixas e a Ditadura Militar: Uma Análise Semiótica da Música Cowboy Fora da Lei. XIV CONGRESSO DE CIÊNCIAS DA COMUNICAÇÃO NA REGIÃO SUL, p. 7, 2013. **Anais** [...]. Cruz do Sul, 2013. Disponível em: https://www.portalintercom.org.br/anais/sul2013/resumos/R35-0224-1.pdf. Acesso em: 23 nov. 2018.

BLANK, Renold J. **A Morte em questão**. 2. ed. São Paulo: Edições Loyola, 1998.

BLOOM, Harold. **Jesus e Javé**: os nomes divinos; tradução José Roberto O'Shea. Rio de Janeiro: Objetiva, 2006. p. 120-133.

BOHEME, Jacob. **Os três princípios da essência divina**. 1. ed. São Paulo: Polar Editorial, 2010.

BORBA, Perilo. Os verdadeiros "Bereanos". **Blog Verbo da Vida**, Campina Grande, 02 de abr. de 2014, s/p. Disponível em: https://verbodavida.org.br/blog/periloborba/os-verdadeiros-bereanos. Acesso em: 11 out. 2017.

BOTTÉRO, Jean; KRAMER, S. N. **Cuando los dioses hacían de hombres**. Madrid: Akkal, 2004.

BOTTON, Flavio Felicio. Michelangelo: Capela Sistina, ut pictura poesis e a condição social do pintor na renascença. **Darandina revisteletrônica**, Juiz de Fora, v. 2, n. 3, p. 8, 2010.

BOUZON, Emanuel. O uso do transe extático no processo da adivinhação babilônica. **Classica – Revista Brasileira de Estudos Clássicos, São Paulo, v. 4, n. 4, p. 34-52, 1991. Disponível em: https://classica.emnuvens.com.br/classica/article/view/575. Acesso em: 12 out. 2017.**

BOYER, Jean-François. **O Império Moon: os bastidores de uma seita impiedosa**. Porto Alegre: Globo, 1988.

BOYER, Orlando. **Heróis da fé**. Rio de Janeiro: Ed. CPAD, 2008.

BOYLE, John Cork; ORRERY. **The Letters of Pliny, The Younger**: With Observations on Each Letter. Vol. 2. Nova York: Nabu Press, 2011.

BRAGA, Lourenço. **Umbanda, magia branca, magia negra**. Rio de Janeiro: Moderna, 1946.

BRAGA, Teófilo. **O povo português nos seus costumes, crenças e tradições**. v. 2. Lisboa: Dom Quixote, 1986.

BRAGANÇA, Cláudio Cezar. **Profecias – 21 Fatos que provam**: o fim está próximo. Salvador: Editora Havarys [Clube de Autores], 2020.

BRAKEMEIER, Gottfried. **Preservando a Unidade do Espírito no Vínculo da Paz**. São Paulo: Aste, 2004a.

BRAKEMEIER, Gottfried. **Por que ser cristão. São Leopoldo: Sinodal, 2004**b.

BRAKEMEIER, Gottfried. **A Primeira Carta do Apóstolo Paulo à comunidade de Corinto**: um comentário exegético-teológico. São Leopoldo: Sinodal, 2008.

BRANDÃO, Jacynto Lins. **Biografia Literária**: Luciano de Samósata. 1. ed. Belo Horizonte: UFMG, 2015.

BRANDÃO, Jacynto Lins. Sudário de Turim: Fotografia, História ou Arqueologia? **Revista Cerrados**, v. 25, n. 43, 2017. Disponível em: https://periodicos.unb.br/index.php/cerrados/article/view/22332. Acesso em: 21 out. 2018.

BRETTAS, Anderson Claytom Ferreira *et al*. **Hippolyte Leon Denizard Rivail, ou Allan Kardec**: um professor pestalozziano na França do tempo das revoluções. Tese (Doutorado em Ciências Humanas) – Universidade Federal de Uberlândia, Uberlândia, 2013. Disponível em: https://repositorio.ufu.br/handle/123456789/13662. Acesso em: 21 nov. 2017.

BRIGHT, John. **História de Israel**. Tradução de Euclides Carneiro da Silva. São Paulo: Paulinas, 1978.

BROWN, Peter. **Santo Agostinho**: Uma Biografia. Tradução de Vera Ribeiro. 1. ed. São Paulo: Record, 2005.

BROWN, Colin; COENEN, Lothar (org.). Kairos e Chronos. **O Novo Dicionário Internacional de Teologia do Novo Testamento**. São Paulo: Vida Nova, 1983. p. 566-572.

BROWN, Michel. Judaísmo. **Quando Jesus morreu, os túmulos se abriram e muitos mortos ressuscitaram. Isso realmente aconteceu?** [Blog]. Wordpress.com, 2017. Disponível em: https://defendendoafecrista.wordpress.com/2017/04/01/quando-jesus-morreu-os-tumulos-se-abriram-e-muitos-mortos-ressuscitaram-isso-realmente-aconteceu/. Acesso em: 19 dez. 2017.

BRUCE, Frederick Fyvie. **The New Testament Documents**. Michigan: Eerdmens, 2003.

BRUMATTI, Robson. **Igreja De Tróia**. 1. ed. Joinville: Clube de Autores, 2013.

BRUNOTTE, Wilhelm. Aleipho (ungir). *In:* COENEN, Lothar; BROWN, Colin (org.). **Dicionário Internacional de Teologia do Novo Testamento**. Tradução Gordon Chown. 2. ed. São Paulo: Vida Nova, 2000. v. 2. p. 2568.

BUCKINGHAM, Jamie. **Força para viver**. [*s. l.*]: Arthur de Moss Foundation, 1987.

BUCKLAND, A. R.; WILLIAMS, Lukin. **Dicionário Bíblico Universal**. São Paulo: Editora Vida, 1999.

BUDGE, Wallis. **Osiris, The Egyptian religion of resurrection**. Publisher: University Books, 1961.

BULTMANN, Rudolph. **Jesus and the Word**. Londres: Collins, 1926.

CABRAL, Elienai. Cura Divina, Provisão para os Tempos Atuais. **Manual do Obreiro: Doutrinas Bíblicas Pentecostais**, Rio de Janeiro, ano 31, n. 45, p. 45, 2009.

CABRAL, J. **Religiões, Seitas e Heresias à luz da Bíblia**. 1. ed. Rio de Janeiro: Universal Produções, 1980.

CABRERA, Lydia. **Iemanjá & Oxum**: Iniciações, ialorixás e olorixás. São Paulo: Edusp, 2004. entre palavras. Rio de Janeiro: Forense Universitária, 1977.

CADORE, Danielli Meiri; MODES, Josemar Valdir; JAGMIN, Mara Regina. Maçonaria e a falsa percepção do ser humano como realizador das mudanças em si e no mundo. **Revista Ensaios Teológicos**, v. 4, n. 2, p. 27, 2018. Disponível em: https://revista.batistapioneira.edu.br/index.php/ensaios/article/view/279. Acesso em: 10 out. 2019.

CALLENDER, J. P. **Illustrations of Popery**. New York: New York Public Library, 1838.

CALVINO, João. **As Institutas** – ou Tratado da Religião Cristã. Edição clássica (latim). 1536. Disponível em: https://www.poramoraosalvador.com.br/livros/joao_calvino_institutas1.pdf. Acesso em 25 out. 2017.

CÂMARA, Giselle Marques. **MAAT – o princípio ordenador do cosmo egípcio**: uma reflexão sobre os princípios encerrados pela deusa no reino antigo (2686-2181 a.C.) e reino médio (2055-1650 a.C.). 2011. Disponível em: https://app.uff.br/riuff/handle/1/16626. Acesso em: 22 out. 2018.

CAMPOS, Arq Eudes. **A presença da deusa Asherah e as colunas de bronze no Templo do Rei Salomão**. 2013. Disponível em: https://www.academia.edu/37229845/A_presen%C3%A7a_da_deusa_Asherah_e_as_colunas_de_bronze_no_templo_do_rei_Salom%C3%A3o. Acesso em: 27 nov. 2017.

CAMPOS, Hipólito de Oliveira. **Miscelânea Religiosa**. Rio de Janeiro: Casa Publicadora Batista, [entre 1921 e 1931].

CANÇÃO NOVA. **Formação** – Olhemos para Cristo trespassado na Cruz! 2007. Disponível em: https://formacao.cancaonova.com/espiritualidade/olhemos-para-cristo-trespassado-na-cruz. Acesso em: 25 out. 2017.

CANTOR, Norman. **Church, Kingship and Lay Investiture in England (10891135)**. Princeton: Princeton University Press, 1958.

CANTRELL, Gary. **Wicca**: Crenças e Práticas. São Paulo: Madras Editora, 2002.

CARDOSO, Sérgio. Sobre a civilização do renascimento. *In:* PINTO, F. M.; BENEVENUTO, F. **Filosofia, política e cosmologia**: ensaios sobre o renascimento [on-line]. São Bernardo do Campo, SP: Editora UFABC, 2017. p. 22. Disponível em: https://books.scielo.org/id/75pz8/pdf/pinto-9788568576939-03.pdf. Acesso em: 20 dez. 2018.

CARDOSO, Vânia. **Mito e memória**: a poética afro-brasileira nos contos de Mãe Beata. Introdução a Caroço de dendê. 2 ed. Rio de Janeiro: Pallas Editora, 2002.

CARNEIRO, Edison. **Candomblés da Bahia. 5.** ed. Rio de Janeiro: Civilização Brasileira, 1977.

CARRERA, Alberto M. **Escarabeídeos fúnebres e sagrados**. Rev. Bras. Entomol., **São Paulo, v. 39, n. 2, p. 475-477, 1995.**

CARSON, Donald Arthur. **A manifestação do Espírito**. 1. ed. São Paulo: Vida Nova, 2013.

CARUJO, Carlos Araujo. **A Rede**. Joinville, SC: Clube de Autores, 2018.

CARVALHO, Leon Adan Gutierrez de *et al*. **A suave invasão**: práticas e representações do movimento Hare Krishna em Pernambuco (1973-1996). 2017. Disponível em: http://www.tede2.ufrpe.br:8080/tede2/handle/tede2/6763. Acesso em: 30 dez. 2017.

CARYBÉ, Hector; VERGER, Pierre. **Orixás**. Roma: Edizioni Associate, 2005.

CASCUDO, Luis da Câmara. **Dicionário do Folclore Brasileiro**. 7. ed. Belo Horizonte; Rio de Janeiro: Editora Itatiaia Limitada, 1988.

CASEIRÃO, Armando Jorge. **O instrumento da Paixão**. 2018. Disponível em: http://hdl.handle.net/10451/40718. Acesso em: 30 dez. 2018.

CASQUILHO, José Pinto. **Do sagrado**: árvores e tempo. Monografias.com. 2008. Disponível em: https://www.monografias.com/pt/trabalhos917/sagrado-arvores-tempo/sagradoarvores-tempo.shtml. Acesso em: 25 out. 2017.

CASTAGNA, Paulo. **Da Mãe de Deus à Deusa-Mãe**: variações textuais nas Matinas da Conceição decorrentes da marianização do catolicismo (2013). Disponível em: https://chrome-extension://efaidnbmnnnibpcajpcgl-clefindmkaj/https://anppom.org.br/anais/anaiscongresso_anppom_2013/2419/public/2419-6992-1-PB.pdf. Acesso em: 25 out. 2017.

CASTEL, Elisa. **Gran Diccionario de Mitología Egipcia.** Madrid: Alderabán Ediciones, 2001. p. 203.

CASTRO, Abdias. **Vida E Morte Dos Apóstolos.** Joinville: Clube de Autores, 2020.

CATECISMO da Igreja Católica. **Parágrafos 971.** 10. ed. São Paulo: Loyola, 2000.

CERVELLO, Josep. **Egipto y Africa, Origen de la civilización y la monarquía faraónica en su contexto africano**. Sabadell: Editorial Ausa, 1996.

CESARÉIA, Eusébio de. **História Eclesiástica**. São Paulo: Novo Século, 2002.

CHACON, Paulo. **O que é rock**. São Paulo: Brasiliense, 1995.

Cf. Catecismo da Igreja Católica, 1030; Concílio de Florença, Decr. pro Graecis: DS 1304; Concílio de Trento, Sessão 25ª, Decretum de purgatorio: DS 1820: Sess. 6ª. Decr. de iustificatione, canon 30: DS 1580.

CHALIAND, Gérard; BLIN, Arnaud (ed.). **A história do terrorismo**: da antiguidade à Al Qaeda. California: Univ of California Press, 2007.

CHAMBERLIN, Eric Russell. **The Bad Popes**. 22. ed. New York: Dorset Press, 2003.

CHAMPLIN, Russel Norman; BENTES, João Marques. **Enciclopédia de Bíblia, Teologia e Filosofia**. v. 2. São Paulo: Candeia, 1995.

CHAMPLIN, Russel Norman. **Enciclopédia de Bíblia Teologia e Filosofia**. 6 Vols. Vol. 5. ed. São Paulo: Hagnos, 2001e.

CHAMPLIN, Russel Norman. **Apolinarianismo**. Enciclopédia de Bíblia, Teologia e Filosofia. Editora Candeia, 4. ed. 1997.

CHAMPLIN, Russel Norman. **Manifestação demoníaca**. Dicionário de teologia, filosofia e história. São Paulo: Hagnos, 2000.

CHARLOT, Bernard *et al*. **Relação com a natureza e educação ambiental**. Porto Alegre: Artmed, 2005.

CHEVALIER, Jean.; GHEERBRANT, Alain. **Dicionário de símbolos**: mitos, sonhos, costumes, gestos, formas, figuras, cores, números. 9. ed. Rio de Janeiro: José Olympio, 1995.

CHEVALIER, Jean. **A luz simboliza a vida**. Dicionário dos símbolos. 15. ed. Rio de Janeiro: José Olympio, 2000.

CÍCERO, Marcus Tullius. Tratado De Oratore ad Quintum fratrem libri tres (Sobre o Orador, três livros para seu irmão Quinto), 55 a.C. **Revista trimensal do Instituto Histórico e Geographico Brazileiro**, Laemmert & C., v. 63, p. 525, 1901.

CIPOLINI, Pedro Carlos. O dogma da imaculada conceição. **Revista de Cultura Teológica**, n. 51, p. 55-77, 2005.

CIVIL, Miguel *et al*. **THE ASSYRIAN DICFIONARY**, v. 10: Published By The Oriental Institute - Chicago And J. J. Augustin Verlagsbuchhandlung, Glükstadt - Germany, 1977. p. 582.

CLARKE, Adam. **Clarke's commentary**. 1832. Disponível em: https://bit.ly/3gBS58i. Acesso em: 2 out. 2020.

CLARK, R.E.D. **Darwin: Before and after.** *In:* RYRIE, Charles. Teologia Básica. São Paulo: Mundo Cristão, 2004. p. 196.

CNBB – Conferência Nacional dos Bispos do Brasil. **Campanha da fraternidade**: Fraternidade no Mundo das Migrações. Brasília, 1980. Disponível em: https://campanhas.cnbb.org.br/campanha/fraternidade1980. Acesso em: 25 out. 2017.

COELHO, André. **Redescobrindo sua Bíblia**. 3. ed. Santo André: Geográfica, 2015.

COELHO, Beatriz. **Satanás representa quem pensa diferente:** o que dizem membros do Templo Satânico nos EUA. BBC News Brasil, 2023. Disponível em: https://www.bbc.com/portuguese/articles/c7270v1l8j4o. Acesso em: 5 jun. 2023.

COENEM, Lothar.; BROWN, Colin. **Dicionário Internacional de Teologia do Novo Testamento**. v. II. São Paulo: Editora Nova Vida, 2005.

COLLANTES, Justo. **A fé da Igreja Católica**. As ideias e os homens nos documentos doutrinais do Magistério. Madrid: Ed. Católica (BAC, 446), 1983.

COLLINGWOOD, Robin G. **A Ideia da História, Oxford**. ed. rev. Oxford: Oxford University Press, 1993.

COLLINGWOOD, Robin G. **A Ideia de História** [1946]. Lisboa: Presença, 1972.

CONCEIÇÃO, Joanice. **Irmandade da Boa Morte e Culto de Baba Egum**: masculinidades, feminilidades e performances negras. Jundiaí: Paco Editorial, 2017.

CONN, Harvie M. **Teología Contemporánea en el Mundo**. Grand Rapids: Libros Desafío, 1992.

CONNEL, Francis J. **Revised Baltimore Catechism**. New York: Benziger Brothers Inc., 1949.

CONSTANTINO, Magno. **Guia Místico de 2015:** Tratado sobre as influências esotéricas e místicas do ano. Joinville: Clube de Autores, 2014. p. 27.

CONSTITUIÇÃO DOGMÁTICA LUMEN GENTIUM. **Documentos do Concílio Ecumênico Vaticano II**. São Paulo: Paulus, 1997. Disponível em: https://www.vatican.va/archive/hist_councils/ii_vatican_council/documents/vat-ii_const_19641121_lumen-gentium_po.html. Acesso em: 25 out. 2017.

CONTI, Maria Lígia. Etiópia, uma experiência vivida. **Revista de Estudos Universitários-REU**, v. 38, n. 2, p. 450, 2012.

CORDEIRO, Andréa Maria. A interpretação do argumento ontológico segundo Leibniz. **Intuitio**, v. 2, n. 3, p. 6, 2009. Disponível em: https://revistaseletronicas.pucrs.br/index.php/intuitio/article/view/5994. Acesso em: 15 jan. 2018.

CORDEIRO, Tiago. A vida e os estudos de Aleister Crowley, mago do ocultismo. **Superinteressante**. São Paulo: Editora Abril, 2017. Disponível em: https://super.abril.com.br/mundo-estranho/a-vida-e-os-estudos-de-aleister-crowley-mago-do-ocultismo/. Acesso em: 3 mar. 2018.

CORDOVIL, Daniela. Espiritualidades feministas: Relações de gênero e padrões de família entre o culto da wicca e do candomblé no Brasil. **Revista crítica de ciências sociais**, n. 110, p. 125, 2016.

CORREA, Fernanda. Arte e devoção. **A maternidade da Virgem Maria no acervo da Fundação Eva Klabin. Séculos XV e XVI.** 2014 Dissertação (Mestrado em História Social) – Programa de Pós-Graduação em História Social, Universidade Federal do Rio de Janeiro, Rio de Janeiro, 2014.

M, A. **Os pobres e o Espírito Santo**: o pentecostalismo no Brasil. Petrópolis: Vozes, 1996.

COSSARD, Gisele Omindarewá. **Awô: O Mistério dos Orixás.** Rio de Janeiro: Pallas, 2006.

COSTA, Alexandre de Carvalho. **Reflexões etimológicas**. Portugal: A. Figueirinhas, 1941.

COSTA NETO, E. M. **Manual de etnoentomología**. Zaragoza: Manuales & Tesis, v. 4, São Paulo: SEA. 2002.

COUTO, **Sérgio Pereira. Almanaque das sociedades secretas**. São Paulo: Matrix Editora, 2017.

COUTO, **Sérgio Pereira. Sociedades secretas:** Illuminati. São Paulo: Universo dos Livros Editora, 2009.

COUTO, **Sérgio Pereira. Sociedades Secretas:** Maçonaria. São Paulo: Universo dos Livros Editora, 2005.

CRISTINA DE OLIVEIRA, M. Novas tecnologias x novas religiões: Comunidade Bahá'í caminhando de mãos dadas com a ciência pela transformação social e unidade entre os povos. **Ensaios**, v. 8, p. 164-177, 26 dez. 2015. Disponível em: https://doi.org/10.22409/re.v8i0.1763. Acesso em: 17 out. 2017.

CRISTO, Inri. **Despertador**: Inri Cristo Unigênito de Deus. Curitiba-PR: Mepic, 1996.

CROWLEY, Aleister. **O Livro da Lei**. [1904]. São Paulo: Editora Chave, 2017.

CROWLEY, Aleister. **O livro de Thoth**. **São Paulo:** Madras e Anubis, 2000.

CULLMAN, Oscar. **Das Origens Do Evangelho À Formação Da Teologia Cristã**. São Paulo: FONTE EDITORIAL, 2000, p. 12.

CUNHA, Welthon Rodrigues *et al*. **A linha do oriente na umbanda**: função e construção de um campo simbólico religioso. Goiás: 2004.

D' ONOFRIO, Salvatore. **Dicionário de Cultura Básica/Graal**. A Demanda do Santo Graal: o mito do Rei Artur, ciclo cultural bretão. 2012. Disponível em: https://pt.wikisource.org/wiki/Dicion%C3%A1rio_de_Cultura_B%C3%A1sica/Graal. Acesso em: 22 dez. 2017.

DA CAMINO, Rizzardo. **A simbologia tomou outro rumo....** Simbolismo do primeiro grau (aprendiz). Manaus: Editora Aurora, 1976.

DA SILVA COSTANZA, José Roberto. As raízes históricas do liberalismo teológico. **Fides reformata**, v. 10, n. 1, p. 79, 2005.

DA SILVA JÚNIOR, Augusto Rodrigues. Morte saturnal e tanatografia em François Rabelais. **MOARA– Revista Eletrônica do Programa de Pós-Graduação em Letras**, v. 1, n. 37, pág. 176-191, 2013. Disponível em: http://dx.doi.org/10.18542/moara.v1i37.1359. Acesso em: 14 nov. 2018.

DA SILVA, Ana Rosa Cloclet; DA ROCHA CARVALHO, Thais. Ultramontanismo, Maçonaria e Protestantismo no contexto da Questão Religiosa (1872-1875). **Estudos de religião**, v. 33, n. 2, p. 27-53, 2019.

DA SILVA, Levi Leonido Fernandes; DE SOUZA, José Henrique. Dança integrativa: por uma educação do bem-estar com base na filosofia de matriz africana. **ERAS| European Review of Artistic Studies**, v. 11, n. 2, p. 1-21, 2020.

DAMASCENO, S. João. De fide orthodoxa, 1. IV, c.14, PG 94-1158. *In:* GILSON, Etienne. **De fide orthodoxa**. Tradução de Eduardo Brandão. São Paulo: Martins Fontes, 1995. p. 98.

DAVID, A. Rosalie. **Handbook to life in ancient Egypt**. [*s. l.*]: New York, 1998.

DE AMORIM, **Sônia Maria Costa. Reflexões acerca dos rituais e liminaridades, sagrados e profanos referentes à devoção ao nosso senhor do Bonfim e a Oxalá**. 2009. Disponível em: https://www.cult.ufba.br/enecult2009/19588.pdf. Acesso em: 20 dez. 2020.

DE ARAUJO, Gilmara Cruz. **Arde-lhe-o-rabo, uma mulher feiticeira**. Florianópolis, 2015. Disponível em: https://anpuh.org.br/uploads/anais-simposios/pdf/2019-01/1548945024_36404282dec3b4cd2e00856e3c-c9bb08.pdf. Acesso em: 18 out. 2018.

DE ARAUJO, Helena Bastos Silveira. O homem em Scheler. **Paulus: Comfilotec**, v. 10, n. 5, p. 86, 2019.

DE ARAÚJO, Paulo Sérgio. **Dicotomia ou Tricotomia? Compreendendo a natureza humana**. 2019. Disponível em: https://www.docsity.com/pt/dicotomia-ou-tricotomia-compreendendo-a-natureza-humana/4535459/. Acesso: 22 fev. 2020.

DE BARROS, José Flávio Pessoa. De memória, cantar a história, *In:* BRITTES Lemos, Maria Tereza Toríbio (org.). **América Latina**: Fragmentos de Memória. 1. ed. Rio de Janeiro: 7 Letras, 2003. p. 73.

DE FARIA, Thiago Hot Pereira. 4 A MISHNÁ. **Revista de Estudos Judaicos**, ano XIII, n. 10, 2013/2014. [Blog] ResearchGate. Belo Horizonte, 2014.

DE FREITAS, Sueli Maria. A dimensão política da ação social na igreja contemporânea em Goiânia. **Vox Faifae: Revista de Teologia da Faculdade FASSEB**, v. 1, n. 1, p. 3, 2009.

DE GOUVÊA COELHO, D. Henrique. A divindade do Espírito Santo em Atanásio. **Revista Coletânea**, Rio de Janeiro: FSB, v. 15, n. 29, p. 85, 2016.

DE HUNGRIA, Bispado. **Chama de Amor do Imaculado Coração de Maria**: Revelações e graças de Maria Santíssima. 7. ed. Porto Alegre: Livraria Editora Padre Reus, 1978.

DELFINO, Leonara Lacerda. SENHORA DAS CONQUISTAS E DAS MISSÕES: ORIGENS DA DEVOÇÃO DA VIRGEM DO ROSÁRIO COMO SANTA MÃE PROTETORA DOS PRETOS NO ULTRAMAR. Artigo (Pós-graduação em História Social). **Revista Ars Histórica**, v. 6, p. 107-127, ago./dez. 2013. Rio de Janeiro: UFRJ. 2013. p. 108.

DE LIÃO, Irineu. **Patrística** – Contra as Heresias. v. 4. São Paulo: Paulus Editora, 1995.

DE LIMA, Maurílio Cesar. **Introdução à história do direito canônico. São Paulo:** Edições Loyola, 1999.

DE LIMA, Raymundo. A ascensão do irracional. **Revista Espaço Acadêmico**, v. 1, n. 6, 2001. Disponível em: https://periodicos.uem.br/ojs/index.php/EspacoAcademico/issue/view/1241. Acesso em: 26 nov. 2018.

DE MELO, **Júlio de** Fátimo Rodrigues; VIEIRA, Werner Bessa. **A Religião Cristã e a Evolução da Ciência:** Considerações Históricas. 2019. Disponível em: http://idonline.emnuvens.com.br/id. Acesso em: 25 de jan. 2020.

DE OLIVEIRA, Maria Inês Côrtes. Quem eram os negros da Guiné? A origem dos africanos na Bahia. **Afro-Ásia**, n. 19-20, p. 37, 1997.

DE OLIVEIRA, Rogério Vaz. **Olho que tudo vê.** 2017. Disponível em: http://www.adonhiramita.org/olho.pdf. Acesso em: 20 dez. 2020. p. 1, 2.

DE SOUZA, Renan Daniel. O ensino da Bíblia e a Educação Cristã: Reflexão Teológica em Deuteronômio 6:4-9. **Revista Hermenêutica (descontinuada)**, [*S. l.*], v. 13, n. 2, p. 13, 2014. Disponível em: https://adventista.emnuvens.com.br/hermeneutica/article/view/418. Acesso em: 10 de dez. 2017.

DEE, John [1527-1608]. **A Mônada hieroglífica**. São Paulo: Madras, 2004.

DELLAMONICA, J. **O Mundo Encantado dos Orixás**. São Paulo: Madras, 1993.

DEMAREST, Bruce A. **General revelation**: historical view and contemporary issues. Grand Rapids: Zondervan, 1983.

DENIS, **Léon. O Gênio Céltico e o Mundo Invisível.** 2. ed. Rio de Janeiro: Edições CELD, 2001.

DENZINGER, Hienrich. **O estado intermediário da purificação pelo purgatório.** Compêndio dos símbolos, definições e declarações de fé e moral. São Paulo: Paulinas/Loyola, 2007.

DENZINGER, Hienrich. **Pedro e o sucessor de Pedro** (Tradução Nossa). Enchridion symbolorum, definitionum et declarationum de rebus fidei et morum. Bologna: Edizioni Dehoniane Bologna, 1996.

DENZINGER, Hienrich. **Purificação pelo purgatório.** Compêndio dos símbolos, definições e declarações de fé e moral. São Paulo: Paulinas/Loyola, 2007.

DESCARTES, R. **Discurso do Método.** Tradução de Ciro Mioranza. São Paulo, SP: Editora Escala, 2009.

DICKEY, Eleanor. **Ancient Greek scholarship**. Oxford: Oxford University Press, 2007.

DIVINDADE. *In:* **Dicio**. Dicionário Online de Português. Porto: 7Graus, 2023. Disponível em: https://www.dicio.com.br/divindade/. Acesso em: 5 maio 2023.

DO NASCIMENTO ARAÚJO, Karine. **A lenda do jurupari**: um estudo comparativo. 2011. Disponível em: http://riu.ufam.edu.br/handle/prefix/2259. Acesso em: 17 dez. 2017.

DONATO, Hernâni. **Galileu** – O Devassador do Infinito. Rio de Janeiro: Ed. Tecnoprint S.A., 1971.

DOS REIS, Aníbal Pereira. **O Sinal da Besta**. [*s. l.*]: Ed. Caminho de Damasco, 1992.

DOS SANTOS MARIANO, Filipe. Análise do Conjunto Dourado de Paramentos da Catedral Basílica de Nossa Senhora do Pilar. **Rocalha-revista eletrônica do CEPHAP**-UFSJ, v. 1, n. 1, p. 438-457, 2020.

DOS SANTOS, João Henrique. **A extravagante Bula Unigenitus (1343) e a questão das indulgências.** 2008. Disponível em:http://encontro2008.rj.anpuh.org/resources/content/anais/1212962417_ARQUIVO_AEXTRAVAGANTEBULAUNIGENITUS.pdf. Acesso em: 15 jan. 2017.

DOURAD, Maria Francysnalda Oliveira. Memória e esquecimento em Paul Ricoeur: a ideologia política camuflada na anistia. **Cadernos do PET Filosofia**, v. 8, n. 16, p. 6, 2017. Disponível em: https://periodicos.ufpi.br/index.php/pet/article/view/1986. Acesso em: 22 out. 2020.

DRANE, John Willian. **A vida da Igreja Primitiva**: um documentário ilustrado. São Paulo: Paulinas, 1985.

DUNAND, F. Isis. **Mère des dieux**. Paris: Editons Errance, 2000.

DUQUETTE, Lon Milo. **A goetia ilustrada de Aleister Crowley**: evocação sexual. São Paulo: Madras, 2011.

DUQUETTE, Lon Milo. **A Magia de Aleister Crowley** – Um Manual dos Rituais de Theleme. São Paulo: Madras, 2007.

DURANT, Will. **História da civilização**. São Paulo: Ed. Nacional, 1943.

ELIADE, Mircea. **Mitos, símbolos e costumes.** Tratado de história das religiões. São Paulo: Martins Fontes, 2008.

ELIADE, Mircea. **O Sagrado e o Profano**: A essência das religiões. 4. ed. São Paulo: Editora WMF Martins Fontes, 2018.

ELIADE, Mircea. **Tratado da História das Religiões**. Porto: Edições ASA, 1992.

ESTULIN, Daniel. **A Verdadeira História do Clube Bilderberg**. Barcelona: Planeta, 2005.

EUGENIO, Naiara Paula *et al*. **A face guerreira das iabás Obá, Euá** e Oiá: articulação entre mito e representação. Dissertação (Mestrado em Artes) — UERJ, Rio de Janeiro, 2014.

FACÓ, I. C. **Cores para cada Orixá.** Salvador, 2013. Disponível em: http://lcfaco.blogspot.com/2013/12/fitinhas-do-senhor-do-bonfim.html. Acesso em: 20 out. 2017.

FAIRBAIM, Patrick. **The Typology of Scripture, A tipologia das Escrituras**. New York: Funk and Wagnalls, 1900. 2 vols.

FAORO, Raymundo. **O espelho e a lâmpada**. Machado de Assis: Coleção Escritores Brasileiros. São Paulo: Ática, 1981.

FARAONE, C. A. **The transformation of Greek amulets in Roman imperial times**. Philadelphia: University of Pennsylvania Press, 2018.

FERGUSON, Marilyn. **A Conspiração Aquariana**. Transformações pessoais e sociais nos anos 80. Rio de Janeiro: Editora Record, 1980.

FERNANDES, Cláudio. **Hieróglifos egípcios**. Goiânia-GO: Brasil Escola. [s. d.]. Disponível em: https://brasilescola.uol.com.br/historiag/hieroglifos-egipcios.htm. Acesso em: 4 jun. 2023.

FERNANDES, Daniela. **Igreja exibe na França túnica de Cristo, que teria sido usada no caminho para a cruz**. Paris: BBC Brasil, 2016. Disponível em: https://www.bbc.com/portuguese/noticias/2016/04/160402_tunica_cristo_df_rb. Acesso em: 15 set. 2017.

FERRAZ, Salma; SCHMITZ, Erik Dorff; LIVRAMENTO, Igor. O Vento Sopra onde Quer: unção do riso. **Revista Mosaico-Revista de História**, v. 11, p. 223-230, 2018. Disponível em: https://doi.org/10.18224/mos.v11i2.6377. Acesso em: 3 jan. 2019.

FERREIRA, Ana Débora Alves. **Trocando em miúdos a medida do Bonfim**. Salvador: 2005. Disponível em: https://www.cult.ufba.br/enecul2005/AnaDeboraAlvesFerreira.pdf. Acesso em: 19 set. 2017.

FERREIRA, Aurélio Buarque de Holanda. **Novo Dicionário da Língua Portuguesa**. Rio de Janeiro: Nova Fronteira, 1975.

FERREIRA, Franklin. **Contra a Idolatria do Estado**: O papel do cristão na política. São Paulo: Vida Nova, 2016.

FERREIRA, Jerusa Pires. Livros e leituras de magia. **Revista USP**, n. 31, p. 42-51, 1996.

FERREIRA, M. Simões. Rabelais e A Abadia de Thélème, génese da antiutopia na Idade Moderna. Cultura. **Revista de História e Teoria das Ideias**, v. 22, p. 339-369, 2006.

FERRETTI, **Sérgio E. Sincretismo afro-brasileiro e resistência cultural. Horizontes Antropológicos**, FapUNIFESP (SciELO), v. 4, n. 8, p. 182-198, jun. 1998.

FILHO, **Tácito da Gama Leite. O Homem em Três Tempos**. 2. ed. Rio de Janeiro: CPAD, 1994.

FIOLHAIS, Carlos. O universo que nos viu nascer. **Theologica**, v. 51, n. 1, p. 11-27, 2016. Disponível em: https://doi.org/10.34632/theologica.2016.2702. Acesso em: 17 set. 2017.

FITZMYER, Joseph A. **Cento e uma perguntas sobre os manuscritos do Mar Morto**. São Paulo: Edições Loyola, 1997.

FONSECA, Maria Gabriella Flores Severo. **Palimpsestos de Cagliostro**: tramas literárias e fílmicas de uma personagem de Alexandre Dumas. Brasília, 2022. Disponível em: https://repositorio.unb.br/handle/10482/43761. Acesso em: dez. 2022.

FONTES, Martins. **Discurso de Metafísica e Outros Textos**. 1. ed. São Paulo: Editora Martins Fontes, 2004.

FORBES, Christopher. **Prophecy and Inspired Speech in Early Christianity and its Hellenistic Environment**. Massachusetts: Hendrickson Publishers Inc., 1997.

FRANCISCO, Edson de Faria. **Tetragrama, Teônimos e Nomina Sacra**: os nomes de Deus na Bíblia. Santo André: Kapenke, 2018.

FRANCO JR., Hilário. **A Idade Média**: Nascimento do Ocidente. São Paulo: Brasiliense, 2006.

FREIRE, Mariza Scheffer. SOBRINHO, Vilma Pereira. A figura feminina no contexto da Inquisição. **Revista Educere et Educare** [on-line], Cascavel: UNIOESTE, v. 1, n. 1, 2006, jan./jun. 2006. Disponível na Internet: www.e-revista.unioeste.br/index.php/educereeteducare/article/download/1003/855. ISSN 1981-4712. Acesso em: 15 dez. 2017.

FREITAS, Mauriene; DE MENDONÇA, Wilma Martins. **Narrativas femininas do mitológico africano**: aclimatações em solo brasileiro. 2009. Disponível em: http://www.leffa.pro.br/tela4/Textos/Textos/Anais/ABRALIN_2009_vol_2/PDF-VOL2/Microsoft%20Word%20-%20Mauriene%20S%20de%20Freitas.pdf. Acesso em: 20 out. 2017.

FREUD, Sigmund. **Moisés e o monoteísmo (1939).** Obras Psicológicas Completas de Sigmund Freud. Vol. 23. Edição Standard Brasileira. Rio de Janeiro: Imago, 1990.

FREUD, Sigmund. **O Futuro de uma Ilusão, o Mal-estar na Civilização e Outros Trabalhos (1927-1931).** v. 21. Rio de Janeiro: Imago, 1996. p. 82.

FREUD, Sigmund. **O mal-estar na civilização, novas conferências introdutórias à psicanálise e outros textos (1930-1936).** Tradução de Paulo César de Souza. São Paulo: Companhia das Letras, 2010.

FREUD, Sigmund. **Obras Completas, Volume 19**. Moisés E O Monoteísmo, Compêndio De Psicanálise E Outros Textos. (1937-1939). São Paulo: Companhia das Letras, 2018. p. 14-78.

FUKAYA, Masashi. **The Festivals of Opet, the Valley, and the New Year: Their socio-religious functions.** Oxford: Archaeopress Publishing Ltd, 2019.

FUNARI, Pedro Paulo (org.). **As Religiões que o Mundo Esqueceu.** São Paulo: Ed. Contexto, 2012.

FUNARI, Pedro Paulo. **As religiões que o mundo esqueceu**: como egípcios, gregos, celtas, astecas, e outros povos cultuavam seus deuses. **São Paulo**: Editora Contexto, 2010.

FUNARI, Pedro Paulo. **Grécia e Roma.** São Paulo: Editora Contexto, 2001.

GAARDER, J. **O Livro das Religiões.** São Paulo: Companhia das Letras, 2009.

GADALLA, Moustafa. **Cosmologia egípcia**: o Universo animado, 2001. Tradução de Fernanda Rossi. São Paulo: Madras Editora Ltda., 2003.

GADALLA, Moustafa. **Isis**: O Divino Feminino [ebook Kindle]. Cairo: Editora Moustafa Gadalla, 2017.

GADALLA, Moustafa. **Mística Egípcia**: Buscadores do Caminho. Tradução de Claudio Blanc. São Paulo: Madras Editora Ltda., 2004.

GADDIS, John Lewis. **Paisagens da História**: como os historiadores mapeiam o passado. Tradução de Marisa Rocha Motta. Rio de Janeiro: Campus, 2006.

GAETANI, Francesco. **Deus.** Lisboa: Sampedro, 1961.

GALVÃO, H. Noronha. Significado de Deus no Novo Testamento e teologia trinitária de Karl Rahner. **Theologica**, v. 45, n. 2, p. 435-452, 2010.

GARBER, Zev. **Encyclopaedia Judaica.** v. 17, 2. São Paulo: Ed. Gale, 2017.

GEISLER, Norman. **Enciclopédia de Apologética.** São Paulo: Ed. Vida, 2003.

GERALDELI, Blog da Vanessa. **As Relíquias de Jesus Cristo espalhadas pela Europa!** Paris, 2018. Disponível em: https://blogdavanessageraldeli.wordpress.com/2018/04/16/a-coroa-de-jesus-cristo-na-notre-dame-e-um-pouco-da-historia-de-paris-por-traz-do-glamour/amp/. Acesso em: 12 dez. 2018.

GIL'EAD, Enih. **Interlinear hebraico bíblico-português de Genesis, Rute e Textos Seletos.** 2. Ed. ampl. e rev. Goiás: Editora N.V.S.G., 2011.

GINSBURG, Carlo. **Mitos, emblemas, sinais: morfologia e história.** São Paulo: Companhia das Letras, 1989.

GINZBURG, Carlo. O Inquisidor como Antropólogo. **Revista Brasileira de História.** [on-line], São Paulo: USP, v. 1, n. 21, set. 1990/fev. 1991. Disponível na internet: www.anpuh.org/arquivo/download?ID_ARQUIVO=3903 ISSN 0102-0188. Acesso em: 15 dez. 2017.

GIRALDI, Luiz Antonio. **História da Bíblia no Brasil.** Barueri: Sociedade Bíblica do Brasil, 2008.

GODOY, A. C. **As clavículas de Salomão.** Tradução A. C. Godoy. São Paulo: Madras, 1996.

GODOY, Junior Felipe de. Ideais reformatórios abarcados pelo Pietismo, que se secularizaram no Iluminismo alemão do século 18. **Vox scripturae**, v. 20, n. 1, p. 160, 2012.

GOLDMAN, M. A construção ritual da pessoa: a possessão no candomblé. **Religião e Sociedade**, v. 12, n. 1, p. 22-54, 1985.

GOMES, Morgana. **Coleção grande civilizações: Egito**. v. 2. Rio de Janeiro: Minuano Cultural, 2010.

GOMES, Nilvete Soares; FARINA, Marianne; FORNO, Cristiano Dal. Espiritualidade, religiosidade e religião: reflexão de conceitos em artigos psicológicos. **Revista de Psicologia da IMED**, v. 6, n. 2, p. 107-112, 2014.

GONÇALVES, Arnaldo. **Por quem os sinos não dobram**: A Maçonaria e a Igreja Católica. Porto: Mário Brito Publicações, 2022.

GONDIM, Elnora; MARRA RODRIGUES, Osvaldino. PRÉ-SOCRÁTICOS E A NOÇÃO DE SER: UMA PANORÂMICA. **Revista Prâksis**, v. 2, Novo Hamburgo: Centro Universitário Feevale, 2011. p. 32

GONZÁLEZ, Justo L. **História ilustrada do cristianismo**: a era dos mártires a era dos sonhos frustrados. 2 ed. São Paulo: Vida Nova, 2011.

GOODMAN, Martin. Trajan and the Origins of Roman Hostility to the Jews. Past and Present. v. 182, Oxford: Oxford University Press, fev. de 2004. p. 8.

GOULÃO, Maria José. **Relíquias. Memorabilia**: Exposição de ilustração, 2008. Disponível em: https://repositorio-aberto.up.pt/bitstream/10216/127822/2/136224.pdf. Acesso em: 11 nov. 2017.

GOULART, Joender Luiz. O homem e o tempo em Santo Agostinho. **Revista Científica Multidisciplinar Núcleo do Conhecimento,** ano 6, n. 12, v. 11, p. 5-30, 2021. Disponível em: https://www.nucleodoconhecimento.com.br/teologia/santo-agostinho. Acesso em: 31 dez. 2021.

GRANFAR, Kian Bartar. **Perseguição religiosa no Irã e a opressão à fé bahá'í. Relações Internacionais**. Florianópolis: UNISUL, 2011.

GRIMASSI, Raven. **Os mistérios wiccanos: antigas origens e ensinamentos.** 3 ed. São Paulo: Gaia, 2002. p. 87.

GRUDEM, Wayne. **Teologia Sistemática**. São Paulo: Vida Nova, 2006.

GUÉRIOS, RF Mansur. Notas etimológicas. **Revista letras**, v. 35, p. 99-100, 1986.

HABERMAS, Gary. **The Historical Jesus** – Ancient Evidence for the Life of Christ. Joplin: College Press, 1996.

HABERMAS, Ronald T. **O Discípulo Completo** – Um modelo para cultivarmos a imagem de Deus em nós. 1. ed. Rio de Janeiro: Editora Central Gospel, 2008.

HART, George. **The Routledge Dictionary of Egyptian Gods and Goddesses**. 2. ed. Publisher: Taylor & Francis Group, 2005.

HARTSHORNE, Charles. Pantheism and Panentheism. *In:* JONES, Lindsay (ed.) **Encyclopedia of Religion**. v. 10: Necromancy – Pindar. 2. ed. Detroit: Thomson Gale, 2005. cols. 6960-6965. p. 165.

HAZLITT, William. On Wit and humor. *In:* William Allen Clark; William H. H. Terrell. **Literary Criticism. From Pope to Croce**. Nova York.: American Book, 1942. p. 259-261.

HEIDERMANN, Cesar. **A Imagem Da Cruz Na Arte: Uma Proposta De Ensino Da Arte A Partir Do Cotidiano Do Aluno**. Cadernos PDE. v II. Paraná: Pitanga, 2016. p. 9.

HENDERSON, Ernest. F. **Select historical documents of the Middle Ages**. New York: Biblo and Tannen, 1965.

HENDRIKSEN, William. **Evangelho de João**. São Paulo: Cultura Cristã, 2004.

HERÉDIAS, Lorena Delduca. **A Securitização dos Bahá'ís na Comunidade Imaginada Iraniana (1979-1991)**. Brasília: UCB, 2018. Disponível em: https://repositorio.ucb.br:9443/jspui/bitstream/123456789/11462/1/LorenaDelducaHer%C3%A9diasTCCGradua%C3%A7%C3%A3o2018.pdf. Acesso em: 1 jan. 2019.

HERMAN, Eleanor. **Mistress of the Vatican**: A Verdadeira História de Olimpia Maidalchini: O Papa Feminino Secreto. Canadá: Harper Collins, 2009.

HIGUET, Etienne Alfred. Devoção e Romaria à Santíssima Trindade-Um Olhar Simpático na Perspectiva de Paul Tillich. **Correlatio**, v. 3, n. 5, p. 42, 2003.

HINDSON, Edward E.; YATES Gary. **A Essência do Antigo Testamento** (The Essence of the Old Testament). Rio de Janeiro: Ed. Central Gospel, 2014.

HOLANDA, Luísa Severo Buarque de. Poetas e filósofos segundo Aristóteles. **Anais de Filosofia Clássica**, v. 2, n. 3, p. 37, 2008.

HOMEM. *In:* **Enciclopédia Verbo Luso-Brasileira de Cultura**: Edição Século XXI. Volume 1. São Paulo: Editorial Verbo Lisboa, 2002.

HORRELL, John. Scott. **Maçonaria e fé cristã**. São Paulo: Mundo Cristão, 1995.

HOUAISS, Antonio. **Dicionário eletrônico Houaiss da língua portuguesa. Dicionário eletrônico.** [*s. l.*]: Instituto Antônio Houaiss. 2001. Disponível em: https://houaiss.uol.com.br/corporativo/apps/uol_www/v6-1/html/index.php. Acesso em: 15 dez. 2017.

HOUAISS, Antônio; VILLAR, Mauro de Salles; FRANCO, Francisco Manoel de Mello. **Dicionário Houaiss da língua portuguesa**. Rio de Janeiro: Objetiva, 2001.

IGNOTUS. **Lavagem da Igreja do Senhor do Bomfim**. São Paulo: A Imprensa Evangélica, 1888.

IMBROISI, Margaret; MARTINS, Simone. **Obeliscos em Roma.** História das Artes. 2023. Disponível em: https://www.historiadasartes.com/sala-dos-professores/obeliscos-roma/. Acesso em: 5 jun. 2023.

INÁCIO, **Fábio Gardenal. As Mentiras Maçônicas e Eclesiásticas**. 1. ed. Joinville: Clube dos Autores, 2010.

INFINITO. *In:* **Dicionário de Símbolos** – Significado dos símbolos e simbologia. Porto: 7Graus, 2008. Disponível em: https://www.dicionariodesimbolos.com.br/. Acesso em: out. 2017.

JACOBI, Jolande. **Complexo, arquétipo e símbolo na psicologia de C.G. Jung**. Petrópolis: Editora Vozes, **2016.**

JAHODA, Gustav. **A psicologia da Superstição**. Rio de Janeiro: Paz e Terra Ltda., 1970.

JARDIM, Rafael Peruzzo. **O livro das sombras**. 2010. Dissertação (Mestrado em Letras) – Pontifícia Universidade Católica do Rio Grande do Sul, Porto Alegre, 2010.

JASTROW, Morris. **Die Religion Babyloniens und Assyriens**: vom Verf. Montana: Kessinger Publishing, 1905.

JEHA, Julio. **Monstros como metáforas do mal.** Monstros e monstruosidades na literatura. Belo Horizonte: Editora UFMG, 2007.

JENNI, Ernst. אָנ. *In:* JENNI, Ernst; WESTERMANN, Claus (ed.). **Diccionario Teo-logico Manual del Antiguo Testamento**. Madrid: Ediciones Cristian-dad, 1978. v. I. p. 167.

JOÃO PAULO II. **Rosarium Virginis Mariae**. 2002. Disponível em:Vatican.va/content/johnpii/pt/apost_letters/2002/documents/hf_jpii_apl_20021016_rosarium-virginis-mariae. html. Acesso em: 25 out. 2018.

JOHNSON, Paul. **História do Cristianismo**. Rio de Janeiro: Imago Ed., 2001.

JOHNSON, Rev. Samuel. **The History of The Yorubas**. New York: Cambridge University Press, 2010.

JOINER, Eduardo. **Manual Prático de Teologia.** Rio de Janeiro: Ed. Central Gospel, 2004.

JONES, James. **The Power and the glory**: The Authority of Jesus. London: Dar-ton, Longman and Todd Ltd., 1994.

JORGE, António Malveiro. **O símbolo do Infinito e o símbolo Lemniscata**. Freemason, 2019. Disponível em: https://www.freemason.pt/o-simbolo-do-infinito-e-o-simbolo-lemniscata/. Acesso em: 1 mar. 2020.

JOSEFO, Flávio. **História dos Hebreus**. 27. impr. Tradução Vicente Pedroso. Livro XVIII, capítulo IV. Rio de Janeiro: CPAD, 2015.

JUNG, C.G. **Psicologia e alquimia.** 2. ed. Petrópolis: Vozes, 1994.

JUNIOR, C. V. Josefo: sua vida, suas obras e suas contribuições para o estudo da bíblia. **Revista Hermenêutica** (descontinuada), [*S. l.*], v. 7, 2007. Disponível em: https://adventista.emnuvens.com.br/hermeneutica/article/view/208. Acesso em: 26 jan. 2018.

JUNIOR, Hilário Franco. **A Idade Média, nascimento do Ocidente**. 5. ed. São Paulo: Brasiliense, 2006.

JUNIOR, Hilário Franco. Ave Eva! – Inversão e complementaridade de um mito medieval. **Revista Usp**, n. 31, p. 52-67, 1996.

JUNIOR, Joel Silva. Os cultos afro-brasileiros e o imaginário cultural dos encantados, mitos, ritos e crenças amazônicas. **Revista Eletrônica Veredas Amazônicas**, v. 1, n. 1, p. 19, 2015.

JURKEVICS, Vera Irene Irene. Inri Cristo e a Escatologia Tupiniquim. **Revista Relegens Thréskeia**, v. 1, n. 1, p. 130-143, 2012.

JUSTICE, Laurence A. **O Catolicismo Romano**. 1994. Disponível em: http://palavraprudente.com.br/ebooks/q/lajusticecatolicismoromano.pdf. Acesso em: 25 out. 2017.

KARENIN, Jerzy Berkman. **Doutrina Cristã Ortodoxa.** v. 3. São Paulo: Ed. Santa Igreja Grego-Ortodoxa do Brasil, 1957. p. 154.

KARDEC, A. **O Livro dos Espíritos**. 8. ed. São Paulo: Feesp, 1995.

KASCHER, Werner.; ZIMMER, Rudi. **Dicionário da Bíblia Almeida**. 2. ed. Barueri, SP: Soc. Bíblica do Brasil, 1999.

KASHER, Menahem M. **Encyclopedia of Biblical Interpretation** (Enciclopédia de Interpretação Bíblica). v. II. Filadélfia: American Biblical Encyclopedia Society, 1955.

KHATLAB, Roberto. **As Igrejas Orientais**. 2. ed. São Paulo: Ave Maria, 2006.

KIPFER, Barbara Ann. **Encyclopedic Dictionary of Archaeology**. Nova Iorque: Kluwer Academic/Plenum Publishers, 2000.

KNIGT, Christopher; BUTLER, Alan. **Antes das pirâmides**: desvendando o maior mistério da arqueologia. São Paulo: Madras, 2011.

KOSLOWSKI, Adilson Alciomar. O problema do mal, teodiceia e ceticismo. **Sapere Aude,** v. 3, n. 5, p. 105-122, 2012.

KREEFT, Peter; TACELLI, Ronald K. **Manual de defesa da fé**. Rio de Janeiro: Ed. Central Gospel, 2008.

KUNHIYOP, Samuel Waje. **African Christian Ethics**. Grand Rapids, MI: Hippo Books, 2008.

LACHS, Samuel Tobias. **Rabbinic Commentary on the New Testament – Um Comentário Rabínico sobre o Novo Testamento**: Os Evangelhos de Mateus, Marcos e Lucas. 1. ed. New York: KTAV Publishing, 1987.

LACOSTE, J-Y (Dir.). **Dicionário Crítico de Teologia**. São Paulo: Paulinas/Loyola, 2004.

LADARIA, Luis F. **Introdução à antropologia teológica**. São Paulo: Edições Loyola, 1998.

LAÊRTIOS, Diógenes. **Vidas e doutrinas dos filósofos ilustres**. Brasília: Ed. UnB, 2008.

LASTRES, Helena M. M. Informação e conhecimento na nova ordem mundial. **Ciência da informação** [on-line]. v. 28, p. 72-78, 1999. Disponível em: https://www.scielo.br/j/ci/a/jCgML9p8RhrqwddK76yh58j/abstract/?lang=pt. Acesso em: 14 set. 2018.

LEAL, José Carlos *et al*. **História das idéias e dos fenômenos Espíritas – Nas antigas culturas e nas culturas primitivas**. 1. ed. Rio de Janeiro: Editora Achiame, 1988.

LEITCH, Addison. Image of God. *In:* RYRIE, Charles. **Teologia Básica**. Mundo Cristão: São Paulo, 2004. p. 218.

LEITE, Lucas Farias de Vasconcelos. **A dimensão institucional da magia no neopentecostalismo**: o papel decisório do poder mágico como atrativo à adesão religiosa na Igreja Universal do Reino de Deus. Recife, 2010. Disponível em: http://brutus.facol.com/plataforma/assets/uploads/publicados/93cd6d2eeaf231722636314053efef84.pdf. Acesso em: 25 nov. 2017.

LEME, Tiago José Risi. **O segredo admirável do santíssimo Rosário para converter e se salvar**. São Luís Maria Grignion De Montfort. Tradução de Tiago José Risi Leme. São Paulo: Paulus, 2018.

LEMOS, Daniel Dantas. Quem falou em inferno? Uma análise do discurso sobre a heresia de Rob Bell. **REFLEXUS – Revista Semestral de Teologia e Ciências das Religiões,** v. 9. n. 13, p. 111-127, 2015.

LEWGOY, Bernardo. Chico Xavier e a cultura brasileira. **Revista de Antropologia**, v. 44, p. 53-116, 2001.

LEWIS, C.S. **O problema do sofrimento**. **São Paulo:** Editora Vida, 2009.

LIDÓRIO, Ronaldo. **Os perigos do universalismo**. 2017. Disponível em: http://www.cristianismohoje.com.br/artigos/especial/doutrina-que-garante-asalvacao-de-todos-ganha-adeptos-mas-contraria-frontalmente-as-escrituras. Acesso em: 23 out. 2017.

LIMA, Bernardo Monclaro. **As implicações jurídicas na mudança de sexo.** 2018. Trabalho de conclusão de curso (Graduação em Direito) – Faculdade Nacional de Direito, Universidade Federal do Rio de Janeiro, Rio de Janeiro, 2018. Disponível em: http://hdl.handle.net/11422/6005. Acesso em: 30 dez. 2018.

LINDHOLM, Charles. **Carisma**: Êxtase e perda da identidade na veneração ao líder. Rio de Janeiro: Jorge Zahar Editora, 1993.

LINHARES, Jorge; SILVEIRA, Roosevelt. **O Sacrifício Da Missa**. Belo Horizonte: Ed. Getsêmani, 2001.

LOBIANCO, Luis Eduardo. A Egipcianização / Faraonização de Gregos e Romanos. **Ciências Humanas e Sociais em Revista**, v. 35, n. 1, p. 25-41, 2012.

LOPES FILHO, Boanerges Balbino; CAMILOTO, Carlos Augusto Gonçalves. Pedagogia como fator determinante: cobertura midiática, agente catalisador de questões sociais. **Revista Brasileira de Ensino de Jornalismo**, v. 5, n. 16, p. 93-97, 2015.

LOPES, Augustus Nicodemus. **O que a Bíblia fala sobre dinheiro**. São Paulo: Mundo Cristão, 2021.

LOPES, Aurélio. **De Mãe de Jesus a Rainha do Céu.** De facto, Maria não podia morrer. 500 Anos, Coruche: Câmara Municipal de Coruche, 2016. p. 16-38.

LOPES, Edna Maria; GONÇALVES, Luiz Gonzaga. Os saberes da prática necessários à constituição de uma educação para a vida em francois rabelais. Universidade Federal da Paraíba. **Revista Temas em Educação**, v. 23, n. 1, p. 169, 2014. Disponível em: https://periodicos.ufpb.br/index.php/rteo/article/view/19805. Acesso em: 18 out. 2017.

LOPES, Helena Theodoro. A sexualidade nos cultos de origem africana: o culto de iansã e a sexualidade das mulheres negras no brasil. **Revista Brasileira de Sexualidade Humana**, v. 14, n. 2, p. 244, 2003.

LOPES, Helena Trindade. O rosto do combate no Antigo Egipto. **Revista da Faculdade de Ciências Sociais e Humanas**, Lisboa, v. 16, p. 213-220, out. 2012. Disponível em: http://hdl.handle.net/10362/8023. Acesso em: 15 dez. 2017.

LOPES, Maria Helena Trindade. **O Homem Egípcio e a sua integração no Cosmos**. Lisboa: Teorema, 1989.

LOPES, Nei. **Enciclopédia brasileira da diáspora africana**. São Paulo: Selo Negro Edições, 2014.

LÓPEZ, J., SANMARTÍN, J. **Mitología y Religión del Oriente Antiguo**. v. 1. Barcelona: Editorial AUSA, 1993.

LOTUFO NETO, Francisco. **Psiquiatria e religião**: a prevalência de transtornos mentais entre ministros religiosos. 1997. Disponível em: https://www.ieef.org.br/wp-content/uploads/2013/03/PSIQUIATRIA-E-RELIGI%C3%83O-%E2%80%93-APREVAL%C3%8ANCIA-DETRANSTORNOS-MENTAIS-ENTRE-MINISTROS-RELIGIOSOS.pdf. Acesso em: 20 ago. 2017.

LUZ, Marco Aurélio. **Agadá**: dinâmica da civilização africano-brasileira. SciELO-EDUFBA, 2013.

MACDOWELL, Josh. **Evidências que exigem um veredito**. São Paulo: Candeia, 1992.

MACHADO, Antonio Augusto Borelli. **As aparições e a mensagem de FÁTIMA conforme os manuscritos da Irmã Lúcia**. 39. ed. São Paulo: Artipress, 1995.

MACKEY, Albert G. **O simbolismo da maçonaria**. v. 1. São Paulo: Universo dos Livros Editora, 2008.

MAGNANI, José Guilherme Cantor. Doença mental e cura na Umbanda. **Teoria e Pesquisa**, v. 40, n. 41, p. 5-23, 2002.

MAGNANI, José Guilherme Cantor. **O Brasil da Nova Era**. Rio de Janeiro: Ed. Zahar, 2000.

MALISKA, Maurício Eugênio. Glossolalia: polifonia e polirritmiavocal. Linguagens. **Revista de Letras, Artes e Comunicação**, Blumenau, v. 4, n. 2, p. 248-257, maio/ago. 2010. Disponível em: https://proxy.furb.br/ojs/index.php/linguagens/article/view/2527. Acesso em: 25 ago. 2019.

MALLET, João Victor Salgado; CARREGOSA, Marcelo Borda. Culto e populismo: reforma do pensamento e desinformação nas democracias. **Revista de Teorias da Democracia e Direitos Políticos**, v. 7, n. 2, p. 75-94, 2022.

MANACORDA, Mario A. **História da Educação**. Tradução de Gaetano Lo Manacorda. São Paulo: Cortez, 2010.

MANSINI, G.F. **Dogma**. *In*: LATOURELLE, R. (org.). Dicionário de teologia fundamental. Tradução de Luiz João Baraúna. Petrópolis: Vozes, 1994. p. 234-242.

MARCHANT, Alexander. **Do escambo à escravidão**: as relações econômicas de portugueses e índios na colonização do Brasil, 1500-1580. Brasilia: Ed. Nacional, 1943.

MARIA PADILHA DAS ALMAS. (1999). Disponível em: http://mariapadilhadasalmas.no.comunidades.net/historia-de-iansa. Acesso em: 12 out. 2018.

MARINS, Luiz. L. **Òrìsà** dídá ayé: **òbátálá** e a criação do mundo iorubá. **Revista África**, n. 31-32, p. 105-134, 2012. Disponível em: https://www.revistas.usp.br/africa/article/view/115347. Acesso em: 8 jul. 2020.

MARQUES, Adílio; MORAIS, Marcelo Afonso. O sincretismo entre São Jorge e Ogum na Umbanda: Ressignificações de tradições europeias e africanas. III ENCONTRO NACIONAL DO GT HISTÓRIA DAS RELIGIÕES E DAS RELIGIOSIDADES (ANPUH) – Questões teórico-metodológicas no estudo das religiões e religiosidades. *In:* Revista Brasileira de História das Religiões. Maringá, PR, 2011. **Anais** [...]. Maringá, 2011. v. III, n. 9, p. 1.

MARTINS E SILVA, J. **A medicina na Mesopotâmia Antiga** – parte 2. 2010. Disponível em: http://hdl.handle.net/10451/995. Acesso em: 8 out. 2017.

MARTINS, Carlos Benedito. **O Que É Sociologia**. São Paulo: Ed. Brasiliense, 1982.

MARTINS, Cléo. **Obá**: a amazona belicosa. Rio de Janeiro: Pallas, 2002.

MARTINS, Edson. **Inri Cristo e seus discípulos**: uma análise sociológica das motivações na adesão ao movimento messiânico. 2006. Disponível em: http://tede.metodista.br/jspui/handle/tede/461. Acesso em: 11 out. 2017.

MARTINS, Jaziel G. Seitas. **Heresias do Nosso Tempo**. Curutiba: A. D. Santos, 2000.

MARTINS, Lilian Al-Chueyr Pereira. Pasteur e a geração espontânea: uma história equivocada. **Filosofia e História da Biologia**, v. 4, n. 1, p. 65-100, 2009. Disponível em: http://www.abfhib.org/FHB/FHB-04/FHB-v04-03.html. Acesso em: 12 dez. 2017.

MARTINS, **Mário**. Os Actos de Bartolomeu em Medievo-Português. **Brotéria – Revista Contemporânea de Cultura**, n. 74, p. 179, 1962.

MARX, Karl. **Manuscrits de 1844**. Paris: Flammarion, 1996.

MASIL, Curtis. **O Que É A Maçonaria**. Rio de Janeiro: Ediouro, 2019.

MATTOS, Gastão de Mello de. Templários. *In:* SERRÃO, Joel (org.). **Dicionário de história de Portugal**. Lisboa: Iniciativas, 1971. v. IV, p. 144.

MATTOSO, Antonio **G. História da civilização**. Vols. 1-2. Antiguidade. 4. ed. Portugal: Livraria Sá da Costa, 1952.

MAURICE, Thomas. **Indian Antiquites**. [Antiguidades Indianas – tradução nossa]. Vol. VI. Nova Delhi: Concept Publishing Co., 1812.

MEDEIROS, Shirley de. **Tonantzin**: a Deusa Mãe dos astecas [Blog]. aSabida.com. 2017. Disponível em: https://asabida.wordpress.com/2017/09/06/tonantzin-a-deusa-mae-dos-astecas/. Acesso em: 20 out. 2018.

MEGALE, Nilza Botelho. **Invocações Da Virgem Maria No Brasil**. Historia, Iconografia, Folclore. Petrópolis: Vozes, 1986. p. 18.

MELLO, Leonardo Tondato de *et al*. **O envelhecer**: uma análise junguiana na mitologia africana. São Paulo: PUC-SP, 2016.

MELO, Ednay. **Magos brancos do Oriente**. TULCA – Tenda de Umbanda Luz e Caridade [Blog], Recife, 26 abr. 2013. Disponível em: https://www.tendadeumbandaluzecaridade.com.br/2013/04/linha-do-oriente.html. Acesso em: 15 out. 2017.

MENDONÇA, Antonio Silveira. **Introdução a Suetônio.** *In:* SUETÔNIO. **O divino Júlio**. São Paulo: Estação Liberdade, 2007. p. 12.

METZGER, Bruce M.; MURPHY, Roland E. **Tiamat, uma serpente...** [Tradução nossa]. The New Oxford Annotated Apocrypha. Nova York: Oxford University Press, 1965.

MIEHL, Melanie. **O Que é o Islã? Perguntas e Respostas**. Tradução de Nélio Schneider. São Leopoldo: Sinodal, 2005.

MILLARD, Anne. **The Egyptians (Peoples of the past)**. London: MacDonald & Company, 1975.

MILLER, Stephen M; HUBER, Robert V. **A Bíblia e sua história** – o surgimento e o impacto da Bíblia. Barueri: Sociedade Bíblica do Brasil, 2006.

MINDLIN, Betty. O fogo e as chamas dos mitos. **Estudos avançados**, v. 16, p. 149-169, 2002.

MIZANZUK, Ivan Alexander *et al*. **Faze o que tu queres**: as noções de ética e moral nos escritos de Aleister Crowley em sua Theleme sob a luz da sociologia sensível de Michel Maffesoli. 2010. Disponível em: https://repositorio.pucsp.br/jspui/handle/handle/2145. Acesso em: 30 out. 2017.

MOISÉS, Massaud. **Dicionário de termos literários**. **São Paulo:** Editora Cultrix, 2002.

MONGELLI, Lênia Márcia. "A Alegoria: revisitação da Idade Média". *In*: CUNHA, Maria Helena Ribeiro da (org.). **Atas do I Encontro de Centros de Estudos Portugueses do Brasil.** São Paulo: Humanitas, 2001. p. 213-218.

MONTANARI, Valdir. **História da música**: da idade da pedra à idade do rock. 2. ed. São Paulo: Ática, 1993.

MONTFORT, Associação Cultural. **Concílio Ecumênico de Trento** [on-line], 2016. Disponível em: http://www...org.br/bra/documentos/concilios/trento/. Acesso em: 18 nov. 2017.

MONTFORT, **São Luís Maria** Grignion de. **Tratado da Verdadeira Devoção à Santíssima Virgem** [França: 1843]. Belo Horizonte: Ed. O Lutador, 1916.

MOORE, George Foot. **História das Religiões** (History of Religions). v. 1 – Religiões Politeístas. São Paulo: Fonte Editorial, 2021.

MOREIRA, Luiz Henrique Silva. **A filosofia como meio de experimentar os espaços da Pólis: Os exemplos da Atenas Antiga (sec. IV-III a.C.)**. Revista do Pórtico de Epicteto, Ano 3 Número 3. São Cristóvão: UFS, 2020.

MOREIRA, Maria Angélica Franco. O contexto histórico da definição dos dogmas marianos. **Teologia em Questão**, n. 32, p. 169-188, 2017.

MOREIRA, Paulo Roberto Staudt. **Sou lavrador e curo**: saúde e feitiço na sociedade escravista oitocentista (Litoral Norte–RS). Micro-história, trajetórias e imigração. São Leopoldo: Oikos, 2015.

MOTTA, Roberto. Prefácio à edição brasileira. *In:* RIVIÈRE, Claude. **Ritos profanos**. Petrópolis: Vozes. 1996. p. 11.

MOTTER, Maria Lourdes. **Ficção e história**: imprensa e construção da realidade. Fortaleza: Arte & Ciência, 2001.

MÜLLER, F. Max. On the Vedas or the Sacred Books of the Brahmans [1865]. *In:* **Selected Essays on Language, Mythology and Religion**. v. 2. London: Longmans, Green & Co, 1882. p. 129.

MÜLLER, F. Max. **A ciência da religião comparada e a busca por outras bíblias na Índia**. 2018. Disponível em: https://conceitos.com/henoteismo/. **São Paulo, Brasil: 1878. Acesso em: 15 nov. 2018.**

MURATA, Sachiko. O Tao do Islã. **Numen**, v. 8, n. 1, p. 11, 2005.

NAKANOSE, Shigeyuki; PEDRO, Enilda de Paula. **Como ler o Segundo Isaías 40-55. Da semente esmagada brota nova vida**. São Paulo: Paulus, 2004.

MURPHY, James. **A Critical and Exegetical Commentary on the Book of Exodus, with a New Translation**. Edinburgh: Wipf & Stock Publishers, 1868.

NASCIMENTO, Adriano. **Seitas E Heresias**. Joinville: Clube de Autores, 2009.

NASCIMENTO, Elisabete. **Da escravidão discursiva aos orikis em sala de aula**: Mito e música sacra de matriz africana na Poética do Candombeiro. São Paulo: Congresso ABRALIC, 2008.

NASCIMENTO, Renata Cristina de Sousa. Aos Pés da Santa Cruz: A Relíquia da Vera Cruz em Marmelar (Séculos XIII e XIV). **Revista de História da UEG**, v. 4, n. 1, p. 254-263, 29 jul. 2015.

NAVARRO, Juan Bosch. **Para compreender o ecumenismo**. São Paulo: Loyola, 1995.

NEIVA, Renata Weber. **Basílica do Sangue Sagrado**. Bruges, 2013. Disponível em: https://www.cidadeecultura.com/basilica-do-sangue-sagrado-bruges/. Acesso em: 23 dez. 2018.

NEMÉSIO, Maria Inês. Índices de livros proibidos no século XVI em Portugal: à procura da "Literatura". I ENCONTRO DO GRUPO DE ESTUDOS LUSÓFONOS (GEL): Por prisão o infinito: censuras e liberdade na literatura, p. 1-11, 2011. **Anais [...]**. Porto, 2011.

NEOTTI, Clarêncio. **A passagem de maria para a eternidade**. 2015? [Blog] Disponível em: https://catequisar.com.br/texto/maria/reflexao/19.htm#. Acesso em: 18 out. 2015.

NIETZSCHE, Friedrich. **Assim falava Zaratustra**. Lisboa: Relógio D'Água, 1998.

O APÓSTOLO: Periódico religioso, moral e doutrinário, consagrado aos interesses da religião da sociedade. Rio de Janeiro: 1866 a 1892. Disponível em: http://memoria.bn.br/DocReader/docreader.aspx?bib343951&pesq. Acesso em: nov. 2017.

OCKHAM, Guilherme de. **Oito Questões sobre o poder do papa**. Tradução José Antônio Camargo Rodrigues de Souza. Porto Alegre: EDIPUCRS/USF, 2002.

OCULTURA. Enciclopédia online. **Goétia**. Brasil, 2006. Disponível em: https://www.ocultura.org.br/index.php?title=Goetia&action=info. Acesso em: 27 out. 2017.

OLIVA, Angela Donato. **A noção de estado inicial e concepções de desenvolvimento**: Problemas e necessidade de definições empíricas dos termos. O bebê do século XXI e a psicologia em desenvolvimento. Florianópolis: Ediçõesdo Bosque, 2004.

OLIVEIRA, Amurabi. A nova era com axé: umbanda esotérica e esoterismo umbandista no Brasil. **Revista Pós Ciências Sociais**, v. 11, n. 21, p. 177, 2014. Disponível em: https://periodicoseletronicos.ufma.br/index.php/rpcsoc/article/view/2874. Acesso em: 21 abr. 2018.

OLIVEIRA, Altemar. **Compêndio de Teologia e Religião**. Joinville: Clube de Autores, 2014. p. 14.

OLIVEIRA, Cristiane Coppe de. **A sombra do arco-íris**: um estudo histórico/mitocrítico do discurso pedagógico de Malba Tahan. 2007. Tese (Doutorado em Educação) — Universidade de São Paulo, São Paulo, 2007. Disponível em: http://www2.fe.usp.br/~etnomat/teses/sombra-arco-iris.pdf. Acesso em: 15 nov. 2017.

OLIVEIRA, Flávio Martinez de. A Constituição Dogmática Dei Verbum e o Concílio Vaticano II. **Cadernos teologia pública**, São Leopoldo: Universidade do Vale do Rio dos Sinos, ano XII, v. 12, n. 102, 2015. Disponível em: http://www.ihu.unisinos.br/images/stories/cadernos/teopublica/102_cadernosteo logiapublica. Acesso em: 25 out. 2017.

OLIVEIRA, Raimundo F. de. **História da Igreja**. São Paulo: EETAD, 1984.

OLIVO, Luis Carlos Cancellier de *et al*. **Direito e Internet**: a regulamentação do ciberespaço. 1998. Disponível em: https://repositorio.ufsc.br/handle/123456789/237385. Acesso em: 30 nov. 2017.

ORÍGENES. **Contra Celso**. São Paulo: Paulus, 2004.

OSMAN, Ahmed. **Moisés e Akhenaton**: a história secreta do Egito no tempo do Êxodo. São Paulo: Madras, 2005.

OSÓRIO, Andréa. Bruxas modernas: um estudo sobre identidade feminina entre praticantes de wicca. **Campos-Revista de Antropologia**, v. 5, n. 2, p. 157-172, 2004.

OSÓRIO, Andréa. Somos todos primatas, e o que a Antropologia tem a ver com isso? **Caderno Eletrônico de Ciências Sociais**, v. 7, n. 2, p. 149, 2019.

OUROBOROS. *In:* **Dicionário de Símbolos** – Significado dos símbolos e simbologia Porto: 7Graus, 2008. Disponível em: https://www.dicionariodesimbolos.com.br/. Acesso em: out. 2017.

PACHECO JR, Walter. **Uma visão global dos 33 graus do REAA**. São Paulo: Madras Editora Ltda, 2000.

PAIVA, Thiago do Valle *et al*. **Oriente a Brasileira em circuitos fluminenses**: Umbanda, Esoterismos e Sociabilidade. 2016. Disponível em: https://tede.ufrrj.br/jspui/handle/jspui/6055. Acesso em: 10 dez. 2018.

PALEY, William. **Natural Theology (1802).** New York: Cambridge University Press, 2009.

PANIKKAR, Kavalam Madhava. **A Dominação Ocidental Na Ásia**: Do Século XV Aos Nossos Dias. 1. ed. Rio de Janeiro: Ed. Saga, 1965. 2 vols.

PAPA venera Santo Sudário em Turim (Itália). Canção Nova, 2010. Disponível em: https://noticias.cancaonova.com/mundo/papa-venera-santo-sudario-em-turim-italia. Acesso em: 20 nov. 2017.

PARADISO, Silvio Ruiz. A diáspora de Maria: relações sincréticas e culturais entre Nossa Senhora, Kianda e Nzuzu em O outro pé da sereia, de Mia Couto. **UniLetras**, v. 33, n. 2, p. 253-267, 2011. Disponível em: https://revistas.uepg.br/index.php/uniletras/article/view/2384/3031. Acesso em: 10 abr. 2017.

PARISI, Beatriz. O sexo e o corpo como veículos das práticas mágicas no esoterismo do século XX: Reflexões sobre magia sexual em Theleme. **Cadernos de Campo – Revista de Ciências Sociais**, n. 29, p. 196, 2020. Disponível em: https://doi.org/10.47284/2359-2419.2020.29.191214. Acesso em:15 jan. 2021.

PARTEE, Charles. **The Theology of John Calvin**. Westminster: John Knox Press, 2008.

PASCAL, Blase. **Pensamentos**. São Paulo: Martins Fontes, 2000.

PASTOUREAU, Michel. Figures de l'héraldique. Paris: Gallimard, 1996. p. 70.

PATRÃO, Aurélio. **Santo Graal**: Os Mistérios do Cálice de Jesus. Brasília: Clube dos Autores, 2014.

PAULO VI. Ex. Ap. O culto à Santíssima Virgem (Marialis cultus), 42: AAS 66, 1974. Disponível em: https://www.vatican.va/archive/cathechism_po/index_new/p1s2cap3_683-1065_po.html. Acesso em: 18 nov. 2018.

PAZ E AMOR. *In:* **Dicionário de Símbolos** – Significado dos símbolos e simbologia Porto: 7Graus, 2008. Disponível em: https://www.dicionariodesimbolos.com.br/. Acesso em: out. 2017.

PEGRUM, Juliet. **Vastu Vidya**. São Paulo: Manole Ltda, 1940.

PEINADO, Federico L. **Himnos babilónicos**. Madrid: Tecnos, 1990.

PEREIRA, Carlos Alberto M. **O que é contracultura**. 8. ed. [*s. l.*]: Brasiliense, 1992.

PEREIRA, Otaviano José. **Aristóteles** – O Equilíbrio do Ser. São Paulo: FTD, 1989.

PEREIRA, Paulo. **História da arte portuguesa**. v. 1. Lisboa: Círculo de Leitores. 1995.

PEREIRA, Rodrigo. O Candomblé No Rio De Janeiro: Patrimônio Cultural Imaterial. **Cultura Histórica & Patrimônio**, v. 3, n. 1, p. 24-51, 2015.

PERONDI, Ildo. Os Manuscritos de Qumran ou do Mar Morto. **Revista Pistis & Praxis: Teologia e Pastoral**, v. 3, n. 1, p. 205, 2011.

PESSOA DE BARROS, J. F. **O Banquete do Rei** - Olubajé. Uma introdução à música sacra afro-brasileira. v. 1. 6. ed. Rio de Janeiro: Editora Pallas, 2006. p. 75, 76.

PFEIFFER, Charles, *et al*. **Dicionário Bíblico Wyclíffe**. 2. ed. Rio de Janeiro: Editora Casa Publicadora das Assembléias de Deus, 2007.

PINHO LEAL, Augusto Soares d'Azevedo Barbosa de (1873). **Portugal Antigo e Moderno** – Diccionario. [s.l.]: Livraria Editora de Mattos Moreira & Companhia, 1873.

PINTO, Altair. **Dicionário de Umbanda**. Rio de Janeiro: Eco, 1971.

PLUTARCO. **Vida dos Homens Ilustres**. Belo Horizonte: Ed. das Américas, 1951.

PRADO, Zuleika De Almeida. **Mitos da criação**. São Paulo: Callis Editora Ltd, 2005.

PRANDI, Reginaldo. **Mitologia dos Orixás**. São Paulo: Companhia das Letras, 2000.

PRANDI, Reginaldo. **Religião e sincretismo em Jorge Amado. O universo de Jorge Amado**. Vol. 1. São Paulo: Companhia das Letras, 2009.

PRANDI, Reginaldo. **Um sopro de espírito**: a renovação conservadora do catolicismo católico. São Paulo: Ed. USP, 1998.

QUEIROZ, Eça de. **O Mandarim**. 1. São Paulo: Ed. Tordesilhas, 2012.

QUEIROZ, Renato da Silva. **A caminho do paraíso**: estudo antropológico sobre o surto messiânico-milenarista do catulé. 1995. Tese (Doutorado em Antropologia) – Universidade de São Paulo, **São Paulo, 1995.** Disponível em: https://repositorio.usp.br/item/000904210. Acesso em: 29 nov. 2018.

QUESNEL, Alain *et al*. **O Egito**: Mitos e Lendas. São Paulo: **Ática**, 1993.

RADMACHER, Earl D.; ALLEN, Ronald B.; HOUSE, H. Wayne. **O Novo Comentário Bíblico** – Antigo e Novo Testamento. Rio de Janeiro: Ed. Central Gospel, 2010.

RAINER, Thom S.; GEIGER, Eric. **Igreja Simples**. 2. ed. Curitiba: Ed. Palavra, 2012.

RAINHO, Douglas. **A linha do oriente na Umbanda** [Blog]. Perdido em Pensamentos. São Paulo, 7 abr. 2015. Disponível em: https://perdido.co/2015/04/a-linha-do-oriente-na-umbanda/. Acesso em 16 de out. de 2017RAFAEL, José Albertino *et al*. Insetos do Brasil: diversidade e taxonomia. 2012; Disponível em: https://www.ufrgs.br/faunadigitalrs/ordemcoleoptera/#:~:text=Dentre%20eles%2C%20est%C3%A3o%20representantes%20muito,sendo%20diferentes%2C%20s%C3%A3o%20todos%20Besouros! Acesso em: jun. 2023.

RAMALHO, José Rodorval. O caldeirão da maçonaria: explorações sobre o esoterismo e o exoterismo maçônico. **Paralellus Revista de Estudos de Religião**, UNICAP, v. 7, n. 14, p. 185–206, 2016. Disponível em: https://www1.unicap.br/ojs/index.php/paralellus/article/view/654. Acesso em: 29 set. 2017.

RAMOS, José Augusto.; LOURENÇO, Frederico. **Bíblia – Novo Testamento**. v. I. Os quatro evangelhos Lisboa: Quetzal, 2016.

RAMOS, José Augusto.; LOURENÇO, Frederico. **Bíblia – Novo Testamento**. v. 2. Apóstolos, Epístolas, Apocalipse. Lisboa: Quetzal, 2017.

RAVN, O. E. A Ascensão de Marduk. I. A atitude de Hamurabi. Acta Orientália. v. VII. Alemanha: Separatdruck, AcOr 7. 1929.

READ, Piers Paul. **Os Templários**. Rio de Janeiro: Imago, 2001.

RÉAU, Louis. **Iconografía del arte cristiano**. Tomo 2, v. 4. Barcelona: Serbal, 1997.

REESINK, **Mísia Lins. Rogai por nós: a prece no catolicismo brasileiro à luz do pensamento** maussiano. **Religião & Sociedade**, Recife, v. 29, p. 29-57, 2009. Disponível em: https://www.scielo.br/j/rs/a/VhfgVWJNsZhBcfYQshGR7kM/abstract/?lang=pt. Acesso em: 19 set. 2017.

REIMER, Haroldo. **Maçonaria** – Resposta a uma carta. 1977. Disponível em: https://solascriptura-tt.org/Seitas/Maconaria-HReimer.htm. Acesso em: 21 out. 2018.

REIMER, Haroldo. **Prédica**: Deuteronômio 18-15-20. 4º Domingo Após Epifania – Proclamar Libertação. Vol. 33. São Leopoldo: Editora Sinodal, 2009. Disponível em: https://www.luteranos.com.br/textos/deuteronomio-18-15-20-18580. Acesso em: 11 set. 2017.

REINALDO FILHO, Demócrito. A implantação de chips em seres humanos para uso médico e os riscos à privacidade. **Jus Navigandi**, Teresina, 2006, v. 11, 2018. Disponível em: https://www.correioforense.com.br/colunas/a-implantacao-de-chips-em-seres-humanos-para-uso-medico-e-os-riscos-a-privacidade/. Acesso em: 30 dez. 2018.

REIS, João José. **A Revolta dos malês em 1835**. Universidade Federal da Bahia, 2008. Disponível em: http://smec.salvador.ba.gov.br/documentos/a-revolta-dos-males.pdf. Acesso em: 15 out. 2017.

RIBEIRO JR., Wilson A. **Plutarco**. Portal Graecia Antiqua. São Carlos. 2002. Disponível em: https://greciantiga.org/arquivo.asp?num=0433. Acesso em: 18 out. 2017.

RIBEIRO, António Vítor. O demónio em carne viva: a pele e a anatomia simbólica da possessão. **Lusitânia sacra**, n. 23, p. 98, 2011.

RIBEIRO, Saulo Duarte Lima *et al*. **A dimensão religiosa hare-krishna na Paraíba**. João Pessoa, UFPB - Campus I, 2015. Disponível em: https://repositorio.ufpb.br/jspui/handle/tede/7875. Acesso em: 29 nov. 2017.

RICKLI, Ralf. **O dia em que Túlio descobriu a África**. São Paulo: Trópis, 1997.

RICOEUR, Paul. **La symbolique du mal**. Philosophie de la volonté. II. Paris: Aubier, 1960.

RIENECKER, Fritz. **O Evangelho de Mateus. Comentários esperança**. Curitiba: Evangélica Esperança, 1998.

ROBERTS, John Morris. **A Mitologia das Sociedades Secretas**. São Paulo: Madras, 2012.

ROBERTS, Nickie. **As prostitutas na história**. Tradução Magda Lopes. Rio de Janeiro: Record: Rosa dos Tempos, 1998.

ROCHA, Z. **Freud, Moisés e o monoteísmo judaico: Contribuições para a leitura do livro O homem Moisés e a religião monoteísta.** Recife-PE: Editora Universitária da UFPE, 1995. p. 275-276.

RODRIGUES, Lea Carvalho. Elites empresariais e a configuração de espaços turísticos na ilha de Cozumel, México. **Idéias** – Revista do Instituto de Filosofia e Ciências Humanas da UNICAMP, Campinas, v. 5, n. 2, p. 89-129, jul./dez. 2014.

RODRIGUES, Reginaldo Ferreira. Escrita e memória no Fedro de Platão. **Griot – Revista de Filosofia**, v. 11, n. 1, p. 105, 2015.

ROHDEN, Huberto. **O Quinto Evangelho** – A Mensagem do Cristo Segundo Tomé. **São Paulo:** Ed. Martin Claret, 1995.

ROMEIRO, Paulo. **A Sedução dos Novos Movimentos Religiosos**. [Blog] Jesus Comigo. Cuiabá/MT, 22 maio 2018. Disponível em: http://jesuscomigo.com.br/a-seducao-dos-novos-movimentos-religiosos/. Acesso em: 31 out. 2018.

ROMEIRO, Paulo. **Evangélicos em crise:** Decadência doutrinária na igreja brasileira, 4. ed. São Paulo: Mundo Cristão, 1999.

ROSA, Guilherme. O que a história tem a dizer sobre Jesus. **Revista Veja** [on-line], São Paulo: Abril Comunicações S.A., 2013. Disponível em: https://veja.abril.com.br/ciencia/o-que-a-historia-tem-a-dizer-sobre-jesus/. Acesso em: 20 out. 2017.

ROSS, James Bruce.; MCLAUGHLIN, Mary Martin. **The Portable Medieval Reader**. New York: Viking Press, 1949.

ROSSI, Luiz Alexandre Solano; PROENÇA, Eduardo de; GUIMARÃES, Felipe de Oliveira. **Livro de Enoque, o Etíope** – Comentários. São Paulo: Fonte Editorial, 2019.

ROTTERDAM, Erasmo. **Elogio da Loucura** [1509]. 2002. Disponível em: https://www.netmundi.org/home/wp-content/uploads/2020/11/Elogio-da-Loucura-de-Erasmo-de-Rotterdam.pdf. Acesso em: 26 dez. 2017.

RUFO, Alline Duarte. **Melkor, o inimigo do mundo:** a constituição do vilão em o Silmarillion de JRR Tolkien. 2016. Disponível em: https://repositorio.ufscar.br/bitstream/handle/ufscar/7817/DissADR.pdf?sequence=1. Acesso em: 12 set. 2017.

RUNCIMAN, Steven. **História das Cruzadas**: a primeira cruzada e a fundação do reino de Jerusalém. v. 1. Rio de Janeiro: Imago, 2002.

SAGAN, Carl. **O mundo assombrado pelos demônios**. 1. ed. São Paulo: Companhia das Letras, 1996.

SALAZAR, Jussara Farias de Mattos. **Figuração e gesto**: símbolos da magia popular na contemporaneidade. São Paulo: PUC-SP, 2016. Disponível em: https://tede.pucsp.br/bitstream/handle/19290/2/Jussara%20Farias%20de%20Mattos%20Salazar.pdf. Acesso em: 17 set. 2017.

SALES, José Das Candeias. Petosíris: um activo construtor da memória egípcia do início do período ptolomaico. **Studia Historica. Historia Antigua**. v. 29, Lisboa: Ed. Universidad de Salamanca, 2011. p. 24.

SALTÉRIO. *In:* **Dicio, Dicionário Online de Português**. Porto: 7Graus, 2023. Disponível em: https://www.dicio.com.br/salterio/. Acesso em: 20 jun. 2023.

SAMPAIO, Adovaldo Fernandes. **Letras e Memória** – Uma Breve História da Escrita. São Paulo: Ateliê Editorial, 2009.

SAMPAIO, Annabel. **Anunnakis**: os deuses astronautas. São Paulo: Madras, 2016.

SANTA MARIA, Padre D. Nicolao de. **Chronica de Ordem de Conegos Regrantes do Patriarcha S. Agostino**. Vol. 2. [*s. l.*]*:* Officina de Joam da Costa, 1668.

SANTANA, Ana Lucia. **Deusa Artemis**. 2017? Disponível em: https://www.infoescola.com/mitologia-grega/deusa-artemis/. Acesso em: 12 dez. 2017.

SANTANA, Marília Cabral. **Alma e festa de uma cidade**: devoção e construção da Colina do Bonfim. Salvador: EDUFBA, 2009.

SANTO ROSÁRIO. A Tradição do. **Monfort Associação Cultural**, Canção Nova, A12. Osasco, São Paulo: 2019, s/p. Disponível em: https://diocesedeosasco.com.br/a-tradicao-do-santo-rosario/. Acesso em: 16 nov. 2020.

SANTOS, Carlos Henrique Ferreira. **Obá: é a Orixá do Rio Obá.** Centro de Documentação e Memória dos Terreiros de Candomblé em Salvador. Trabalho Final (Graduação em Arquitetura e Urbanismo) — FAUFBA, Salvador, 2018. Disponível em: http://repositorio.ufba.br/ri/handle/ri/27093. Acesso em: 17 dez. 2018.

SANTOS, Ademir Barbosa.; VALENTIM, Maria Geralda Fernandes. Religião, devoção e peregrinações marianas Ibero-americanas. Último Andar, v. 24, n. 37, p. 20, 2021. Disponível em: https://revistas.pucsp.br/index.php/ultimoandar/article/view/51192. Acesso em: 22 jun. 2023.

SANTOS, Ademir Barbosa dos *et al*. **Religião e transformação**: veneração à Nossa Senhora de Fátima em Vista Alegre-RJ. 2021. Disponível em: http://bdtd.fuv.edu.br:8080/jspui/handle/prefix/436. Acesso em: 15 dez. 2021.

SANTOS, Ademir Barbosa; VALENTIM, Maria Geralda Fernandes. Religião, devoção e peregrinações marianas Ibero-americanas. Último Andar, v. 24, n. 37, p. 154, 2021. Disponível em: https://revistas.pucsp.br/index.php/ultimoandar/article/view/51192. Acesso em: 16 mar. 2022.

SANTOS, Ana Cristina; FONTES, Fernando. Descobrindo o arco-íris: identidades homossexuais em Portugal. IV CONGRESSO PORTUGUÊS DE SOCIOLOGIA: SOCIEDADE PORTUGUESA: PASSADOS RECENTES, FUTUROS PRÓXIMOS. Associação Portuguesa de Sociologia, 2000. **Anais** [...]. Coimbra, 2000. Disponível em: http://hdl.handle.net/10316/87144. Acesso em: 18 dez. 2017.

SANTOS, Anderson Pereira dos *et al*. **Festa a Oxum**: um estudo sociológico da lavagem das escadarias da catedral em Aracaju (1982-2007). Dissertação (Mestrado em Sociologia) — Universidade Federal de Sergipe, Sergipe, 2009. Disponível em: https://ri.ufs.br/jspui/handle/riufs/6255. Acesso em: 16 set. 2017.

SANTOS, Ellen Juliane Bueno dos. **As representações da deusa Ísis nas obras de Plutarco e Apuleio**: as faces de uma divindade e seus cultos (sécs. I e II d.C.), 2021. Disponível em: http://repositorio.bc.ufg.br/tede/handle/tede/11847. Acesso em: 10 nov. 2021.

SANTOS, Israel Serique dos. **A Glossolalia e as relações de poder na igreja de Corinto (1Cor 12,1-2; 14,5)**. 2011. Dissertação (Mestrado em Ciências da Religião) – Pontifícia Universidade Católica de Goiás, Goiânia, 2011. Disponível em: http://localhost:8080/tede/handle/tede/854. Acesso em: 18 set. 2017.

SANTOS, José Luis dos. **O Que é Cultura**. São Paulo: Ed. Brasiliense, 1983.

SANTOS, Juana Elbein dos. **Os nagô e a morte**. 5. ed. Petrópolis: Vozes, 1988.

SANTOS, Juana Elbein: **Os Nagô e a Morte**. Petrópolis: Vozes, 2002.

SANTOS, Judson. **Anjos**. Joinville: Clube de Autores, 2020.

SANTOS, Luiz Roberto Alves dos. **Sloterdijk e o lugar do homem no humanismo pós-metafísico**. 2013. Disponível em: https://repositorio.ufrn.br/jspui/handle/123456789/16473. Acesso em: 15 nov. 2017.

SANTOS, Maria Consuelo Oliveira. **Ilê Axé Ijexá**: Lugar de Terapia e Resistência. Mejigá e o Contexto da Escravidão. Ilhéus: Editus, 2012.

SANZI, Ennio. **Cultos Orientais e Magia no Mundo Helenístico Romano**: Modelos e perspectivas metodológicas. Fortaleza, CE: UECE, 2006.

SARACENI, Rubens; DE CAMPOS VIEIRA, Lurdes (ed.). **Manual doutrinário, ritualístico e comportamental umbandista**. São Paulo: Madras, 2017.

SARACENI, Rubens. **Manual doutrinário, ritualístico e comportamental umbandista**. Atotô, meu pai! São Paulo: Madras, 2017.

SARAIVA, Luís Eduardo. O Espaço da África Subsaariana. **Nação e Defesa**, n. 151, p. 101-118, 2018.

SARTRE, Jean-Paul. **O existencialismo é um humanismo**. 4. ed. Petrópolis: Vozes, 2014.

SAUSSE, Henti. **Biografia de Allan Kardec**. Rio de Janeiro: Editora da FEB, 2012.

SAYÃO, Luiz. **O problema do mal no Antigo Testamento:o caso de Habacuque.** São Paulo: Hagnos, 2012. p. 37.

SCHAEFFER, Francis A. KOOP, C. Everett. **Whatever Happened to the Human Race?** (O que aconteceu com a raça humana?) Illinois: Crossway, 1979. p. 155.

SCHAFF, Philip. **History of the Christian Church**. v. 8. 3. ed. Hardcover. Peabody: Hendrickson Publishers, 2006.

SCHNOEBELEN, William. **Maçonaria por trás da fechada de luz**. Brasília: Propósito Eterno Editora, 2006.

SCHÜLER, Arnaldo. **Dicionário enciclopédico de teologia**. Canoas: Editora da ULBRA, 2002.

SCHWEITZER, Albert. **A Busca do Jesus Histórico**. São Paulo: Fonte Editorial, 2005

SCHWEITZER, Albert. **O Misticismo de Paulo**. São Paulo: Fonte Editorial, 2003.

SCOFIELD, Leandro. **JESUS Segundo Flávio Josefo**. 2023. Disponível em: https://pdfcoffee.com/jesus-segundo-flavio-josefo-pdf-free.html#Leandro+Scofield. Acesso em: 12 out. 2018.

SEBASTIAN, Santiago. **Contrarreforma y barroco**. Madrid: Alianza Editorial, 1981.

SEFFENER, Fernando. **Da Reforma à Contra Reforma**. São Paulo: Atual, 1993.

SEGAL, Alan F. **Life after death**: a history of the afterlife in the religions of the West. New York: Doubleday, 2004.

SELLIN, Ernst; FOHRER, Georg. **Introdução ao Antigo Testamento**. Tradução de D. Mateus Rocha. 2 vols. São Paulo: Ed. Paulinas, 1984.

SERPA, Angelo. **Ponto convergente de utopias e culturas**: o Parque de São Bartolomeu. Vol. 8. São Paulo: Tempo social, 1996.

SERRA, Ordep. Águas do Rei. Petrópolis: Vozes, 1995.

SHAW, Ian. **The Oxford Illustrated History of Ancient Egypt**. Revised ed. New York: Ed. Oxford University Press, USA. [O que houve com a humanidade?]. Old Tapan, N.J.: Fleming H. Revell, 1979.

SHEEDD, Russel P. *In:* BÍBLIA. Português. **Bíblia Shedd**: Almeida Revista e Atualizada. São Paulo: Vida Nova; Barueri: Sociedade Bíblica Brasileira, 2013.

SIERRA, Julio **César** Clavijo. **Creciendo en Gracia** – El Principio y el Fin de una Secta Destructiva. 2016. Disponível em: https://es.slideshare.net/juliocesarclavijosierra/tesis-creciendo-en-gracia-el-principio-y-el-fin-de-una-secta-destructiva. Acesso em: 29 out. 2017.

SILVA, Adília; TORRES, Maria Helena. A lemniscata de Bernoulli. **Educação e Matemática**, n. 48, p. 31-33, 1998. Disponível em: https://em.apm.pt/index.php/em/article/view/708. Acesso em: 21 set. 2017.

SILVA, Daniel Neves. **História do Mundo/ Santo Graal.** [entre 2010 e 2017]. Disponível em: https://www.historiadomundo.com.br/idade-antiga/santo-graal.htm. Acesso em: 12 abr. 2021.

SILVA, Fabíola Feitosa da. **Concílio de Nicéia**: transformação e ascensão do Cristianismo no século IV. 2018. Disponível em: http://repositorioinstitucional.uea.edu.br/handle/riuea/835. Acesso em: 16 jan. 2019.

SILVA, Helinny Laurrany Machado da *et al*. **A ascensão cultural e política das representações da deusa Ísis**: morte, religião funerária e poder no Egito Faraônico. 2021. Disponível em: https://repositorio.pucgoias.edu.br/jspui/handle/123456789/3678. Acesso em: 23 dez. 2021.

SILVA, Hellen Mabel Santana Silva; DE SANTANA SANTANA, Marise; FERREIRA, Edson Dias Ferreira. Oxumaré também mora aqui!: o olhar de crianças de terreiro sobre a festa de São Bartolomeu. **Periferia**, v. 10, n. 1, p. 47-71, 2018.

SILVA, Roberto de Jesus. **Perspectivas Hermenêuticas**: Uma Releitura do Conceito do Yahweh Criador a partir de Isaías 45, 14-25. 2018. Tese (Doutorado em Ciência da Religião) – Universidade Metodista de São Paulo, São Paulo, 2018. Disponível em: http://tede.metodista.br/jspui/bitstream/tede/1748/2/ROBERTO%20DE%20JESUS%20SILVA.pdf. Acesso em: 23 dez. 2018.

SILVA, Tatiana Henrique. **Raízes e rizomas: performances e memórias do candomblé no teatro do Brasil**. 2013. Dissertação (Mestrado em Memória Social) — UNIRIO, Rio de Janeiro, 2013. Disponível em: http://www.memoriasocial.pro.br/documentos/Disserta%C3%A7%C3%B5es/Diss319.pdf. Acesso em: 18 out. 2017.

SILVEIRA, Aline Dias. O sagrado feminino entre hebreus e cristãos: das grandes deusas à Maria. **Revista de História Comparada**, v. 12, n. 2, p. 18, 2018. Disponível em: https://revistas.ufrj.br/index.php/RevistaHistoriaComparada. Acesso em: 16 nov. 2019.

SILVEIRA, Horácio. **Babel: confusão, perturbação e desordem.** Santos Padres E Santos Podres: Existem Ambos? Belo Horizonte: Ed. Dynamus, 2001.

SILVEIRA, Horácio. **Dogma da Infalibilidade Papal.** Santos Padres E Santos Podres: Existem Ambos? Belo Horizonte: Ed. Dynamus, 2001.

SILVEIRA, Horácio. **Maria Mãe de Deus.** Santos Padres E Santos Podres: Existem Ambos? Belo Horizonte: Ed. Dynamus, 2001.

SILVEIRA, Horácio. **Santos Padres E Santos Podres**: Existem Ambos? Belo Horizonte: Ed. Dynamus, 2001.

SILVEIRA, Jeane. Ishtar, **Deusa Da Fertilidade: Ritual de Banimento e Libertação**. [Blog] Witch Clubhouse. Rio de Janeiro, 22 fev. 2008. Disponível em: https://witchclubhouse.blogspot.com/2008/02/isthar-deusa-da-fertilidade.html. Acesso em: 11 set. 2017.

SILVERMAN, David P. O Divino e as divindades no Antigo Egito. *In:* SHAFER, B. E. (org.). **As religiões no Egito Antigo**: deuses, mitos e rituais domésticos. Tradução de Luis S. Krausz. São Paulo: Nova Alexandria, 2002. p. 61.

SIMÕES, **Sílvia Sônia. A igreja cristã nestoriana da Pérsia: repercussões no século VI**. Salão de iniciação Científica (17.: 2005: Porto Alegre, RS). Livro de resumos. Porto Alegre: UFRGS, 2005. Disponível em: http://revistatempodeconquista.com.br/documents/RTC4/SILVIASIMOES.pdf. Acesso em: 16 nov. 2017.

SOARES, Berthaldo; SOARES, Kenya Camerotte. **Fátima**: A biografia da santa que apareceu a três crianças pobres, mudou o rumo de guerras, salvou a vida de um papa, revelou um segredo ainda cercado de mistérios e conquistou o mundo. 1. ed. Rio de janeiro: Globo Livros, 2019.

SOARES, Carolline da Silva. Vida e obra do filósofo pagão celso. **Alétheia Revista de Estudos sobre Antiguidade e Medievov**. 1/1, p, 149, 2013a. Disponível em: https://periodicos.ufrn.br/aletheia/article/download/6171/4882. Acesso em: 31 dez. 2017.

SOARES, Carolline da Silva. A refutação de Orígenes e a diferenciação entre cristãos, judeus e pagãos na cidade de Alexandria (século III d.C.). **Revista Mundo Antigo**, ano II, v. 2, n. 4, p. 64, 2013b. Disponível em: http://www.nehmaat.uff.br/revista/2013-2/artigo02-2013-2.pdf. Acesso em: 31 dez. 2017.

SOARES, Esequias. **Cristologia a doutrina de Jesus Cristo**. São Paulo: Hagnos, 2008.

SOMMERFELD, W. **Der Aufstieg Marduks**: Die Stellung Marduks in der babylonischen Religion des zweiten Jahrtausends v. Chr. AOAT 213. Kevelaer; Neukirchen: Vluyn, 1982.

SOUSA, Isabela Almeida Araujo de. **O Jesus póstumo**: uma perspectiva comparativa da Ressurreição. 2016. Disponível em: https://bdm.unb.br/bitstream/10483/16284/1/2016_IsabelaAlmeidaAraujodeSousa_tcc.pdf. Acesso em: 29 nov. 2017.

SOUTHERN, Richard W. **Western Society and the Churchs in the Middle Ages**. New York: Penguin, 1970.

SOUZA, **Ágabo** Borges de. O livro de Daniel: um texto apocalíptico do Antigo Testamento. **Caminhos – Revista de Ciências da Religião**, Goiás, v. 16, 2018. Disponível em: https://doi.org/10.18224/cam.v16i2.6076. Acesso em: 25 out. 2019.

SOUZA, Hélio de. A Mariolatria Continua Mais Forte Do Que Nunca. **Revista Defesa Da Fé**, ICP, Rio de Janeiro, n. 49, 2022. Disponível em: https://www.icp.com.br/df49materia1.asp. Acesso em: 20 dez. 2022.

SOUZA, Luciano Daniel de. **Autoridade e poder**: os limites do poder temporal e espiri-tual no século XIV, segundo o pensamento de Guilherme de Ockham. 2007. 157 f. Dissertação (Mestrado em História) - Câmpus de Assis – Unesp: Universidade Estadual Paulista, Faculdade de Ciências e Letras de Assis, 2007. Disponível em: http://hdl.handle.net/11449/93416. Acesso em: 10 out. 2018.

SOUZA, Marcos. Era o verbo um deus? – análise de João 1: 1 a partir da teoria da relevância. **Linguagem em (Dis)curso**, v. 5, p. 83-111, 2005. Disponível em: https://portaldeperiodicos.animaeducacao.com.br/index.php/Linguagem_Discurso/article/view/281/295. Acesso em: 15 nov. 2017.

SOUZA, Maria da Gloria Mélo de *et al*. **Análise crítica do Ofício Divino das Comunidades**. 2011. Disponível em: https://repositorio.pucsp.br/jspui/handle/handle/18288. Acesso em: 20 set. 2017.

SOUZA, **Sócrates Oliveira de. Pacto e comunhão**: documentos batistas. 2. ed. Rio de Janeiro: Convicção, 2010.

SPURGEON, Charles. [1879] **Sermão n.º 1500**. La Serpiente de Bronce Levantada. Vol. 25. The Metropolitan Tabernacle Pulpit. Newington, Londres. Tradução de Isabela Carolina. 2021. Disponível em: http://www.spurgeon.com.mx/sermon1500.html. Acesso em: 25 out. 2021.

STEIN, Robert H. Guia básico para a interpretação da Bíblia. Rio de Janeiro: Ed. CPAD, 1999.

STEPHAN, Auresnede Pires; DA COSTA BRAGA, Marcos. A comunicação visual institucional do Iadê no período de 1959 a 1987. **Blucher Design Proceedings**, São Paulo: Blucher, v. 2, n. 9, p. 229-240, 2016.

STEPHAN, Auresnede Pires. **A Mensagem de Atos – Até Os Confins Da Terra**. 2. ed. São Paulo: ABU Editora, 2015.

STOTT, John. **A Mensagem de Atos Até os Confins da Terra**. São Paulo: ABU, 1994. p. 344.

STREFLING, **Sérgio Ricardo. O argumento ontológico de Santo Anselmo**. Porto Alegre: Edipucrs, 1993.

STRONG, James. **Cyclopaedia Biblical Theological Ecclesiastical Literature**. v. 5. KL. Strong. NY: HarpBroth, 1894.

STRONG, James. **Léxico Hebraico, Aramaico e Grego de Strong**. Sociedade Bíblica do Brasil. Barueri: Sociedade Bíblica do Brasil, 2002.

SUFRÁGIO. *In:* **Dicio, Dicionário Online de Português**. Porto: 7Graus, 2020. Disponível em: https://www.dicio.com.br/risco/. Acesso em: out. 2017.

SUMA Teológica, 2-2. q. 81, a. 3, ad 3 [1566]: Ed. Leon. 9, 180. / CIC §2132.

TABOR, James. D. **A dinastia de Jesus**: a história secreta das origens do cristianismo. Rio de Janeiro: Ediouro, 2006.

TAMIR, Abraham *et al*. **El símbolo de infinito. Consejo General de Colegios Oficiales de Químicos de España**. Asociación Nacional de Químicos de España. 2013. Disponível em: http://hdl.handle.net/10045/36741. Acesso em: 10 out. 2017.

TAYLOR, Greg. **Guia para A chave de Salomão de Dan Brown**. Rio de Janeiro: Record, 2006.

TE VELDE, Herman. **Seth, God of Confusion. A Study of his Role in Egyptian Mythology and Religion**. Leiden: E.J. Brill, 1967.

TEETER, Emily; JOHNSON, Janet H. **The Life of Meresamun** – A Temple Singer in Ancient Egypt. Illinois: Oriental Institute Museum, 2009.

TELES, Eleandro. **Maranathá! A escatologia como horizonte da justiça** – a partir da teologia de Joseph Ratzinger. Dissertação (Mestrado em Teologia) — PUCRS, Porto Alegre, 2015. Disponível em: https://tede2.pucrs.br/tede2/handle/tede/6027. Acesso em: 16 nov. 2017.

TEMPESTA, Orani João. **Nossa Senhora do Rosário**. Aparição mariana a São Domingos de Gusmão. [Blog]. Brasília: CNBB, 2021. Disponível em: https://www.cnbb.org.br/nossa-senhora-do-rosario/. Acesso em: 6 jan. 2022.

TERRIN, Aldo Natale. **Nova Era**: A religiosidade do pós-moderno. São Paulo: Edições Loyola, 1996.

TERTULIANO. Apologia I. [2001]. Disponível em: https://docplayer.com.br/39099334-Tertuliano-apologia.html. Acesso em: 22 mar. 2018.

TERZETTI FILHO, Celso Luiz. **A deusa não conhece fronteiras e fala todas as línguas**: um estudo sobre a religião Wicca nos estados unidos e no Brasil. REPOSITORIO PUCSP - Programa de Pós-Graduação em Ciência da Religião, São Paulo, 2016. Disponível em: https://repositorio.pucsp.br/jspui/handle/handle/19274. Acesso em: 28 set. 2017.

TINOCO, Carlos Alberto. **O Pensamento Vedico, Uma Introdução**. São Paulo: IBRASA, 1992.

TOMÁS DE AQUINO. **Suma teológica**. v. 1 & 2, 3. ed. São Paulo: Edições Loyola, 2009.

TORRES, Leonardo. **Contágio psíquico**: a loucura das massas e suas reverberações na mídia. São Paulo: Eleva Cultural, 2021.

TOUSSAINT, Serge. A Ontologia dos Rosacruzes. Curitiba, Biblioteca Rosacruz – Ordem Rosacruz-AMORC, 1996. p. 13.

TOWNS, Elmer; GUTIERREZ, Bem. **A Essência do Novo Testamento** (Essence of the New Testament). Rio de Janeiro Rio de Janeiro: Ed. Central Gospel, 2014.

TRAUNECKER, Claude. **Os deuses do Egito**. Brasília: Universidade de Brasília, 1995.

TREVAS, Os Sete Principados do Reino das. (Conforme Ensinado aos Feiticeiros Iluministas). **A Espada do Espírito**. 2000. Disponível em: https://www.espada.eti.br/n1050.asp. Acesso em: 23 set. 2017.

TROCQUER, René L. **Que é o homem? Ensaio de Antropologia Cristã**. Tradução de David A. Ramos Filho. São Paulo: Flamboyant, 1960.

TROIS, Claudio. **Ninrode, Semíramis e Tamuz**: a trindade profana. 2013. Disponível em: http://pastorhafner.blogspot.com/2013/02/ninrode-semiramis-e-tamuz-trindade.html. Acesso em: 15 out. 2017.

TUITÉAN, Paul; DANIELS, Estelle. **Wicca Essencial.** São Paulo: Ed.Pensamento, 2006.

VARGENS, Renato. **Pastor expulsa demônios e os coloca dentro de uma garrafa** [Blog]. Niterói/RJ, 2017. Disponível em: https://renatovargens.blogspot.com/2014/12/pastor-espulsa-demonios-e-os coloca.html. Acesso em: 22 dez. 2017.

VASCONCELOS, **Sérgio** Sezino Douets; DA SILVA, Luiz Claudio Barroca. Sincretismo ou Antissincretismo: Labirintos de uma discussão. **Revista de Teologia e Ciências da Religião da UNICAP** (Descontinuada), v. 1, n. 1, p. 153-174, 2011.

VASCONCELOS, Sergio Sezino Douets. A união mística com o Orixá através da participação no Axé (The mystical union with the deity Orisha through participation in Axé) - 52/P. 2175-5841.2013. HORIZONTE – **Revista de Estudos de Teologia e Ciências da Religião**, v. 11, n. 30, p. 737-756, p. 750, 2013.

VASQUES, Eugénia; APPIA, Adolphe. **O homem é a medida de todas as coisas**. Lisboa: ESTC - Livros, 2013.

VÉLIZ, Marivi. Entre o arquivo de Aruanda e o repertório do amor, a passagem queer até uma outra Brasilidade: Uma análise dos videoclipes das canções Cavaleiro de Aruanda, interpretada por Ney Matogrosso, e Carta de Amor de Maria Bethânia. **Arteriais-Revista do Programa de Pós-graduação em Artes**, v. 4, n. 6, p. 95-105, 2018.

VERGER, Pierre. O deus supremo Ioruba – uma revisão das fontes. **Afro-Ásia**, n. 15, p. 28, 1992.

VERNUS, P.; YOYOTTE, J. **Le bestiaire des pharaons**. Paris: Librairie Académique Perrin, 1988. p. 108.

VIANA, Gessé Emanoel de Oliveira. **O princípio da existência de todas as coisas em Tomás de Aquino a partir da obra Suma Teológica I. Questão 34**: O Verbo. 2017. Disponível em: https://app.uff.br/riuff/handle/1/6852. Acesso em: 12 dez. 2017.

VIEIRA, **Fátima** et al. **E se...? Narrativas especulativas sobre alimentação e sociedade**: uma antologia. 2019. Disponível em: https://hdl.handle.net/10216/125716. Acesso em: 2 jan. 2020.

VIEIRA, José. **Uma língua feita de mundos e de coisas Belas. A Torre de Babel como possibilidade.** Primeira Conferência Internacional Tradução e Linguagem: Estudos Comparados. mar. 2019. Disponível em: https://www.academia.edu/38656037/Uma_l%C3%ADngua_feita_de_mundos_e_de_coisas_Belas_A_Torre_de_Babel_como_possibilidade. Acesso em: 15 dez. 2019. p. 1.

VIEIRA, Otávio. O esoterismo: uma abordagem hermenêutico-conceitual. **Diversidade Religiosa**, João Pessoa, v. 1, n. 1, p. 1-13, 2014.

VIGIL, José Maria. Sincero para com Theos: (primeira parte). **ESPAÇOS-Revista de Teologia e Cultura**, v. 29, n. 1, p. 153-175, 2021. Disponível em: https://espacos.itespteologia.com.br/espacos/article/view/777. Acesso em: 18 dez. 2021.

VIRGEM NEGRA. *In:* WIKIPÉDIA, a enciclopédia livre. Flórida: Wikimedia Foundation, 2022. Disponível em: https://pt.wikipedia.org/w/index.php?title=Virgem_Negra&oldid=64894250. Acesso em: 18 dez. 2022.

VIROLI, Maurizio. **O sorriso de Nicolau**: História de Maquiavel. Tradução de Valéria Pereira da Silva. São Paulo: Estação Liberdade, 2002.

VOORST, Robert E. **Jesus outside the New Testament**: An introduction to the ancient evidence. Grand Rapids: Eedermnans, 2000.

VOUX, William Sandys Wright. **Nínive e Persépolis**: um esboço histórico da antiga Assíria e Pérsia, com um relato das pesquisas recentes nesses países. Londres: A. Hall, Virtue & co., 1850.

WALKER, Williston. *et al*. **History of the Christian Church**. 4. ed. Nova York: Scribner, 2014.

WEBSTER. New Universal Unabridged Dictionary. 2. ed. Nova York: Simon and Schuster, 1979.

WILDBERGER, Hans. **Isaiah 28-39**: A Continental Commentary. Minneapolis, Minnesota: Fortress Press, 2002.

WILEY, Orton H. **A excelência da nova aliança em Cristo**: Comentário Exaustivo da Carta aos Hebreus. Rio de Janeiro: Ed. Central Gospel, 2009.

WILGES, Irineu; COLOMBO, Olírio. **Cultura Religiosa**. Temas religiosos atuais. Petrópolis, RJ: Ed. Vozes, 1982.

WILFORD, Hugo. Trama da CIA, conspiração socialista ou nova ordem mundial? as origens do grupo Bilderberg, 1952-55. **Diplomacia e arte de governar**, v. 14, n. 3, p. 70-82, 2003.

WILSON, Margaret Dauler. Naturezas verdadeiras e imutáveis. **Analytica-Revista de Filosofia**, v. 2, n. 2, p. 236, 1997.

WOLFF, Elias. **Caminhos do ecumenismo no Brasil**. São Paulo: Paulus, 2002.

WOLFF, Elias. Igrejas e ecumenismo: uma relação identitária. **Estudos Teológicos**, São Leopoldo, v. 45, n. 2, p. 26-27, 2005.

WOODROW, Ralph. **Babilônia**: a Religião dos Mistérios. Recife: Associação Evangelística, 1966.

WULLSTEIN, Irani Alves Cordeiro. **Yoga, meditação e silêncio**: um estudo na tradição de grandes mestres e na visão científica de Bohdan Wijtenko. 2009. Disponível em: https://tede2.pucsp.br/handle/handle/2103. Acesso em: 16 dez. 2017.

ZAGHI, Luis Henrique Lodi. **A casa de maria:** análise histórico-teológica sobre a transladação da santa casa de Nazaré a Loreto. São Paulo, 2008. Disponível em: https://oratorio.blog.arautos.org/files/2017/10/A-Casa-de-Loreto-Estudo-Completo.pdf. Acesso em: 17 out. 2017.

ZIERER, Adriana. Do caldeirão da abundância ao Santo Graal nas fontes medievais. *In:* ZIERER, Adriana; VIEIRA, Ana Livia B.; FEITOSA, **Márcia** Manir M (org.). **História Antiga e Medieval. Simbologias, Influências e Continuidades**: cultura e poder. São Luís: Ed. UEMA, 2011. v. 3, p. 77.

ZONNO, F. do Valle. Fiat Lux: o religare como experiência fenomenológica na arquitetura. **Anais dos Simpósios da ABHR**, [*s. l.*], v. 12, n. 1, 2011. Disponível em: https://revistaplura.emnuvens.com.br/anais/article/view/298. Acesso em: 24 nov. 2019.

ZUCK, Roy B. **A interpretação Bíblica** – Meios de descobrir a verdade da Bíblia. São Paulo: Edições Vida Nova, 1994.

OBS: Todos os sites e blogs foram visitados, pesquisados e/ou traduzidos entre os dias 22 de fevereiro/2017 e 28 de dezembro/2023. As citações bíblicas foram extraídas de várias versões, com o intuito de ampliar o entendimento dos leitores quanto aos importantes aspectos dos textos originais da Palavra.

Almeida Revista e Corrigida (ARC), Sociedade Bíblica do Brasil (1898);

A Versão / Tradução Almeida Revista e Atualizada (A-RA) (1959, 1993);

A Versão Almeida Revisada (AR) (1967, 1974);

A Versão Almeida Corrigida Fiel (ACF) (1994);

A (Nova) Tradução para a Linguagem de Hoje (TLH/NTLH) (1988);

A Nova Versão Internacional (NVI) (2000);

Bíblia King James Atualizada (BKJA), Casa Publicadora Paulista – CPP

Bíblia de Jerusalém, nova edição, revista e ampliada, São Paulo: Paulus, 2002

O Cântico do Cordeiro: "Grandes e maravilhosas são as tuas obras, Senhor Deus todo-poderoso. Justos e verdadeiros são os teus caminhos, ó Rei das nações. Quem não te temerá, ó Senhor? Quem não glorificará o teu nome? Pois tu somente és santo. Todas as nações virão à tua presença e te adorarão, pois os teus atos de justiça se tornaram manifestos (APOCALIPSE 15:3-4, NVI).